国外职业教育优秀教材精选

汽车机电技术（三）
学习领域9~14

Berufsfeld Fahrzeugtechnik
Lernfelder 9~14

（德）Staudt，Bierschenk，Tomala 著
华晨宝马汽车有限公司 组译

机械工业出版社

译 者 序

人才是21世纪最宝贵的财富，是企业和社会良性发展不可或缺的、至关重要的因素。作为一个负责任的企业公民，华晨宝马始终相信，高素质人才的培养有助于经济的可持续增长和社会的和谐发展。教育也不仅是学校和各级教育部门的职责，更是全社会义不容辞的责任。

作为世界顶级的豪华汽车制造商，华晨宝马自成立以来，始终以世界顶级的品质要求作为生产和管理的标准，从而制造出高品质的一流产品。这些成绩离不开沈阳工厂高素质员工的贡献。一直以来，辽宁省、沈阳市教育系统源源不断地为华晨宝马输送各类型优秀人才，而华晨宝马也通过多种方式参与和支持中国教育事业的发展。

众所周知，德国汽车工业的成功很大程度上得益于双元制职业教育的高度发展。从2005年起，华晨宝马与宝马集团共同投资开展“宝马技术导入”综合培训项目，逐步建立起宝马在中国的基础技术教育培训体系。华晨宝马设立了职业培训部门，并与辽宁省相关院校携手，逐步将德国职业教育体系引入国内。

华晨宝马职业教育培训主要涵盖三方面内容：

一、在现有德国培训课程基础上，结合中国的实际情况及汽车行业职业教育的具体要求，推广适合中国国情的汽车“机械电子一体化”课程；

二、开展针对培训师及教师的示范培训；

三、直接针对职业教育学校学生提供相关培训。

本书是华晨宝马职业教育项目的起点。我们期待“汽车机电技术”培训课程能够对提高汽车行业技术人员和经销商的技能及专业水平发挥积极的作用。

“百年大计，教育为本”。宝马不仅把全球领先的技术运用在产品生产和发展上，更希望通过支持职业教育，为汽车行业输入先进理念和技术，从而推动全行业的发展和进步，使社会和消费者最终获益。

在此，我谨向该书出版过程中给予大力支持和合作的各方，包括：德国技术合作公司（GTZ），辽宁省人力资源和社会保障厅，沈阳市教育局，德国Bildungsverlag EINS教育出版社，北京富事多翻译服务有限公司以及辽宁当地各合作院校等表示衷心的感谢。

华晨宝马汽车有限公司
总裁兼首席执行官

康思远（Olaf Kastner）
2009年8月10日，沈阳

目　　录

学习领域14 针对法定检查的保养和修理工作

学习领域 9

传动系统维护

A 通过以客户为本实现质量保证要求

1 客户委托

1.1 客户报修：离合器打滑，车桥防尘套损坏

客户感觉车辆（VW Lupo 1.0）的离合器未传递全部功率。此外客户还抱怨低速行驶时驱动轮发出喀哒声。

机动车行驶证

F-HZ 342

左侧所述车辆的牌照号如上所述
所有人名字、姓氏（或教名）、公司
Helga Blueml

出生于
邮政编码，住址/公司，街道和门牌号
Baseler Str. 12

60239 法兰克福（莱茵河畔）

或邮政编码，所在地，街道和门牌号

代码
区域1 010232 区域2 0603 区域3 450030

1	普通轿车 低排放，D4	16	允许车桥负荷/kg 前 720 中 – 后 680
2	大众	17	车轮和/或防滑链 1 18 车桥数 2 19 其中驱动桥数 1
3	Lupo	20	轮胎规格代码 前部 185/55R14
4	车辆识别号 WVWZZZ6XZ72B016288	21	中间和后部 185/55R14
5	汽油/车载诊断系统 04 6 最高车速/(km/h) 151	22	或前部
7	功率kW/(r/min) 37/5000	23	中间和后部
8	排量/cm³ 999		制动接口处压力 24 单回路制动器 bar 25 双回路制动器 bar
9	有效或半挂车负荷/kg – 10 燃油箱容积/m³ –	26	挂车挂钩DIN 740 形状和尺寸
11	座椅/躺椅数 – 12 座位数 4	27	挂车挂钩检查标志
13	最大尺寸/mm 长 3636 宽 1739 高 1460	28	拖挂负荷/kg，挂车带制动时 29 挂车不带制动时
14	整备质量/kg 950 15 允许最大质量/kg 1340	30	停车时噪声/dB(A) 31 行驶时噪声/dB(A)
		32	首次注册登记日期 22.04.2002
		33	备注

发动机代码 AUC

1.2 客户报修：变速器换挡机构卡住（VW Golf IV）

机动车行驶证

F-GS 876

左侧所述车辆的牌照号如上所述
所有人名字、姓氏（或教名）、公司
Erich Schmidt

出生于
邮政编码，住址/公司，街道和门牌号
Bendergasse 16

60311 法兰克福（莱茵河畔）

或邮政编码，所在地，街道和门牌号

区域 代码 1 0102 区域 2 0603 区域 3 419010

1	普通轿车 低排放，D3	16	允许车桥负荷/kg 前 845 中 – 后 895
2	大众-VW	17	车轮和/或防滑链 1 18 车桥数 2 19 其中驱动桥数 1
3	Lupo	20	轮胎规格代码 前部 175/80R14 88H
4	车辆识别号 WVAZZZ1JZYW221136	21	中间和后部 175/80R14 88H
5	汽油/车载诊断系统 04 6 最高车速/(km/h) 171	22	或前部
7	功率kW/(r/min) 55/5000	23	中间和后部
8	排量/cm³ 1390		制动接口处压力 24 单回路制动器 bar 25 双回路制动器 bar
9	有效或半挂车负荷/kg – 10 燃油箱容积/m³ –	26	挂车挂钩DIN 740，形状和尺寸
11	座椅/躺椅数 – 12 座位数 5	27	挂车挂钩检查标志
13	最大尺寸/mm 长 4149 宽 1735 高 1437	28	拖挂负荷/kg，挂车带制动时 29 挂车不带制动时
14	整备质量/kg 1204 15 允许最大质量/kg 1640	30	停车时噪声/dB(A) 31 行驶时噪声/dB(A)
		32	首次注册登记日期 28.06.1999
		33	备注

发动机代码 APE

1.3 客户报修：自动变速器不执行换挡模式（VW Passat 1.9 l TDI）

机动车行驶证

F-GS 567

左侧所述车辆的牌照号如上所述
所有人名字、姓氏（或教名）、公司
Florian Meier

出生于
邮政编码，住址/公司，街道和门牌号
Saalburgallee 65

60385 法兰克福（莱茵河畔）

或邮政编码，所在地，街道和门牌号

区域 代码 1 10102 区域 2 0603 区域 3 -475

1	普通轿车 有条件低排放	16	允许车桥负荷/kg 前 910 中 – 后 950
2	大众-VW	17	车轮和/或防滑链 1 18 车桥数 2 19 其中驱动桥数 1
3	3B2	20	轮胎规格代码 前部 205/60R15
4	车辆识别号 WVAZZZ3B2YW3456	21	中间和后部 205/60R15
5	柴油 6 最高车速/(km/h) 165	22	或前部
7	功率kW/(r/min) 85/4000	23	中间和后部
8	排量/cm³ 1896		制动接口处压力 24 单回路制动器 bar 25 双回路制动器 bar
9	有效或半挂车负荷/kg – 10 燃油箱容积/m³ –	26	挂车挂钩DIN 740，形状和尺寸
11	座椅/躺椅数 – 12 座位数	27	挂车挂钩检查标志
13	最大尺寸/mm 长 4675 宽 1740 高 1497	28	拖挂负荷/kg，挂车带制动时 29 挂车不带制动时
14	整备质量/kg 1200 15 允许最大质量/kg 1805	30	停车时噪声/dB(A) 31 行驶时噪声/dB(A)
		32	首次注册登记日期 19.04.1999
		33	备注

发动机代码 AJM

➔维修条件和报价或费用概算示例请查阅CD-ROM

B　通过系统知识实现质量保证要求

1　传动

单元离合器、变速器和半轴的功能是将发动机的机械能传递到驱动轮上。必须调节输送给机动车的能量以满足以下要求：

· 改变发动机转矩和转速，

· 将转矩传递到驱动轮上。

1.1　子系统

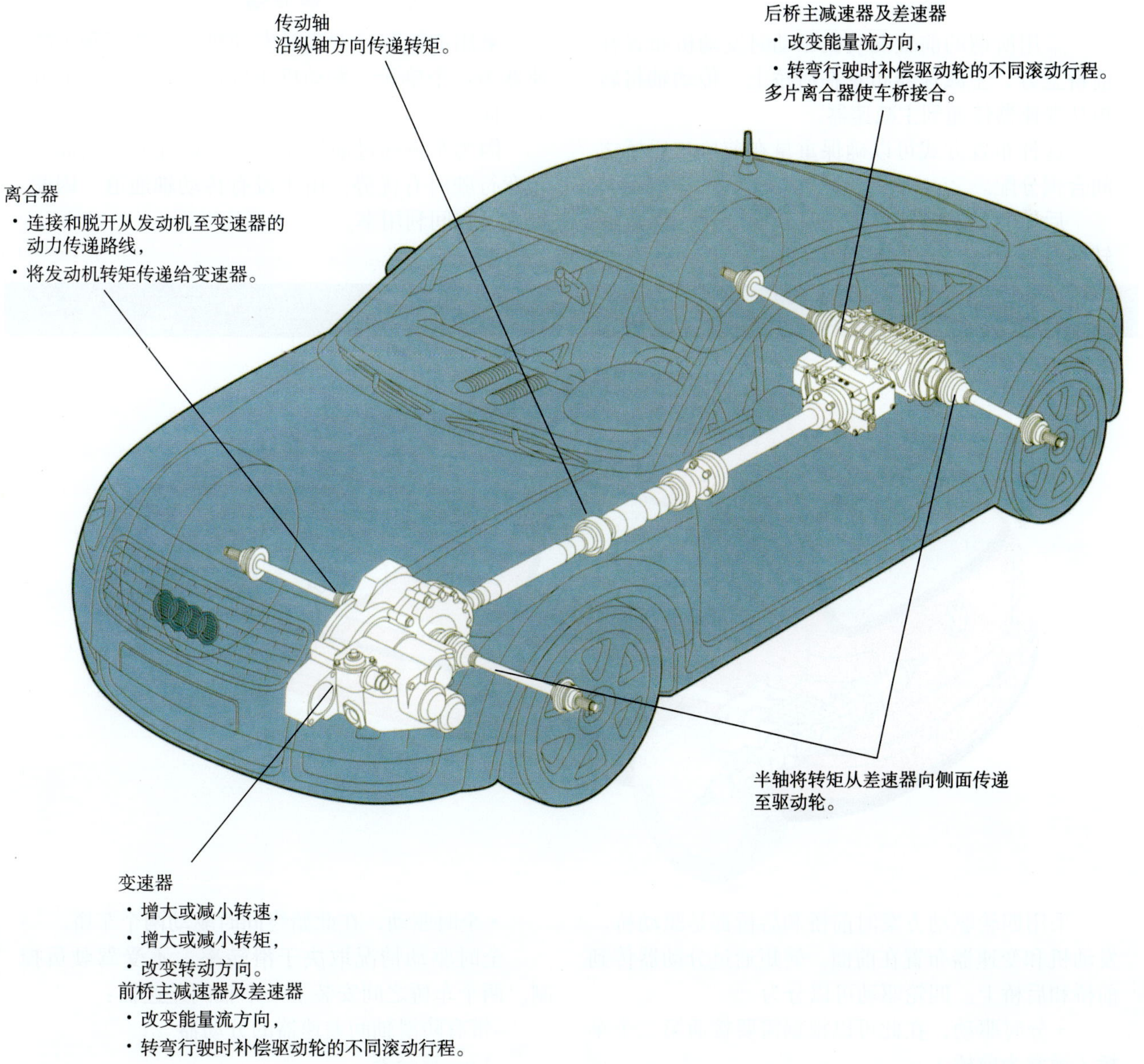

1.2 驱动方式

在轿车中离合器、变速器和主减速器布置在不同位置。常用的驱动方式是：

后轮驱动

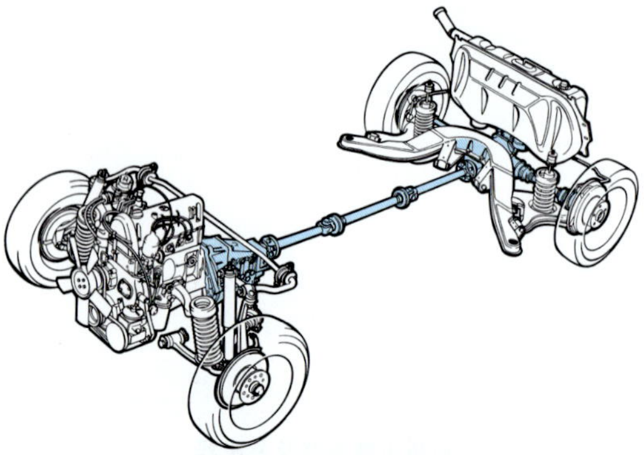

采用所谓的前置发动机驱动时发动机布置在前桥上方，主减速器布置在后桥上。传动轴将转矩从变速器传递到主减速器。

这种布置方式可以确保重量在前桥与后桥之间合理分配。

后轮驱动转弯特性为不足转向，就是说车辆转向时逐渐向弯道外侧方向偏移。

前轮驱动

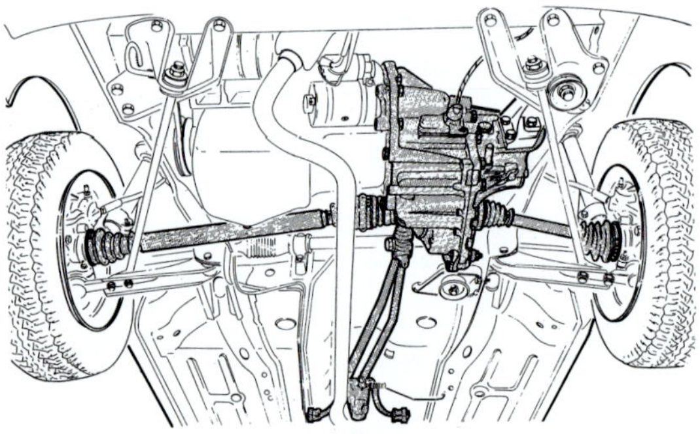

采用前轮驱动方式时发动机、变速器和主减速器为一个单元。发动机布置在前桥前面、上方或后面。

因为车辆通过前轮拉动，所以在光滑路面上转弯行驶时有优势。由于没有传动轴通道，因此提高了空间利用率。

四轮驱动

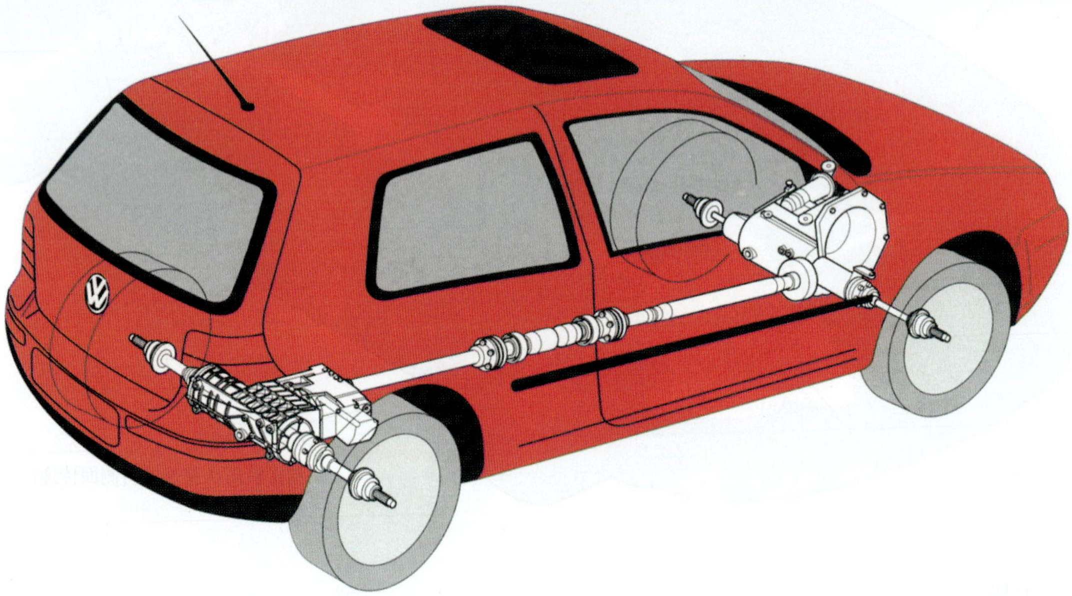

采用四轮驱动方案时前桥和后桥都是驱动桥。发动机和变速器布置在前面。转矩通过分动器传到前桥和后桥上。四轮驱动可以分为

·分时驱动，在此可以根据需要接通第二个车桥（通常为前桥）。

·全时驱动，在此始终同时驱动两个车桥。

全时驱动情况取决于滑转率，不受驾驶员控制。两个车桥之间安装了一个轴间差速器：

–带有防滑轴间差速器的分动器

–Vico 离合器

–托森 差速器

–Haldex 离合器

2 通过离合器传动

2.1 单盘干式离合器

离合器的功能：

·辅助起步

只有达到某一转速时，发动机才能输出可供使用的转矩。起步时短时间内离合器必须处于滑转状态，以便补偿发动机曲轴与变速器输入轴之间的转速差。

·传递转矩

离合器必须以无滑差方式传递转矩。

·过载保护

离合器以打滑方式防止传动部件过载，例如发动机卡住时。

·换挡

换挡时离合器断开发动机与变速器之间的动力传递路线。

·减振器

离合器抑制扭转振动。

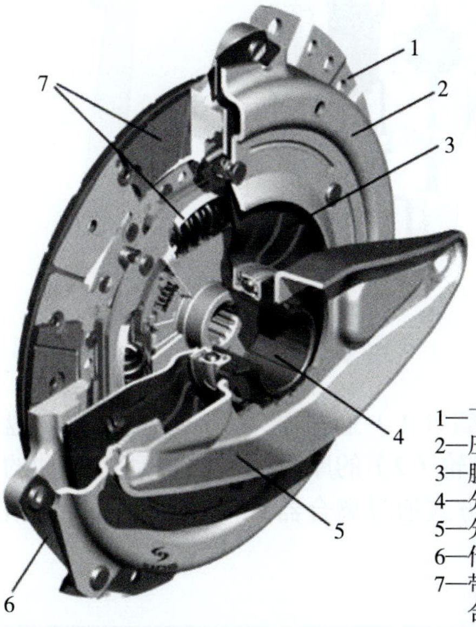

1—飞轮螺栓联接件
2—压盘
3—膜片弹簧
4—分离轴承
5—分离杠杆
6—传动片
7—带扭转减振器的离合器从动盘

单盘干式离合器

飞轮离合器压盘

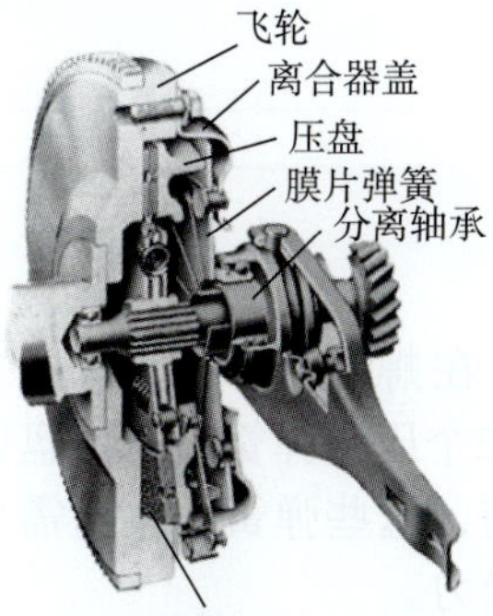

压盘壳体通过螺栓与飞轮连接。飞轮内有用于变速器轴导向的导向轴承。

离合器压盘由以下部件组成

·离合器盖，

·膜片弹簧，

·压紧盘。

压紧盘通过三个传动片对中固定在壳体上。传动片传递转矩，同时在分离过程中作为回位弹簧使用。

离合器从动盘

摩擦片铆接或粘接在离合器从动盘两侧。离合器从动盘通过从动盘毂套在变速器花键轴上，可以在花键轴上沿轴向移动。

弹性减振环布置在支撑盘的圆周上，因此改善了起步特性。

布置在摩擦片与从动盘毂之间的扭转减振器可避免变速器产生噪声。

分离轴承

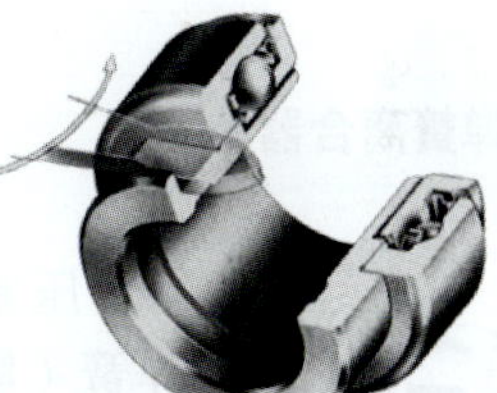

分离轴承由一个自润滑球轴承组成。外圈固定不动，内圈转动。轴承通过一个分离套筒定心导向。分离套筒与变速器壳体连接。

通过分离轴承和特殊设计的离合器操纵机构可将分离轴承调节到无间隙状态。发动机运转时，内圈始终紧靠在分离杠杆或膜片弹簧上并一起旋转。

离合器接合

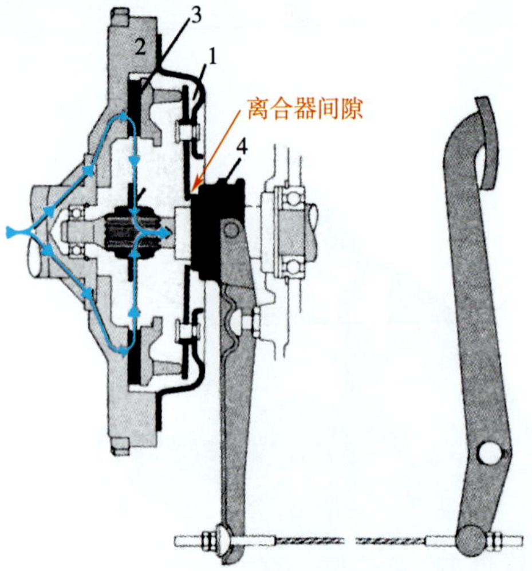

膜片弹簧（1）通过压盘将离合器从动盘（3）压向飞轮（2）的摩擦面。由发动机驱动的飞轮以摩擦方式通过离合器从动盘将动力传递给变速器。

离合器分离

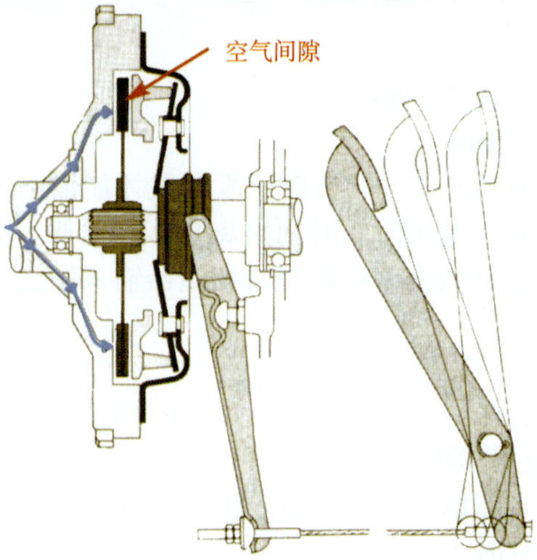

踩下离合器踏板时分离轴承（4）压向膜片弹簧，弹簧移动距离即为分离行程。压盘从离合器从动盘上抬起。离合器从动盘从摩擦面上脱开并自由运转。动力传递中断。

离合器间隙/空气间隙

- 离合器间隙是指分离轴承与膜片弹簧之间的距离，此间隙为1~3mm。
- 在离合器踏板上相当于20~30mm的空行程。
- 离合器间隙过大：离合器不分离。
- 离合器间隙过小：离合器打滑。
- 空气间隙是指离合器分离时摩擦面之间的距离。此间隙为0.3~0.5mm。

膜片弹簧离合器

压紧力通过一个碟形开槽弹簧（膜片弹簧）产生。膜片弹簧是张紧在两个支撑环之间的一个两侧翻转式杠杆。

离合器分离时分离轴承压向膜片弹簧。达到某一点后踏板力提高，膜片弹簧翻转到新位置。踏板力减小。

⊕对高转速不敏感
⊕结构高度较低
⊕分离行程结束时踏板力较小
⊕结构简单

带螺旋弹簧的离合器

在螺旋弹簧离合器中有6~12个压紧弹簧沿压紧盘圆周分布，这些弹簧产生所需要的压紧力。

离合器分离时分离轴承压向分离杠杆。这些杠杆克服螺旋弹簧的作用力使压紧盘从离合器从动盘上脱开。

⊖ 离合器分离时踏板力越大，离合器分离越彻底
⊖ 结构高度较大
⊖ 部件较多
⊕ 可以通过选择作用力不同的弹簧总成非常方便地改变压紧力

离合器从动盘

离合器从动盘由从动盘毂、从动片和以成对方式铆接或粘接的摩擦片组成。为防止离合器抖动，从动盘的端面跳动量必须很小。

离合器摩擦片由以下部件构成：

· 带有嵌入金属丝的塑料纤维（芳香尼龙纤维）。金属丝可提高导热性和强度。

· 合成树脂

合成树脂作为其他组成部分的粘接剂使用。

· 填充剂，例如金属丝（铜或锌）

热负荷极高时使用金属陶瓷摩擦片。

不带摩擦片弹簧的离合器从动盘

离合器摩擦片直接铆接在从动片上。

从动盘上的凹槽可防止因摩擦热量较高而造成迟滞。

⊕ 费用低

⊖ 离合器接合时有冲击现象

应用：通常轿车中不使用

带有摩擦片弹簧的离合器从动盘

摩擦片铆接在若干个波形弹簧薄片上。离合器接合时这些弹性波形片产生弹性变形，直至在压紧力作用下平贴在摩擦片上。

⊕ 起步平顺不抖动

⊕ 耐磨性好

应用：轿车

不带扭转减振器的离合器从动盘

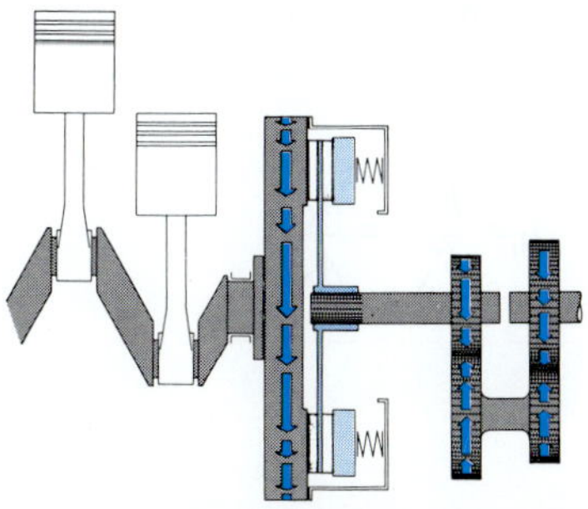

由于发动机运转不均匀，因此会产生扭转振动，扭转振动传递到变速器上并导致变速器处产生较大的噪声。

带扭转减振器的离合器从动盘

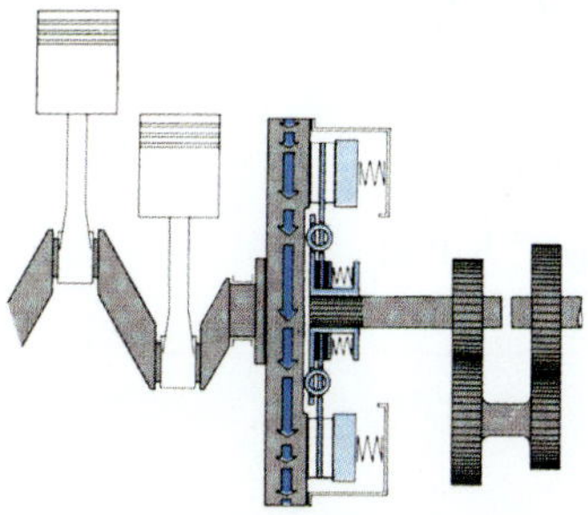

从动盘毂部件与带有摩擦片的从动盘部件彼此分开，仅通过螺旋弹簧彼此连接。两个部件之间可以略微扭转。减振弹簧吸收这些振动。此后从动盘毂内的摩擦垫片抑制扭转振动。

⊕ 动力输出平顺

离合器间隙调整

必须及时调整离合器间隙，以便离合器彻底分离或不打滑。

间隙调整通过不同方式实现：

· 不带自调机构的机械式离合器：

通过分离杠杆或离合器踏板上的调整螺母调整间隙。

· 带有拉线自调机构的机械式离合器：

离合器磨损通过拉线上的一个调整单元自动补偿。

· SAC 离合器（自调式离合器）：

在这种膜片弹簧离合器中，膜片弹簧不是以固定方式铆接在离合器盖上，而是通过一个压紧弹簧座和一个调整环以可转动方式支撑。因此可通过磨损自动调整方式无间隙地支撑膜片弹簧。

离合器操纵

离合器用脚来操纵。基于操纵舒适性考虑，脚踏力不应超过150N。因此需借助脚踏力传动机构使离合器分离。

机械传动

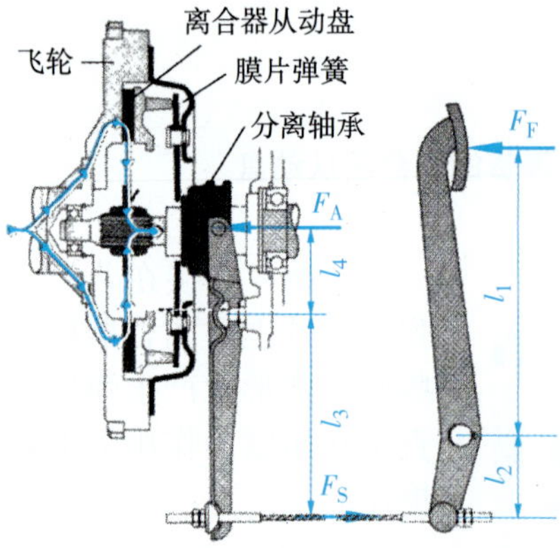

脚踏板通过离合器拉索作用在分离杠杆上。根据杠杆原理：

- 脚踏板 $F_F l_1 = F_S l_2$
- 分离杠杆 $F_S l_3 = F_A l_4$
- 传动比 $i_{m1} = \frac{F_F}{F_S} = \frac{l_2}{l_1}$

$$i_{m2} = \frac{F_S}{F_A} = \frac{l_4}{l_3}$$

$$i_{mges} = i_{m1} i_{m2}$$

液压传动

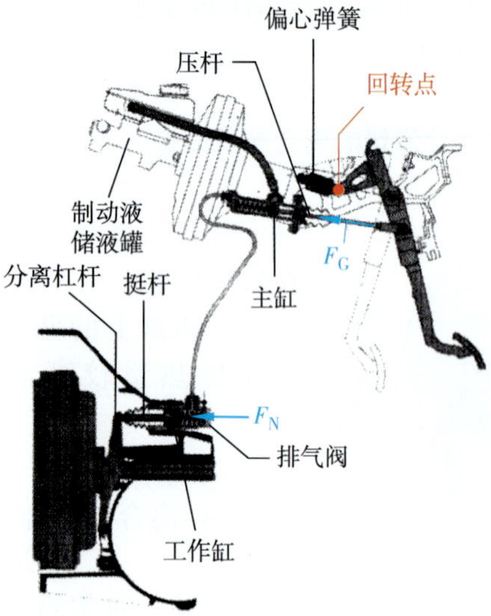

脚踏板作用在一个主缸上，主缸产生液压压力。

工作缸将该压力转换为作用力。

- 主缸 $p = \frac{F_G}{A_G}$
- 工作缸 $F_N = pA_N$
- 传动比 $i_h = \frac{F_G}{F_N} = \frac{A_G}{A_N}$

例如：

已知：

$D = 280$ mm

$d = 160$ mm

$\mu = 0.3$

$z = 2$

$M_K = 148\text{N}\cdot\text{m}$

$F_F = 220$ N

$l_1 = 165$mm

$l_2 = 50$mm

$l_3 = 125$mm

$l_4 = 40$mm

求：

F_A

解：

$$r_m = \frac{D+d}{4} = \frac{280\text{mm}+160\text{mm}}{4} = 110\text{m} = 0.11\text{m}$$

$$M_K = F_N \mu z r_m$$

$$F_N = \frac{M_K}{\mu z r_m} = \frac{180\text{N}\cdot\text{m}}{0.3\times2\times0.11\text{m}} = 2242.4\text{N}$$

$$F_F l_1 = F_S l_2$$

$$F_S = \frac{F_F l_1}{l_2} = \frac{220\text{N}\times165\text{mm}}{50\text{mm}} = 726\text{N}$$

$$F_S l_3 = F_A l_4$$

$$F_A = \frac{F_S l_3}{l_4} = \frac{726\text{N}\times125\text{mm}}{40\text{mm}} = 2269\text{N}$$

离合器特性曲线

离合器特性曲线表示离合器上的作用力与分离行程之间的关系。

· 压紧力

在膜片弹簧离合器中压紧力随摩擦片磨损增加而提高，然后下降到新状态值，直至达到磨损极限。

在螺旋弹簧离合器中压紧力随磨损增加而下降。

· 分离力

在膜片弹簧离合器中分离力首先提高，但是继续踩下离合器踏板时会越来越小。

在螺旋弹簧离合器中分离力随分离行程增大而提高。

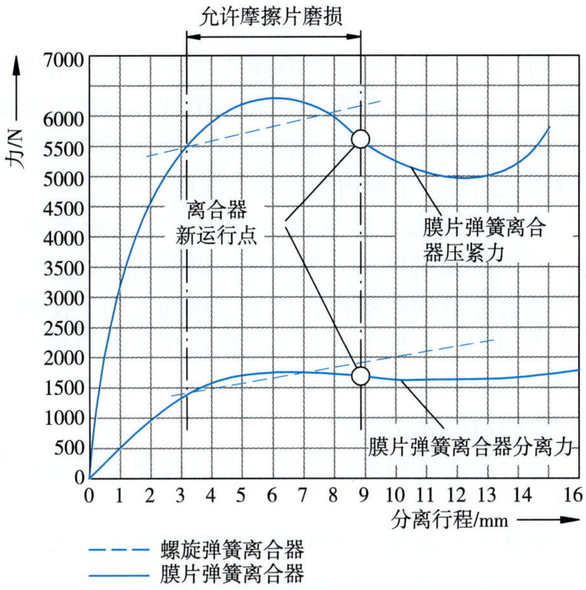

摩擦力，离合器可传递转矩

离合器以摩擦方式将发动机转矩传递给变速器输入轴。

以下参数越大，摩擦力越大

· 离合器压盘的压紧力F_N，
· 摩擦因数μ，
· 摩擦面数量z。

摩擦力计算公式

$$F_R=F_N\mu z$$

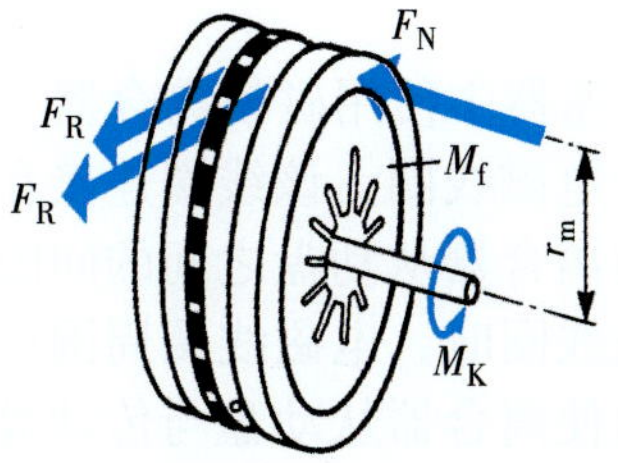

离合器可传递转矩M_K取决于

· 摩擦力F_R，
· 有效力臂r_m。

有效力臂计算公式

$$r_m=\frac{D+d}{4}$$

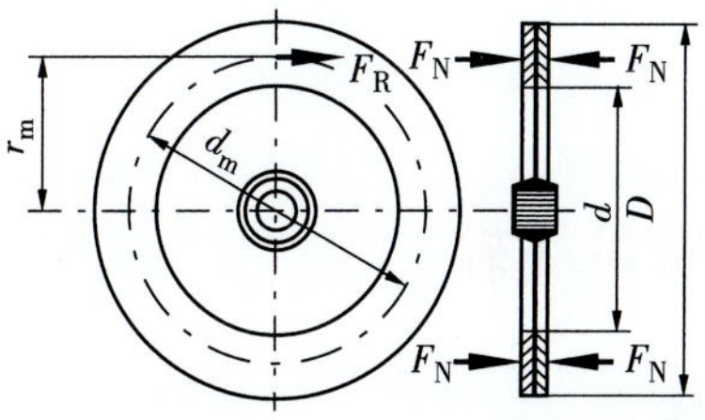

离合器可传递转矩M_K按以下公式计算

$$M_K=F_R r_m$$

$$M_K=F_N\mu z r_m$$

参数	公式符号	单位
离合器转矩	M_K	N·m
压紧力	F_N	N
有效力臂	r_m	m
摩擦因数	μ	–
摩擦面数量	z	–

2.2 多片离合器

利用多片离合器可以在牵引力不中断的情况下换挡。多片离合器带有钢片和摩擦片，在离合器壳体内钢片和摩擦片通常带油运行。两个带外齿的离合器片之间有一个带内齿的离合器片。

带外齿的离合器片通过外齿卡入离合器壳体内，可以沿轴向移动。带内齿的离合器片通过内齿卡入离合器毂的花键内，也可以移动。为了使离合器片之间产生摩擦力，机械机构或压力油将离合器压盘压向离合器片。带外齿的摩擦片以摩擦方式与带内齿的钢片接合。

离合器壳体和离合器毂彼此以摩擦方式连接在一起。

弹簧压力或油压力消除后离合器松开，此后回位压力弹簧使离合器压盘移到松开位置。

自动变速器中使用多片离合器。

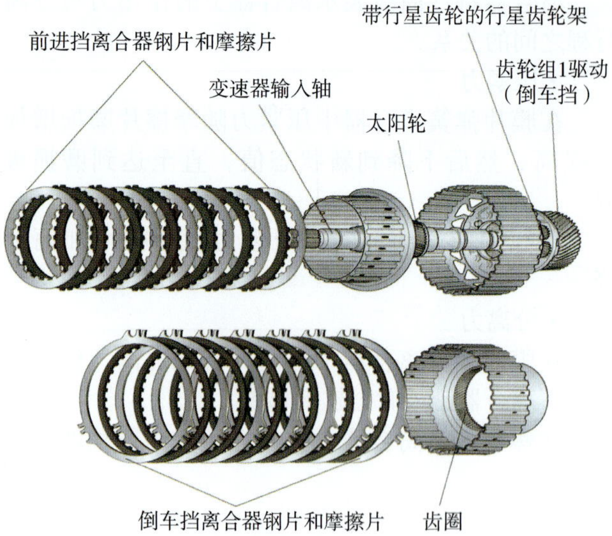

2.3 磁粉离合器

在无级变速器中使用磁粉离合器。离合器从动盘内装有一个电磁线圈，该线圈连接在发电机电路内。传动盘与离合器从动盘之间的间隙内有铁粉。电流流过电磁线圈时，电磁线圈周围产生磁场，该磁场通过磁力使离合器从动盘与传动盘连接。所传递的转矩取决于离合器从动盘与传动盘之间的电磁场强度。

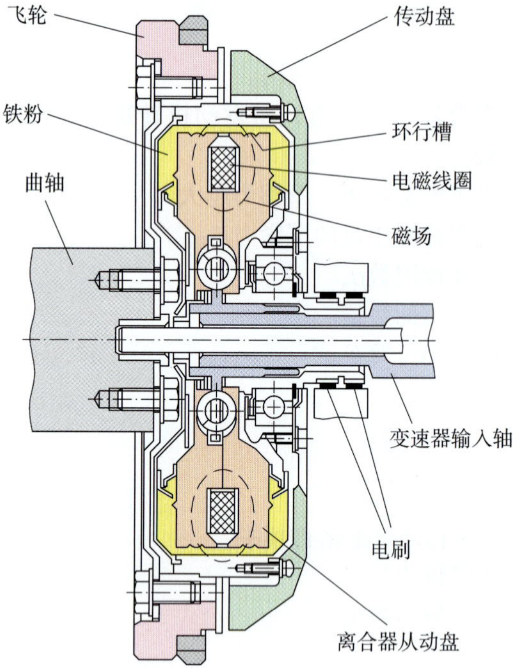

2.4 双质量飞轮

传统离合器

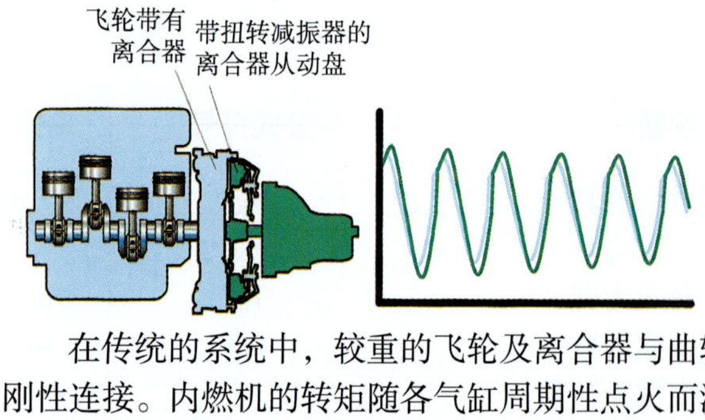

在传统的系统中，较重的飞轮及离合器与曲轴刚性连接。内燃机的转矩随各气缸周期性点火而波动。发动机的振动传递到变速器上。其结果是变速器内发出嘎嘎声，车身发出嗡嗡声。

双质量飞轮

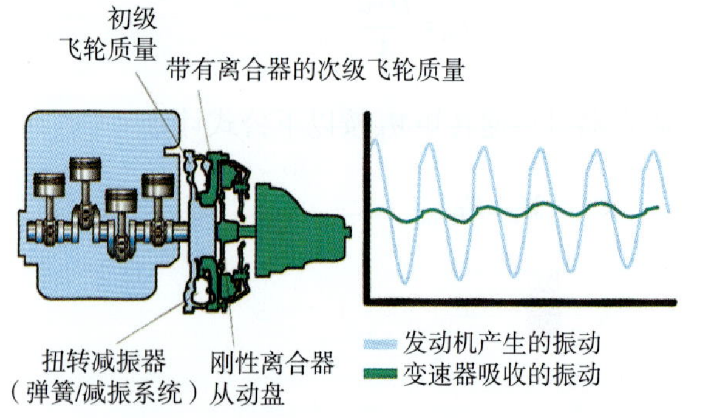

在此将传统飞轮分为两个圆盘。一个与曲轴连接，另一个与发动机连接。这两个独立的惯性质量通过一个弹簧/减振系统彼此连接。同时通过一个向心球轴承以可扭转方式彼此支撑。

➔ 离合器管理电子版参见CD-ROM

3 通过传动装置传动

3.1 通过传动装置适应车辆行驶状态

发动机转矩和有效功率

内燃机的功率和转矩取决于转速。低转速时功率和转矩较小。转速低于1000r/min时发动机无输出功率。发动机仅在很小的范围内产生可用功率。这个转速范围在最大转矩与最大功率之间。

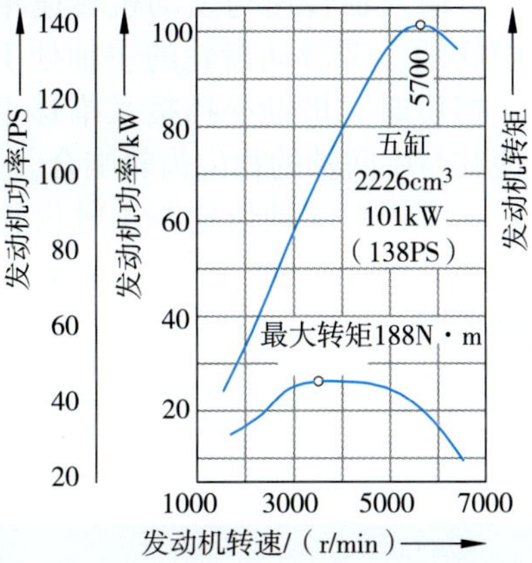

简言之：·低转速→低转矩，低功率
·较高转速→较高转矩，较高功率
·高转速→转矩下降，高功率

行驶模式

但是起步时在低转速的同时驱动轮上需要最大驱动力矩。上坡时和加速时，车轮上同样需要较大的驱动力矩。在水平路面上所需驱动力矩可能很小，但是车轮转速很可能较大。

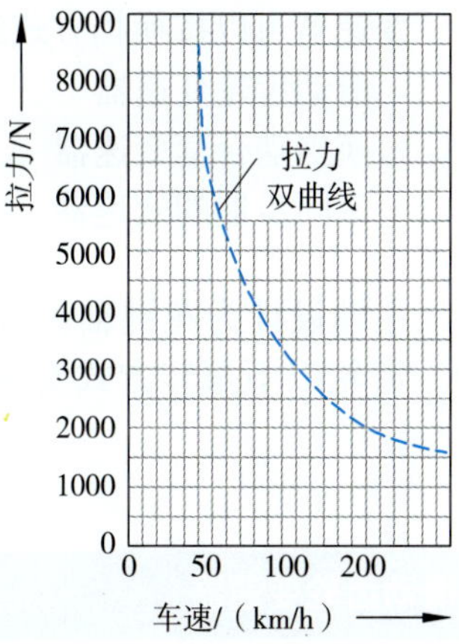

简言之：·上坡和从静止状态加速→低转速，高牵引力
·水平路面上行驶→高转速，低牵引力

为使发动机特性与行驶要求保持一致，发动机与驱动轮之间必须安装一个变速器/主减速器。变速器的用途是：

·在所有行驶状态下发动机都处于有效转速范围内，
·起步、加速、在水平路面上行驶以及上坡时为车轮提供相应的驱动力矩，车辆可以倒车。

驱动轮上的力矩和牵引力

力矩和牵引力可以通过一个手动变速器逐级改变。特性曲线图表明：

·降低转速可提高力矩和牵引力。
·理想的力矩曲线只有使用无级变速器时才能达到。在功率最大且发动机转速相同时，六挡变速器只有六个转矩点。垂线表示满负荷且发动机转速相同时从1挡至6挡的换挡过程（➔ 另见CD-ROM）。

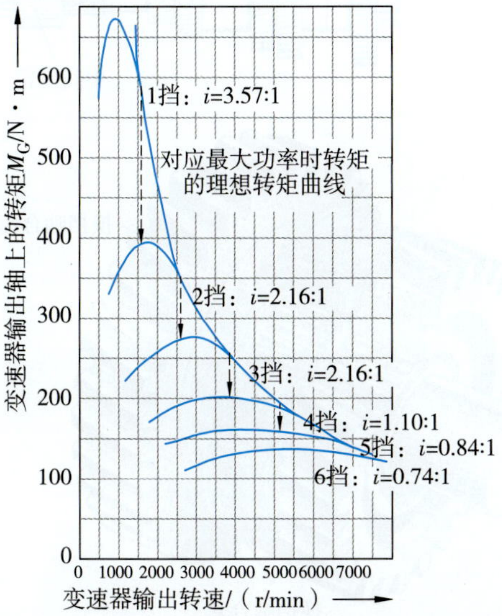

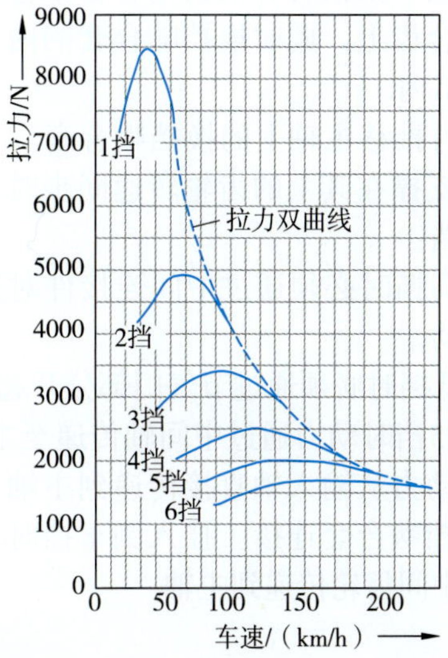

3.2 变矩系统

3.2.1 变速器

在变速器中通过换挡改变发动机与主减速器之间的传动比。

变速器可以按换挡方式细分为：

· 滑动齿轮变速器

· 换挡啮合套变速器

· 带同步器的变速器

滑动齿轮变速器

主轴设计为花键轴。齿轮可以在主轴上侧向移动。齿轮以不扭转方式安装在中间轴上。所有齿轮都采用直齿。

输入轴转速与发动机转速相同。驱动齿轮驱动中间轴。带滑动齿轮的主轴处于静止状态。换到某一挡位时，借助换挡拨叉推移主轴上的一个齿轮并使其与中间轴的相应齿轮啮合。

由于中间轴齿轮与主轴齿轮的转速不同，因此换挡时会产生换挡噪声。在轿车中滑动齿轮仅用于倒车挡。

滑动齿轮变速器

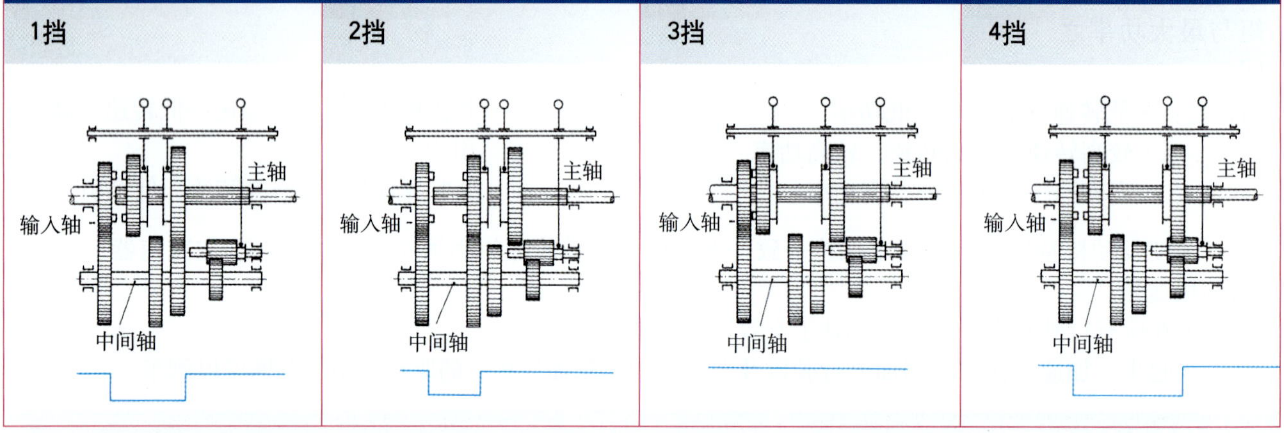

换挡啮合套变速器

在换挡啮合套变速器中齿轮始终处于啮合状态。中间轴齿轮以不扭转方式与轴连接，主轴齿轮支撑在滚针轴承上，因此可相对转动。

爪形连接器的换挡啮合套通过一个花键毂与主轴固定连接。换挡时将换挡啮合套推移到换挡齿轮的换挡啮合齿上。此时换挡啮合套的内卡爪卡入齿轮的外卡爪内。

换挡时推移主轴上的换挡啮合套。只有主轴与通过轴承支撑在其上的齿轮转速同步时，才能实现无噪声换挡：

· 换高挡时必须通过中间连接件对这个自由齿轮进行制动，

· 换低挡时必须通过节气门部分开起加速。

1挡至5挡时动力通过中间轴传递至主轴。6挡是直接挡，动力从输入轴直接传递到主轴。两个轴通过一个换挡啮合套连接。挂入倒车挡时，动力从中间轴经过中间齿轮传递到主轴。

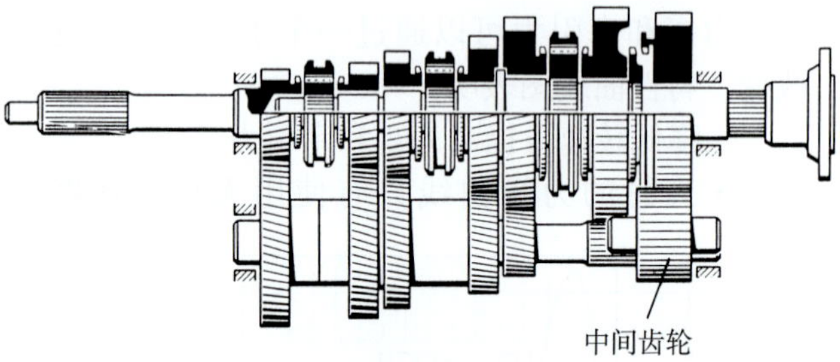

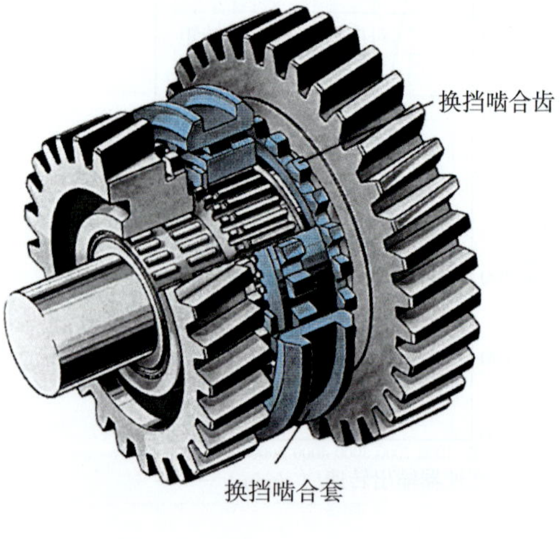

变速器基本功能

变速器内的齿轮

- 改变转速和转矩，
- 改变转动方向。

改变转速和转矩

改变转速

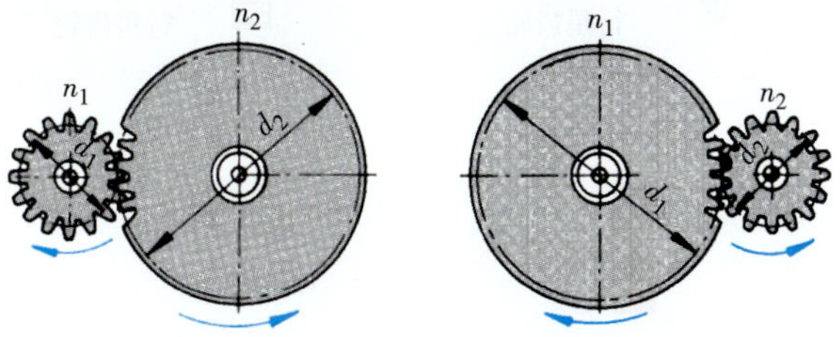

两个节圆上圆周速度大小相同。因此一对齿轮传动的计算公式与带传动相同。

$$n_1d_1=n_2d_2$$

但是从动齿轮的转动方向相反。

齿轮齿数比与节圆直径之比相同。因此可表示为

$$n_1z_1=n_2z_2$$

$$\frac{n_1}{n_2}=\frac{z_2}{z_1}$$

齿轮传动比计算公式

$$i=\frac{n_1}{n_2}=\frac{z_2}{z_1}$$

改变转矩

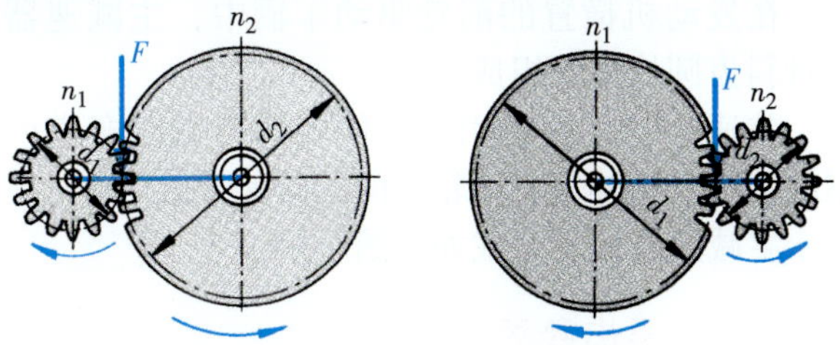

每个齿轮都是一个承受作用力的旋转杠杆。

齿轮 1	齿轮 2
$M_1=\frac{F_1d_1}{2}$	$M_2=\frac{F_2d_2}{2}$
$F_1=\frac{2M_1}{d_1}$	$F_2=\frac{2M_2}{d_2}$

$$F_1=F_2$$

$$\frac{2M_1}{d_1}=\frac{2M_2}{d_2}$$

$$\frac{M_1}{M_2}=\frac{d_1}{d_2}=\frac{1}{i}$$

传动比计算公式

$$i=\frac{M_2}{M_1}$$

改变转动方向

前进挡

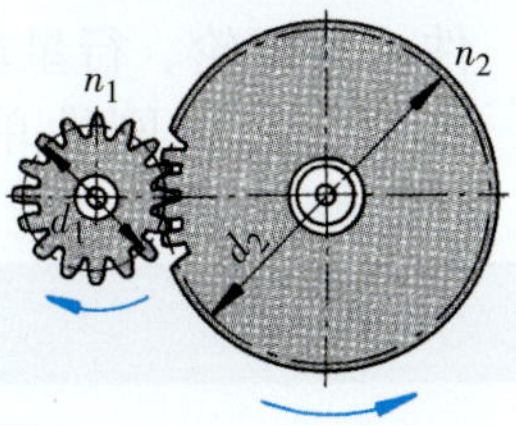

驱动齿轮与从动齿轮的转动方向相反。

倒车挡

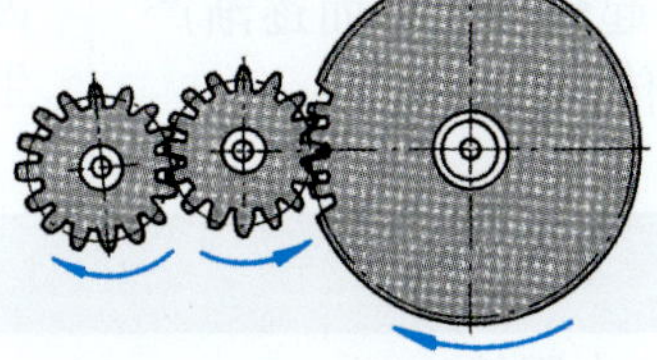

驱动齿轮与从动齿轮的转动方向相同。中间齿轮只改变转动方向，不改变传动比。

3.2.2 主减速器

主减速器与差速器一起构成一个结构单元。

主减速器：主减速器以固定传动比降低来自变速器的转速并提高转矩。在轿车中传动比：4:1，在货车中传动比：5:1~10:1。

锥齿轮主减速器使转动方向改变 90° ，主动齿轮（小锥齿轮）驱动被动齿轮（大锥齿轮）。

在发动机横置的前轮驱动车辆中，主减速器由一对斜齿圆柱齿轮组成。

差速器：差速器用于补偿转弯行驶时弯道内侧驱动轮与弯道外侧驱动轮之间的转速差。

主减速器计算公式如右图所示：

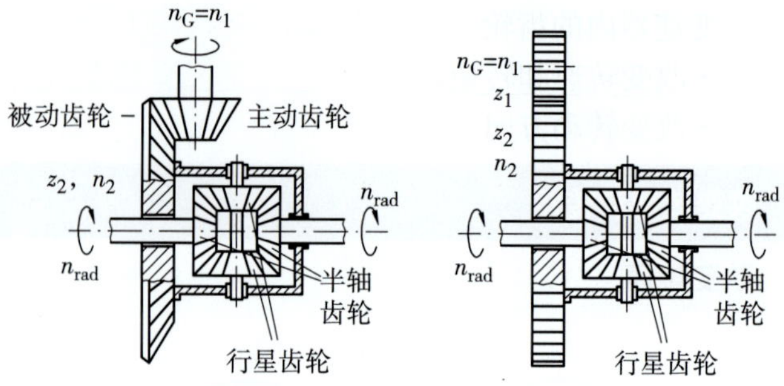

$$i_A=\frac{z_2}{z_1}=\frac{n_1}{n_2}=\frac{M_2}{M_1}$$

3.2.3 行星齿轮器

单排行星齿轮组

从行星齿轮组的名称中可知其结构。像行星围绕太阳旋转一样，有多个齿轮（行星齿轮）围绕着一个中心齿轮（太阳轮）旋转。

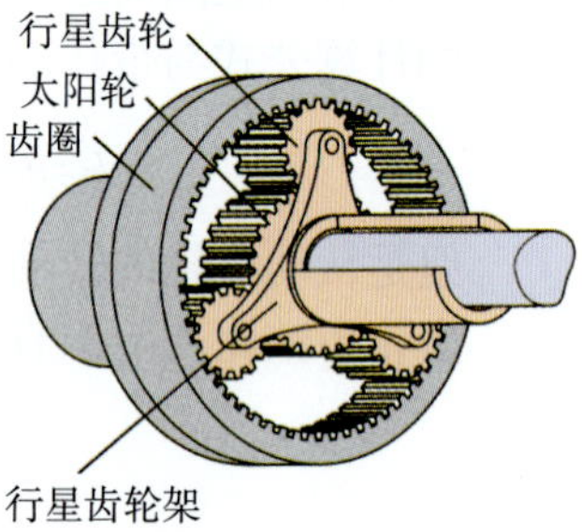

单排行星齿轮组成部件

- 太阳轮，
- 用于支撑行星齿轮轴的行星齿轮架，
- 三个或四个行星齿轮，
- 齿圈，

所有齿轮都以可转动方式支撑在轴上且始终彼此啮合。为产生一个传动比，必须固定住某一变速器元件。传动比大小取决于固定住哪个变速器部件。

功能元件的相互作用

1 挡

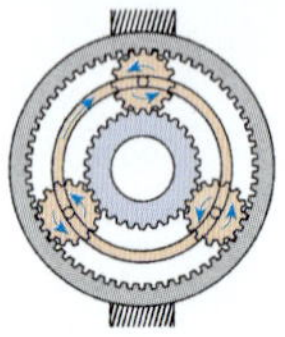

驱动：太阳轮

固定制动：齿圈

动力输出：行星齿轮架

行星齿轮通过太阳轮来驱动。行星齿轮在内齿齿圈上滚动并带动与输出轴连接的行星齿轮架一起转动。从而逐渐产生一个大传动比。

2 挡

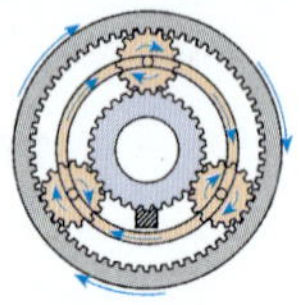

驱动：齿圈

固定制动：太阳轮

动力输出：行星齿轮架

齿圈驱动行星齿轮。行星齿轮在固定制动的太阳轮上滚动并通过行星齿轮轴带动行星齿轮架一起转动。从而逐渐产生一个较小的传动比。

3 挡

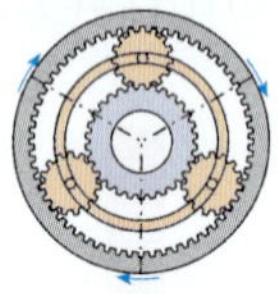

驱动：太阳轮

固定制动：太阳轮与齿圈连接在一起

动力输出：行星齿轮架

行星齿轮不滚动，仅用作太阳轮与齿圈之间的传动部件。太阳轮、行星齿轮、行星齿轮架作为刚性单元一起旋转。传动比为 1:1。

倒车挡

驱动：太阳轮

固定制动：行星齿轮架

动力输出：齿圈

挂入倒车挡时，行星齿轮使齿圈与驱动装置的转动方向相反。从而逐渐产生一个大传动比。

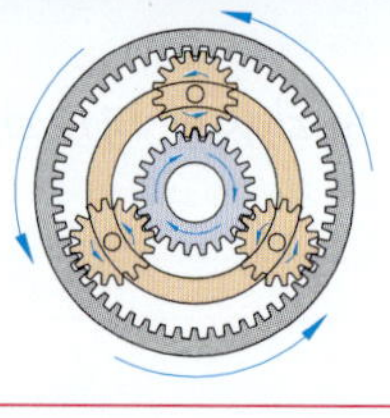

组合式行星齿轮器

单排行星齿轮组需要多个输入轴和输出轴。因此不适合作为机动车变速器使用。通过组合和连接两个或多个单排行星齿轮组可以形成结构上更有利的变速器。

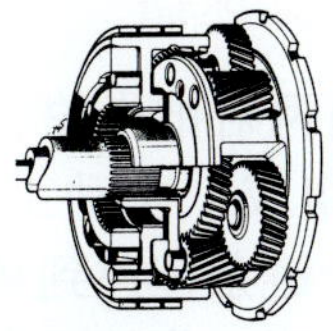

拉维娜（Ravigneaux）齿轮组

拉维娜齿轮组由两个单排行星齿轮组构成，包括以下部件：

- 一个小太阳轮和一个大太阳轮，
- 一个行星齿轮架以及短行星齿轮和长行星齿轮，
- 一个齿圈。

齿轮组由第二个太阳轮的轴驱动。输入轴与齿圈连接。

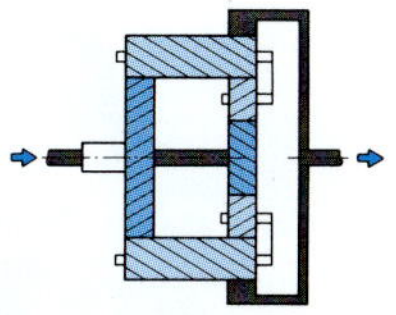

辛普森（Simpson）齿轮组

辛普森齿轮组由两个单排行星齿轮组构成，共用一个太阳轮。

行星齿轮相同。输入轴驱动第一个齿圈，第二个齿圈输出动力。

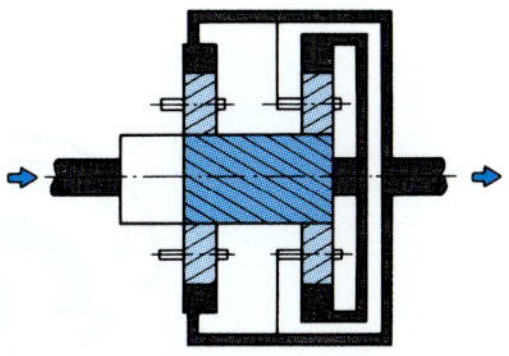

威尔逊（Wilson）齿轮组

威尔逊齿轮组由三个串联单排行星齿轮组构成。动力由后部齿轮组的行星齿轮架输出。

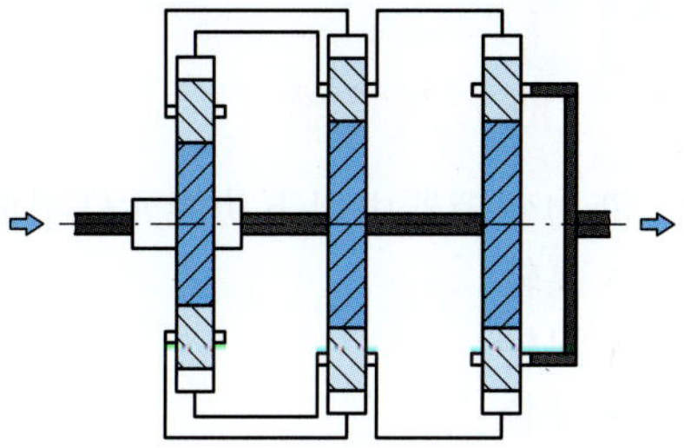

换挡执行元件

不同传动比通过制动带和多片离合器实现。这些部件通过伺服活塞以液压方式控制。

多片离合器，多片制动器

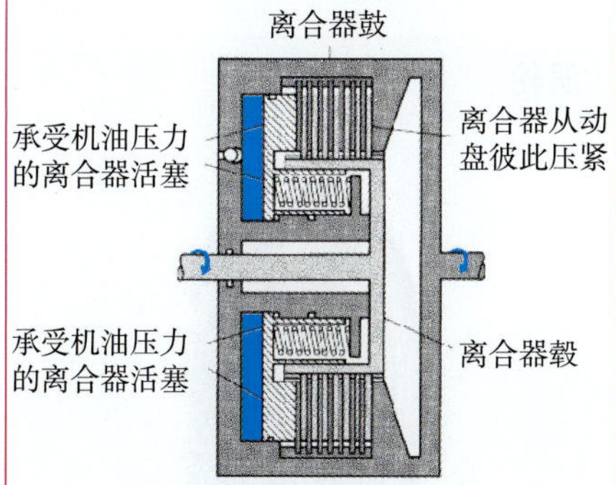

多片离合器带有外离合器片和内离合器片，离合器片以液压方式压紧在一起后可传递转矩。外离合器片随离合器壳体一起转动，内离合器片嵌入槽内随从动轴一起转动。在多片制动器中离合器部件与固定不动的壳体固定连接。

制动带

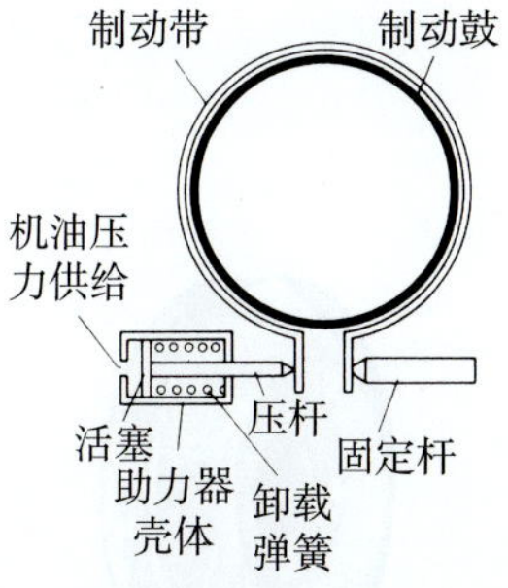

制动带用于使一个行星齿轮组部件相对另一个齿轮组部件保持不动。制动带一端固定在壳体上，另一端通过一个伺服活塞操纵。压力油作用于伺服活塞上，伺服活塞拉紧制动带并固定制动相应部件。

单向离合器

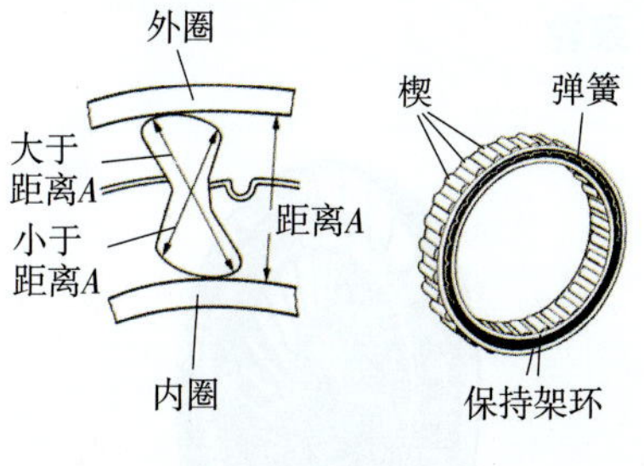

单向离合器只能向一个转动方向传递转矩，因为在此夹紧滚柱通过内圈的螺旋形滚道压向外圈并产生摩擦。

3.2.4 无级机械变速器

无级变速器由两对锥齿轮、一对主动工作轮和一对从动工作轮组成。主动工作轮对由发动机驱动。转矩通过一个链条传递到从动工作轮对上。工作轮组各有一个锥形工作轮可在支撑轴上沿轴向移动。因此可以无级调节链条的运转直径，从而可以无级调节传动比。为使链条保持张紧状态，必须均匀调节两个工作轮。

低速传动比

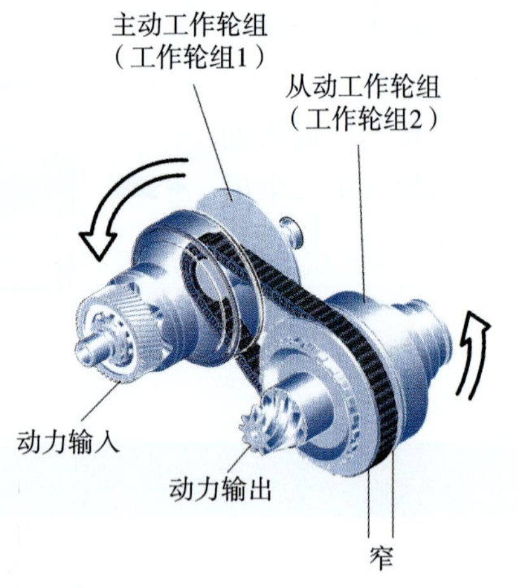

高速传动比

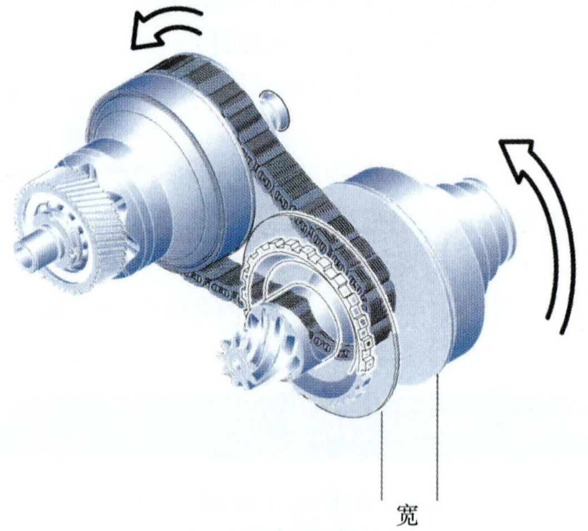

3.2.5 液力变矩器

液力变矩器由以下功能元件组成：

- 泵轮，
- 涡轮，
- 导轮，
- 壳体，
- ATF 油。

泵轮

泵轮与发动机动力总成连接。泵轮驱动ATF油流动。

导轮

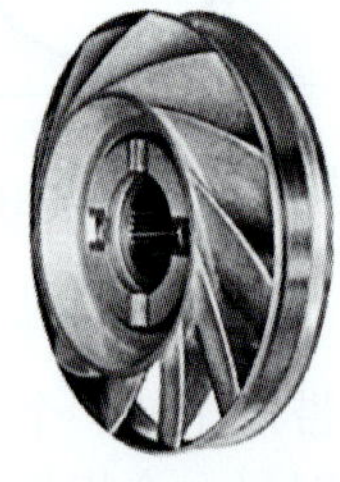

导轮布置在泵轮与涡轮之间。由于带有单向离合器，因此导轮只能向发动机转动方向转动。反向转动时导轮锁止。导轮将 ATF 油引回到泵轮。

涡轮

涡轮接收发动机转矩并继续传递给行星齿轮器的变速器输入轴。

功能元件的相互作用

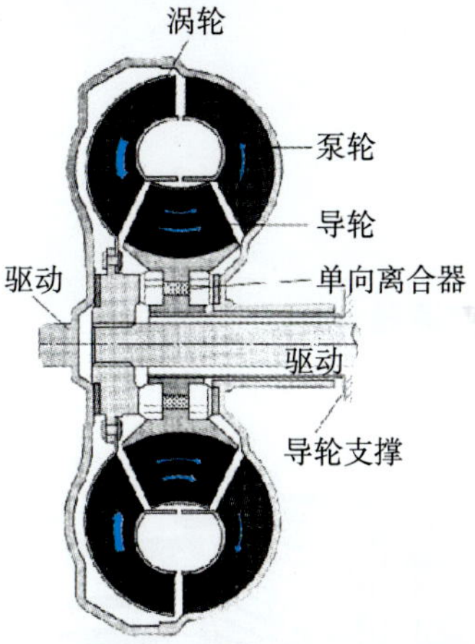

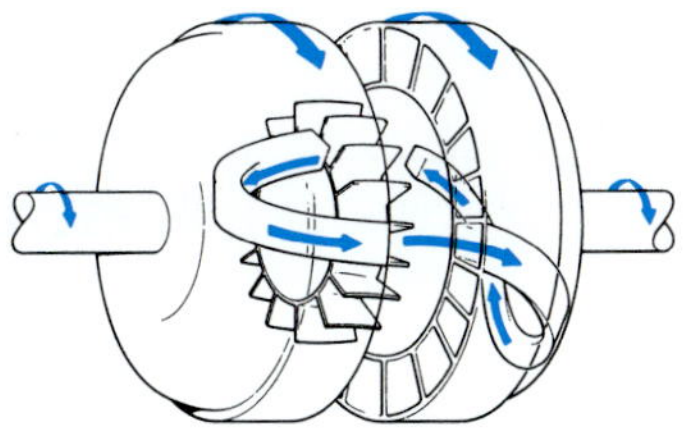

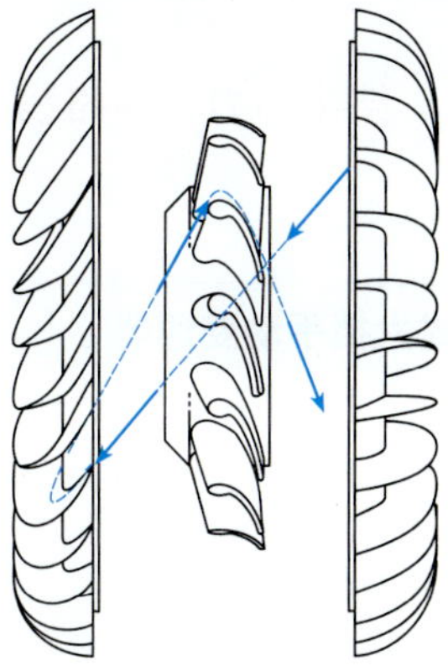

由发动机驱动的泵轮通过离心力将位于泵轮叶片之间的油向外压。油高速流入涡轮内。油流动的能量在涡轮内通过在弯曲状叶片流道内改变方向转化为涡轮动能。油流低速时几乎以与泵轮转动方向相反的方向离开涡轮。流体冲击导轮叶片并驱使导轮逆着泵轮和涡轮转动方向转动。但是这个转动方向将通过单向离合器锁止。导轮再次使油流改变方向并以合适的角度流入泵轮内。

泵轮与涡轮之间的转速差越大，油流经过涡轮叶片时方向变化越大，冲击导轮叶片油流更多且转矩提升越多。

涡轮转速：0

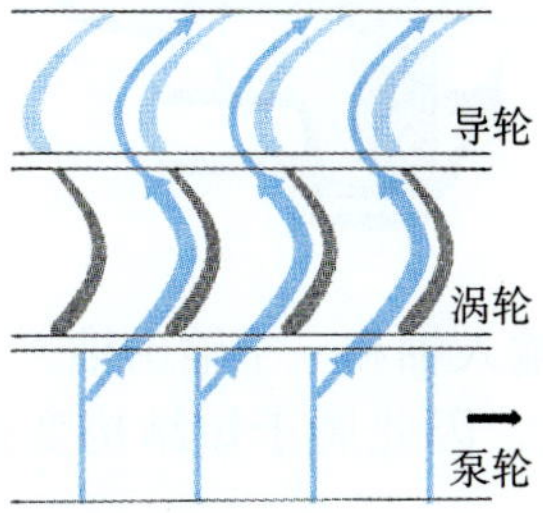

转速差较高：

·油流经过导轮叶片时方向变化较大。

·高速滞压力反作用于涡轮。

·转矩提高到发动机转矩的2~3倍。

涡轮转速提高

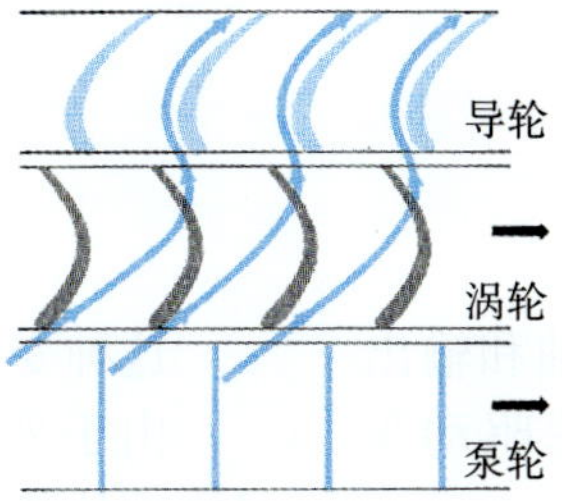

转速差逐渐减小：

·油流入方向与涡轮转动方向叠加。涡轮叶片引起的油流方向变化越来越小。

·速滞压力较小使作用在涡轮叶片上的扭转力减小。

·变速器侧的转矩越来越小。

涡轮转速和泵轮转速几乎相同

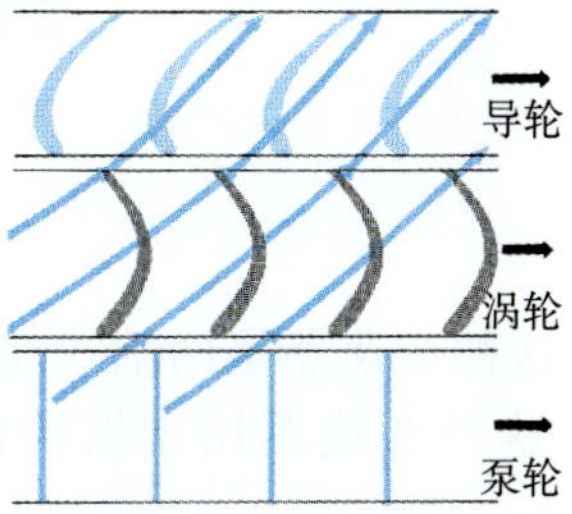

涡轮转速和泵轮转速几乎相同：

·油流不再冲击导轮叶片正面，而是从背面流入。

·没有附加扭转力作用在涡轮上。导轮从单向离合器上脱开并自由转动。

·转矩以1:1比例继续传递。变矩器像离合器一样工作。

3.3 传动装置

3.3.1 手动变速器

3.3.1.1 结构和力传递路线

结构

两轴式六挡手动变速器

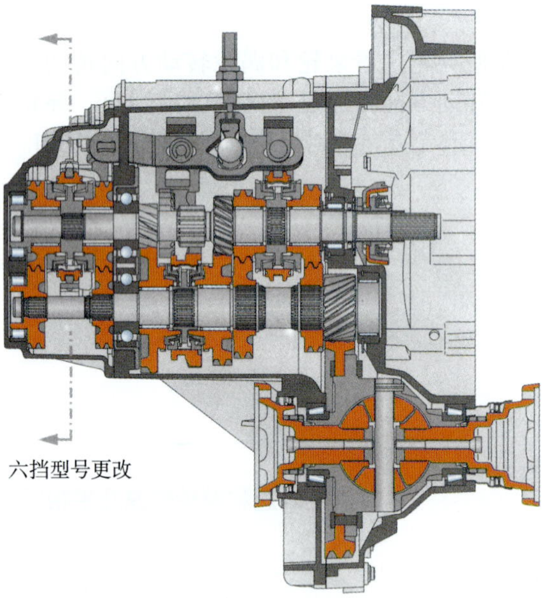

这种变速器是两轴式变速器：输入轴和输出轴。这种变速器用于发动机横置的前轮驱动车辆。

输入轴和输出轴上的齿轮采用斜齿形式，始终处于啮合状态。倒车挡采用直齿圆柱齿轮。

• 输入轴：1挡和2挡齿轮与输入轴固定连接，

• 3挡和4挡以及5挡和6挡换挡齿轮通过滚针轴承支撑，同时通过同步器毂和纵槽花键与输入轴连接。

• 输出轴：3挡和4挡以及5挡和6挡齿轮通过纵槽花键与输出轴固定连接。

1挡和2挡换挡齿轮通过滚针轴承支撑，同时通过同步器与输出轴连接。

四轴式六挡手动变速器

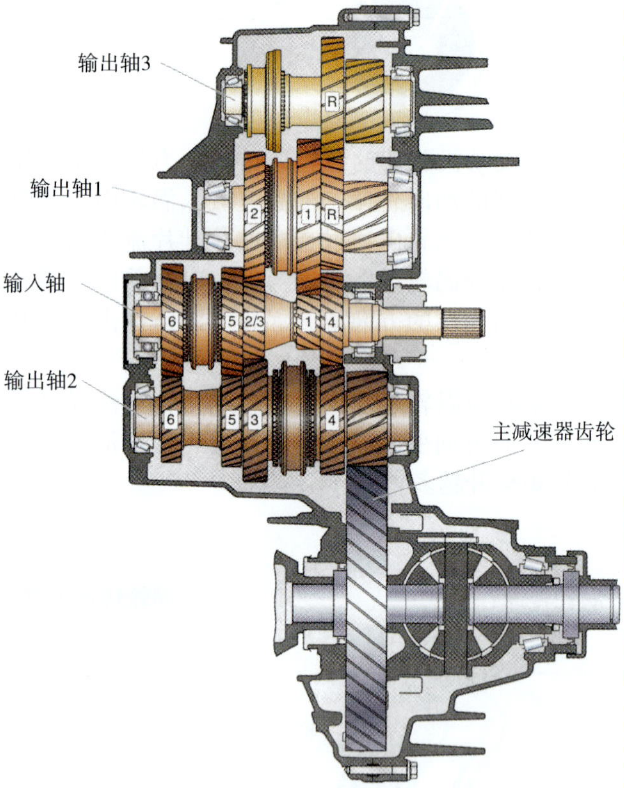

这种变速器有一个输入轴和三个输出轴。

由于采用四轴形式，因此属于短结构变速器且空间优势明显。

为看得更清楚，在变速器示意图中变速器轴位于一个平面内。

三个输出轴上的小齿轮与主减速器齿轮啮合。变速器有四个轴。

• 输入轴：5 挡和 6 挡换挡齿轮布置在输入轴上。

2挡/3 挡、1 挡和4挡齿轮与输入轴固定连接。

• 输出轴 1：1挡和2挡换挡在输出轴1上进行。

• 输出轴 2：3挡和4挡换挡在输出轴2上进行。

• 输出轴 3：倒车挡换挡齿轮位于该轴上。

力传递路线

两轴式六挡手动变速器

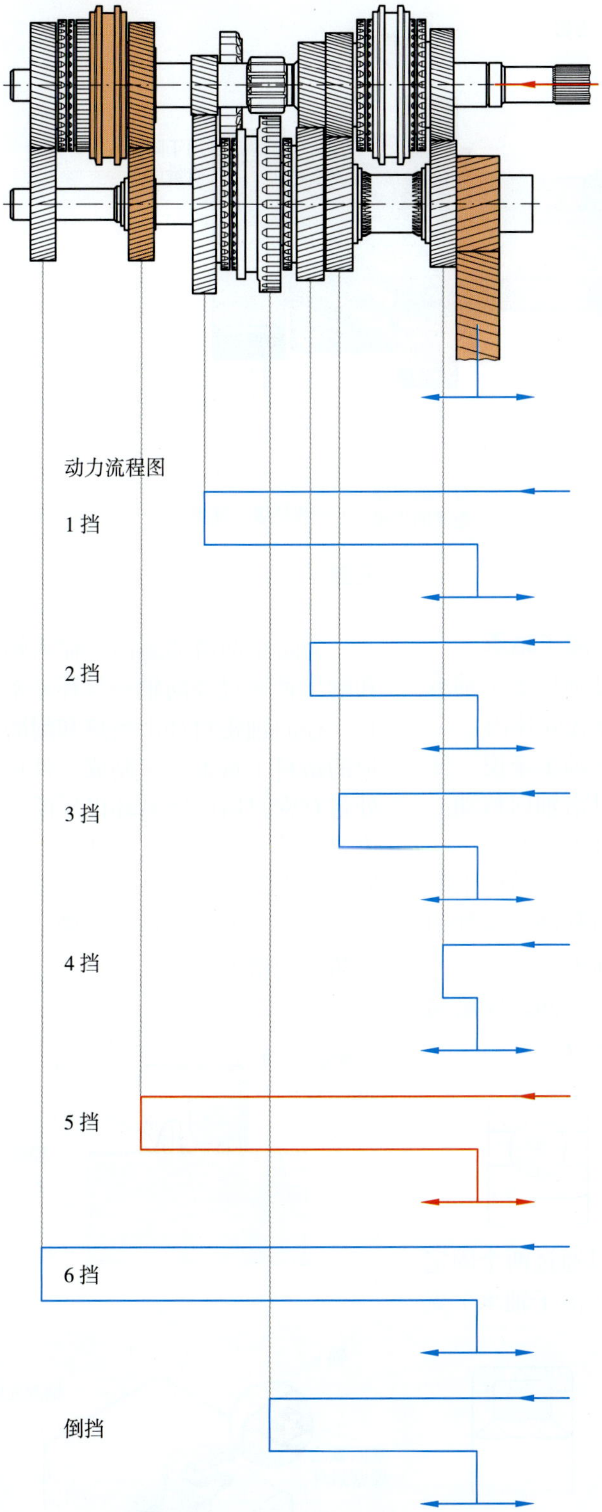

1挡、2挡和6挡换挡在输出轴上进行，3挡、4挡和5挡换挡在输入轴上进行。倒车挡齿轮位于输入轴中间一个独立的轴上。

转矩通过输出轴齿轮传递到主减速器齿轮上。

四轴式六挡手动变速器

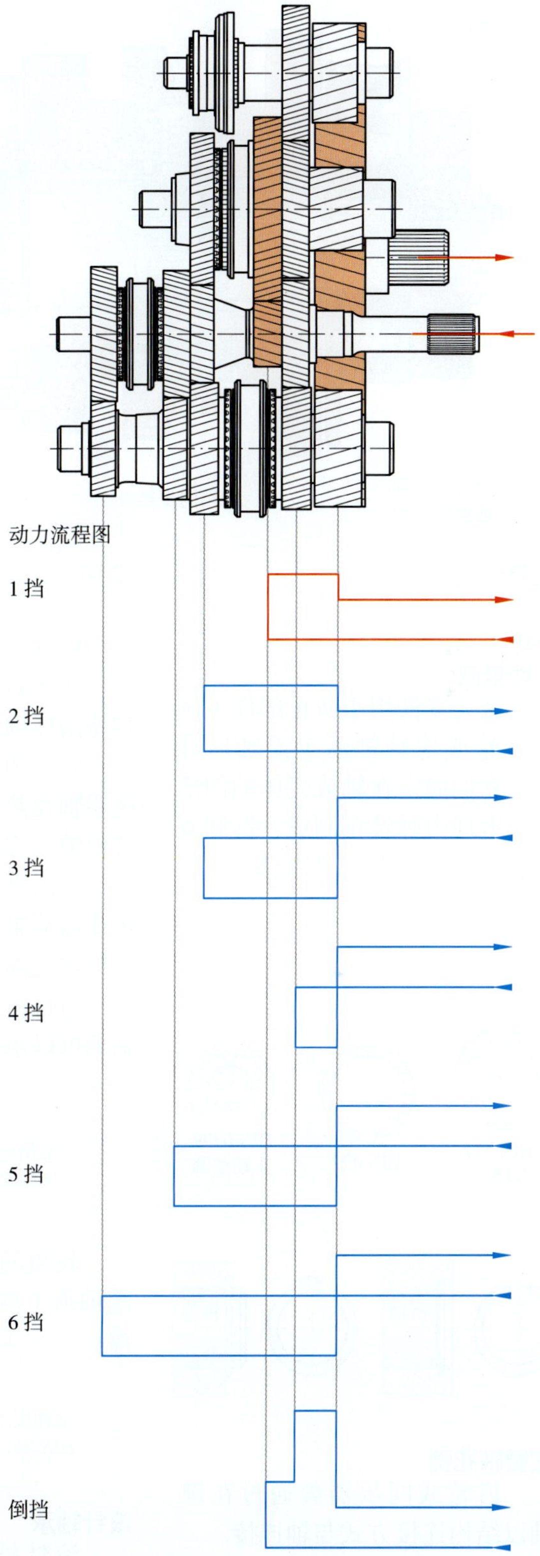

发动机转矩通过输入轴传到变速器内，然后根据所挂挡位通过其中一个输出轴传递给主减速器齿轮。倒车挡时动力通过1挡换挡齿轮传递，在此1挡换挡齿轮以不传递动力的形式与输出轴1连接。

3.3.1.2 变速器组件和结构单元

在此以一个输出轴为例介绍主要组件和结构单元。

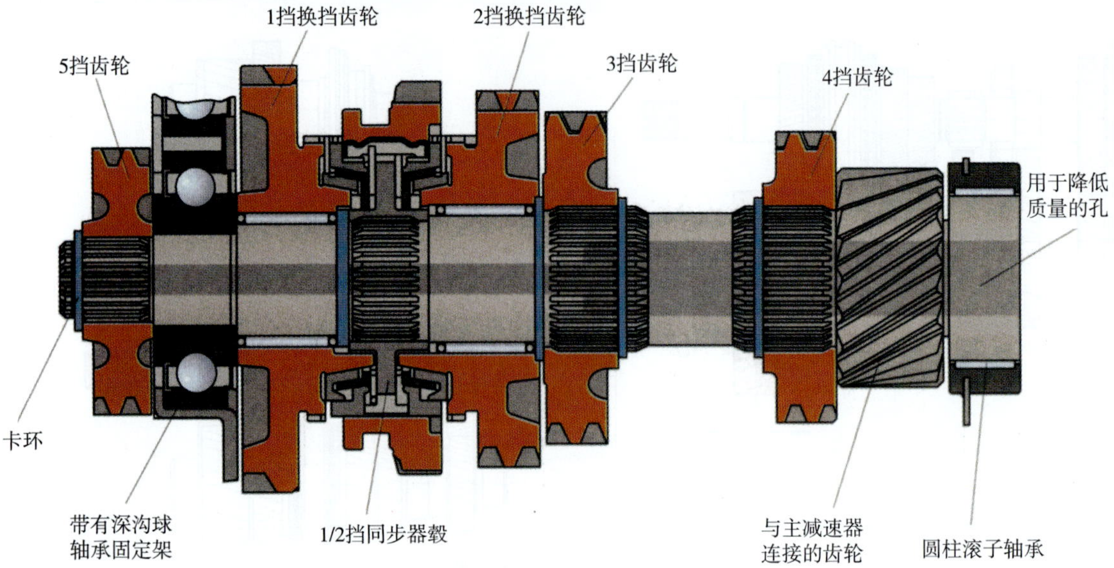

连接

卡环，止动垫圈

这类零件用于防止部件（例如齿轮或滚动轴承）沿轴向移动。它们固定在轴或壳体的凹槽内。卡环由弹簧钢制成，拆卸或安装时必须用专用手钳撑开或压回。

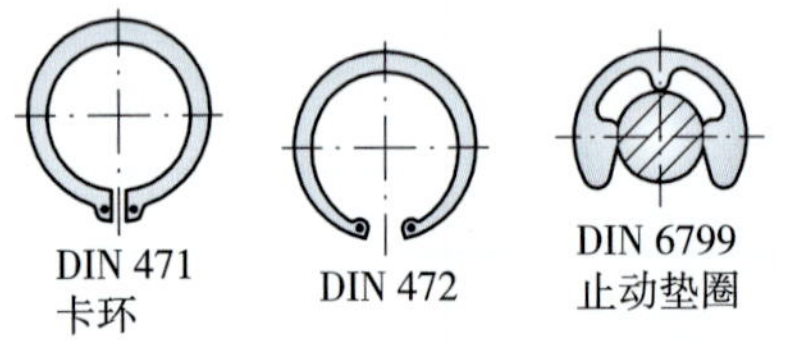

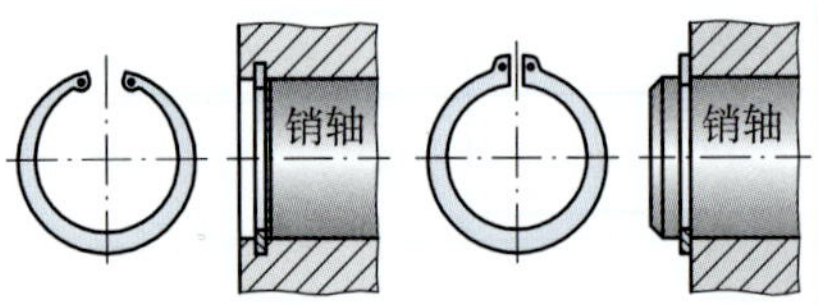

花键轴花键

齿轮或同步器毂通过花键轴以结构连接方式与轴连接。

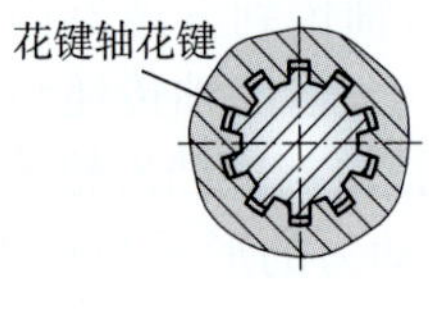

支撑

深沟球轴承，圆柱滚子轴承

变速器轴通过圆柱滚子轴承和深沟球轴承支撑在壳体内。

对于圆柱滚子轴承来说，变速器轴受热时可以沿轴向移动。这种轴承称之为自由端轴承。

深沟球轴承通过其结构来阻止变速器轴沿轴向移动。这种轴承称之为固定端轴承。

与自由端轴承不同，固定端轴承可以承受轴向力。

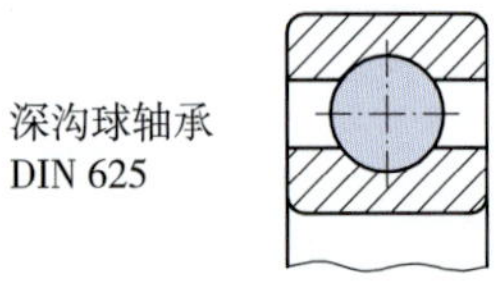

较短的轴可以通过两个固定端轴承（例如圆柱滚子轴承）支撑。

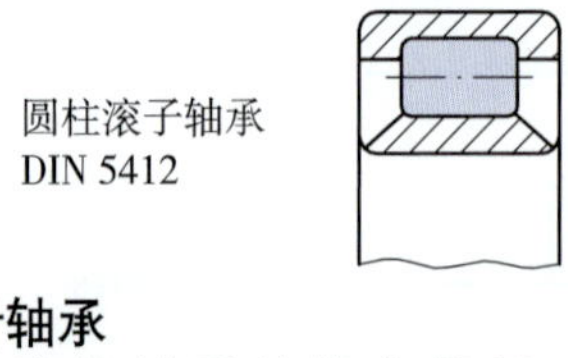

滚针轴承

滚针轴承的优点是尺寸较小。滚针位于保持架内，直接在轴上滚动。

密封

为防止润滑油溢出，输入轴和输出轴通过径向轴密封环来密封。径向轴密封环由耐热和耐磨损的塑料（特氟隆）制成。外径处带有密封唇的密封环以压配合方式安装在壳体内。因此使密封唇压紧在轴表面上。密封唇带有与方向有关的螺旋形回流槽，从而防止润滑油溢出。

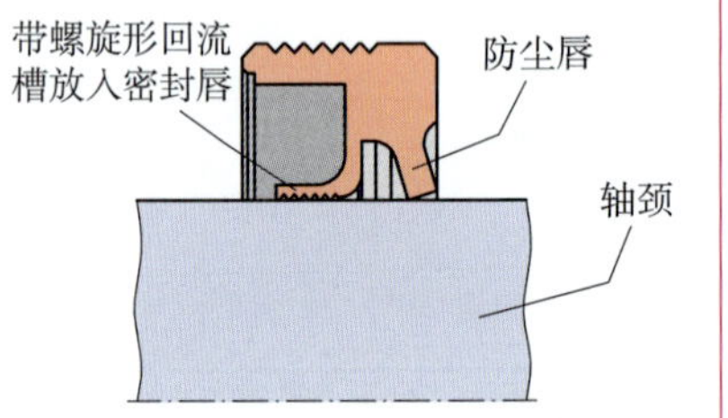

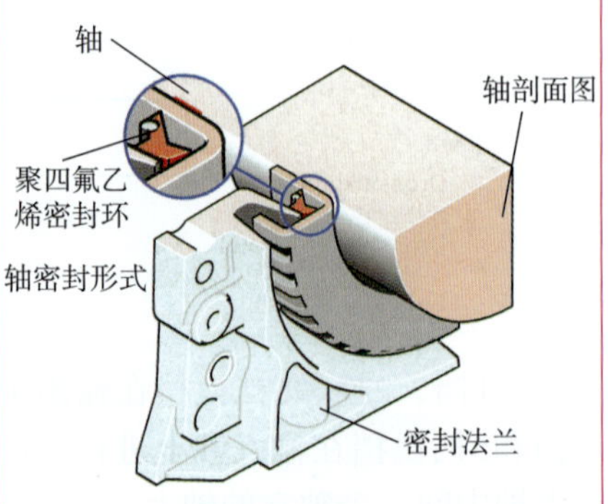

同步器

为换到某一挡位，必须将换挡啮合套推到换挡齿轮的换挡啮合齿上。同步器的任务是使待换挡齿轮与啮合套之间的转速同步。换挡过程中通过换挡齿轮上的摩擦锥面和同步环上的摩擦锥面实现转速同步。

因为换挡时转速差不大，所以 4挡、5挡和6挡采用单锥式系统。单锥式同步器由同步环和换挡齿轮锥面组成。1挡、2挡和3挡配有三锥式同步器。由于摩擦面积和传热面积增大，因此转速差较大时同步时间较短。三锥式同步器由一个外环、一个中间环、一个内环（第二同步环）和换挡齿轮摩擦锥面组成。

1—同步环
2—滑块
3—连接毂
4—同步器毂
5—啮合套

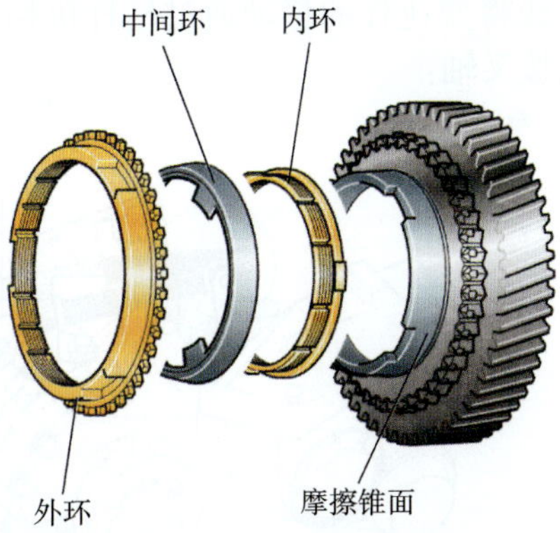

同步器毂2、4	换挡啮合套（啮合套）5	同步环1	连接毂3
同步器毂以不扭转方式与换挡齿轮轴连接。同步器毂随轴一起转动。同时用于三个滑块导向。	换挡啮合套以不扭转方式与同步器毂连接。同步过程中啮合套推移到连接毂的换挡啮合齿上。固定弹簧将滑块压向换挡啮合套的凹槽。	同步环内侧带有摩擦锥面，外侧带有锁齿。同步环由特殊黄铜制成。同步环上有三个缺口用于限制同步环本身相对滑块扭转。	连接毂由摩擦锥面、换挡齿轮和换挡啮合齿组成。
		同步环内锥面与连接毂外锥面一起构成一个锥形摩擦离合器。	

同步过程

空转

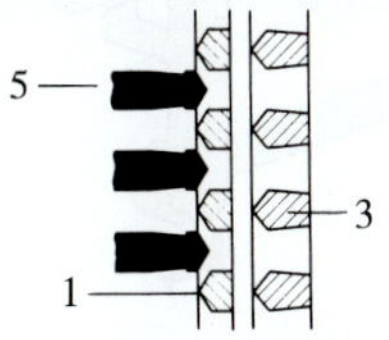

1—同步环
2—压块
3—连接毂
4—同步器毂
5—啮合套

空转时换挡啮合套保持在中间位置，不与连接毂接合。齿轮在轴上自由转动。

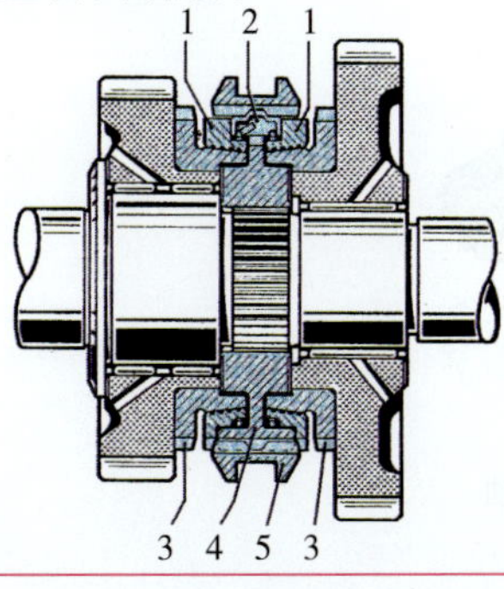

同步位置

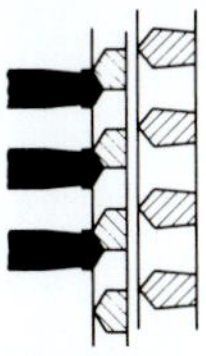

换挡时，换挡啮合套带动滑块使同步环压向连接毂外锥面。由于待接合部件之间存在转速差，因此同步环相对转动至同步器毂上的限位位置。相对转动使同步环齿端斜面与换挡啮合套齿端斜面相抵且彼此进一步压紧。因为同步环齿端因锁止而无法继续移动，所以换挡啮合套也无法继续移动。

换挡位置

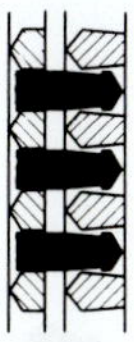

如果连接毂与换挡啮合套之间达到同步转速，则同步环和换挡啮合套齿端上的圆周力消失。换挡啮合套上的持续作用力使同步环返回中间位置。锁止斜面脱开。换挡啮合套可以推移到连接毂的换挡啮合齿上。

3.3.1.3 变速器操纵机构

为避免振动，变速器装备了拉线换挡操纵机构。

变速杆与变速器之间通过两个拉线连接：

· 换挡操纵拉线，

· 选挡操纵拉线。

拉线将变速杆的移动通过杠杆机构传递给变速器换挡拨叉轴：

· 变速杆机械机构转换驾驶员的换挡操纵。

– 左右移动用于选择换挡拨叉凹槽

– V 前后移动用于换挡

– 压下并移动用于换到倒车挡

· 拉线将换挡杆机械机构的移动传递到变速器换挡拨叉轴上。

· 通过换挡拨叉轴选择待挂挡位的齿轮。

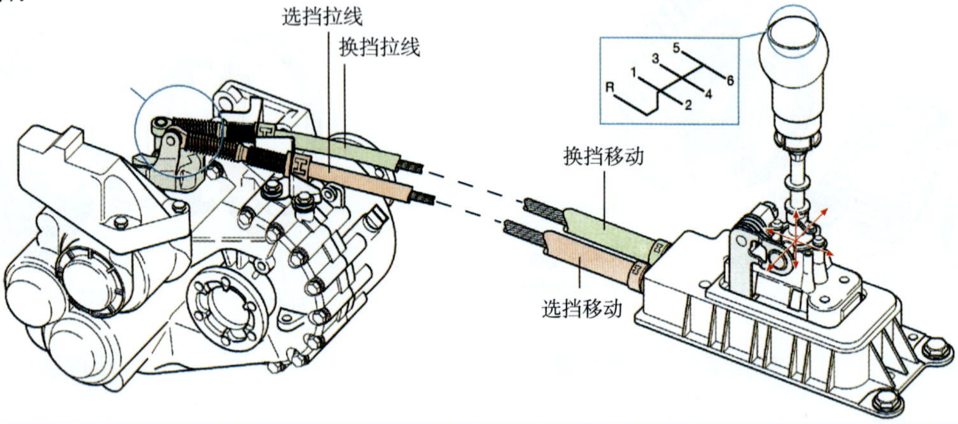

左右移动

变速杆左右移动通过选挡拉线转换为换挡拨叉轴的上下移动。换挡拨叉轴移动带动换挡拨爪上下移动。所选齿轮对的换挡拨爪卡入相应换挡拨叉的拨口内。

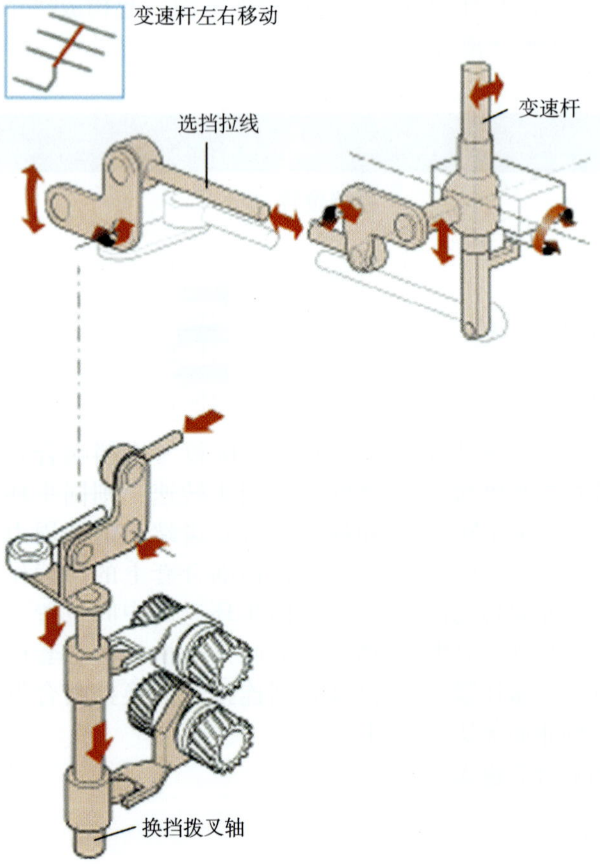

前后移动

变速杆前后移动通过换挡拉线转换为换挡拨叉轴转动。换挡拨叉轴转动时，换挡拨爪卡向侧面推动换挡拨叉及换挡啮合套。所选挡位的齿轮通过换挡啮合套与输出轴连接。从而换到所选挡位。

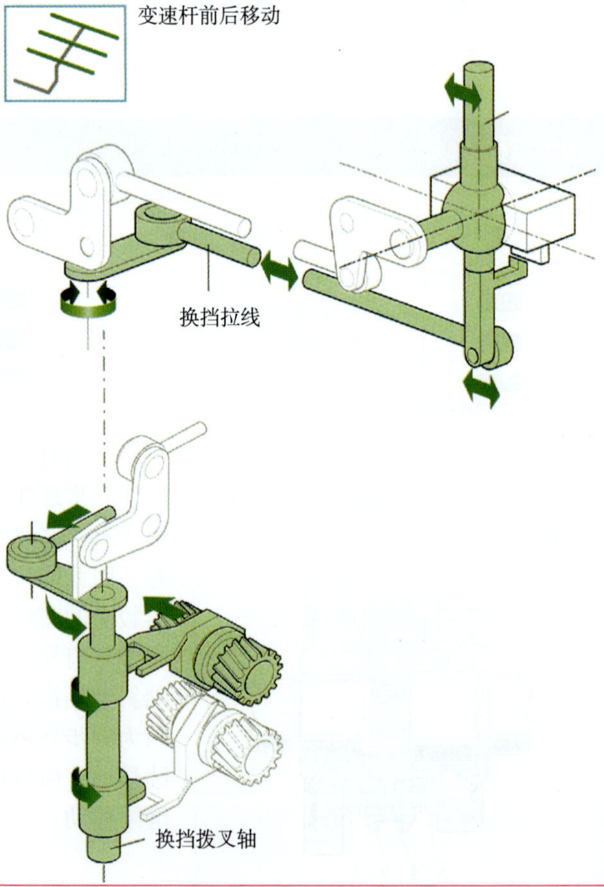

挂入倒车挡

挂入倒车挡时必须消除锁止。只有克服弹簧力压下变速杆后，才能消除锁止并挂入倒车挡。此后换挡弹簧将变速杆向上拉。

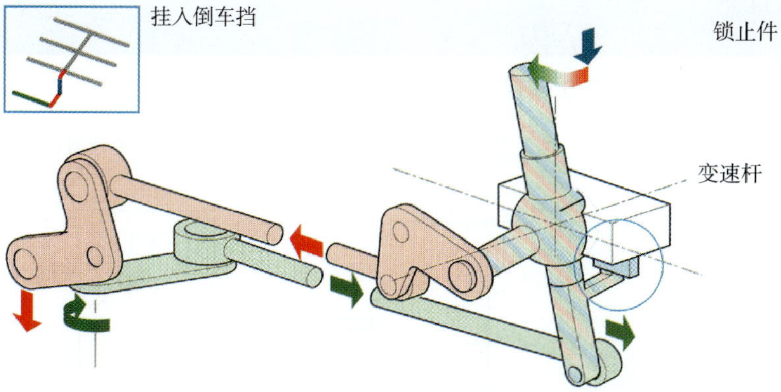

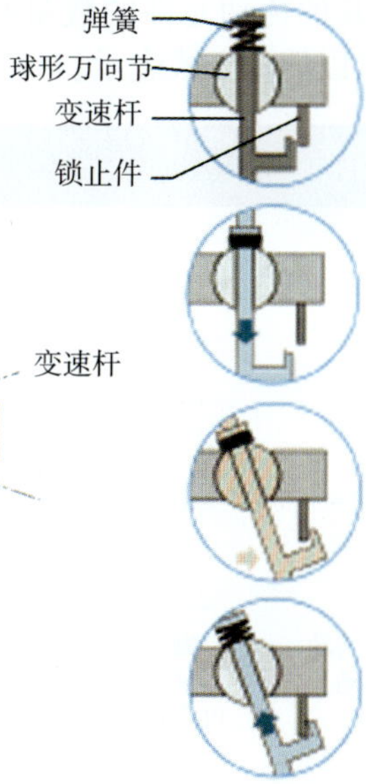

挂入倒车挡属于一种特殊情况，因为此时必须克服锁止才能挂入该挡位。

克服弹簧力压下时，变速杆经过球形万向节向下移动。

此后才能通过向左和向前移动消除锁止，以便挂入倒车挡。

弹簧将变速杆向上拉。

3.3.1.4 六挡手动变速器分析

图示变速器单元由以下功能单元组成：

- 离合器，
- 六挡手动变速器，
- 主减速器及差速器。

该离合器是一个单盘膜片弹簧离合器。

变速器有三根轴：

- 用于倒车挡的中间轴，
- 输入轴，
- 中间轴。

输入轴上有两个同步器及四个自由转动齿轮和两个固定连接齿轮，中间轴上有一个同步器及两个自由转动齿轮和固定连接齿轮。所有齿轮都采用斜齿形式，始终处于啮合状态。

根据齿轮布置可以确定各挡位：

- 1 挡：$z_{11} - z_{12}$
- 2 挡：$z_{21} - z_{22}$
- 3 挡：$z_{31} - z_{32}$
- 4 挡：$z_{41} - z_{42}$
- 5 挡：$z_{51} - z_{52}$
- 6 挡：$z_{61} - z_{62}$

主减速比：3.72

变速器传动比：

1 挡	3.57 = 50/14
2 挡	2.16 = 54/25
3 挡	1.45 = 48/33
4 挡	1.10 = 43/39
5 挡	0.89 = 31/35
6 挡	0.74 = 36/49
倒车挡	3.32 = 42/14 × 31/28

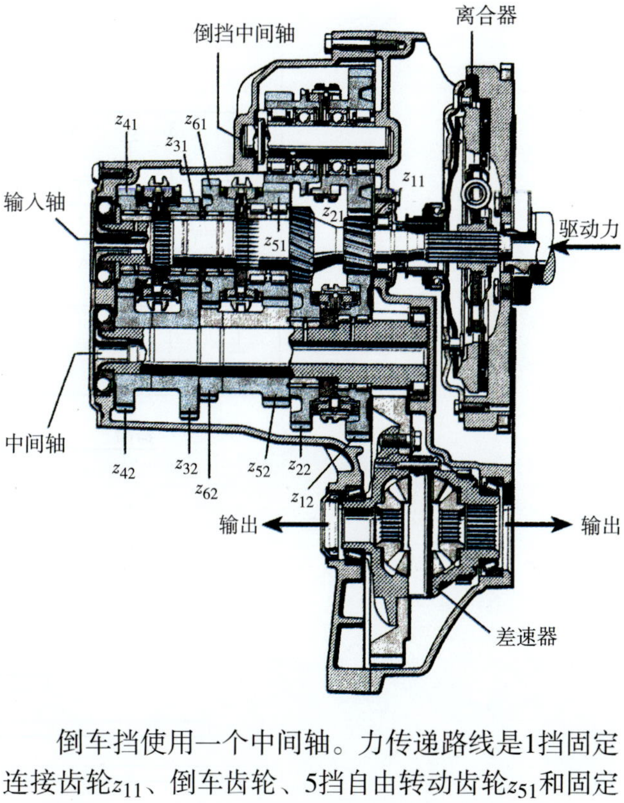

倒车挡使用一个中间轴。力传递路线是1挡固定连接齿轮z_{11}、倒车齿轮、5挡自由转动齿轮z_{51}和固定连接齿轮z_{52}。经过五个齿轮后转动方向发生改变。

圆柱齿轮主减速器及差速器由中间轴驱动。

传动装置示意图，动力流程图

为了获得有关结构和传动技术功能方面的信息，在此我们使用图样资料和示意图：

·传动装置示意图

传动装置示意图以示意图形式表示传动装置结构以及轴、齿轮、离合器和其他传动元件的数量和位置。这些部件通过图形符号以简化方式表示。在此不给出详细设计结构。

·动力流程图

动力流程图以虚线形式表示从轴经过齿轮至下一个轴的力传递路线。动力流程图也表示传动装置的功能。

符号，图形符号

齿轮，离合器

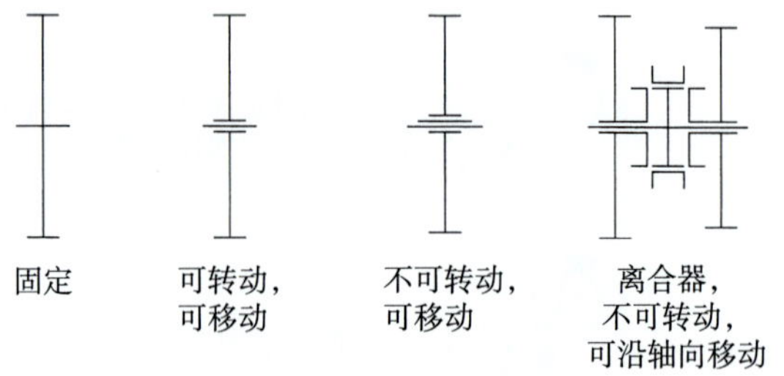

传动装置

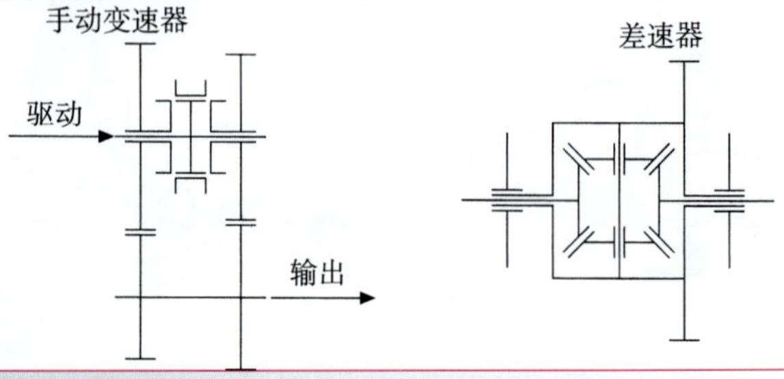

动力流程图

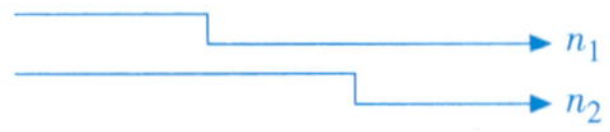

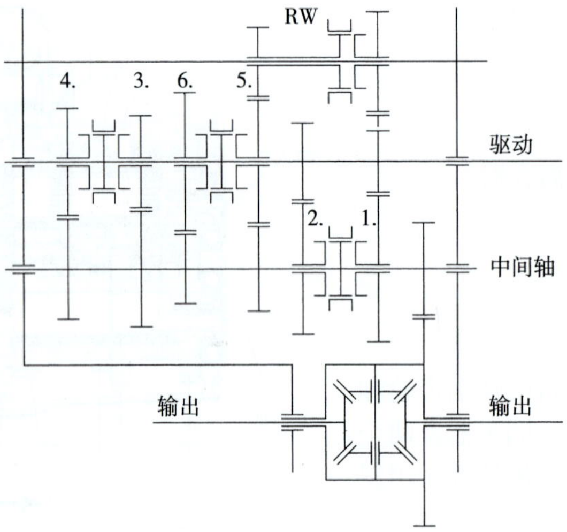

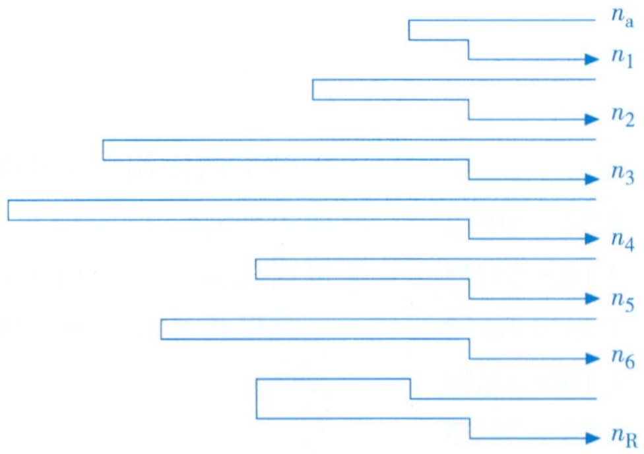

➔ 发动机特性曲线，驱动轮上的力矩、牵引力曲线图和轮胎磨损曲线图请查阅CD-ROM

特征值计算

例如

1.离合器　已知：离合器从动盘

外径	D=250mm；F_N=5500N
内径	d=170mm
根据曲线图	μ=0.3
求：	离合器转矩

解：

$$r_m = \frac{D+d}{4} \qquad M_K = F_N \mu z r_m$$

$$r_m = \frac{250mm+170mm}{4} \qquad M_K = 5500N \times 0.3 \times 2 \times 0.105m$$

$$r_m = 105mm \qquad M_K = 346.5N \cdot m > M_{Motor}$$

2.变速器　已知：输入转速 n_{an} = 2400r/min

齿数	挡位 1	2	3	4	5	6
$z_{主动}$	14	25	33	39	35	49
$z_{从动}$	50	54	48	43	31	36

主减速比：i_{Achs}=3.72

轮胎 205/50 R 16 T：r_{dyn}=297.4mm

求：变速器传动比i_g；总传动比i_{ges}

变速器输出转速n_{ab}; 车轮转速n_{rad}

2400r/min和5600r/min 时所有挡位下的车速

公式	单位	挡位 1	2	3	4	5	6
$i_g = \frac{z_{从动}}{z_{主动}}$	–	3.57	2.16	1.45	1.10	0.89	0.74
$i_{ges} = i_g i_{Achs}$	–	13.28	8.04	5.39	4.09	3.31	2.75
$n_{ab} = \frac{n_{an}}{i_g} = \frac{2400r/min}{i_g}$	r/min	672	1111	1655	2182	2697	3243
$n_{rad} = \frac{n_{an}}{i_{ges}} = \frac{2400r/min}{i_{ges}}$	r/min	181	299	445	587	725	873
$v_{(2400)} = \frac{3.6 \times 2 \times 297.4mm \times 3.14 \times 2400r/min}{1000 \times 60 \times i_{ges}}$	km/h	20.25	33.45	48.89	65.76	81.25	97.80
$v_{(5600)} = \frac{3.6 \times 2 \times 297.4mm \times 3.14 \times 5600r/min}{1000 \times 60 \times i_{ges}}$	km/h	47.25	78.05	116.43	153.43	189.59	228.20

3.3.2 自动变速器

在自动变速器中换挡移动由传感器探测并通报给控制单元。实际换挡过程由变速器控制单元起动并

- 以电动方式或
- 以电液方式

执行。

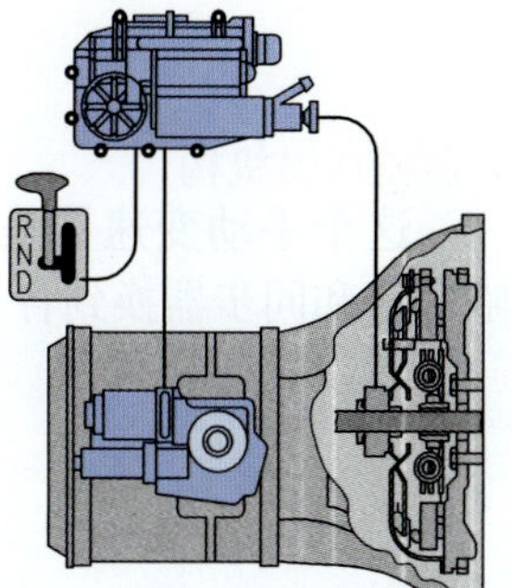

3.3.2.1 电动自动变速器

电动自动变速器结构与手动变速器基本相同。这种变速器具有电动执行机构：

- 一个带有集成式离合器控制单元的离合器执行机构，
- 一个选挡电动机和一个换挡电动机

驾驶员可以在无机械连接的情况下在变速杆与变速器之间切换。控制通过电子系统实现。

3.3.2.2 电液自动变速器

概述

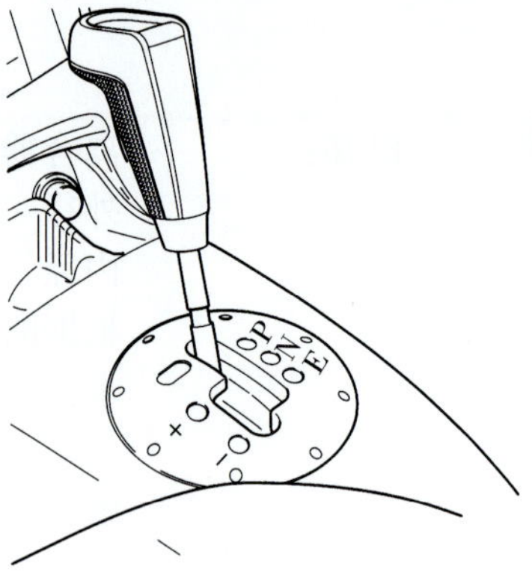

利用变速杆可以在自动换挡与手动换挡之间切换。在左侧换挡槽中可以手动执行换挡过程。短促向前推移（+）或向后拉动（-）变速杆时，变速器换高挡（+）或换低挡（-）（参见 Tiptronic 手动电控模式，第 45 页）。在右侧换挡槽处于位置E时，变速器根据发动机转速、车速和其他信息自动换到各前进挡位。

这种自动变速器由三个功能分组构成：

电子系统	液压系统	机械机构
变速杆移动由电位器和四个微型开关探测并通报给控制单元。发动机、ABS和显示单元的控制单元提供其他信息。 变速器控制单元控制离合器电磁阀和四个选挡电磁阀。	液压系统通过电磁阀 ·使离合器接合， ·选择换挡拨叉凹槽和 ·各挡位。 带有液压泵和蓄压器的液压单元产生必要的压力。	杠杆机构作用于换挡拨叉轴，拨叉轴使变速器换到相应的齿轮。

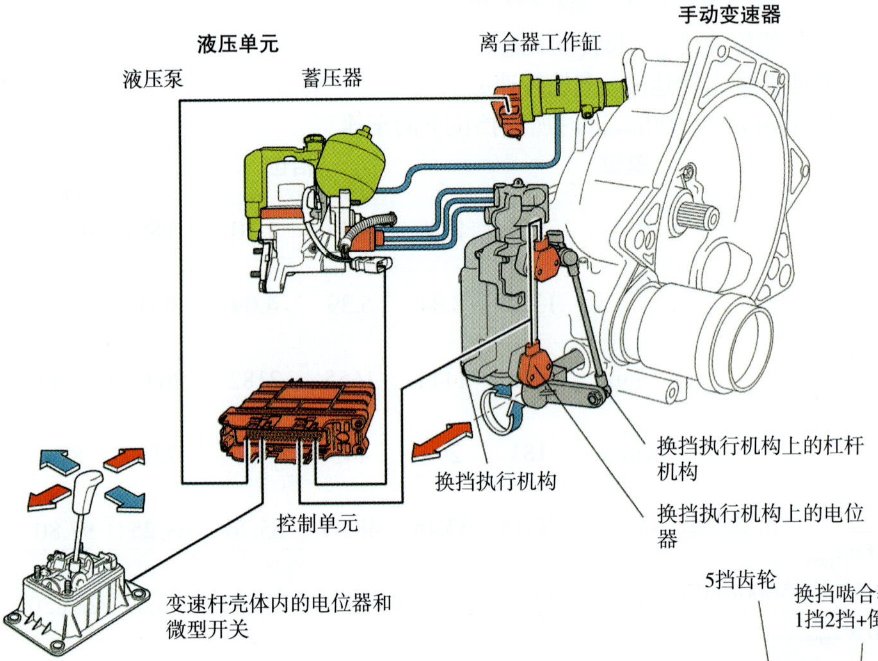

变速器机械机构

这个手动变速器是五挡变速器。在此通过换挡啮合套和同步器换到各个挡位。

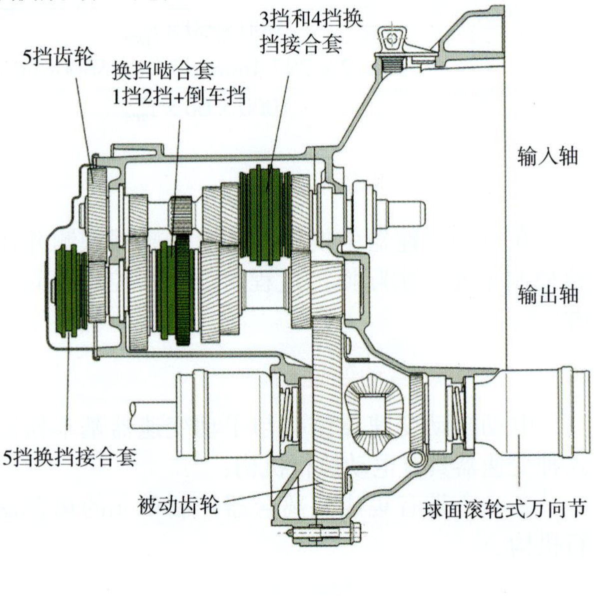

液压系统

离合器液压操纵机构

液压泵通过蓄压器提供离合和换挡所需要的39~55bar[⊖]系统压力。压力传感器将相应的系统压力信息提供给控制单元。打开驾驶员车门时系统开始接通液压泵。系统通过蓄压器为自动换挡过程储备液压油和压力。换挡时变速器控制单元控制离合器电磁阀。

离合器工作缸端部安装了一个电位器，该电位器将工作活塞和离合器的准确位置提供给控制单元。

离合器分离

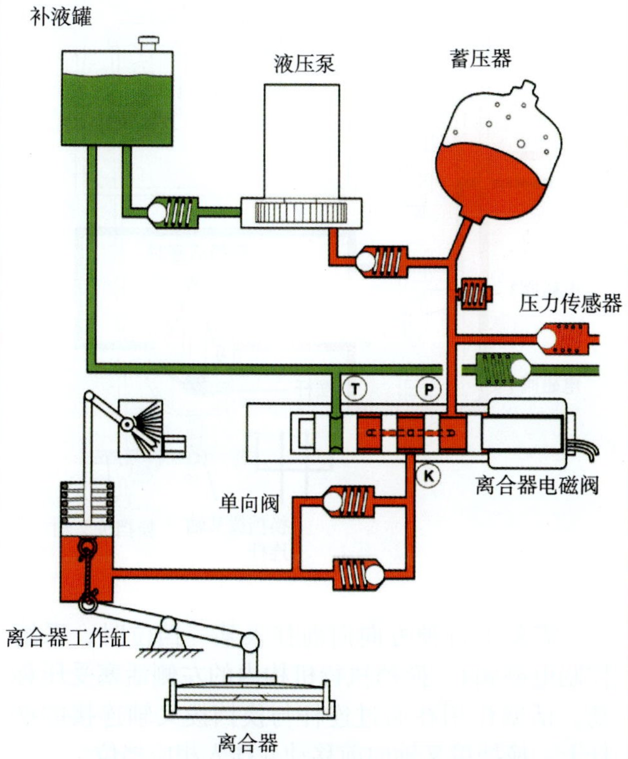

离合器分离时，压力油从蓄压器经过3位2通阀流向离合器工作缸。离合器工作缸移入并通过一个拉线拉动离合器杠杆。离合器杠杆通过分离轴承压到膜片弹簧上并使离合器分离。

离合器接合

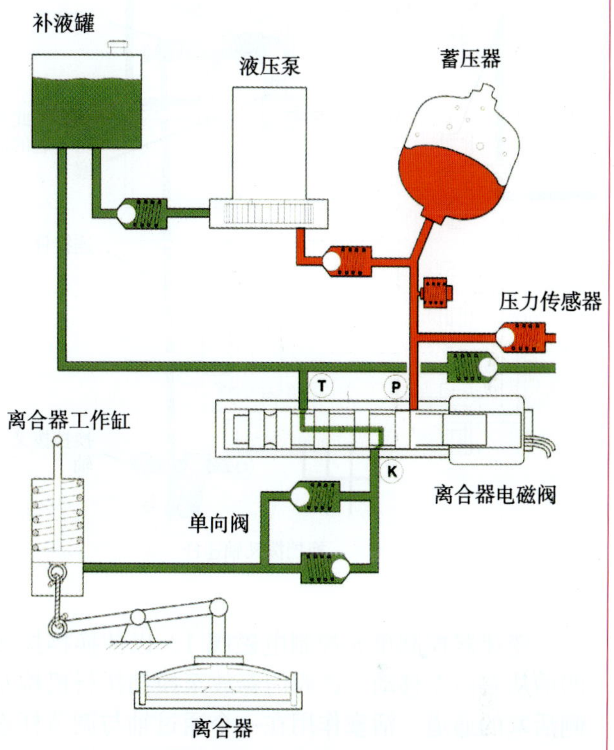

离合器接合时，3位2通阀锁住供油通道并打开至补液罐的回流通道。离合器工作缸内的弹簧将活塞压回到初始位置。离合器膜片弹簧移到其初始位置并通过压紧盘将离合器从动盘压向飞轮的摩擦面。

⊖ 1bar=10^5Pa

液压换挡操纵机构

变速器控制单元控制电磁阀：

·用于控制换挡拨叉凹槽选择的电磁阀 1 和 2，

·用于控制选挡的电磁阀3和4。

换挡拨叉凹槽选择（从右向左）

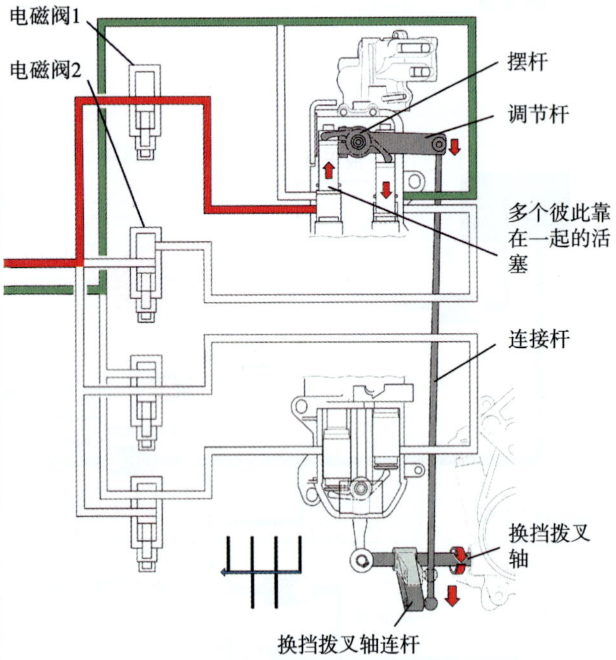

变速器控制单元控制电磁阀 1，以使换挡拨叉凹槽从右向左移动。该阀门释放至换挡执行机构左侧活塞的通道。活塞作用在一个通过轴与调节杆连接的摆杆上。调节杆通过一个连接杆移动换挡拨叉轴连杆并使拨叉轴扭转。

换挡执行机构带有多个彼此靠在一起的不同截面面积活塞，因此可以根据液压油流入量使换挡拨叉轴转动到所有四个挡位位置。

电磁阀 2 受控时换挡拨叉凹槽从左向右移动。

换挡

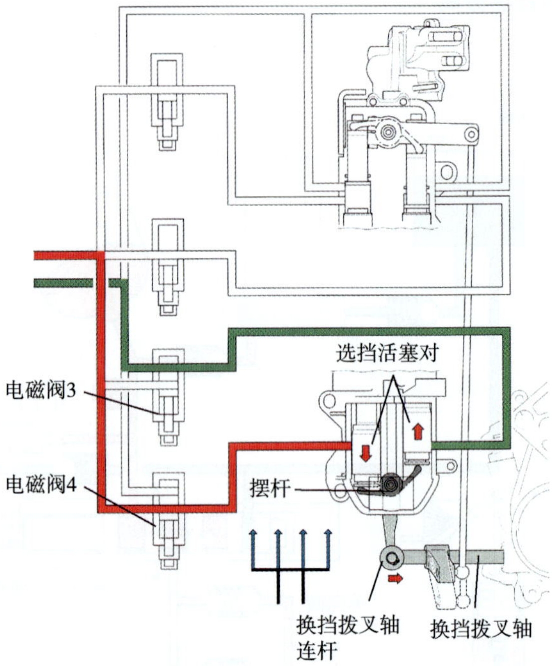

需要沿行驶方向向前挂入某一挡位时，系统控制电磁阀4。换挡执行机构内的左侧活塞受压移动。活塞作用在通过连杆与换挡拨叉轴连接的摆杆上。换挡拨叉轴向前移动并挂入相应挡位。

需要沿行驶方向向后挂入某一挡位时，系统控制电磁阀3。

电子系统

系统概览

变速杆移动由一个电位器和四个微型开关探测并通报给变速器控制单元。该控制单元通过 CAN 数据总线得到来自以下控制单元的其他信息

・发动机控制单元（发动机转速，发动机关闭，发动机转矩），

・组合仪表内显示单元的控制单元（电子变速器开关），

・ABS 控制单元（制动踏板信号）。

变速器控制单元根据这些信息控制换挡过程。

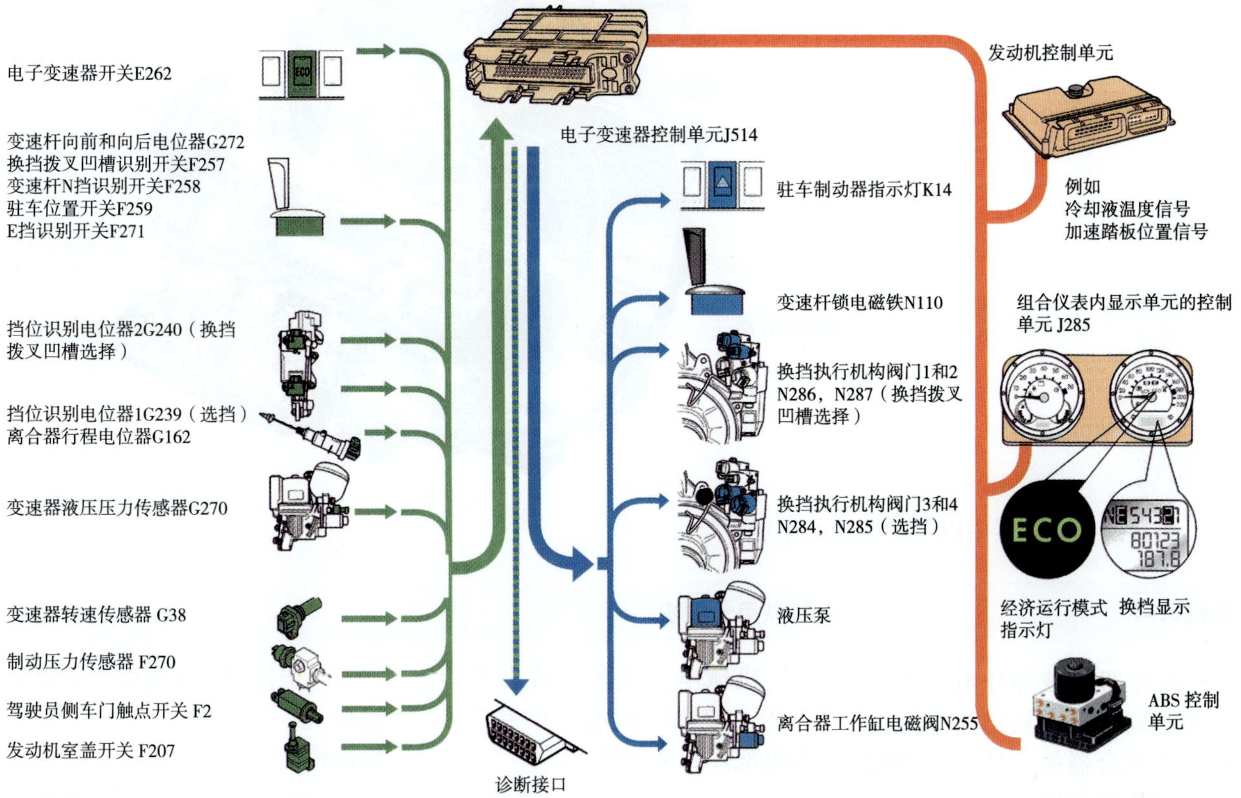

电路图

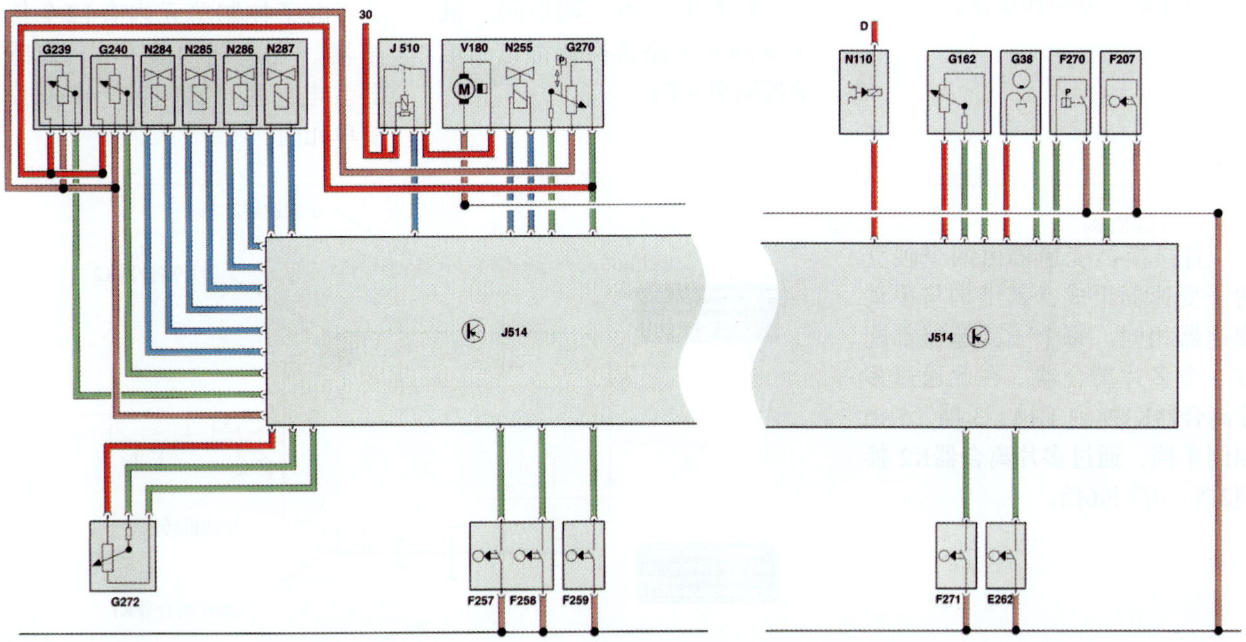

3.3.3 直接换挡变速器

概述

直接换挡变速器结合了手动变速器（例如传动效率高）和自动变速器（例如换挡舒适）的优点。另一个优点是换挡时牵引力不中断。

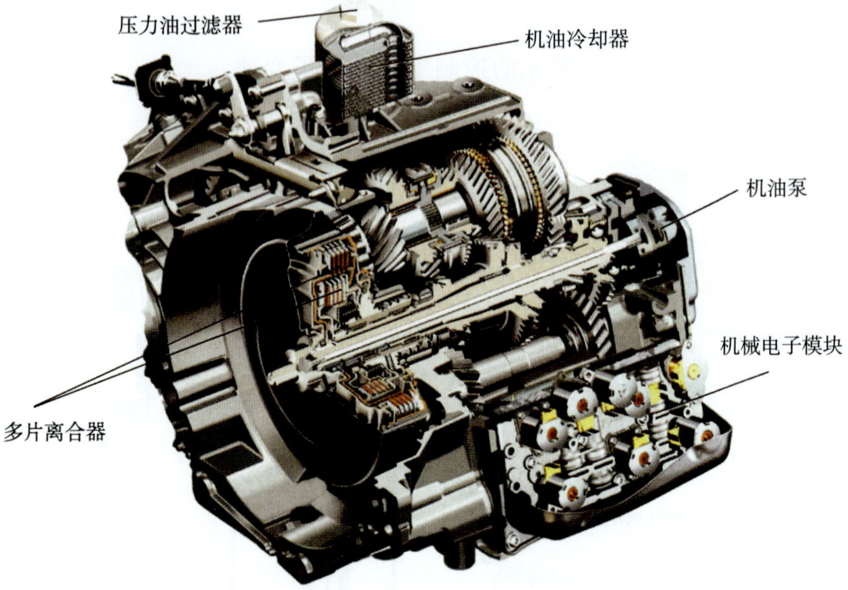

直接换挡变速器由以下功能单元组成：

机械机构	机械电子模块	
变速器机械部分由一个带有普通同步器、换挡操纵机构和多片离合器的六挡变速器组成。多片离合器在油中运行，由机械电子模块根据要换到的挡位控制、分离和接合。	机械电子模块集成在变速器内。该模块由电子控制单元和电液控制单元组成。	两个控制单元构成一个紧凑型单元。因此插头连接和导线数量较少
	液压系统	**电子系统**
	所有电磁阀、调压阀、液压滑阀和多路转换器都位于电液控制单元内。	电子控制单元内有12个传感器。变速器内装有2个传感器。电气执行机构位于电液控制单元内。

变速器机械机构

直接换挡变速器由两个独立的子变速器组成，其结构与手动变速器相同。每个子变速器都配有一个多片离合器。在此通过多片离合器K1换到1挡、3挡、5挡和倒车挡，通过多片离合器K2换到2挡、4挡和6挡。

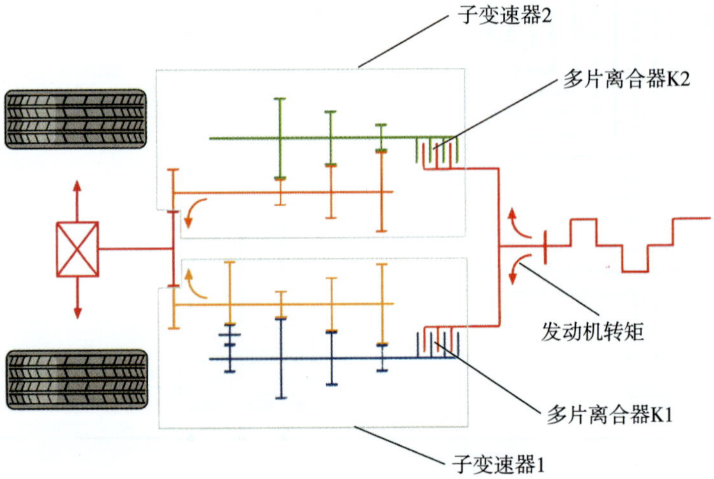

发动机转矩通过双质量飞轮传递给相应离合器的外侧离合器片支架。离合器接合时将油压入离合器K1或K2的压力油腔。离合器K1或K2接合后转矩传递到内侧离合器片支架上，然后继续传递给相应的输入轴 1 或输入轴 2。一个离合器始终以摩擦方式传递动力。变速器有两个输入轴、两个输出轴和一个倒车挡轴：

- 输入轴1在输入轴2的空心孔内运转。5挡和3挡的斜齿换挡齿轮以及 1 挡和倒车挡的共用换挡齿轮位于输入轴1上。
- 2挡、4 挡和 6 挡的斜齿齿轮位于输入轴2上。
- 带有同步器的 1 挡、2 挡、3挡和4挡换挡齿轮以及与差速器连接的输出齿轮位于输出轴1上。6挡和 4挡使用一个共用换挡齿轮。
- 带有同步器的5挡和6挡换挡齿轮、倒车挡换挡齿轮以及与差速器连接的输出齿轮位于输出轴2上。
- 倒车挡轴改变输出轴2的转动方向，因此也改变了差速器齿轮的转动方向。

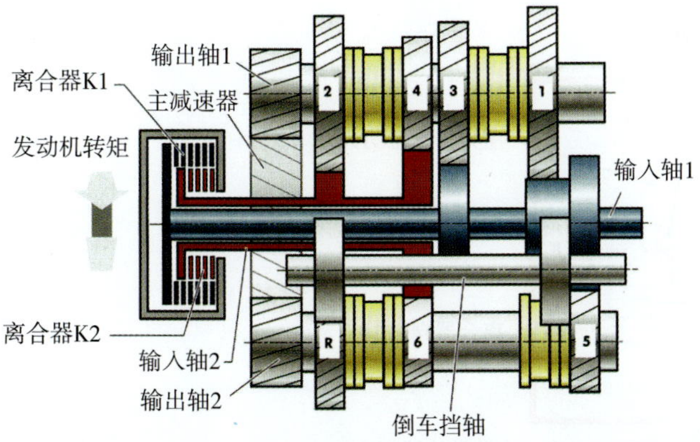

为便于理解力传递路线，在此以展开图形式表示变速器。

各挡位下的力传递路线

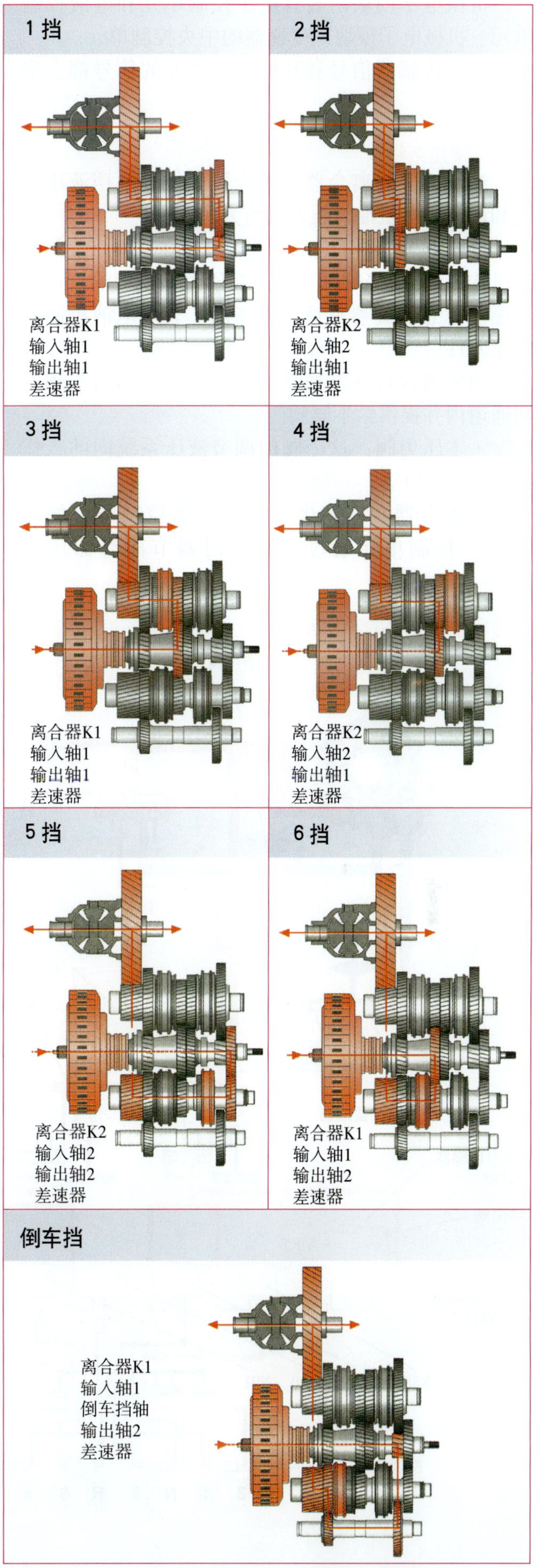

机械电子模块

机械电子模块内装有电子控制单元和电液控制单元。机械电子模块是变速器的中央控制单元。

所有传感器信号和其他控制单元的信号都会聚在中央控制单元内。该模块控制执行机构并监控执行机构的功能。

变速器液压系统

油泵为多片离合器，离合器冷却、换挡液压系统和齿轮润滑供油。压力大约为20bar。

机械电子模块的电液部分调节和控制8个换挡执行机构、5个换挡阀以及离合器压力和冷却油流量。油循环示意图（参见液压回路图）表示电液控制的液压元件。

油泵通过过滤器抽吸液压油，加压后输送到不同通道内并提供给不同阀门：

・主压力阀：这个阀门调节液压系统内的工作压力（N217）。

・离合器阀：产生多片离合器控制压力的调压阀。控制单元通过这些阀门调节离合器压力（N215、N216）。

・电磁阀：这些阀门通过多路转换器滑阀将油压供给换挡执行机构（N88~N91）。

・多路转换器阀：该阀门控制多路转换器。多路转换器阀受控：换到2挡、4挡和6挡。电磁阀断电：换到1挡、3挡、5挡和倒车挡（N92）。

・多路转换器：利用多路转换器可以仅用4个电磁阀控制8个换挡执行机构。

・溢流阀：离合器压力高于规定值时，可以通过溢流阀使离合器迅速分离（N233、N371）。

由活塞以液压方式控制的换挡拨叉完成换挡过程。每个换挡拨叉上都有一个用于行程传感器识别换挡拨叉位置的永久磁铁。

油循环示意图中的液压元件

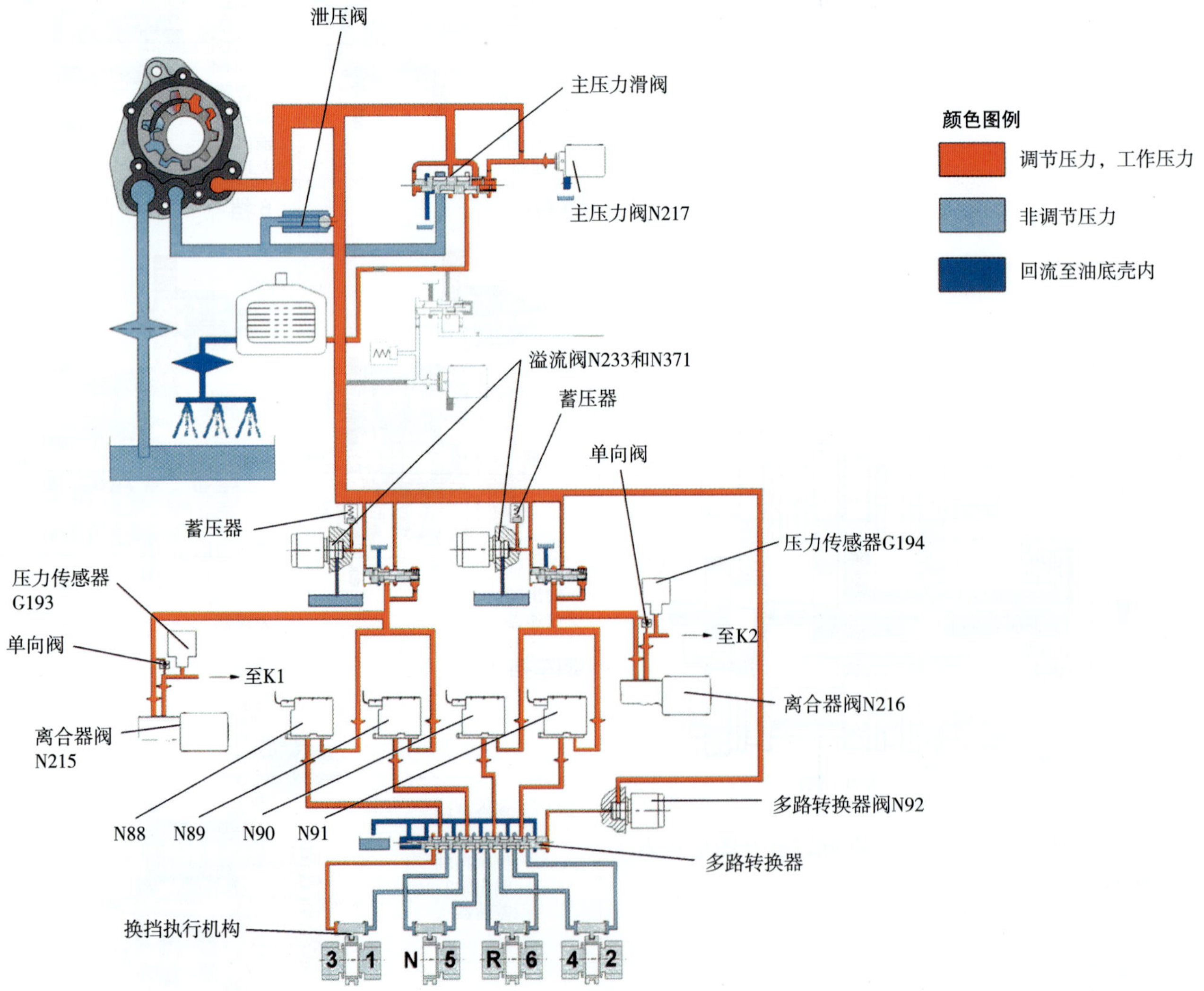

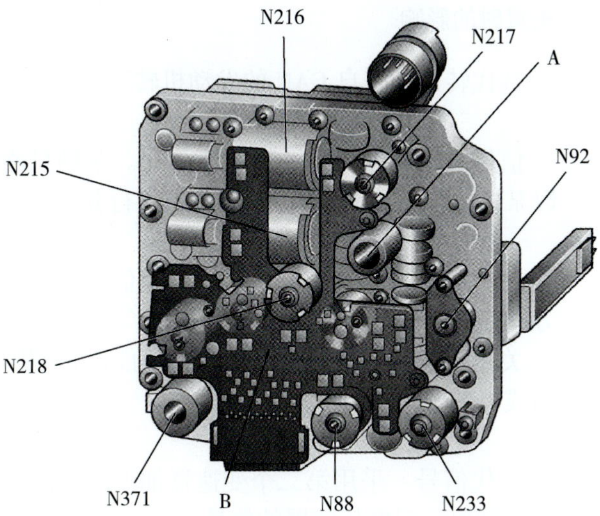

N88—电磁阀 1（换挡执行机构阀）
N89—电磁阀 2（换挡执行机构阀）
N90—电磁阀 3（换挡执行机构阀）
N91—电磁阀 4（换挡执行机构阀）
N92—电磁阀 5（多路转换器阀）
N215—调压阀 1（离合器阀 K1）
N216—调压阀 2（离合器阀 K2）
N217—调压阀 3（主压力阀）
N218—调压阀 4（冷却油阀）
N233—调压阀 5（溢流阀 1）
N371—调压阀 6（溢流阀 2）
A—泄压阀
B—印制电路板

变速器电子系统

机械电子模块的电子部分内有12个传感器。变速器油温度传感器和变速器输入转速传感器安装在变速器外。

变速杆传感器系统控制单元集成在变速杆内。其工作方式是

- 控制单元：控制变速杆锁，
- 传感器：用于变速杆位置识别和 Tiptronic 手动电控模式识别的霍尔传感器。

传感器信号通过 CAN 总线发送给机械电子模块和组合仪表控制单元。

系统概览中给出了这些传感器和执行机构。

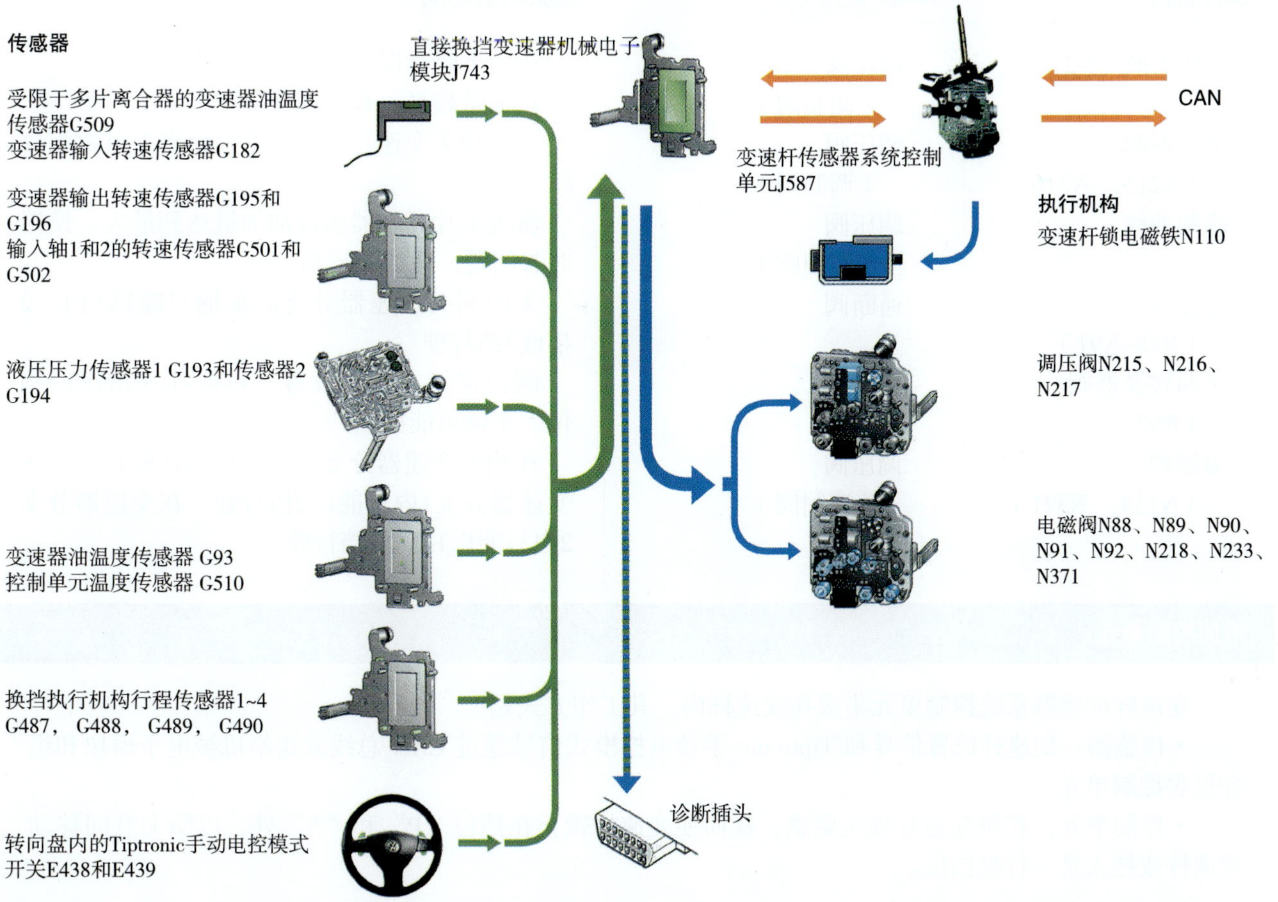

传感器，执行机构，控制单元

传感器	原理/应用	失灵时的影响
变速器输入转速传感器	霍尔传感器/计算离合器滑转率	替代转速：来自 CAN 的发动机转速
输入轴转速传感器1和传感器2	霍尔传感器/计算输出转速，识别离合器滑转，检查所挂挡位	信号失灵：关闭相关变速器分支。车辆只能以某些挡位（以2挡或以1挡和3挡）行驶
变速器输出转速传感器1和传感器2	霍尔传感器/识别车速和行驶方向	替代信号：ABS 控制单元的车速信号和行驶方向信号
液压压力传感器1和传感器2	压力变化时平行布置的导电板弯曲/调节多片离合器	关闭相应变速器分支。变速器只能以1挡和3挡或以2挡行驶
变速器油温度传感器（多片离合器）	NTC电阻/调节离合器冷却油量	替代信号：采用第二个变速器油温度传感器和控制单元温度传感器的信号
变速器油温度传感器	NTC电阻/检测机械电子模块温度	从 138℃起机械电子模块请求降低发动机转矩。超过145℃时多片离合器分离
控制单元温度传感器	换挡拨叉上的磁铁/确定位置	关闭相关变速器分支
换挡执行机构行程传感器1~4		

执行机构	原理/应用	失灵时的影响
主压力阀（N217）	调压阀（调制阀）	压力下降时以最大主压力工作 耗油量较高，有换挡噪声
离合器阀（N215，N216）	调压阀（调制阀）	关闭相关变速器分支。组合仪表上显示该故障
冷却油阀	调压阀（调制阀）	流过多片离合器的冷却油量达到最大。换挡时有问题，耗油量较高
电磁阀（N88~N91）	通断阀	关闭相关变速器分支。车辆只能以1挡、2挡或3挡行驶
多路转换器阀（N92）	通断阀	阀门保持在初始位置。可能挂入错误的挡位。车辆可能抛锚
溢流阀（N233，N371）	调压阀（调制阀）	在相关变速器分支内无法挂入任何挡位。在变速器分支1内只能以2挡行驶，在变速器分支2内只能以1挡和3挡行驶

附加控制单元

变速杆传感器系统控制单元集成在变速杆内，其工作方式是

· 传感器：变速杆位置信号和 Tiptronic 手动电控模式信号通过 CAN 总线发送给机械电子模块和组合仪表控制单元。

· 控制单元：控制变速杆锁电磁铁，从而使变速杆锁止在挡位“P”和“N”处，以防无意间移动变速杆或挂入某一行驶挡位。

CAN 数据总线连接电路图

A—蓄电池
E313—变速杆
F4—倒车灯开关
F319—变速杆位置 P 锁止开关
G93—变速器油温度传感器
G182—变速器输入转速传感器
G193—液压压力传感器 1
G194—液压压力传感器 2
G195—变速器输出转速传感器 1
G196—变速器输出转速传感器 2
G487—换挡执行机构行程传感器 1
G488—换挡执行机构行程传感器 2
G489—换挡执行机构行程传感器 3
G490—换挡执行机构行程传感器 4
G501—输入轴 1 转速传感器
G502—输入轴 2 转速传感器
G509—受限于多片离合器的油温传感器
G510—控制单元温度传感器
J... —发动机控制单元
J329—总线端15 供电继电器
J519—车载网络控制单元
J527—转向柱电子装置控制单元
J587—变速杆传感器系统控制单元
J743—直接换挡变速器机械电子模块
N88—电磁阀 1
N89—电磁阀 2
N90—电磁阀 3
N91—电磁阀 4
N92—电磁阀 5
N110—变速杆锁电磁铁
N215—自动变速器调压阀 1
N216—自动变速器调压阀 2
N217—自动变速器调压阀 3
N218—自动变速器调压阀 4
N233—自动变速器调压阀 5
N371—自动变速器调压阀 6

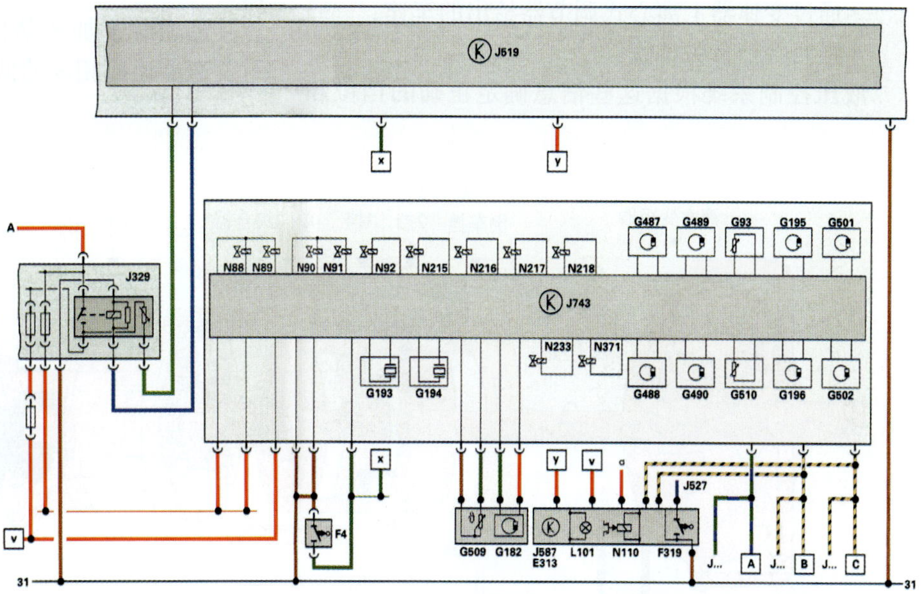

a—总线端30，通过熔丝SC21保护
[A] —K导线
[B] —动力传动系统高位CAN
[C] —动力传动系统低位CAN

插图所示为直接换挡变速器机械电子模块与车辆 CAN 数据总线结构的连接。

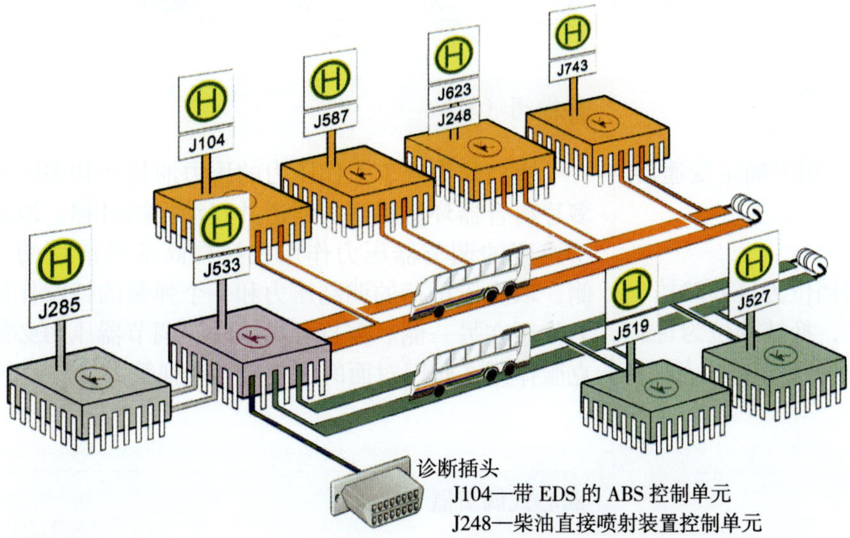

“动力传动系统”CAN数据总线
“舒适系统”CAN数据总线

J104—带 EDS 的 ABS 控制单元
J248—柴油直接喷射装置控制单元
J285—组合仪表内带显示单元的控制单元
J519—车载网络控制单元
J527—转向柱电子装置控制单元
J533—数据总线诊断接口
J587—变速杆传感器系统控制单元
J623—发动机控制单元
J743—直接换挡变速器机械电子模块

3.3.4 带液压控制系统的自动变速器

液压控制系统得到四个传感器的信息：

· 驾驶员通过变速杆给出的模式选择，

· 通过进气管压力或通过喷射泵调节杆位置给出的发动机负荷，

· 通过变速器上离心式调节器给出的车速，

· 强制降挡开关位置。

液压控制系统根据这些信息确定正确的挡位和换挡时刻。换挡取决于车速和给定的加速踏板位置：

· 较少踩下加速踏板-加速期望低-提前换高挡，

· 较多踩下加速踏板-加速期望高-延迟换高挡。

迅速踩下加速踏板并踩过压力点（强制降挡）时变速器换回相邻的低挡。

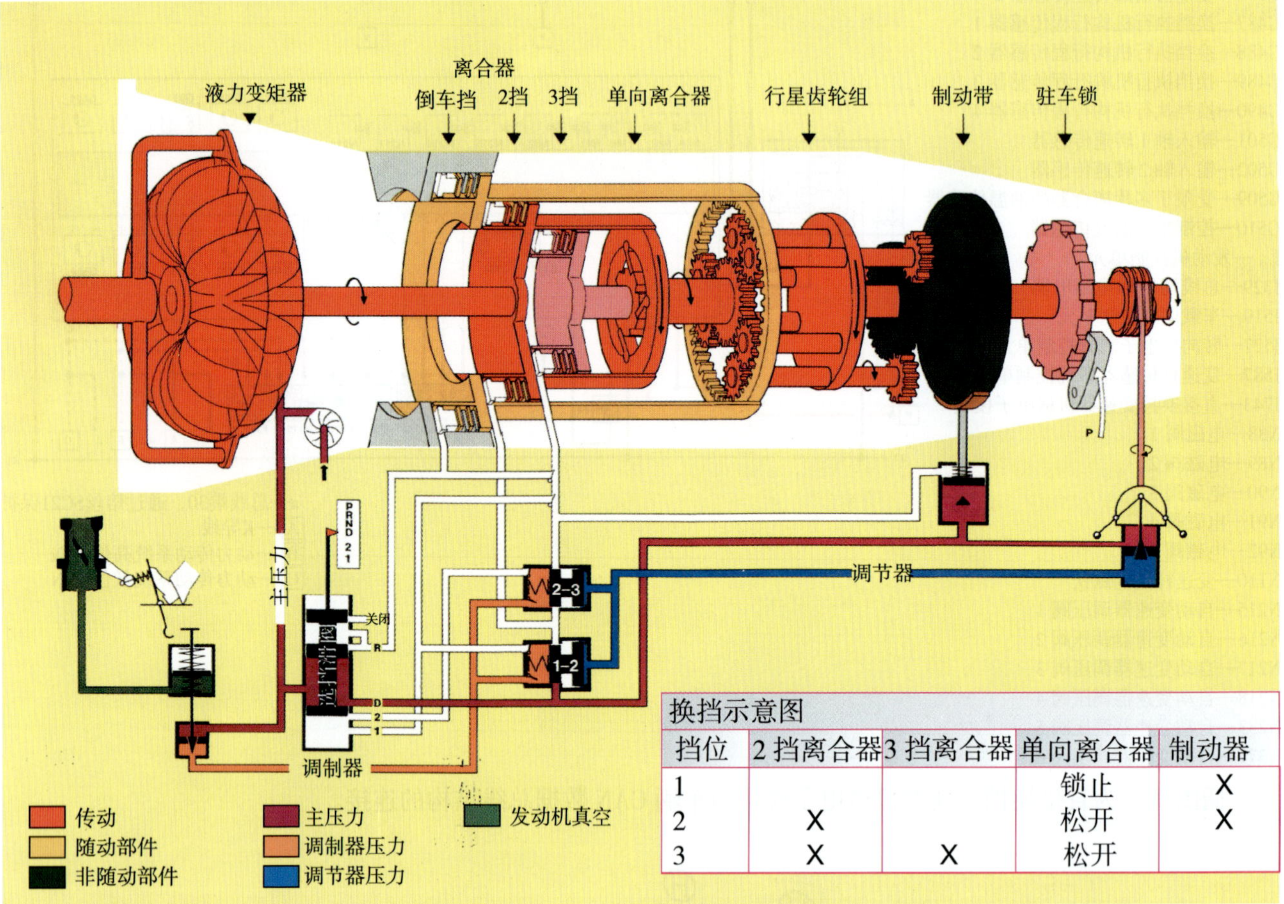

换挡示意图

挡位	2挡离合器	3挡离合器	单向离合器	制动器
1			锁止	X
2	X		松开	X
3	X	X	松开	

选挡滑阀（1）

选挡滑阀由变速杆直接操纵，用于确定变速器在哪个换挡位置下工作：

D：持续行驶挡位

1：上下坡和制动挡位，换挡挡位为1挡和2挡

2：长时间上下坡和制动挡位，换挡挡位为1挡

N：空挡位置，所有离合器都处于分离状态

R：倒车挡

P：驻车位置

换挡阀（3）

换挡阀为处于工作压力的压力油打开和关闭至多片离合器环形活塞的通道并起动换挡过程。取决于速度的调节器压力作用在换挡阀活塞滑块的一侧，取决于负荷的调制压力和一个弹簧的持续作用力作用在另一侧。需打开阀门时，调节器压力必须克服作用在阀门对面的调制压力和弹簧力。

节流阀（2）

节流阀根据发动机负荷将工作压力转换为调制压力。节流阀由发动机进气管内的真空控制。

加速踏板踩下越多或发动机负荷越大，节流压力越高。

离心式调节器（4）

离心式调节器根据转速将工作压力转换为调节器压力。该部件位于变速器输出轴上，用于改变调节器压力管路的流体截面面积。转速或车速越高，调节器压力越高。

变速器自动控制系统简化示意图

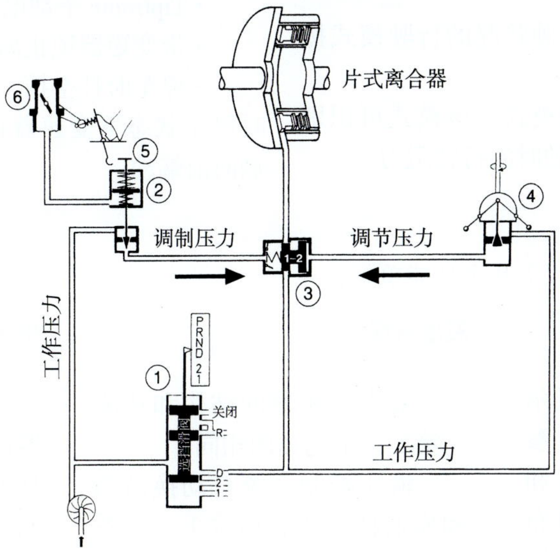

发动机负荷/加速踏板位置（6）

节流阀（2）

提供取决于加速踏板位置的调制压力

——————

踏板踩下较多意味着节流压力较高，

踏板踩下较少意味着节流压力较低

强制降低阀（5）

迅速踩下加速踏板并踩过压力点时变速器换回相邻的低挡，

增大调制压力

车速

离心式调节器（4）

提供取决于车速的调节器压力

——————

车速较高意味着调节器压力较高，

车速较低意味着调节器压力较低

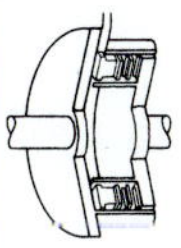

调制压力

抵消调节器压力和使换高挡延迟

换挡阀（3）

打开和锁止至多片离合器环形活塞的压力油通道

调节器压力和调制压力一起根据当前车速和加速踏板位置决定是否必须换挡

调节器压力

推移活塞滑块

——————

调节器压力较高意味着换高挡

调节器压力较低意味着换低挡

转换滑阀（1）

P 驻车锁
R 倒车挡
N 空挡
D 持续行驶挡位
2 上下坡和制动挡位
1 长时间上下坡和制动挡位

工作压力下的压力油

变速杆

3.3.5 带电液控制系统的五挡自动变速器

概述

该变速器具有以下功能：

• 根据取决于驾驶员和行驶状况的行驶模式按模糊逻辑原理自动换到5个挡位

• 取决于行驶阻力的行驶模式，该模式可识别上下坡行驶、迎风和带挂车行驶时的行驶阻力

• Tiptronic 手动电控模式

• 带变矩器锁止离合器的液力变矩器

• 停车时挂空挡，即挂入了向前行驶的行驶挡位时停车状态下变速器自动换到空挡。因此可避免车辆向前蠕动。

自动变速器系统可以分为以下几个功能单元：

机械机构	液压系统	电子系统
机械传动单元由一个威尔逊（Wilson）齿轮组构成（参见第21页）。行星齿轮器Ⅰ和Ⅱ串联布置，行星齿轮器Ⅲ布置在这两个行星齿轮器下。因此结构长度较短。离合器和制动器用于以摩擦方式传递动力。发动机转速较高时，变矩器锁止离合器将发动机转矩直接传递给变速器输入轴。	液力变矩器的结构和功能与第22页上的插图相同。 液压控制系统自动换高挡和换低挡（所有挡位）。该系统包括 • 带换挡阀和蓄压器的滑阀器， • 电磁阀， • 手动选挡滑阀。	变速器控制单元根据传感器的输入信息控制输出信号，从而控制执行机构。变速器控制单元内的输入参数是变速器的传感器信号和发动机控制单元通过 CAN 总线作为主输入参数提供的转矩信号。

变速器机械机构

以下插图所示为在离合器（K）和制动器（B）位置处剖开的变速器剖面图。

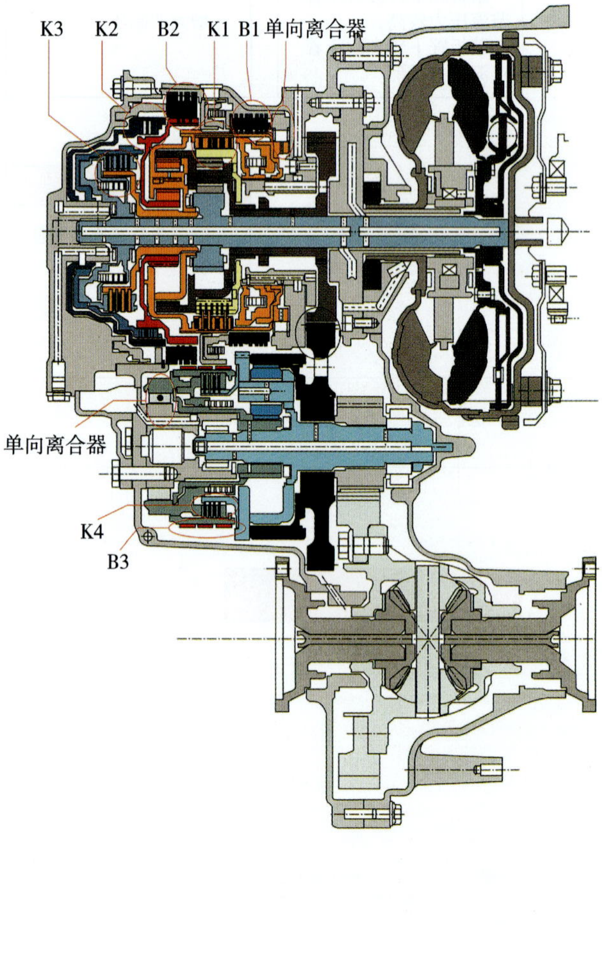

变矩器锁止离合器

发动机转速较高时，变矩器只传递85%的发动机转矩。因此，转速较高时控制单元以液压方式使变矩器锁止离合器接合。此后锁止离合器将发动机转矩直接传递给变速器输入轴。

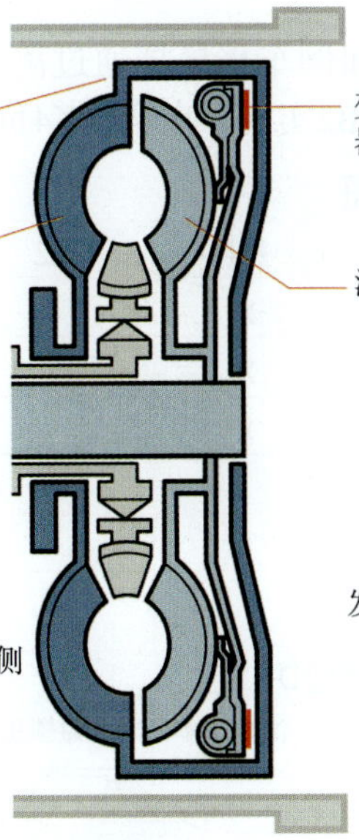

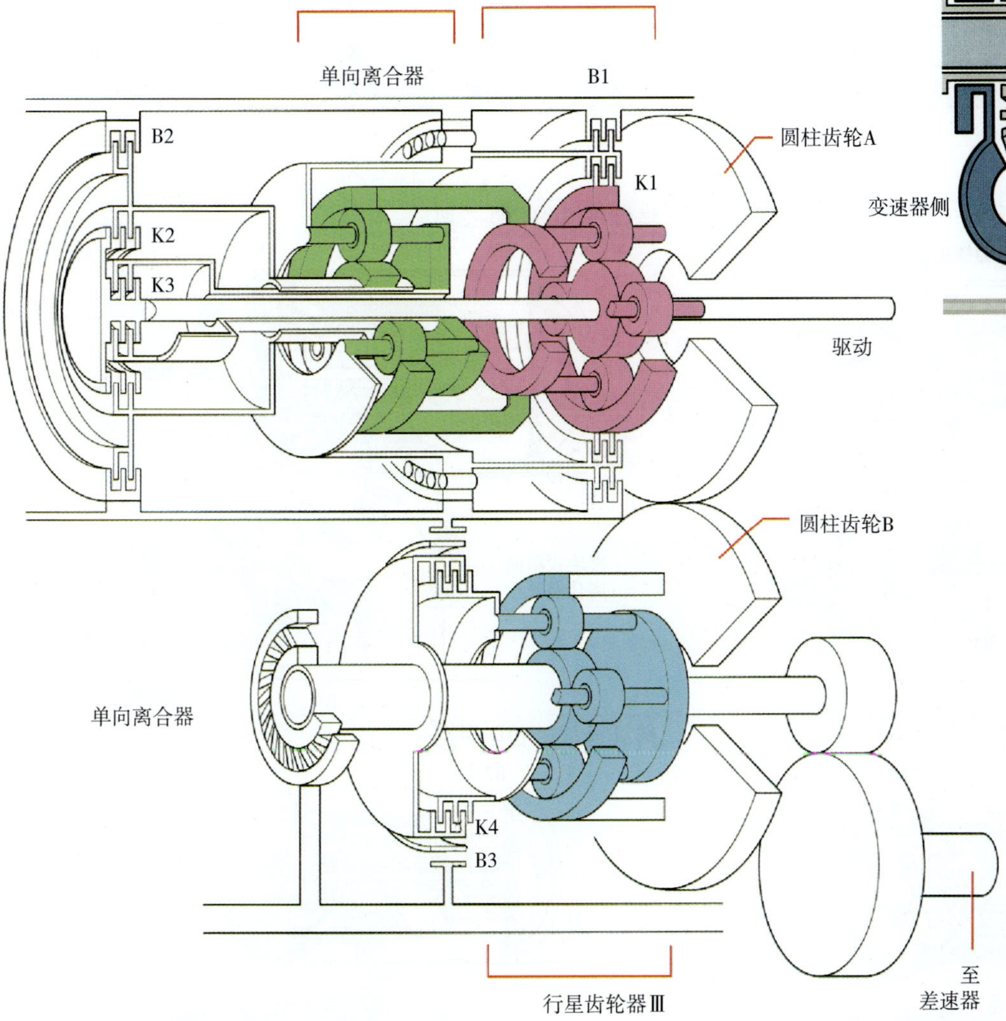

行星齿轮器

行星齿轮器Ⅰ和Ⅱ与变矩器的涡轮轴连接。行星齿轮器Ⅰ通过离合器K3与涡轮轴间接连接，行星齿轮器Ⅱ通过太阳轮与涡轮轴直接连接。行星齿轮器Ⅰ和Ⅱ通过行星齿轮器Ⅰ的齿圈和行星齿轮器Ⅱ的行星齿轮架以机械方式彼此连接。转矩通过行星齿轮器Ⅱ的行星齿轮架传递给圆柱齿轮A。圆柱齿轮B与行星齿轮器Ⅲ的齿圈和带有输出轴的行星齿轮架以固定方式连接。

离合器驱动行星齿轮器部件，制动器使部件保持不动：

离合器K1→ 驱动行星齿轮器Ⅱ的齿圈和行星齿轮器Ⅰ的行星齿轮架。

离合器K2→ 驱动行星齿轮器Ⅰ的太阳轮。

离合器K3→ 驱动行星齿轮器Ⅰ的行星齿轮架。

离合器K4→ 驱动行星齿轮器Ⅲ的太阳轮。

制动器B1→ 使行星齿轮器Ⅱ的行星齿轮架保持不动。

制动器B2→ 使行星齿轮器Ⅰ的太阳轮保持不动。

制动器B3→ 使行星齿轮器Ⅲ的太阳阳轮保持不动。

力传递路线

1~4挡和倒车挡换挡通过离合器K1、K2和K3，制动器B1和B2实现。离合器K4负责换到5挡。

在除5挡外的所有挡位下制动器B3都处于接合状态。起步时发动机转矩作用在单向离合器R1和R2上。

换挡示意图

挡位	K1	K2	K3	K4	B1	B2	B3	R1	R2
1	x						x	锁止	锁止
2	x					x	x		锁止
3	x		x				x		锁止
4			x			x	x		
5			x	x		x			
R		x			x		x		

持续行驶挡位D-1挡

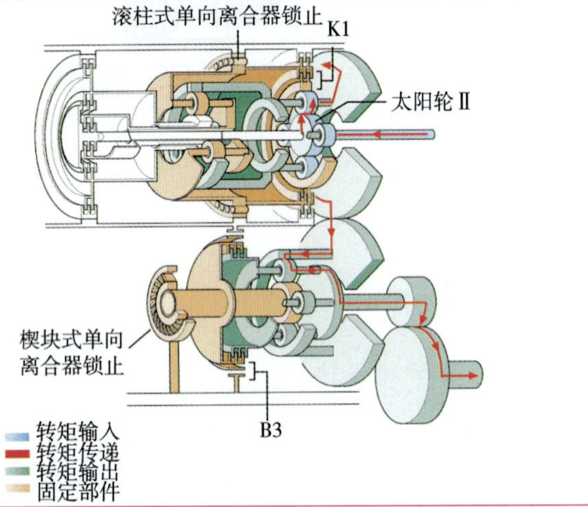

持续行驶挡位D-2挡

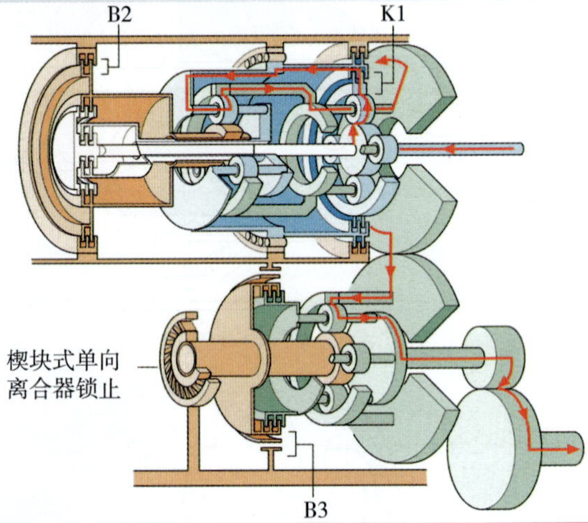

持续行驶挡位D-3挡

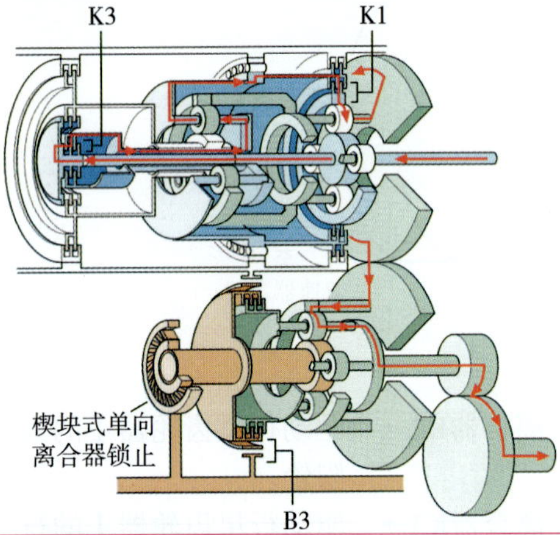

持续行驶挡位D-4挡

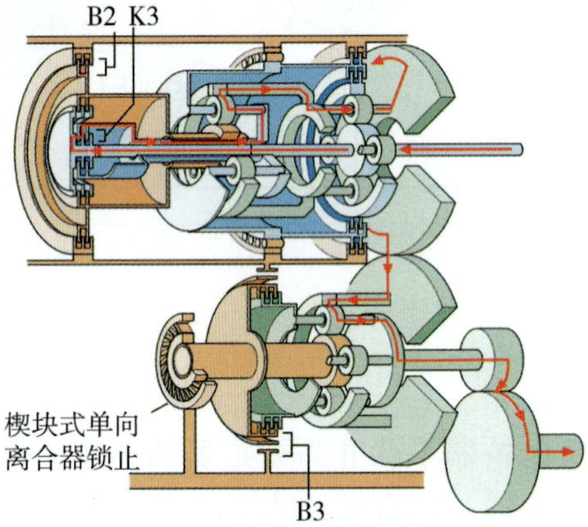

持续行驶挡位D-5挡

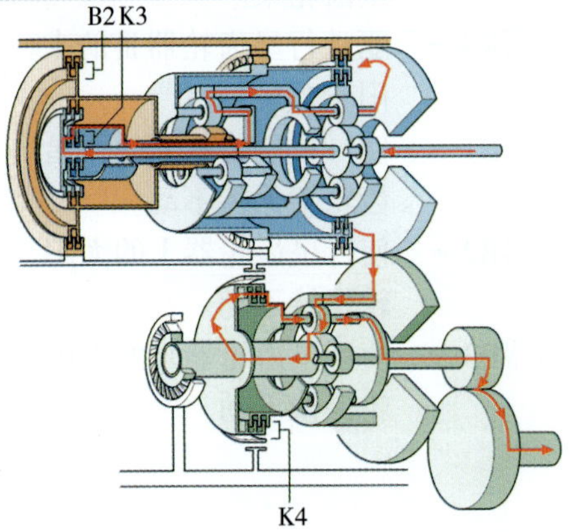

倒车挡

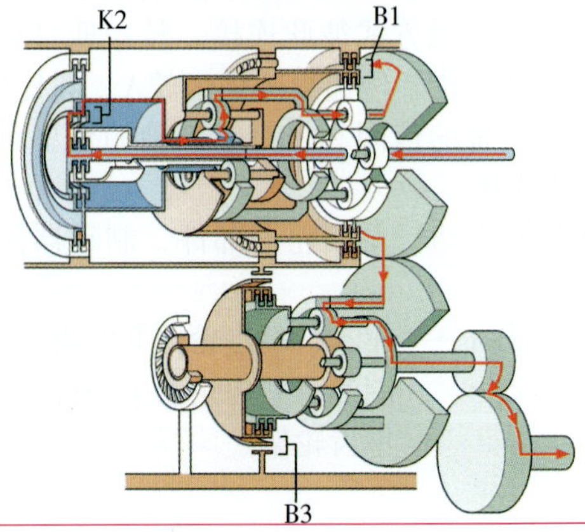

变速器液压系统

液压控制系统

液压泵由变矩器泵轮驱动。液压泵从油底壳中抽吸 ATF 油并为系统建立油压。

液压控制系统换高挡和换低挡（所有挡位）。该系统由以下部件组成：

▶手动选挡滑阀

该阀门由驾驶员通过变速杆操纵。通过该阀门直接换到4挡和倒车挡，无需控制单元介入。

▶带电磁阀的滑阀器

滑阀器根据换挡压力调节液压泵建立的油压并分配给所有换挡元件。电磁阀为离合器和制动器提供压力油。这些阀门布置在滑阀器内。

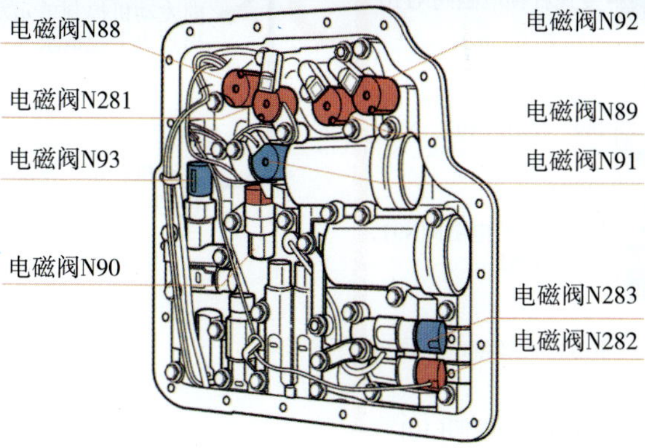

滑阀器内有9个通电时打开相应阀门的电磁阀。人们将其分为

· 通断阀。使液压油通道完全打开或关闭：N88、N89、N90、N92、N281、N282。

· 调制阀、调压阀。可以无级调节这些阀门：N91、N93、N283。

电磁阀	功能
N88、N89、N92	负责换挡
N90	使离合器K1分离和接合，防止向前行驶时挂入倒车挡
N281	在1~4挡和倒车挡下保持制动器B3上的油压
N282	使制动器B2分离和接合。与N90一起负责停车时挂入空挡
N93	负责平稳换挡
N283	调节制动器B2和B3的ATF油压

▶蓄压器

蓄压器的任务是确保离合器 K1、K2、K3和多片制动器B2平稳接合。只有蓄压器内的活塞达到其限位位置后，离合器才接合。

多片离合器或制动器接合时蓄压器的功能

液压油同时流向蓄压器和离合器或制动器。液压油压向承受弹簧负荷的活塞。因为此时容积增大，所以并非全部油压都作用在离合器上。

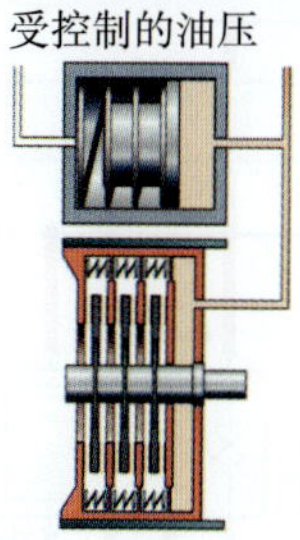

活塞达到其限位位置后，容积无法继续增大。现在最大压力作用在离合器上。

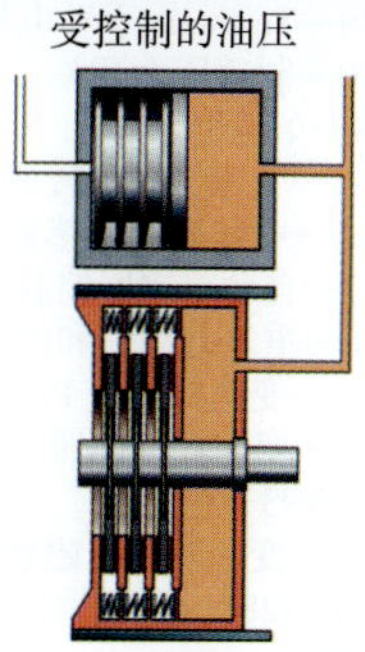

▶变矩器锁止离合器液压控制系统

控制单元根据发动机转速和发动机转矩通过电磁阀N91控制变矩器锁止离合器。

电磁阀打开

离合器前的油压可以自行减小。离合器前的较大油压使其接合。

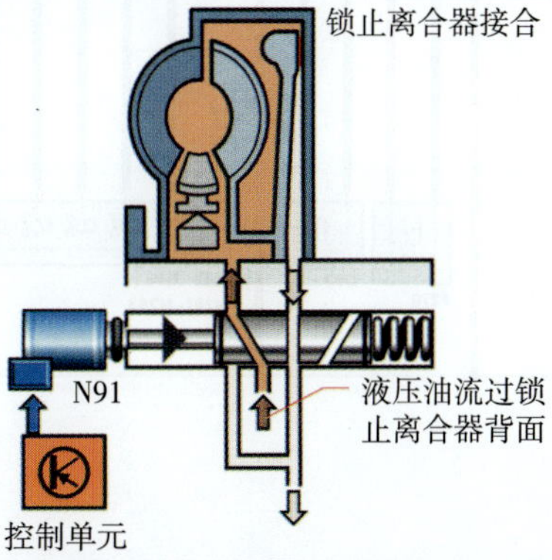

电磁阀关闭

较大油压作用在离合器正面，离合器分离。

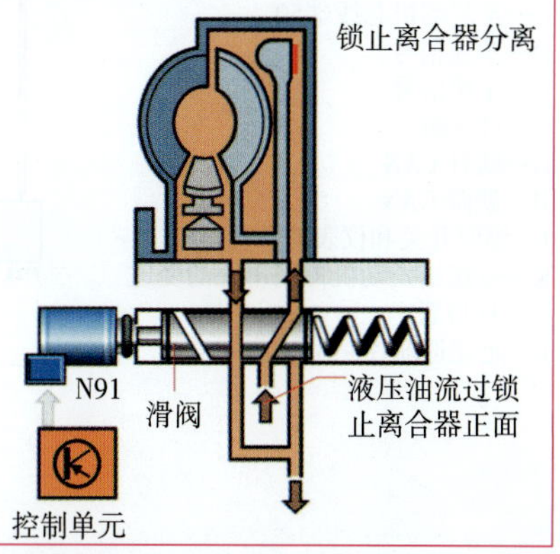

变速器电子系统

系统概览

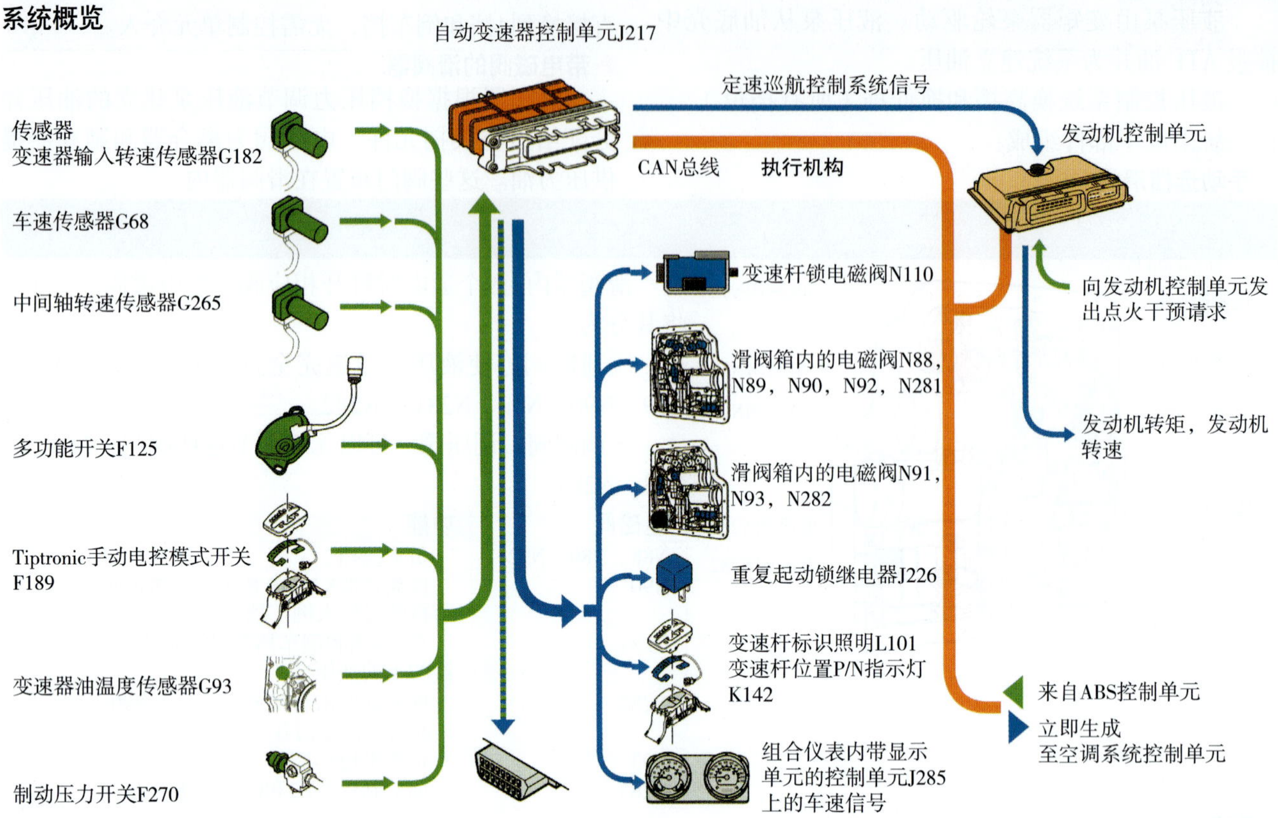

电路图

部件

F125—多功能开关
F189—Tiptronic 手动电控模式开关
F270—制动压力开关
G68—车速传感器
G182—变速器输入转速传感器
G265—中间转速传感器
J217—自动变速器控制单元
J226—重复起动锁和倒车灯继电器
K142—变速杆位置 P/N 指示灯
L101—变速杆标识照明
N88~N93—电磁阀
N110—变速杆锁电磁铁
N281~N283—电磁阀
S—熔丝

其他信号

A—至倒车灯
B—至点火开关
C—至起动机总线端50
D—车速信号
E—车速信号
F—自诊断
G—跃升 CAN
H—跃降 CAN
I—照明开关和仪表调节器
K—发送给发动机控制单元的变速杆位置
L—定速巡航控制系统信号

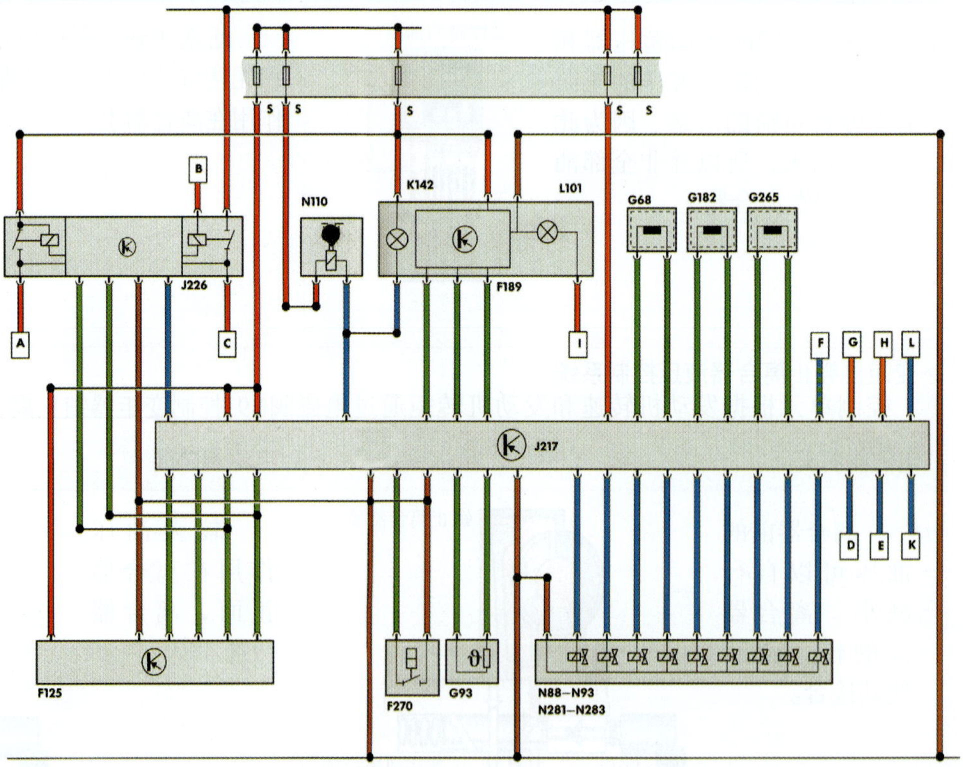

传感器和执行机构

数据直接传输给变速器控制单元		
传感器	原理 / 信号应用	失灵时的影响
变速器输入转速传感器G182	电感传感器/控制变矩器锁止离合器	换挡冲击大，停车时挂入空挡功能失效，锁止离合器不再接合
中间轴转速传感器G265	电感传感器/控制离合器分离和接合时间	停车时挂入空挡功能失效，换挡冲击大
车速传感器G68	电感传感器/换挡，控制变矩器锁止离合器	5 挡无法再挂入，停车时挂入空挡功能失效，换挡冲击大，换挡时刻延迟
变速器油温度传感器G93	NTC电阻/确定换挡压力	不超过70℃时使用冷却液温度信号，此后以110℃的固定值工作
多功能开关F125	霍尔传感器/根据开关位置由控制单元起动换挡过程。	只能在变速杆位于位置P时起动。行驶期间：控制单元使变速器自动置于变速杆位置D。变速器不接受驾驶员挂入的变速杆位置。前进挡以电气方式挂入，倒车挡必须由驾驶员挂入
Tiptronic 手动电控模式开关F189	开关/换高挡和换低挡	无法执行 Tiptronic 手动电控模式
制动压力开关F270	开关/控制停车时变速器挂入空挡（蠕动倾向）	无停车时挂入空挡功能，即车辆向前蠕动

数据通过CAN总线在发动机控制单元与变速器控制单元之间传输		
传感器	原理	失灵时的影响
发动机转速	电感传感器/控制变矩器锁止离合器和停车时挂入空挡	锁止离合器不再接合
2个制动信号灯开关 F	开关/起用变速杆锁	信号失灵时功能无变化。两个信号都失灵时，可以在不踩下制动踏板的情况下操纵变速杆
强制降挡开关F8	开关/控制单元选择特殊换挡特性曲线	发动机控制单元根据加速踏板位置计算替代信号
ABS控制单元信号，如果必须使用 ASR 和 ESP	调节干预时变速器控制单元暂时停止换挡	即使有 ASR 或 ESP 请求信号时，变速器也会换挡

信号从变速器控制单元至发动机控制单元		
传感器	原理	失灵时的影响
变速杆位置传感器（多功能开关）的信号	霍尔传感器/在P、N和R位置时发动机控制单元关闭定速巡航控制系统	定速巡航控制系统不工作
车速传感器信号	电感传感器/用于车速表的信号	变速器转速传感器信号的替代参数

执行机构	原理/任务	失灵时的影响
电磁阀N88、N89、N92	通断阀/换挡	某一电磁阀失灵时变速器控制单元进入应急运行模式
电磁阀N90	通断阀/受控时使离合器 K1 分离和接合，向前行驶时防止挂入倒车挡。	无停车时挂入空挡功能，无法再换到 5 挡
电磁阀N281	通断阀/在1~4挡时保持制动器B3上的油压，同时降低其他离合器和制动器上的压力	制动器B3始终接合，换低挡时冲击大
电磁阀N282	通断阀/使制动器B2接合和分离	无停车时挂入空挡功能，只能以 4 挡和倒车挡行驶
电磁阀N93	调制阀/调节主油压并负责行驶运行平稳和换挡过程稳定	不调节主油压，因此换挡冲击大，无停车时挂入空挡功能
电磁阀N283	调制阀/调节制动器B2和B3的油压	最大主油压施加在制动器上，因此换挡冲击大，无停车时挂入空挡功能
电磁阀N91	调制阀/调节变矩器锁止离合器分离和接合时的压力	变矩器锁止离合器不再接合
变速杆锁电磁铁 N110	开关/防止从变速杆位置P和N换到其他位置。通过踩下制动踏板解除锁止。	在不踩下制动踏板的情况下可以将变速杆挂入某一行驶挡位

变速杆

自动变速器变速杆带有两个换挡槽。

自动模式换挡槽

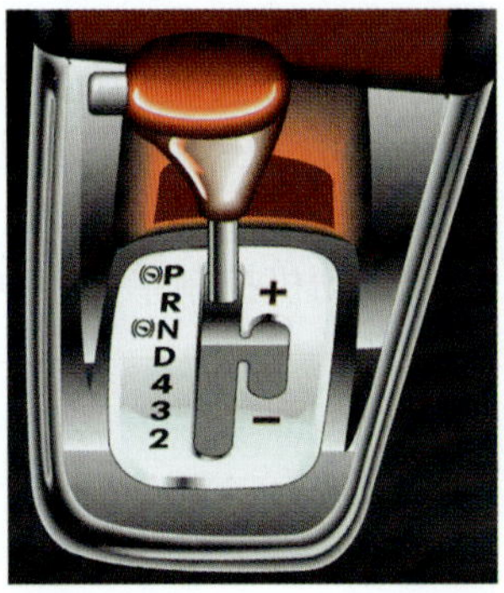

可挂入以下位置：

- P：驻车
- R：倒车挡
- N：空挡位置
- D：1 挡至5挡自动换挡
- 4：1 挡至4挡自动换挡
- 3：1 挡至3挡自动换挡
- 2：1 挡至2挡自动换挡

1 挡由控制单元根据车辆负荷自动切换。

Tiptronic手动电控模式换挡槽

如果将变速杆推到右侧换挡槽内，则向前或向后短促推移变速杆时，变速器相应换高一挡或换低一挡：

- 向 + 号方向短促推移：换高一挡。
- 向 – 号方向短促推移：换低一挡。

数据传输

变速器控制单元与发动机和ABS控制单元之间数据交换量较大。

数据直接传输给变速器控制单元

变速器控制单元根据传感器的输入信息控制输出信号，从而控制执行机构。以下信号直接发送给变速器控制单元：

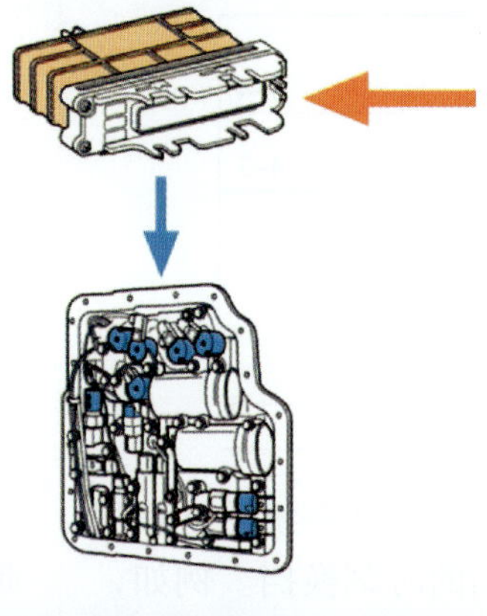

数据通过CAN总线传输

发动机控制单元通过CAN总线为变速器控制单元提供以下信息：

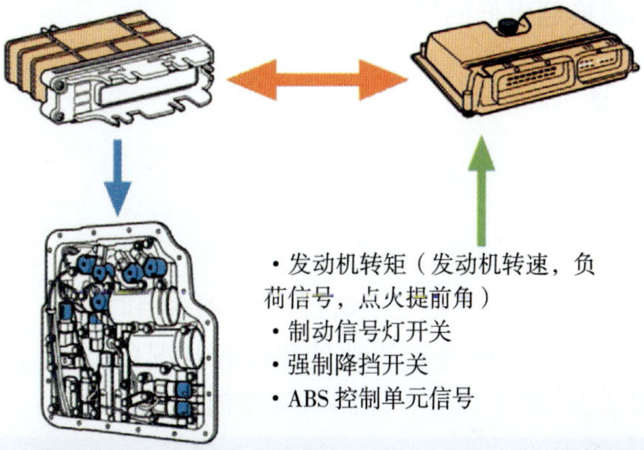

数据从变速器控制单元传输给发动机控制单元

变速器控制单元为发动机控制单元提供以下信息：

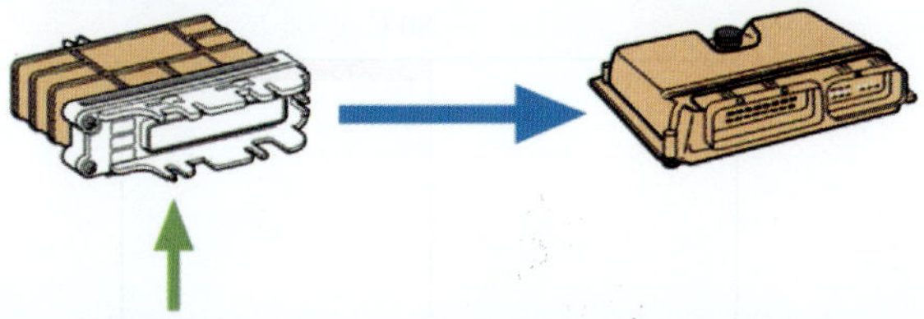

换挡过程的流程

- 变速器控制单元向发动机控制单元发出变速器将要换挡的信号。
- 发动机控制单元降低发动机转矩。
- 现在变速器控制单元可以用较低压力平稳无冲击地使离合器接合。

变速器控制单元

变速器控制单元拥有以下行驶模式：

- 取决于行驶阻力的行驶模式，
- 取决于驾驶员和行驶状况的行驶模式。

控制单元内取决于行驶阻力的行驶模式通过行驶阻力识别车辆是否上坡或下坡行驶，是否迎风行驶或带负荷行驶（带挂车行驶）。

控制单元根据车速、节气门位置、发动机转速和车辆加速度计算行驶阻力并确定换挡时刻。

采用取决于驾驶员和行驶状况的行驶模式时按模糊逻辑原理确定换挡时刻，变速器通过该行驶模式自动换到5个挡位。

确定换挡时刻

自动变速器根据车速和加速踏板位置换挡。

在此为每个换挡情况都存储了一个换挡特性曲线。

固定选择换挡时刻

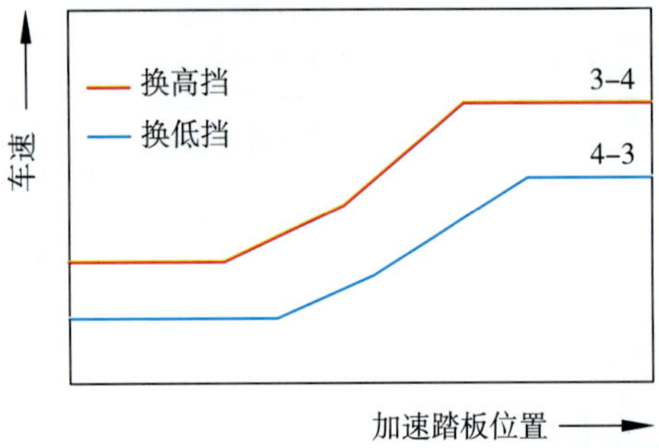

换挡时刻选择相对固定。控制系统始终根据加速踏板位置和车速在相同的时刻换挡。例如，车辆在发动机负荷保持恒定时加速并越过换高挡特性曲线时，变速器换到相邻高挡。踩下加速踏板使车辆加速且越过换低挡特性曲线时，换到相邻低挡或换到更低的挡位。

换挡模式

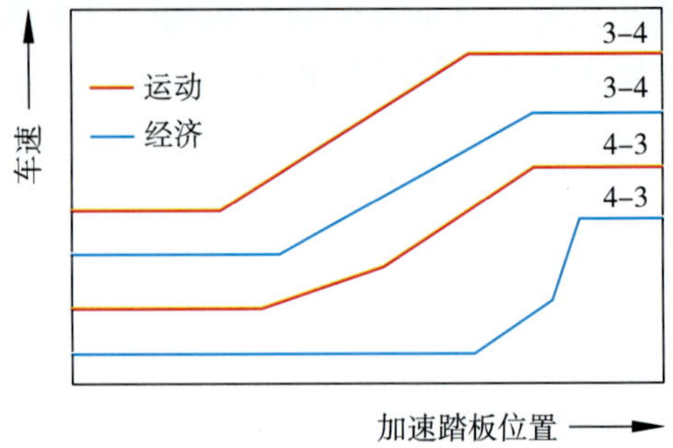

变速器控制系统内可存储多个特性曲线族。通常有用于以经济性驾驶为主的E模式（经济模式）和以动力性驾驶方式为主的S模式（运动模式）。适用情况

·经济性：提前换高挡和延迟换低挡=转速较低-耗油量较低

·运动性：加速踏板位置相同时，在较高车速下换高挡或换低挡=转速较高-动力性较高

模式转换通过一个开关或通过控制单元实现。

按模糊逻辑确定取决于驾驶员和行驶状况的换挡时刻

变速器按照取决于驾驶员和行驶状况的行驶模式自动换到5个挡位。控制系统按模糊逻辑原理确定换挡时刻。模糊逻辑是指有针对性地利用“模糊”。

模糊逻辑原理

无模糊逻辑时的配置

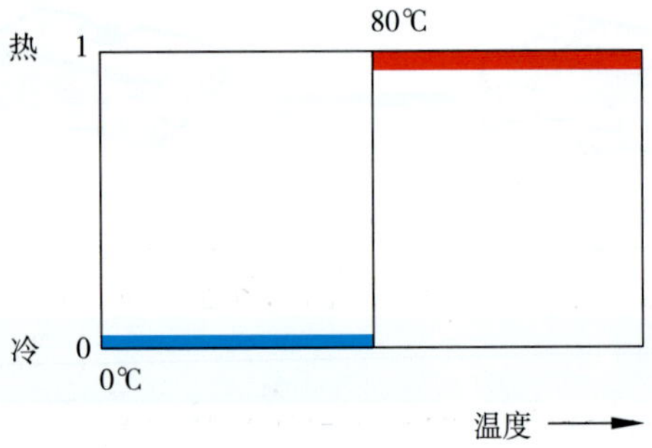

只有向计算机输入一个限值（例如80℃）时，计算机才能区分冷和热。通过这些开关状态计算机可以区分冷和热这两个数值。对于中间值来说计算机无法做出决定。

有模糊逻辑时的配置

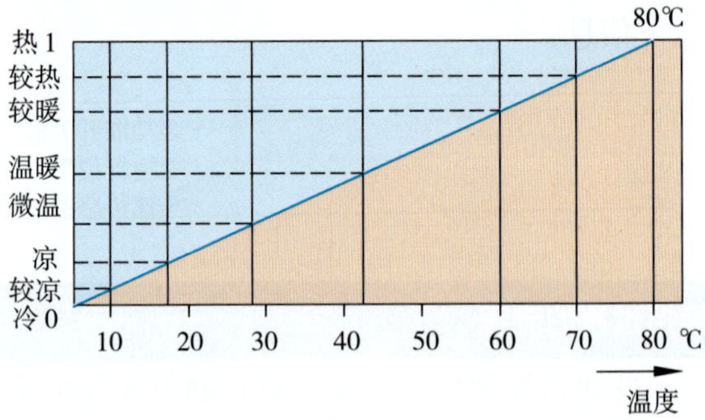

采用模糊逻辑时，上限（热）、下限（冷）和所有中间值与准确的温度值对应分配。模糊逻辑根据面积参数（蓝色面积与红色面积之比）识别这种分配。例如：温度为25℃时，蓝色面积“冷”占 80%，红色面积“热”占20 %。模糊逻辑识别为“微温”。

按模糊逻辑原理确定取决于驾驶员和行驶状况的换挡时刻

取决于驾驶员和行驶状况的换挡时刻按模糊逻辑原理通过一个运动性因素来确定，该因素考虑加速踏板的操纵速度。借助这个运动性因素确定换挡以经济性为主，还是以动力性为主。

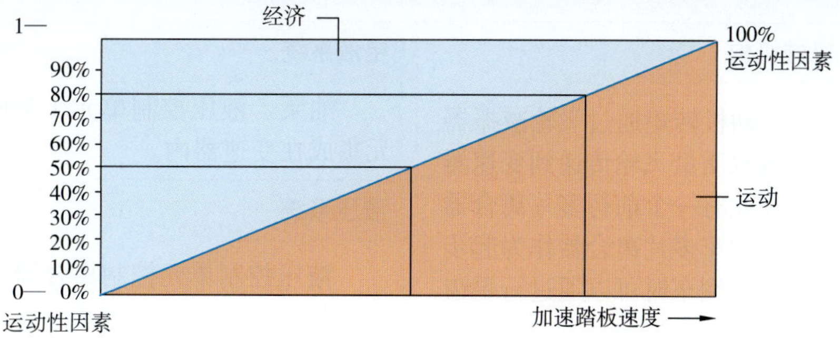

3.3.6 无级换挡变速器（CVT）

概述

内燃机的转矩特性通过变速器转换后才能适应行驶情况。因为内燃机持续输出转矩，所以为充分发挥发动机特性，变速器最适合采用无级传动比。

无级变速器 Multitronic 可以使用两种运行模式：

• 自动运行模式

在控制特性曲线族内传动比可以无级变化。传动比变化非常平稳且牵引力不中断。控制系统根据加速踏板位置和操纵速度以及行驶阻力确定转速。

红色线是以动力性为主的特性曲线，即用于最大加速性能；蓝色线是以耗油量为主的特性曲线，即用于降低耗油量。

由于采用无级传动比，因此无论以动力性为主还是以耗油量为主，发动机始终能够在最佳运行范围内工作。

• Tiptronic 运行模式

在这种运行模式下提供6个换挡特性曲线用于手动选挡。

5 挡是最高车速挡。6挡为超速挡。

这个传动比曲线图给出了自动运行模式的控制范围（黄色）和Tiptronic运行模式的6个换挡特性曲线（绿色线）。

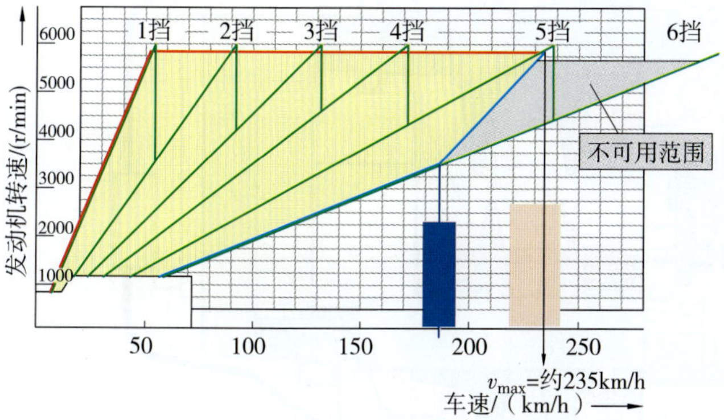

控制特性曲线族

由于控制驱动转速，因此最高车速随行驶阻力变化而改变

必须根据行驶阻力或迟或早离开最长的传动比曲线

Tiptronic 01J 换挡特性曲线

最经济的特性曲线

运动性最强的特性曲线

变速器机械机构

变速器基本结构

无级变速器 CVT （Continuously Variable Transmission）由以下功能单元组成：

<table>
<tr><th rowspan="4">机械机构</th><th colspan="2">电液系统</th></tr>
<tr><td colspan="2">油泵、液压控制单元（滑阀器）和变速器控制单元构成一个单元集成在变速器内。</td></tr>
<tr><th>液压系统</th><th>电子系统</th></tr>
<tr><td>液压控制单元控制离合器压力、传动比、前行及倒车离合器和离合器冷却等。
该控制单元包括手动滑阀、9个液压阀和电磁调压阀。</td><td>变速器控制单元通过动态控制程序计算理论驱动转速，然后根据理论值与实际值对比结果计算调压阀的控制电流，从而改变传动比。
变速器传感器是变速器控制单元的组成部分。</td></tr>
</table>

机械机构：发动机转矩通过飞轮减振器单元或双质量飞轮传递到变速器内。在此有一个前行多片离合器和一个倒车多片离合器作为起步离合器。倒车时可以通过行星齿轮组改变转动方向。发动机转矩通过中间齿轮传递给无级变速机构，然后从此处继续传递给主减速器。

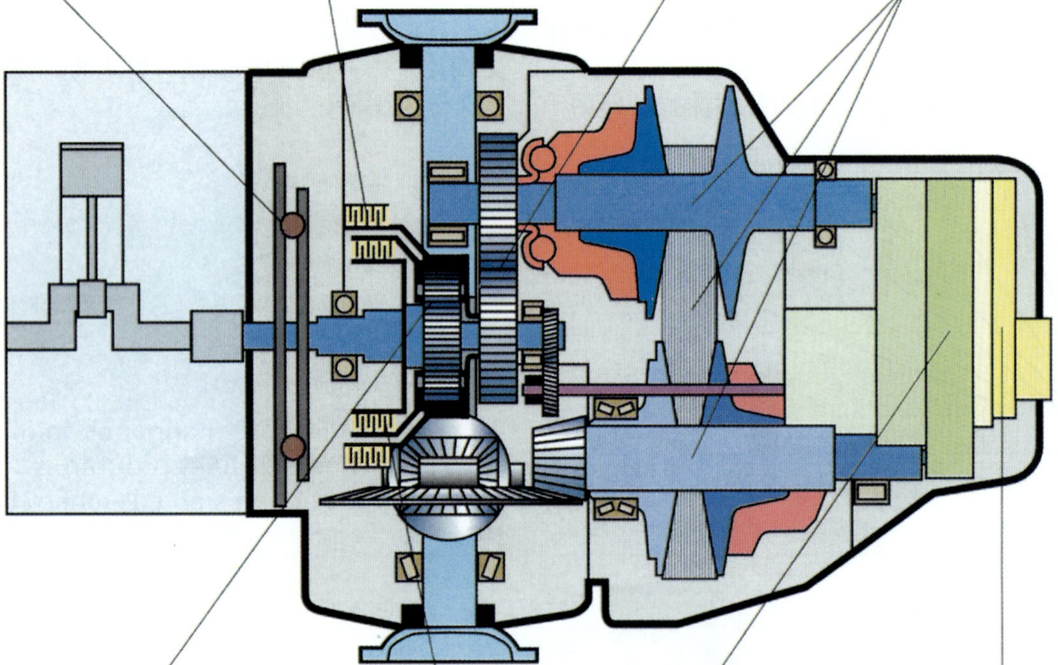

无级变速机构

无级变速机构由两对锥形工作轮，即工作轮组 1 和工作轮组2组成。一个接片式链条在两对锥形工作轮的锥形间隙内运行。工作轮组1由发动机通过中间齿轮驱动。接片式链条将转矩传递给工作轮组2，然后从此处传递给主减速器。两个工作轮组各有一个锥形工作轮可以在轴上沿轴向移动。因此链条运行直径随之改变，从而可以无级调节传感器。为确保链条始终保持张紧状态并借此产生传递动力所需要的压紧力，必须同时调节两个工作轮组。无级变速机构的传动比范围为2.4~0.4，因此传动比跨度为6。

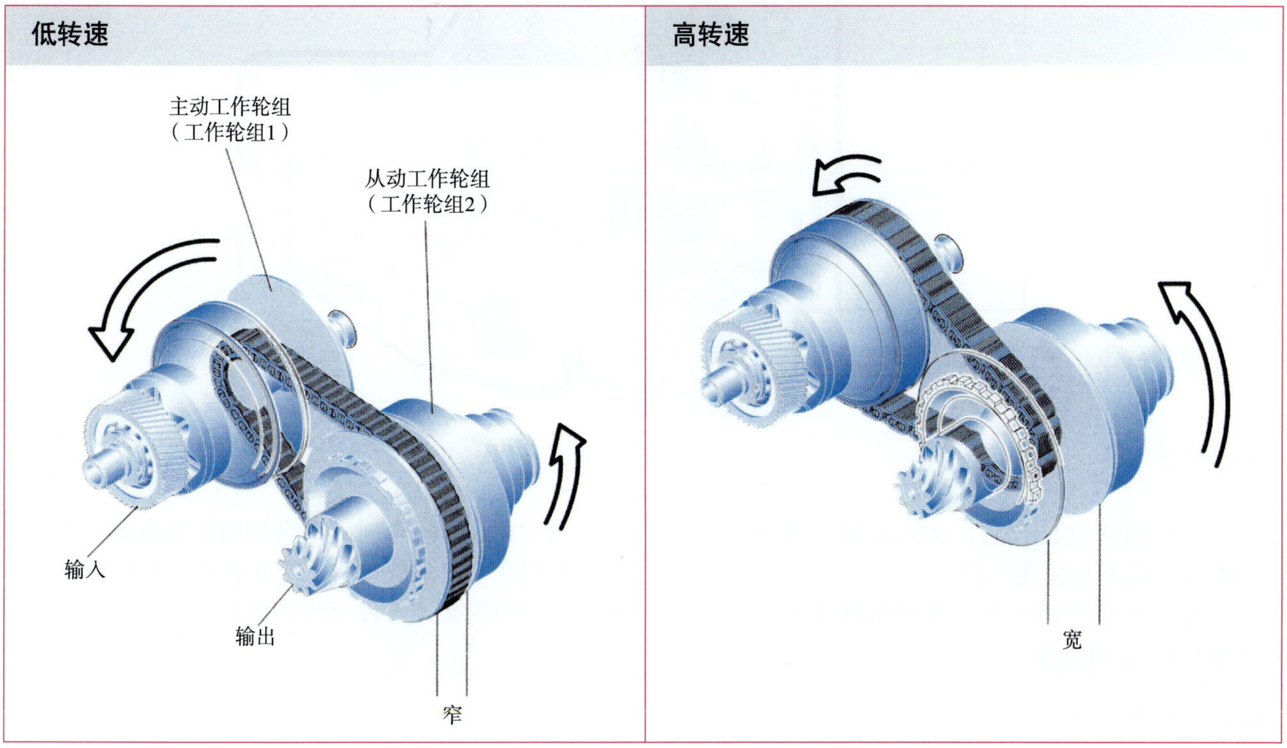

链条

转矩在无级变速机构内通过一个接片式链条传递。

链条由并排连接的链条接片组成。这些接片分别通过两个摆动推片连接成环形。锥形工作轮相向压紧，从而使侧面凸出的摆动推片夹紧在无级变速机构锥形工作轮之间。

转矩通过在此产生的压紧点以摩擦力形式传递给无级变速机构。

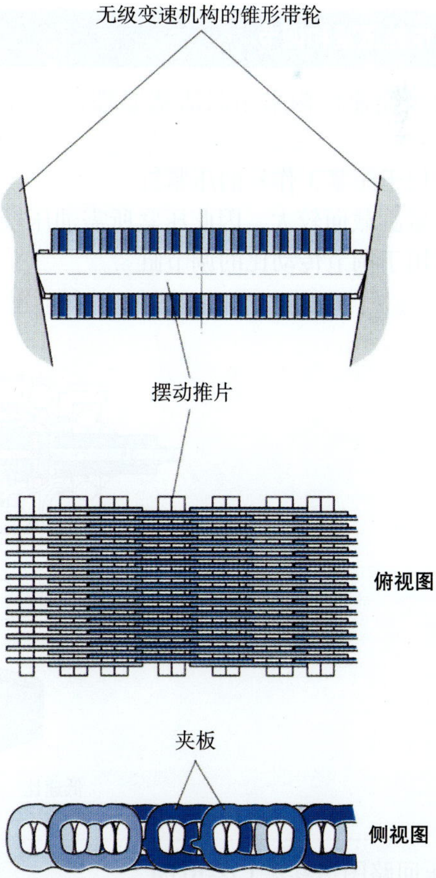

力传递路线

向前行驶和倒车行驶时的力传递路线

前行离合器的钢片与太阳轮连接（因此与变速器输入轴连接），摩擦片与行星齿轮架连接。倒车离合器的摩擦片与齿圈连接，钢片与变速器壳体连接。

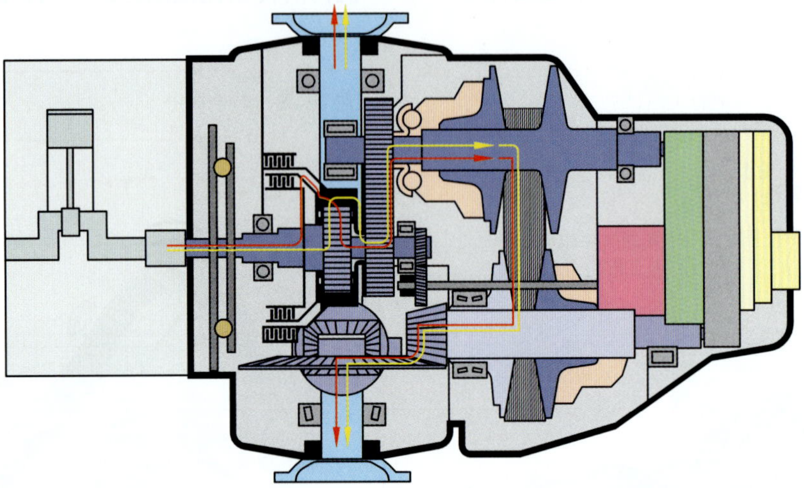

向前行驶

前行离合器接合时，离合器将变速器输入轴与行星齿轮架连接在一起。

行星齿轮组锁止并向发动机转动方向转动。转矩以1:1比例传递。

倒车

倒车离合器接合时，离合器固定住齿圈，因此转矩作用在变速器壳体上。转矩传递到行星齿轮架上，行星齿轮架逆着发动机转动方向转动。

液压控制系统

锥形工作轮压紧和调节

无级变速机构采用双活塞原理，带有独立的液压缸：

- 用于压紧工作轮的压紧缸

压紧缸截面较大，因此压紧所需油压较低。

- 用于调节传动比的调节缸

调节缸截面较小，因此调节所需的油量相对较少。

处于无压力状态时，无级变速机构通过工作轮组2内的螺旋弹簧调节到起步传动比（低速比）。

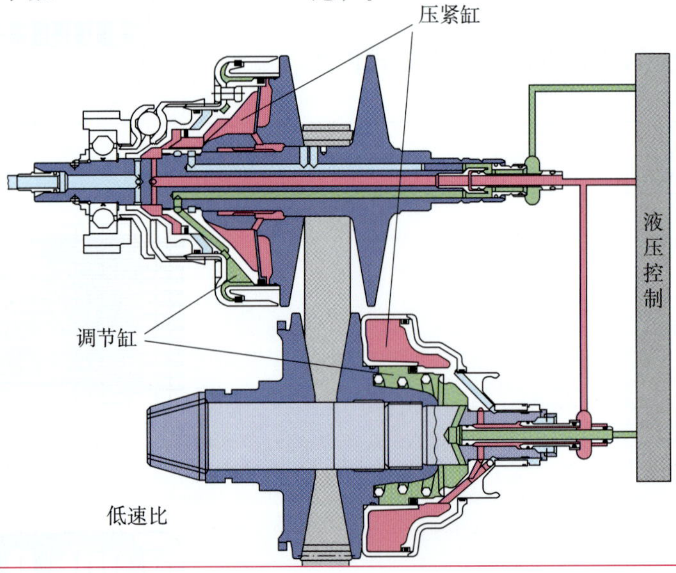

➔ 液压回路图请参见 CD–ROM

变速器电子系统

变速器控制单元内集成有以下传感器：

· 多功能开关，
· 变速器输入转速传感器，
· 变速器输出转速传感器1（转速），
· 变速器输出转速传感器2（转动方向），
· 变速器油温度传感器，
· 液压压力传感器1（离合器压力），
· 液压压力传感器2（压紧压力）。

由于控制单元集成在变速器内，因此无法用常规方式测量传感器信号。只能用诊断测试仪借助“读取故障”或“读取测量值组”进行检查。某一传感器失灵时必须更换变速器控制单元。

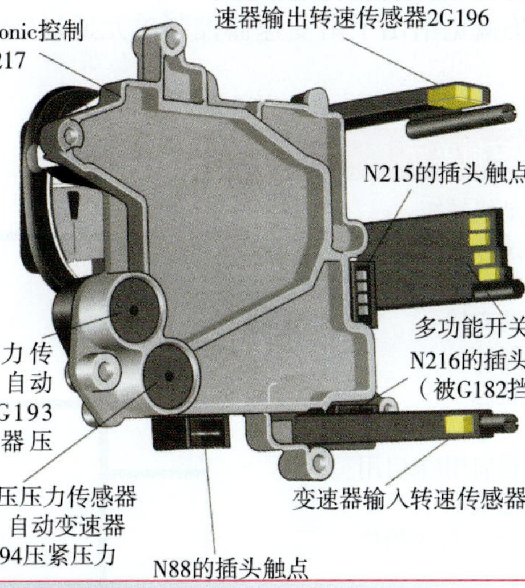

离合器电子控制系统

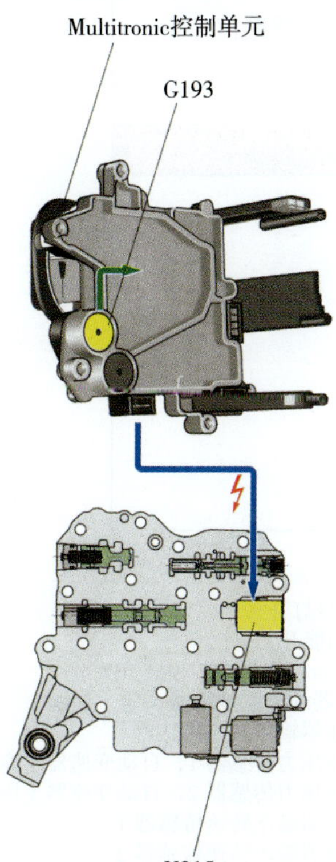

为控制离合器需处理以下信息：

· 发动机转速，
· 变速器输入转速，
· 加速踏板位置，
· 制动踏板已踩下，
· 变速器油温度。

变速器控制单元根据这些信息计算离合器理论压力并为调压阀N215确定一个控制压力。

离合器实际压力由液压压力传感器1G193测量。变速器控制单元持续对比实际压力和理论压力。变速器控制单元检查这些数值的可信度并在出现偏差时启用相应措施，例如安全换挡。

传动比电子控制系统

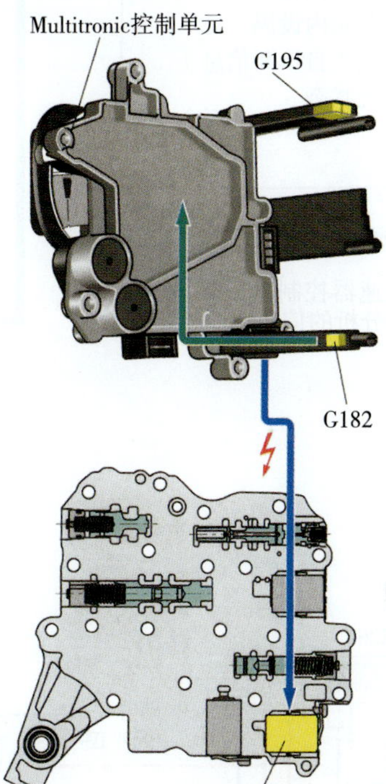

控制单元内集成有一个动态控制程序用于计算理论驱动转速。

动态驱动程序根据行驶特性和驾驶员指令调节变速器传动比。为此变速器控制单元分析

· 行驶特性（经济性 / 省油 / 动力性为主 / 运动性），
· 行驶状态（加速，减速，等速），
· 路段分布（上坡，下坡，水平）。

变速器控制单元借助这些信息计算出理论驱动转速。

传感器G182探测工作轮1处的实际变速器输入转速。变速器控制单元根据理论值与实际值的比较结果确定调压阀N216的控制电流。

信息交换

系统概览给出了由变速器控制单元通过CAN总线提供的信息以及由网络控制单元接受和利用的信息。

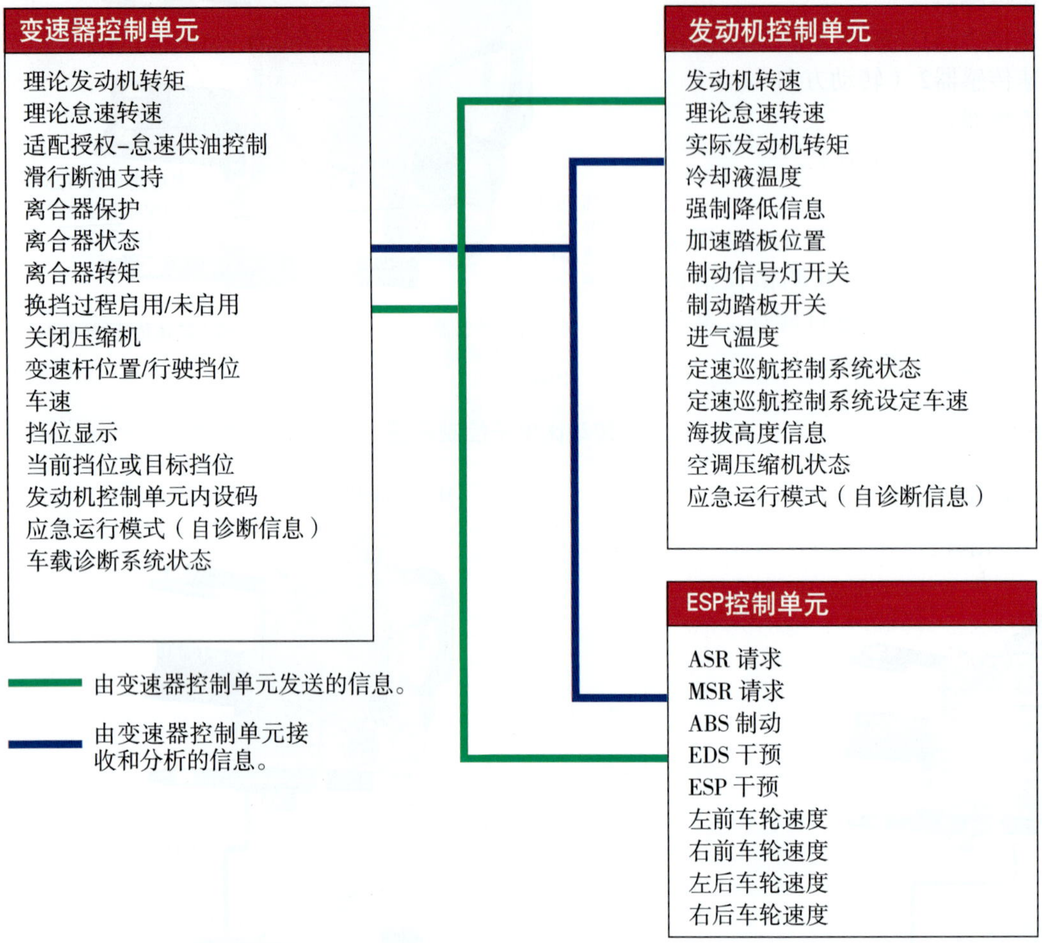

电路图

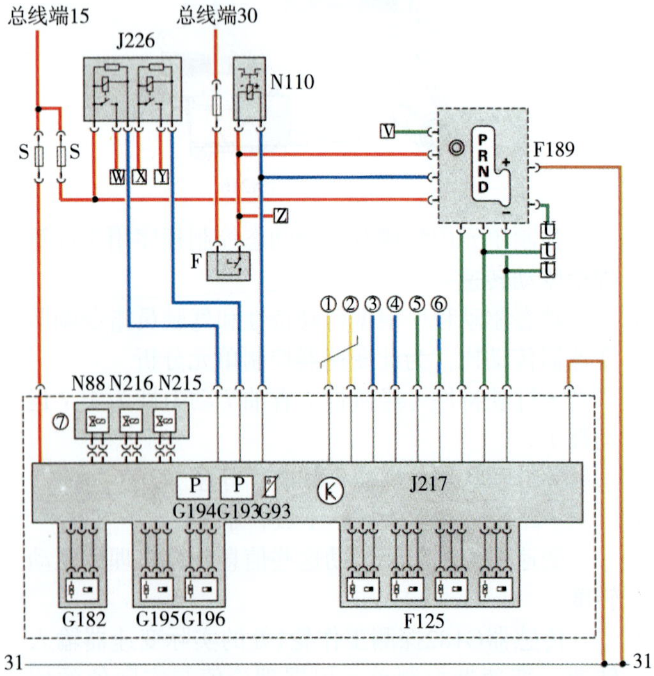

部件

F—制动信号灯开关
F125—多功能开关
F189—Tiptronic 手动电控模式开关
G93—变速器油温度传感器
G182—变速器输入转速传感器
G193—液压压力传感器 1，自动变速器（离合器压力）
G194—液压压力传感器 2，自动变速器（压紧压力）
G195—变速器输出转速传感器 1
G196—变速器输出转速传感器 2
N88—电磁阀 1（离合器冷却 / 安全关闭）
N110—变速杆锁电磁铁
N215—自动变速器调压阀 1 （离合器控制）
N216—自动变速器调压阀 2 （传动比控制）
J217—Multitronic 控制单元
J226—重复起动锁和倒车灯继电器
S—熔丝

连接和附加信号

U—至Tiptronic转向盘（选装）
V—自总线端 58d
W—至倒车灯
X—自点火开关总线端 50
Y—至起动机总线端 50
Z—至制动信号灯
1—动力传动系跃降 CAN
2—动力传动系跃升 CAN
3—挡位显示信号
4—车速信号
5—发动机转速信号
6—车身诊断接口

3.3.7 主减速器及差速器

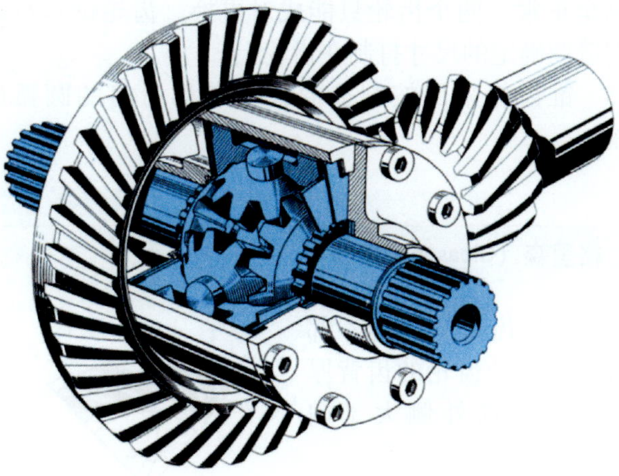

在轿车中结构单元“差速器”由主减速器和真正的差速器组成。主减速器和差速器是互相协作的功能单元，共用一个壳体。通常称为差速器。

3.3.7.1 主减速器

主减速器以固定传动比降低来自变速器的转速或提高转矩并将转动继续传递给驱动轮。其传动比为：轿车 4:1，货车 5:1~10:1。

锥齿轮减速器	圆柱齿轮减速器
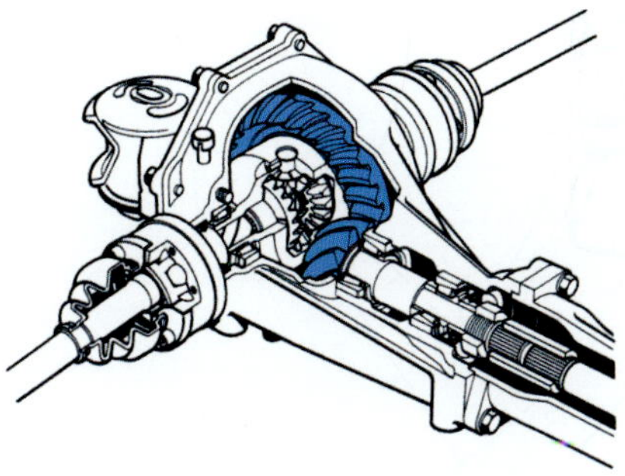	
发动机纵置时使用锥齿轮减速器。主减速器将传动轴的转动方向改变90°。	在发动机横置的前轮驱动车辆中，主减速器由一对斜齿圆柱齿轮组成。

锥齿轮减速器组成

- 主动齿轮（小锥齿轮）和
- 被动齿轮（大锥齿轮）。

主动齿轮轴相对被动齿轮轴向下偏移。这种传动方式称为双曲面齿轮传动。

由于齿轮压力较高，因此需使用双曲面齿轮油。

⊕ 由于轴偏移布置，因此齿面接触面积较大。从而可以传递较大的作用力。

⊕ 运行更平稳。

⊕ 万向节通道可以保持较低。

齿面必须在齿轮节圆处接触，以便在磨损最小的情况下无噪声运转。

齿轮调整正确时接触区位于主动齿轮的轮齿中部。

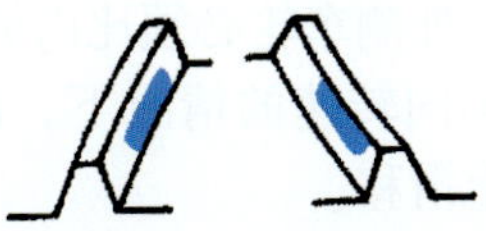

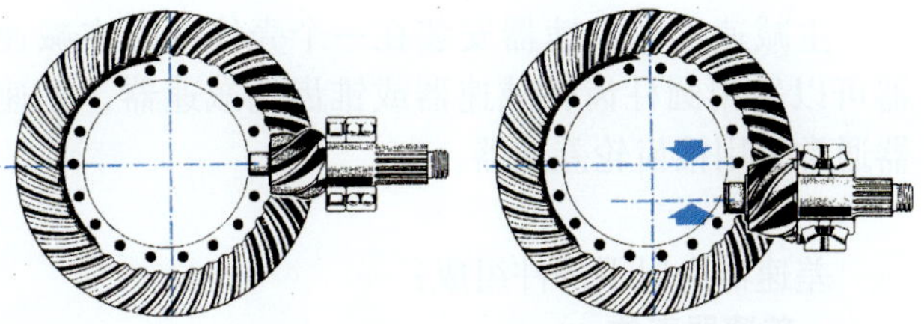

主动齿轮和被动齿轮由制造商配对调整到运行完全正常。两个齿轮只能成对更换。齿轮试运行时制造商确定的尺寸打制在齿轮上。

锥齿轮采用按制造商公司名称命名的圆弧齿制。

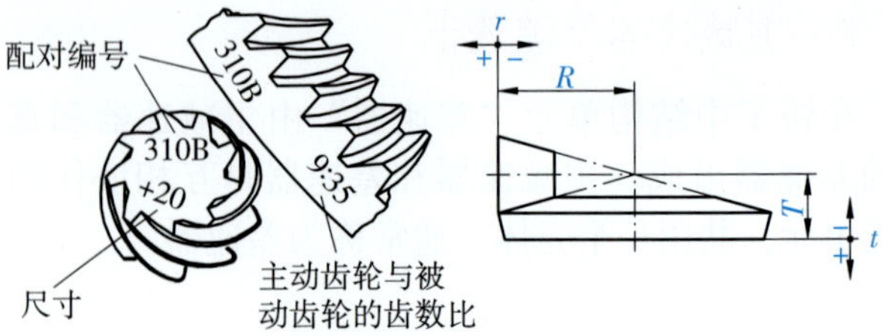

格里森（Gleason）齿制

轮齿是圆弧的一部分。被动齿轮的齿背厚度和齿高外侧大于内侧。

应用：轿车，货车

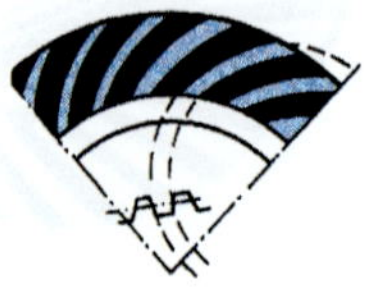

克林根贝格（Klingelnberg）齿制

齿形是螺旋的一部分。在整个齿宽上被动齿轮的齿背厚度和齿高相同。

应用：轿车

3.3.7.2 锥齿轮差速器

转弯行驶时弯道外侧车轮行程比弯道内侧车轮长。

下面举例说明这种差别：

一辆轮距 s =1.5m且装有155 SR 13轮胎（动态有效半径r_{dyn}=273mm）的轿车转90° 弯道行驶，内侧半径r_i为8m，因此内侧车轮走过的行程，

$$s_1=\frac{2\pi r_i}{4}=\frac{2\times3.14\times8}{4}\text{ m}=12.6\text{m}$$

外侧车轮需

$$s_2=\frac{2\pi r_a}{4}=\frac{2\times3.14\times9.5}{4}\text{m}=14.9\text{m}$$

车轮周长为

$$U=2\pi r_{dyn}=2\times3.14\times0.273\text{m}=1.71\text{m}$$

转弯时内侧车轮转动 12.6/1.71 = 7.37 圈，外侧车轮转动 14.9/1.71 = 8.71 圈。

外侧车轮必须比内侧车轮多转动 1.3 圈。在未补偿不同转速的情况下，内侧车轮或外侧车轮将在路面上滑移。

因此共同驱动的车轮不得以刚性方式连接，而是必须带有分开式半轴。

主减速器和差速器安装在一个壳体内。主减速器可以采用圆柱齿轮减速器或锥齿轮减速器，差速器通常采用锥齿轮差速器。

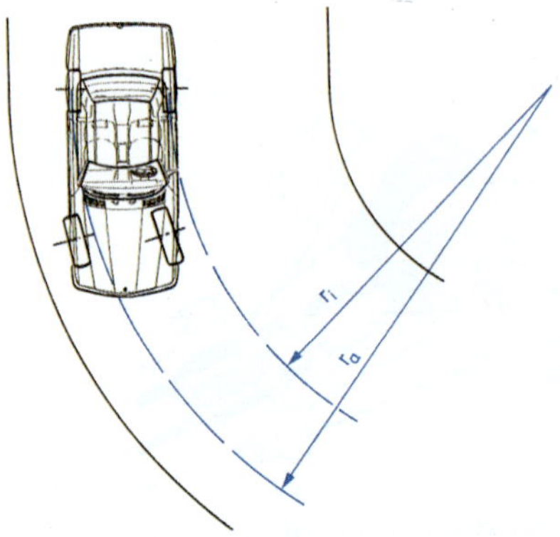

差速器由以下部件组成：

- **差速器壳体**

主减速器被动齿轮通过螺栓拧在差速器壳体上。

- **两个行星齿轮**

在差速器壳体内两个行星齿轮支撑在行星齿轮轴上。

- **两个半轴齿轮**

半轴齿轮支撑在差速器壳体内，与两个行星齿轮啮合。半轴齿轮带有内啮合花键，用于插入半轴。

主动齿轮驱动被动齿轮及差速器壳体。差速器壳体带动行星齿轮轴及行星齿轮。

直线行驶	转弯行驶	单侧打滑
两个车轮以相同的转速转动。	弯道外侧车轮转动速度比弯道内侧车轮快。	一个车轮位于附着系数较大的路面上，另一个车轮位于光滑路面上。
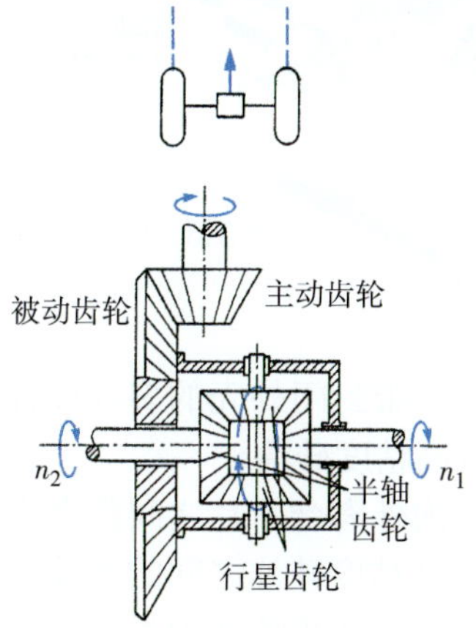	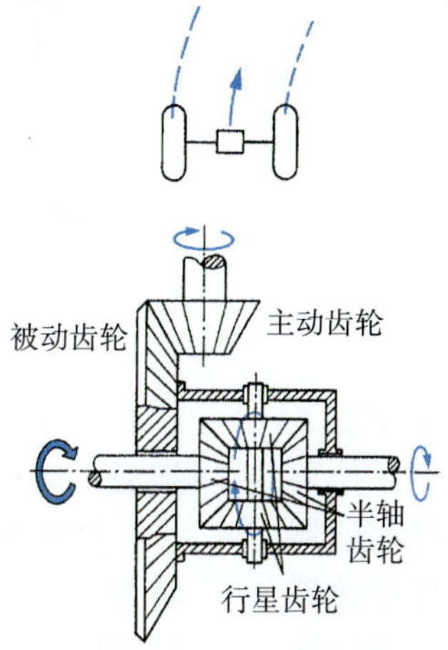	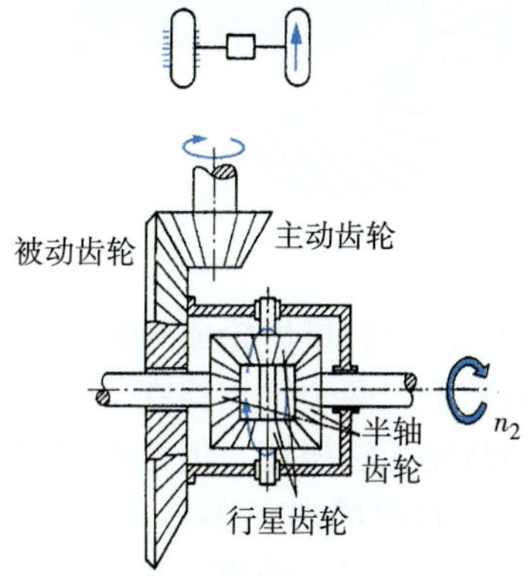
两个半轴齿轮转速相同。行星齿轮相对静止，但是与差速器壳体一起围绕差速器壳体中心线转动并带动半轴齿轮转动。行星齿轮的作用相当于随动部件。	用于弯道外侧车轮的半轴齿轮转动速度比用于弯道内侧车轮的半轴齿轮快。差速器壳体以驱动转速转动。行星齿轮围绕其轴转动，同时与差速器壳体一起围绕差速器壳体中心线转动。行星齿轮补偿这种转速差。	一个半轴齿轮相对静止。行星齿轮围绕其轴转动并在相对静止的半轴齿轮上滚动。全部转矩都通过另一个半轴齿轮传递到对应的驱动轮上。该车轮以两倍的输入转速转动。

行星齿轮的作用是，使弯道外侧车轮的转速增加值与弯道内侧车轮的转速降低值完全相同：堤内损失堤外补。

⊖ 一个驱动轮位于坚实干燥的路面上，另一个车轮位于结冰、松软或沙石路面上，因此一个车轮的附着系数较大，附着系数较小的车轮以两倍转速打滑且陷入松软的路面内。

⊖ 驶过不平路面或有凹坑的路面时离开路面的车轮转速加快。

⊖ 以运动性方式驾驶时，转弯时出现的离心力使弯道内侧车轮负荷减轻，因此车轮可能打滑（有侧滑危险）。

差速器锁

强制式差速器锁

强制式差速器锁带有一个爪形离合器，该离合器可以将一个半轴与差速器壳体连接在一起。整个齿轮传动机构成为一个刚性系统，不再具有差速作用。必要时手动或用脚踏板使爪形离合器接合。路面条件较好时差速器锁必须保持松开状态，以防转弯时车轮滑移。

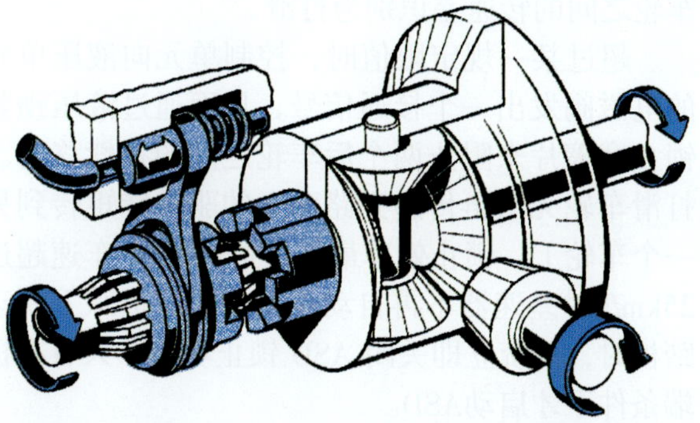

自动式差速器锁

通过多片离合器部分锁止

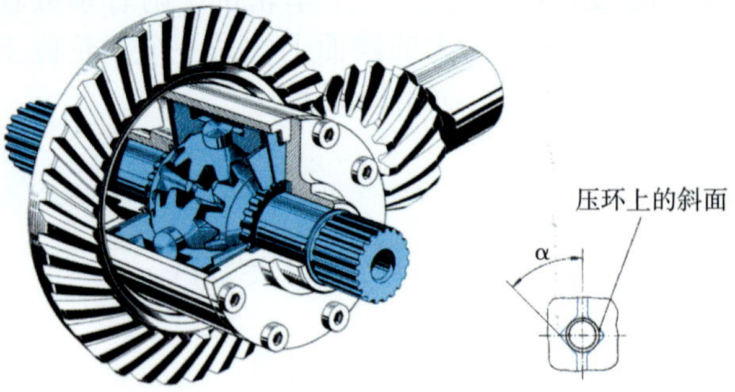

四个行星齿轮成对相对布置在两个十字交叉的轴上。两个轴支撑在压环的菱形凹座内。压环的凸轮无法扭转，但是可以沿轴向移动到差速器壳体的凹槽内。多片离合器位于压环与差速器壳体壁之间。外离合器片无法扭转且可沿轴向在差速器壳体内移动，内离合器片固定在半轴的凹槽内。转矩从差速器壳体经过两个多片离合器的压环传递到行星齿轮轴上。有负荷时将压环向外压。离合器接合时部分锁止差速器壳体。压紧标准是可以补偿弯道内侧车轮与弯道外侧车轮之间的转速差。差速器锁的设计要求是，最多75%的输入转矩传递给附着系数较大的车轮，其余25%传递给负荷减轻的车轮。

通过粘性离合器部分锁止

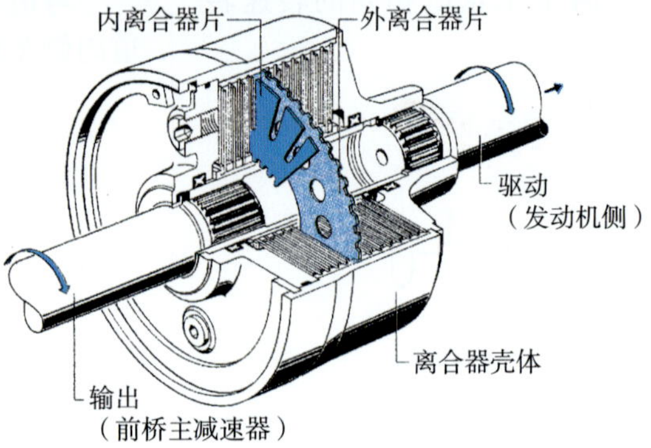

粘性离合器由一个带封闭外壳的多片离合器组成，离合器内注有高粘度硅油。

如果车轮打滑，内外离合器片之间就会出现转速差。离合器片与高粘度硅油之间的摩擦力使打滑的车轮减速并使部分转矩传递到另一个车轮上。

⊕ 无磨损部件，

⊕ 在减速器的整个使用寿命内锁止特性保持不变，

⊖ 只能进行有限调节，

⊖ 调头时夹紧，

⊖ 在光滑路面上有不足转向特性，

⊖ 可传递到后车轮上的转矩受限。

自锁式差速器（ASD）

自锁式差速器的主要组件是电子控制系统、液压单元和一个带有液压预紧式摩擦片的差速器。

作为基本功能，自锁式差速器的自锁效率约为 35%。两个前车轮上和后桥中部的传感器将转速信息发送给控制单元。控制单元将前车轮与后车轮之间的转速差识别为打滑。

超过某一规定限值时，控制单元向液压单元的电磁阀发出一个接通信号，从而通过液压预紧锁止摩擦片来阻止两个后车轮之间的补偿移动。打滑车轮无法再传递到路面上的驱动转矩转到另一个车轮上。锁止效率最高可达100%。车速超过25km/h时差速器不再自动锁止。驾驶员踩下制动踏板时，系统立即关闭 ASD 锁止功能。只有在极端条件下才启动ASD。

4 通过传动轴和半轴传动

4.1 传动轴和半轴

发动机转矩通过驱动轴传递到驱动轮上。驱动轴分为：

· 传动轴沿车辆纵轴传递转矩。

· 半轴将转矩从差速器向侧面传递至驱动轮。

后轮驱动

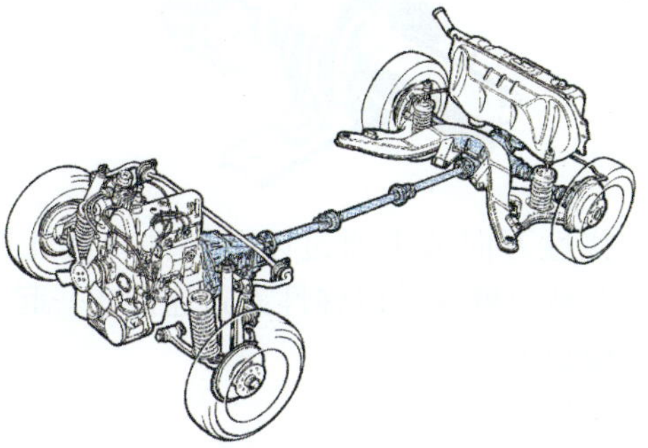

在后轮驱动车辆中一个传动轴将转矩从变速器传递到主减速器。因为主减速器位置较低，所以传动轴向下倾斜。半轴将转矩从主减速器传递给驱动轮。

前轮驱动

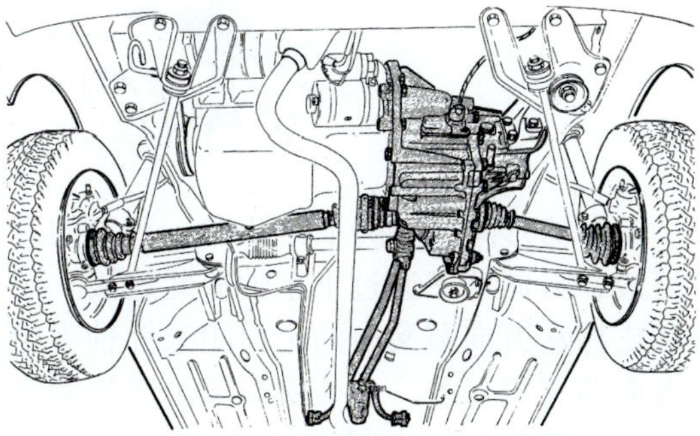

在前轮驱动车辆中半轴将转矩从主减速器传递给驱动轮。

独立悬架式驱动轮

采用独立悬架式驱动轮时主减速器与车身固定连接，而驱动轮则上下移动。在此对驱动轴还有其他要求：

弹簧伸长和压缩

半轴必须参与车轮悬架的往复移动，同时补偿长度变化。

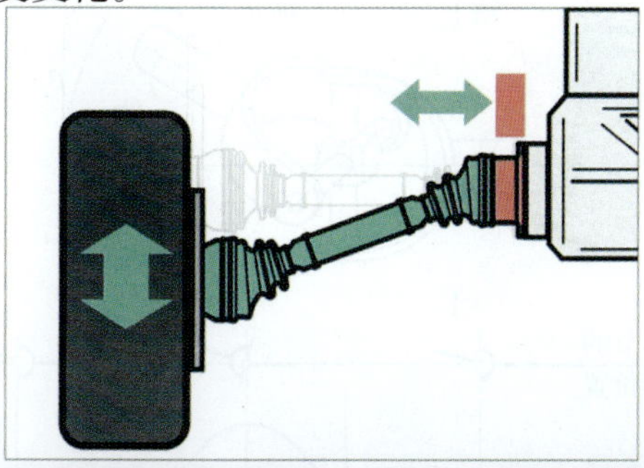

摆动

发动机和变速器单元以弹性方式支撑。在某些转速范围内这个单元开始在其支座内摆动。这种运动必须由驱动轴补偿。

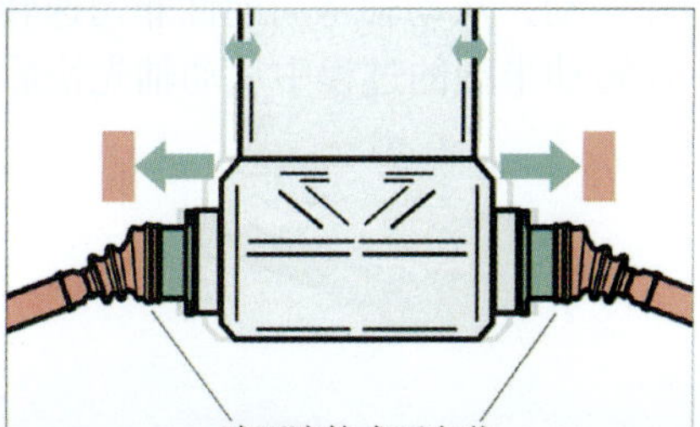

车轮转角

在前轮驱动车辆中半轴还有其他要求：

· 前桥半轴必须有较大的许用偏转夹角，以便能够承受车轮转角和悬架行程。

· 即使车轮转角较大时半轴的转动也必须均匀，以确保转向系统不受振动影响。

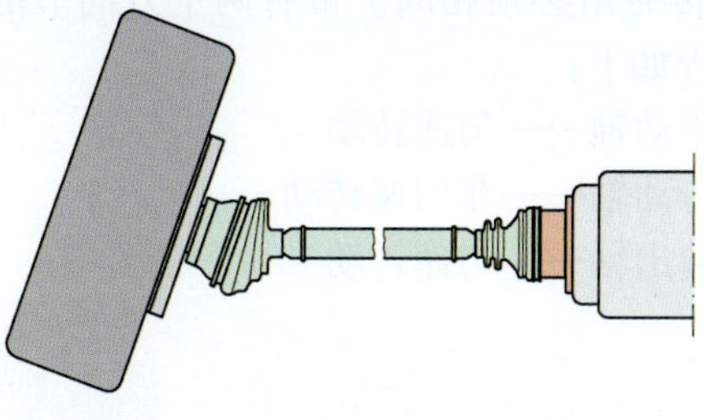

4.1.1 传动轴

传动轴由轴管组成，轴管端部焊接有用于十字轴万向节或挠性万向节的法兰。传动轴由调质钢制成。

十字轴万向节

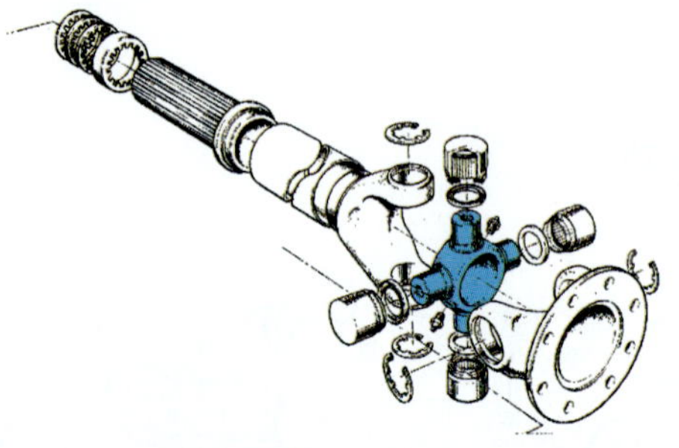

十字轴万向节由两个错开90° 布置的万向节叉组成，万向节叉通过十字轴彼此连接。十字轴轴颈支撑在万向节叉内的全封闭滚针轴承中。这种万向节无需保养。为确保提供足够的润滑脂，十字轴内部设计为润滑脂储存空间。

⊕ 传递较大的转矩
⊕ 总偏转夹角为15°
⊕ 免保养
应用：标准驱动

挠性万向节

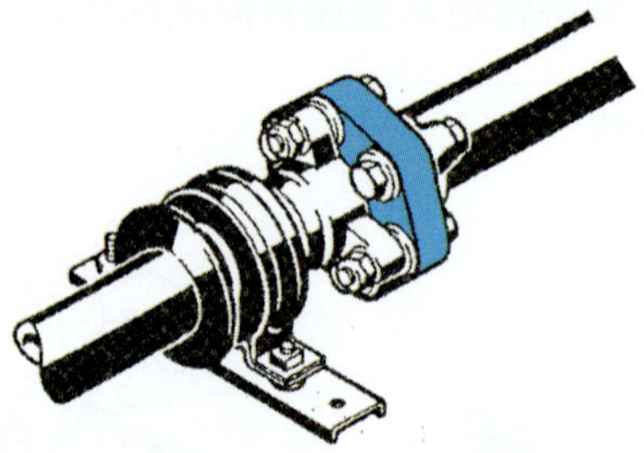

在挠性万向节中通过以下部件将彼此错开的两个双臂或三臂法兰以弹性方式连接在一起

- 橡胶织物盘，
- 橡胶块，
- 减振块（橡胶金属元件）

联接时使用定位螺栓，这些螺栓可将转矩通过钢衬套传递给万向节。

⊕ 费用低，免保养
⊕ 减振
⊖ 总偏转夹角较小：3° ~5°
⊖ 传递较小的转矩
应用：主减速器与车身或车架固定连接，变速器与主减速器的轴中心线位置相同。

传动轴仅带有一个单十字轴万向节时，如果主动轴匀速转动，从动轴将周期性非匀速转动：

- 在转动半圈的过程中从动轴先快后慢。

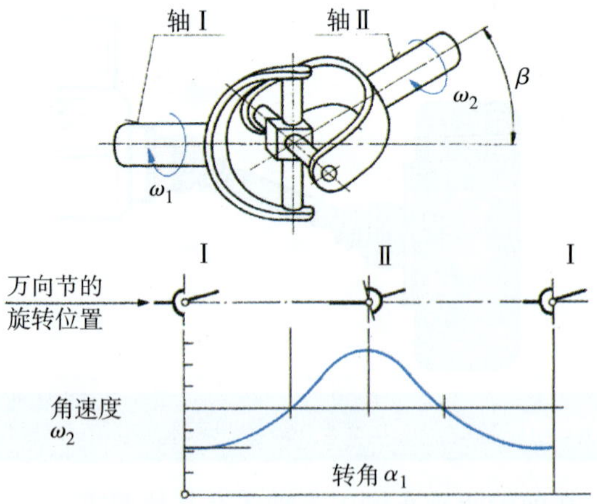

这种转动不均匀性通过第二个万向节来补偿。但是偏转夹角必须相同。带有两个万向节的传动轴运行过程如下：

- 驱动轴——匀速转动
- 传动轴——非匀速转动
- 输出轴——匀速转动

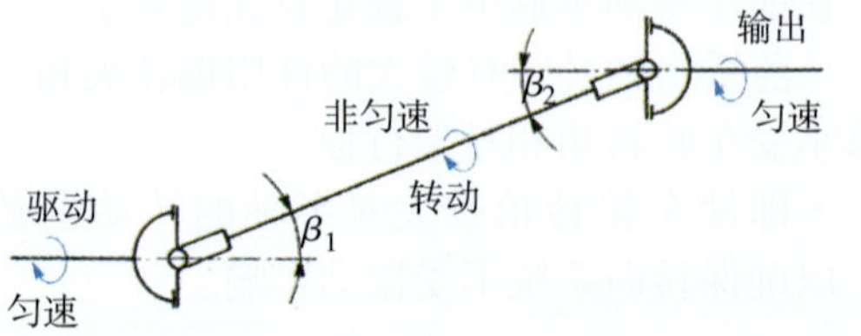

单件式传动轴

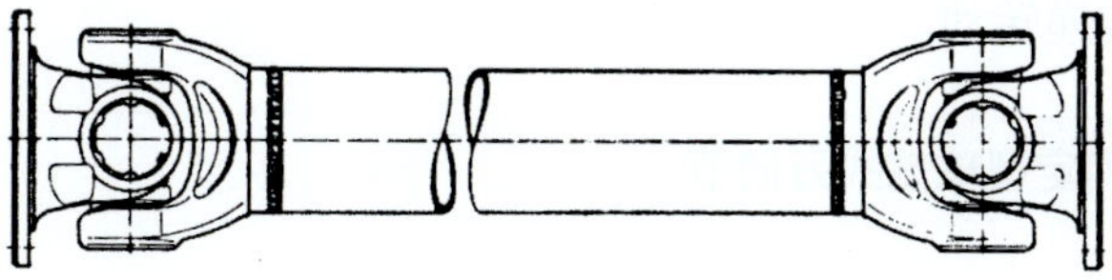

传动轴由无缝冷拔钢管组成，钢管端部焊接有万向节或法兰。

应用：在轿车中变速器轴错开布置且主减速器与车身固定连接时，使用带有十字轴万向节的单件式传动轴。

两件式传动轴

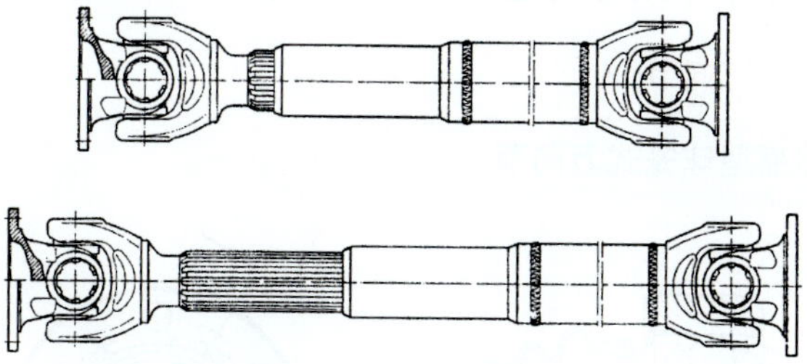

两件式传动轴由传动轴管和带有套管和两个万向节的传动轴轴颈组成。传动轴管和轴颈带有键槽。长度变化30~40mm时通过成型滑块来补偿。滑块通过一个径向密封环来防尘和防水。

应用：非簧载整体式后桥。

传动轴装置

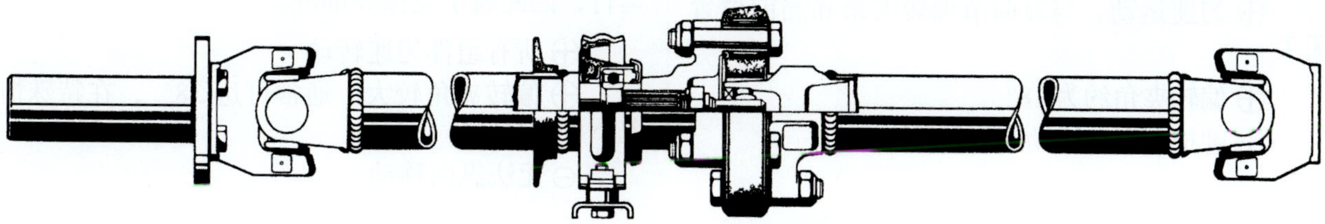

变速器与主减速器之间的距离较大时使用带有两个或多个传动轴的传动轴装置。传动轴装置由带有十字轴万向节和挠性万向节的单件式和两件式传动轴组成。传动轴通过中间支座支撑。中间支座由一个滚柱轴承组成，滚柱轴承支撑在软橡胶内且固定在车身上。

⊕ 传动轴较短且运行更平稳。

⊕ 传动轴支撑位置可以更低。因此车辆地板的设计位置可以更低。

⊕ 中间支座可防止产生嗡嗡声。

每个传动轴都进行静平衡和动平衡校正，以免产生振动。为此需电气点焊小钢板部件。为了能在分解后按原来的位置组装一个两件式传动轴，制造商在滑块上做出了标记（2）。万向节叉必须始终位于相同的平面内（1）。制造商规定损坏时通常更换整个传动轴。

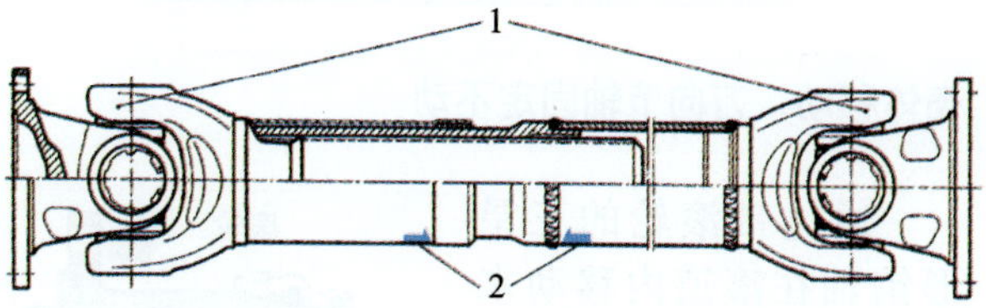

4.1.2 半轴

半轴采用等角速万向节，也称为匀速万向节，即使在偏转夹角较大的情况下这种万向节也能均匀传递转动。

球笼式万向节

伸缩型球笼式万向节

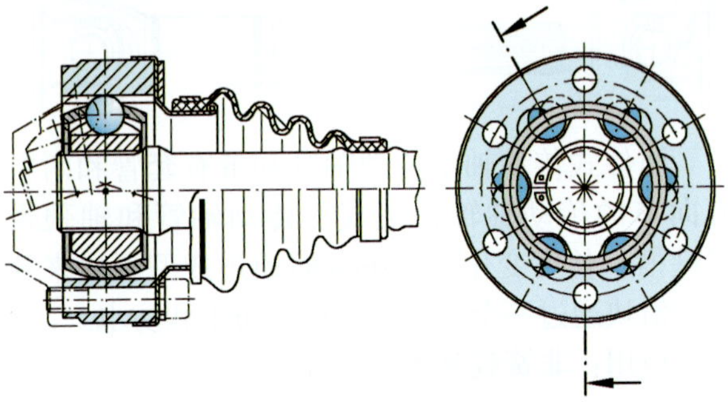

伸缩型球笼式万向节带有6个钢球，这些钢球在圆柱形万向节外壳和星形套的钢球滚道内移动。球笼使钢球保持在一个平面内。

钢球传递转矩。由于钢球滚道采用特殊构造，因此所有组件都匀速运动。钢球始终保持在等角速平面内。长度变化也通过钢球来补偿。

⊕ 匀速运动，与万向节偏转夹角和当前位置无关

⊕ 偏转夹角约为 18°

⊕ 磨损较小（滚动摩擦）

固定型球笼式万向节

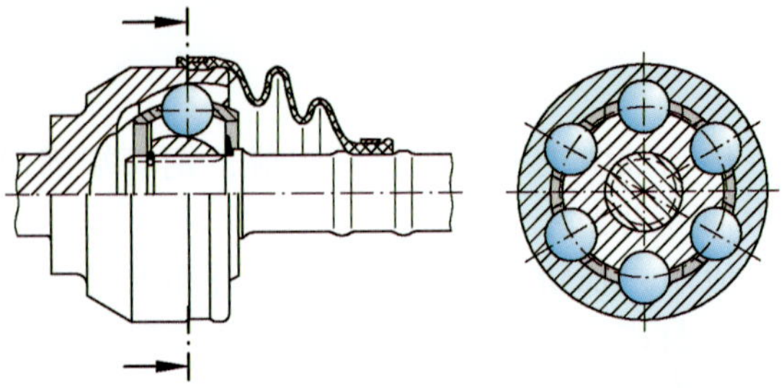

在固定型球笼式万向节中，6个钢球在星形套和万向节球形外壳的研磨加工式曲线滚道内运行。固定型球笼式万向节偏转夹角较大，但是不能纵向移动。

与伸缩型球笼式万向节一样，固定型球笼式万向节也始终在注有润滑剂的封闭式轴连接部件中运行，因此属于免保养部件。

⊕ 所有组件匀速转动

⊕ 偏转夹角较大，通常可达 38° ，在特殊情况下可达45°

⊖ 无法纵向移动

球面滚轮式万向节

球面滚轮式万向节带有三个球形轴颈，轴颈上各布置有一个滚轮。滚轮在滚道内运行。

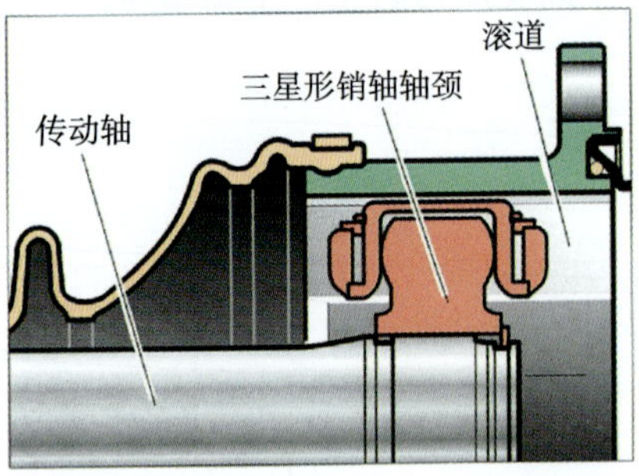

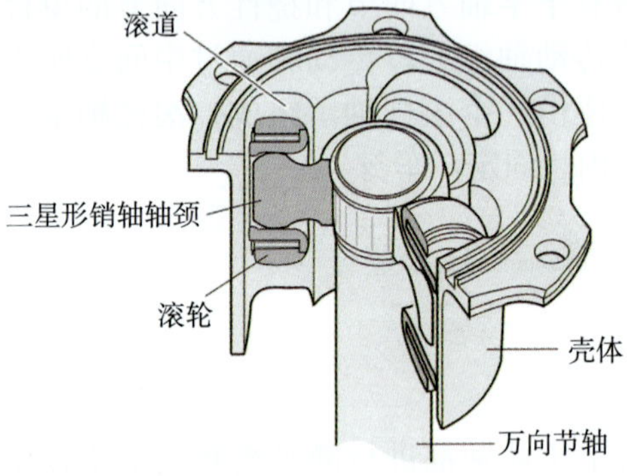

壳体移动，万向节轴固定不动

通过带滚轮的三星形销轴在滚道内移动来补偿摆动。

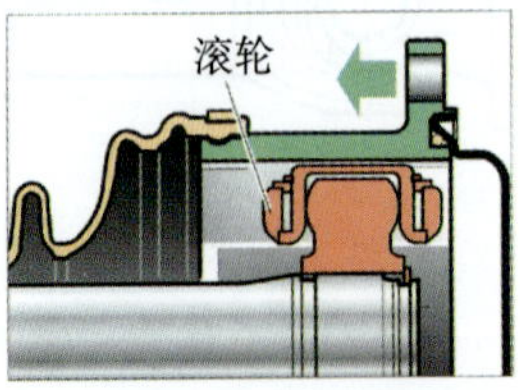

壳体保持不动，万向节轴运动

弹簧伸长时滚轮只在一个平面内移动。

4.1.3 双联式万向节轴

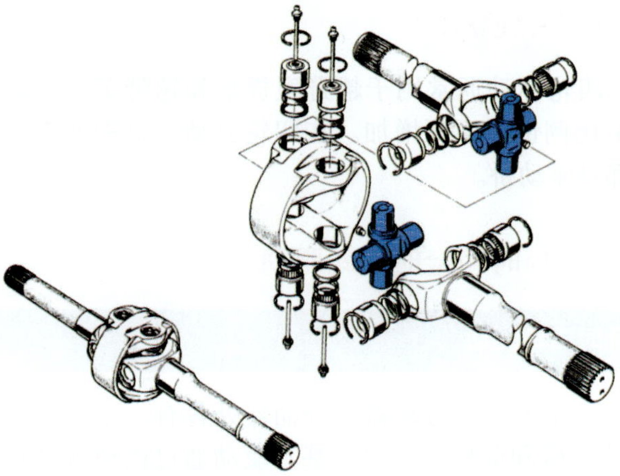

在双联式万向节轴中两个十字轴万向节组成一个万向节。双联式万向节轴用于差速器与驱动轮之间的连接。

⊕ 由于偏转夹角最大可达 50°，因此前桥采用双联式万向节的车辆操控性较好。

应用：按设计规定双联式万向节仅用于转向驱动桥。

这种万向节特别适合四轮驱动商用车、土木工程机械和农用拖拉机等。

4.1.4 等角速万向节的使用

每个驱动轮都需要两个万向节，其中至少有一个采用伸缩型万向节。具体应用：

- 前轮驱动：车轮侧为球笼式万向节，减速器侧为伸缩型万向节，
- 后轮驱动：车轮侧为伸缩型万向节，减速器侧为伸缩型万向节。

球面滚轮式等角速万向节应用范围

- 振动较大的柴油发动机车辆，
- 预紧力较大的自动变速器车辆。

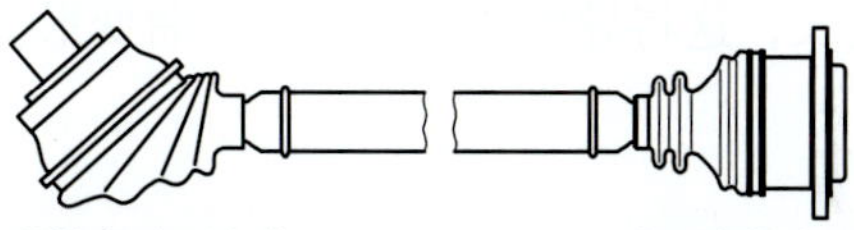

球形等角速万向节　　球面滚轮式万向节

4.1.5 等角速万向节的功能元件

等角速万向节的功能元件

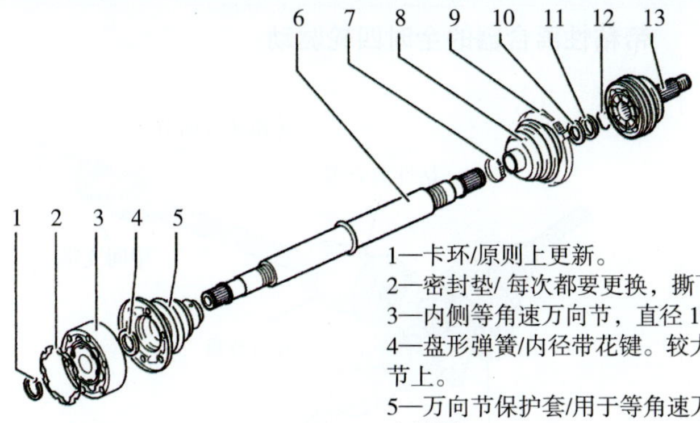

6—万向节轴/用于等角速万向节，直径 100 mm。
7—软管卡箍/原则上更新。
8—万向节保护套/用于等角速万向节，直径 90 mm。
9—软管卡箍/原则上更新。
10—盘形弹簧/较大直径（凹形侧）侧靠在止推环上。
11—止推环
12—卡环/每次都要更换。卡入轴上的凹槽内。
13—外侧等角速万向节，直径 90 mm

1—卡环/原则上更新。
2—密封垫/每次都要更换，撕下保护膜并粘贴在万向节上。
3—内侧等角速万向节，直径 100 mm
4—盘形弹簧/内径带花键。较大直径（凹形侧）侧靠在等角速万向节上。
5—万向节保护套/用于等角速万向节，直径100mm。端部内侧涂有密封剂。

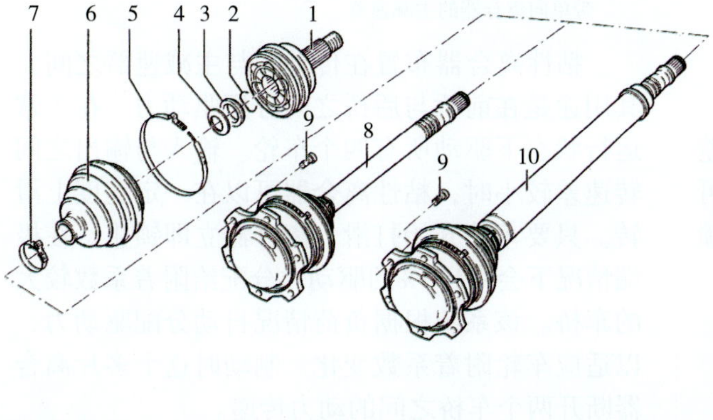

1—外侧等角速万向节/只能整个更新。安装时用塑料锤敲击万向节轴，直至卡环卡入。
2—卡环/卡入轴上的凹槽内。
3—隔环（塑料）
4—盘形弹簧/较大直径（凹形侧）侧靠在止推环上。
5—软管卡箍/原则上更新。
6—万向节保护套/用于等角速万向节，直径90 mm。安装小软管卡箍前短时间抬起保护套并让其通风。
7—软管卡箍
8—左侧万向节轴/带有球面滚轮式内万向节。损坏时更新内万向节和轴。
9—内梅花螺栓，45 N · m
10—右侧万向节轴/带有球面滚轮式内万向节。损坏时更新内万向节和轴。

4.2 四轮驱动

四轮驱动通常用于越野型货车和越野车，在轿车中比例也在逐渐增加。在四轮驱动车辆中所有车桥都是驱动桥。

四轮驱动可以分为
- 分时四轮驱动，
- 全时四轮驱动。

4.2.1 分时和全时四轮驱动

分时四轮驱动

车辆带有分动器，分动器处各有一个传动轴至后桥和前桥差速器。基本驱动通过前桥或后桥实现。分时驱动桥带有单向离合器毂，从而在普通路面上大多数行驶情况下使该驱动桥与动力传动系分离。接通四轮驱动时，前桥与后桥之间形成刚性无扭转连接。分动器为每个传动轴提供一半驱动力。转弯行驶时前桥与后桥之间无转速差补偿。因为前车轮转弯半径较大，所以其行程比后车轮长，这将导致动力传动系扭曲变形。

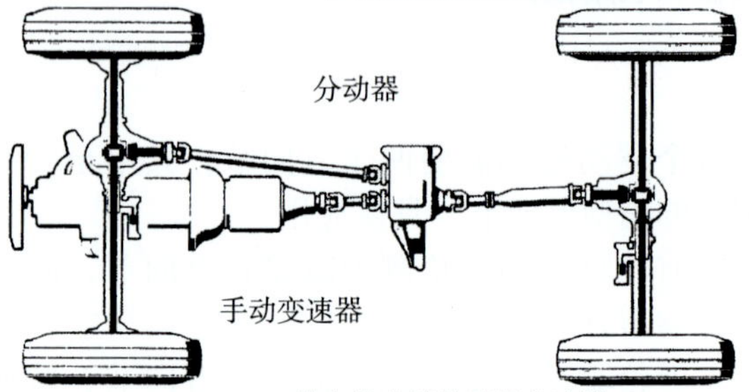

全时四轮驱动

在全时四轮驱动车辆中始终驱动所有四个车轮。全时四轮驱动取决于滑转率，不受驾驶员控制。其作用是在前桥与后桥之间平衡分配驱动力。两个车桥之间安装了一个轴间差速器：

- 带有防滑轴间差速器的分动器，
- 粘性离合器，
- 托森差速器，
- Haldex 离合器。

带防滑轴间差速器的全时四轮驱动

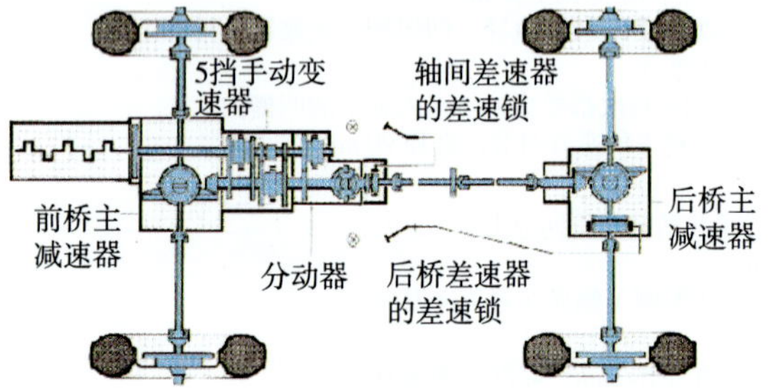

动力通过五挡手动变速器传递到分动器上，分动器按相同比例将驱动力分配到前桥和后桥。轴间差速器补偿两个车桥之间的转速差。轴间差速器和后桥差速器带有手动强制式差速器锁，可以在停车状态下和行驶期间进行切换。差速器锁接通时锁止转速补偿功能并防止某一车轮打滑。现在车辆具有最佳牵引特性。

带粘性离合器的全时四轮驱动

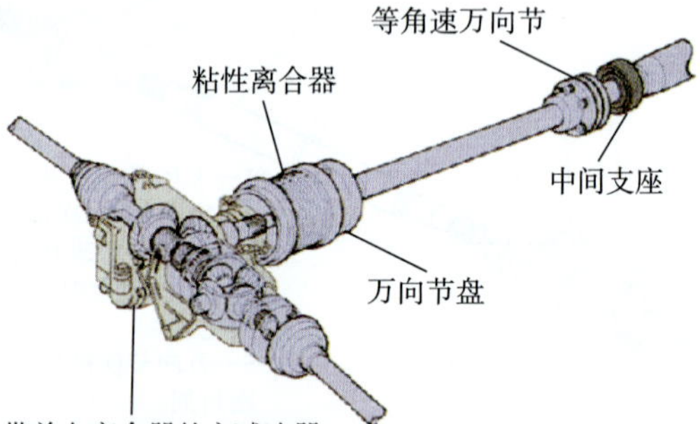

粘性离合器布置在传动轴与主减速器之间。其用途是在前桥与后桥之间分配驱动力。在正常运行状态下驱动所有四个车轮。输入与输出之间转速差较小时，粘性离合器可以在一定程度上滑转。只要车轮开始打滑，离合器立即锁止。在极端情况下会将100%的驱动力分配给附着系数较大的车桥。该系统根据负荷情况自动分配驱动力，以适应车轮附着系数变化。制动时这个多片离合器断开两个车桥之间的动力传递。

4.2.2 托森差速器

托森差速器利用蜗杆传动的锁止作用。锁止系数大小取决于蜗杆的节圆螺旋线升角和蜗轮蜗杆传动机构的摩擦因数。

· 节圆螺旋线升角小——锁止系数大（例如：千斤顶）

· 节圆螺旋线升角大——锁止系数小（例如：蜗杆式转向系统）

在平行轴式托森差速器（PAT）中蜗轮平行于输入端和输出端布置。

驱动力通过空心轴传递给分动器差速器壳体。动力从此处通过蜗轮轴经蜗轮传递至蜗杆。蜗杆将驱动力通过主动齿轮传递给前桥主减速器，同时通过法兰传递给后桥主减速器。

· 所有驱动轮转速相同

蜗轮和圆柱齿轮不转动，其作用相当于随动部件。驱动力以相同的比例分配给前桥和后桥。

· 转弯行驶

因为前车轮转弯半径较大，所以其行程比后车轮长（=前车轮转速较高）。因此后桥因转速较低而获得大部分驱动力。

前轮驱动车桥转速较高，后桥主减速器的蜗杆转速较低，两者之间的转速通过圆柱齿轮补偿。

后桥打滑时立即将更多的驱动力分配给前车轮。

· 车轮离开路面

因为圆柱齿轮支撑在附着系数较高车桥的蜗杆传动机构上，所以可防止打滑。蜗杆传动机构的这个特性起到防止转速差较高时锁止差速功能的作用。附着系数较高车桥上的车轮分配到较大的驱动力矩。

托森差速器的锁止系数约为1:3.5，就是说如果后桥上的牵引力为 800 N，则最多可以为前桥分配 2800 N。

托森差速器组成

· 2 个蜗杆传动机构，

· 圆柱齿轮，蜗杆传动机构通过圆柱齿轮以结构配合形式连接在一起。

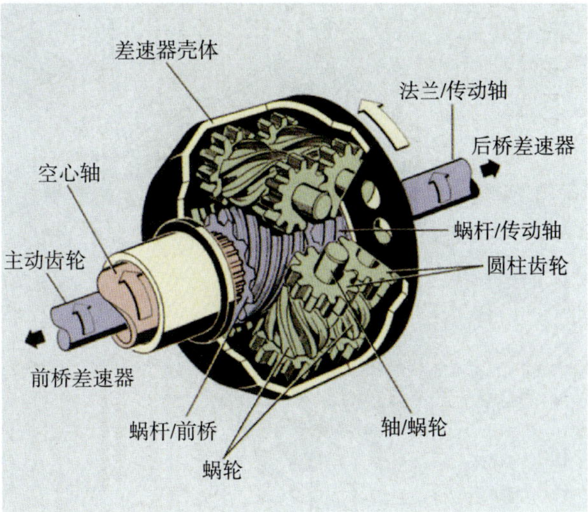

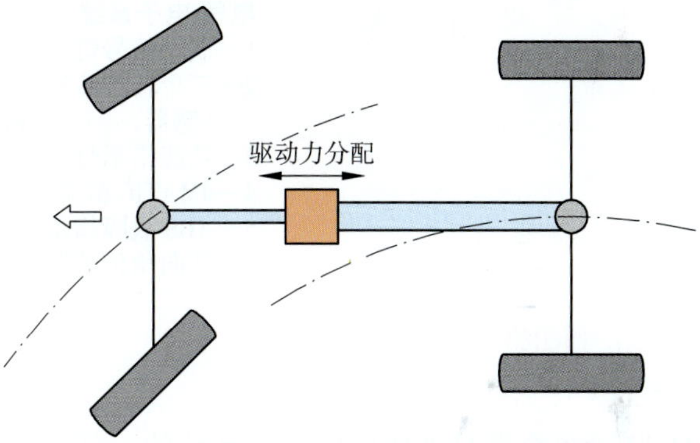

⊕ 托森差速器自动工作且反应与驾驶员无关。

⊕ 处于滑行模式下制动时，托森差速器断开驱动桥之间的连接，从而可以执行 ABS 调节过程。

⊕ 防止动力传动系扭曲变形。

⊕ 托森差速器的使用寿命与车辆使用寿命相当。无需保养。

4.2.3 自动切换式四轮驱动（4MATIC）

自动切换式四轮驱动由电子系统控制。根据路面条件和当前行驶状态四个车轮上出现滑转状态，这些状态由传感器探测。

· 两个前车轮上各有一个转速传感器

· 后桥中部有一个转速传感器

· 转向盘上有转向角传感器

踩下制动踏板时一个制动信号灯开关发出信号。这些信息在控制单元内进行处理。系统根据一个程序选择相应的开关状态并发出打开或关闭前轮驱动的信号和接通或松开锁止功能的信号：

· 后轮驱动（基本驱动）

· 补偿分配的四轮驱动，前 / 后转矩分配比为 35/65 %

· 纵向锁止的四轮驱动

· 纵向和横向锁止的四轮驱动

打开和关闭按以下标准执行：

· 滑转率

· 车速

· 转向角

· 加速度

· 时间

· 操纵行车制动器

⊕ 路面条件较好时与普通驱动方式相同。

⊕ 只有实际情况需要时，才通过自动开关四轮驱动和锁止功能提供最佳牵引力。

⊕ 打开四轮驱动时通过指示灯提醒驾驶员。

⊕ 制动时对方向稳定性和ABS功能无任何影响。

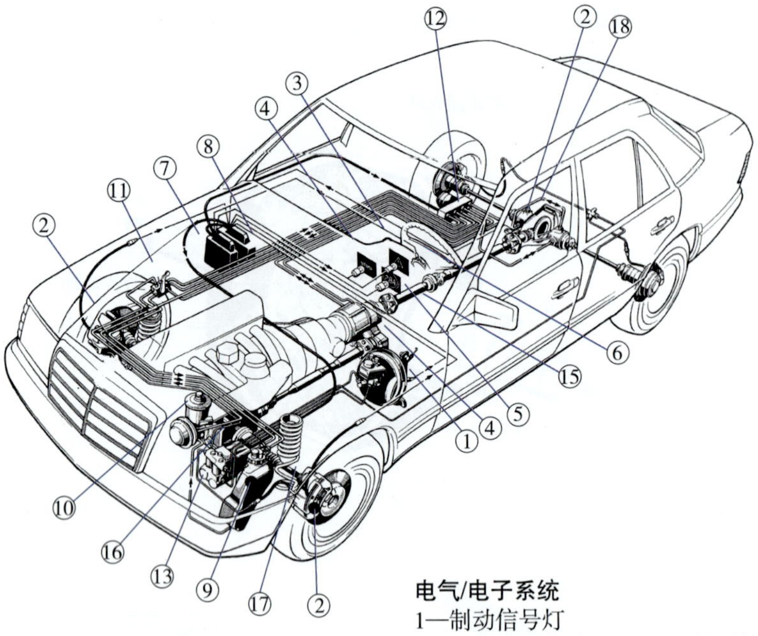

电气/电子系统
1—制动信号灯
2—三个转速传感器（两个前桥传感器，一个后桥传感器）
3—功能指示灯
4—4MATIC 故障指示灯
5—ABS 故障指示灯
6—转向角传感器
7—4MATIC 控制单元
8—ABS 控制单元

液压系统
9—储油罐
10—发动机上的液压泵
11—用于方便维修的部件
12—带蓄压器、蓄压器装载阀和4MATIC 电磁阀的液压单元
13—ABS 液压单元

机械机构
14—带行星齿轮组和两个用于前轮驱动和防滑轴间差速器的伺服元件的分动器（通过法兰固定在手动变速器或自动变速器上）
15～17—带有传动轴、差速器和半轴的前部动力传动系
18—后桥防滑差速器

4.2.4 带 Haldex 离合器的四轮驱动

概述

Haldex 离合器是现代四轮驱动系统的一部分。与粘性离合器不同的是 Haldex 离合器可以调节。在此不仅打滑对分配驱动力起决定性作用，车辆的行驶动力学状态也有决定性影响。Haldex 离合器的优点

- 带有电子调节式多片离合器的全时四轮驱动，
- 加速时的轨迹稳定性与前轮驱动一样，
- 停车和调头时无扭曲变形，
- 抬起车桥牵引车辆时无限制，
- 与其他驱动防滑控制系统（例如 ABS、EDS、ASR、EBV、ESP）配合协调。

Haldex离合器位于后桥主减速器上。离合器由发动机通过变速器、前桥主减速器和一个万向节轴驱动。万向节轴与Haldex离合器的输入轴连接，Haldex离合器的输出轴与后桥主减速器连接。两个轴在Haldex离合器内彼此分开。只有Haldex离合器接合时，转矩才能传递到后桥主减速器上。在此可以实现完全的四轮驱动，也可以实现有限的四轮驱动。

Haldex离合器由以下功能单元组成：

机械机构	液压系统	电子系统
机械机构的主要功能部件是： ·多盘多片离合器 ·往复式活塞泵和工作活塞	液压系统的主要功能部件是调节阀，该调节阀通过一个伺服电动机调节用于压紧离合器片的压力。伺服电动机由Haldex控制单元控制。	Haldex控制单元根据发动机和ABS控制单元提供的信息确定输出至调节阀伺服电动机的信号。

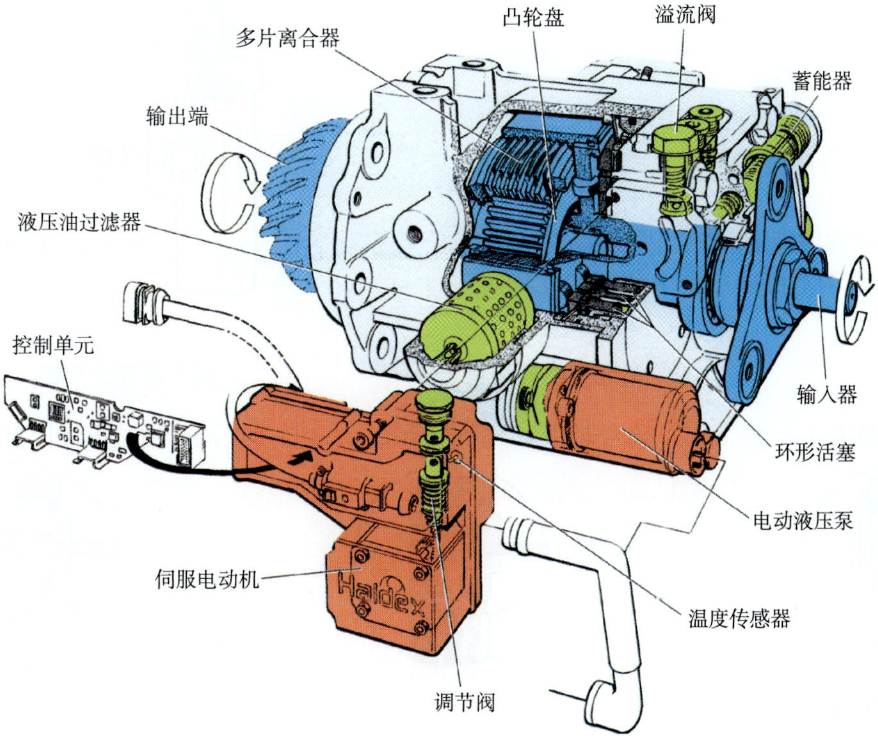

离合器机械机构

结构和功能

Haldex离合器的机械部分主要由以下功能单元组成：

·多盘多片离合器

外离合器片与输入轴连接，内离合器片与输出轴连接。

·往复式活塞泵和工作活塞

滚柱轴承及一个环形往复式活塞和一个环形工作活塞围绕着离合器输入端侧的轴布置。工作活塞和往复式活塞通过一个液压油通道彼此连接。由一个凸轮盘通过三个凸轮控制往复式活塞泵来回移动。工作活塞通过压盘作用在离合器片套件上。

·离合器壳体

壳体内注有液压油。

以下功能元件构成一个单元：

·输入轴：外离合器片壳体，外离合器片，滚柱轴承

·输出轴：后桥主减速器锥齿轮，内离合器片，压盘，凸轮盘

·离合器壳体：往复式活塞，工作活塞，液压油通道。

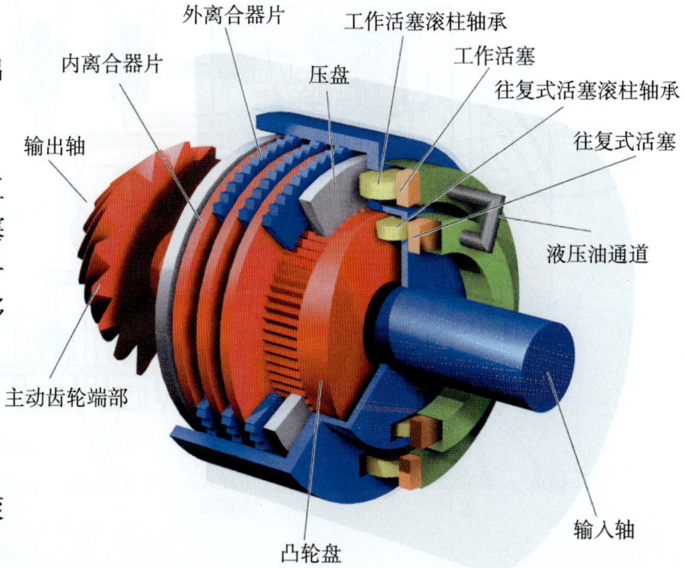

前桥与后桥之间存在转速差时，例如前桥的一个车轮打滑时，外离合器片壳体通过滚柱轴承围绕输出轴转动。往复式活塞的滚柱轴承在凸轮盘上滚动。凸轮盘的凸轮使滚柱轴承在一个波浪形滚道内持续滚动。滚柱轴承将这种往复运动继续传递到布置在壳体内的往复式活塞上。往复式活塞的往复式运动产生油压，该油压通过液压油通道作用在工作活塞上。工作活塞移出并通过滚柱轴承作用在用于压紧离合器片套件的压盘上。离合器接合，现在前桥与后桥之间形成固定连接。车辆以四轮驱动方式行驶。

离合器液压系统

液压系统的主要功能部件是调压阀。调压阀带有一个由Haldex离合器控制单元控制的伺服电动机。

伺服电动机集成在 Haldex 控制单元的壳体内，通过一个小齿轮操纵调节阀内的调节销。因此决定了工作活塞上的压力。从而能够使多片离合器在某一滑转率下接合。最大压力由溢流阀确定。

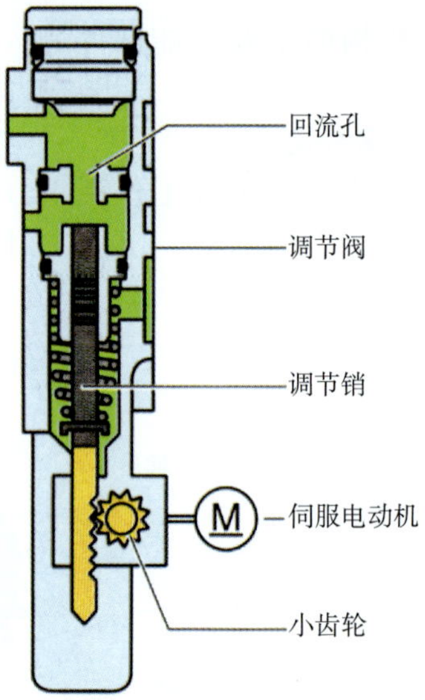

调节器闭合	调节器部分开起	调节器完全开起
离合器片上压力最大	离合器片上压力降低	离合器片上无压力
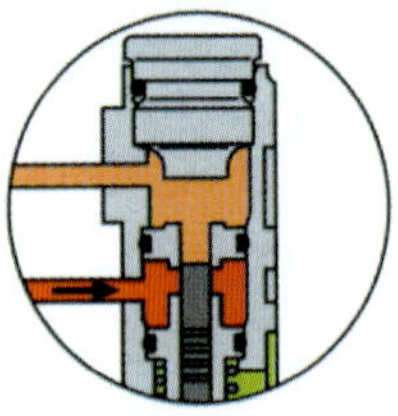	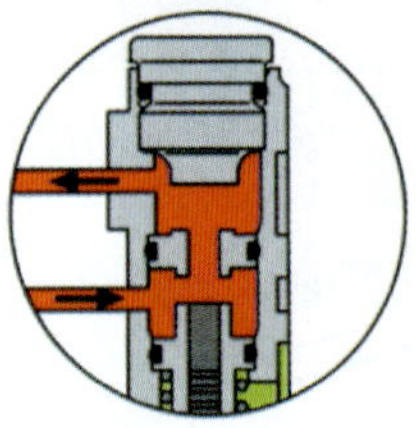	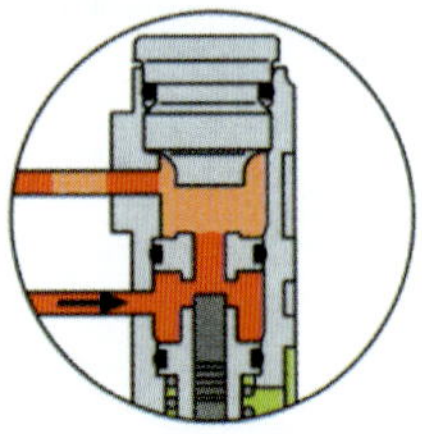

液压回路图（无压力时的视图）

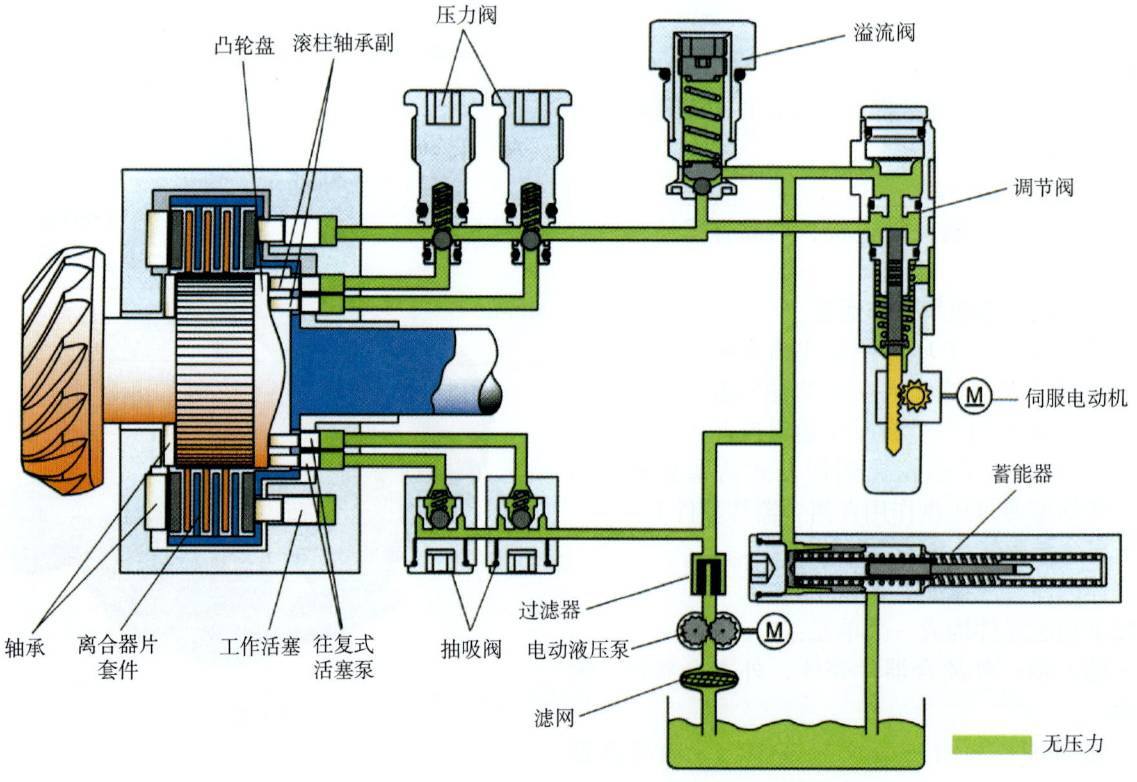

压力通过往复式活塞产生（预压）

从发动机转速超过 400r/min起，电动液压泵将液压油输送给液压系统并产生油压。

液压油有两个流动路径：

· 液压油通过抽吸阀流向往复式活塞。往复式活塞通过滚柱轴承靠在凸轮盘上。

· 液压油通过调节阀和压力阀流向工作活塞。工作活塞移动到开始工作位置。在预压作用下消除离合器片套件的间隙，从而确保离合器迅速做出响应。

预压（4 bar）由蓄能器确定。

蓄能器同时作为减轻压力波动的缓冲器。

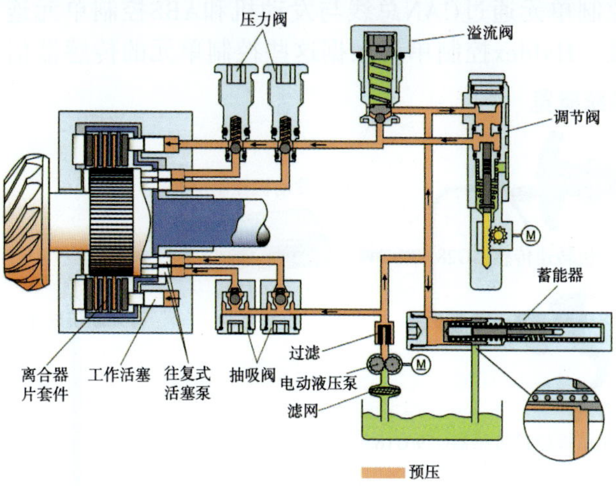

调节阀闭合

往复式活塞产生的油压通过压力阀作用在工作活塞上。离合器片套件接合。输入轴与输出轴彼此连接。调节阀阻止液压油流回到储油罐内。因此离合器片上达到最大压力。

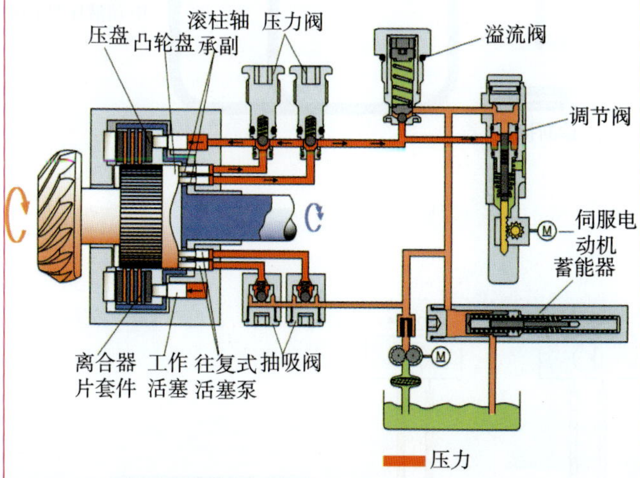

调节阀开起三分之一

因为调节阀开起三分之一，所以部分液压油可以通过蓄能器流回到油底壳内。借此降低了该压力。

多片离合器只能传递有限转矩。四轮驱动功能降低。

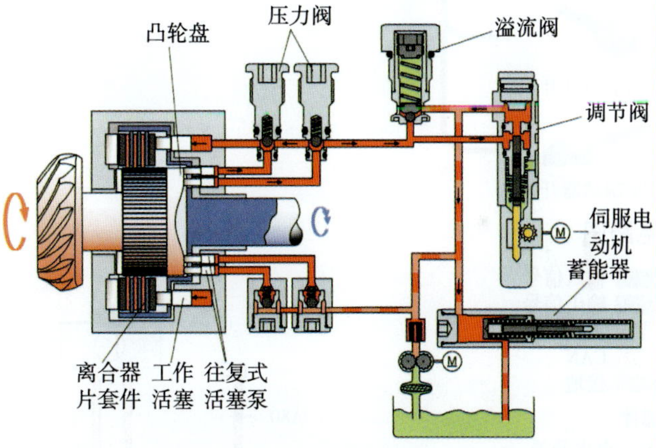

调节阀开起

调节阀开起时，液压油可以不受阻碍地通过蓄能器流回到油底壳内。工作活塞上没有压力。片式离合器分离。输入轴与输出轴彼此脱开。不传递转矩。

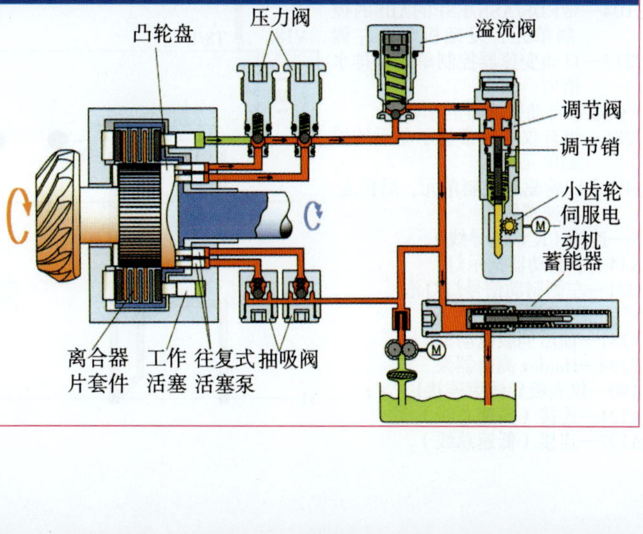

离合器电子系统

Haldex离合器的控制单元直接固定在壳体上。控制单元通过CAN总线与发动机和ABS控制单元连接。Haldex控制单元根据这些控制单元的传感器信号决定以多大压力压紧Haldex离合器片。在带有ESP的车辆上必要的ESP调节优先于四轮驱动功能。

系统概览

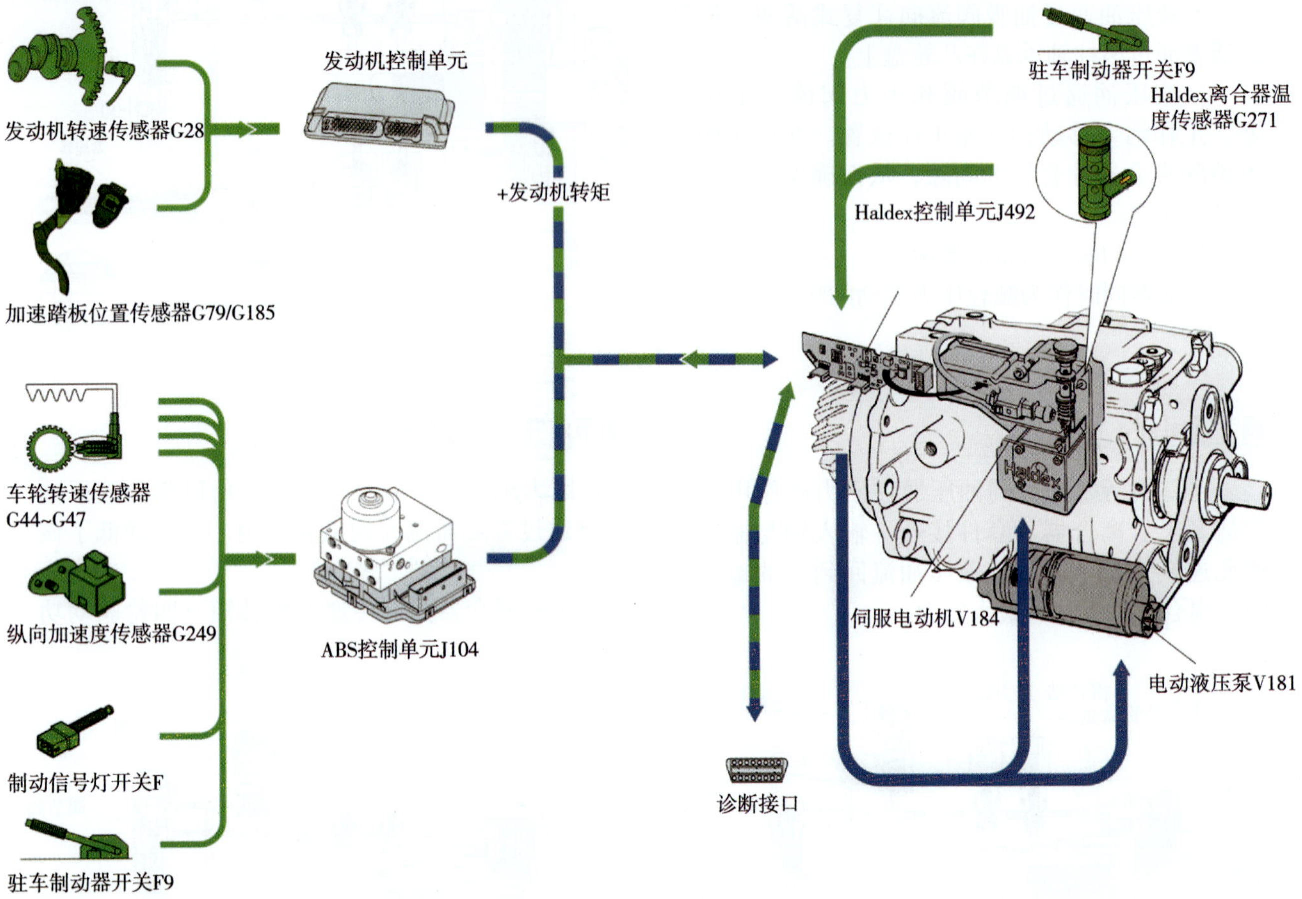

电路图

- 输入信号
- 输出信号
- 正极
- CAN
- 接地

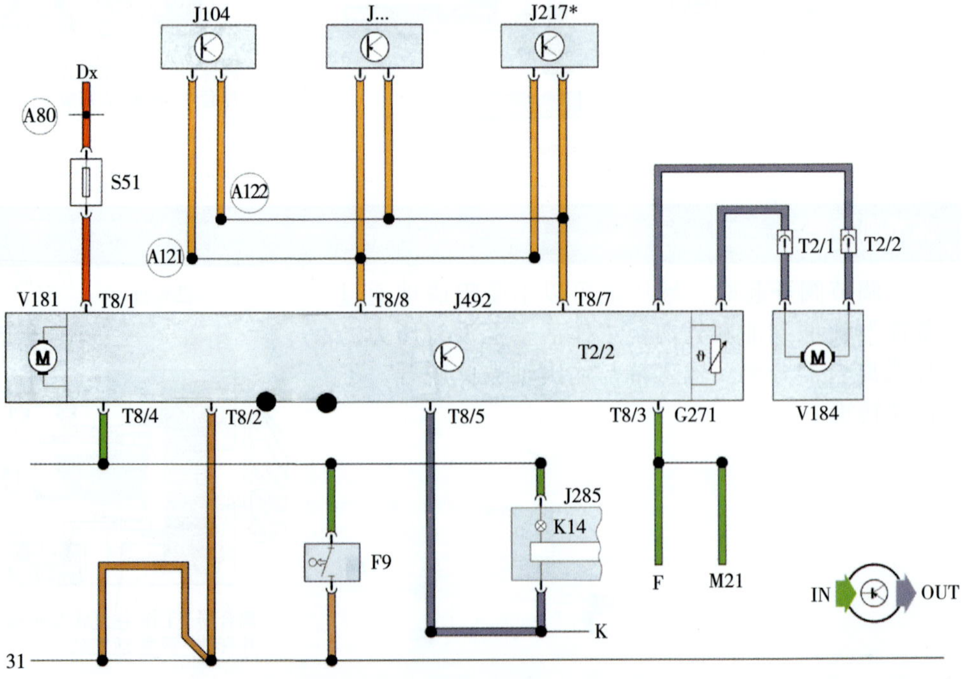

部件

Dx—点火开关
F—制动信号灯开关
F9—驻车制动器控制开关
G271—液压系统温度传感器
J...—发动机控制单元
J104—带EDS/ASR/ESP的ABS的控制单元，发动机室内左侧
J217—自动变速器控制单元，排水槽内
* 仅限带自动变速器的车辆
J285—组合仪表内带显示单元的控制单元
J492—四轮驱动控制单元，后桥主减速器附近
K—连接（K诊断导线）
K14—手制动器指示灯
M21—左侧制动信号灯灯泡
S51—熔丝
V181—油压伺服电动机
V184—Haldex 离合器泵
A80—仪表板导线束连接1（x）
A121—连接（高速总线）
A122—连接（低速总线）

输入信号和不同行驶状况下的反应

	加速	快速行驶	不同附着系数
输入信号	发动机转矩 发动机转速 加速踏板位置 4 个车轮传感器	发动机转矩 发动机转速 加速踏板位置 4 个车轮传感器	发动机转矩 发动机转速 加速踏板位置 4 个车轮传感器 CAN 通信
前桥与后桥之间的转速差	高	低	高低之间切换
后桥所需转矩	高	低	高低之间切换
多片离合器状态	高压紧力至最大压紧力	必要时接合	接合，直至达到最大压力
	制动	**拖车**	**制动试验（滚筒式测功机）**
输入信号	4个车轮传感器 通过ABS 控制单元 制动信号灯开关	发动机转速 < 400r/min	发动机转速 < 400r/min
前桥与后桥之间的转速差	正常至较高	高	高
后桥所需转矩	零	零	零
多片离合器状态	分离至略微接合	分离，电动预压泵关闭（点火开关关闭）	分离，电动预压泵关闭（点火开关关闭）

C 通过检查和测量实现质量保证要求

1 机械参数测量

1.1 离合器从动盘

安装前原则上必须检查离合器从动盘的端面跳动量，因为运输和存放期间很有可能造成离合器从动盘扭曲变形。这种情况常常会导致客户抱怨，例如分离困难。其最大偏差不应超过 0.5 mm。

为确定径向跳动量和端面跳动量，请将千分表置于受检样品上任意一个位置，然后将零刻度转到指针位置下。通过转动受检样品可以确定径向跳动量或端面跳动量。

进行径向跳动量和端面跳动量检测时，在顶针之间顶紧拆下的受检样品或将其轴支撑在菱形夹块内。

1.2 锥齿轮差速器

端面跳动和径向跳动检测

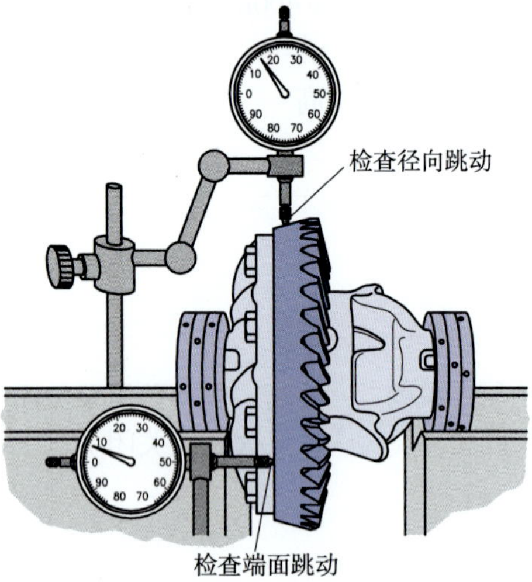

锥齿轮差速器的被动齿轮安装到差速器上后必须检测其端面跳动量和径向跳动量，因为端面跳动和径向跳动偏差会导致齿侧间隙和齿顶与齿根之间的距离发生变化。锥齿轮不再彼此完美啮合，这将引起噪声和磨损。

锥齿轮调整

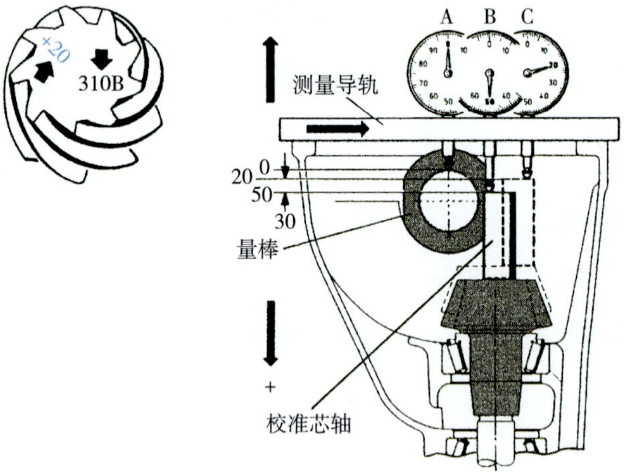

维修差速器后必须检查主动齿轮的高度。制造商打制在该锥齿轮上的数字“+ 20”表示，主动齿轮必须位于零线下多少微米。零线通过一个插入被动齿轮支座内的量棒表示。

在量棒的最高点处将千分表调到“0”位。然后通过测量滑轨移动千分表，直至测微杆顶在校准芯轴上：测量值 50/100mm。

根据上述控制数值“+ 20”，必须通过 0.30 mm 厚的调整垫片抬高内侧轴承的外圈。

接触区评估

安装被动齿轮和主动齿轮后，可以通过接触区检测来检查被动齿轮相对主动齿轮的位置是否正确。为此在被动齿轮的齿侧涂敷一层着色剂并多次转动主动齿轮。此时被动齿轮略微承受负荷。接触区检测应在三个彼此错开120° 的区域内进行。齿轮调整正确时接触区位于主动齿轮的轮齿中部且呈球形。

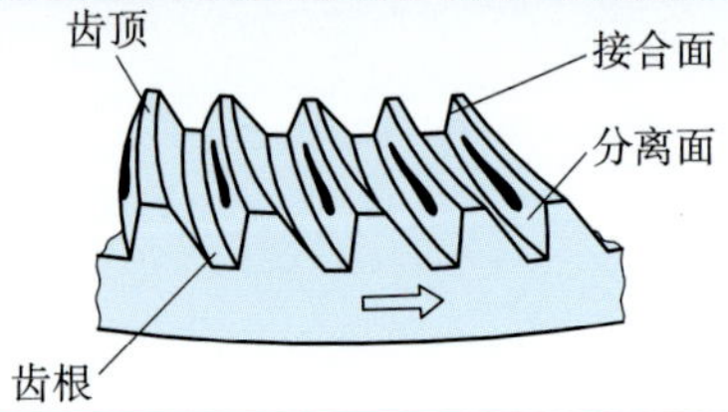

2 自动变速器检测

2.1 自诊断

在自动变速器中自诊断监控
- 传感器信号，
- 执行机构的控制，
- 控制单元自检。

如果控制单元识别到一个故障，则提供替代功能并将故障码存储在控制单元的故障码存储器内。

进行故障查询和读取故障码时使用诊断测试仪。测试仪内包含车辆电子系统故障查询的所有辅助工具。在此可以通过引导型故障查询指导车辆机电维修工，机电维修工也可以借助测量技术执行检测程序。

在某些变速器中传感器集成在控制单元内，控制单元则是变速器的组成部分。因此无法用常规方式测量传感器信号。只能用诊断测试仪借助“读取故障”或“读取测量值组”进行检查。某一传感器失灵时必须更换变速器控制单元。

2.2 传感器和执行机构检测（五挡自动变速器 MB EGS 3.0）

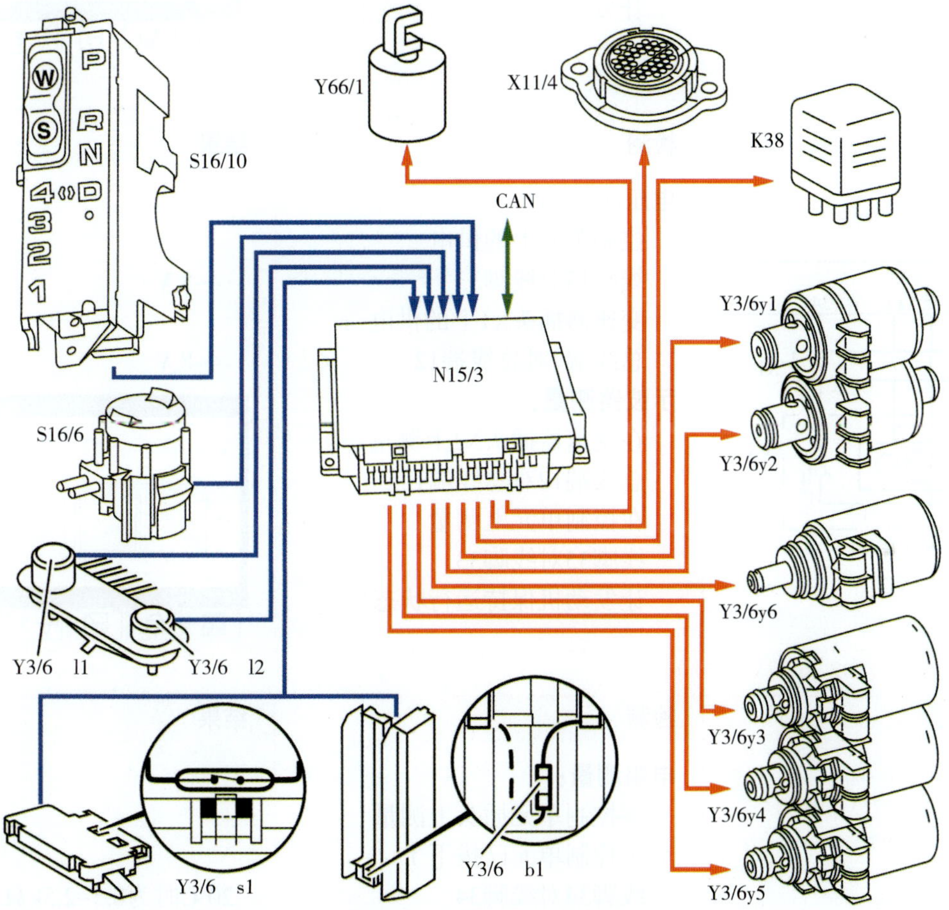

Y3/6y1—调节电磁阀，调制压力
Y3/6y2—调节电磁阀，换挡压力
Y3/6y3—电磁阀，1-2 和 4-5 换挡
Y3/6y4—电磁阀，3-4 换挡
S16/10—位置识别开关
S16/6—强制降挡开关
Y66/1—P/R锁止执行电磁铁
X11/4—诊断检测接口
K38—重复起动锁继电器
Y3/6y5—电磁阀，2-3 换挡
Y3/6y6—PWM 电磁阀，变矩器锁止
Y3/6l1—转速传感器 n3
Y3/6l2—转速传感器 n2
Y3/6s1—ASK
Y3/6b1—温度传感器

传感器和执行机构检测

转速传感器 B1

线路图	检测	结果
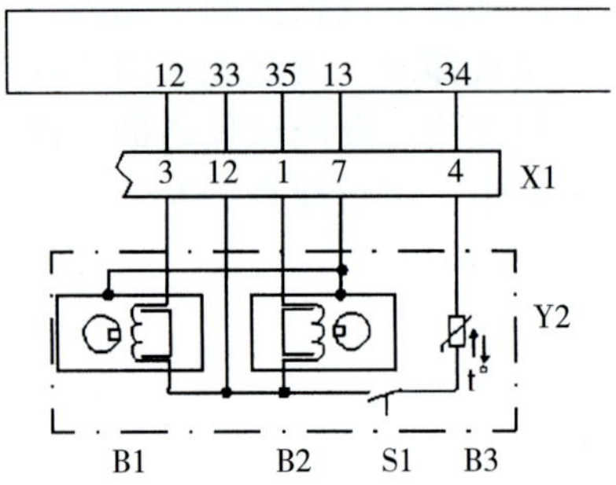	**电压测量：** 控制单元上的供电 线脚 13 对线脚 33 变速器插头X1上的供电 总线端7对总线端12 **示波器测量：** 在变速器插头 X1 上测量 总线端12对总线端3 在控制单元上测量 线脚12对总线端33 让发动机保持运行状态！	 4~8 V 4~8 V 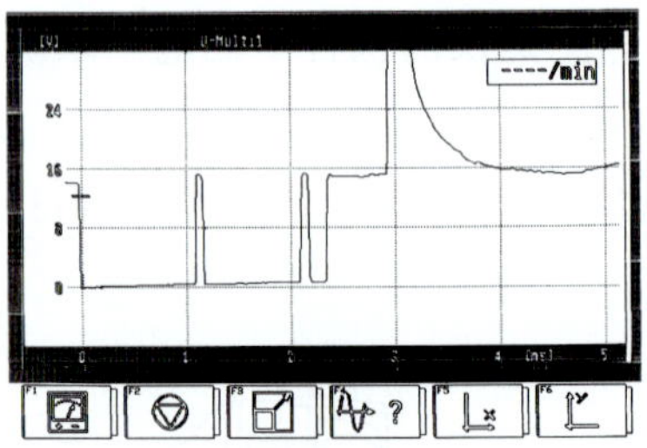

转速传感器 B2

线路图	检测	结果
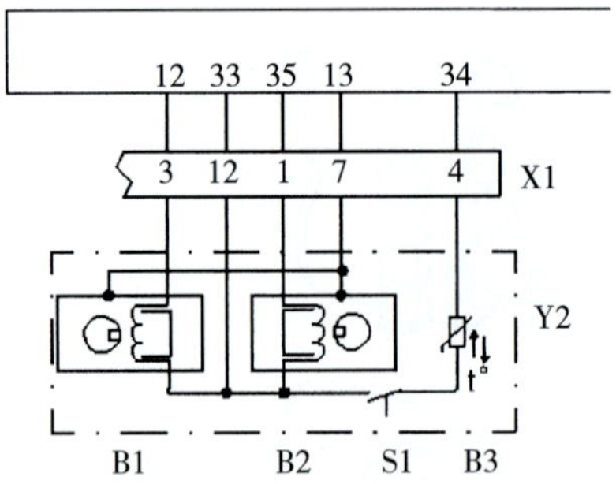	**电压测量：** 控制单元上的供电 线脚13对线脚33 变速器插头X1上的供电 总线端7对总线端12 **示波器测量：** 在变速器插头X1上测量 总线端12对总线端1 在控制单元上测量 线脚35对线脚33 让发动机保持运行状态！	 4~8 V 4~8 V 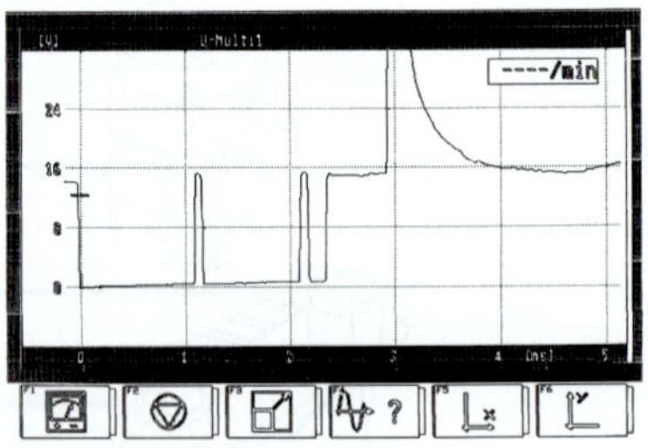

变速器油温度传感器 B3 和重复起动锁 S1

线路图	检测	结果
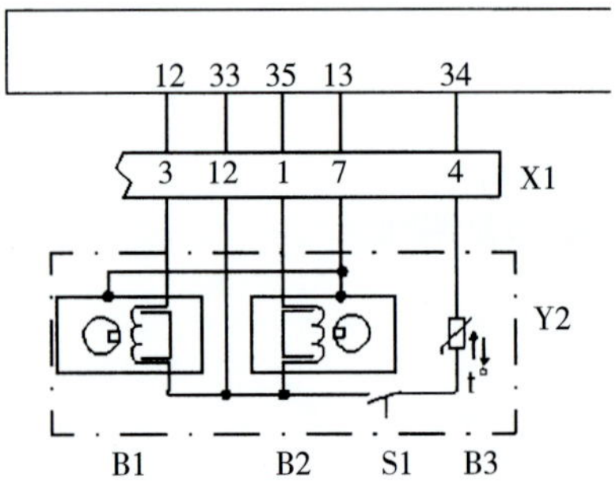	**电阻测量：** 在控制单元插头上测量 （控制单元已拔下） 线脚33对线脚34 在变速器插头X1上测量 总线端12对总线端4 变速杆位置位于R/D/4/3/2/1 **电压测量：** 在变速器插头 X1 上测量 总线端4接地 在控制单元上测量 线脚34对线脚30 打开点火开关并观察变速杆位置！	 20℃时为0.5~2.5kΩ 20℃时为 0.5~2.5kΩ 在变速杆位置P/N时电阻为∞ 在变速杆位置P/N时为5V 1.3V，在变速杆位置R/D/4/3/2/1时不断增加 取决于温度！

传感器和执行机构检测

强制降挡开关 S3

线路图

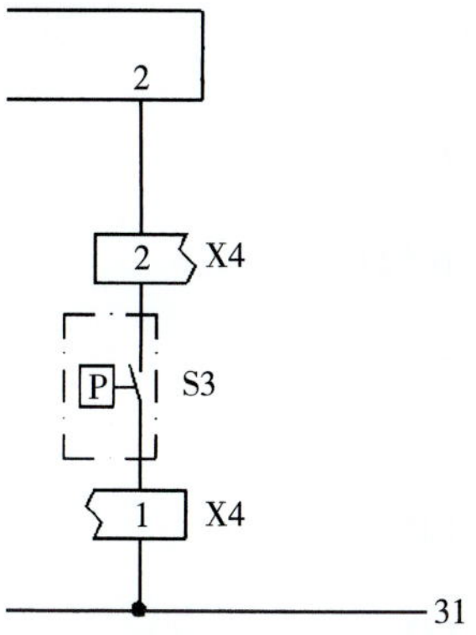

检测	结果
电阻测量：	
在控制单元插头上测量（控制单元已拔下）线脚2对线脚30	最大2.5Ω
在插头X4上测量总线端1对总线端2	最大2.5Ω
电压测量：	
在控制单元上测量线脚30对线脚2	10~14 V
打开点火开关并操纵强制降挡开关！	

变速杆锁电磁铁 Y3

线路图

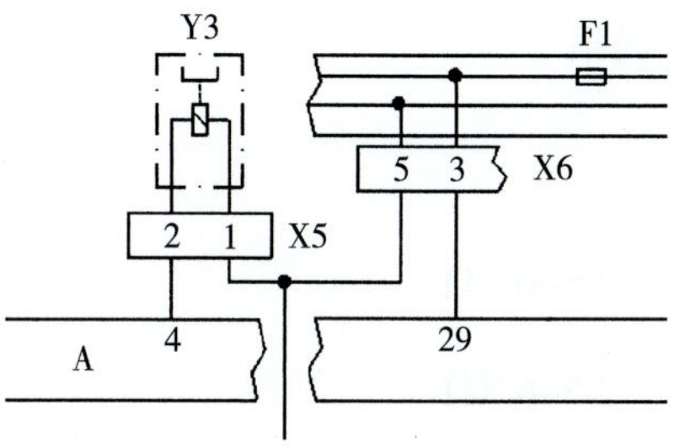

检测	结果
电阻测量：	
在插头X5 上测量总线端2对总线端1	20~35Ω
在控制单元插头上测量（控制单元已拔下）线脚29对线脚4	20~35Ω
电压测量：	
在控制单元上测量线脚29对线脚4	10~14 V
在插头X5上测量总线端1对总线端2	10~14 V
带有KTS实际值视图	
打开点火开关并踩下制动踏板！	

变速器换挡电磁阀 1-2/4-5 Y1 1.3

线路图

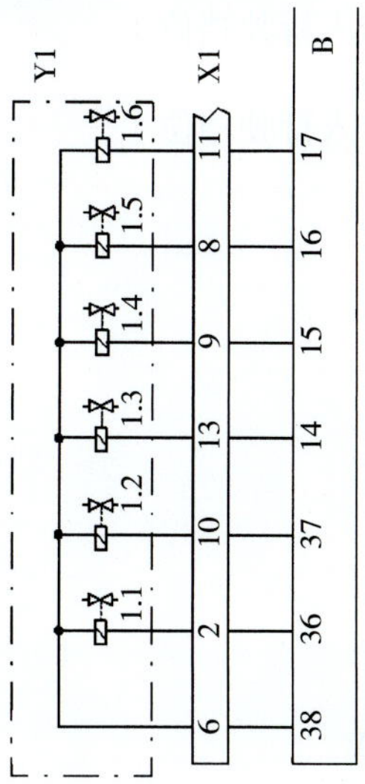

检测	结果
电阻测量：	
在控制单元插头上测量（控制单元已拔下）线脚38对线脚14	2.5~6.5Ω
在变速器插头X1上测量总线端13对总线端6	2.5~6.5Ω
电压测量：	
控制单元上的供电线脚38对线脚30	10~14V
变速器插头X1上的供电总线端38接地	10~14V
启用测量：	
在控制单元上测量线脚14对线脚30	10~14V（已挂入行驶挡位）
在变速器插头X1上测量总线端6对总线端13	10~14V（已挂入行驶挡位）
带有KTS实际值视图	
将车辆开到测功机上！	

传感器和执行机构检测

变速器控制电磁阀 3/2 Y1 1.5

线路图	检测	结果
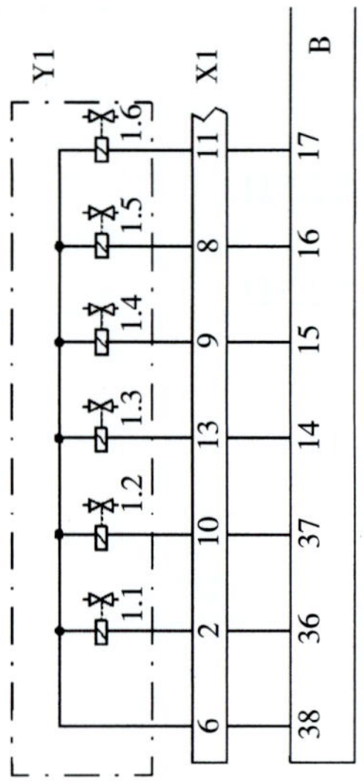	**电阻测量：** 在控制单元插头上测量（控制单元已拔下）线脚38对线脚16 在变速器插头 X1 上测量 总线端8对总线端6 **电压测量：** 控制单元上的供电 线脚38对线脚30 变速器插头X1上的供电 总线端38接地 **启用测量：**在控制单元上测量 线脚16对线脚30 在变速器插头X1上测量 总线端6对总线端8 带有KTS实际值视图 将车辆开到测功机上！	2.5~6.5Ω 2.5~6.5Ω 10~14V 10~14V 10~14V （已挂入行驶挡位） 10~14V （已挂入行驶挡位）

变速器控制电磁阀 3/4 Y1 1.4

线路图	检测	结果
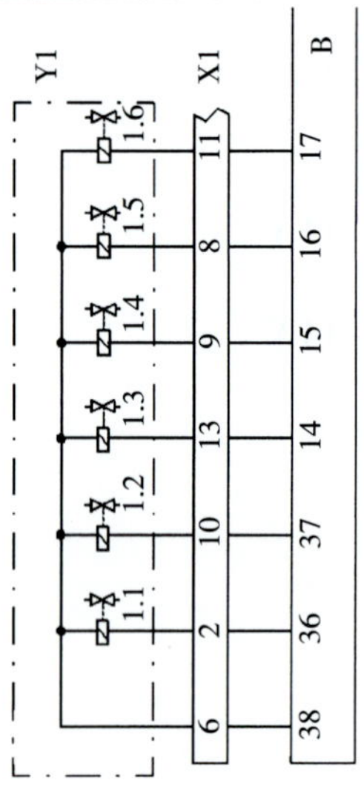	**电阻测量：** 在控制单元插头上测量（控制单元已拔下） 线脚38对线脚15 在变速器插头X1上测量 总线端9对总线端6 **电压测量：** 控制单元上的供电 线脚38对线脚30 变速器插头X1上的供电 总线端38接地 **启用测量：**在控制单元上测量 线脚15对线脚30 在变速器插头X1上测量 总线端6对总线端9 带有 KTS 实际值视图 将车辆开到测功机上！	2.5~6.5Ω 2.5~6.5Ω 10~14V 10~14V 10~14V （已挂入行驶挡位） 10~14V （已挂入行驶挡位）

调制压力电磁阀 Y1 1.1

线路图	检测	结果
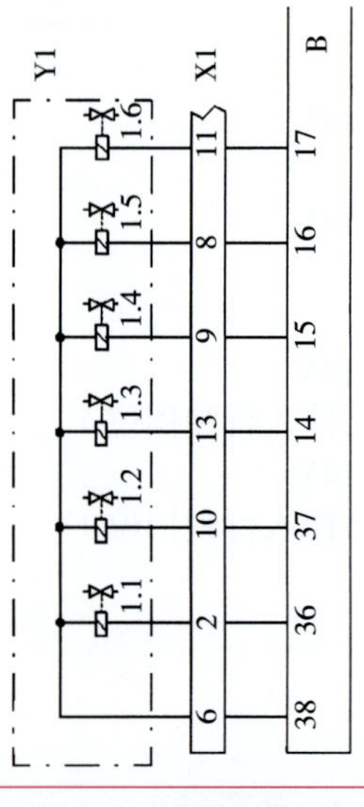	**电阻测量：** 在控制单元插头上测量（控制单元已拔下） 线脚38对线脚36 在变速器插头X1上测量 总线端2对总线端6 **电压测量：** 控制单元上的供电 线脚38对线脚30 变速器插头X1上的供电 总线端38接地 **启用测量：**在控制单元上测量 线脚36对线脚30 在变速器插头X1上测量 总线端6对总线端2 将车辆开到测功机上！	4~8Ω 4~8Ω 10~14V 10~14V 10~14V （已挂入行驶挡位） 10~14V （已挂入行驶挡位）

传感器和执行机构检测

变矩器锁止电磁阀 Y1 1.6

线路图	检测	结果
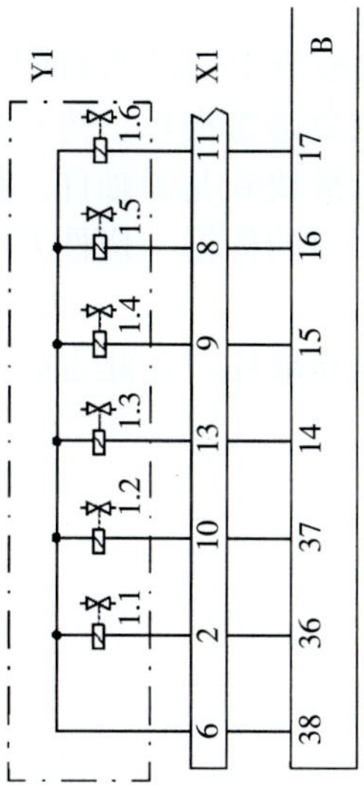	**电阻测量：** 在控制单元插头上测量 （控制单元已拔下） 线脚38对线脚17 在变速器插头X1上测量 总线端11对总线端6 **电压测量：** 控制单元上的供电 线脚38对线脚30 变速器插头X1上的供电 总线端38接地 **启用测量：** 在控制单元上测量 线脚17对线脚30 在变速器插头X1上测量 总线端6对总线端11 将车辆开到测功机上！	2~4Ω 2~4Ω 10~14V 10~14V 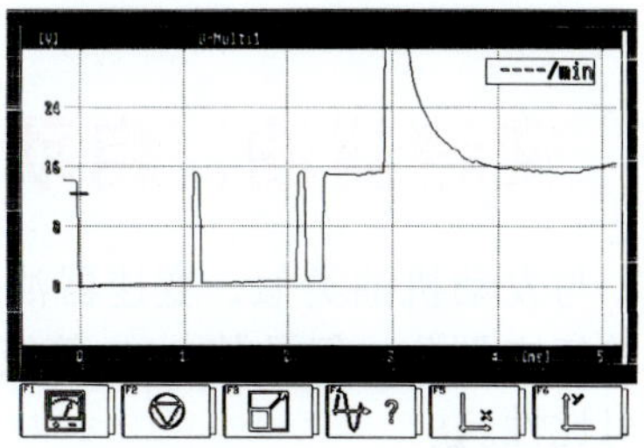

换挡压力电磁阀 Y1 1.2

线路图	检测	结果
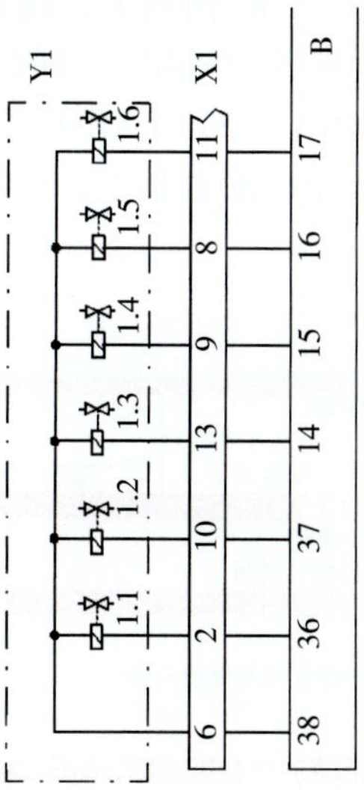	**电阻测量：** 在控制单元插头上测量 （控制单元已拔下） 线脚38对线脚37 在变速器插头X1上测量 总线端10对总线端6 **电压测量：** 控制单元上的供电 线脚38对线脚30 变速器插头X1上的供电 总线端38接地 **启用测量：** 在控制单元上测量 线脚37对线脚30 在变速器插头X1上测量 总线端6对总线端10 带有KTS实际值视图 将车辆开到测功机上！	4~8Ω 4~8Ω 10~14V 10~14V 10~14V （已挂入行驶挡位） 10~14V （已挂入行驶挡位）

D 通过按计划维护实现质量保证要求

1 保养

离合器

离合器是易损件，其使用寿命取决于驾驶方式和使用条件（例如城市交通）。原则上每次保养时应检查离合器是否完全分离以及是否打滑（参见CD-ROM）。

手动变速器/后桥主减速器

手动变速器几乎无需保养。变速器注有终生免更换润滑油。必须按制造商规定检查变速器油位。此外必须注意组件的密封性并检查换挡操纵机构的功能。

自动变速器

保养时必须检查自动变速器的密封性。

传动轴，半轴

在传动轴中尤其是要检查滑块的密封防尘套以及万向节的密封件或防尘套是否损坏。传动轴的键槽损坏时，必须同时更换滑块和花键轴件。拆卸传动轴时必须注意制造商给出的标记。挠性万向节无磨损且免保养。

等角速万向节为免保养部件。在此也必须定期检查密封防尘套是否损坏。

2 变速器油，自动变速器油（ATF）

与发动机油类似，变速器油也按粘度等级或功率等级来划分。但是其 SAE 等级与发动机油等级不具可比性。

·SAE 粘度等级：75 W–X，80–X，85–X； X 可以是 90 或 140； 80 W， 85 W， 90， 140， 250

举例：五挡手动变速器 75 W–90 或 80 W–90；双曲面齿轮

主减速器：75W~ 85W~140

·API 功率等级：

按 API 等级：API–GL4 适用于高负荷手动变速器，低负荷双曲面齿轮主减速器API–GL5 适用于手动变速器，符合规定 / 允许时可用于高负荷双曲面齿轮主减速器。

在此没有ACEA 中可对比的一般性功率说明（参见学习领域 1）。Ford、Mercedes、Volkswagen、Opel、ZF 和 Ford公司制定了企业规范。

自动变速器需采用专用润滑油——自动变速器油。ATF 油粘度较低（与 75 W 相当）。没有 SAE 等级规定。其等级在相应规范中规定。目前自动变速器大多数采用 DEXRON II D/E 或DEXRON III 规范（Dexron 是 GM 公司的一个注册商标）。必须遵守汽车制造商的许可规定。

废弃处理

废机油、机油滤清器和油封属于需要特别监控的废弃物且必须将它们分别收集起来。废机油废弃处理有一些特点：把已知来源的废机油暂时储存在企业的废机油收集装置中并经常检查。必须保护废机油的油品纯正，即不得混入异物如制动液、冷却液等等。

来源不明的废机油必须是在新鲜机油销售的范围内从用户处收到的废机油，由于可能混入了其他物质，所以必须将它们暂时单独存放。

废机油的交付者必须向收购者讲明废机油中没有其他物质。

收购者接收废机油时必须取样检查。经销商和废机油收购者各保留一份样品，直至废机油利用者通过检测确定可以按规定废弃处理废机油。废机油利用者将废机油进行再生处理。

BTA 编号：2 2001–12–06	**工作指导** 按照危险物品法规第20条适用范围 和活动学校名称：维修站等	 签名

危险物品名称

润滑油和油脂

发动机油、变速器油、其他润滑剂和润滑脂

对人和环境的危害

·R10易燃

·R21/22与皮肤接触时和吞食时对健康有害。

保护措施和行为准则

·S16远离火源，禁止吸烟。

·S24/25避免与眼睛和皮肤接触。

出现危险时的行为守则

·用通用吸附剂清除溢出的材料。

急救　　急救中心电话　120

每次采取急救措施时：注意自我保护并立即到医院治疗！

·立即脱下受到S27污染或溅湿的衣服。

·S28接触皮肤后立即用大量清水和肥皂冲洗。

·翻开眼皮并用流水彻底冲洗眼睛（保护好未受伤的眼睛！取下隐形眼镜！到眼科医生处就诊！）

·吞食后立即漱口并喝下大量清水。

按规定废弃处理

A

·单独收集已知来源的废机油并回收利用。

·不要将受到机油污染的流出物或抹布作为生活垃圾处理。

客户委托解决方案说明

客户委托1：VW Lupo

1.通过以客户为本实现质量保证要求

1）创建委托确认单。

2）客户希望知道预计费用。向客户解释有关业务条款（工作表 1）。

3）建立工作卡（ESItronic）。

2.通过系统知识实现质量保证要求

1）确定车辆信息（工作表 2）。

2）了解所投诉系统结构和功能方面的信息（工作表 3；详细信息请参见辅助材料 CR-ROM）。

3.通过检查和测量实现质量保证要求

1）针对故障确定故障部位并说明原因（工作表 7）。

4.通过按计划修理实现质量保证要求

1）必须遵守哪些安全措施(工作表 8）?

2）制定工作计划（工作表 9）。

5.通过检查和记录实现质量保证要求

1）记录所进行的工作并通过检查实现质量保证要求（工作表 10）。

2）填写工作卡（ESItronic）。

客户委托2：VW Golf IV

1.通过以客户为本实现质量保证要求

1）创建委托确认单。

2）建立工作卡（ESItronic）。

3）交车前向客户说明故障原因（工作表 1）。

2.通过系统知识实现质量保证要求

1）确定车辆信息（工作表 2）。

2）描述所投诉系统的结构和功能（工作表 3；有关 6 挡手动变速器 02M 的详细信息请参见辅助材料 CD-ROM）。

3）绘制变速器示意图和力传递路线（工作表 4 或 5）。

4）在 6 挡下最大功率时计算（工作表 6）

a）变速器输出转速，

b）车轮转速，

c）车速（轮胎规格 195/65 R15 91H/T，$r_{dyn}=314mm$）。

3.通过检查和测量实现质量保证要求

针对故障确定故障部位并说明原因（工作表 7）。

4.通过按计划修理实现质量保证要求

1）必须遵守哪些安全措施（工作表 8）?

2）制定一份工作计划（工作表 9）。

5.通过检查和记录实现质量保证要求

1）记录所进行的工作并通过检查实现质量保证要求（工作表 10）。

2）填写工作卡（ESItronic）。

客户委托 3：VW Passat

1. 通过以客户为本实现质量保证要求

1）创建委托确认单。

2）建立工作卡（ESItronic）。

3）交车前向客户说明故障原因（工作表 1）。

2.通过系统知识实现质量保证要求

1）确定车辆信息（工作表 2）。

客户委托解决方案工作表以及有关发动机或系统的其他信息请参见辅助材料 CD-ROM。

客户委托解决方案说明

2）说明从自动变速器输入端至自动变速器输出端的功能单元(自动变速器4G参见辅助材料CD-ROM）及其功能（工作表 3）。

3）借助一个系统方框图绘制变速杆处于位置D位、3挡和4挡且锁止离合器接合和分离时的力传递路线草图（工作表4；有关自动变速器4G的信息参见辅助材料CD-ROM）。

4）打印该变速器的电路图并用彩色笔在电路图中画出各信号（工作表 5）：

- 绿色：至控制单元的输入信号
- 蓝色：来自控制单元的输出信号
- 红色：正极，供电
- 棕色：接地

5）绘制变速器控制系统方框图（工作表 4）。

3.通过检查和测量实现质量保证要求

1）确定各传感器和执行机构的信号应用以及信号失灵时的影响，根据自诊断故障信息 0119 确认该故障（工作表7）。

4.通过按计划修理实现质量保证要求

1）必须遵守哪些安全措施(工作表 8）?

2）制定工作计划（工作表 9）。

5.通过检查和记录实现质量保证要求

1）记录所进行的工作并通过检查实现质量保证要求（工作表 10）。

2）填写工作卡（ESItronic）。

客户咨询

针对一款车辆可提供不同的发动机和变速器组合。

a）5挡手动变速器

b）5挡电液自动变速器

c）无级变速器CVT。

客户因技术知识很少而无法判断哪种组合适合自己并期望得到专业人员的帮助。

1. 为解释变速器功能，应绘制相应变速器功能和控制系统的系统方框图（工作表 4）。
2. 解释各变速器的特点（工作表 3）。

➔ 客户委托解决方案工作表以及有关发动机或系统的其他信息请参见辅助材料 CD-ROM。

学习领域 10

底盘和制动系统维护

A 通过以客户为本实现质量保证要求

1 客户委托

1.1 客户报修：ABS 和制动警告灯不熄灭（VW Lupo）

机动车行驶证

F-HZ 342

左侧所述车辆的牌照号如上所述，
所有人名字、姓氏（或教名）、公司
HELGA BLUML

出生于
邮政编码，住址/公司，街道和门牌号
BASELER STR. 12
60239 法兰克福（莱茵河畔）

或邮政编码，所在地，街道和门牌号

代码：区域1 010232　区域2 0603　区域3 450030

编号	项目	内容	编号	项目	内容
1		普通轿车 低排放，D4			
2		大众			
3		Lupo			
4	车辆识别号	WVWZZZ6XZ72B016288			
5	汽油/车载诊断系统	04	6	最高车速/（km/h）	151
7	功率/kW/(r/min)	37/5000			
8	排量/cm³	999			
9	有效或半挂车负荷/kg	–	10	燃油箱容积/m³	–
11	座椅/躺椅数	–	12	座位数，包括驾驶员座位和临时座位	4
13	最大尺寸/mm	长 3636　宽 1739　高 1460			
14	整备质量/kg	950	15	允许量大质量/kg	1340

编号	项目	内容	编号	项目	内容
16	允许车桥负荷/kg	前 720　中 –　后 680			
17	车轮和/或防滑链	1	18	车桥数	2
19	其中驱动桥数	1			
20	轮胎规格代码 前部	185/55R14			
21	中间和后部	185/55R14			
22	或前部				
23	中间和后部				
	制动接口处压力		24	单回路制动器	bar
25	双回路制动器	bar			
26	挂车挂钩DIN 740，形态和尺寸				
27	挂车挂钩检查标志				
28	拖挂负荷，/kg，挂车带制动时		29	挂车不带制动时	
30	停车时噪声/dB(A)		31	行驶时噪声/dB(A)	
32	首次注册登记日期	22.04.2002			
33	备注				

1.2 客户报修：行驶期间 ESP 警告灯亮起且保持亮起状态（Audi A4 2.5 quattro TDI）

机动车行驶证

F-HZ 502

左侧所述车辆的牌照号如上所述，
所有人名字、姓氏（或教名）、公司
HORST WEBER

出生于
邮政编码，住址/公司，街道和门牌号
BASELER. 3
55129 法兰克福（莱茵河畔）

或邮政编码，所在地，街道和门牌号

代码：区域1 0102　区域2 0588　区域3 752123

编号	项目	内容	编号	项目	内容
1		普通轿车 低排放，E2			
2		大众			
3		8E2 079			
4	车辆识别号	WAUZZZ8EZLA000239			
5	柴油	02	6	最高车速/（km/h）	225
7	功率/kW/(r/min)	132/4000			
8	排量/cm³	2500			
9	有效或半挂车负荷/kg	–	10	燃油箱容积/m³	–
11	座椅/躺椅数	–	12	座位数，包括驾驶员座位和临时座位	5
13	最大尺寸/mm	长 4478　宽 1848　高 1415			
14	整备质量/kg	1665	15	允许量大质量/kg	2140

编号	项目	内容	编号	项目	内容
16	允许车桥负荷/kg	前 1185　中 –　后 1095			
17	车轮和/或防滑链	1	18	车桥数	2
19	其中驱动桥数	1			
20	轮胎规格代码 前部	215/55R16Y			
21	中间和后部	215/55R16Y			
22	或前部				
23	中间和后部				
	制动接口处压力		24	单回路制动器	bar
25	双回路制动器	bar			
26	挂车挂钩DIN 740，形态和尺寸				
27	挂车挂钩检查标志				
28	拖挂负荷，/kg，挂车带制动时		29	挂车不带制动时	
30	停车时噪声/dB(A)		31	行驶时噪声/dB(A)	
32	首次注册登记日期	07.05.2002			
33	备注				

1.3 客户报修：行驶期间 ESP/BAS 和 ABS 警告灯亮起且保持亮起状态（MB 320 CDI）

机动车行驶证

F-HZ 402

左侧所述车辆的牌照号如上所述，
所有人名字、姓氏（或教名）、公司
MARC EFEN

出生于
邮政编码，住址/公司，街道和门牌号
SCHWANHEIMER STR. 89
60528法兰克福（莱茵河畔）

或邮政编码，所在地，街道和门牌号

代码：区域1 010232　区域2 0710　区域3 423000

编号	项目	内容	编号	项目	内容
1		普通轿车 低排放，D3			
2		梅赛德斯-奔驰			
3		E320 CDI			
4	车辆识别号	WDB2100261A892931			
5	柴油	02	6	最高车速/（km/h）	240
7	功率/kW/(r/min)	145/4200			
8	排量/cm³	3222			
9	有效或半挂车负荷/kg	–	10	燃油箱容积/m³	–
11	座椅/躺椅数	–	12	座位数，包括驾驶员座位和临时座位	5
13	最大尺寸/mm	长 4900　宽 1950　高 1420			
14	整备质量/kg	1720	15	允许量大质量/kg	2280

编号	项目	内容	编号	项目	内容
16	允许车桥负荷/kg	前 1209　中 –　后 1171			
17	车轮和/或防滑链	1	18	车桥数	2
19	其中驱动桥数	1			
20	轮胎规格代码 前部	215/55R16			
21	中间和后部	215/55R16			
22	或前部				
23	中间和后部				
	制动接口处压力		24	单回路制动器	bar
25	双回路制动器	bar			
26	挂车挂钩DIN 740，形态和尺寸				
27	挂车挂钩检查标志				
28	拖挂负荷，/kg，挂车带制动时		29	挂车不带制动时	
30	停车时噪声/dB(A)		31	行驶时噪声/dB(A)	
32	首次注册登记日期	26.04.1999			
33	备注				

B 通过底盘系统知识实现质量保证要求

1 VW Golf V 底盘分析

技术数据和装备

下图所示车辆带有以下装备：

轮胎：195/65 R 15 91 T/H

轮辋：6.5 J × 15 ET 50

轮胎监控显示

前桥：麦弗逊式弹簧减振支柱前桥

后桥：四连杆后桥

转向系统：电动机械式转向系统

底盘数据		
轴距	2578mm	
轮距	前部：1539mm	后部：1 528mm
几何尺寸	前车轮	后车轮
外倾角	−0° 30'	−1° 35'
总前束	0° 10'	0° 10'
主销后倾角	7° 34'	-
转向轮差角	−1° 38'	-

其他底盘数据同样对车辆行驶特性有决定性作用。

某车辆底盘数据：

主销内倾角：4.1°

主销偏移距：−7.8 mm

偏转力臂：11.2 mm

下面将分析底盘、转向系统和轮胎。

1.1 底盘基础知识

1.1.1 车辆上的作用力

有各种类型的力作用在车辆上：

·垂直轴方向的力：车辆重力，路面冲击力

·纵轴方向的力：驱动力，制动力，空气阻力，摩擦力

·横轴方向的力：转向力，转弯行驶时的离心力，横风。

这些作用力也称为侧面导向力。

作用力产生沿车辆轴线方向的振动：

·垂直轴方向的振动：上下振动

·纵轴方向的振动：顿挫，前冲

·横轴方向的振动：侧移

作用力产生围绕车辆轴线的转动：

·围绕垂直轴转动：如果制动时车辆的左侧车轮位于干燥沥青路面上，右侧车轮位于结冰路面上，则产生围绕车辆垂直轴的力矩（偏转力矩）。车辆甩尾或侧滑。

·围绕纵轴转动：通过侧面导向力和侧向力产生。这种运动称为侧倾。

·围绕横轴转动：这种运动在起步或制动时出现，称为俯仰。

上述作用力、振动和转动通过

·底盘

·转向系统

·发动机和变速器

·制动系统

和轮胎传递到路面上。

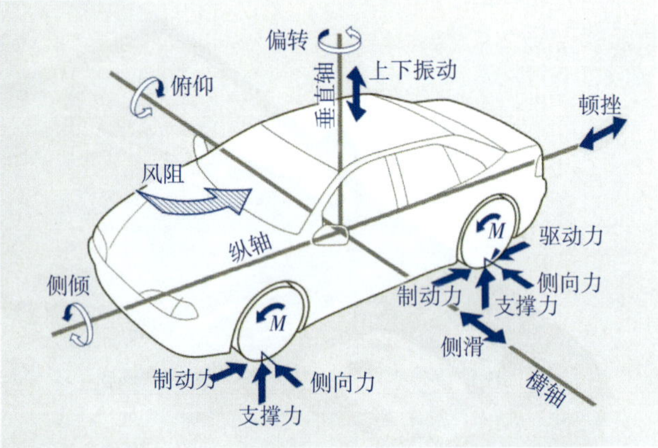

1.1.2 车轮悬架

车轮悬架是车轮与车身之间的连接部件。悬架吸收车辆重量、装载质量以及驱动力、制动力和侧向力。车轮通过一个刚性车桥悬置或独立悬置。

<table>
<tr><th>刚性车桥</th><th>独立悬架</th></tr>
<tr><td>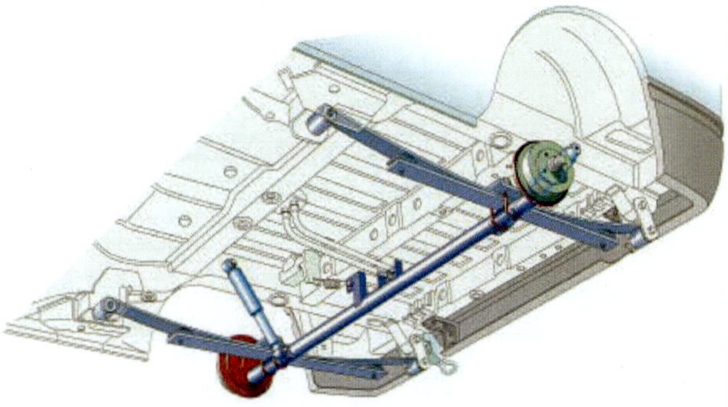
一个车桥上的车轮通过刚性车体彼此连接。
⊕结构简单坚固。
⊕弹簧压缩时前束和外倾角保持不变。
⊖一个车桥上的车轮互相影响。
⊖非簧载质量相对较大。
⊖轮胎接地性不理想。
应用：后桥</td><td>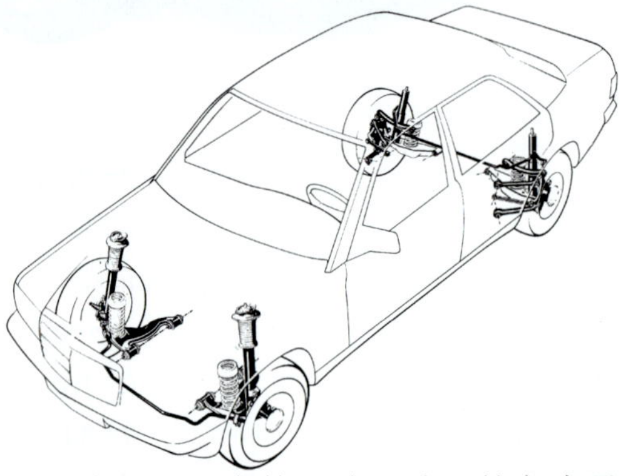
一个车桥上的车轮以彼此独立的方式通过摆臂或连杆与车身连接。
⊕结构组件的非簧载质量较小。
⊕弹簧压缩和伸长时车轮不会互相影响。
⊖结构复杂，成本高。
应用：轿车后桥和前桥</td></tr>
</table>

独立悬架

车轮可以通过不同摆臂或连杆导向：

横摆臂

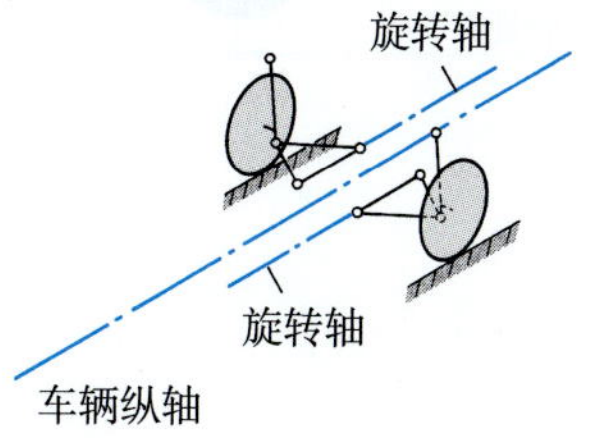

旋转轴与车辆纵轴平行。横摆臂承受横向力和侧向力。

应用：前桥

纵摆臂

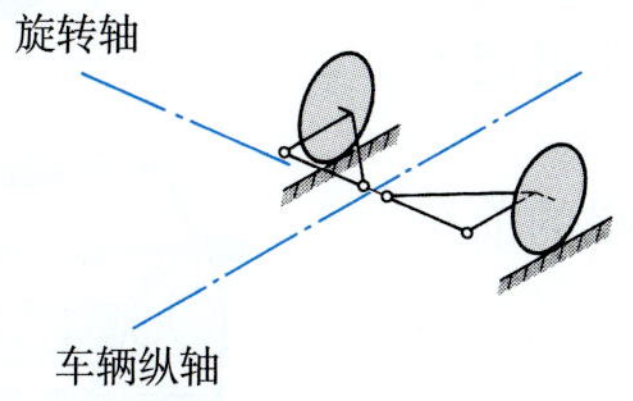

旋转轴与车辆纵轴成90°角。纵摆臂只承受纵向力。

应用：后桥

斜摆臂

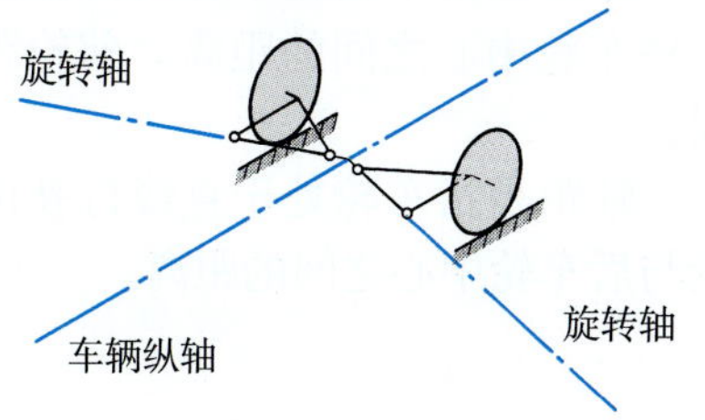

旋转轴与车辆纵轴之间成锐角。斜摆臂承受横向力和侧向力。

应用：后桥

双横臂车桥

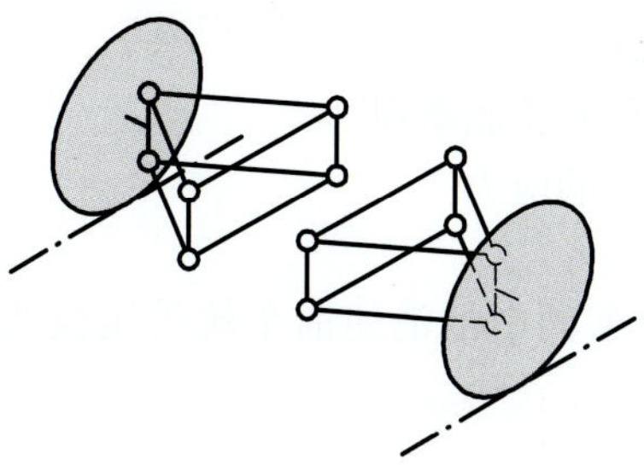

双横臂由两个上下布置的三角摆臂组成，以可转动方式支撑在车身上或车架上。

应用：前桥

⊕ 前束和外倾角变化小

⊕ 车轮导向性好

麦弗逊式弹簧减振支柱

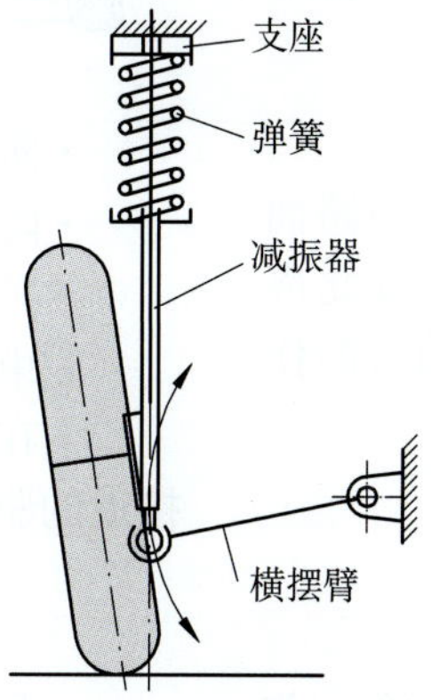

麦弗逊式弹簧减振支柱由一个弹簧和一个减振器组合而成。弹簧减振支柱上部支撑在弹簧减振支柱支座（弹簧减振支柱顶）内，下部与转向节连接。车轮导向由弹簧减振支柱和一个下横摆臂实现。

应用：前桥

⊕ 外倾角和轮距变化小

⊕ 可以采用较大的弹簧行程

⊕ 所需空间较小

多连杆车桥

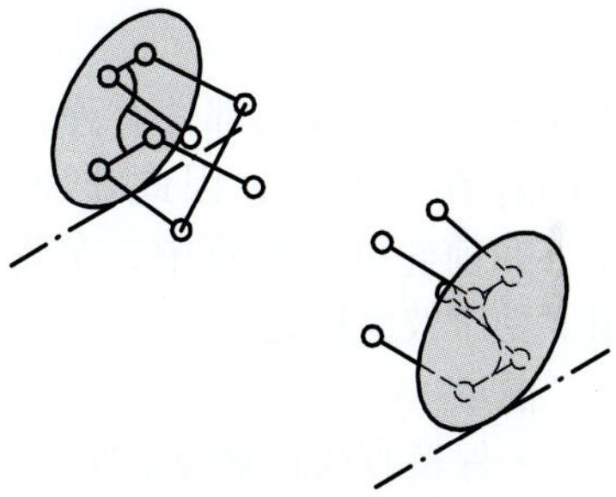

后桥的每个车轮都通过4~5个连杆导向，连杆旋转轴与车轮纵轴成不同角度布置。

应用：前桥和后桥

⊕ 弹簧压缩时也能保持负外倾角

⊕ 侧面导向性好

⊕ 中性行驶特性

纵臂扭转梁

两个车轮通过纵臂悬置。纵臂通过一个由弹簧钢制成的横梁彼此刚性连接。横臂用橡胶金属支座固定在车身上。转弯行驶时横梁本身扭转，其作用相当于稳定杆。

⊕ 结构简单

⊕ 前束和外倾角无变化

⊕ 两个车轮的弹簧压缩时其作用与刚性车桥相同，一个车轮的弹簧压缩时相当于独立悬架

⊕ 非簧载质量小

应用：轿车后桥

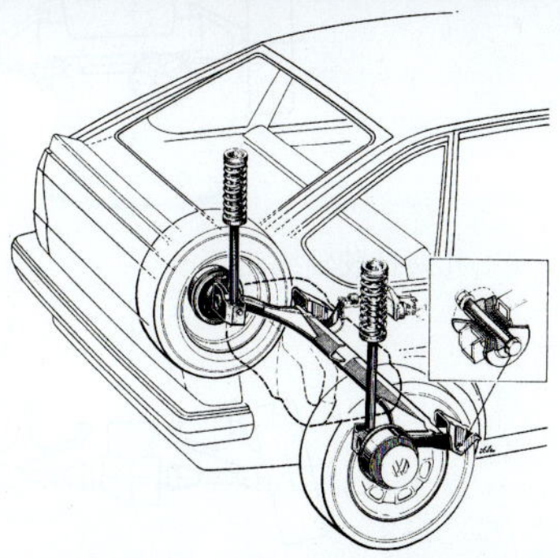

1.1.3 车轮定位

1.1.3.1 轮距 / 轴距

轮距是指车轮处于直线行驶位置时测得的同一车桥车轮中心之间的距离。前轮距与后轮距可能不同。

轴距是指车轮处于直线行驶位置时测得的前车轮与后车轮中心之间的距离。

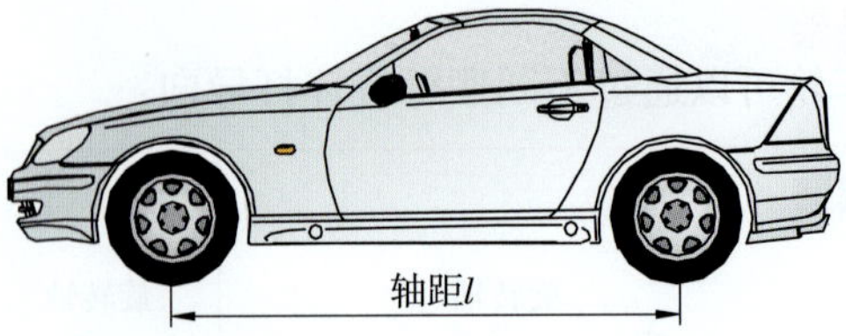

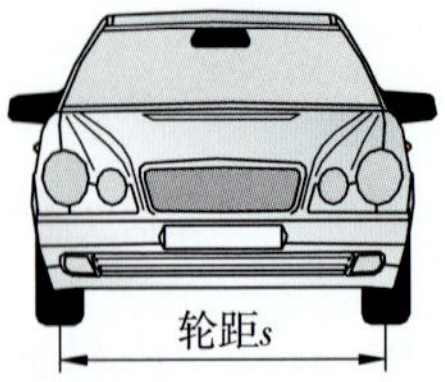

1.1.3.2 前束

总前束

总前束是指前轮辋边缘距离与后轮辋边缘距离之间的长度差。

·前束（⊕正前束）：向行驶方向看，车桥前轮辋边缘之间的距离a小于车桥后的距离b。

·后束（⊖负前束）：向行驶方向看，车桥前轮辋边缘之间的距离a大于车桥后的距离b。

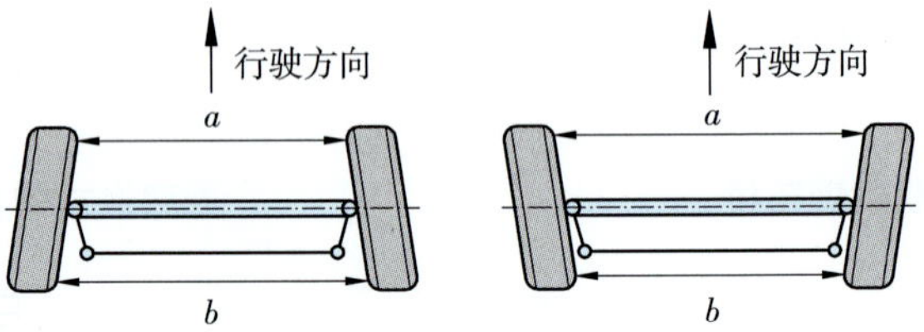

作用

由于车轮导向部件有弹性变形且车轮与路面之间存在摩擦力，因此非驱动车轮前部彼此离开。在前轮驱动车辆中，车轮前部在驱动力的作用下受压彼此接近。

前束

·保持直线行驶稳定性

·防止车轮颤动

·防止车轮滑移和轮胎磨损

·减小转向杆系的应力

后束或零前束

·在前轮驱动车辆中抵消使前车轮受压彼此接近的驱动力。

应用

·前束：对于非驱动车轮和前驱动轮：前束：0~+4mm

·后束或零前束，对于前轮驱动车辆：后束：0 ~3mm

单轮前束

在现代四轮定位设备中不再以毫米为单位测量前束，而是以角度单位“分”测量。单轮前束是指单个车轮中心平面与基准轴之间的夹角。

四轮定位基准轴

几何行驶轴线

几何行驶轴线是后桥总前束的角等分线。前桥前束值的所有测量都以几何行驶轴线为基准。车辆沿几何行驶轴线直线行驶。

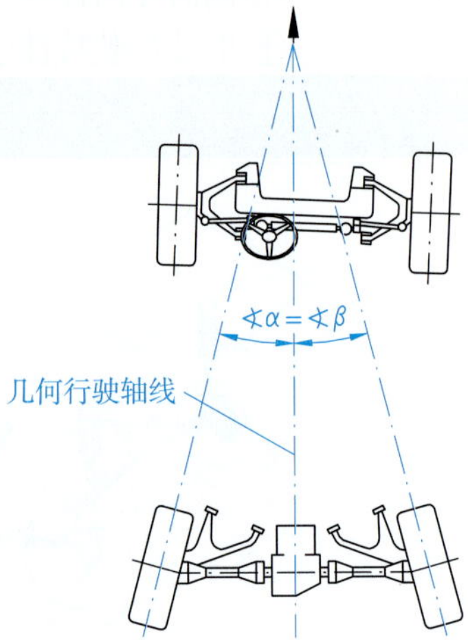

对称轴线

对称轴线（车辆纵向中心平面）经过前桥和后桥的中心点。

如果单轮前束大小相同，则对称轴线与几何行驶轴线重合。

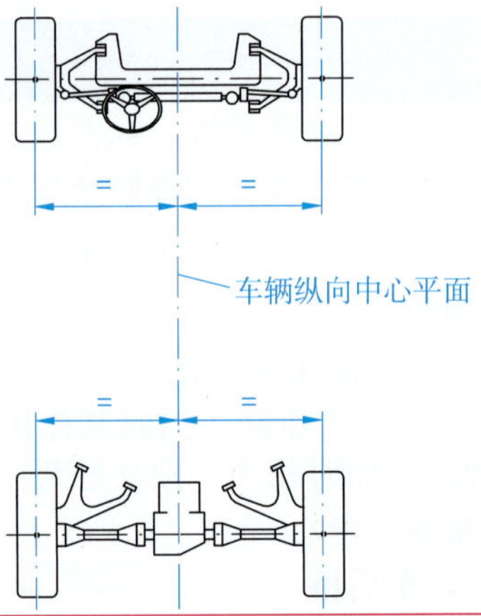

前车轮单轮前束

单轮前束：车轮中心平面与几何行驶轴线之间的夹角。

前车轮前部靠近几何行驶轴线时该角度为正值，远离时该角度为负值。

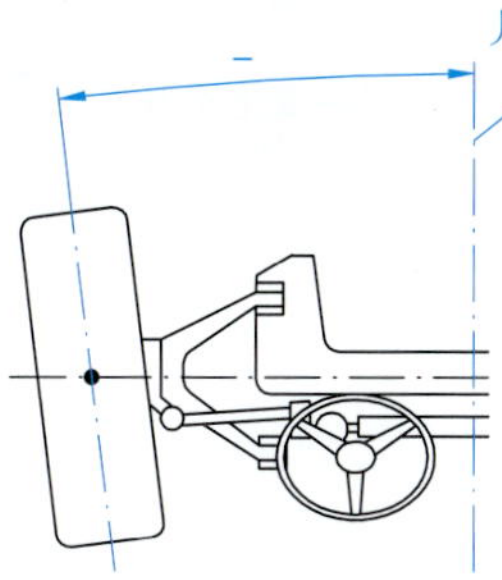

后车轮单轮前束

单轮前束：车轮中心平面与对称轴线之间的夹角。

后车轮前部靠近对称轴线时该角度为正值，远离时该角度为负值。

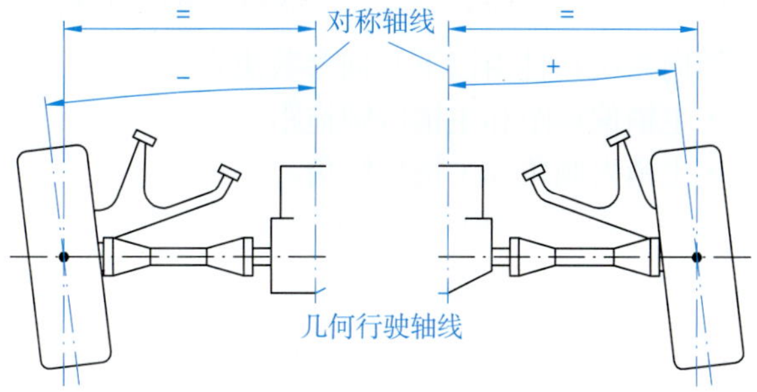

1.1.3.3 外倾角

外倾角是车轮中心轴线与路面垂直平面之间构成的角度。设置为外倾状态的车轮类似于转动时围绕锥顶展开的圆锥。前束和外倾角在车轮导向过程中互为补充。外倾角以角度为单位给出。

正外倾角

车轮平面上部向外倾斜。

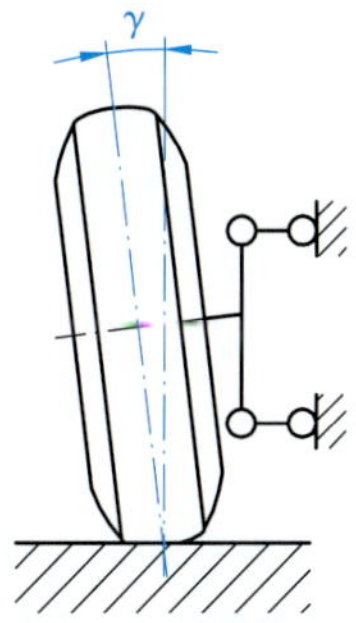

作用

正外倾角时车轮趋向于向外移动。该车轮试图向内紧压到内侧车轮轴承上。

正外倾角

- 降低侧面导向力，
- 减轻外侧车轮轴承和车轮螺母的负荷，
- 减小车轮轴承间隙，
- 减小主销偏移距和转向力，
- 减小车轮颤动趋势。

应用

前车轮：

前车轮通常采用正前束。前束决定了外倾角大小。采用前束时外倾角较大，采用后束或零前束时较小。

- 正外倾角时在 + 0° 20' ~ 1° 30' 之间
- 负外倾角时最大至–1°

负外倾角

车轮平面上部向内倾斜。

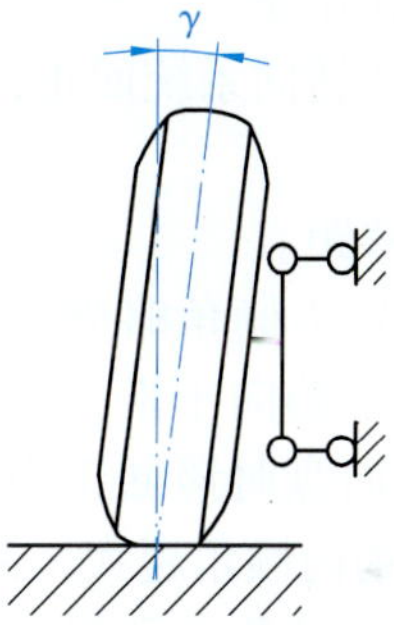

作用

负外倾角时车轮趋向于向内移动。

负外倾角

- 提高车轮的侧面导向力，
- 改善转弯行驶稳定性，
- 加剧胎面内侧磨损，
- 提高转向力。

后车轮：

- 正外倾角时最大至+0° 20′
- 负外倾角时在–0° 30'~–2° 之间

公差 ± 20° 或 ± 30°

未正确调整的外倾角会不断加剧轮胎磨损。磨损主要出现在胎面中部，使用宽轮胎时外边缘处磨损特别严重。

学习领域 10

前束和外倾角变化

弹簧压缩和伸长时前束和外倾角随之变化。

轮距变化时转弯性能变差且轮胎磨损加剧。弹簧压缩时正外倾角越来越小或变成负值，这种情况可改善侧面导向性。

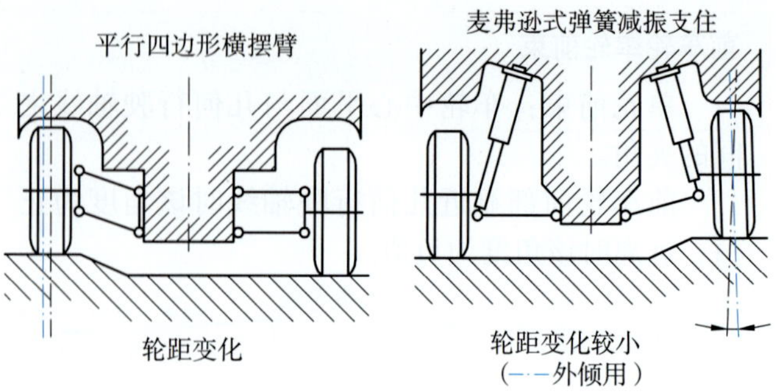

1.1.3.4 主销内倾角，主销后倾角，主销偏移距

转向系统特性由以下几何参数决定：

· 主销偏移距和主销后倾拖距，

· 主销内倾角和主销后倾角。

这些参数影响转向车轮的回正力并使转向保持稳定。

转向轴线和主销内倾角

转向轴线是转向主销中心之间的连线。转向轴线与车轮支撑平面的交叉点构成了车轮支撑点。主销内倾角仅针对前桥转向车轮。

主销内倾角是指转向轴线相对路面垂直平面的夹角。

主销内倾角以度和分表示。通常为5°~8°。

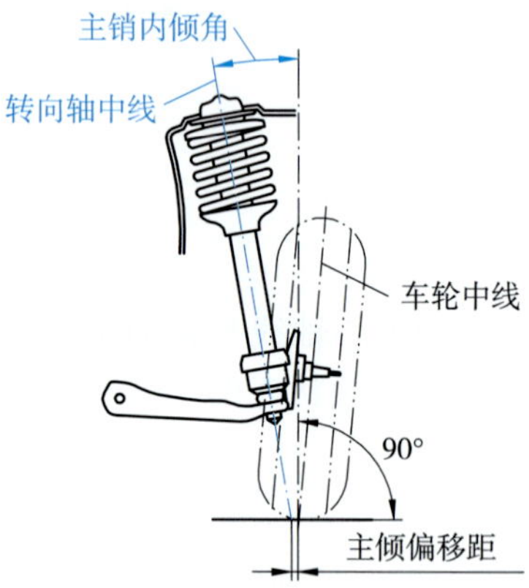

主销内倾角的作用

主销内倾角的作用是

· 转弯行驶后使转向系统回正，

· 减小转向力，

· 减小主销偏移距。

转向时通过主销内倾角略微抬起车辆前端。车辆在其重量的作用下趋向于恢复原有状态。由此产生回正力，松开转向盘时该回正力使前车轮移回到直线行驶位置。主销内倾角越大，回正力也越大。

外倾角与主销内倾角之和保持不变。因为外倾角与主销内倾角之和这个角度参数始终保持不变，所有外倾角增大时主销内倾角减小：

· 弹簧压缩：外倾角减小，主销内倾角增大。

· 弹簧伸长：外倾角增大，主销内倾角减小。

主销内倾角无法用四轮定位设备单独测量。适用情况：

外倾角符合规定时，主销内倾角也符合规定。

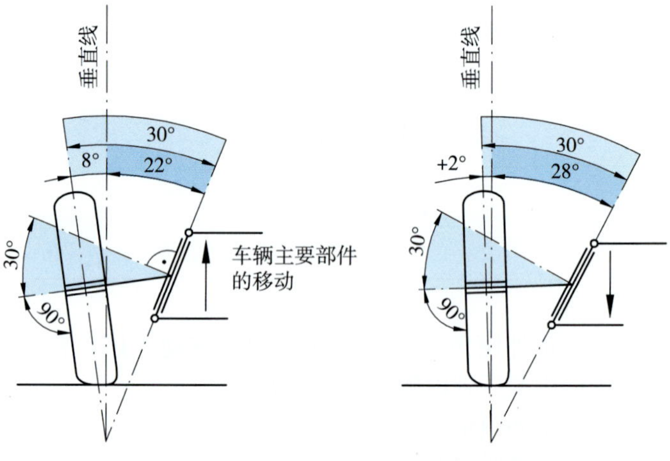

主销偏移距

主销偏移距是指转向轴线的交叉点与车轮支撑点之间沿车辆横轴方向的距离。转向时车轮沿一个圆形轨道滚动。

在此分为：

· 正主销偏移距（a）

交叉点位于轮距内。

· 负主销偏移距（c）

交叉点位于轮距外。

· 零主销偏移距（b）

交叉点与轮胎支撑平面中心完全重合。

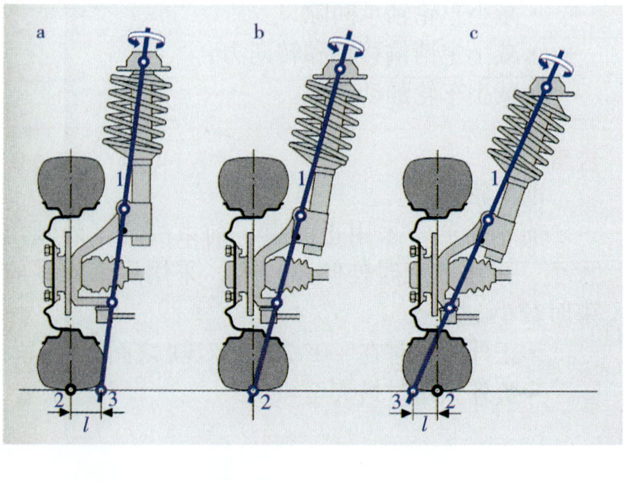

作用

主销偏移距的主要任务是，转弯行驶后为转向系统提供回正力。此外主销偏移距还有助于提高转向系统的灵活性。

驱动力、制动力、转向力和行驶阻力作用在车轮支撑平面上。这些力通过主销偏移距产生力矩。

主销偏移距越小，转向时车轮移动距离越小，因此转向也越灵活。如果主销偏移距为零，则转向时车轮滑移，因此会导致轮胎磨损。在此不提供转向回正力。

正主销偏移距

根据交叉点相对车轮支撑点的位置车轮向外摆动。附着系数不同且制动程度明显不同时，附着系数较高的车轮向外摆动并造成车辆跑偏。驾驶员必须反向转向。主销偏移距过大时，在最不利的情况下可能会造成车辆侧滑。

负主销偏移距

因为旋转点位于车轮支撑点外，所以制动时车轮向内摆动。

附着系数不同或制动不均匀时，附着系数较大的车轮向内摆动。负主销偏移距使车轮自动反向转向，就是说驾驶员不必反向转向。

应用

主销偏移距应尽可能小，以便外力产生的影响尽可能小。

因为制动时或附着系数不同时对行驶方向稳定性有影响，所以轿车主销偏移距通常为负值。

正主销偏移距：+5~10mm

负主销偏移距：−10~−20mm

主销后倾角

主销后倾角是指车辆纵轴方向上转向轴线相对路面垂直平面的夹角。但是主销后倾角也可以通过移动回转轴线移到车轮中心前或后。

主销后倾以角度表示时为度和分，以距离表示时为毫米。主销后倾角仅针对前桥车轮。

在此分为

· 正主销后倾角

车轮支撑点位于转向轴线与路面的交叉点后。

· 负主销后倾角

车轮支撑点位于转向轴线与路面的交叉点前。

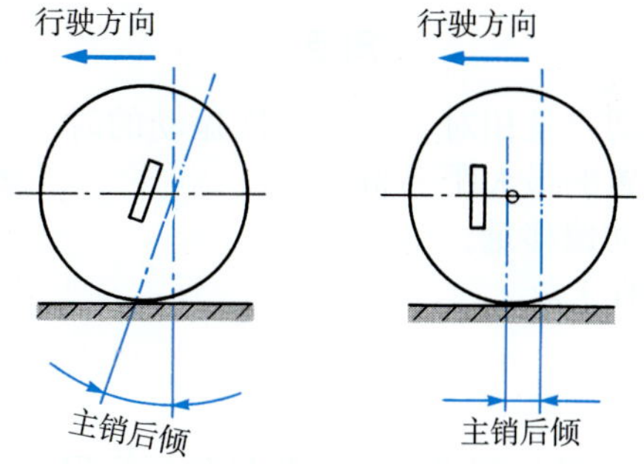

作用

采用正主销后倾角时像茶具车一样拉而不是推转向车轮。

车轮自动移向行驶方向并平稳运转。

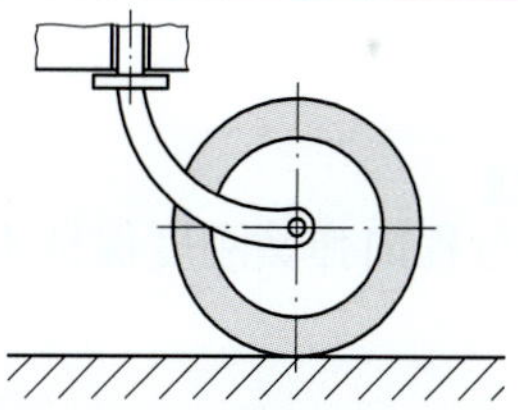

正主销后倾角

正主销后倾角

· 起稳定作用并改善直线行驶性能，

· 减小车轮颤动趋势，

· 通过主销内倾角提供转向回正力并使车轮保持直线行驶，

· 数值较大时需要较高的转向力，

· 提高对横风的敏感性。

负主销后倾角

负主销后倾角

· 降低对横风的敏感性，

· 减小转弯行驶时的回正力，从而防止在驱动力的作用下过快回正到直线行驶状态。

应用

车辆通常采用正主销后倾角。前轮驱动车辆可以采用较小的负主销后倾角或零主销后倾角。

正主销后倾角：+1° ~+5° 之间，在某些车辆上最大约+10°

负主销后倾角在 − 5° ~−40° 之间。

主销后倾角通常由结构所决定，例如采用麦弗逊式弹簧减振支柱时。因为车轮悬架变形和损坏可能导致其出现偏差，所以需进行测量。

如果前车轮主销后倾角不同，则转向盘松开时车辆不直线行驶，而是向某一侧跑偏。

1.1.4 弹簧系统基础知识

1.1.4.1 振动

如果一个簧上质量在力的作用下偏离其静止位置，则弹簧内产生复位力。系统在复位力的作用下回摆。但是系统将摆过其静止位置，因此再次产生复位力。这个过程不断重复，直至因弹簧因摩擦和空气阻力而使振动衰减下来。

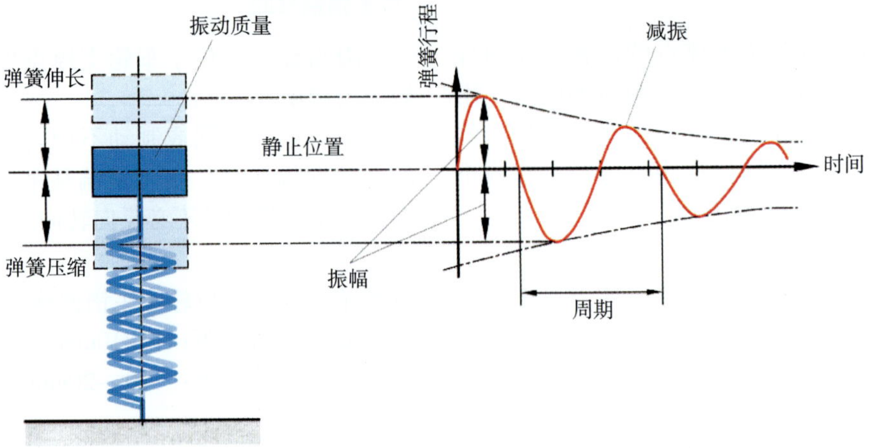

与振动相关的概念：

振幅	周期	频率	车身固有频率	共振
振动质量相对静止位置的最大距离（振动偏移量，弹簧行程）。	一次振动的时间。	每秒钟振动次数。	车身每秒钟振动次数。	一个力以质量块的振动频率作用在该质量上，因此振幅越来越大（受激共振）。

弹簧特性

利用弹簧检测设备可以测量弹簧行程s与负荷之间的关系。

弹簧力F与弹簧行程s之比称为弹簧刚度。弹簧刚度表示弹簧的软硬程度。

线性特性曲线
在整个弹簧行程内弹簧刚度保持不变。

软弹簧

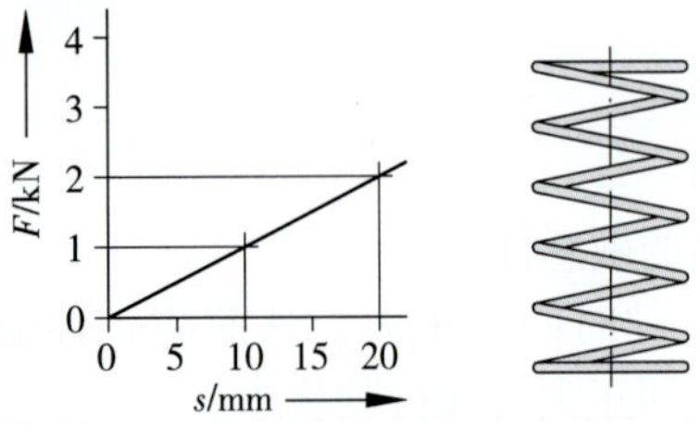

特征：

细钢丝，钢丝直径不变和/或弹簧中径较大，等节距。

软弹簧承受负荷时弹簧行程大。

⊖ 弹簧压缩行程长

⊖ 无负荷车辆车身较高

⊖ 行驶舒适性随负荷增加而降低

硬弹簧

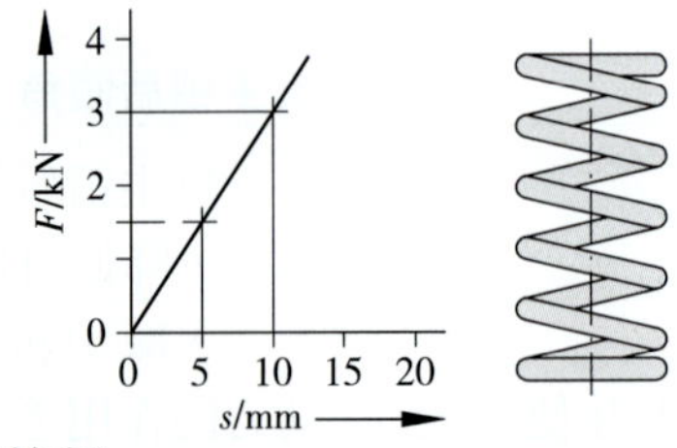

特征：

粗钢丝，钢丝直径不变和/或弹簧中径较小，等节距。

硬弹簧承受相同负荷时弹簧行程小。

⊕ 弹簧行程较小

⊕ 车辆行驶安全性提高

⊖ 行驶舒适性降低

递增特性曲线
弹簧刚度随弹簧行程增加而增大。

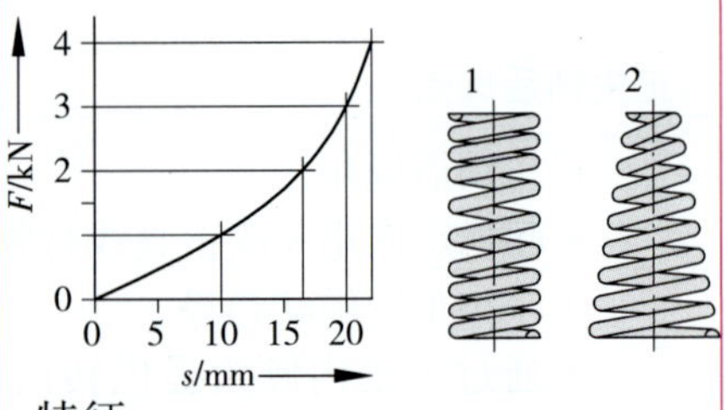

特征：

非等节距、圆锥形螺旋或渐细钢丝直径。

具有递增弹簧特性的弹簧随负荷增大而逐渐变硬。

⊕ 开始阶段表现与软弹簧一样，因此可以很好地吸收路面冲击。

⊕ 随负荷增加弹簧逐渐变硬。

1.1.4.2 车辆弹簧系统

车辆弹簧系统的任务是，

・平缓抑制路面的冲击并将其转化为可以很快衰减下来的振动；

・确保车轮与路面之间接触良好，以便能够随时传递转向力和制动力；

・转弯时通过弹簧与减振器和稳定杆密切配合保证车轮始终附着在路面上。

车辆内有多个弹簧系统：

・车辆弹簧系统，

・轮胎弹性作用，

・座椅弹簧系统。

轮胎弹性作用可为车辆弹簧系统提供支持。

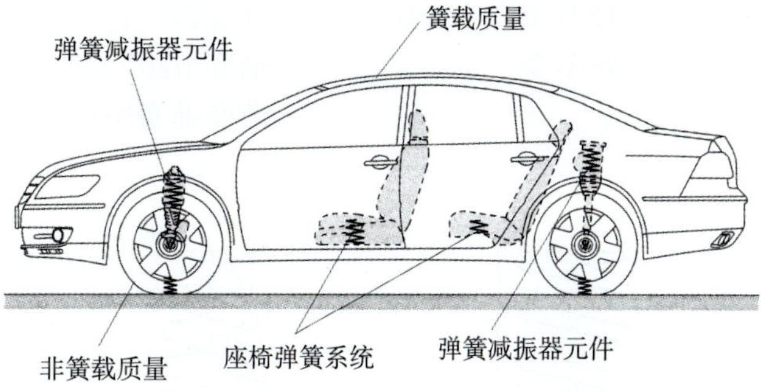

车辆上的振动类型

车辆弹簧系统布置在车轮与车身之间。路面不平引起车身和车轮振动。

除这些振动外，行驶期间还会出现围绕车辆三个空间轴线和沿三个空间轴线的振动：

・顿挫，侧倾

沿纵轴方向的振动（前冲），围绕纵轴的扭转振动（侧摆，侧倾，侧翻）

・侧滑，俯仰

沿横轴方向的振动，围绕横轴的扭转振动（后仰）

・上下振动，偏转或偏航

沿垂直轴方向的振动（颠簸、升起和下降），围绕垂直轴的扭转振动

振动频率取决于

・簧载质量和非簧载质量，

・弹簧特性。

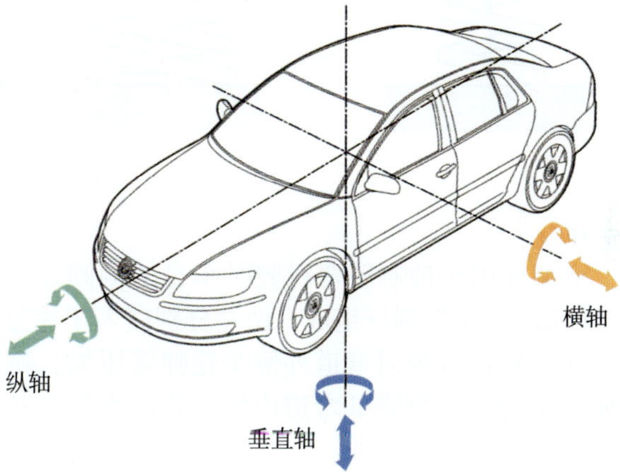

簧载和非簧载质量

在机动车辆中质量分为簧载质量和非簧载质量。两种质量彼此独立地在不同频率范围内振动。

簧载质量	非簧载质量
・由车身、发动机、离合器、变速器和装载质量组成。 ・振动频率约为1~2次/s。	・由车轮、轮辋、制动器和车轮悬架部件组成。 ・振动频率约为10~15次/s。

驶到路面凸起处时车轮向上移动，而车身则因其惯性首先趋向于保持在原来的位置。向上加速移动的车轮使弹簧压缩，弹簧吸收能量。此时只有与弹簧行程对应的垂直弹簧力作用在车身上。车身只是略微上下摆动。

簧载质量越大，振动幅度越小。驶过路面凸起处后车轮在已压紧弹簧的作用下向下加速移动（释放能量），因此车轮始终与路面接触。车身基本上保持静止状态。如果车轮通过弹簧系统始终与路面保持接触，以便将转向力、驱动力和制动力传递到路面上，则可保证车辆行驶安全性。

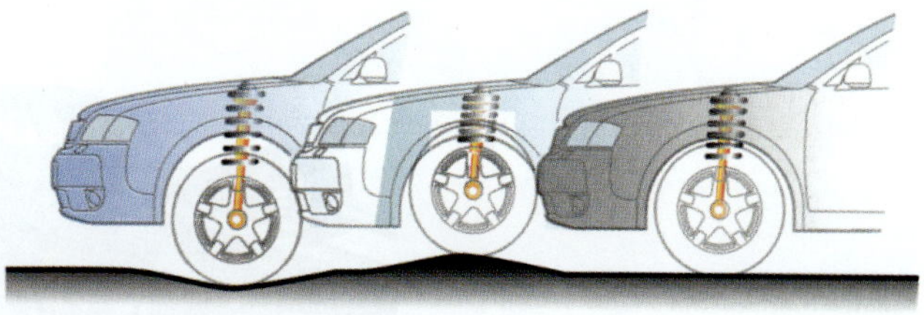

底盘弹簧

螺旋压力弹簧

现代轿车中只使用螺旋压力弹簧。螺旋压力弹簧承受扭转负荷。

在此可以根据以下特征区分线性特性曲线弹簧和递增特性曲线弹簧：

线性弹簧特性曲线	递增弹簧特性曲线
· 钢丝截面尺寸不变 · 节距不变	· 渐变钢丝直径 · 渐变节距 · 渐变弹簧中径

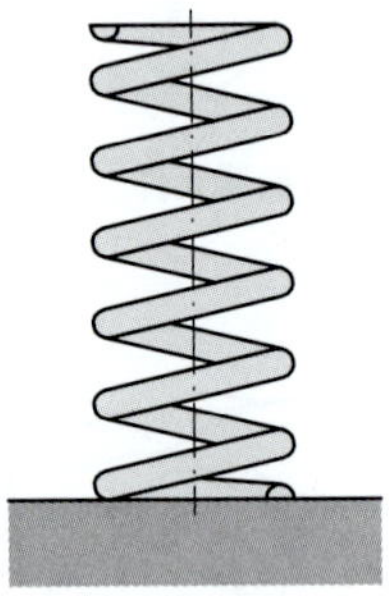

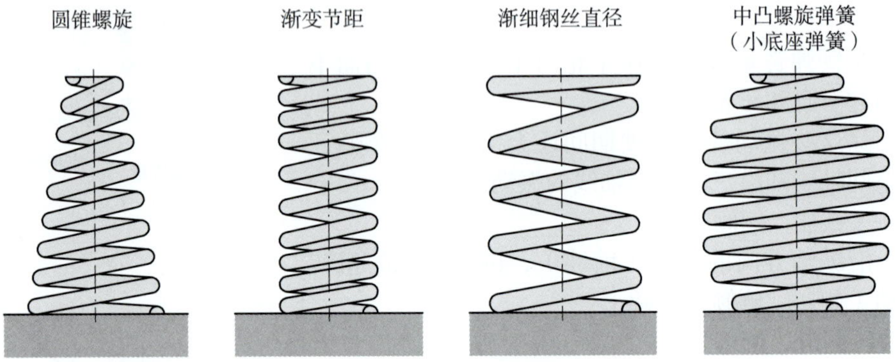

稳定杆

稳定杆用于抑制转弯行驶时车身的侧倾运动。稳定杆由一个U形圆杆组成，两端分别嵌入车轮悬架内。如果转弯行驶时弯道外侧车轮弹簧压缩，则稳定杆在车桥另一侧降低弯道内侧车轮的弹簧伸长运动。

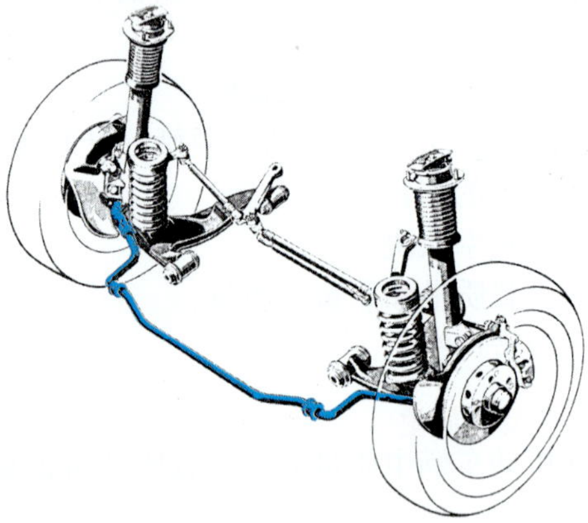

空气弹簧

空气悬架是一种可以相对简单地实现车辆高度调节功能的可调悬架。在轿车中使用带有管状膜式折叠气囊的空气弹簧。

弹簧行程大，而所需安装空间则较小。空气弹簧由以下部件组成

- 一个上端壳体，
- 一个管状膜式折叠气囊，
- 一个作为下端壳体的折叠活塞，
- 用于夹紧管状膜式折叠气囊的夹紧环。

空气弹簧特性为递增特性曲线。

单独布置的空气弹簧

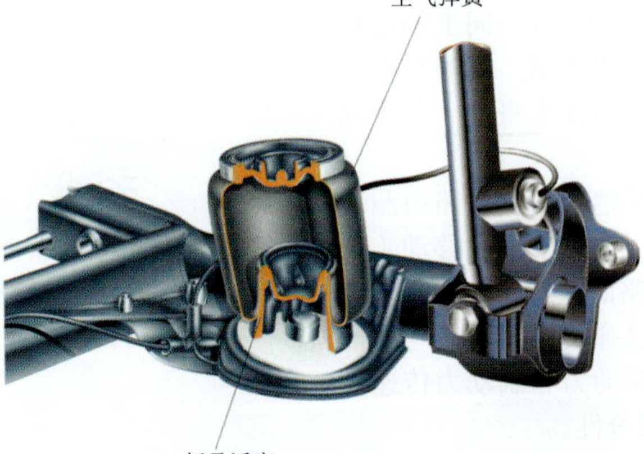

1.1.5 减振系统

1.1.5.1 任务

车身和车轮振动对行驶舒适性和行驶安全性有不利影响。

·行驶舒适性

颠簸引起的短时振动导致乘员脊柱承受负荷，车身长时间后续振动和加速时车身后仰导致驾驶员和乘客感觉不舒服。

·行驶安全性

若车轮未接触路面或未附着在路面上，则车辆制动时车辆甩尾，车辆转弯特性不稳定。车辆遇到连续路面凸起时可能受激共振，从而导致其上下摆动。

为避免出现这种情况，因此在簧载质量和非簧载质量之间与弹簧系统并行布置了减振器。

减振器的任务是，

·使不平路面引起的非簧载质量（车轮和车桥）振动迅速衰减下来，

·防止受激振动和车身后续振动时间过长。

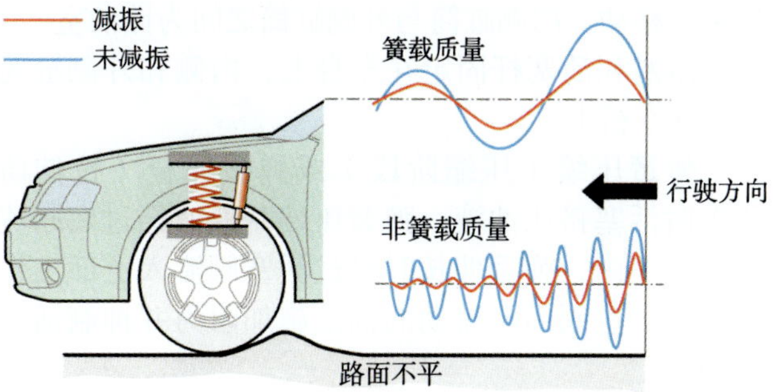

1.1.5.2 减振系统基本原理

单筒充气减振器

在此以单筒充气减振器为例介绍减振器的功能。

单筒充气减振器由以下部件组成

·一个带有工作室的缸筒，工作室内注有油液，

·一个带有阻尼阀的活塞，活塞通过活塞杆与车身连接，

·一个分隔浮动活塞，浮动活塞用于将油室与氮气室分开。

气室压力约为 25~30 bar。

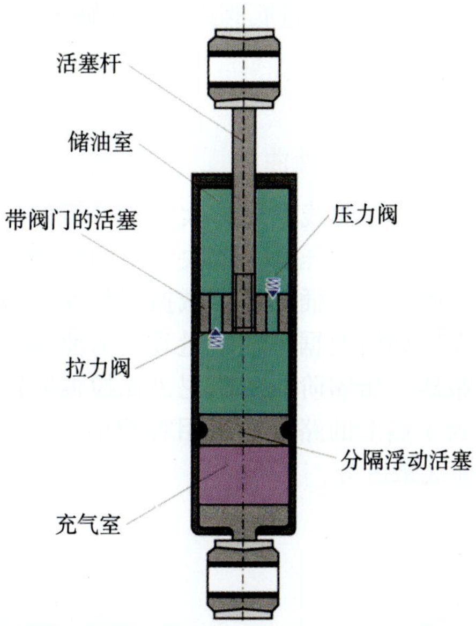

工作原理

压缩阶段：弹簧压缩

车轮弹簧压缩时，活塞向下移动。油液从下部工作室经过压力阀压入上部工作室内。该阀门向从下向上流动的油液施加非常大的阻力，从而抑制活塞移动。动能在减振器内转化为热能。

活塞杆移入部分的体积通过气室体积来补偿。

充气室压缩量等于活塞杆移入部分体积。

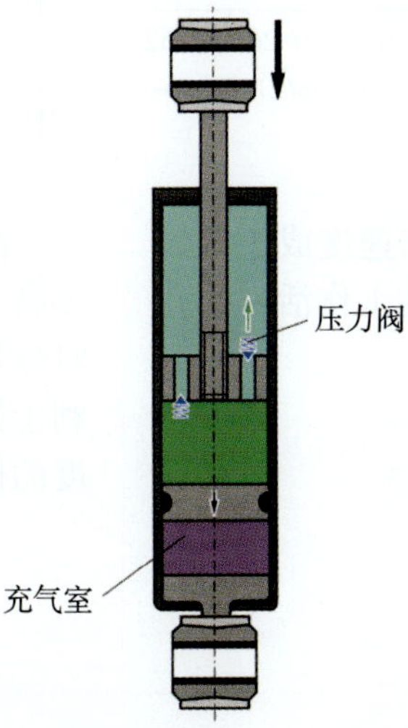

拉伸阶段：弹簧伸长

车轮下跳时减振器伸长。上部工作室内的油液受压通过集成在活塞内的拉力阀。与弹簧压缩时一样，该阀门向从上向下流动的油液施加一个阻力，从而抑制活塞杆移出运动。充气室膨胀量等于活塞杆移出部分体积。

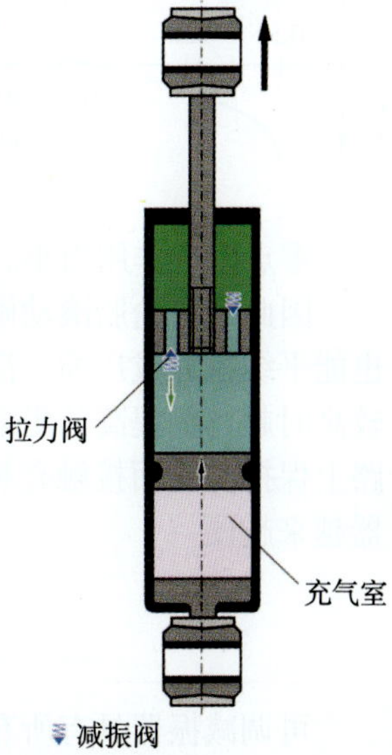

双筒液压减振器

在双筒减振器中两个直径不同的缸筒套在一起且彼此相对移动。

注有油液的工作室位于内侧缸筒内，活塞在工作室内移动。内侧缸筒与外侧缸筒之间为储油室。

活塞和活塞杆固定在车身上，内侧和外侧缸筒固定在车桥上。

弹簧压缩（压缩阶段）或弹簧伸长（拉伸阶段）时活塞挤压油液。弹簧压缩时油液经过底阀流入储油室内，弹簧伸长时经过活塞阀流入上部工作室内。这些阀门向流动的油液施加阻力并抑制活塞移动。

减振器轴线与安装位置垂直面的偏差不得超过45°，否则空气会通过底阀进入工作缸内。

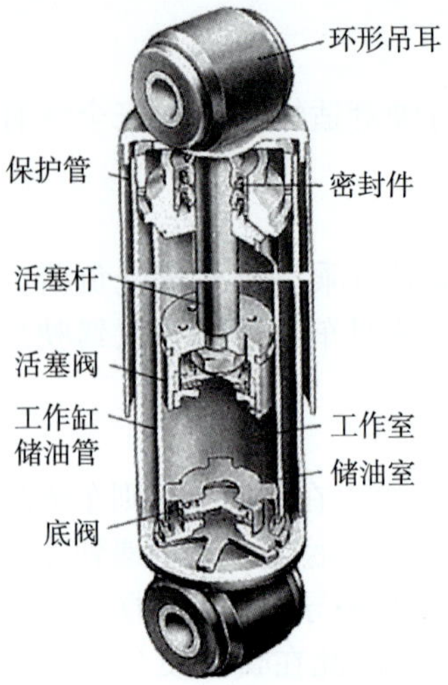

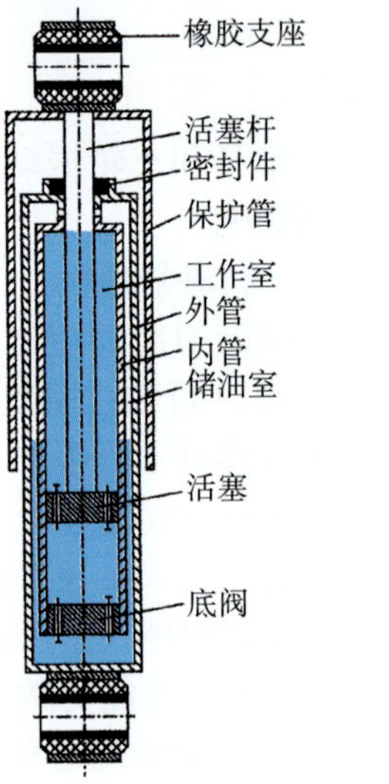

1.1.5.3 减振器特性曲线

减振器特性曲线阻尼力大小（弹簧伸长时的拉力，弹簧压缩时的压力）取决于不同的减振器拉伸和压缩速度。这些插图表示减振器特性。减振器特性曲线表示如何根据车辆质量和所需要的行驶性能调整减振器。压缩阶段的阻尼力比拉伸阶段小。因此传递到车辆上的路面冲击相对较小。减振器按以下特性曲线来区分：

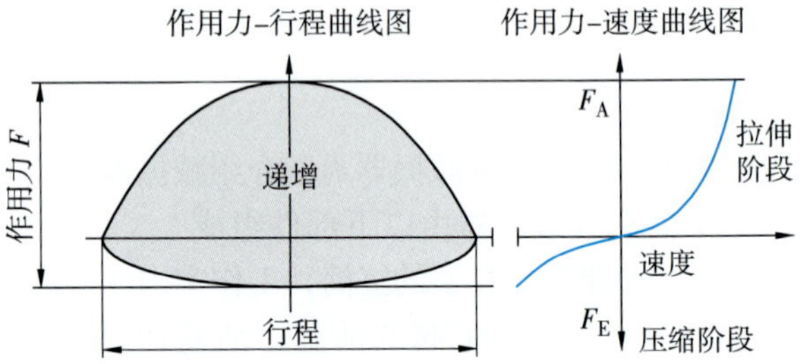

递增减振

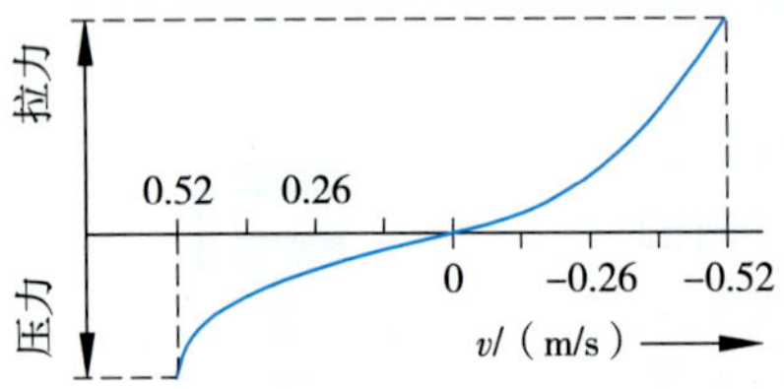

零点附近作用力小。

因此即使轮胎滚动硬度较大也能平缓拉伸或压缩。活塞速度较高时超比例提高的阻尼力对坏路上保持与路面接触有利。减振器越来越硬。

线性减振

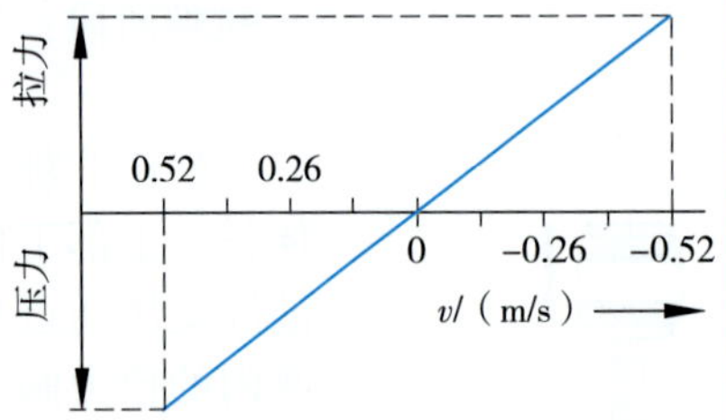

阻尼力与冲击速度成正比。拉伸和压缩时线性工作活塞的孔截面不同。

递减减振

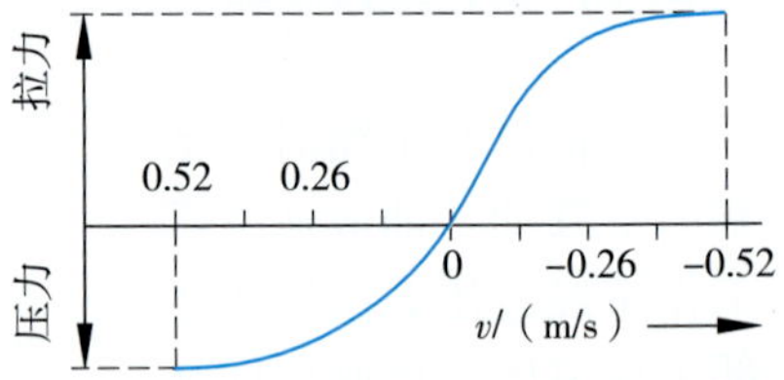

活塞速度较低时阻尼力相对较高。这会影响路面不平度较小时弹簧系统的吸振能力，但是有利于抑制侧倾和俯仰。随活塞速度的提高减振器越来越软。

可调减振器具有所有三个方面的减振特性。

1.2 麦弗逊式弹簧减振支柱前桥 / 四连杆后桥

1.2.1 前桥

图示为带有三角横摆臂和车轮导向型弹簧减振支柱的麦弗逊式前桥。

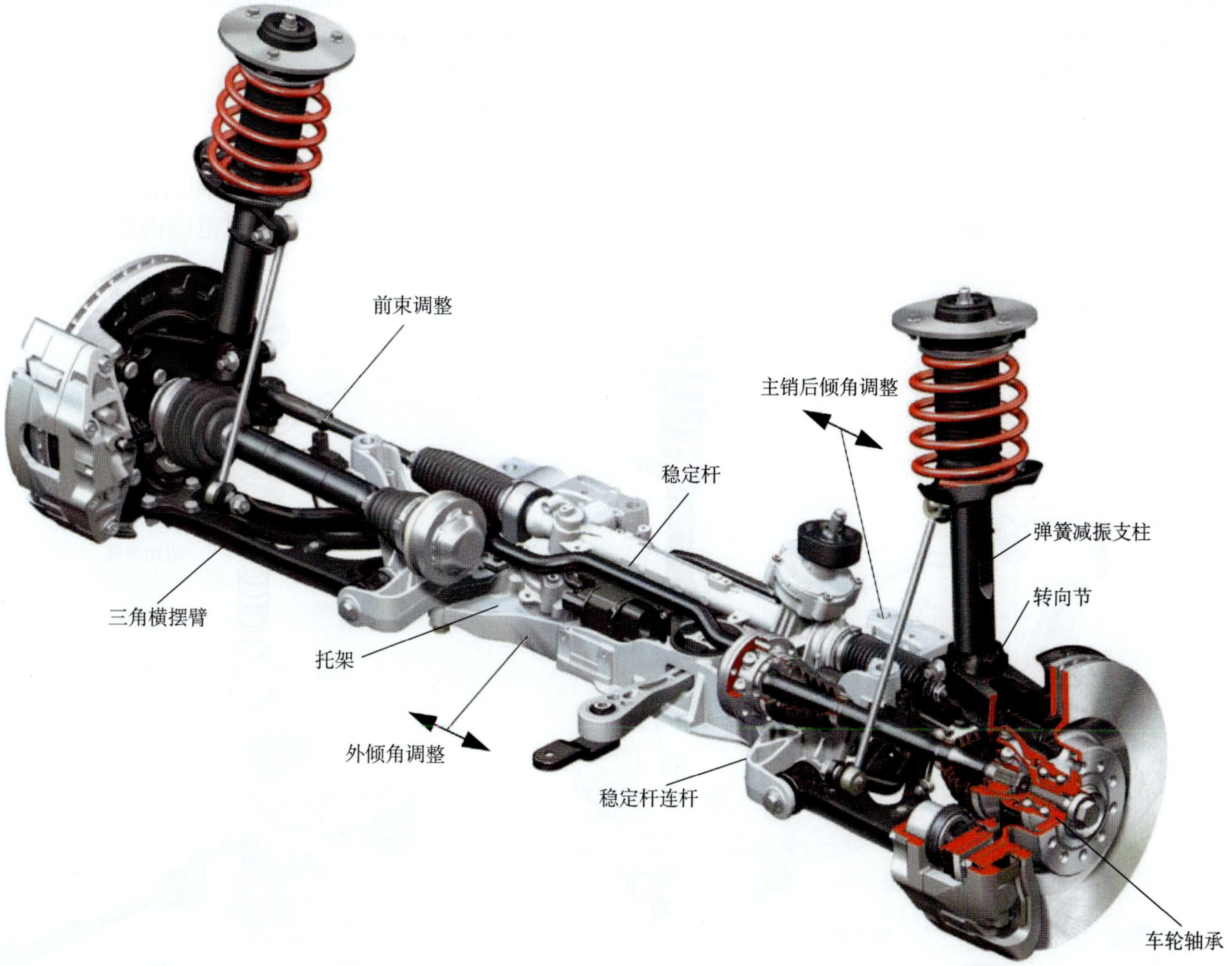

1.2.1.1 系统组件

前桥由副车架桥体、下部三角横摆臂和车轮导向型麦弗逊式弹簧减振支柱组成。

· 桥体

桥体由三个部件组成：一个副车架和两个托架。桥体有六处与车身连接。在副车架的托架内三角横摆臂通过橡胶金属支座导向。

· 弹簧减振支柱

摆动支座通过弹簧减振支柱与车身连接。

弹簧减振支柱通过一个夹紧连接件与摆动支座连接，另一端通过弹簧减振支柱支座与车身连接。弹簧减振支柱支座是一个橡胶金属支座，从而使弹簧和减振器与车身之间实现非刚性连接。该支座在行驶方向上具有较软的特性曲线，因此可提高行驶舒适性并部分隔离噪声；横向设计刚度较高，因此对行驶动力性和转向性能有积极影响。

弹簧减振支柱由以下功能单元组成：

– 弹性元件

弹性元件由一个具有线性弹簧特性的圆柱螺旋弹簧和一个具有递增弹簧特性的附加聚氨酯弹簧（缓冲块）组成。

– 减振器

减振器是一个双筒充气减振器。因为弹簧减振支柱参与车轮导向，所以活塞杆受力较大。

· 稳定杆

稳定杆通过两个橡胶衬套支撑在副车架上。稳定杆端部通过球销和稳定杆连杆直接与弹簧减振支柱连接。由于通过稳定杆连杆实现了较大的力臂，因此也防止了车身略微交叠。

受力压紧的橡胶衬套阻止稳定杆与橡胶支座之间相对移动。在此稳定杆不在橡胶衬套内转动，而是在支座内转动。

· 三角横摆臂

三角横摆臂是车身与摆动支座之间的下部连接部件：

–连接到车身：

横摆臂通过两个橡胶金属支座和副车架支撑在车身上。

–连接到摆动支座：

横摆臂通过三个螺栓联接点和导向主销固定在摆动支座上。

三角横摆臂可以承受纵向力和横向力。

· 摆动支座

车轮轴承单元通过螺栓与摆动支座联接，车轮轴承单元是一个由轮毂和车轮轴承组成的紧凑型单元。该单元用四个螺栓固定在摆动支座上。

不必调整车轮轴承间隙。

· 底盘调整

在前桥上可以调整：

–前束（通过转向横拉杆）

–外倾角（通过在有限范围内侧向推移副车架）

–主销后倾角（通过在有限范围内推移支座托架）。

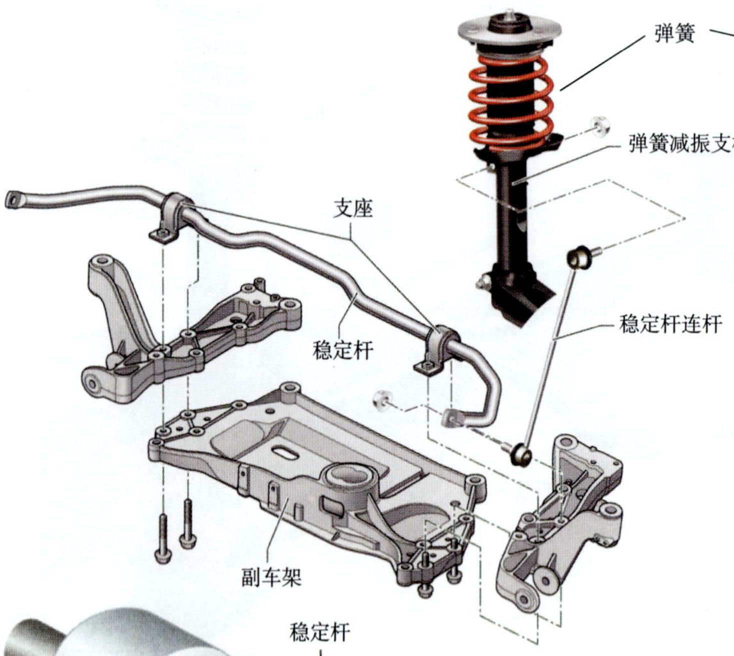

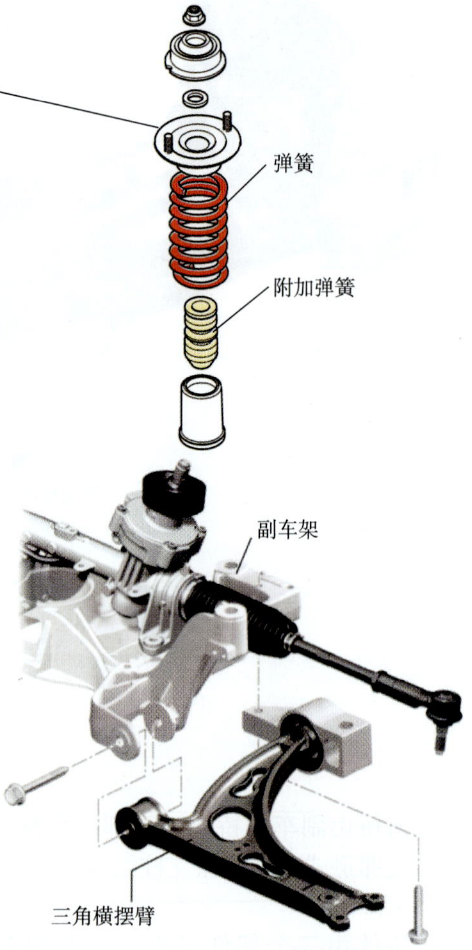

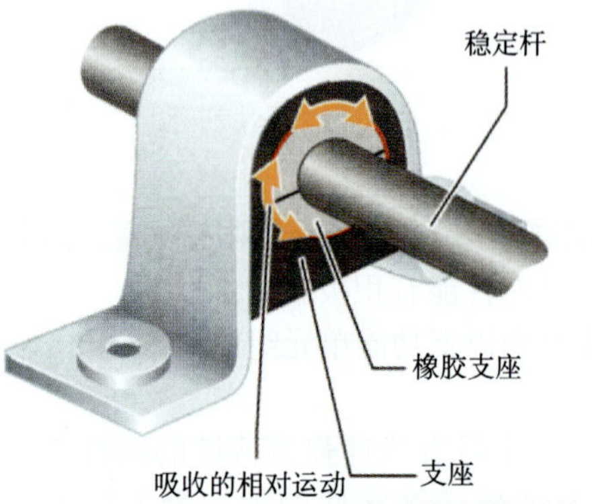

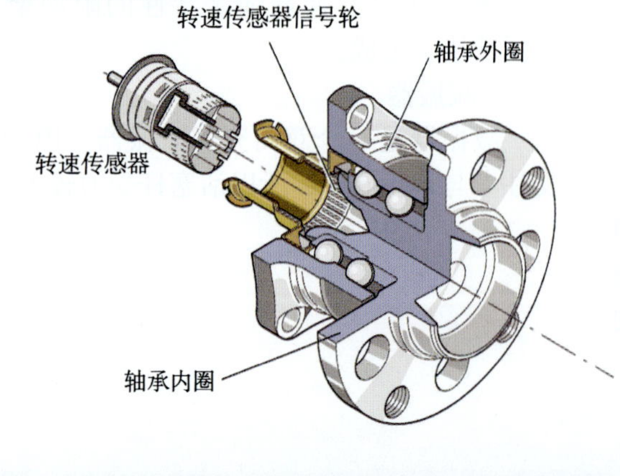

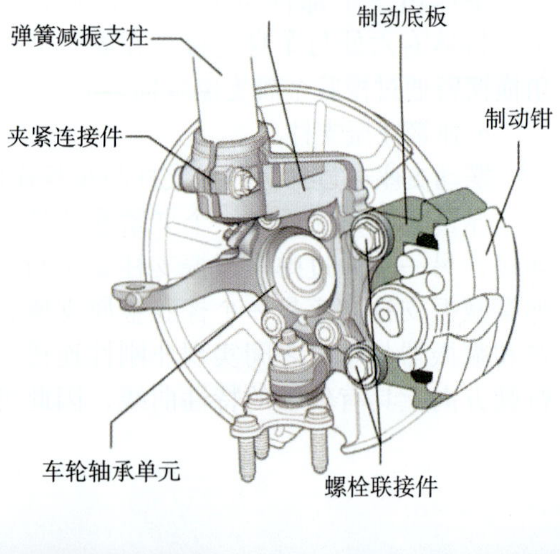

1.2.1.2 带双筒充气减振器的弹簧减振支柱

在弹簧减振支柱中螺旋弹簧与减振器一起构成一个单元。弹簧减振支柱可以与转向节或摆动支座连接，也可以与车轮悬架连接。

带车轮悬架的弹簧减振支柱有以下任务，

- 为车轮导向，
- 将转向运动传递给车轮，
- 承受驱动力、制动力和侧面导向力，
- 承受弹簧力和阻尼力。

在此使用由一个具有线性弹簧特性的圆柱螺旋弹簧和一个具有递增弹簧特性的附加聚氨酯弹簧（缓冲块）组成的单元作为弹性元件。

在现代车桥设计中将螺旋弹簧与前桥支柱分开布置并借此降低弹簧力对减振器负荷的影响。

车辆通常采用双筒充气减振器作为标准减振器。在这种减振器中工作缸外套有第二个缸筒。减振器有两个室：

- 工作室，活塞在该工作室内移动。

工作室内注有液压油。

- 储油室，即工作缸与外壳之间构成的环形空间。储油室一部分注有液压油，另一部分充有压力6~8 bar的气体。

在此使用两个阻尼阀单元（活塞阀和底阀）实现减振功能。阀门由一个系统组成，这个系统包括弹簧垫圈、螺旋弹簧和带节流孔的阀体。

由于负荷较大，因此活塞杆设计尺寸比普通减振器大。

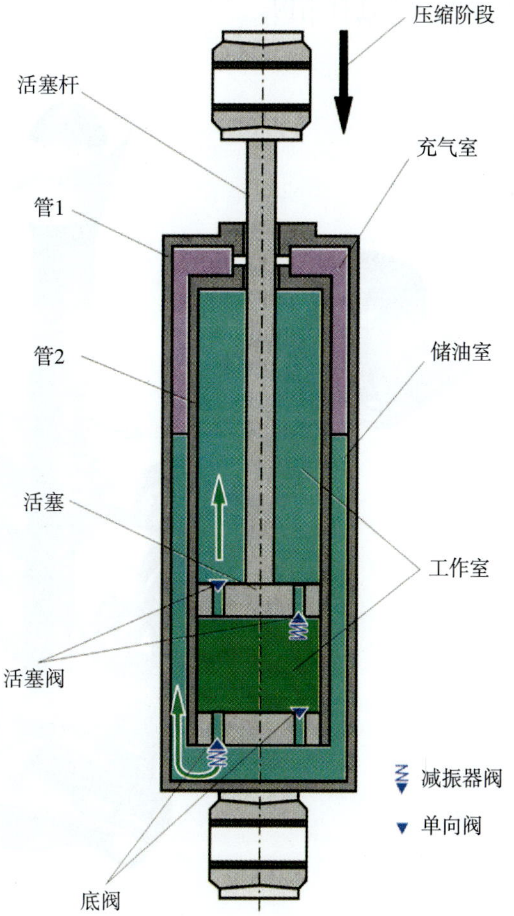

压缩阶段：弹簧压缩	拉伸阶段：弹簧伸长
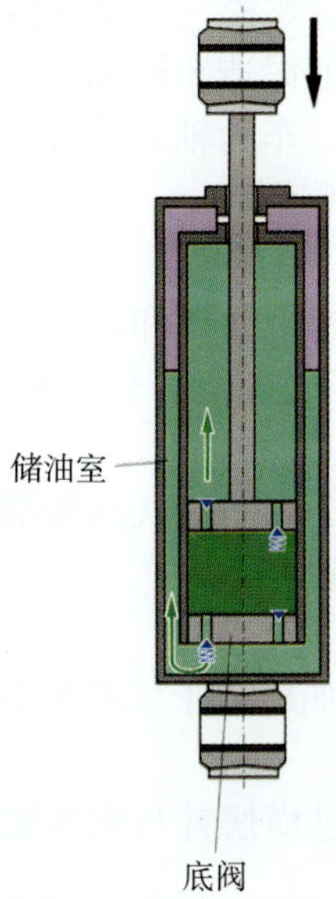	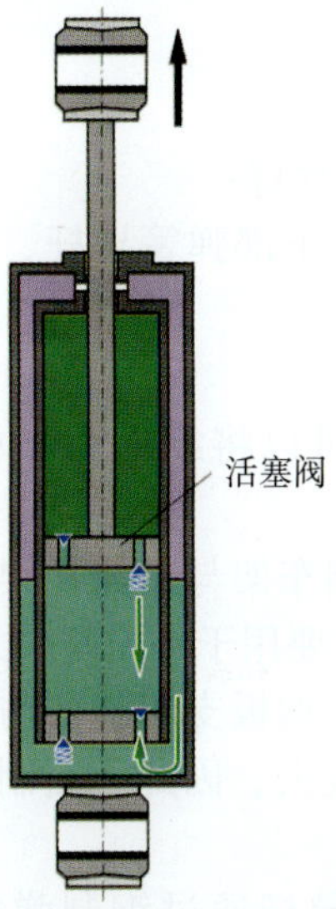
弹簧压缩时液压油通过活塞孔流入工作活塞上面的空间内。活塞杆移入部分排出的液压油流入储油室内。阻尼大小由工作活塞内阀门的流体阻力和底阀决定。	弹簧伸长时活塞阀向向下流动的液压油施加阻力，减振功能由活塞阀单独承担。液压油可以通过底阀内的单向阀无阻碍地从储油室流入工作室，从而补偿活塞杆移出部分的体积。

1.2.2 后桥

后桥采用四连杆结构。

系统组件

· 副车架

副车架是一个钢板焊接部件。通过螺栓与车身刚性连接。

· 摆臂

每侧布置有四个摆臂：

– 三个横摆臂：下部弹簧导杆、推力杆、上部横摆臂，

– 纵摆臂。

通过这种布置可以将纵向力与横向力彼此分开。

横摆臂连接在副车架与车轮托架之间。横摆臂采用T形横截面，主要用于承受侧向力。

纵摆臂通过一个钢板支座托架与车身连接。在垂直方向上弯曲刚度大，因此承受制动力矩和起步力矩。

车身借助弹簧导杆通过钢制弹簧支撑在车桥上。钢制弹簧为圆柱形且具有线性弹簧特性。通过橡胶弹簧座支撑在车身和弹簧导杆上。

推力杆基本上决定了后桥的前束特性。

· 车轮托架，车轮轴承

车轮托架通过螺栓与纵梁刚性联接。车轮轴承安装在车轮托架的锻造车桥轴颈上。轮毂和车轮轴承构成一个单元。车轮轴承通过一个膨胀螺栓与车轮托架的车桥轴颈连接。

· 稳定杆

稳定杆通过橡胶元件和副车架支撑在车身上，此外还借助稳定杆连杆与车轮托架连接。

· 减振器

减振器是一个双筒充气减振器。减振器在外侧较远处与车轮托架连接。

· 底盘调整

– 前束通过弹簧导杆与副车架之间的螺栓联接件来调整

– 外倾角通过横摆臂与副车架之间的螺栓联接件来调整。

图示为各功能元件和作用力在四连杆车桥上的分布。

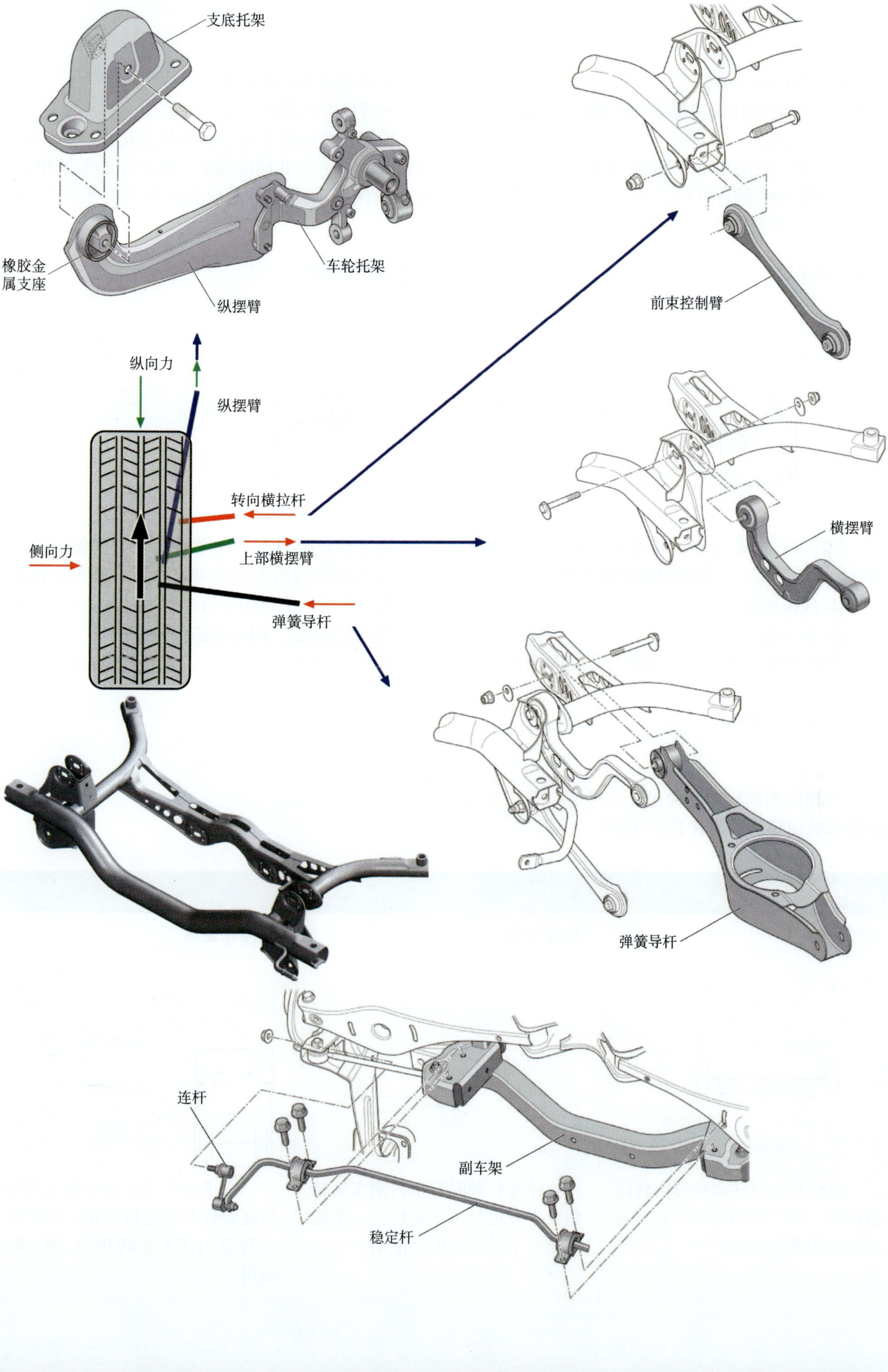

1.3　转向系统

1.3.1　转向系统基础知识

转向系统的任务是，

· 使前车轮在任何速度下和车辆静止时都能转向所需要的方向，

· 传递转向时的作用力和转向盘转动，

· 实现较小的转弯直径，

· 在不影响转向性能的情况下承受作用在转向系统上的制动力和驱动力，

· 满足事故调查的安全性要求。

转弯行驶时前车轮沿圆形轨道运动。车轮轴线的延长线在一个共同的圆心（转向中心）处相交。从而确保传动系统不受应力且转弯时不侧移或侧滑。

转盘转向系统

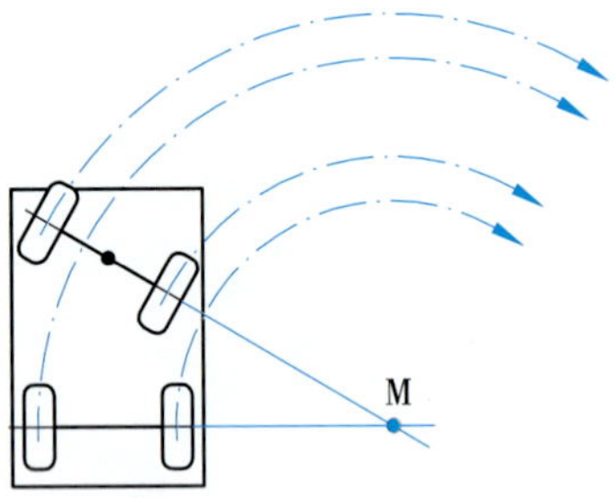

在转盘转向系统中，转弯行驶时位于车身下的整个车桥围绕一个共同的旋转轴线摆动。

⊕ 结构简单

⊕ 易于调头

⊖ 因重心位置较高造成转弯行驶时侧倾力矩较大

应用：两轴挂车

转向节转向系统

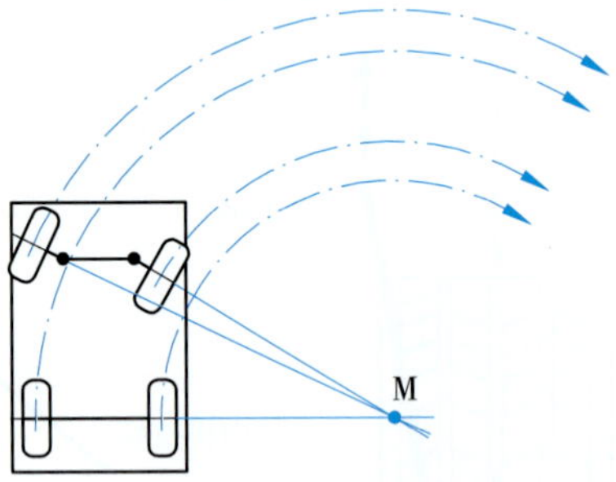

转弯行驶时只有转向节转动。为确保车轮围绕一个共同的转向中心滚动，弯道内侧车轮转角必须大于弯道外侧车轮转角。

⊕ 稳定性好，因为轴距变化很小

⊕ 转向车轮之间用于安装总成部件的空间较大

转向节转向系统

前车轮的不同转向角通过转向梯形实现。转向横拉杆和转向梯形臂构成了转向梯形。

转向梯形

直线行驶

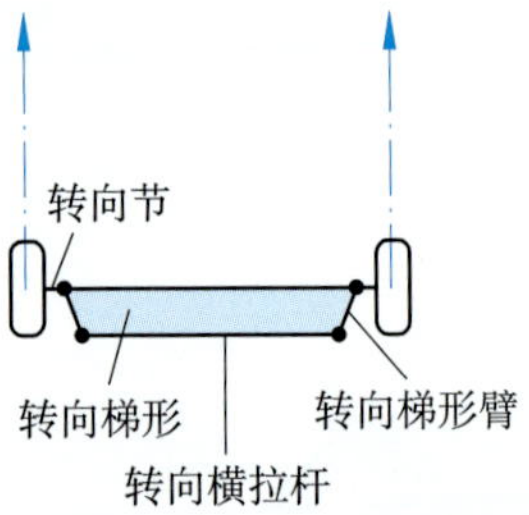

直线行驶时转向梯形由转向横拉杆、两个转向梯形臂和转向旋转点的连线构成。

转弯行驶

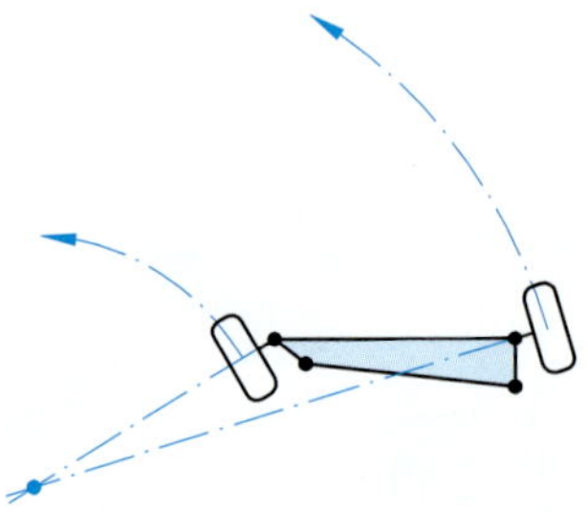

转弯行驶时弯道内侧车轮转角大于弯道外侧车轮转角。车轮围绕一个共同的中心滚动

转向轮差角

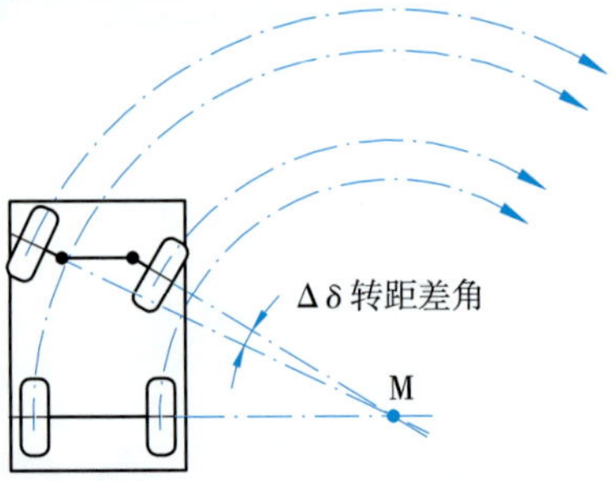

弯道内侧与外侧车轮之间的角度差称为转向轮差角。该差角在弯道内侧车轮转角为 20° 时测得。

转向系统机械机构

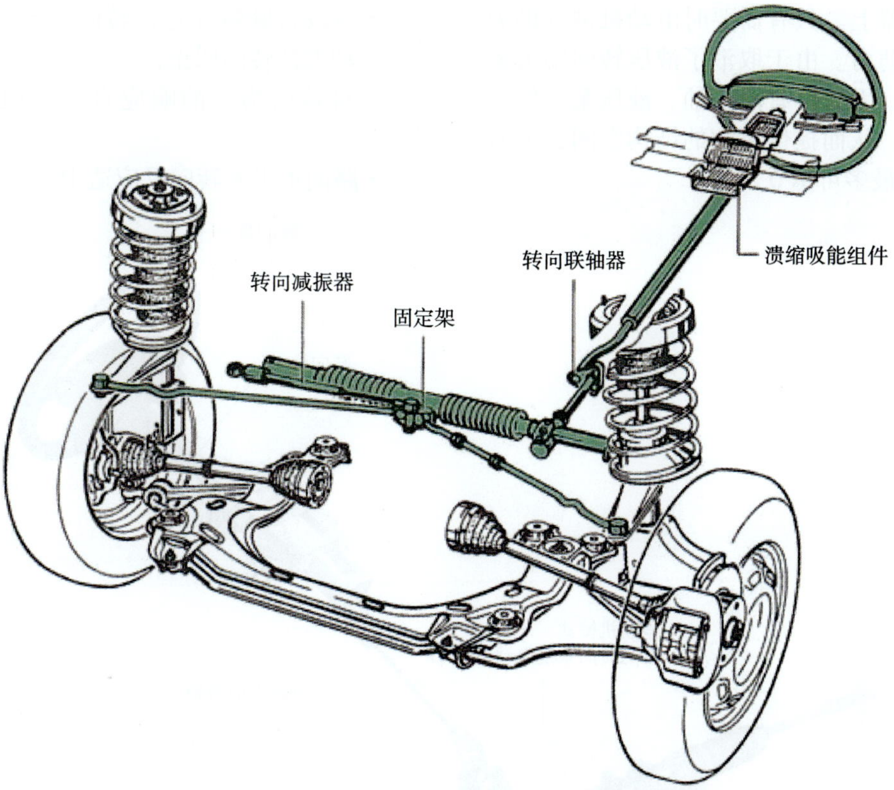

单件式转向横拉杆仅在刚性车桥中使用。其缺点是，某一车轮弹簧压缩时车桥和转向梯形随之摆动。采用独立悬架时转向车轮彼此独立运动，转向梯形臂之间的距离发生变化。因此使用两件或三件式转向横拉杆。机动车转向杆系内通常带有转向减振器，该减振器用于防止路面冲击和车轮振动传递到转向器和转向盘上。

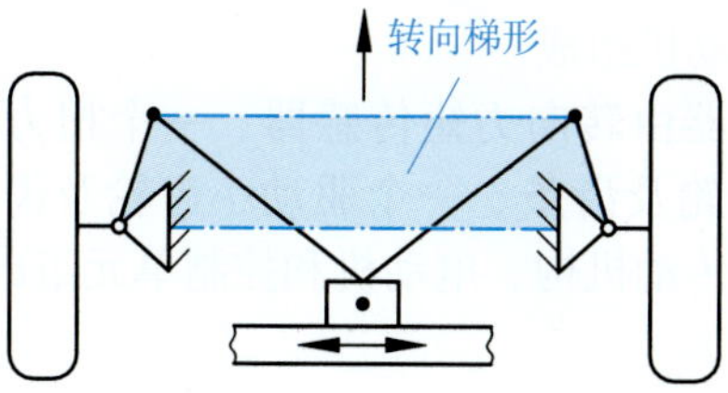

图示为带有两件式转向横拉杆和齿轮齿条转向器的机械转向系统。转向器由一个小齿轮和一个齿条组成。承受弹簧负荷的压块将小齿轮压向齿条，从而保证小齿轮与齿条之间无间隙啮合。轿车转向传动比 $i = 19$。转向横拉杆外侧通过球销与车轮侧的转向梯形臂连接，可以通过前束角调整螺纹件改变其长度。

转向盘转动通过小齿轮转换为齿条的直线运动。这种运动由一个固定架传递给转向横拉杆。转向横拉杆通过转向梯形臂使车轮运动。

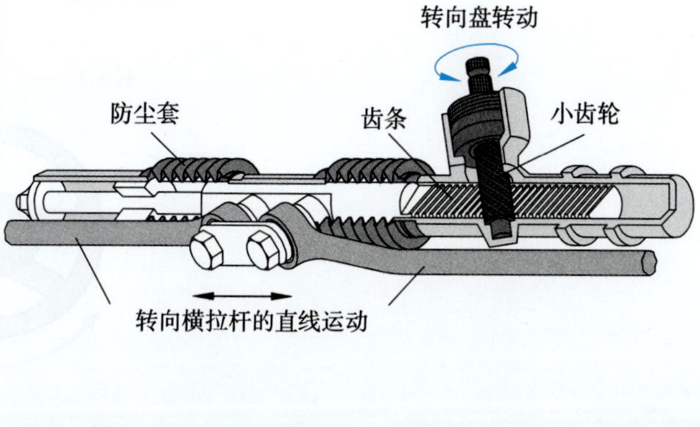

1.3.2 电动机械式助力转向系统

转向助力由电动机提供。提供转向助力的部件直接作用在转向器上。只有需要时电动机械式助力转向系统才提供助力。由于取消了液压转向助力系统中的液压系统，因此没有液压油、液压泵、储油罐和相应的软管。从而提供更大的结构空间，节省能源（每 100 km 最多可达 0.2 L）。

其他优点：

· 直线行驶特性好，转向系统回正时助力转向系统主动支持转向回正，

· 对转向指令的响应直接，但是响应相对缓慢，

· 路面不平时转向反应适中。

1.3.2.1 转向系统概览

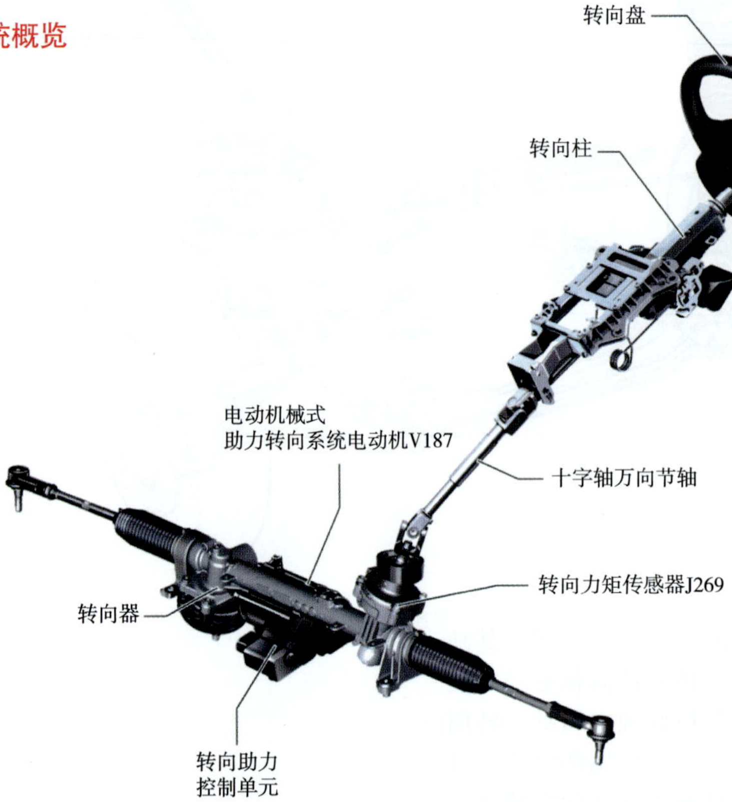

1.3.2.2 转向系统机械机构

电动机械式助力转向系统由转向器和带有控制单元的电动机组成。

转向器由转向力矩传感器、一个扭力杆、一个转向小齿轮及齿条、一个驱动小齿轮及齿条、一个蜗轮蜗杆传动机构、电动机和控制单元组成。

转向力

· 由驾驶员通过转向柱和转向小齿轮施加在齿条上，

· 由电动机通过蜗轮蜗杆传动机构和驱动小齿轮传递到齿条上。

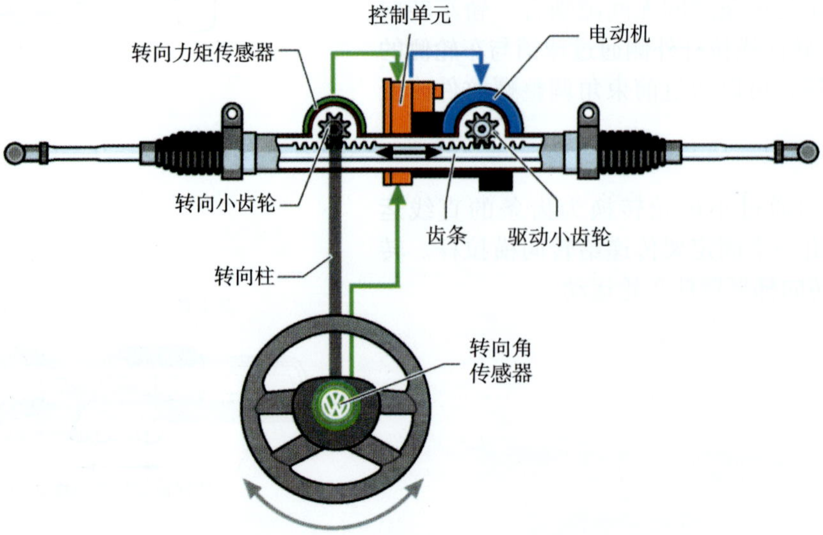

1.3.2.3 转向过程

转弯行驶

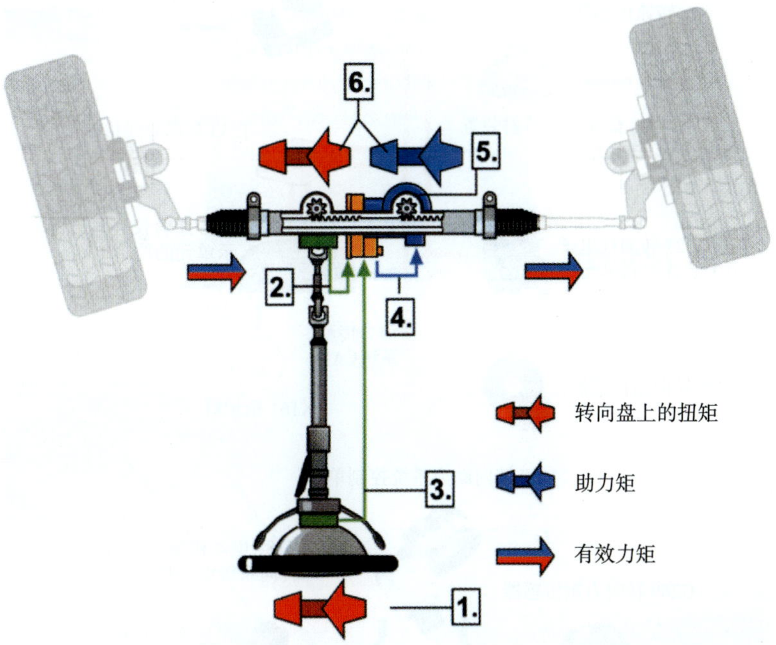

输入信息	信息处理	输出信息
驾驶员转动转向盘（1）。助力系统开始提供助力。施加在转向盘上的扭矩使转向柱与转向器之间的一个扭力杆扭转。转向力矩传感器（2）测量扭转角度。转向角传感器（3）确定当前转向角。转子转速传感器测量电动机转速并确定当前转向速度。	控制单元（4）根据以下参数 · 转向力矩， · 车速， · 发动机转速， · 转向角， · 转向速度， · 和所存储的特性曲线 得出所需要的助力力矩。然后控制电动机。	电动机通过蜗轮蜗杆传动机构和驱动小齿轮作用在齿条（5）上并借此传递转向助力。 施加在转向盘上的力矩与助力力矩之和（6）是转向器上齿条移动的有效力矩。

主动回正

由于转向系统内和车桥内有摩擦，因此造成通过车桥几何形状产生的转向车轮回正力不足以使车轮移动到直线行驶位置。在此使用主动回正。

输入信息	信息处理	输出信息
如果转弯行驶时驾驶员降低转向力矩，则扭力杆负荷减轻。转向力矩传感器发出转向力矩降低信息，转子转速传感器发出当前转向速度信息。系统根据这两条信息计算理论回正速度。	控制单元分析转向力矩、车速、发动机转速、转向角、转向速度和存储在控制单元内的特性曲线，然后计算回正所需的电动机转矩。	电动机由电动机控制单元控制。车轮回正到直线行驶位置。

1.3.2.4 电子系统

控制单元根据转向力矩、转向角、车速、发动机转速、转向速度和存储在控制单元内用于不同车速的特性曲线确定转向助力大小并控制电动机械式助力转向系统的电动机。

系统概览

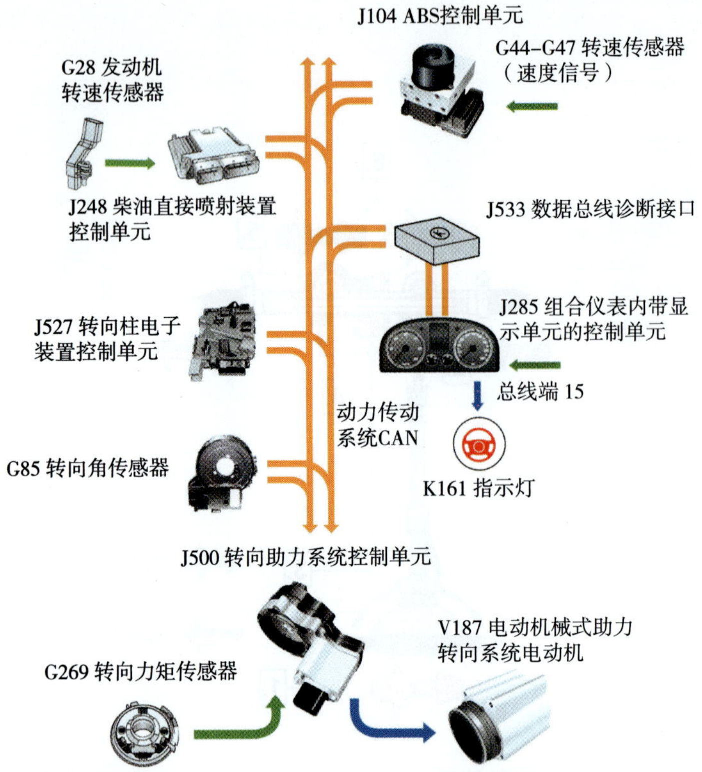

传感器，执行机构

转向角传感器

原理图

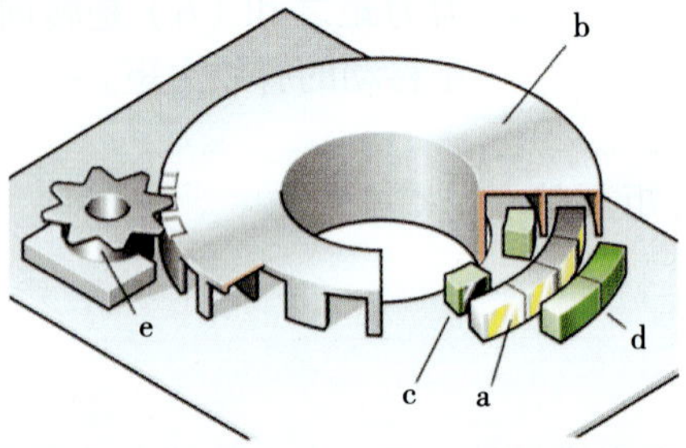

线路图

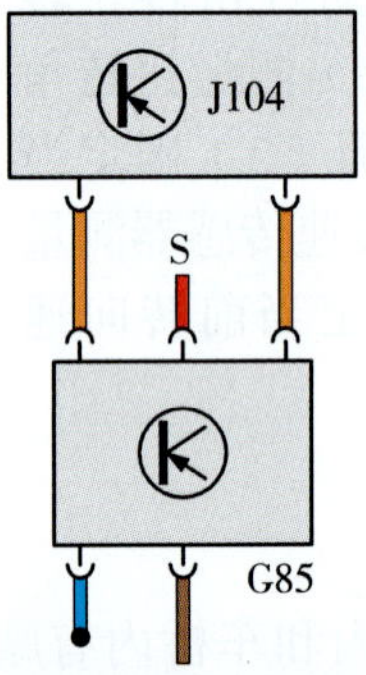

功能

转向角传感器测量转向盘转角（最大 720° = 转向盘转动 4 圈），并将测量值传输给控制单元。传感器按光栅原理工作。编码盘（b）有一个缝隙距离均匀的圆环和一个缝隙距离不均匀的圆环。光源（a）位于圆环之间。两个圆环分别由两个传感器（c，d）探测。计数机构（e）探测整数圈。间距均匀的圆环（基准环）提供均匀信号，间距不均匀的圆环（递增环）提供非均匀信号。系统可以根据两个信号的对比结果计算转向角。

转向角传感器失灵

失灵时启动应急运行程序。提供全部转向助力功能。该故障通过指示灯亮起表示。

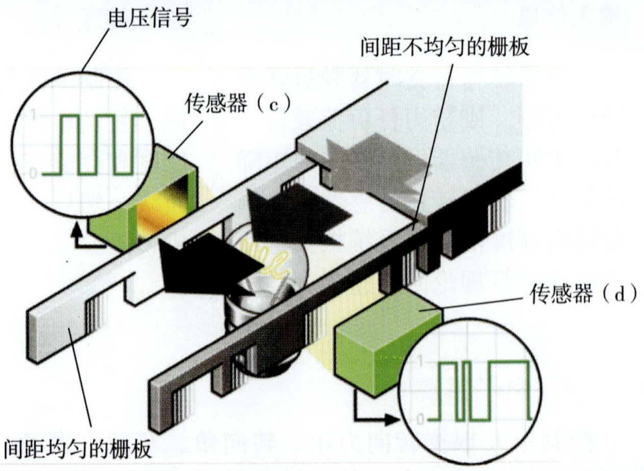

转向力矩传感器

原理图	线路图
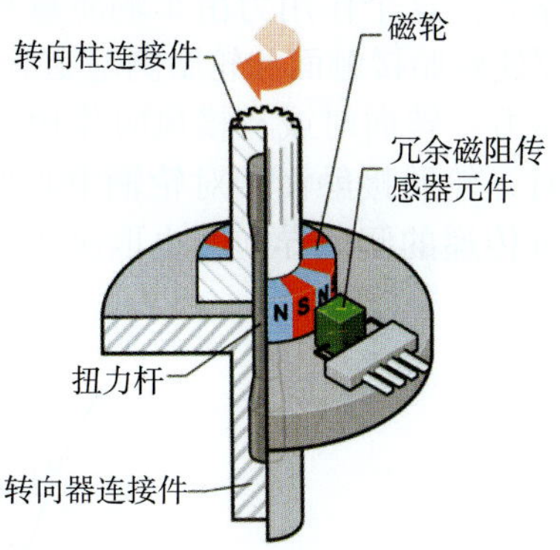	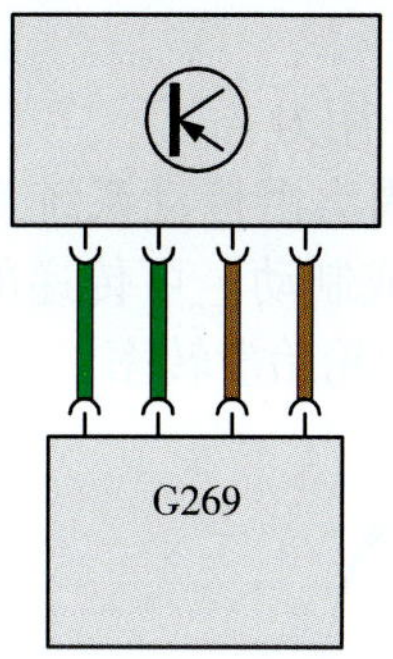

功能

转向柱和转向器通过一个扭力杆彼此连接。转向柱连接件上有一个磁极交错排列的磁轮。转向器连接件上带有一个传感器元件。操纵转向盘时，扭力杆根据有效转向力矩扭转并将力矩传递给转向器连接件。磁轮相对传感器元件的扭转角度代表当前转向力矩的大小。

传感器失灵：转向助力系统关闭。

传感器	原理	信号	信号失灵
转子转速传感器	电动机的组成部分	测量电动机转子转速	以非突然方式关闭转向助力系统，转向速度传感器的替代信号，转向助力缓慢下降 指示灯以红色亮起
发动机转速传感器	霍尔传感器	发动机转速和曲轴准确位置	转向系统以总线端15接通方式运行。指示灯不亮起
ABS 控制单元	–	车速	应急运行程序，转向助力保持不变，无 Servotronic 电子助力转向系统功能 指示灯以黄色亮起
执行机构	**原理**		**失灵**
电动机	无电刷异步电动机。该电动机无永磁磁场（永久磁铁）或带有电励磁装置。电动机根据供电电压频率与电动机旋转频率之间的差值转动。两个频率不相同，即频率不同步。		转向助力系统失灵，指示灯以红色亮起 可以在相对费力的情况下进行转向

1.4 轮胎和车轮

1.4.1 轮胎上的作用力

驾驶员所希望的运动或运动变化只能通过轮胎作用力实现。

轮胎上有以下作用力：

· 圆周力：圆周力由传动系统产生，借此驾驶员可以使车辆加速或制动。可传递的制动力或驱动力取决于摩擦因数和轮胎滑转率。

· 支撑力：这个作用力由车辆质量和装载质量决定。支撑使轮胎接触面和轮胎侧壁变形。

· 侧向力：转向时或有横风时作用在车轮上。侧向力大时，轮胎接触面相对轮辋中心平面侧移较大。在此可传递的侧面导向力也取决于摩擦因数和轮胎滑转率。

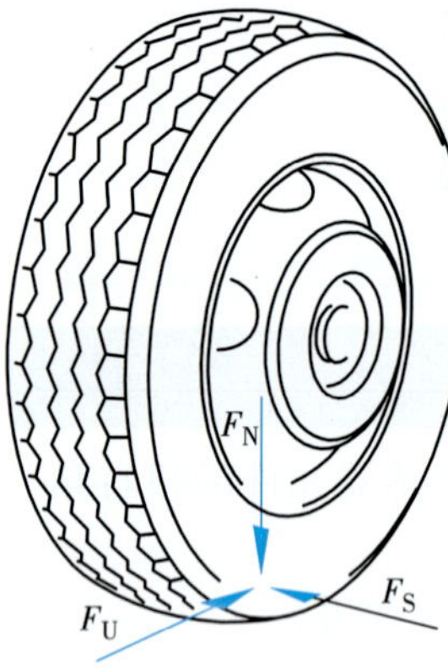

F_N—支撑力
F_U—圆周力（正：驱动力，负：制动力）
F_S—侧向力

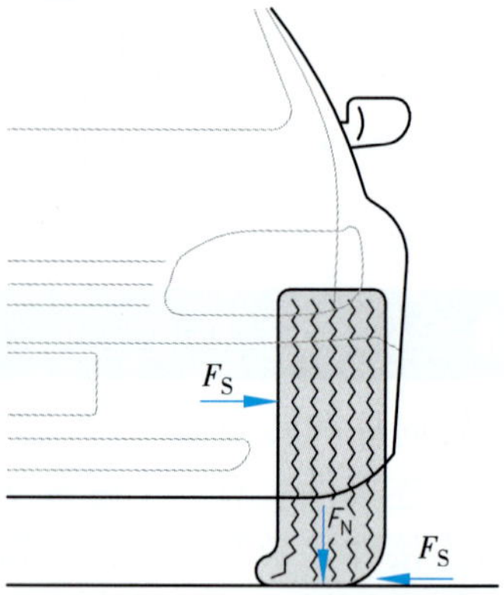

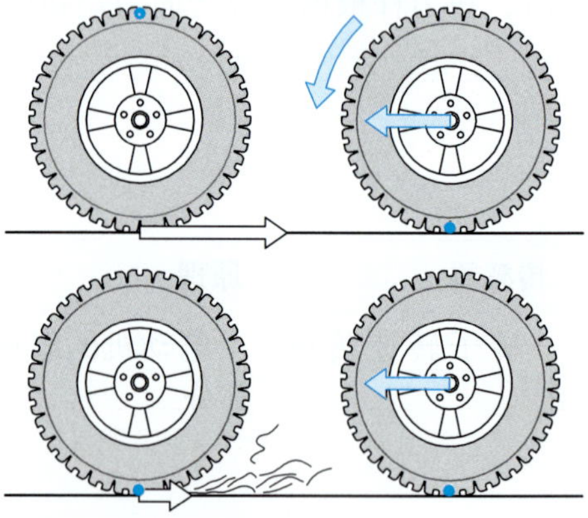

路面与轮胎之间可能出现两者摩擦状态（另请参见《汽车机电技术（一）》，学习领域 2， 2.2 章，表格“摩擦”）：

· 静摩擦

路面与轮胎接触面之间无相对运动，轮胎在路面上滚动。

· 滑动摩擦

路面与轮胎接触面之间相对运动，轮胎在路面上打滑。（滑动摩擦因数μ_G）

轮胎可传递到路面上的最大作用力F_U取决于附着摩擦因数μ_H和车轮支撑力F_N。作用力F_U计算如下：

$$F_U = F_N \mu_H$$

附着摩擦因数 μ_H 还取决于

· 路面：水泥、沥青，

· 路面状态：干燥、潮湿、下雪、结冰，

· 轮胎状态：花纹深度，

· 轮胎设计：夏季轮胎、冬季轮胎，

· 车速。

车速/（km/h）	轮胎状态	道路			
		干燥	潮湿	大雨水深2mm	结冰
		μ_H	μ_H	μ_H	μ_H
50	新	0.85	0.65	0.5	0.1
	磨损	1	0.5	0.25	及更低
90	新	0.8	0.6	0.05	
	磨损	0.95	0.2	0.0	
100	新	0.75	0.55	0	
	磨损	0.9	0. 2	0	

进行制动时附着摩擦因数μ_H称为制动力系数μ_B。

1.4.2 侧偏角

转弯行驶时轮胎不直线滚动，而是向侧面挤压。因此轮胎产生一个使车辆保持轨迹稳定的侧面导向力F_S。

轮胎纵向轴线与实际运动方向之间的夹角称为侧偏角。

转弯行驶时作用在四个车轮上的侧向力与指向外侧的离心力抵消。

侧偏角出现在前后车轮上，决定了车辆的过度转向或不足转向。

- 不足转向

后部侧偏角<前部侧偏角

- 过度转向

后部侧偏角>前部侧偏角

- 中性行驶特性

后部侧偏角=前部侧偏角

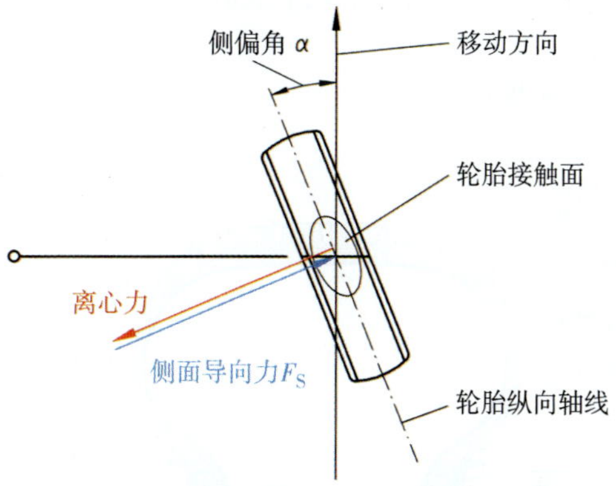

不足转向

如果前轮驱动车辆入弯速度过快，则会造成前车轮与路面不接触。车辆向外侧移。适用情况：

后部侧偏角小于前部侧偏角

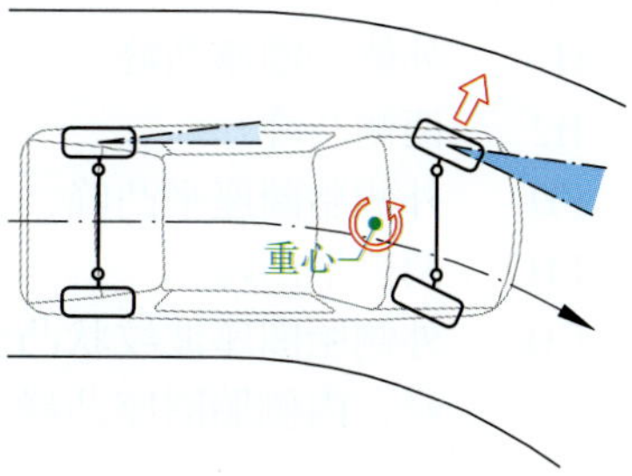

过度转向

如果后轮驱动车辆入弯速度过快，则会造成后车轮与路面不接触。车辆向外甩尾。适用情况：

后部侧偏角大于前部侧偏角

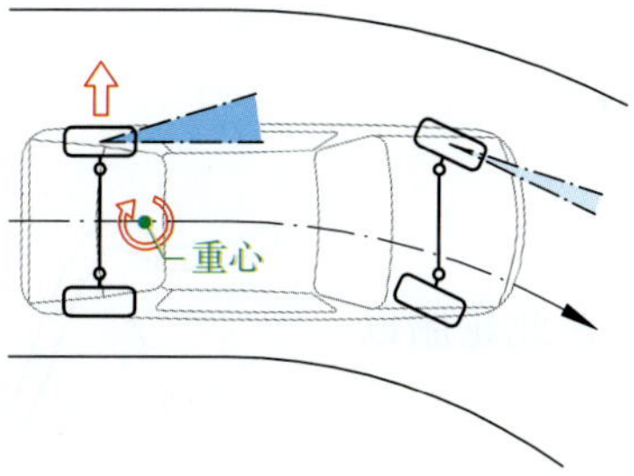

中性行驶特性

如果四轮驱动车辆入弯速度过快，则会造成车辆所有车轮向外侧移。适用情况：

后部侧偏角等于前部侧偏角

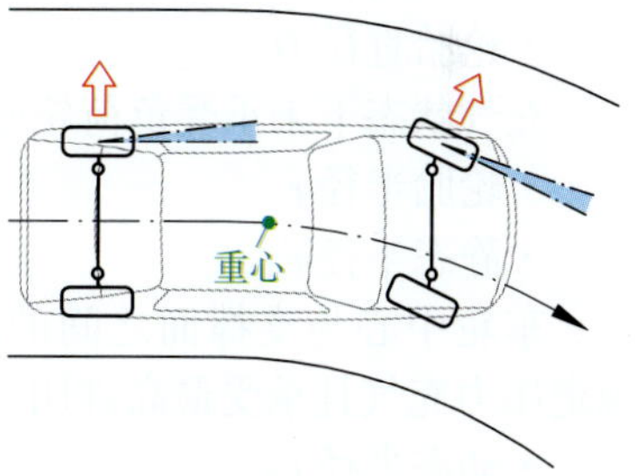

1.4.3 滑水现象

在积水路面上行驶时，轮胎与路面之间可能形成水楔使车辆浮起。

以这种形式“浮起”的车辆完全无法操控，因此非常危险。

轮胎与路面之间附着力中断，因此车辆无法转向、制动和驱动。

胎面花纹较好时可降低滑水危险。因此法律规定最小花纹深度为 1.6 mm。但是建议夏季轮胎剩余花纹深度为 2 mm，冬季轮胎剩余花纹深度为 3 mm 时更换轮胎。

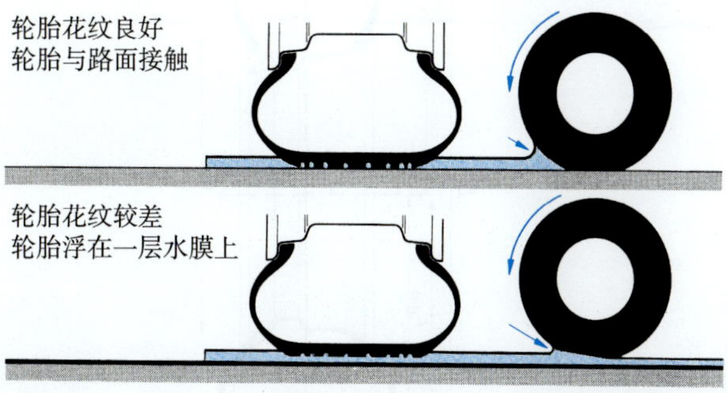

1.4.4 结构和尺寸

轮胎

无内胎轮胎组成

- 胎体，由两层人造纤维组成的底部织物结构，
- 由多层织物和橡胶缓冲层组成的带轮胎胎面的中间结构（保护），
- 由多个钢丝或芳香尼龙纤维交叉层组成的带束，嵌入橡胶内。
- 橡胶胎侧，
- 由钢丝或芳香尼龙纤维嵌入件组成的胎圈及胎圈芯，
- 气密橡胶层。

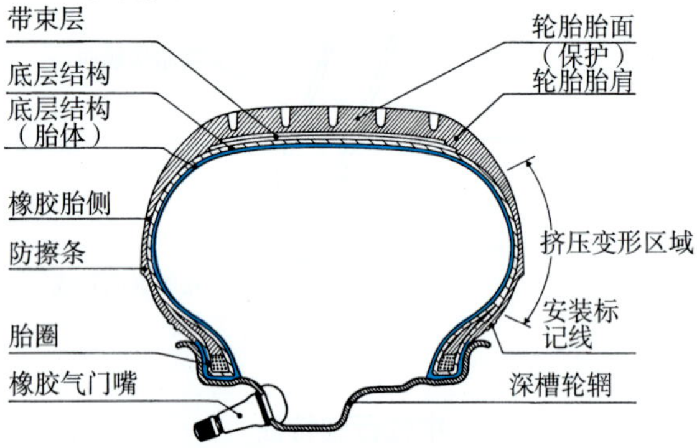

轮胎主要尺寸如下：

- 轮胎宽度 B，

充气状态下未承受负荷的轮胎

- 轮胎高度 H

轮胎胎面与胎圈座之间的距离

- 轮胎内径 $d \approx$ 轮辋直径
- 轮胎直径 D

充气状态下未承受负荷轮胎的外径

- 轮胎半径 r
- 静态半径 r_{stat}

车轮中心与支撑面之间的距离。在此轮胎以规定压力充气且承受最高许用负荷。

- 动态半径 r_{dyn}

车速为60km/h、承受最高许用负荷且压力符合规定时车轮中心与支撑面之间的距离。

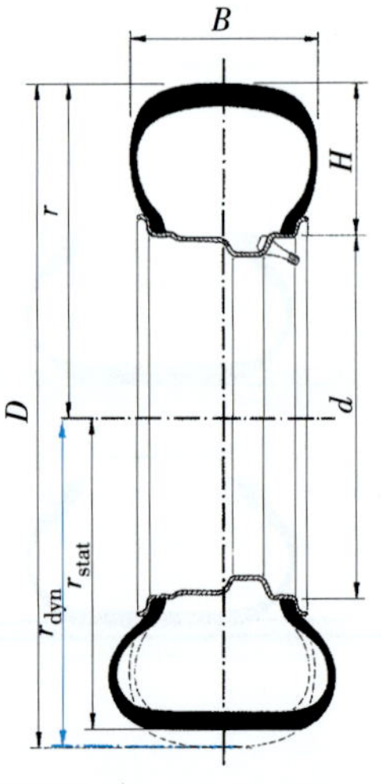

车轮

车轮由轮辐和轮辋组成。轮辋以固定方式与轮辐或带辐条的轮毂连接。轮辐内的孔或开槽可减轻质量并用于将冷空气输送至制动器。为尽可能降低非簧载质量，车轮采用铝合金制造并以空心轮形式浇铸而成。在此轮辐设计为空心体结构，轮辋底采用摩擦焊方式接合在一起。

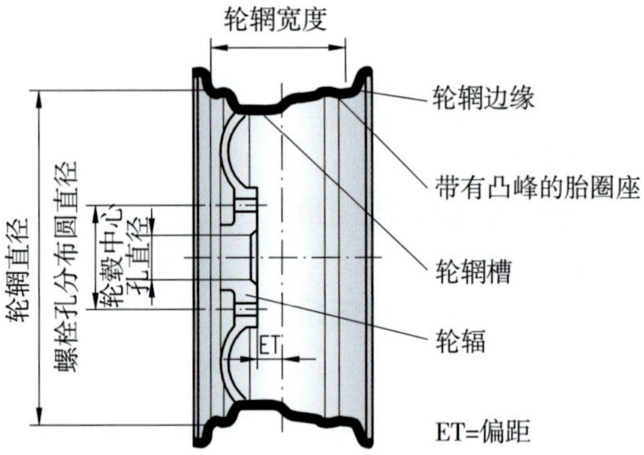

无内胎子午线轮胎与整体式深槽轮辋配合使用，轮辋与轮辐或带辐条的轮毂固定连接或者作为一个部件浇铸或锻造而成。深槽轮辋有一个或两个环形驼峰状凸起，也称为凸峰，凸峰可防止转弯行驶时某个胎圈在侧向力的作用下脱离胎圈座。

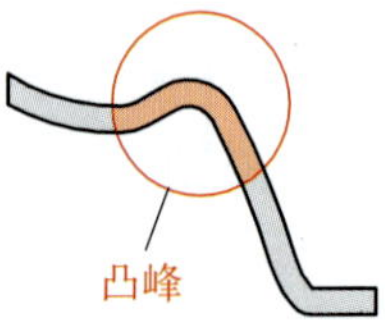

名称：

H	外侧胎圈座凸峰
H2	两侧凸峰
FH	外侧胎圈座平凸峰
FH2	两侧平凸峰
CH	外侧胎圈座波纹状凸峰，内侧胎圈座凸峰

深槽轮辋采用对称或非对称结构。

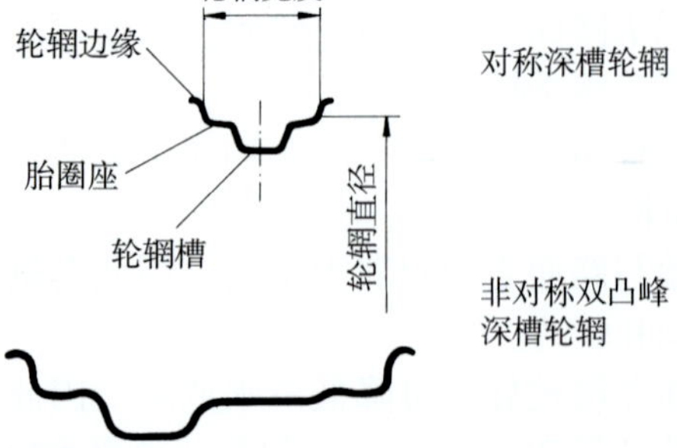

轮辋主要尺寸如下：

- 轮辋直径 D（英寸）
- 轮辋宽度（英寸）
- 偏距 ET

轮胎名称

轮胎名称按ECE（欧洲经济委员会）准则划分：

举例：195/65 R 15 91 T

轮胎标志		运行能力标志	
195/65 R 15		91 T	
195	轮胎宽度（mm）		
/65	高宽比（%）	91	承载能力等级 615kg
R	轮胎结构类型：子午线轮胎	T	速度等级 190 km/h
15	轮辋直径（英寸）		

承载能力和速度代码的含义：

承载能力等级 – 负荷指数 LI （摘要）

承载能力指数 LI	轮胎最高承载能力/kg	承载能力指数 LI	轮胎最高承载能力/kg
80	450	86	530
81	462	87	545
82	475	88	560
83	487	89	580
84	500	90	600
85	515	91	615

速度等级（速度指数 SI）（摘要）

SI	km/h	SI	km/h
Q	160	H	210
R	170	V	240
S	180	W	270
T	190	ZR	约240

其他信息请参见《汽车机电技术（一）》，学习领域 1。

断面形状

轮胎的一个重要参数是断面高宽比。轮胎越宽，轮胎与路面之间的接触面积越大。较大接触面积带来的好处是，轮胎以啮合形式与路面接触，因此转弯行驶和制动时轮胎附着能力提高。

现代轮胎的高宽比较低，以便车辆具有较好的转弯稳定性并增大轮胎与路面的接触面积。

高宽比小于等于 70 % 的轮胎称为宽轮胎。对高宽比为 70的轮胎来说，轮胎断面高度等于其宽度的 70 %。

宽轮胎

轮辋名称

轮辋名称按 DIN 7817 标准给出。

举例：6.5 J x 15 H ET 50

具体含义：

6.5	轮辋宽度（英寸）
J	轮缘形状，按DIN标准
x	整体式深槽轮辋
15	轮辋直径（英寸）
H	外侧胎圈座凸峰
ET50	偏距50mm

偏距

偏距是指轮辋中心至内侧接触面的尺寸。通过减小偏距可增大轮距，通过增大偏距可减小偏转力臂并借此减小对转向系统的影响。

不同偏距会影响前束、主销偏移距和偏转力臂（= 车轮支撑平面中心至主销内倾轴线的距离）。适用情况：偏转力臂越小，对转向系统的影响也越小。

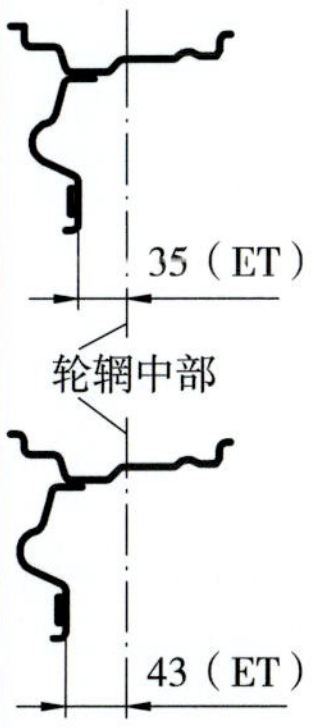

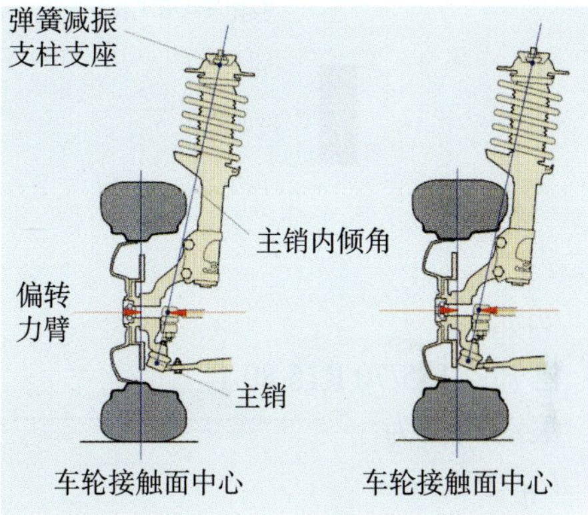

轮体和轮毂通过车轮螺栓或车轮螺母彼此连接。轮体通过车轮螺母或车轮螺栓的球形或锥形定心面定心。

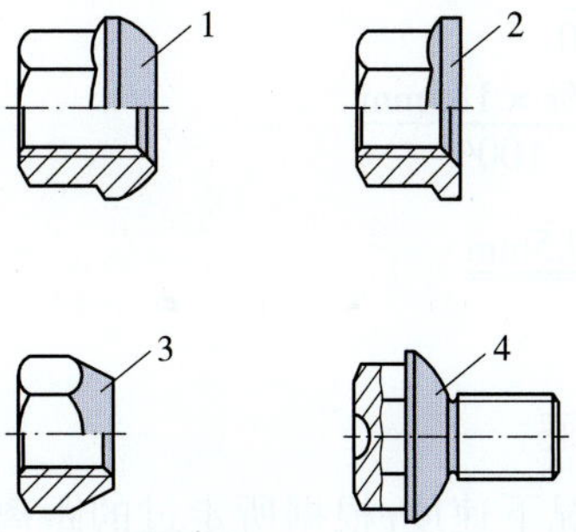

1—球形带肩螺母
2—平面带肩螺母
3—球形螺母
4—球形带肩螺栓

1.4.5 轮胎计算

1.4.5.1 高宽比

高宽比是轮胎高度与轮胎宽度之比。

$$Q = \frac{H}{B} \times 100$$

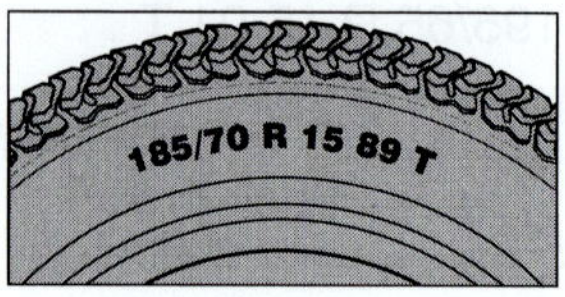

1.4.5.2 轮胎外径

轮胎外径D等于轮辋直径d加上两个轮胎高度H。

$$D = d + 2H$$

只有轮胎未承受负荷时（例如车辆位于举升机上时），这个直径才存在。

参数	公式符号	单位
高宽比	Q	%
轮胎高度	H	mm
轮胎宽度	B	mm
轮胎外径	D	mm
轮辋直径	d	英寸

1.4.5.3 动态半径

动态半径可查阅表格或根据滚动周长U_R（≈60 km/h时车轮转动一圈所走过的距离）计算得出。

$$U_R = 2\pi r_{dyn}$$

$$r_{dyn} = \frac{U_R}{2\pi}$$

参数	公式符号	单位
动态半径	r_{dyn}	mm
车轮滚动周长	U_R	mm

例如：

已知：185/70 R15 89 T
滚动周长为
U_R=1955mm

求：a) 轮胎高度H
b) 轮胎外径D
c) 动态半径r_{dyn}

解：

a）

$$Q = \frac{H}{B} \times 100$$

$$H = \frac{QB}{100}$$

$$H = \frac{70\% \times 185\text{mm}}{100\%}$$

$$H = \underline{\underline{129.5\text{mm}}}$$

b）

$$D = d + 2H$$

$$H = 15'' \times 25.4\frac{\text{mm}}{''} + 2 \times 129.5\text{mm}$$

$$D = 381\text{mm} + 259\text{mm}$$

$$H = \underline{\underline{640\text{mm}}}$$

c）

$$r_{dyn} = \frac{U_R}{2\pi} \times 100$$

$$r_{dyn} = \frac{1955\text{mm}}{2\pi}$$

$$r_{dyn} = \underline{\underline{311\text{mm}}}$$

1.4.5.4 车速

通常情况下速度v根据所走过的距离s和为此所需的时间t计算得出。

$$速度 = \frac{距离}{时间}$$

$$v = \frac{s}{t}$$

参数	公式符号	单位
速度	v	km/h，m/s
距离	s	km，m
时间	t	h，s

对于车速来说，所走过的距离由轮胎滚动周长$U_R=2r_{dyn}\pi$和车轮转动圈数x得出。即

$$s=2r_{dyn}\pi x$$

车轮转动圈数x除以所需时间，即可得到车轮转速n_R。

由此得到：

$$v_F=\frac{2r_{dyn}\pi x}{t}$$

$$v_F=2r_{dyn}\pi n_R$$

车速通常以 km/h 表示。因此公式中必须考虑相应的换算系数。

$$v_F=\frac{2r_{dyn}\pi n_R\times 3.6}{1000\times 60}$$

转速表不表示车轮转速，而是表示曲轴转速n_M。因此还要考虑总换算系数

$$i_{ges}=\frac{n_M}{n_R}$$

或者

$$i_{ges}=i_W i_A$$

因此可计算出车速

$$v_F=\frac{2r_{dyn}\pi n_M\times 3.6}{1000\times 60\times i_{ges}}$$

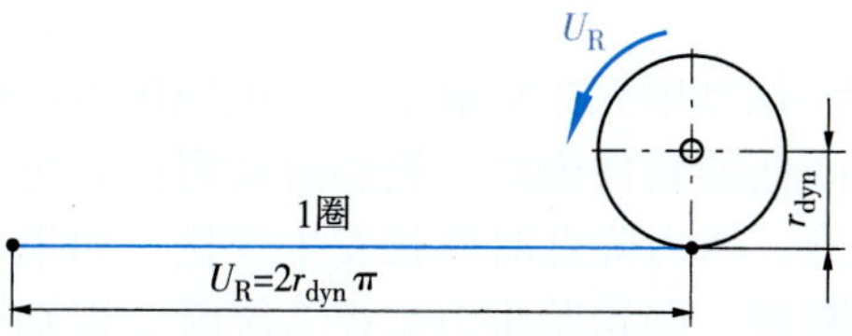

参数	公式符号	单位
车速	v_F	km/h
动态半径	r_{dyn}	mm
车轮转速	n_R	r/min
曲轴转速	n_M	r/min
换算系数	1000	mm/m
换算系数	60	s/min
换算系数	3.6	km · s/(h · m)
总传动比	i_{ges}	–
传动比主减速器	i_A	–
传动比		
变速器	i_W	–

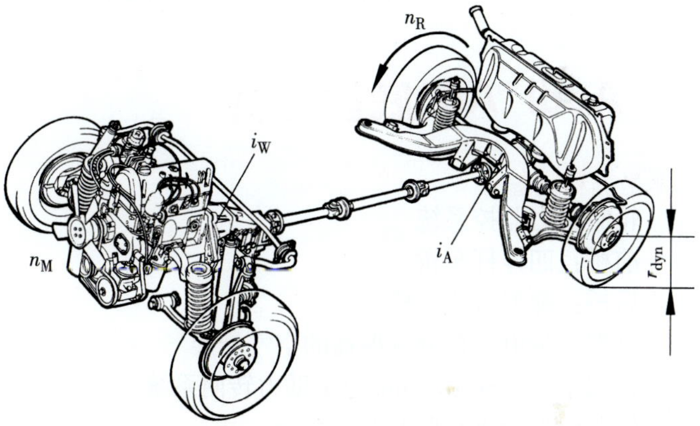

例如：

一辆轿车以5挡在高速公路上行驶。

已知：

- 轮胎动态半径r_{dyn}=311 mm，
- 变速器5档时的传动比i_{W5}= 0.89:1，
- 主减速器传动比i_A=3.79:1。

驾驶员从转速表上读取转速值5500r/min。

请计算车速。

已知：r_{dyn}=311mm

i_{W5}=0.89:1

i_A= 3.79:1

n_W=5500r/min

求：

v_F（km/h）

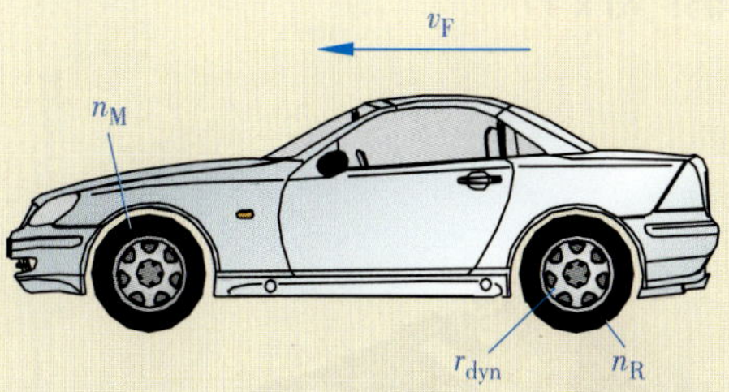

解：

$$v_F=\frac{2r_{dyn}\pi n_M\times 3.6}{100\times 60\times i}$$

$$v_F=\frac{2r_{dyn}\pi n_M\times 3.6}{1000\times 60\times i_{W5}i_A}$$

$$v_F=\frac{2\times 311\times \pi \times 5500\times 3.6\text{km}}{1000\times 60\times 0.89\times 3.79\text{h}}$$

$$v_F=\underline{\underline{191(\text{km/h})}}$$

1.4.6 轮胎压力监控

ABS控制单元内集成了一个识别压力缓慢降低至快速降低的软件模块。轮胎滚动周长取决于轮胎充气压力。压力降低时周长发生变化。如果压力低于某一数值，则轮胎压力监控系统就会识别到压力降低并通过组合仪表内的轮胎压力监控指示灯持续亮起以及打开点火开关时发出一个蜂鸣音来提醒驾驶员。

系统概览

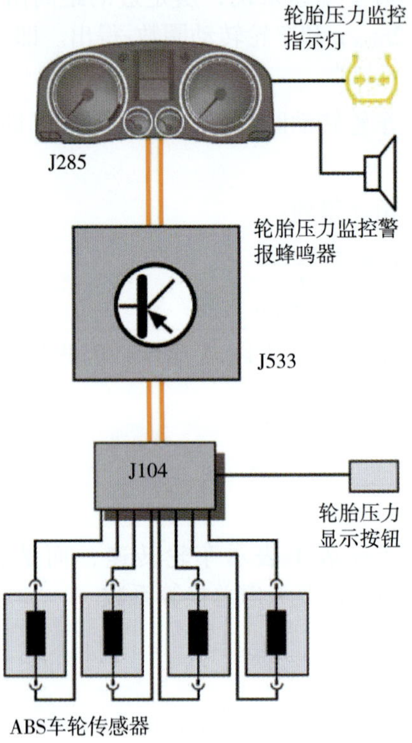

图例
J104 带EDS的ABS控制单元
J285 组合仪表内的控制单元
J533 数据总线诊断接口

2 Audi A8 底盘分析

技术数据和装备

轮胎压力监控系统
前桥：四连杆车桥
后桥：梯形臂式后桥
悬架：带电子控制减振器的空气悬架
转向系统：Servotronic 电子助力转向系统
轮胎：带防爆轮胎的车轮系统：
235/55 R17 99Y
轮辋：8J x 17

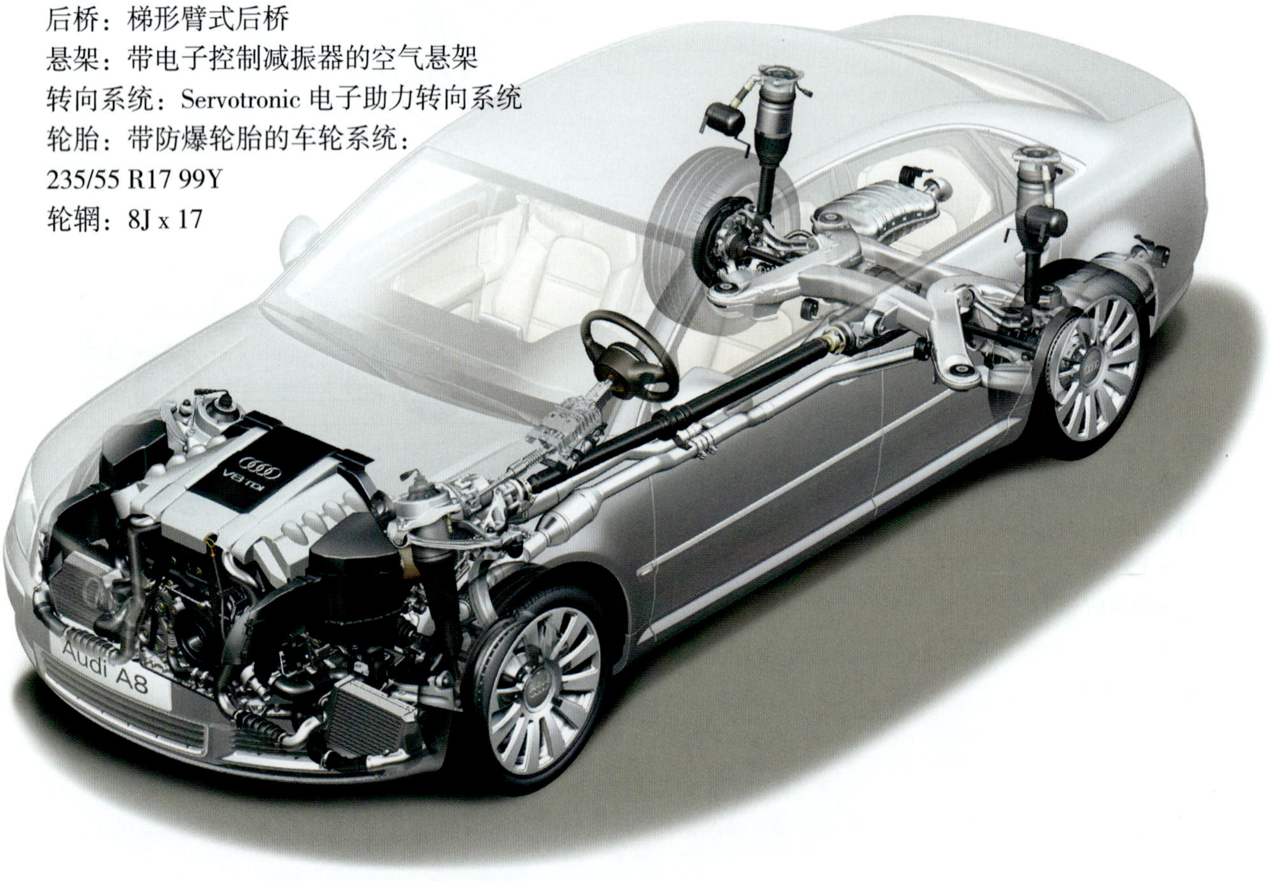

下面将分析底盘、转向系统和轮胎。

2.1 四连杆前桥/梯形臂式后桥

2.1.1 四连杆前桥

车辆带有四连杆前桥和梯形臂式后桥。悬架采用全支撑型空气悬架，就是说只安装了空气弹簧作为支撑在所有车轮上的弹性元件。空气悬架带有电子控制减振器。

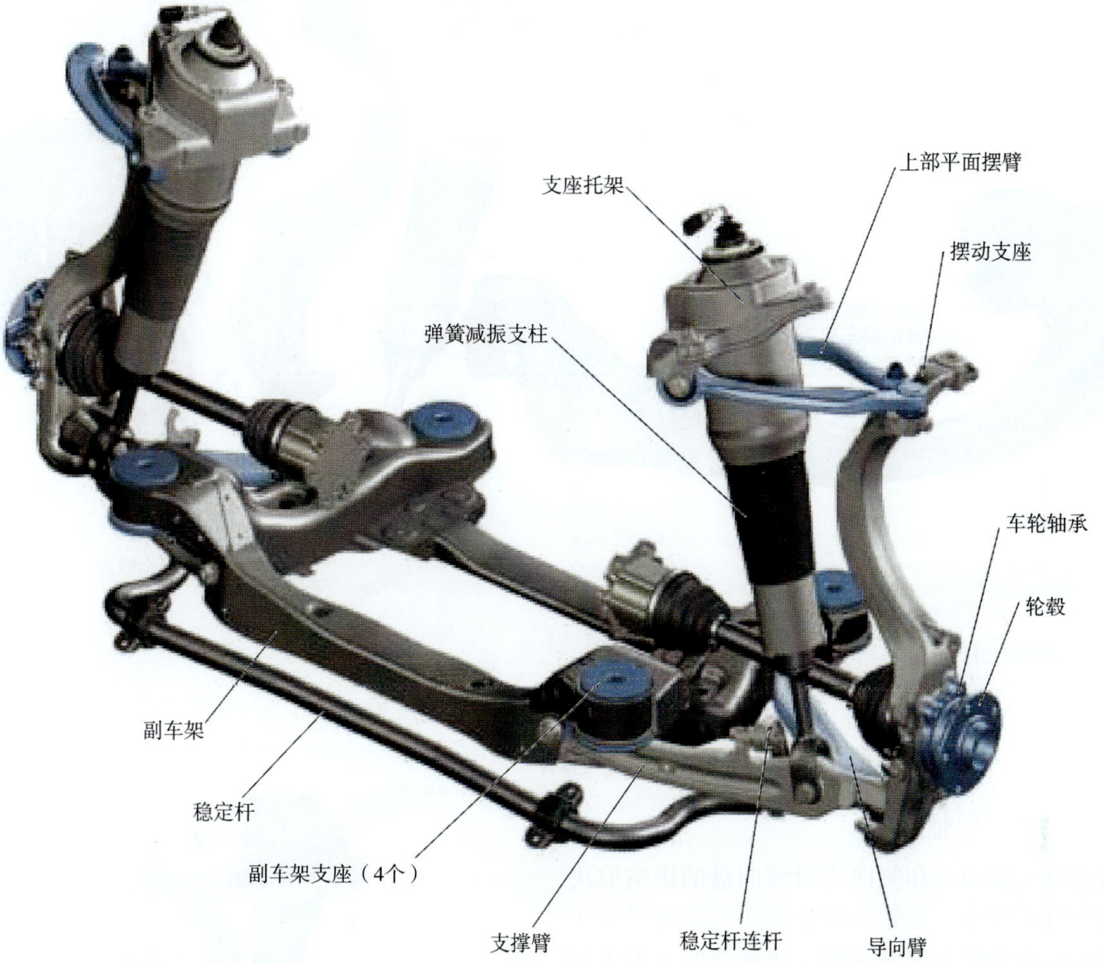

2.1.1.1 四连杆前桥系统组件

· 车桥托架/副车架

车桥托架/副车架是由高级钢板焊接而成的壳体结构。副车架通过四个较大的橡胶支座连接在车身和发动机支架上。橡胶支座可部分隔离发动机和车桥的振动。

· 摆臂

两个上摆臂一端与摆动支座连接，另一端与支座托架连接。两个下摆臂（支撑臂和导向臂）支撑在桥体（副车架）内和摆动支座内。导向臂导向在液压支座内实现，因此可减轻振动，从而降低噪声并提高行驶舒适性。

· 支座托架，弹簧减振支柱

支座托架通过螺栓与车身联接，用于固定上部横摆臂和弹簧减振支柱。

弹簧减振支柱由空气弹簧与电子减振控制系统组合而成。

· 摆动支座，车轮支撑

摆动支座上安装有导向臂、支撑臂和车轮轴承。车轮轴承通过螺栓与摆动支座联接。

· 稳定杆

管状稳定杆通过连杆与两个支撑臂连接。其支座以硫化方式附着在稳定杆上。

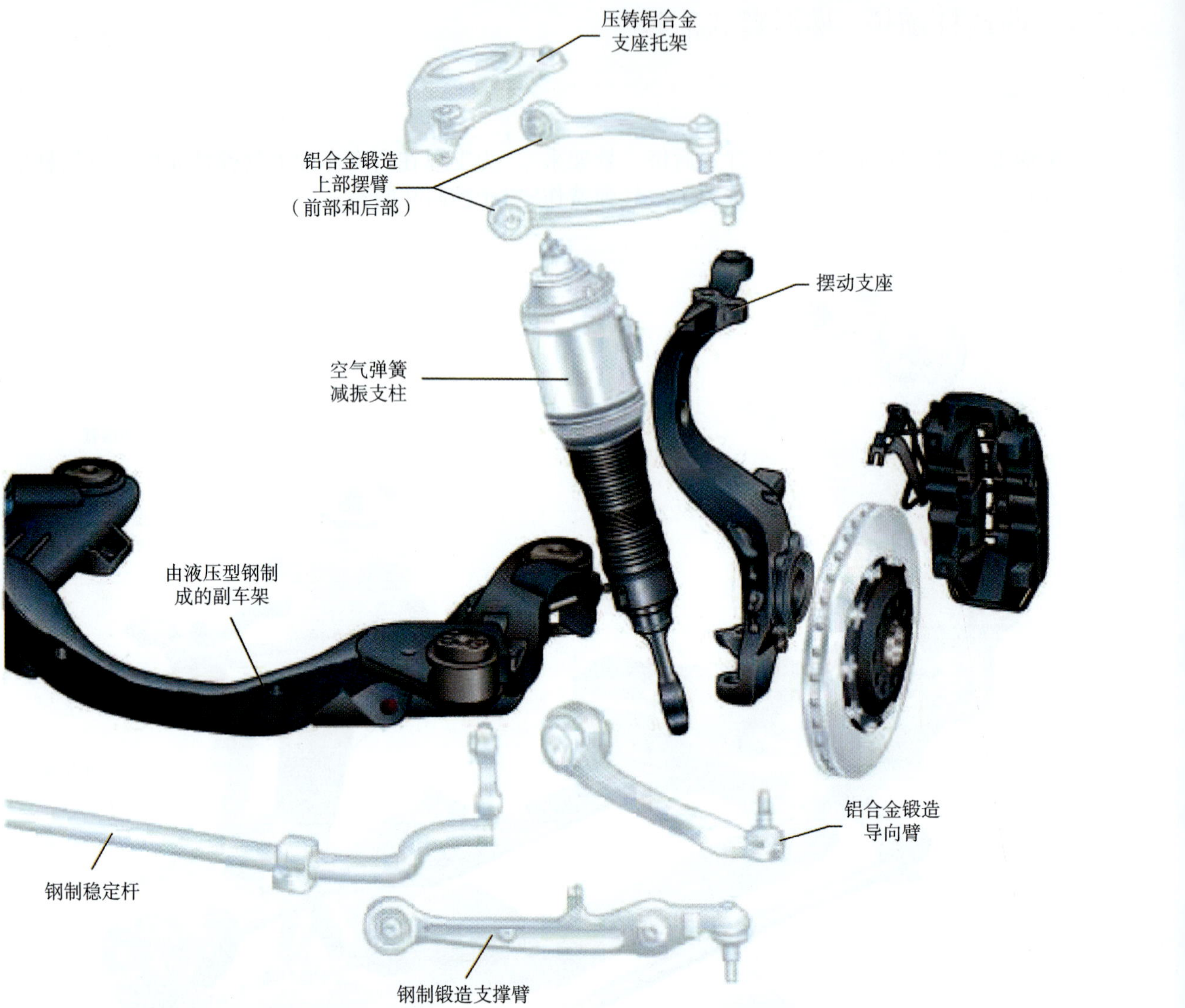

2.1.1.2 虚拟转向轴线

驱动力、制动力和侧向力对转向盘的影响取决于偏转力臂的大小。偏转力臂是指车轮支撑平面中心与弹簧减振支柱支座和主销（主销内倾）的虚拟连接线之间的距离。偏转力臂越小，驱动力对转向系统的影响也越小。

这一点可以通过四连杆前桥实现。在这种前桥中转向轴线位置进一步向外移。转向轴线通过与四个连杆方向的交点来确定：

- 上摆臂延长线与上摆臂平面形成一个交点。
- 下摆臂延长线与下摆臂平面形成一个交点。

交点连线形成一个转向时车轮围绕其转动的虚拟转向轴线。由于转向轴线位置移到车轮中心附近，因此偏转力臂较小。因此在转向盘上几乎感觉不到驱动力、制动力和侧面导向力的干扰影响。另一个优点是，由于转向时车轮所需空间减小，因此可得到较大的车内空间。

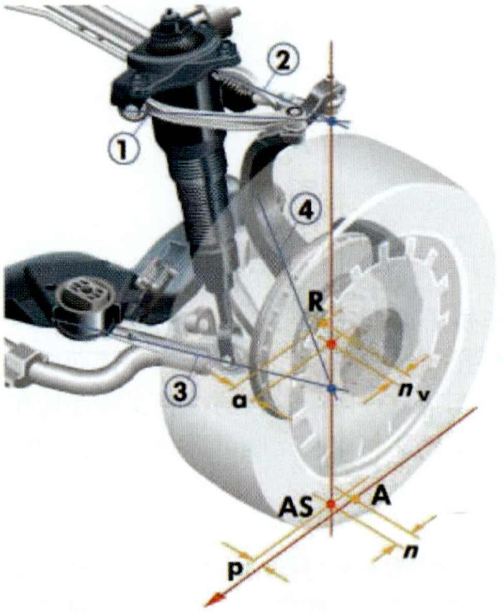

1~4—连杆方向
R—车轮中心
A—车轮支撑点
n—主销后倾拖距
n_v—主销后倾偏移距
p—主销偏移距
a—偏转力臂

点AS= 转向轴线与路面的交点

2.1.2 梯形臂式后桥

梯形臂式后桥系统组件

· 副车架

铝合金副车架通过四个液压支座固定在车身上。

· 摆臂

梯形臂是车轮托架与副车架之间的连接元件。梯形臂通过一个用于改善负荷变化（例如制动和转弯行驶时）时自转向特性的非对称分体式支座支撑在副车架上。

横摆臂连接在车轮托架与副车架之间。车身通过弹簧减振支柱支撑在横摆臂上。橡胶金属支座带有轴向开槽，因此可以在轴向变形较小的情况下承受较大的作用力。但是也能在阻力不大的情况下承受摆臂的扭转。

· 车轮托架/车轮轴承/轮毂

车轮轴承通过螺栓与车轮轴承托架联接。

· 稳定杆

稳定杆支撑在副车架上，同时通过稳定杆连杆固定在梯形臂上。

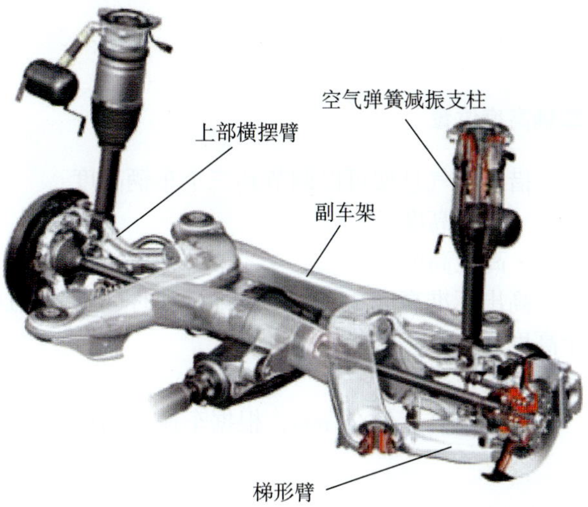

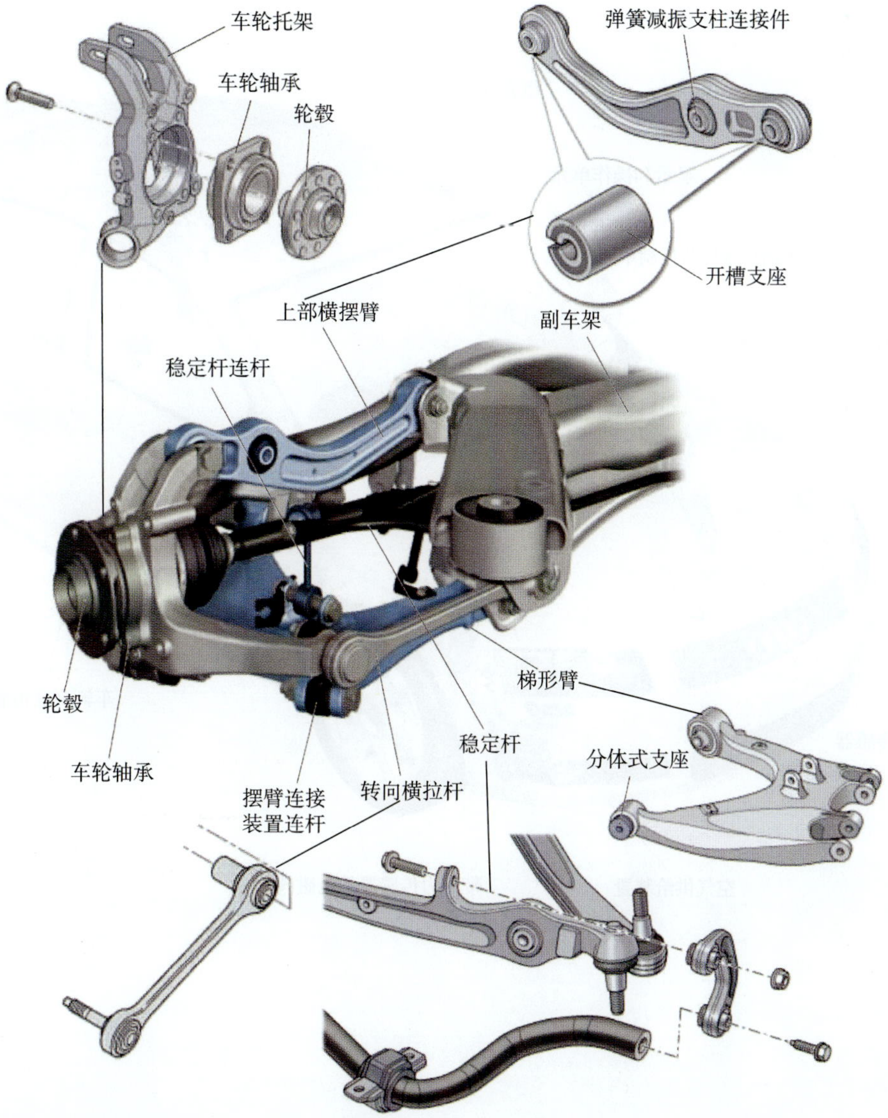

2.2 带电子控制减振器的空气悬架

带电子控制减振器的全支撑型空气悬架实现不同的车辆高度位置和减振器调节。

车辆高度位置	减振器调节
借助空气悬架可以调节到三个车辆高度： ·标准高度 ·高位高度 高出标准高度 25 mm，坏路行驶时可调节到这个高度。 ·低位高度 比标准高度低 20 mm，根据车速自动调节。	连续减振控制以带有电子可调特性曲线的减振器为基础。 减振器可按以下方式来调节 ·以舒适性调校为主导的减振器特性曲线族，或者 ·以运动性调校为主导的减振器特性曲线族

2.2.1 系统组件

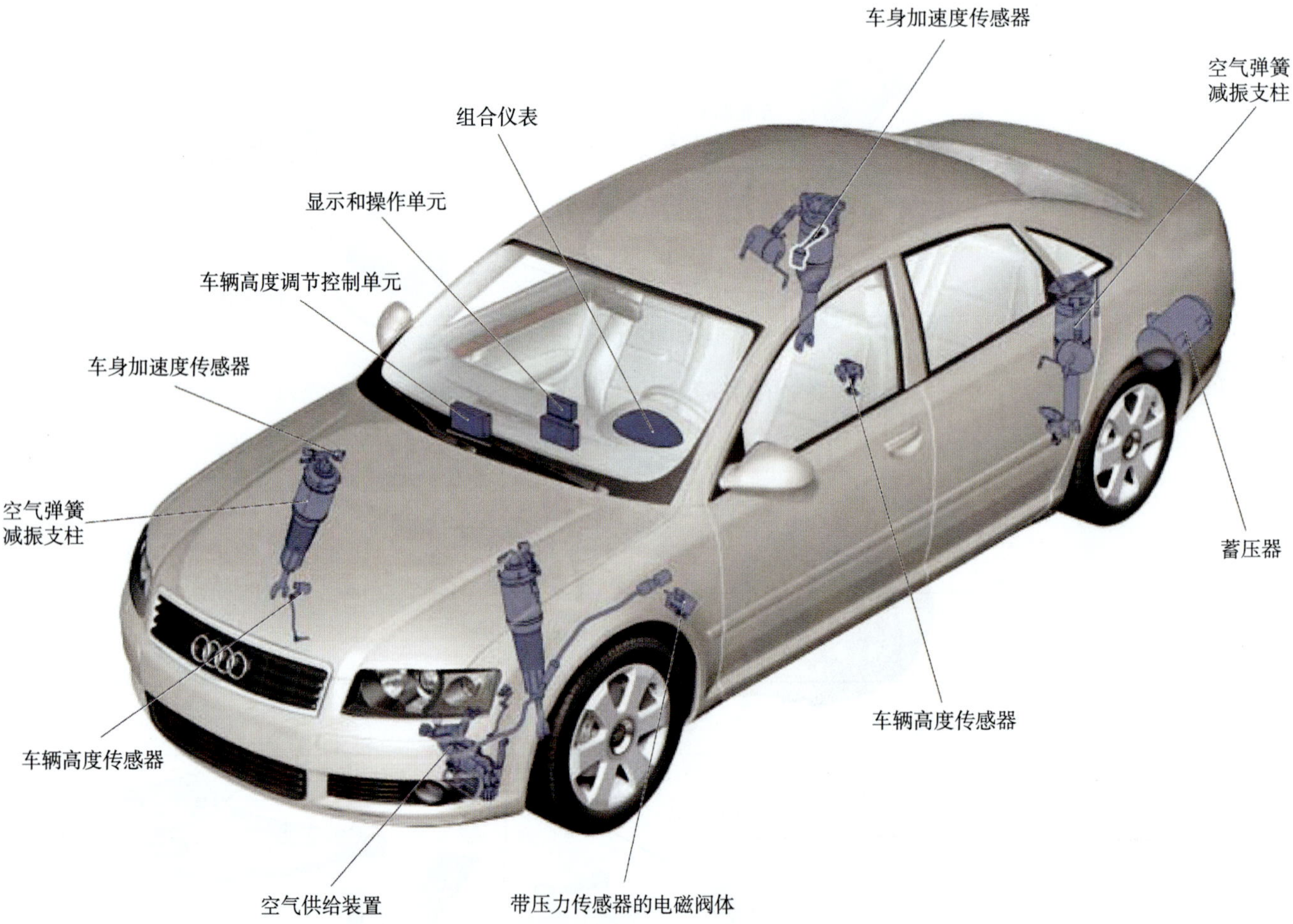

2.2.2 非联网部件的系统概览

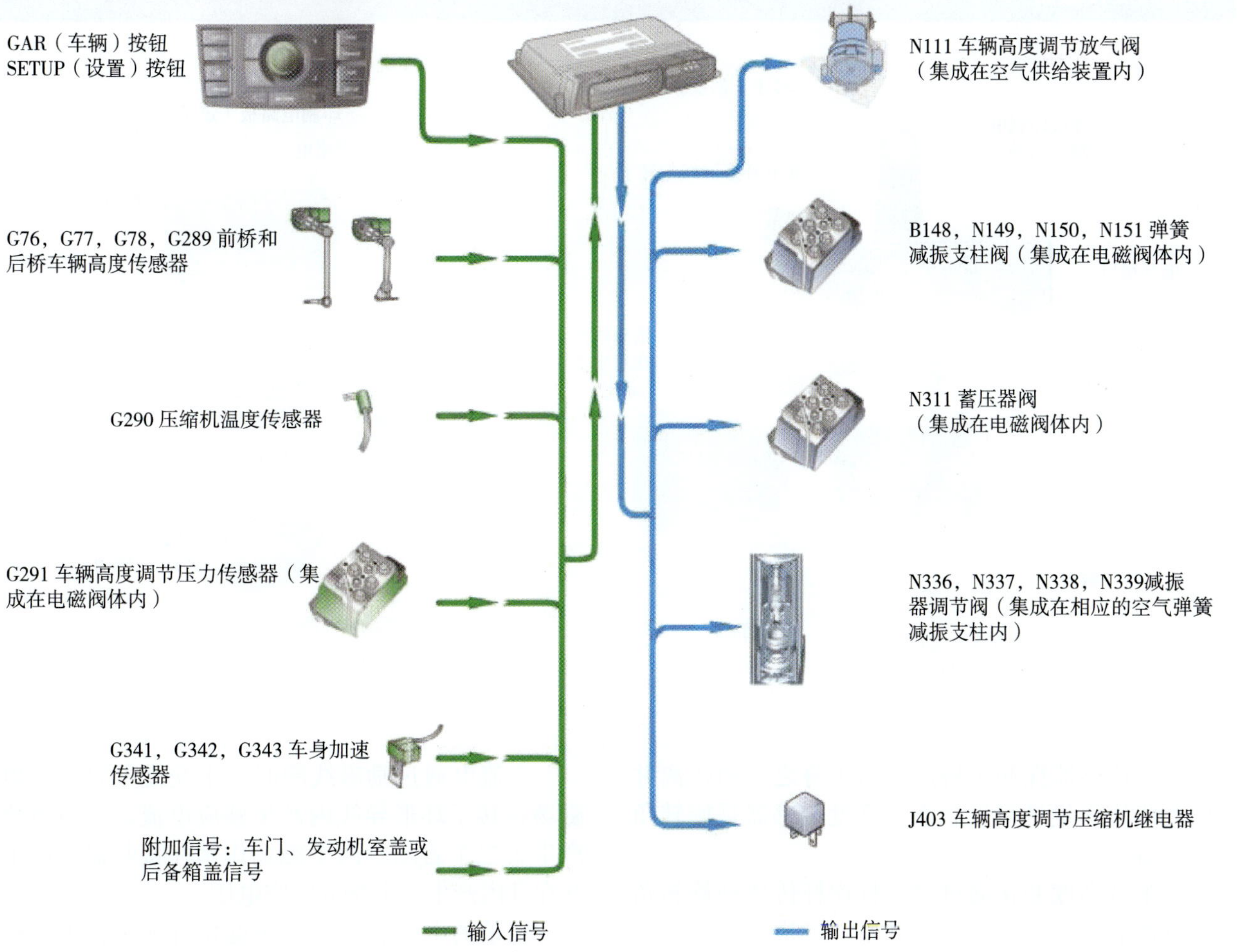

2.2.3 传感器

车身加速度传感器

原理图/线路图

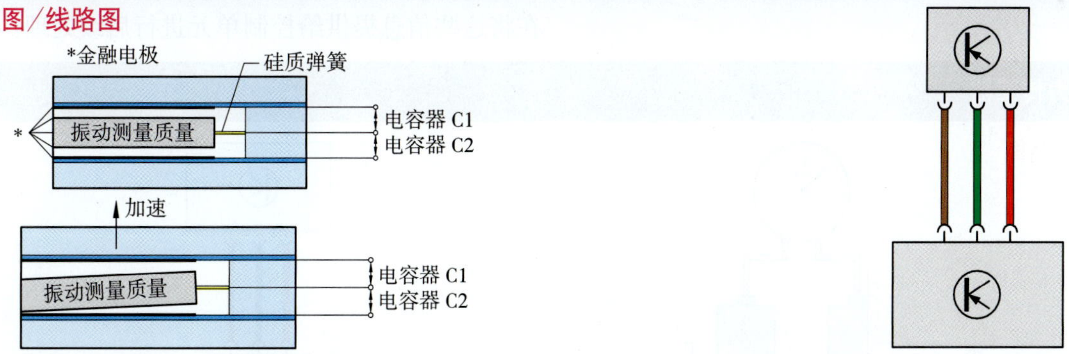

功能

两个传感器位于前桥弹簧减振支柱上，第三个传感器安装在右后车轮罩内。

为了在任何行驶状态都能调节到最佳的减振特性，相关系统必须知道车身运动和车桥部件的时间曲线。传感器元件由一个以移动方式支撑的电极（振动测量质量）、一个上部电极和一个下部电极组成。由此构成两个电容器 C1 和C2。供电电压由控制单元提供。

· 静止状态：

振动测量质量位于对置电极中间。电容器 C1 与 C2 的电容量相同。

· 加速：

振动测量质量因惯性而偏向一侧，电极之间的距离发生变化。

在这个示例中电容器 C2 的电容量增大，电容器 C1 的电容量减小。

控制单元分析这些传感器信号。

车辆高度传感器

原理图/线路图

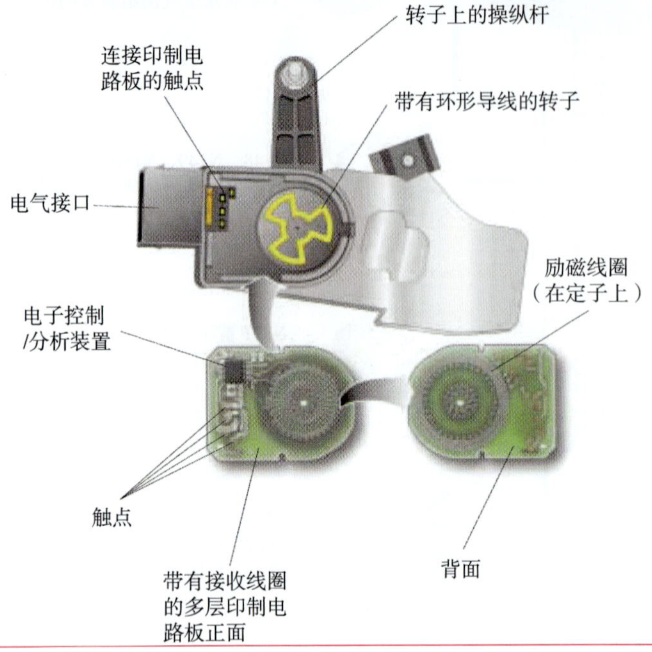

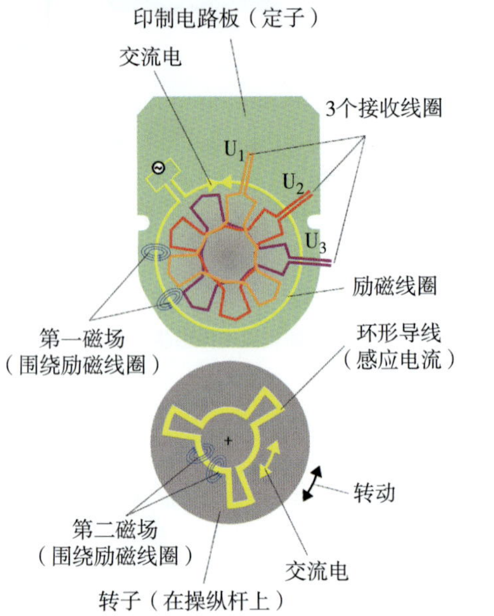

功能

该传感器探测车桥摆臂与车身之间的距离并由此确定车辆的高度状态。高度传感器是旋转角传感器。

车身高度变化通过稳定杆连杆传递到旋转角传感器上。

旋转角传感器由以下部件组成：

·定子：带有励磁线圈、三个接收器线圈和电子分析装置的多层印制电路板。

·转子：与传感器曲柄连接的封闭式环形导线。

交流电通过励磁线圈时产生交变电磁场。电磁场在转子环形导线内产生感应电流，感应电流产生第二个磁场。两个磁场作用在接收器线圈上并在其内产生一个交流感应电压。

转子的电磁感应与其角度位置无关，但是接收器线圈的电磁感应则取决于其角度位置。转子相对接收器线圈的位置不同时，会得到不同的电压振幅。电子分析装置分析接收器线圈的交流电压，将分析结果转换为高度传感器的输出信号并在将这些信息提供给控制单元进行后续处理。

压缩机压力传感器

原理图/线路图

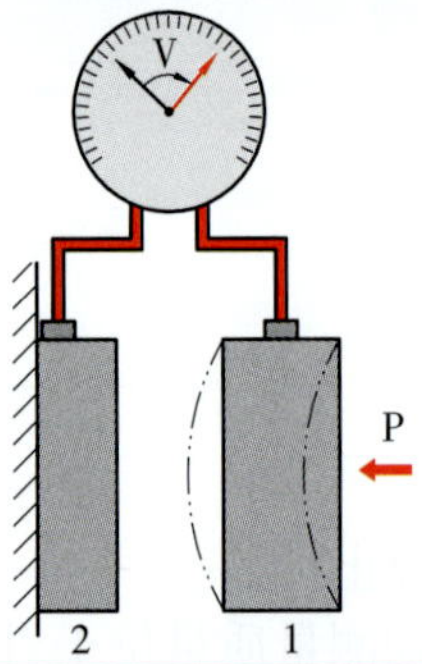

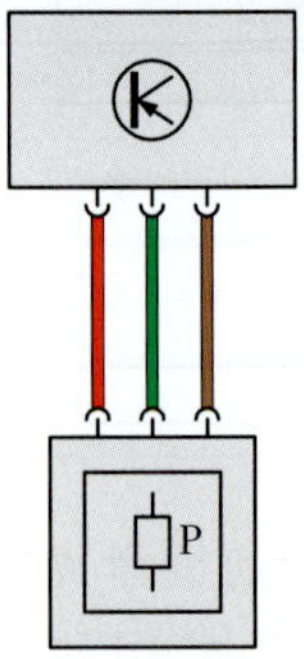

功能

压力传感器集成在阀门单元内，用于监控前桥和后桥支柱或蓄压器。

传感器按电容原理工作。传感器由构成一个电容器的两个电极（1，2）组成。一个电极布置在传感器壳体上（1），另一个电极布置在一个陶瓷板上（2）。待测量的压力使隔膜变形移动，因此导致电极之间的距离改变，从而使电容器的电容量发生变化。电子分析装置将电容量变化转换为一个输出信号。

2.2.4 执行机构

2.2.4.1 空气弹簧减振支柱

空气弹簧

前桥上和后桥上使用带有外部导向双层空气弹簧膜式折叠气囊的空气弹簧。

空气弹簧由以下功能元件组成：

· 上端壳体

· 管状膜式折叠气囊

该部件由带有织物嵌入层的高质量弹性材料组成。内层设计为特殊气密形式。强度载体（织物嵌入层）承受空气弹簧内部压力产生的作用力。

管状膜式折叠气囊在折叠活塞折叠或展开。

· 折叠活塞

· 用于将管状膜式折叠气囊夹紧在上端壳体与活塞之间的夹紧环。

所需要的弹簧刚度通过组合使用合适的折叠活塞轮廓和一个附加蓄压器直接在弹簧减振支柱上实现。

每个弹簧减振支柱上紧靠空气接口处都安装了剩余压力维持阀，这些阀门可使空气弹簧减振支柱内的剩余压力保持在约3.5bar。因此可以很方便地安装和存放空气弹簧减振支柱。

为防止脏污，折叠活塞与缸筒之间的区域安装有密封防尘套。

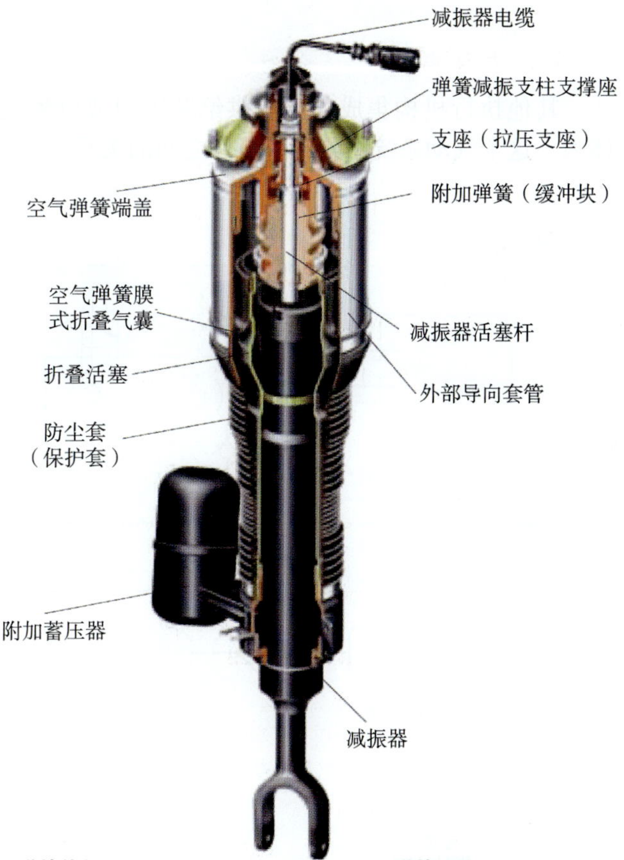

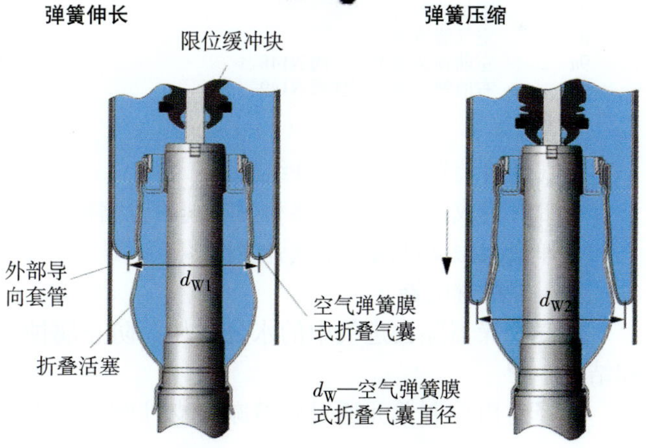

2.2.4.2 带阻尼调节阀的减振器

在此使用的减振器是双筒充气减振器，这种减振器带有一个集成在活塞内的电子控制阀门（CDC 减振器 = 连续减振控制）。

主阻尼阀通过一个弹簧预紧。

阀门上装有一个电磁线圈，其连接导线通过空心活塞杆向外引出。通过通电控制电磁线圈，可以在很短的时间内改变流过活塞阀的液压油流量。

双筒充气减振器的阻尼力由活塞阀的流动阻力决定：液压油经过阀门的流动阻力越大，阻尼力越大。

未通电控制电磁线圈时阻尼力最高。应急运行模式下不控制电磁线圈，因此调节到最大阻尼力并保持一种稳定的行驶动力状态。

取决于行驶状况的特性曲线族存储在车辆高度调节控制单元内。

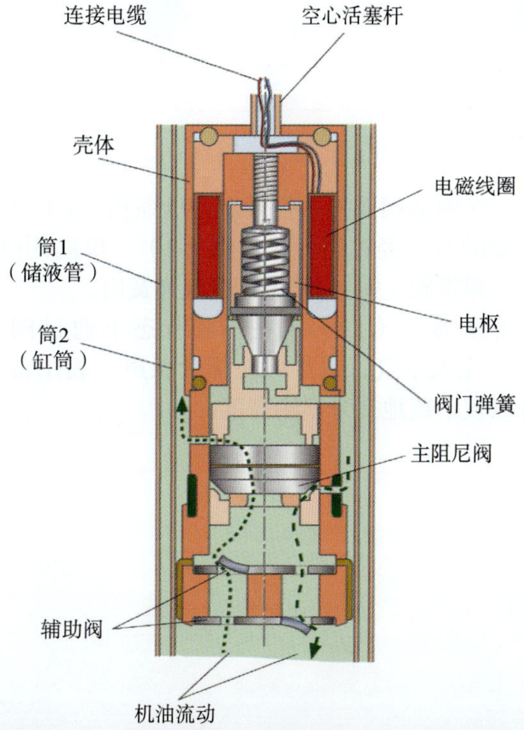

2.2.4.3 电磁阀

其他执行机构集成在空气供给装置内或电磁阀体内。这个气动系统图给出了组件之间的关系。

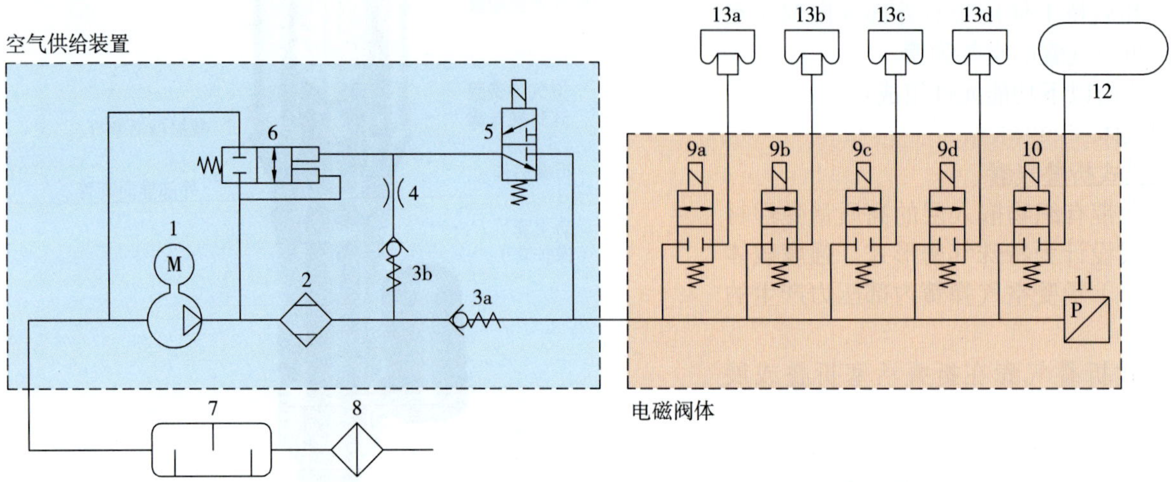

1	压缩机 V66
2	空气干燥器
3a，3b	单向阀
4	放气节流阀
5	电动放气阀 N111
6	气动放气阀
7	附加消声器
8	空气滤清器
9a	左前弹簧减振支柱阀 N148
9b	右前弹簧减振支柱阀 N149
9c	左后弹簧减振支柱阀 N150
9d	右后弹簧减振支柱阀 N151
10	蓄压器阀 N311
11	压力传感器 G291
12	蓄压器
13a	左前空气弹簧
13b	右前空气弹簧
13c	左后空气弹簧
13d	右后空气弹簧

空气供给装置由以下部件组成

- 带有集成式空气干燥器和关断阀的压缩机，
- 弹簧减振支柱阀－空气弹簧阀，
- 压缩机继电器。

空气干燥器除去进气中的水分。从而防止腐蚀和结冰。

下降时由控制单元通过弹簧减振支柱阀控制电动放气阀。

气动放气阀执行两个任务：

- 剩余压力维持装置：用于确保维持 3.5 bar 的最低压力。
- 限压装置：防止系统内出现不允许的高压力。

弹簧减振支柱阀用于空气弹簧充气和放气。

提升	放气
空气弹簧阀受控并打开。由压缩机（1）吸入并压缩的空气经过空气干燥器（2）、单向阀(3a)和空气弹簧阀（9a~9d）进入空气弹簧内。 蓄压器内（12）仅在行驶状态下通过阀门（10）充入空气，以尽可能降低噪声。利用蓄压器可以较迅速地提升车辆高度。	空气弹簧阀（9a~9d）和电动放气阀（5）打开。空气经过单向阀（3b）、空气干燥器（2）和气动控制放气阀（6）、附加消声器（7）和空气滤清器（8）排放到车外。 流经空气干燥器（2）时会使干燥剂恢复原有功能。

2.2.5 调节方案

模式

可以手动或自动选择以下模式：

· “自动”模式：通过相应的减振器特性曲线族实现以舒适性为主导的减振特性。

下降：25mm

· “动力性”模式：在整个车速范围内按较硬的减振器特性曲线族进行调节。

下降：20mm，车速超过120km/h时继续下降5 mm。

· “舒适性”模式：在低速范围内减振特性比“自动”模式更偏向于以舒适性为主导。高度不自动下降。

· “提升”模式：只有车速低于80km/h时才能选择这个模式。车速超过100 km/h 后自动退出该模式。随后设置为以前所设模式。

提升：25mm。

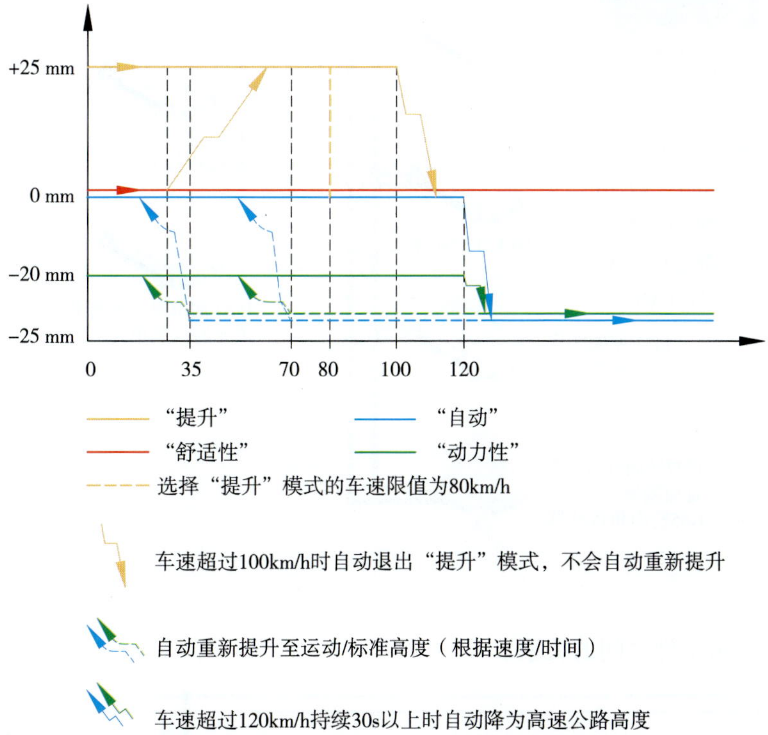

转弯行驶

车辆高度调节控制单元从网络控制单元和传感器处得到转弯行驶信息时，就会中止调节过程。驶出弯道后继续进行调节。系统根据当前行驶状况调节阻尼力。

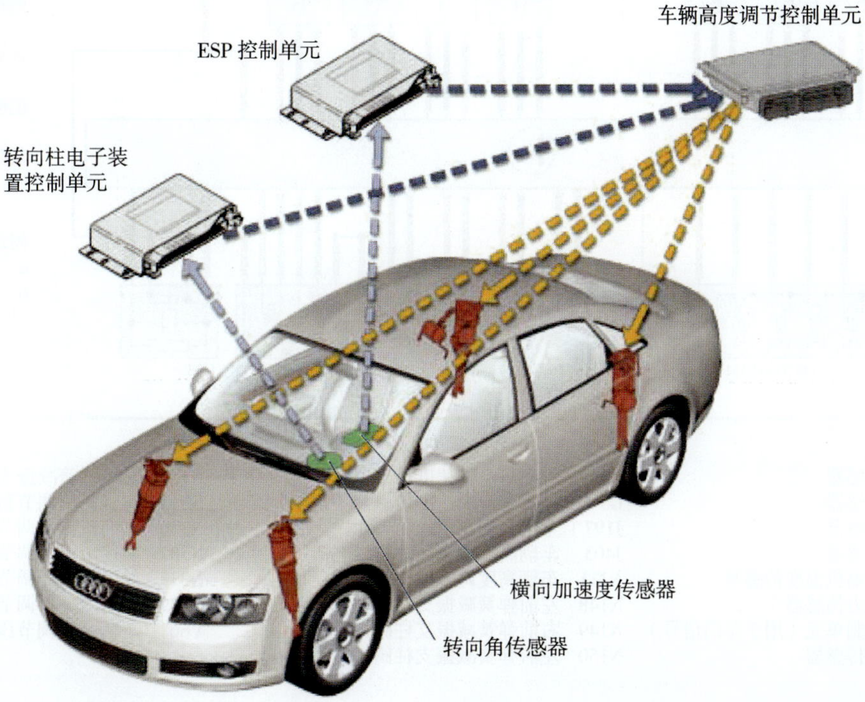

2.2.6 网络功能单元系统概览和CAN数据交换

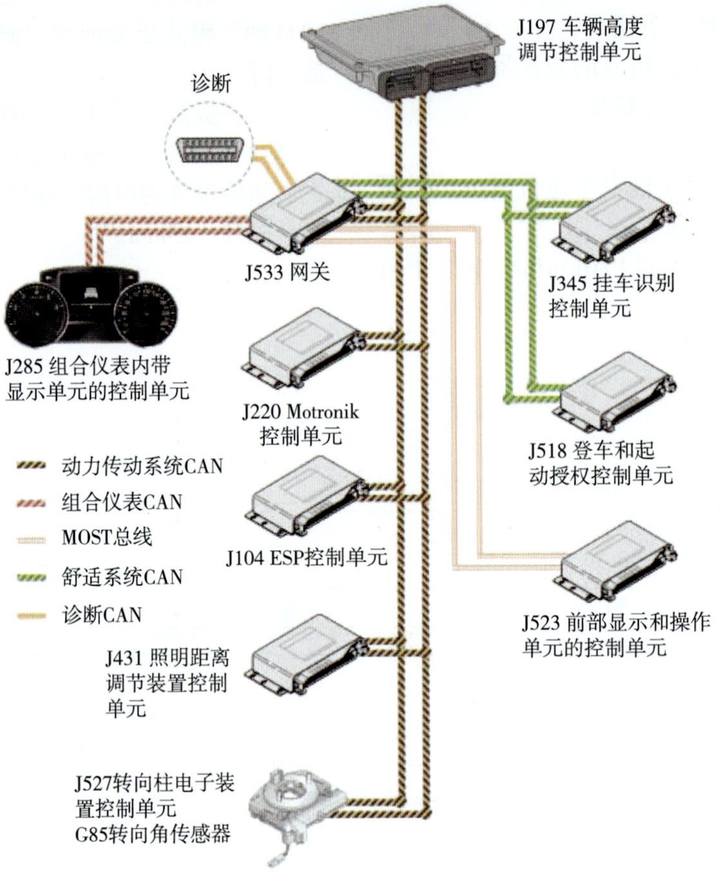

2.2.7 电路图

这个简化电路图用于表示组件之间的关系。

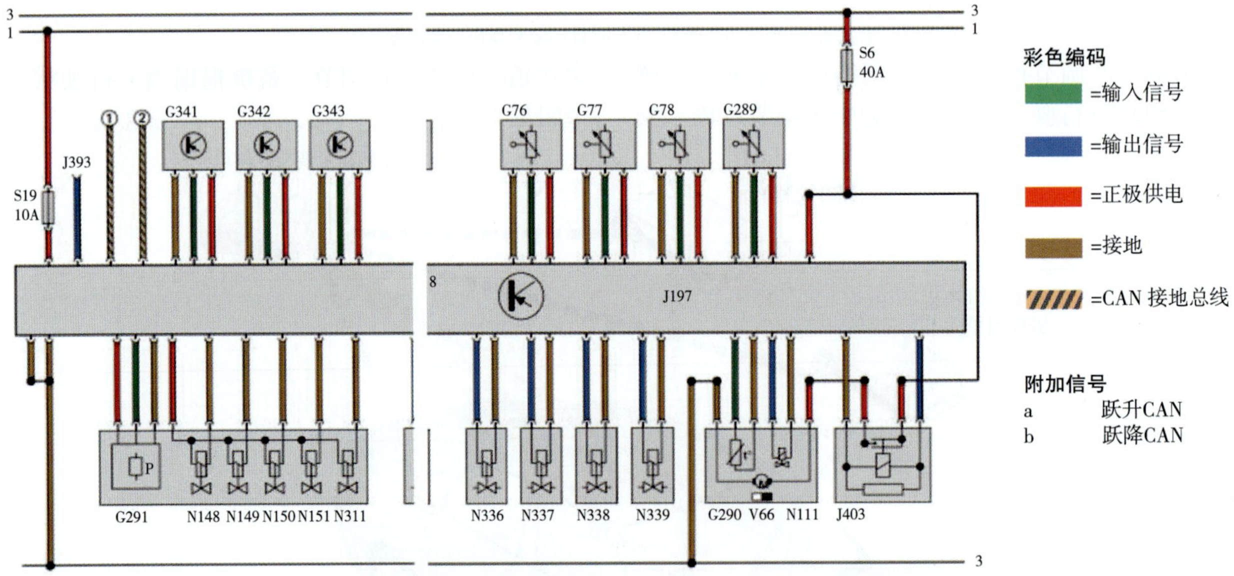

G76 左后车辆高度传感器
G77 右后车辆高度传感器
G78 左前车辆高度传感器
G289 右前车辆高度传感器
G290 车辆高度调节压缩机温度传感器
G291 车辆高度调节压力传感器
J393 舒适系统中央控制单元（用于车门信号）
G341 左前车身加速度传感器
G342 右前车身加速度传感器
G343 后部车身加速度传感器
J197 车辆高度调节控制单元
J403 车辆高度调节压缩机继电器
N111 车辆高度调节放气阀
N148 左前弹簧减振支柱阀
N149 右前弹簧减振支柱阀
N150 左后弹簧减振支柱阀
N151 右后弹簧减振支柱阀
N311 车辆高度调节蓄压器阀
N336 左前减振器调节阀
N337 右前减振器调节阀
N338 左后减振器调节阀
N339 右后减振器调节阀
V66 车辆高度调节压缩机电动机

2.3 Servotronic电子助力转向系统

在所有转向系统中，车速越高，改变行驶转向时驾驶员施加在转向盘上的操纵力矩越小。这可能导致车速较高时驾驶员感觉转向过于灵活。

Servotronic 是一种电子控制助力转向系统，该系统根据车速调节转向盘上的操纵力矩：

· 车辆静止或车速很低（例如停车时）时转向助力最大，

· 车速较高时转向助力最小。

因此改善了车速提高时驾驶员对路面的反应。

2.3.1 系统概览

Servotronic 电子助力转向系统是一种齿轮齿条式助力转向系统。机械机构通过液压系统和电子系统来补充：

· 旋转滑阀，

· Servotronic 电子助力转向系统电磁阀，

· Servotronic 电子助力转向系统控制单元，

· 指示灯。

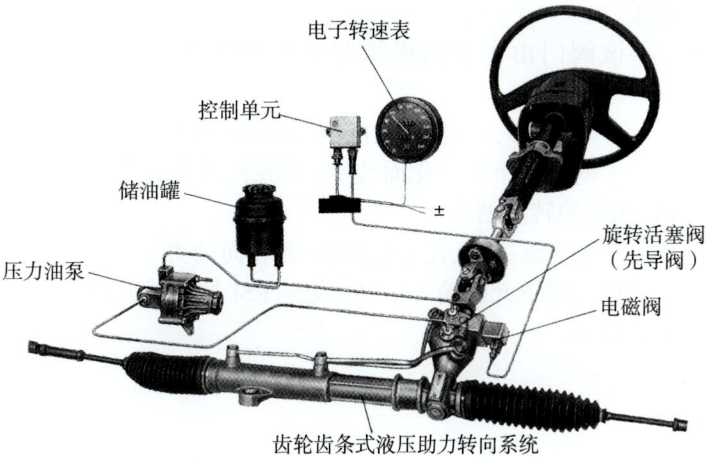

2.3.2 系统组件

齿轮齿条式转向器

齿轮齿条式转向器由小齿轮和齿条组成。齿条通过一个压块以无间隙形式压向小齿轮。转向器具有可变传动比，即齿与齿之间的距离不同：

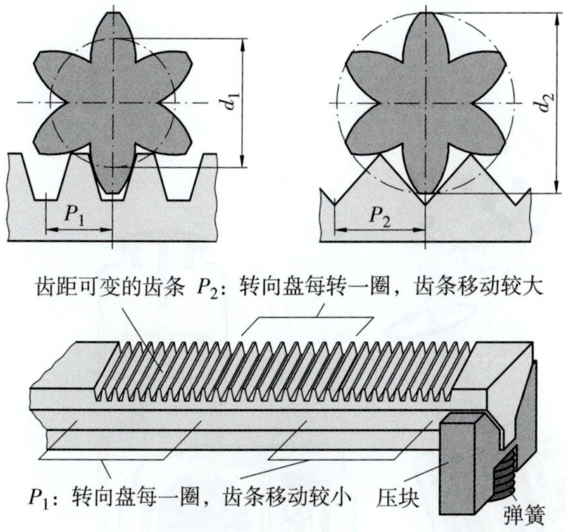

· 较大的中部齿距使得转向盘转角较小时即可产生线性直接的传动比，例如以较快车速直线行驶时。

· 较小的两侧齿距使得转向角较大时产生累进的传动比，例如停车时。

扭杆

小齿轮通过一个扭杆与转向柱轴连接。扭杆上端通过销子与旋转滑块连接，下端通过销子与旋转滑阀的调节轴套连接。

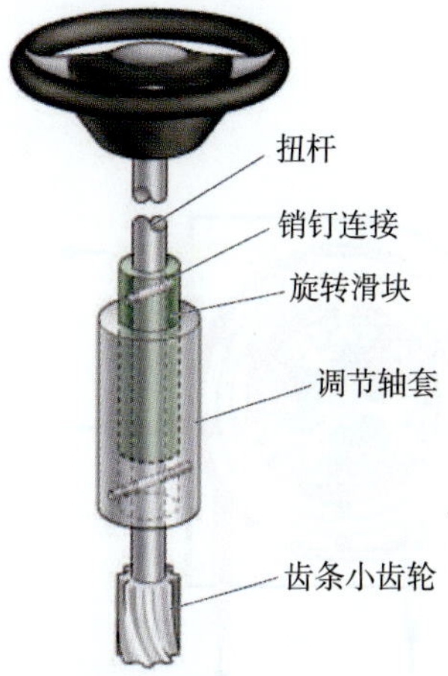

转向时扭杆扭转。同时旋转滑块相对调节轴套扭转。扭转的原因是轮胎和路面产生的阻力。旋转滑块与调节轴套内凹槽与过渡孔之间的相对位置发生变化。液压油通道根据扭转角度大小打开或关闭。松开转向盘时，旋转滑阀的两个阀门活塞在扭杆的作用下返回直线行驶位置。

Servotronic 电子助力转向系统电磁阀

Servotronic 电子助力转向系统控制单元从电子车速表处接收车速电信号。控制单元分析这些信号并将信号以节拍脉冲形式发送至 Servotronic 电子助力转向系统电磁阀。该电磁阀是一种电磁针阀。针阀通电时克服弹簧力移动并改变节流孔的横截面面积。因此该电磁阀决定了反作用腔内的油压。

该阀门由车载网络控制单元以节拍方式控制。适用情况

- 电流较大–节流孔封闭–全部转向助力
- 电流随车速变化而改变–节流孔或多或少开启–相应的转向助力
- 无电流–节流孔完全开启–无转向助力

该控制单元的输入信号是来自ESP控制单元的车速信号。

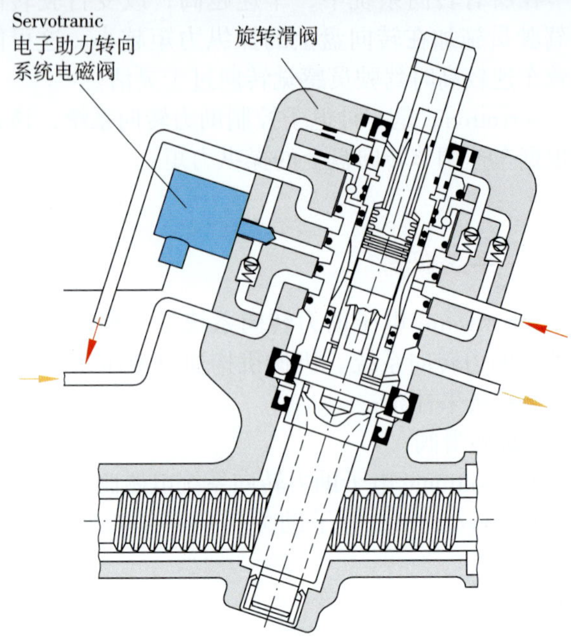

2.3.3 车轮左转时的工作方式

左转时扭杆和旋转滑块扭转：

- 右侧工作缸通过一个油道与压力管路连接。
- 左侧工作缸通过回流管路与储液罐连接。

一个方向向左的力作用在活塞上。活塞力和转向力促使车轮左转。同时通过齿条小齿轮带动扭杆下部及调节轴套扭转。

这种运动持续到因扭杆的作用而消除旋转滑块与调节轴套的扭转。至储液罐的回流管路连接在工作缸与压力管路之间。系统几乎无压力。

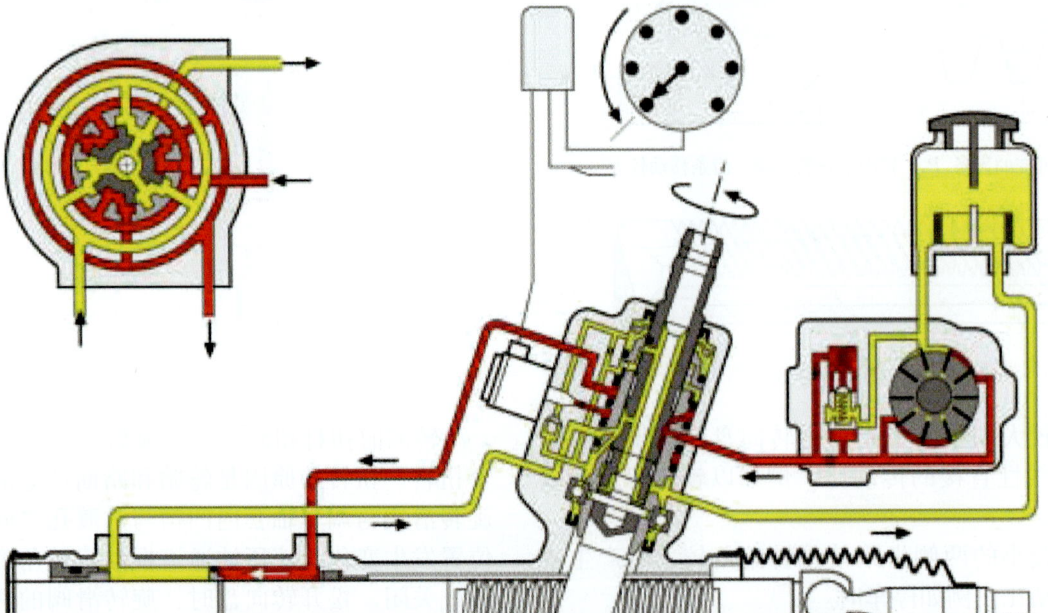

2.3.4 主动液压反作用原理

车速越高，转向时驾驶员需施加在转向盘上的作用力越小。

Servotronic 电子助力转向系统按液压反作用原理工作。系统通过液压反作用有意提高转向力，以便车速提高时保持驾驶员对路面的感觉。

调节轴套上方有一个反作用活塞。这个活塞与旋转滑块和扭杆连接。活塞通过钢球支撑在与调节轴套连接的定心块上。回位活塞上方的空间内带有液压油。反作用活塞作用在钢球和调节轴套上的力随油压变化而改变：

· 油压越高，要求驾驶员施加在转向盘上的操纵力矩越大。

油压通过 Servotronic 电子助力转向系统电磁阀来控制。

未操纵转向盘且扭杆未扭转时，钢球位于球形导向槽内并起附带定心的作用。

系统根据车速采用不同的转向盘操纵力矩特性曲线和转向系统压力。

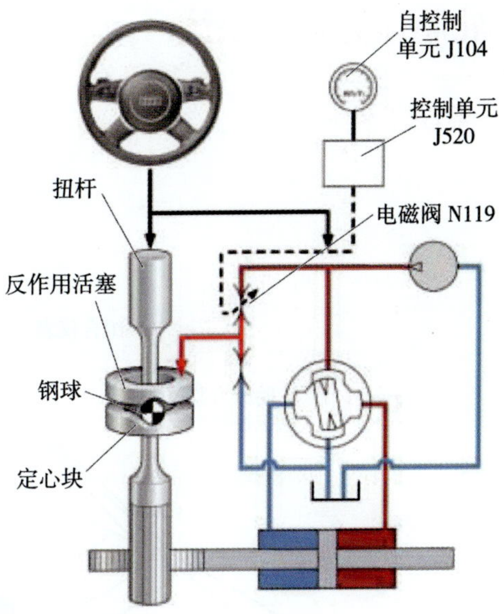

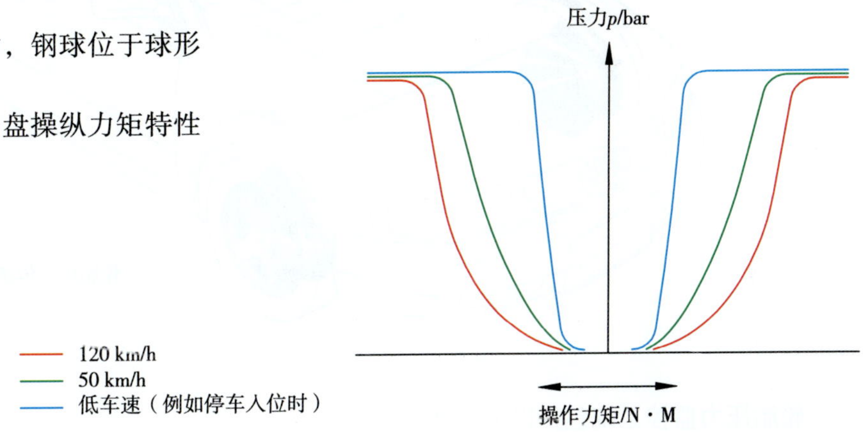

2.4 轮胎和车轮

应急运行系统PAX（米其林）

轮辋采用新几何形状。轮辋底部平坦，带有装配凹槽和两个位于外侧的轮辋座。一个支撑环以形状配合方式固定在轮辋中部。

轮胎胎壁径向尺寸较小且胎圈坚固。

轮胎胎面内侧有一个用于应急运行时减小支撑环与轮胎之间摩擦的甘油润滑环。

支撑力和侧向力在轮胎侧壁内产生一个拉力。拉力促使轮胎胎圈围绕胎圈芯转动，因此胎圈与胎圈座之间的压力较大。

利用该系统可以在轮胎无压力且满负荷时以最高 80 km/h 的车速行驶 200 km/h。

因为有时注意不到压力降低，所以必须通过轮胎压力监控系统提醒驾驶员。

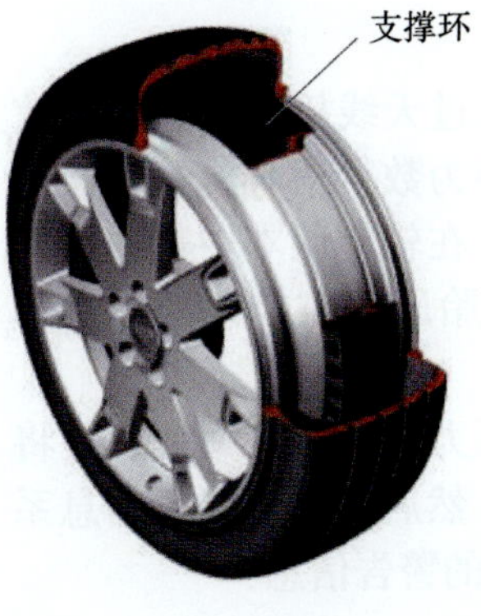

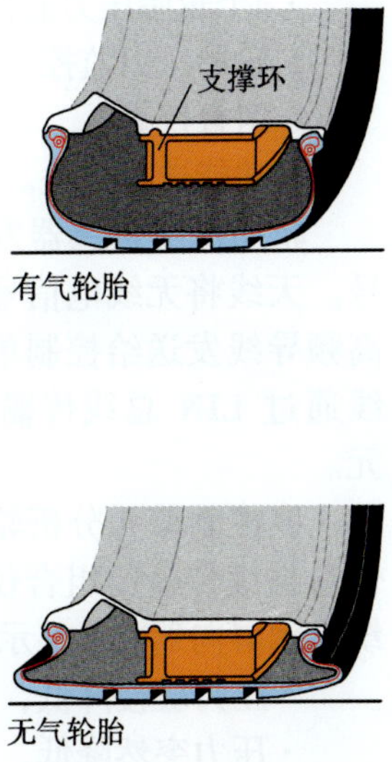

应急运行系统防爆轮胎（固特异）

防爆轮胎带有加强型胎壁，这种胎壁可以在轮胎无压力时承受车辆重量。

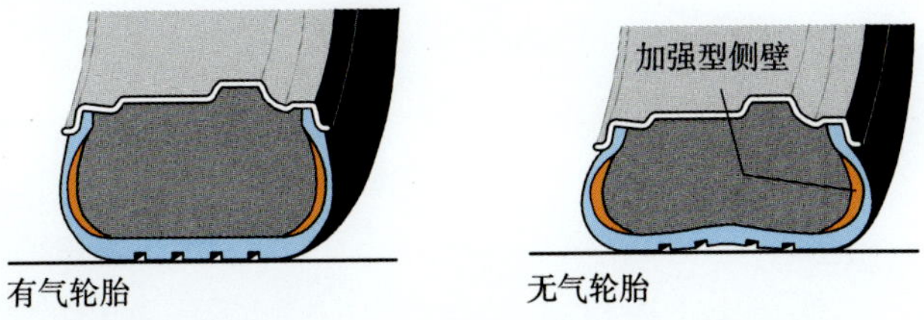

2.5 轮胎压力监控系统

2.5.1 系统组件

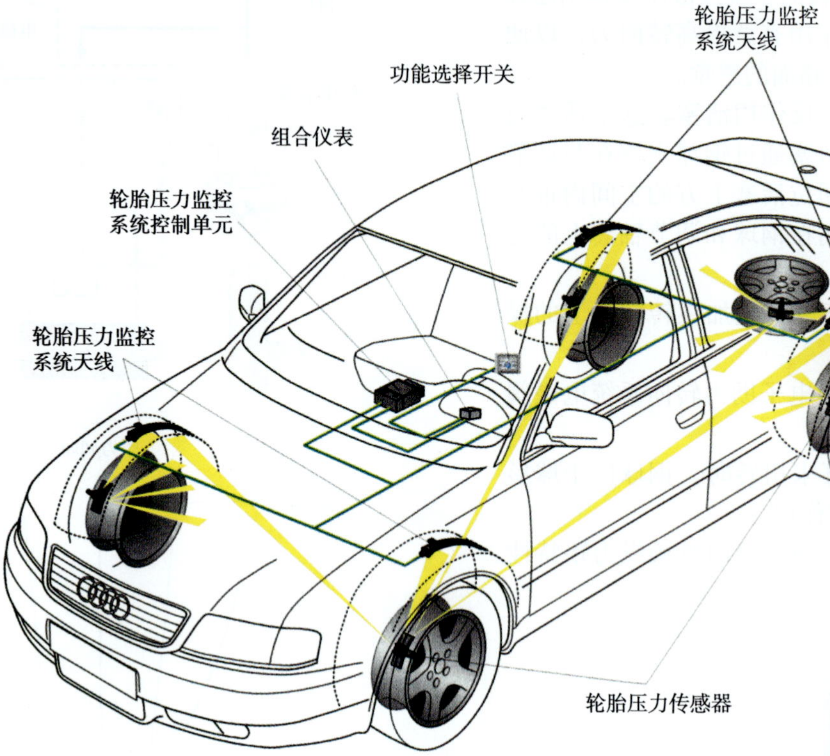

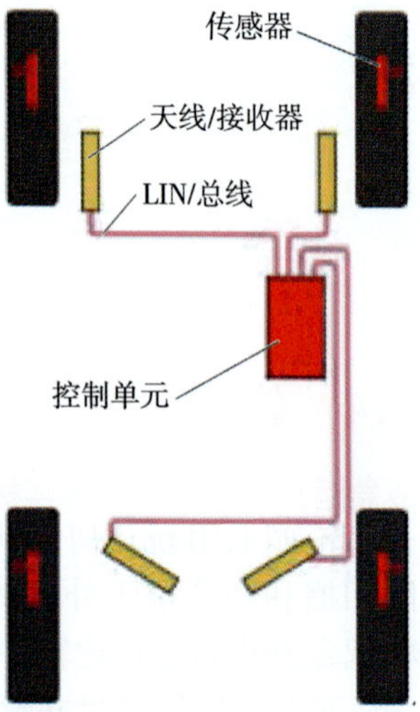

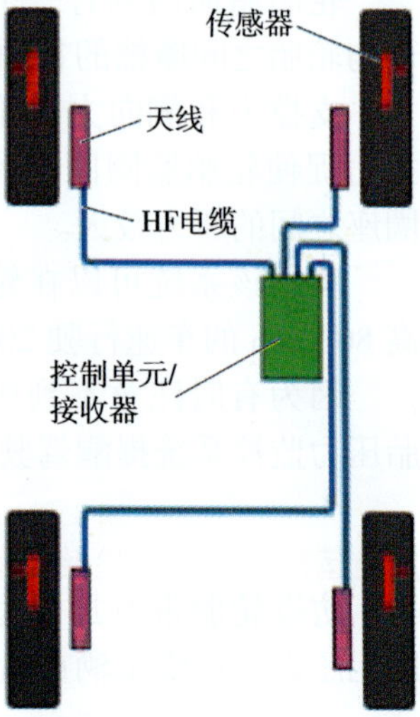

轮胎压力监控系统包括以下组件：

- 5个轮胎压力传感器（包括备用车轮），
- 4个轮胎压力监控天线，
- 轮胎压力监控系统控制单元，
- 组合仪表，
- 功能选择开关。

轮胎压力传感器发送通过天线接收的无线电信号。天线将无线电信号转换为数字信号，然后通过高频导线发送给控制单元。在较新版本中数据从天线通过 LIN 总线传输至轮胎压力监控系统控制单元。

该控制单元分析轮胎压力或轮胎压力变化并将信息继续传输给组合仪表。然后通过驾驶员信息系统显示屏向驾驶员显示可能的警告信息：

- 压力缓慢降低，
- 压力突然降低，
- 车辆静止时压力降低速度过快。

2.5.2 作为发射器的传感器，作为接收器的天线

轮胎压力传感器通过螺栓拧在轮胎气门嘴上。传感器内集成了以下组件：

· 发射天线

天线发送轮胎当前压力、轮胎当前压力温度、集成式电池状态、用于识别车轮的识别号、用于可靠传输数据的相应信息。

· 用于测量轮胎当前压力的压力传感器
· 用于补偿压力随温度变化的温度传感器
· 测量和控制电子装置
· 用于提供能量的电池

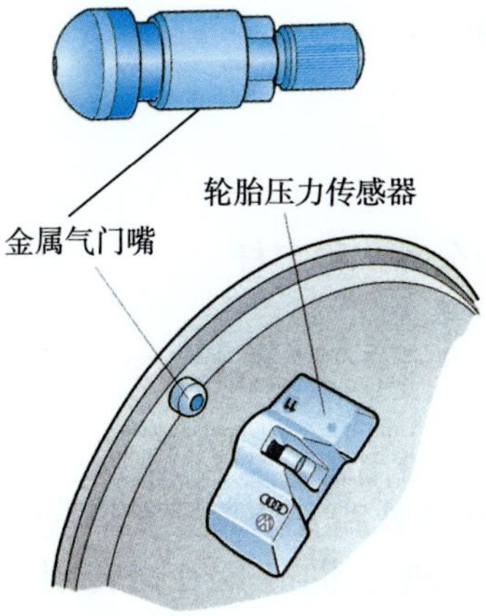

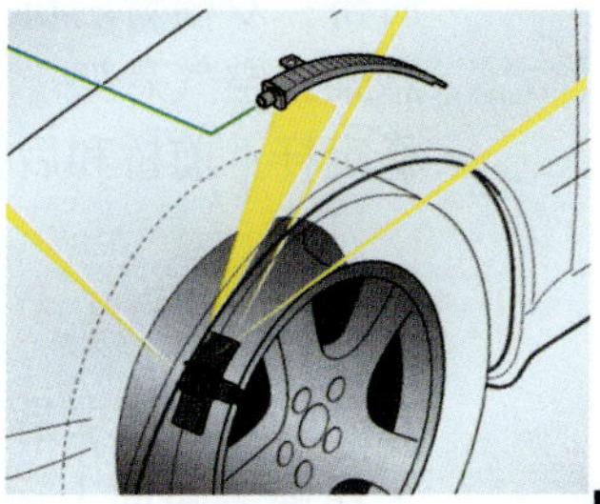

轮胎压力监控系统天线固定在车轮罩内。天线接收传感器信号并将信号传输给轮胎压力监控系统控制单元以继续处理。

利用功能选择开关可以打开或关闭轮胎压力监控系统和存储轮胎当前压力。

2.5.3 电路图

这个简化电路图用于表示轮胎压力监控系统所有组件之间的关系。

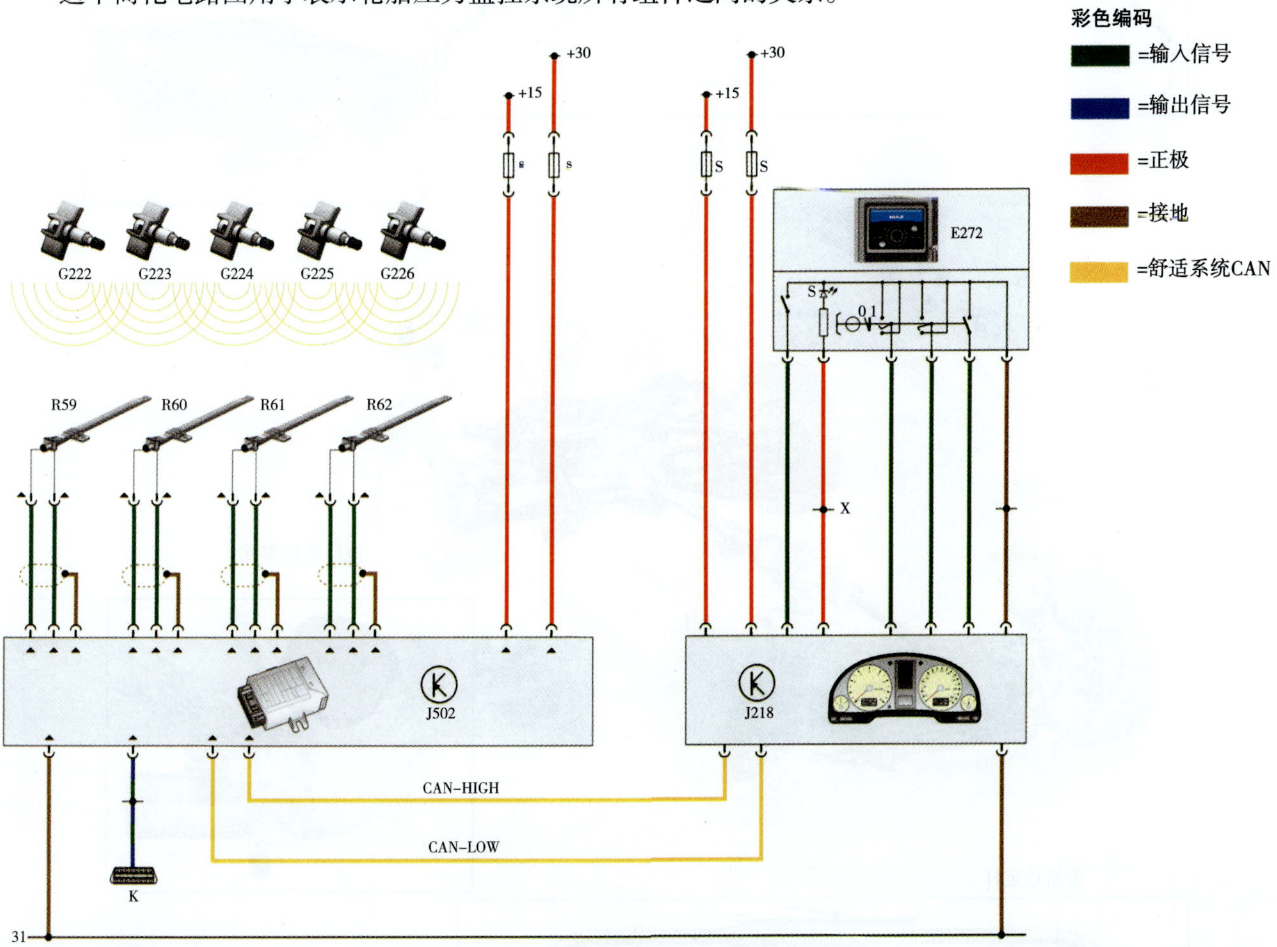

E272	功能选择开关	G226	备用车轮轮胎压力传感器	R60	右前轮胎压力监控系统天线
G222	左前轮胎压力传感器	J218	组合仪表内的组合仪表处理器	R61	左后轮胎压力监控系统天线
G223	右前轮胎压力传感器	J502	轮胎压力监控系统控制单元	R62	右后轮胎压力监控系统天线
G224	左后轮胎压力传感器	K	诊断接口	X	总线端 58s
G225	右后轮胎压力传感器	R59	左前轮胎压力监控系统天线		

3 越野车底盘分析

技术数据和装备

图示车辆带有以下装备：

前桥：双横臂前桥

后桥：双横臂后桥

悬架：空气悬架

稳定杆：前桥和后桥可分离式稳定杆

3.1 “可分离式稳定杆”总体概览

对越野车的要求是

· 在铺装路面上运动性驾驶和安全驾驶车辆应具有较硬的弹性及较高的减振，同时具有扭转刚度较大的稳定杆以便在转弯行驶时防止车辆侧倾过大；

· 在越野路面上具有较软的弹性及较低的减振，同时具有扭转刚度较小的稳定杆以便在越野路面上车桥能够实现较大的扭曲。

这个要求可以通过可分离式稳定杆实现。

“可分离式稳定杆”系统由三个主要组件构成：

· 液压供给单元，

· 稳定杆分离控制单元，

· 可分离式稳定杆。

扭曲

可分离式稳定杆可使一个车桥扭曲量提高60mm。

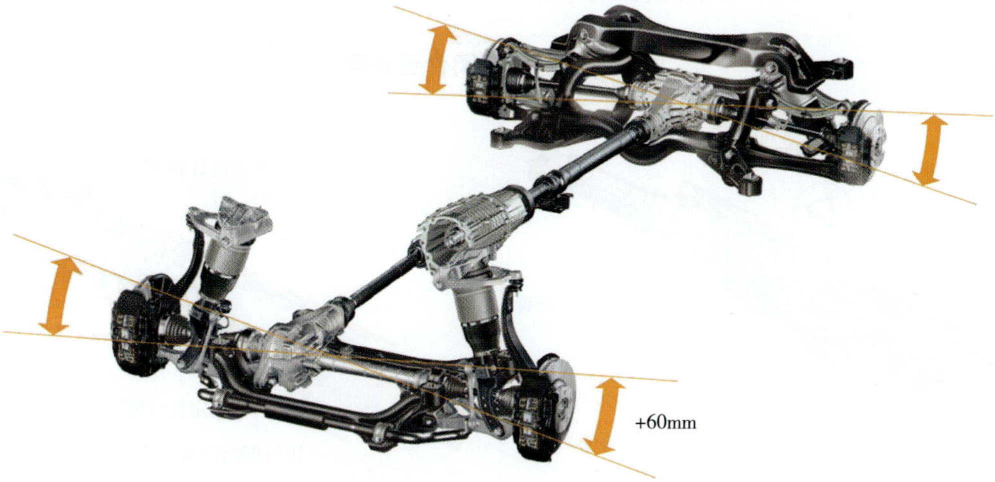

3.2 系统组件

3.2.1 液压供给单元

液压供给单元由以下部件组成

· 一个带电动机的齿轮泵，可产生110bar的系统压力，

· 一个装有液压油的补液罐，

· 一个蓄压器，该蓄压器储存液压压力能并在需要时供液压供给单元使用，

· 一个用于监控系统压力的压力传感器，

· 两个用于稳定杆分离的开关阀。

稳定杆根据开关阀的开关位置接合或分离（参见液压回路图）。

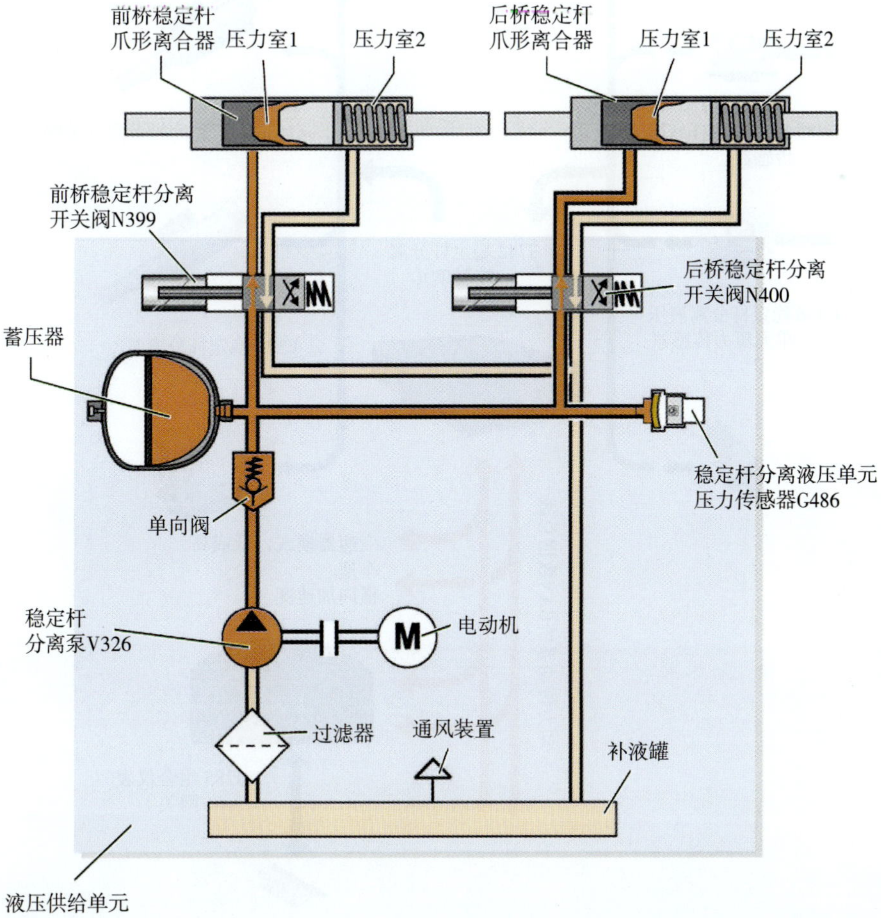

3.2.2 可分离式稳定杆

前桥和后桥稳定杆带有一个执行机构，执行机构内部有一个爪形离合器。爪形离合器由液压系统操纵。离合器由两个离合器元件、一个开关元件和一个弹簧组成。壳体上安装了一个稳定杆接合传感器。

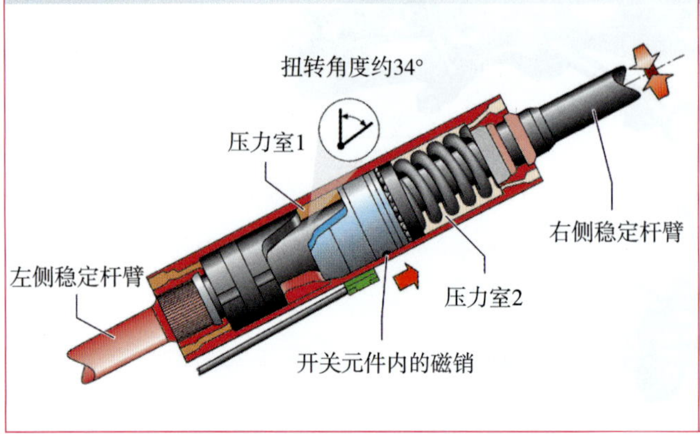

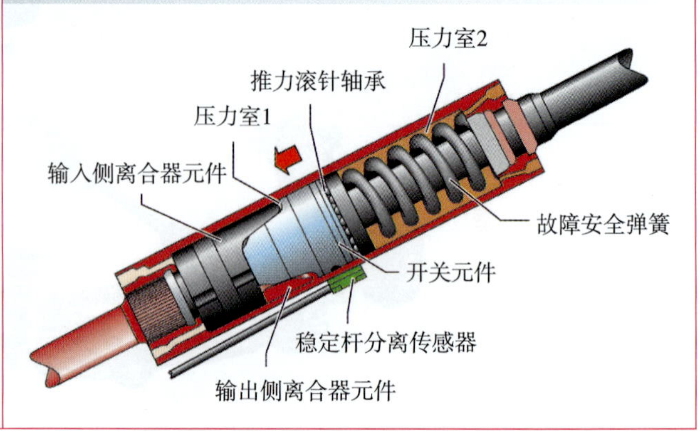

3.3 控制系统

3.3.1 系统概览

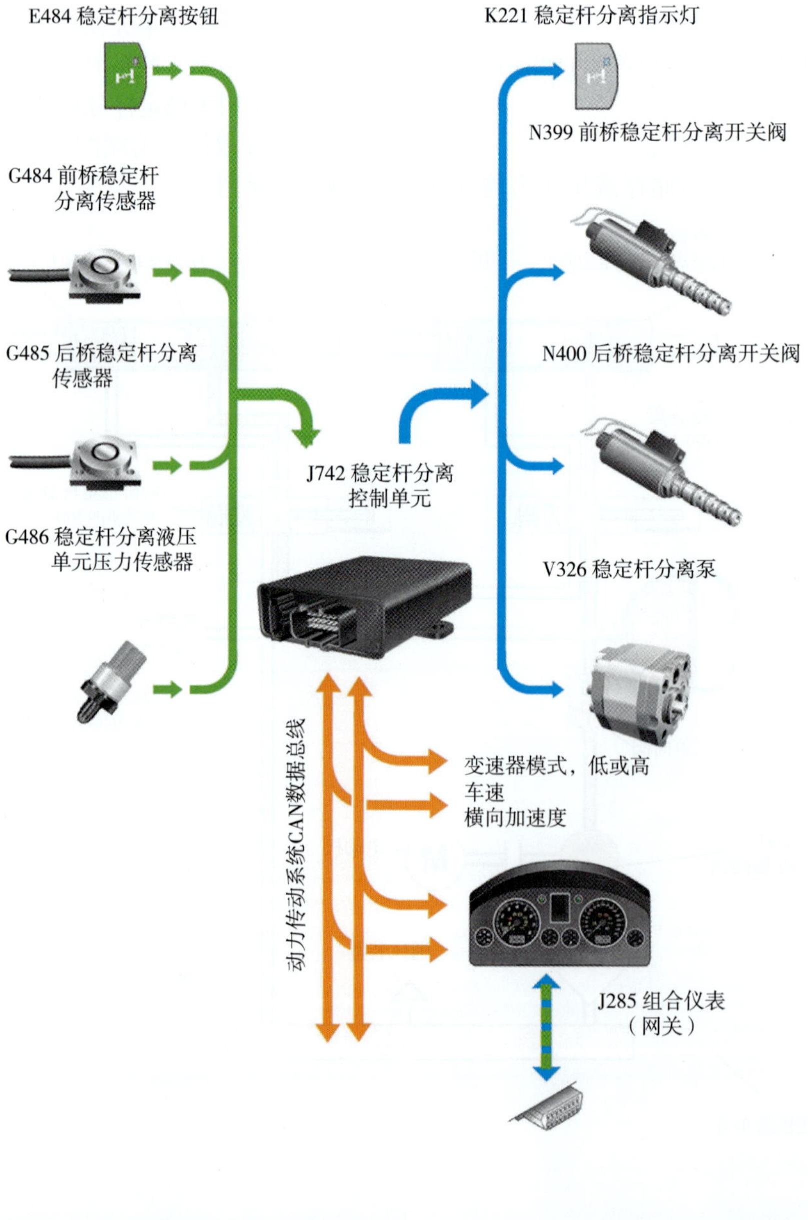

控制单元直接

·从压力传感器得到系统压力信息，

·从稳定杆分离传感器得到稳定杆开关状态信息，

·从稳定杆分离按钮得到驾驶员要求信息

以及通过 CAN 数据总线得到以下信息

·车速，

·横向加速度，

·变速器模式。

控制单元分析这些信息并控制执行机构。

只有车速低于40km/h且横向加速度低于0.5g（g=9.81m/s^2）时，才能执行驾驶员发出的分离指令。如果车速超过50km/h或35km/h且横向加速度超过0.9 g或0.7g时，该系统自动连接。

3.3.2 电路图

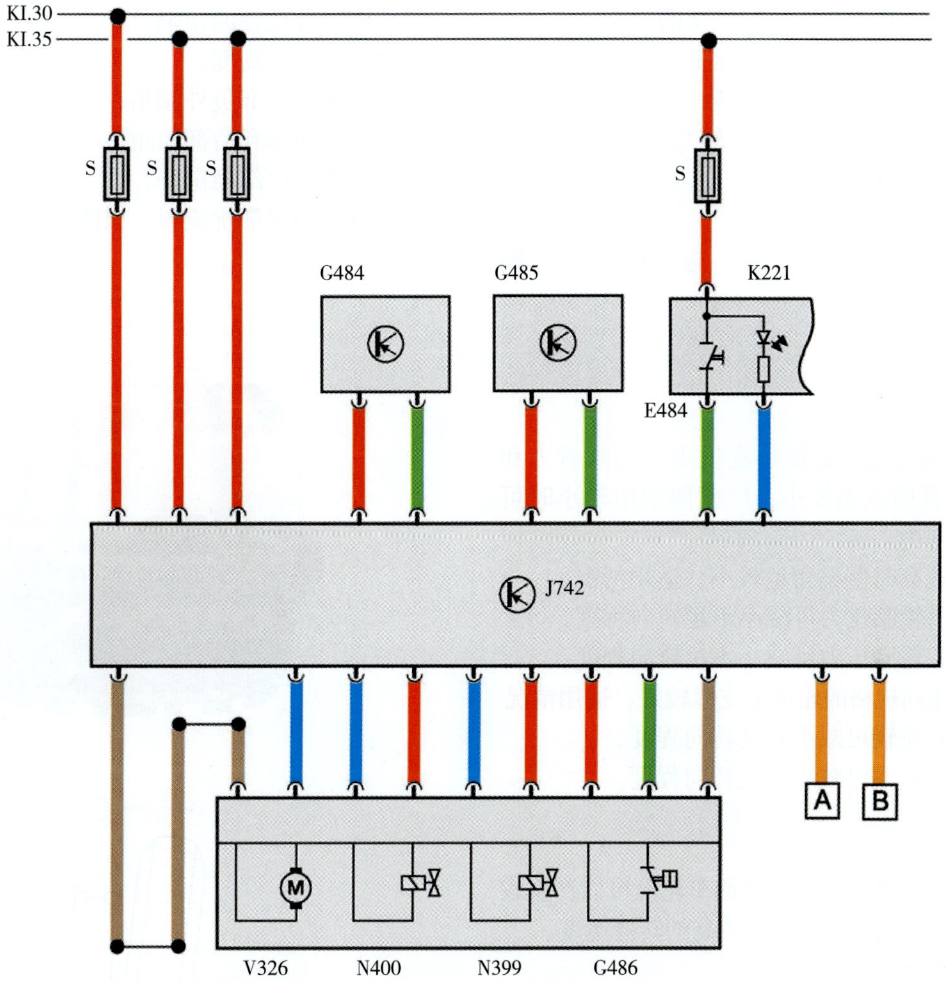

A 动力传动系统降 CAN 数据总线
B 动力传动系统升 CAN 数据总线
E484 稳定杆分离按钮
G484 前桥稳定杆分离传感器
G485 后桥稳定杆分离传感器
G486 稳定杆分离液压单元压力传感器
J742 稳定杆分离控制单元
K221 稳定杆分离指示灯
N399 前桥稳定杆分离开关阀
N400 后桥稳定杆分离开关阀
V326 稳定杆分离泵

彩色编码/图例

=输入信号
=输出信号
=正极
=接地
=动力传动系统CAN数据总线

4 底盘改装

4.1 措施

标准底盘是兼顾行驶特性和悬架舒适性的一种折中方案。

采用较硬的底盘调校而放弃行驶舒适性时可以得到较好的行驶特性。为得到运动型底盘需进行改装。

运动型底盘必须满足以下要求：

· 较高的转弯速度和方向稳定性，

· 在极限范围内较好的可控行驶性能，

· 转弯换车道和负荷变化时安全的行驶性能，

· 较好地将驱动力传递到路面上。

其中一项主要标准是转弯极限速度。该速度是指在车辆不甩尾的情况下以某一转弯半径行驶时可达到的最大转弯速度。

影响转弯速度的因素包括

· 轮胎（结构形式、尺寸、橡胶化合物、胎面、花纹结构），

· 车辆重心高度，

· 轮距和轴距，

· 重量分布，

车轮悬架的类型和结构为提高侧面导向力并借此提高转弯极限速度，在此可以采取以下措施：

· 宽轮胎，

· 较高的充气压力，

· 较宽且较轻的轮辋，

· 降低车身高度，

· 前部和后部负外倾角，

· 加宽前部和后部轮距，

· 前部和后部稳定杆，

· 前部和尾部扰流板，以降低浮力。

4.2 具体措施

宽轮胎，轮辋

宽轮胎因胎面较宽而能够提供更高的附着力和牵引力。由于其横截面较小，因此侧偏角较小时可承受较大的侧向力。

轮胎压力较高时侧偏角也较小。适用情况

· 较高的前轮胎压力可减小不足转向程度，

· 较高的后轮胎压力可减小不足转向程度。

宽轮胎在相同规格的轮辋上支撑较好。适用情况

· 较宽的后轮辋可减小过度转向程度，

· 较宽的前轮辋可减小不足转向程度。

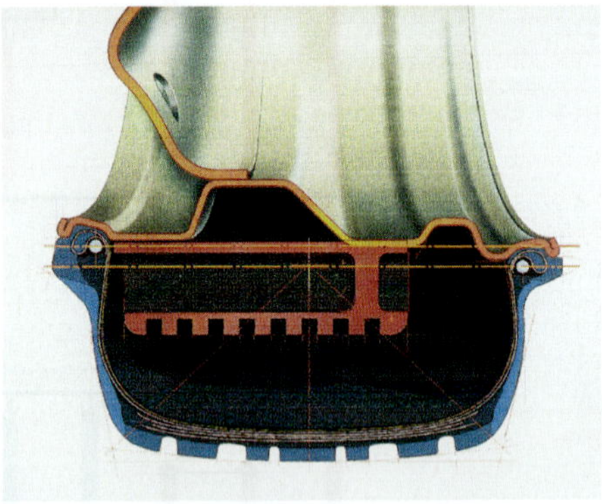

©MICHELIN

改变外倾角

通过采用负外倾角，弯道外侧车轮上可以产生较大的侧面导向力，因此可以达到较高的转弯速度。

改变外倾角的作用是

· 前部负外倾角可减小不足转向程度，

· 后部负外倾角可减小过度转向程度。

为确保轮胎均匀磨损，前部负外倾角不应超过 2°，后部不应超过 3°。

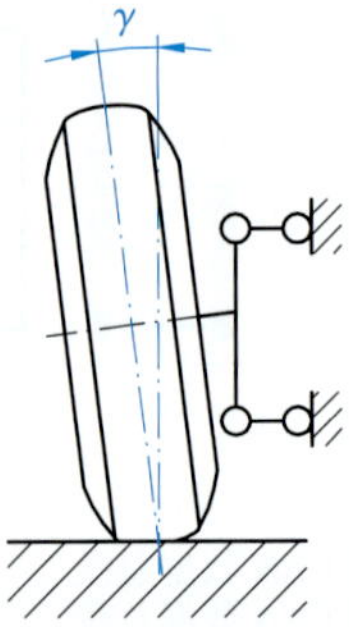

改变轮距

通过使用垫片或采用较小的车轮偏距可以改变一个车桥的轮距。因此可以改善车辆的侧面支撑情况。改变轮距的作用是：

· 较宽的前轮距可减小不足转向程度，

· 较宽的后轮距可减小过度转向程度。

前部和后部稳定杆

转弯行驶时稳定杆提高弯道外侧车轮上的车轮负荷。同时减轻弯道内侧车轮的负荷并提高外侧车轮的侧偏角。

弹簧压缩侧的弹性在稳定杆扭力作用下得以提高，从而明显降低车辆侧倾。适用情况

・前部稳定杆可减小过度转向程度并提高不足转向趋势，

・后部稳定杆可减小不足转向程度并提高过度转向趋势。

降低车身高度

通过降低车身高度和加宽轮距可以更好地承受转弯时产生的离心力并达到较高的转弯速度。为得到最佳底盘调校结果，减振器与车辆弹簧必须彼此匹配。

・短弹簧

通过专用短弹簧可以缩短原始弹簧压缩行程。采用弹性递增的短弹簧时可以降低车辆重心，因此车辆具有运动型道路附着稳定性。由于弹簧行程较小，因此必须提高弹簧刚度。受此所限必须使用较硬、较短或回弹型减振器，以保证车辆具有较好的道路附着性。

・运动型减振器

剩余弹簧行程（= 可实现的减振器工作行程）随车身高度降低量和车身负荷的增加而减小。使用运动型减振器时可以实现更大的剩余弹簧行程。

运动型减振器的主要特点是

– 减振器特性（减振器硬度）固定或可调，
– 壳体较短，
– 活塞杆较短，
– 凹槽调节（用于调节后桥处车辆高度）。

・运动型弹簧套件

在运动型弹簧套件中减振器和底盘弹簧已组装在一起且彼此匹配。

降低车身高度时会带来一系列缺点：

・最小离地间隙减小，

・其他底盘组件的负荷较高，

・车身降低较多时需额外进行改装（例如车轮罩改装），以保证车轮运动不受阻碍。

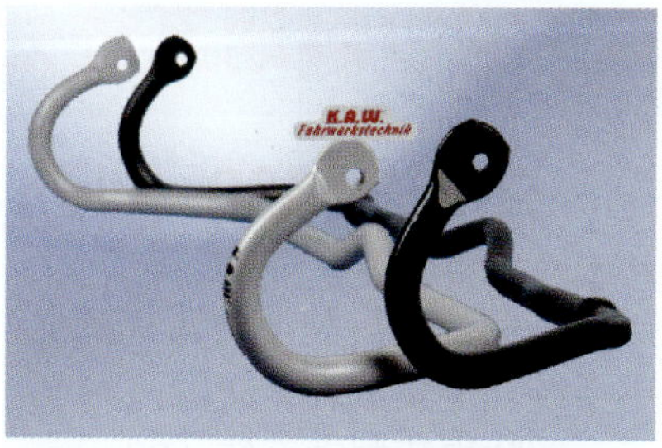
稳定杆

弹簧套件

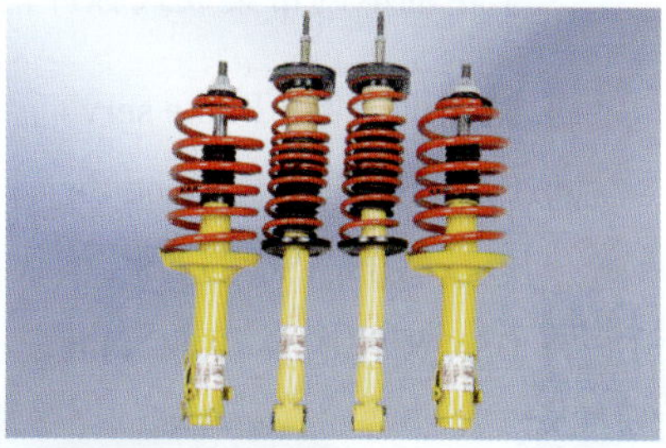
加强型套件

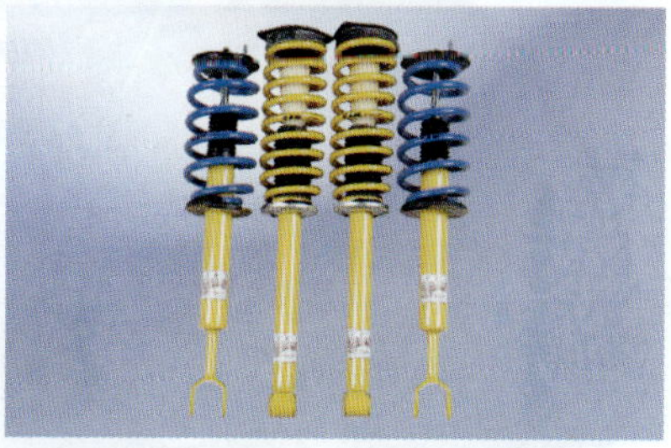
高性能套件

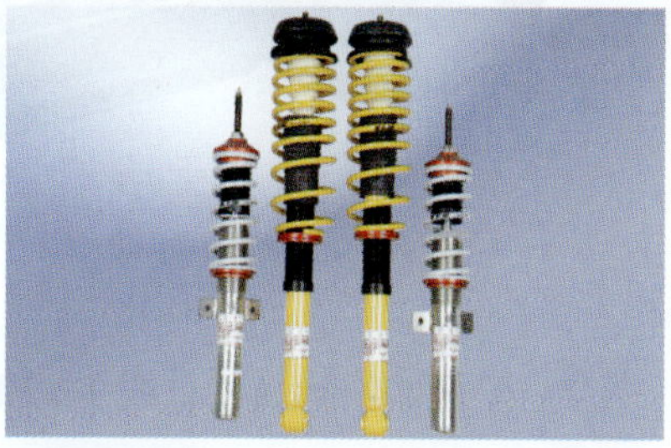
专业型套件

4.3 底盘改装和使用许可

有关底盘方面允许或不允许改装的信息请查阅道路交通许可规定第 19 章，第 2 段。安装非原厂部件时原则上使用许可失效。此后需按道路交通许可规定第 21 章单独颁发许可。

但是目前可以按道路交通许可规定第 19 章，第 3 段，利用部件鉴定证明简化底盘登记程序。为此只需 TV 或其他授权检测组织（DEKRA，GT）提供按道路交通许可规定第 19 章，第4 段安装的证明即可。在这种情况仅检查是否正确安装以及是否满足有关规定。

涉及技术方面的改装必须记录在车辆文件内。车辆注销或变更登记时，在车辆管理部门按道路交通许可规定第 27 章制定的原始注册登记文件上增添改装内容即可。但是必须随车携带安装证明。

C 通过制动系统知识实现质量保证要求

1 BMW 330 制动系统分析

技术数据和装备

车辆带有行驶动力调节系统，也称为电子稳定控制系统 ESP（ESP 5.7 + 带附加控制单元的 CAN）。以下系统功能集成在 ESP内：

- 防抱死制动系统 ABS，
- 电子制动力分配系统 EBV，
- 电子锁止式差速器 EDS （ABD 或 ETS），
- 驱动防滑控制系统 ASR，
- 发动机制拖力矩控制 MSR，
- 制动回路分布：前桥 / 后桥制动回路分布（II），
- 制动辅助系统，
- 带有12个2位2通电磁阀的4通道ABS，
- 至发动机控制系统、变速器控制系统和转向盘角度传感器的CAN数据总线接口，
- 车轮轴承内带集成式脉冲信号轮的主动式转速传感器。

1. 制动助力器 / Brake servo
2. DME 模块 / DME module
3. 包括 ABS/ASC 的 DSC 模块 / DSC module incl. ABS/ASC
4. DSC 预输送泵 / DSC charge pump

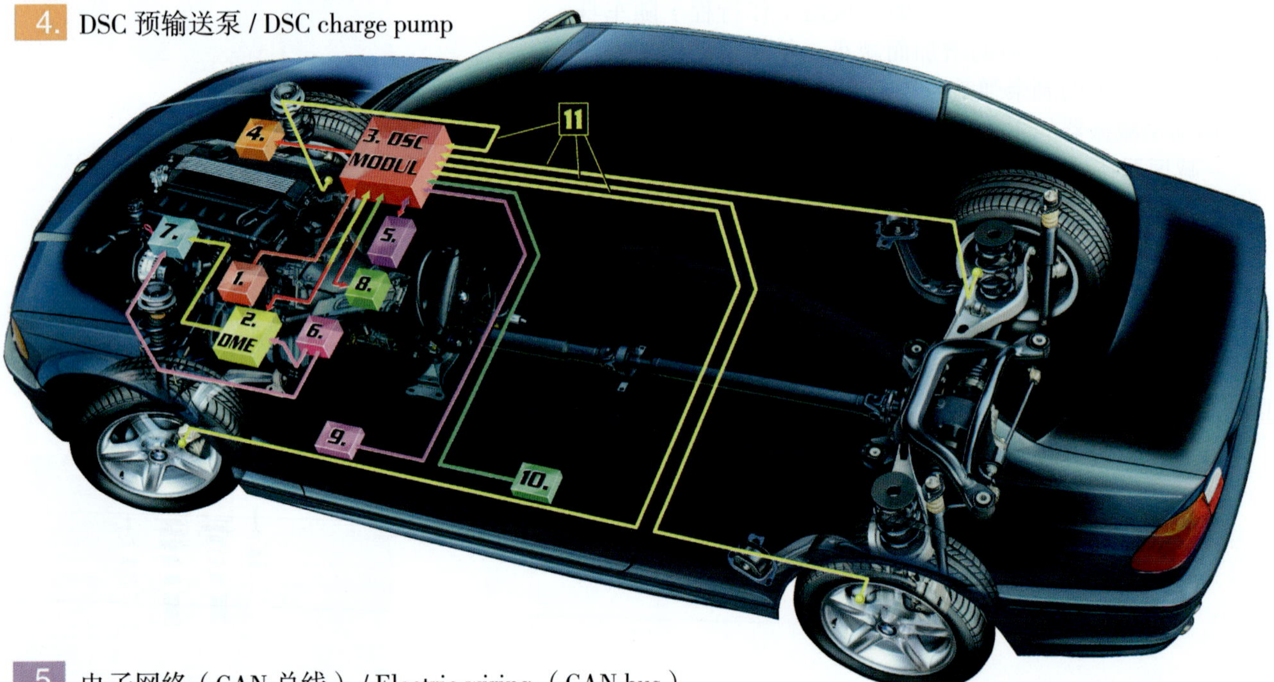

5. 电子网络（CAN 总线）/ Electric wiring （CAN bus）
6. 电子加速踏板（柴油发动机）/ Electric gas pedal （diesel）
7. 节气门控制（汽油发动机）/ Throttle butterfly conrol （petrol engine）
8. DSC 转向角传感器 / DSC steering angle sensor
9. DSC 横向加速度传感器 / DSC lateral acceleration sensor
10. DSC 偏转率传感器 / DSC yaw rate sensor
11. ABS/ASC/DSC 传感器 / ABS/ASC/DSC–sensors

下面将分析制动系统、驱动防滑控制系统和行驶动力控制系统。

1.1 制动基础知识

1.1.1 法律规定

有关制动的法律规定请查阅

- 道路交通许可规定，
- 欧盟指导准则，
- 欧洲经济委员会 ECE 规定。

道路交通许可规定第 41 章规定如下：

- 机动车必须装有两个彼此独立的制动系统（行车制动系统BBA 和驻车制动系统 FBA）或带有两个彼此独立操纵装置的一个制动系统。即使一个操纵装置有故障，另一个装置也必须正常工作。
- 两个制动系统中的一个系统（驻车制动系统）必须以机械方式工作且必须固定住停在坡道上的车辆以防其自行移动。
- 一部分断裂时必须能够制动住至少两个不在车辆同一侧的车轮。
- 行车制动器的平均减速度必须至少达到2.5m/s^2。
- 其中一个制动系统的操纵装置必须能用于驻车。
- 驻车制动器的平均减速度必须至少达到1.5m/s^2。

在道路交通许可规定第53章中给出了有关制动信号灯的说明：

- 操纵行车制动器时必须通过两个制动信号灯以向后发出红色光线的方式表示出来。在按 1. 1. 2000 注册登记的车辆上法律规定中部必须安装第三制动信号灯。

按道路交通许可规定第 29 章规定，机动车和挂车车主必须按规定时间间隔到相关部门处检查其车辆是否满足交通安全要求。在这个段落中还规定了最低制动效能 z（参见第 3 章）。

最低制动效能在制动试验台上确定，具体数值如下

- BBA：$z = 50$
- FBA：$z = 16$

详细信息参见：

www.verkehrsportal.de/stvzo/stvzo.html
www.stvzo.de/stvzo/inhalt.htm

1.1.2 制动过程

1.1.2.1 制动减速度

如果某一车辆在一定时间内从速度v_1制动减速到较低的速度v_2，则车辆表现为减速运动。

如果每个时间单位内速度变化量始终相同，则车辆为匀减速运动。适用情况

$$\text{制动减速度} = \frac{\text{速度变化量}}{\text{制动时间}}$$

$$a = \frac{v_1 - v_2}{t}$$

车辆制动至静止不动时（$v_2 = 0$），计算公式为

$$a = \frac{v}{t}$$

派生计算公式

$$a = \frac{v^2}{2s}$$

制动减速度 2.5 m/s^2 表示车速每秒钟降低 2.5 m/s。

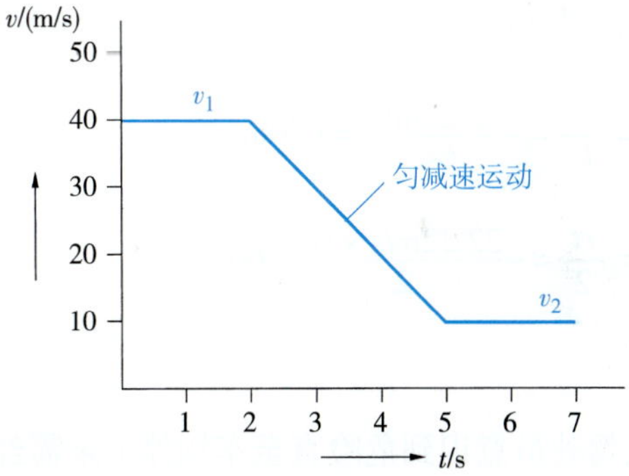

参数	公式符号	单位
速度变化量	v，Δv	m/s
制动时间	t	s
制动距离	s	m

1.1.2.2 制动距离

在 v–t 坐标图中制动距离通过三角形面积表示。

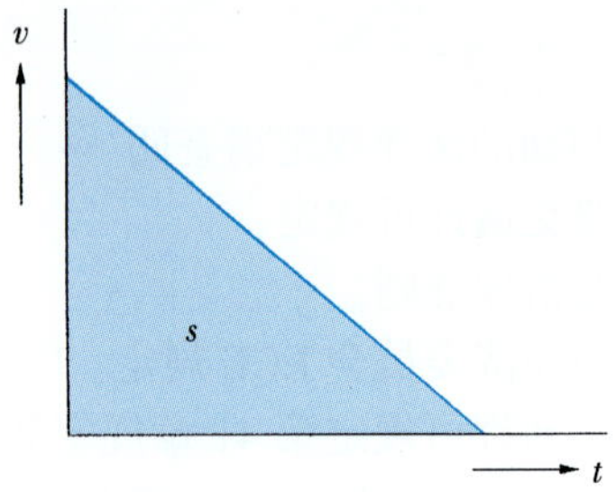

适用情况

$$制动距离=\frac{速度变化\times制动时间}{2}$$

$s=\frac{vt}{2}$ 派生计算公式 $s=\frac{v^2}{2a}$

根据该公式可以看出，速度提高两倍时制动距离提高四倍。

参数	公式符号	单位
制动距离	s	m
速度变化量	v	m/s
制动时间	t	s
制动减速度	a	m/s^2

制动时间

通过转换公式 $a=\frac{v}{t}$ 和 $s=\frac{vt}{2}$

$t=\frac{v}{a}$ 和 $t=\frac{2s}{v}$

例如：

一辆轿车在6s内从速度 80 km/h 制动至静止状态。

已知：v= 80 km/h = 80/3.6m/s = 22.22 m/s

t = 6s

求：减速度a

制动距离s

解：$a=\frac{v}{t}=\frac{22.22\text{m/s}}{6\text{s}}=3.70\text{m/s}^2$

$s=\frac{vt}{2}=\frac{22.22\text{m/s}\times6\text{s}}{2}=66.7\text{m}$

1.1.2.3 制动过程各阶段

从驾驶员意识到危险直至车辆停下来需经过一段时间。在这段时间内车辆还要移动较长的距离：

· 驾驶员反应时间t_R：从意识到危险直至开始操纵制动踏板的时间。反应时间在很大程度上取决于驾驶员身体和精神状态（疲倦，酒精的作用）。

对于正常休息后的驾驶员来说，这个时间为0.5~0.8s。

· 制动系统响应时间t_{AB}：从操纵制动踏板直至制动摩擦片与制动盘接触的时间（消除位置行程内的间隙）。

· 制动器达到极限的时间t_{SB}：从制动器开始工作直至制动力达到最大值的时间。

· 减速时间t_V：制动系统发挥全部效能并使车辆制动至静止的时间。

· 制动时间t_B：响应时间、达到极限的时间与减速时间之和。

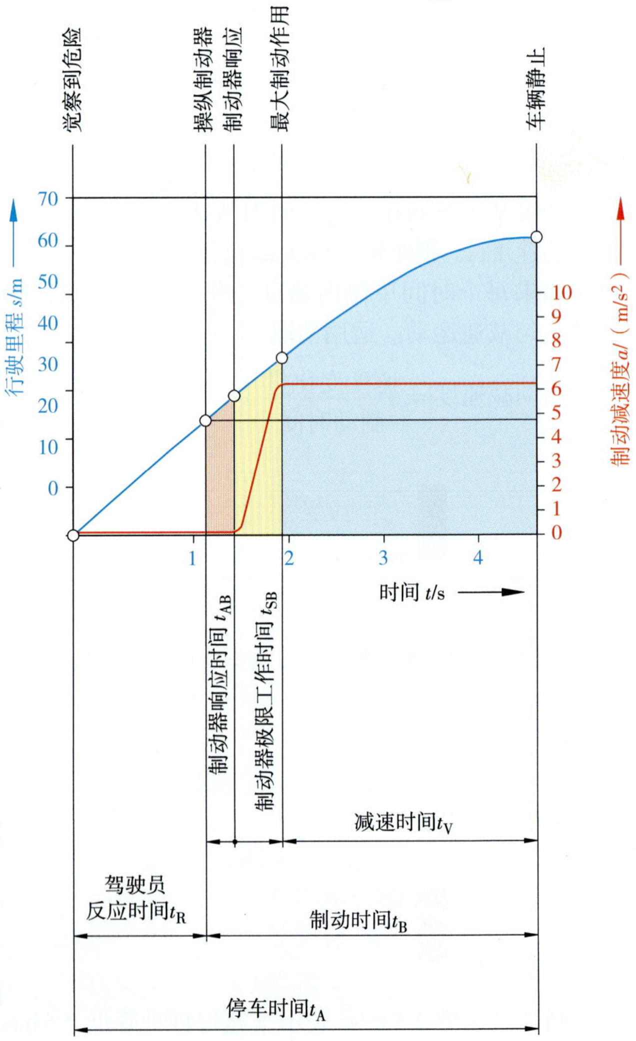

1.1.2.4 停车距离/停车时间

停车距离是指从意识到危险直至车辆静止所走过的距离。这个距离包括

· 驾驶员反应时间内走过的距离s_R

· 制动距离s

停车距离计算公式

$$s_A=s_R+s$$

$$s_A=vt_R+\frac{v^2}{2a}$$

停车时间计算公式

$$t_A=t_R+t$$

$$t_A=t_R+\frac{2s}{v}$$

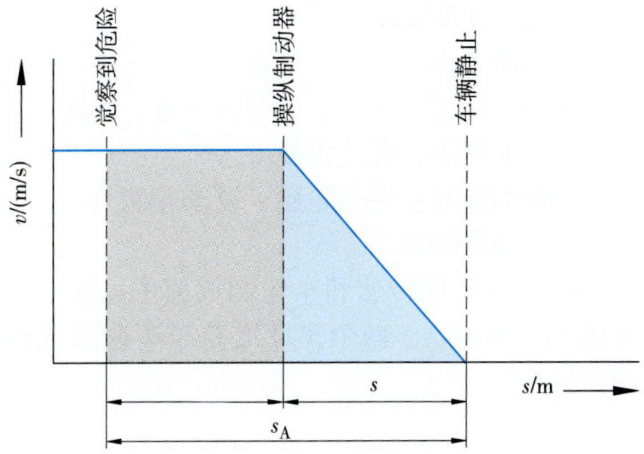

正常休息后驾驶员的反应时间：

s_R≈0.5~0.7

参数	公式符号	单位
停车距离	s_A	m
反应时间	t_R	s
停车时间	t_A	s

举例：

一辆轿车以90km/h 的速度在乡村公路上行驶。液压制动系统可达到的减速度为5m/s^2。驾驶员反应时间为 0.8s。停车距离多长？

已知：　v =90km/h

　　　　a =5m/s^2

　　　　t_R =0.8s

求：　　s_A（m）

解：

$$s_A=vt_R+\frac{v^2}{2a}$$

$$s_A=25\text{m/s}\times0.8\text{s}+\frac{25^2\text{m}^2/\text{s}^2}{2\times5\text{m/s}^2}$$

$$s_A=82.5\text{m}$$

制动距离大小还取决于其他影响因素：

· 路面状态：干燥，潮湿，结冰

· 轮胎状态：轮胎压力，胎面花纹深度

· 制动器状态

· 摩擦片状态：附有机油，表面光滑

· 制动器结构形式：产生制动衰退的鼓式制动器

· 车辆重量

1.1.3 制动力

制动力F_B取决于以下参数：

· 支撑力F_N

支撑力由车辆质量和装载质量决定。支撑力使轮胎与路面的接触面产生变形。

· 制动力系数μ_B

轮胎可传递的制动力按以下公式计算：

$$F_B=F_N\,\mu_B$$

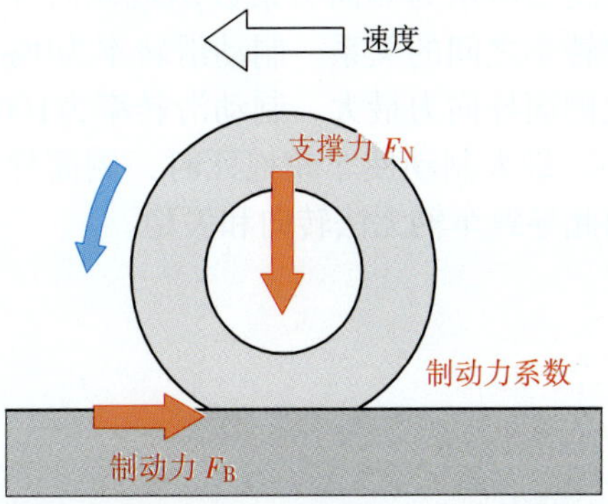

制动力系数μ_B还取决于

· 道路表面：水泥，沥青
· 路面状态：干燥、潮湿、下雪、结冰
· 轮胎状态：花纹深度
· 轮胎设计：冬季轮胎，夏季轮胎
· 制动滑转率

制动时车轮转速和车轮圆周速度v_U减小。圆周速度小于车速v_F。两个速度之差与车速之比称为制动滑转率λ。

$$\lambda=\frac{v_F-v_U}{v_F}$$

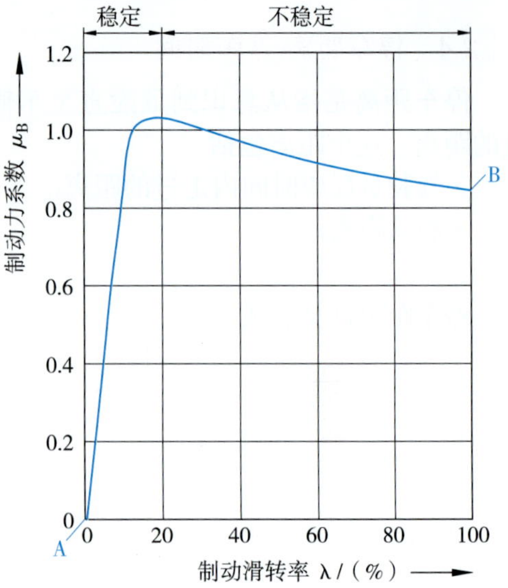

曲线图所示为制动力系数与制动滑转率和路面状态之间的关系。

车轮自由滚动时滑转率为零（A），车轮抱死时滑转率为100%（B）。滑转率较小时制动力系数迅速提高，因此制动力也迅速提高。制动滑转率为8%~35%时制动力系数达到其最高值。滑转率继续提高时制动力系数开始下降。

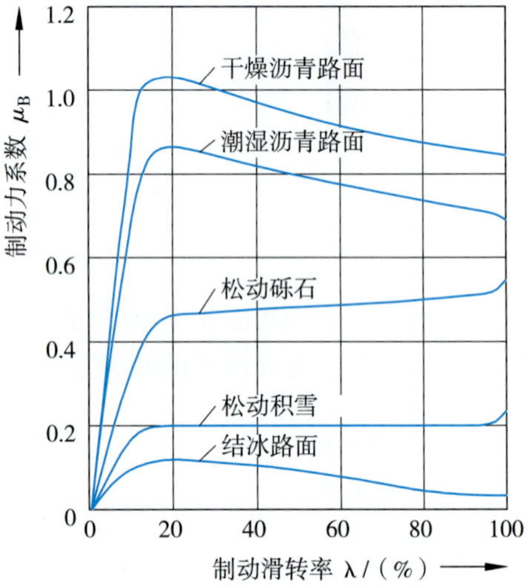

曲线上升区域是稳态区域，在这个区域内车辆可转向且保持稳定状态。在非稳态区域时，如果不降低制动压力，就会在短时间内造成车轮抱死。

在初雪和碎石路面上行驶时与其他情况不同。制动时会将车轮前面的初雪推成楔形，因此能提高可传递的制动力。

1.1.4 侧面导向力

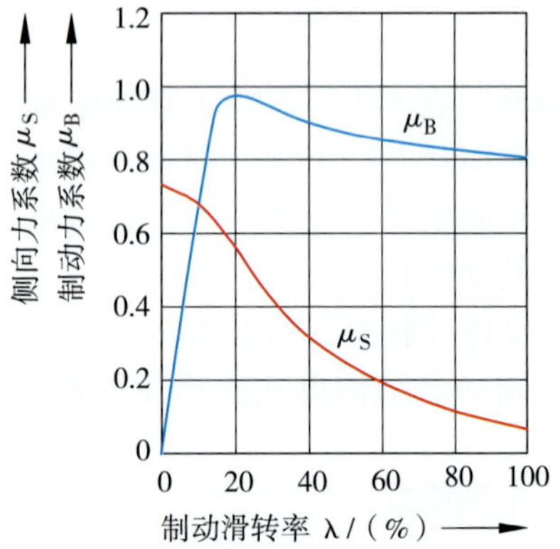

转弯行驶时，只有前车轮上提供足够大的侧向力，车辆才能转向。

最大侧向力取决于车轮负荷和侧向力系数。侧向力是行驶稳定性的一个衡量标准，因此称为侧面导向力。侧面导向力的计算公式如下

$$F_S=\mu_S F_N$$

曲线图所示为侧向力系数μ_S或侧面导向力F_S与制动滑转率之间的关系。制动滑转率为0%时侧向力系数或侧面导向力最大，制动滑转率为100%时其数值最小。最大制动使车轮抱死时，侧面导向力趋于零并因此导致车辆无法转向和失稳。

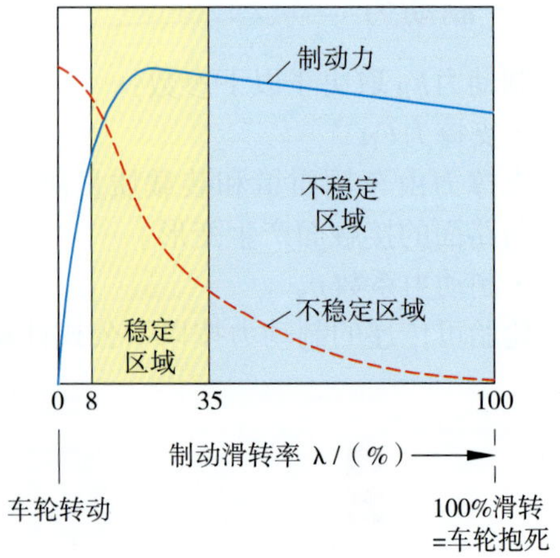

1.1.5 制动力与侧面导向力的合力

制动力与侧面导向力的合力可通过卡姆摩擦圆来解释。摩擦圆半径相当于道路表面与轮胎之间可传递的最大附着力：

$$F_{Bmax}=F_N\mu_{HB}=B$$

只要制动力B与侧面导向力S的合力G位于卡姆圆内，制动时车辆就会保持轨迹稳定。

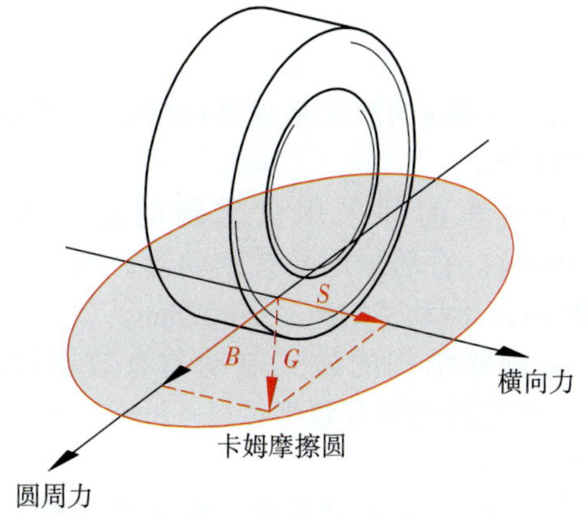

制动力与侧面导向力的合力

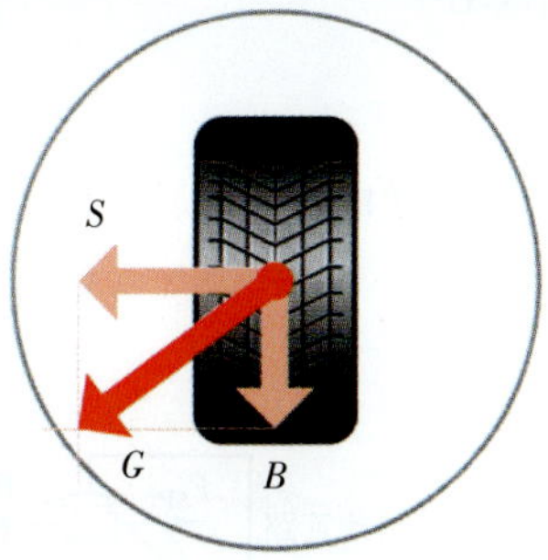

合力位于卡姆圆内。制动力和侧面导向力不影响车辆的转向能力。

侧面导向力随制动力提高而减小。

车辆仍能转向。

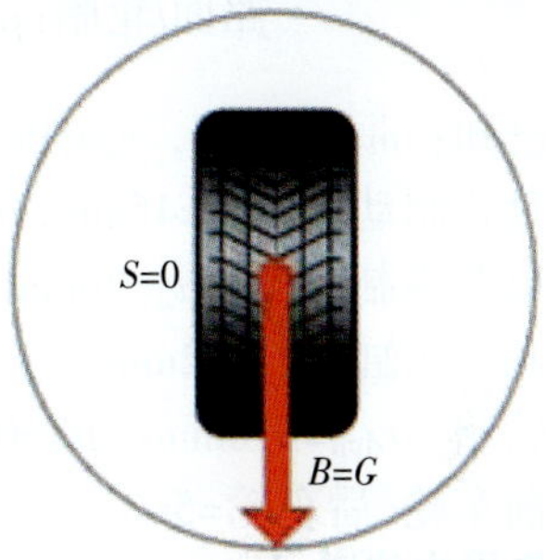

轮胎传递100%的制动力时，侧面导向力为零。即将抱死的车轮使车辆无法转向。

1.1.6 防抱死制动系统（ABS）的工作范围

因为只有制动期间相对路面的滑转不过大时，轮胎才能传递制动力和侧面导向力，所以防抱死制动系统的工作范围在最大制动力的范围内。曲线图所示为最大制动时仍有足够大的侧面导向力确保车辆正常转向。第二个曲线图为不同路面状态下的工作范围。

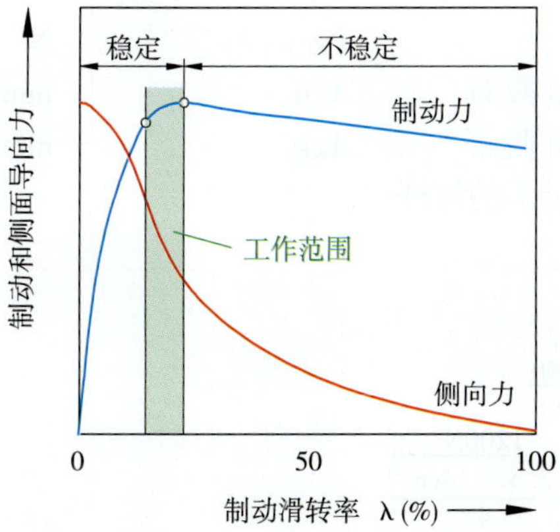

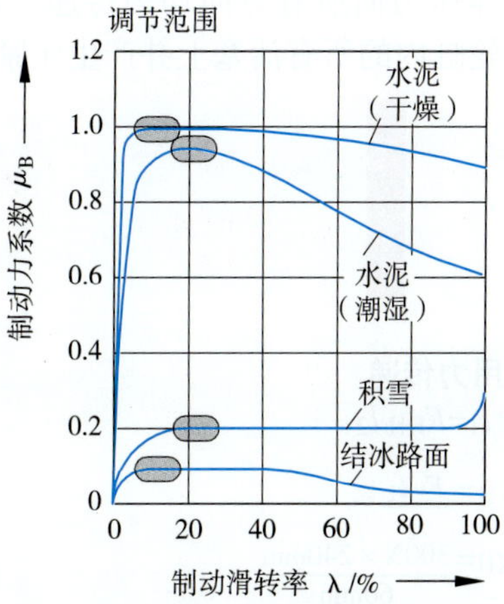

举例：制动力矩和制动力计算

问题提出

m=2000kg的轿车从速度v=50km/h开始以最短时间制动。

该轿车前部采用盘式制动器，活塞直径d_2=45mm；后部采用鼓式制动器，制动轮缸直径d_3=26mm。制动主缸直径d_1=22mm。

单领蹄结构的鼓式制动器有效半径r_w=105mm，盘式制动器有效半径r_w=88mm。轮胎动态半径r_{dyn}=310mm。

制动时车辆重量在前车轮和后车轮上的分配比例为5:3.

摩擦因数：盘式制动器：μ_G=0.4

鼓式制动器：μ_G=0.4

路面/轮胎：μ_B=0.8

问题解决

已知：m=2000kg，v_a=50km/h

盘式制动器：d_2=45mm，r_w=88mm，μ_G=0.4

单领蹄制动器：d_2=26mm，r_w=105mm，μ_G= 0.4

制动主缸：d_1=22mm

轮胎：r_{dyn}=310mm，μ_B=0.8

前车轮: 后车轮=5:3

液压作用力传递

在液压制动系统内通过以下传动增大脚踏力

· 杠杆传动，

· 液压传动，

· 制动助力（1:2~1:4）。

脚踏力F_F通过制动踏板连杆的杠杆作用在制动主缸内的活塞上：

$$F_F l_1 = F_{KH} l_2$$

活塞力F_{KH}在制动主缸内产生管路压力p_L

$$p_L = \frac{F_{KH}}{A_{KH}}$$

液体压力向所有方向均匀传递。该压力作用在制动轮缸内的所有活塞上并产生压紧力 F_{SP}

$$F_{SP} = p_L A_{KR}$$

$$F_{SP} = \frac{F_{KH} A_{KR}}{A_{KH}}$$

解答1

液压作用力传递

$$F_F l_1 = F_{KH} l_2$$

$$F_{KH} = \frac{F_F l_1}{l_2}$$

$$F_{KH} = \frac{300\text{N} \times 240\text{mm}}{60\text{mm}}$$

$$F_{KH} = \underline{\underline{1200\text{N}}}$$

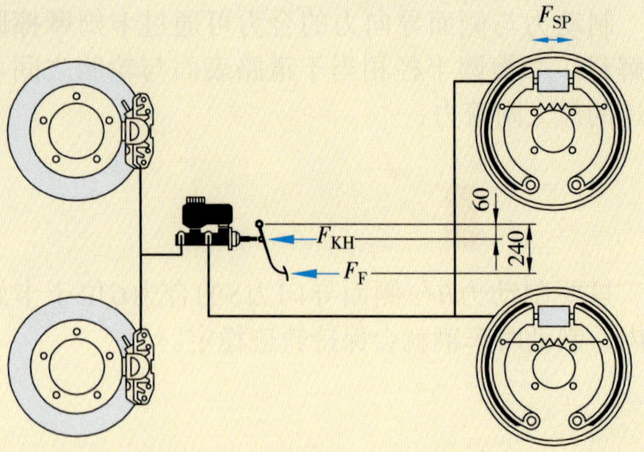

必须确认或确定制动器是否在制动器未抱死或车轮未打滑的情况下工作。

求：F_{BR}，$F_{BR\,max}$

t，s

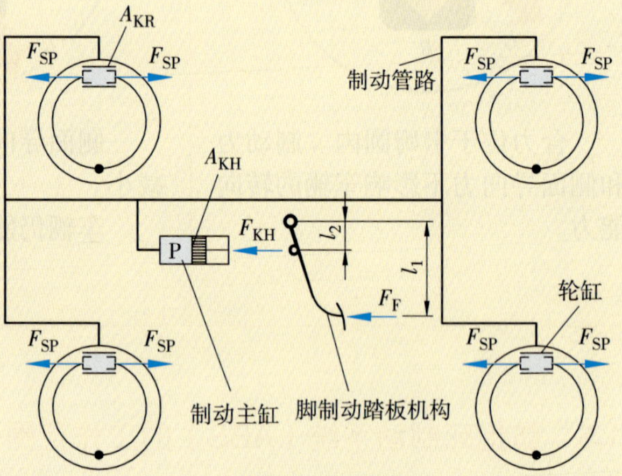

参数	公式符号	单位
惯性力，制动力，活塞力，压紧力，脚踏力	F_T，F_B，F_{KH}，F_{SP}，F_F	N
制动主缸截面	A_{KH}	mm^2
制动轮缸截面	A_{KR}	mm^2
制动踏板上的杠杆		

管路压力

$$p_L = \frac{F_{KH}}{A_{KH}}$$

$$p_L = \frac{1200\text{N}}{\frac{2.2^2 \times 3.14\text{cm}^2}{4}}$$

$$p_L = 316\ \frac{\text{N}}{\text{cm}^2} = \underline{\underline{31.6\text{bar}}}$$

圆周力

鼓式制动器

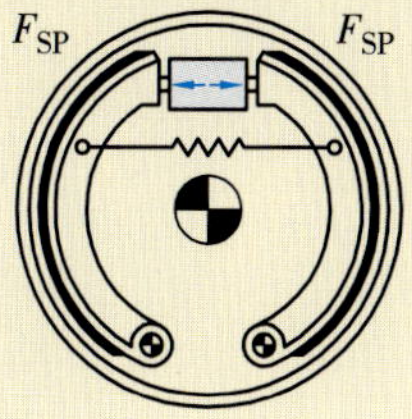

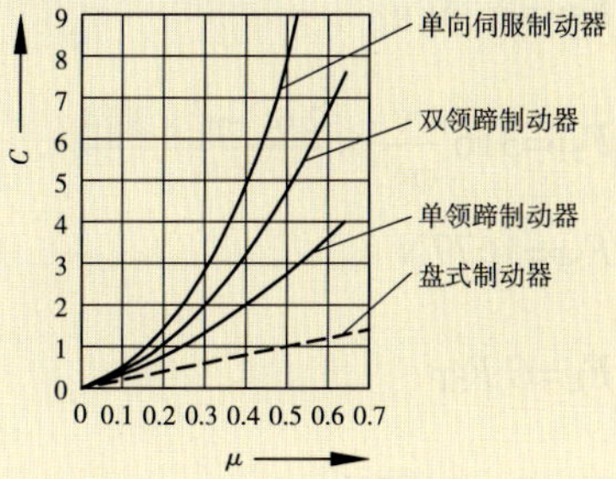

轮缸活塞必须将以可转动方式支撑的制动蹄片压到制动鼓上。由此在制动鼓圆周上产生一个与圆周力F_U相等的摩擦力。圆周力F_U借助制动器特征值C计算得出。制动器特征值C考虑了制动器结构形式和摩擦副。该特征值取自曲线图。

$$F_U=C\,F_{SP}$$

盘式制动器

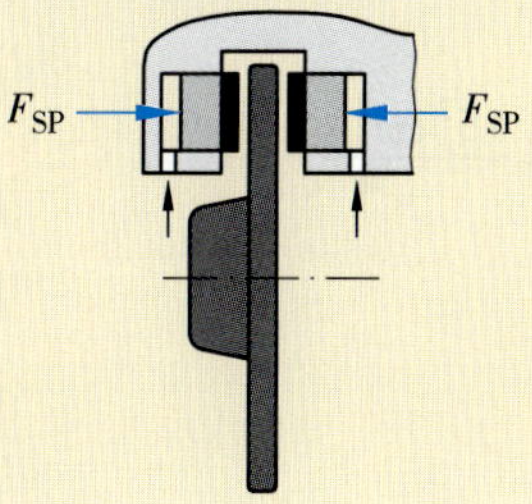

制动轮缸将各摩擦片压到制动盘上。在盘式制动器中产生两个或四个压紧力（固定式制动钳）。圆周力F_U计算公式

$$F_U=z\mu_G F_{SP}\ （z=2或4）$$

参数	公式符号	单位
圆周力	F_U	N
压紧力	F_{SP}	N
制动器特征值	C	-
滑动摩擦因数	μ_G	-

制动力矩，制动力

制动器上的制动力矩

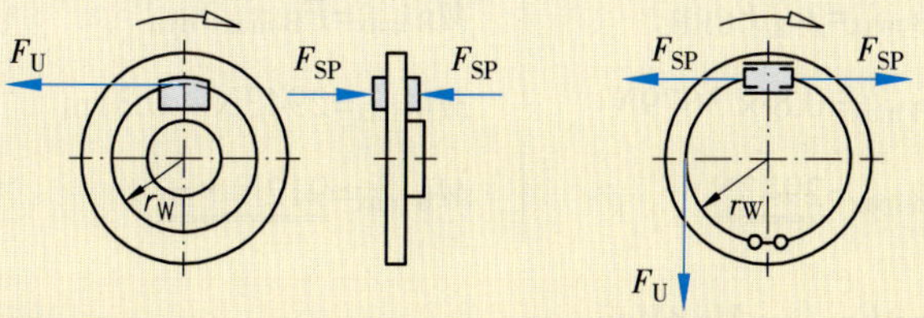

在圆周力F_U的作用下制动器上产生一个转动力矩，即制动力矩M_B。

$$M_B=F_U\,r_W$$

车轮上的制动力矩

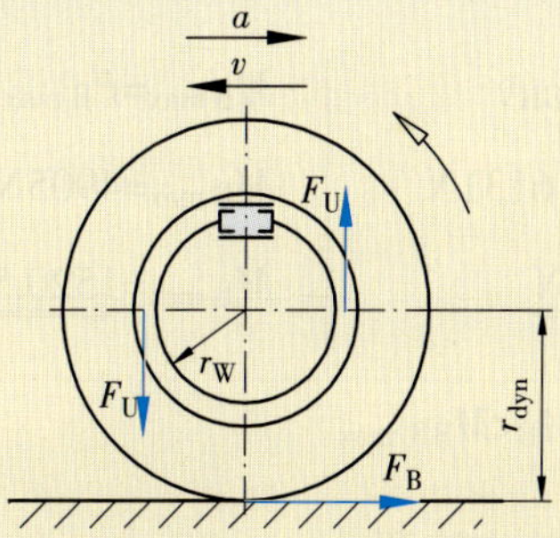

制动力F_B在轮胎动态半径r_{dyn}处产生一个作用在车轮上的制动力矩M_{BR}。

$$M_{BR}=F_B\,r_{dyn}$$

制动器的制动力矩M_B抵消车轮上的制动力矩M_{BR}。

车轮刚好还能转动	车轮抱死
$M_B<M_{rad}$	$M_B>M_{rad}$
·制动器内滑动摩擦	·制动器内附着摩擦
·车轮与路面之间附着摩擦	·车轮与路面之间滑动摩擦
⊕ 制动距离较短	⊖ 制动距离较长

$$M_B=M_{BR}$$

$$F_U\,r_W=F_B\,r_{dyn}$$

$$F_B=\frac{F_U\,r_W}{r_{dyn}}$$

参数	公式符号	单位
制动力	F_B	N
圆周力	F_U	N
制动器有效半径	r_W	mm
轮胎动态半径	r_{dyn}	mm

解答2

盘式制动器上的制动力/制动力矩

$F_{SP}=p_L A_{KR}$

$F_{SP}=316\ \frac{N}{cm^2}\times\frac{4.5^2\ cm^2\times 3.14}{4}$

$F_{SP}=5023N$

$F_U=2\ F_{SP}\ \mu_G$

$F_U=2\times 5023N\times 0.4$

$F_U=4018N$

$F_B=\frac{F_U\ r_W}{r_{dyn}}$

$F_B=\frac{418N\times 0.088m}{0.310m}$

$F_B=1141N$

$M_B=F_U\ r_W$

$M_B=4018N\times 0.088m$

$M_B=353.6N\cdot m$

鼓式制动器上的制动力/制动力矩

$F_{SP}=p_L A_{KR}$

$F_{SP}=316\ \frac{N}{cm^2}\times\frac{2.6^2\ cm^2\times 3.14}{4}$

$F_{SP}=1677N$

$F_U=C\ F_{SP}$

$F_U=2\times 1677N$

$F_U=3354N$

$F_B=\frac{F_U\ r_W}{r_{dyn}}$

$F_B=\frac{3354N\times 0.105m}{0.310m}$

$F_B=1136N$

$M_B=F_U\ r_W$

$M_B=3354N\times 0.105m$

$M_B=352.2N\cdot m$

车辆重力

$F_G=mg$

$F_G=2000kg\times 9.8\ m/s^2$

$F_G=19620N$

前车轮负荷

$F_{GRV}=\frac{19620N\times 5}{8\times 2}$

$F_{GRV}=6131N$

后车轮负荷

$F_{GRV}=\frac{19620N\times 3}{8\times 2}$

$F_{GRV}=3679N$

前车轮最大制动力/最大制动力矩

$F_{B\ max}=\mu_B\ F_{GRV}$

$F_{B\ max}=0.8\times 6131N$

$F_{B\ max}=4905N$

$M_{B\ max}=F_{B\ max}\ r_{dyn}$

$M_{B\ max}=4905N\times 0.31m$

$M_{B\ max}=1520.5N\cdot m$

后车轮最大制动力/最大制动力矩

$F_{B\ max}=\mu_B\ F_{GRH}$

$F_{B\ max}=0.8\times 3679N$

$F_{B\ max}=2943N$

$M_{B\ max}=F_{B\ max}\ r_{dyn}$

$M_{B\ max}=2943N\times 0.31m$

$M_{B\ max}=912N\cdot m$

$F_B<F_{B\ max}$; $M_B<M_{BR\ max}$

前桥车轮未抱死。

$F_B<F_{B\ max}$; $M_B<M_{BR\ max}$

后桥车轮未抱死。

最大制动力，最大制动力矩

在车轮未抱死的情况下可传递到路面上的最大制动力$F_{B\ max}$等于附着摩擦力F_{HR}

$$F_B=\mu_B\ F_{GR}$$

参数	公式符号	单位
最大制动力	$F_{B\ max}$	N
车轮负荷	F_{GR}	N
附着摩擦因数	μ_B	-

最大制动力矩$M_{BR\ max}$计算公式

$$M_{B\ Rmax}=F_{B\ max}\ r_{dyn}$$

注意：

制动时前车轮负荷增加，后车轮负荷减小。

1.2 防抱死制动系统ABS

防抱死制动系统 ABS 是一种调节式制动系统。该系统在紧急制动时防止车轮抱死。

1.2.1 系统组件

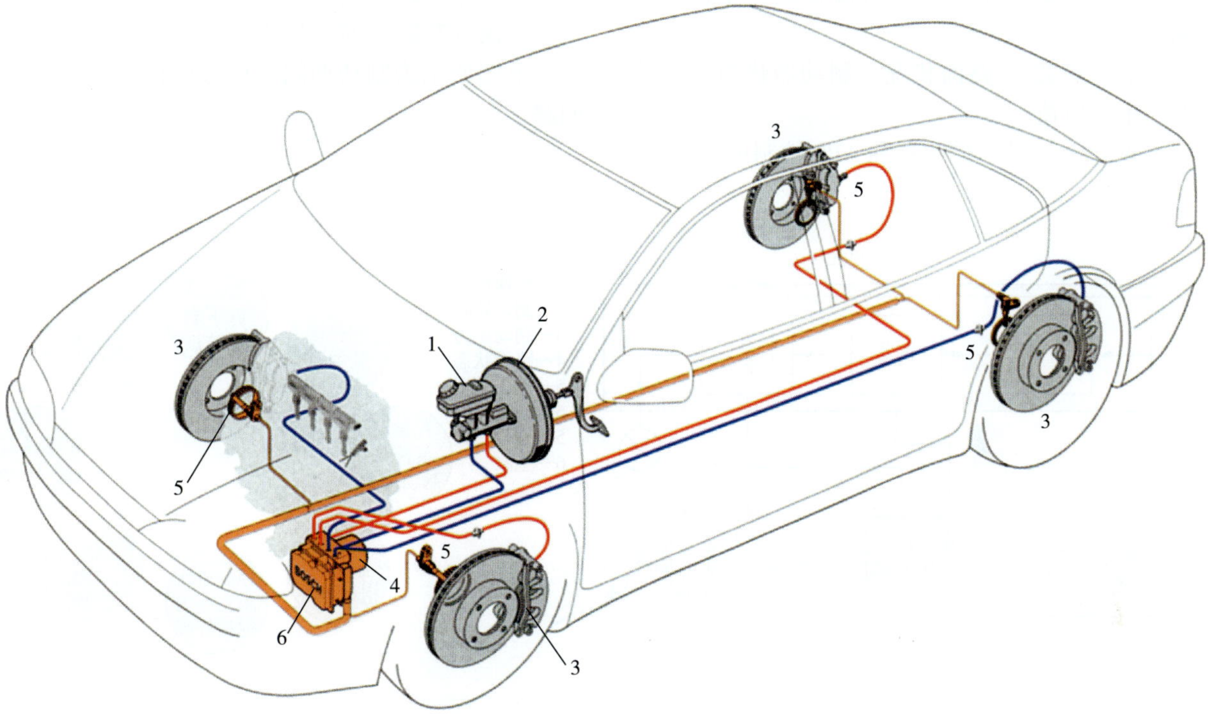

液压制动系统组件，例如
- 串联制动主缸 1，
- 真空助力器 2，
- 车轮制动器 3，

增加了 ABS 组件，例如
- 液压单元 4，
- 所有车轮上的转速传感器 5，
- ABS 附加控制单元 6，
- ABS 指示灯。

在 ABS 制动系统中三个功能范围彼此合作：

电子系统	液压系统/气动系统	机械机构
行驶期间前车轮和后车轮上的转速传感器探测车轮速度并将信息发送给控制单元。驾驶员进行制动时，控制单元根据传感器信号识别一个或多个车轮是否有抱死趋势。控制单元控制液压总成内的电磁阀和回流泵。	驾驶员操纵脚制动器时串联主缸内产生液压压力。这个压力作用在液压总成内。 控制单元控制液压总成内的电磁阀和回流泵，从而降低、提高或保持制动轮缸内的制动压力。	制动轮缸活塞将液压压力转换为压紧力，压紧力则将各摩擦片压紧到制动盘上或将制动蹄片压紧到制动鼓上。

1.2.2 ABS 调节回路

ABS 调节回路

所有路面状况下的行驶稳定性和转向能力通过 ABS 调节回路来保证：

- 调节对象：轮胎和路面摩擦副，车轮上的车辆质量
- 干扰参数：路面状况、制动器状态、轮胎状态、车辆负荷
- 调节器：转速传感器和 ABS 控制单元
- 调节参数：车轮转速和车轮转速变化量、制动滑转率
- 主导参数：驾驶员给定的制动压力
- 执行参数：制动压力

下图所示为制动期间 ABS 进行干预时的调节回路。

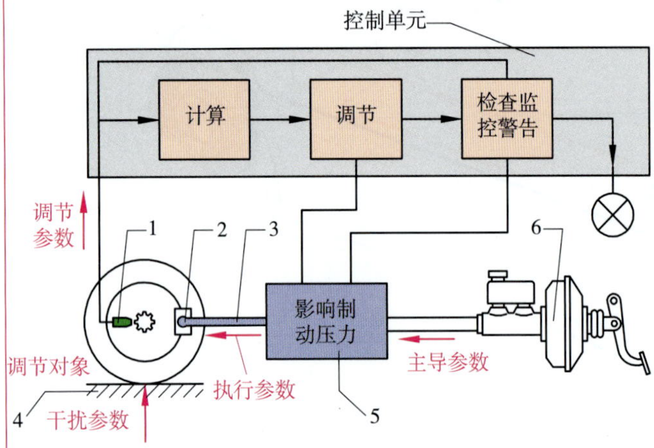

1—转速传感器
2—制动轮缸
3—制动压力
4—路面状态
5—液压总成
5a—电磁阀
5b—回流泵
6—主缸

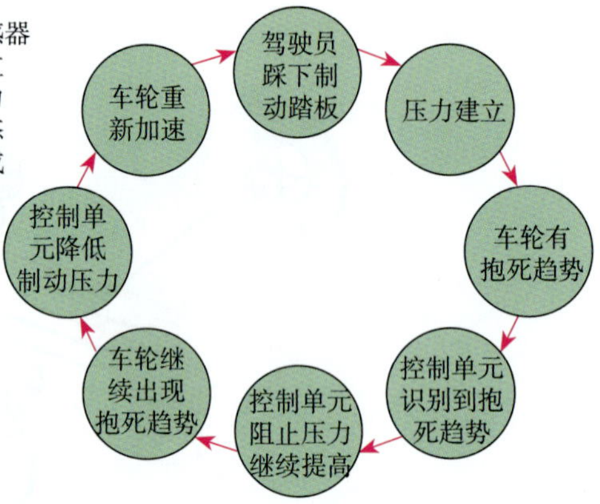

制动过程

无ABS

如果最大制动时车轮抱死，则车辆无法转向且进入非稳定状态。

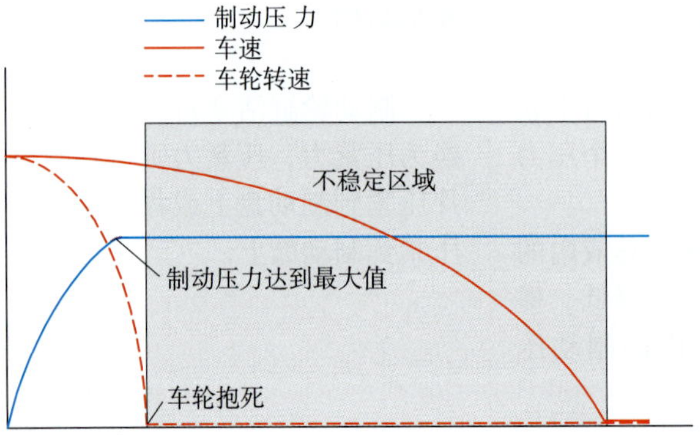

带ABS

受控最大制动时，控制单元根据转速下降程度识别某一车轮的抱死趋势。控制单元将电磁阀切换到“保持压力”，制动压力保持不变（A）。如果制动滑转率和抱死趋势继续提高，则切换为“降低压力”（B），抱死趋势减小。如果制动滑转率降低到某一数值以下，控制单元再次使电磁阀切换为“建立压力”（C），压力以脉冲方式提高。

根据路面特性每秒钟执行4~10个调节循环。

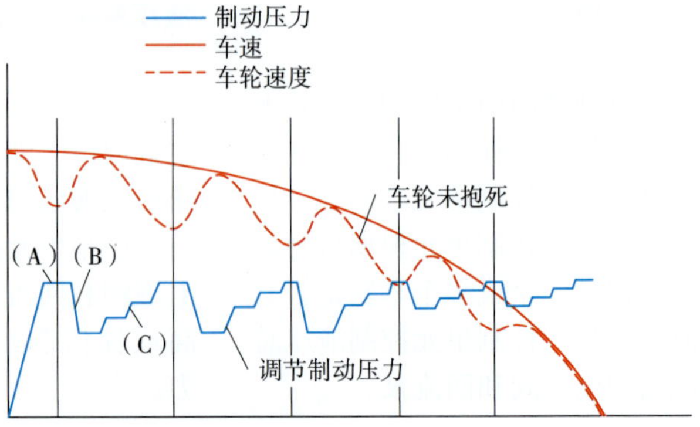

1.2.3 电子系统

1.2.3.1 系统概览

该系统有四个转速传感器，传感器信号在控制单元内处理。信号用于控制回流泵和电磁阀。在以下情况下制动系统指示灯亮起

· 打开点火开关时亮起，车辆自检后熄灭，
· 驻车制动器拉紧时，
· 制动液液位过低时。

在以下情况下 ABS 指示灯亮起

· 打开点火开关时亮起，车辆自检后熄灭，
· ABS 装置失灵时。

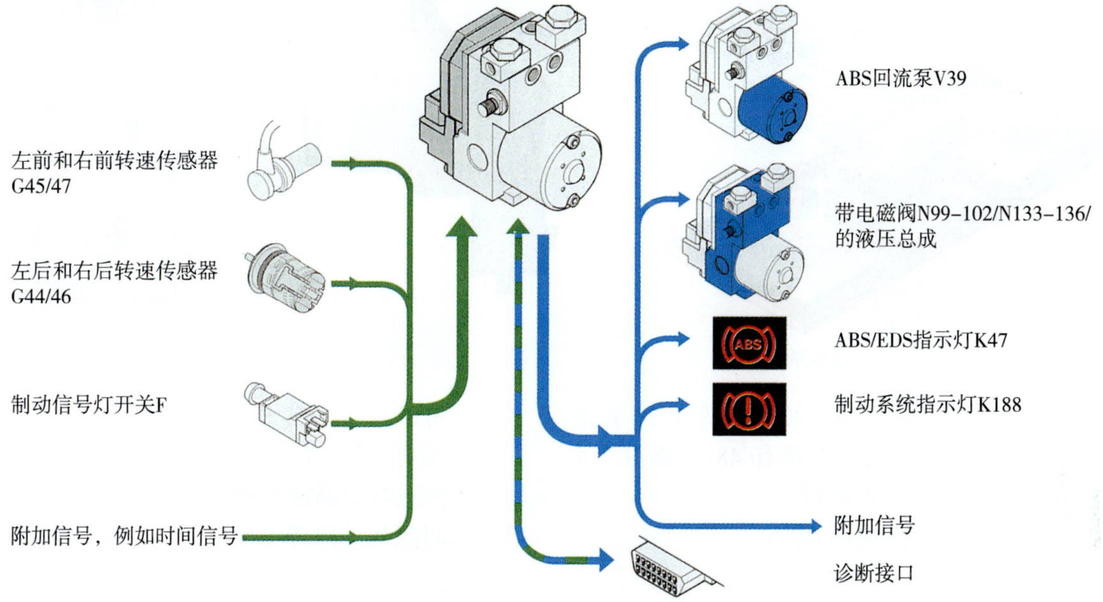

1.2.3.2 传感器，执行机构

转速传感器

四个车轮中每个车轮上都装有转速传感器，转速传感器探测车轮转速变化量并以转速信息形式发送给控制单元。在前车轮上转速传感器轴线指向脉冲信号轮布置，在后车轮上沿径向指向脉冲信号轮布置。

感应式转速传感器

原理图/线路图

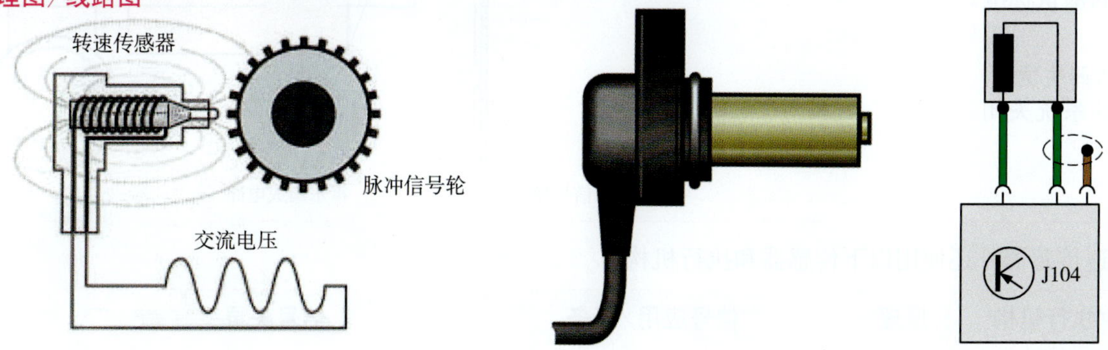

功能

转速传感器按电感传感器原理工作。传感器由一个永久磁铁和一个连接在控制单元上的线圈组成。永久磁铁产生磁通量。传感器脉冲信号轮转动时其轮齿造成磁通量发生变化。磁通量变化促使线圈内产生一个正弦交流电压。控制单元根据该交流电压的频率计算出转速。

转速传感器失灵

ABS 系统关闭。

除感应式传感器外还有被称为主动式传感器的增量转速传感器。与感应式传感器不同，这些传感器需外部供电。

主动式车轮转速传感器

原理图/线路图

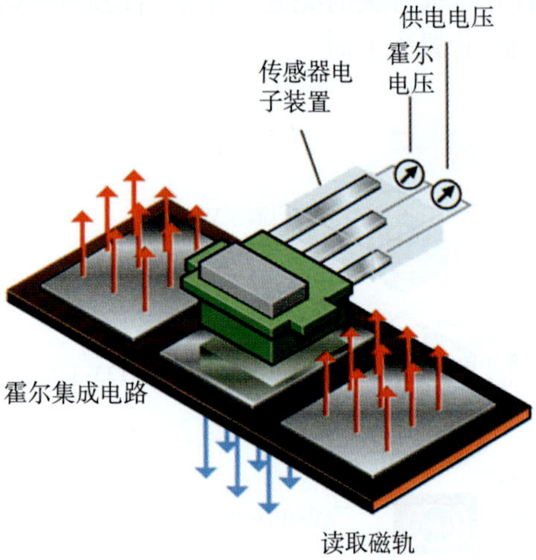

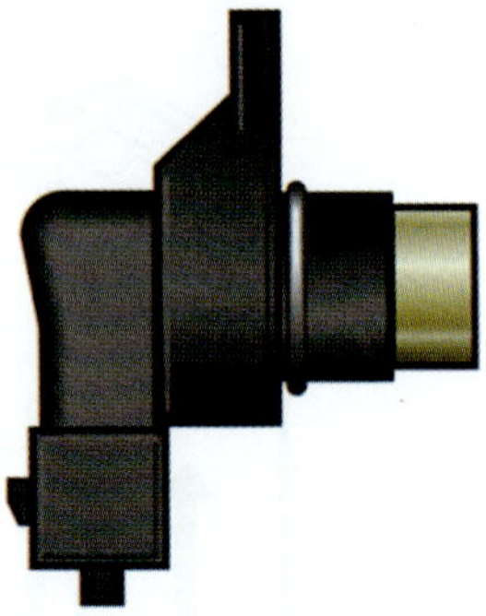

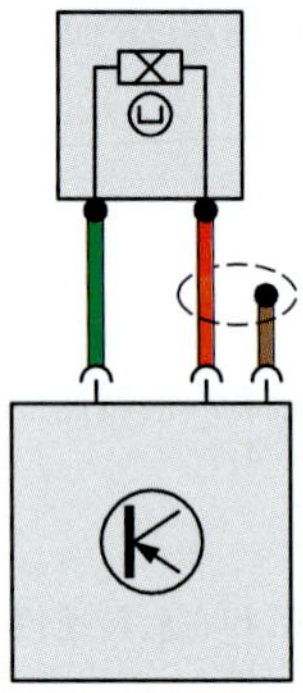

主动式传感器以固定方式安装在车轮轴承壳体内。例如，脉冲信号轮是布置有 48 对磁极（N 极 / S 极）的车轮轴承磁化密封环。

主动式车轮转速传感器的优点：

- 可以从 0 km/h 开始测量速度。
- 所需安装空间较小。
- 传感器耐腐蚀性强。
- 间隙几乎保持不变。

功能

传感器的核心部件是有电流流过的霍尔集成电路。集成电路产生霍尔电压。

传感器元件的配对部件是不同区域按磁北极和磁南极磁化的信号轮。

车轮轴承转动时，磁南极和磁北极密集地从传感器旁经过。因为磁北极和磁南极交替作用在读取磁轨上，所以产生一个矩形脉冲，脉冲频率是转速的衡量标准。

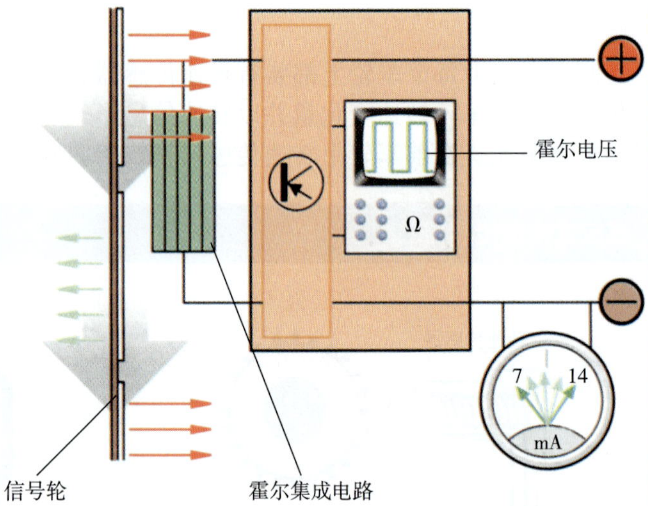

传感器失灵

ABS 系统关闭。

除转速传感器外还使用以下传感器和执行机构：

传感器/执行机构	原理	信号应用/任务	信号失灵
制动信号灯开关	开关	提供“制动器操纵”信息	舒适性降低，例如制动踏板脉动较严重
液压泵	–	为系统提供压力油	ABS 装置关闭。指示灯亮起
液压单元	电磁阀	在建立压力、保持压力和降低压力三个调节阶段之间切换	ABS 装置关闭。指示灯亮起

传感器/执行机构	原理	信号应用/任务	信号失灵
制动系统指示灯	灯泡	在以下情况下亮起 ·打开点火开关（车辆自检后熄灭）， ·驻车制动器拉紧， ·制动液液位过低	车辆自检时指示灯不亮起
ABS 指示灯	灯泡	在以下情况下亮起 ·打开点火开关（车辆自检后熄灭）， ·ABS 装置失灵	车辆自检时指示灯不亮起

1.2.3.3 电路图

这个简化电路图用于表示组件之间的关系。

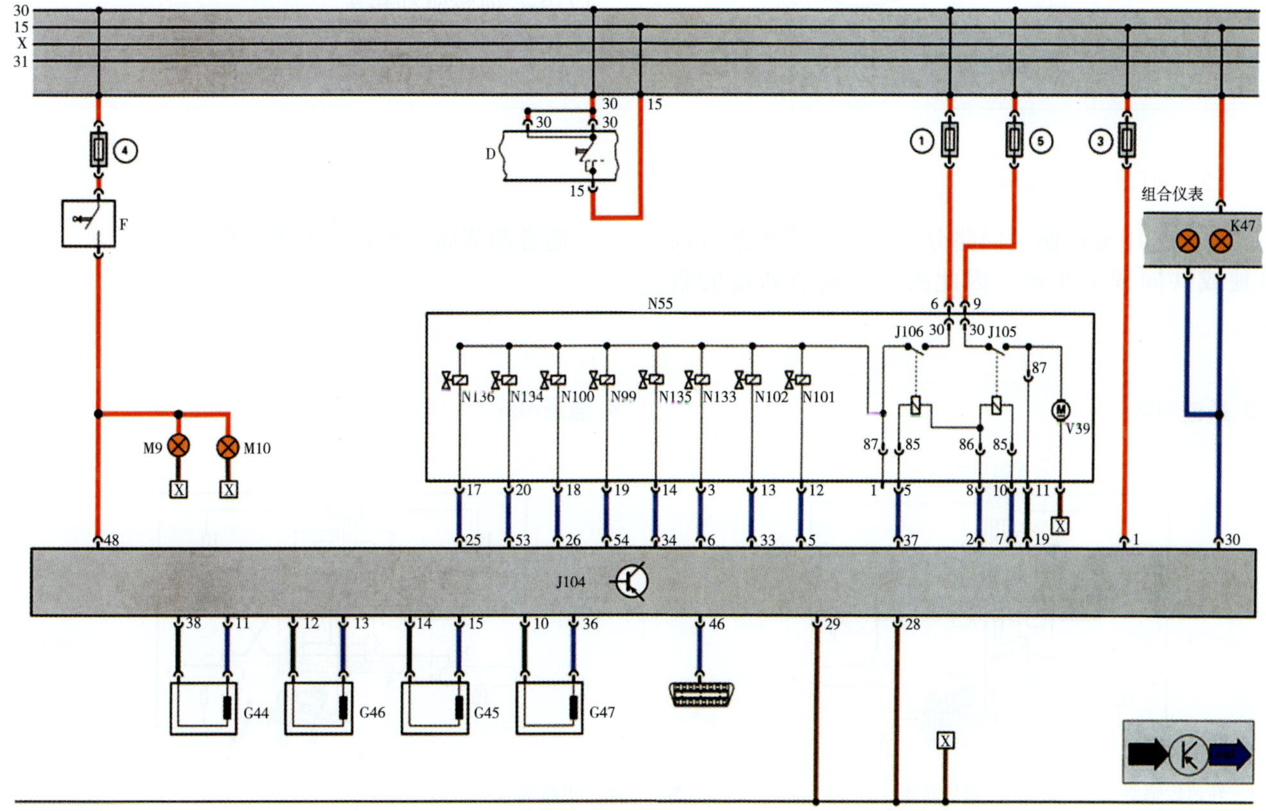

彩色编码

=输入信号　　=正极

=输出信号　　=接地

部件

D	点火开关	M9	左侧制动信号灯灯泡
F	制动信号灯开关	M10	右侧制动信号灯灯泡
G44	右后转速传感器	N55	ABS 液压单元
G45	右前转速传感器	N99	右前 ABS 输入阀
G46	左后转速传感器	N100	右前 ABS 输出阀
G47	左前转速传感器	N101	左前 ABS 输入阀
J104	ABS 控制单元	N102	左前 ABS 输出阀
J105	ABS 回流泵继电器	N133	右后 ABS 输入阀
J106	ABS 电磁阀继电器	N134	左后 ABS 输入阀
J218	组合仪表内的组合仪表处理器	N135	右后 ABS 输出阀
K33	制动液液位指示灯	N136	左后 ABS 输出阀
K47	ABS 指示灯	V39	ABS 回流泵

1.2.4 液压系统/气动系统

1.2.4.1 制动回路分布

为防止液压系统失灵，在此使用双回路制动系统。两个回路彼此独立，每个回路本身都能产生足够的制动效能。在制动系统中制动回路采用两种布置方式：

缩写符号	结构形式	分布形式
II (HT)	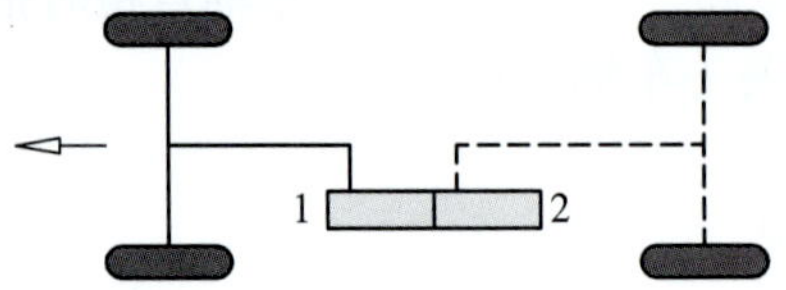	前桥和后桥分别构成一个独立回路。 应用：后轮驱动或四轮驱动轿车
X	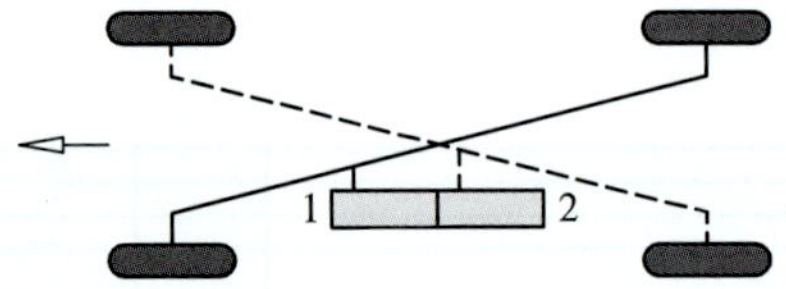	一个前车轮和一个位于对角处的后车轮构成一个制动回路。 应用：前轮驱动轿车

1.2.4.2 ABS 系统型号

无论采用哪种制动回路分布形式，系统都可以单独或共同调节车轮。因此决定了调节通道的数量。

通常调节通道按如下方式分布：

3 通道ABS

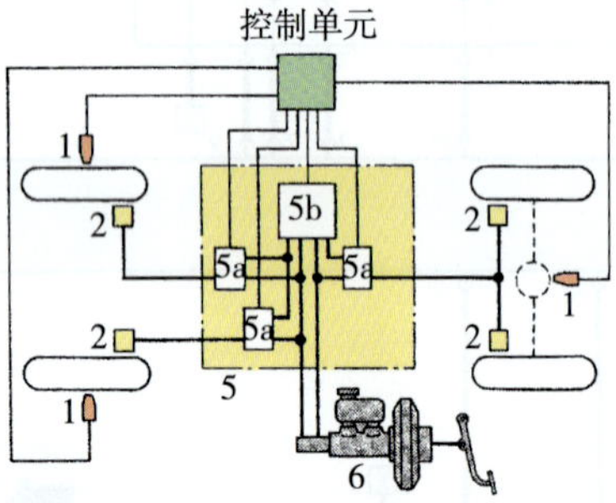

1—转速传感器　　5—液压总成
2—制动轮缸　　6—串联制动主缸

该系统有3个调节通道和3个转速传感器。

前车轮制动力通过两个电磁阀来调节，后车轮通过一个电磁阀一起调节。

应用：前桥分布 / 后桥分布

4 通道ABS

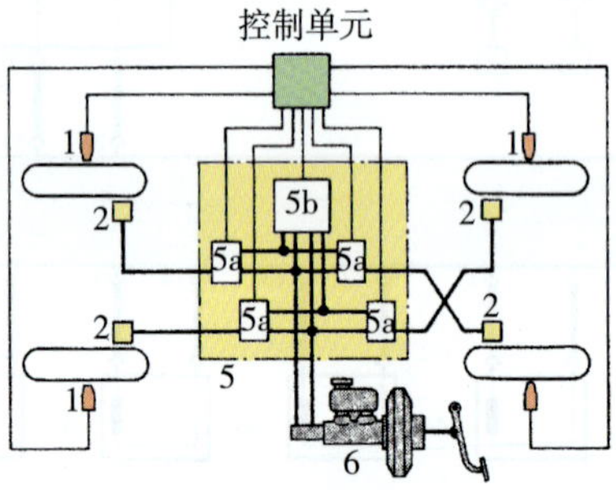

5a—电磁阀
5b—回流泵

该系统有4个调节通道和4个转速传感器。

系统针对每个车轮单独调节制动力。

应用：对角分布

双通道系统组件较少且成本较低。因为系统功能有限，所以目前已不再使用。

液压回路图所示的制动系统是制动回路对角分布的4通道系统。两个制动回路分别带有一个蓄液室和缓冲室以及一个回流泵。蓄液室接收减压时迅速流出的制动液，缓冲室抑制液压系统内的压力波动并降低制动踏板的脉动。

液压泵通过一个共用电动机驱动。制动系统单独调节所有车轮的制动力。每个调节通道都有一个输入阀和一个输出阀。减压时多余的制动液通过输出阀排入暂时性蓄液室内，然后由回流泵输送回主缸内。

1.2.4.3 液压回路图

部件

N55	ABS 液压单元	N135	右后 ABS 输出阀
N99	右前 ABS 输入阀	N136	左后 ABS 输出阀
N100	右前 ABS 输出阀	V39	ABS 回流泵
N101	左前 ABS 输入阀	D	缓冲室
N102	左前 ABS 输出阀	R	单向阀
N133	右后 ABS 输入阀	S	蓄液室
N134	左后 ABS 输入阀		

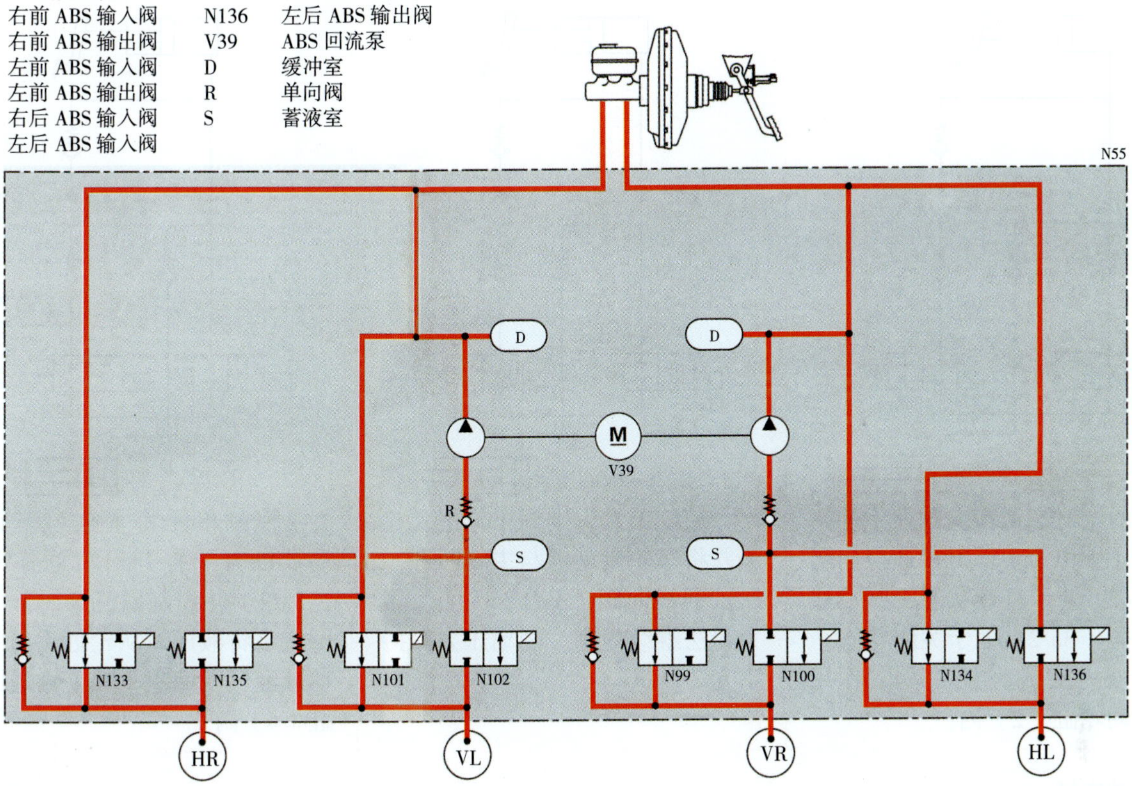

系统组件

液压总成

液压总成

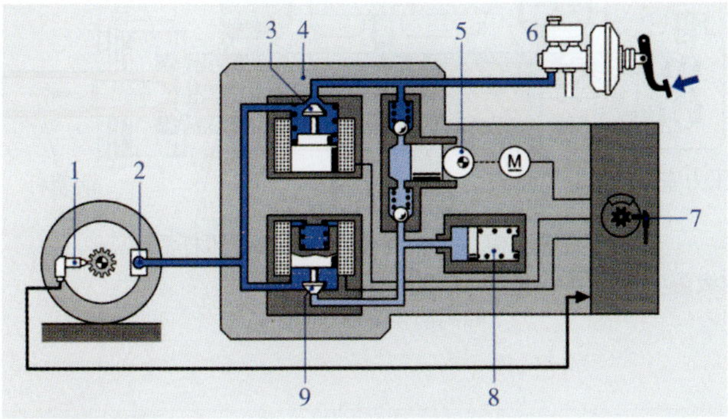

1—转速传感器
2—轮缸
3—输入阀
4—液压总成
5—回流泵
6—带补液罐的主缸
7—控制单元
8—蓄液室
9—输出阀

液压总成执行控制单元指令且独立于驾驶员而通过电磁阀控制车轮制动器内的压力。

该单元由以下部件组成：

· 回流泵： 减压时将制动液从轮缸经过蓄液室输送回主缸内。

· 蓄液室： 蓄液室暂时接收流回的制动液。

· 电磁阀：ABS 调节期间电磁换向阀调节轮缸内的压力（参见 ABS 装置工作原理）

液压原理图

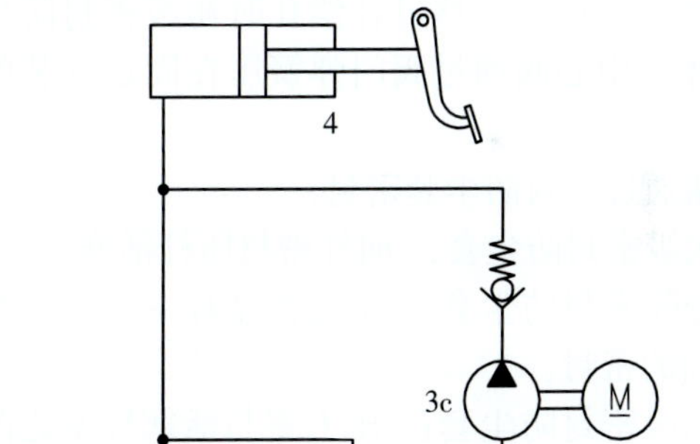

2—轮缸
3a/1—两位两通换向阀（输入阀）
3a/2—两位两通换向阀（输出阀）
3b—蓄液室
3c—回流泵
4—制动主缸

ABS 装置工作原理

建立压力

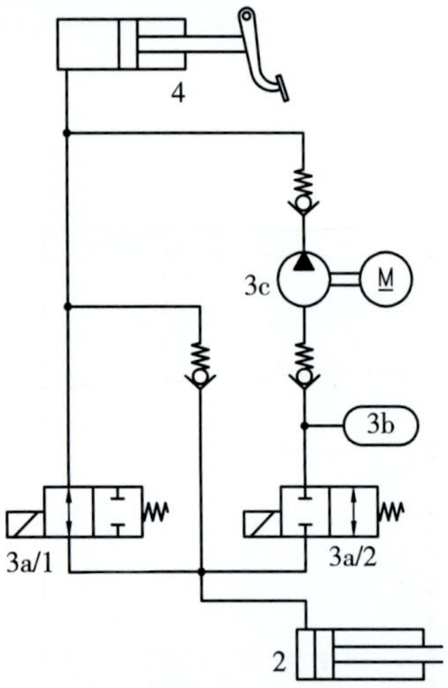

两个2位2通换向阀处于初始位置（无电流）。2位2通换向阀（3a/1）处于打开状态，2位2通换向阀（3a/2）处于关闭状态。制动压力从制动主缸（4）作用到制动轮缸（2）内。

保持压力

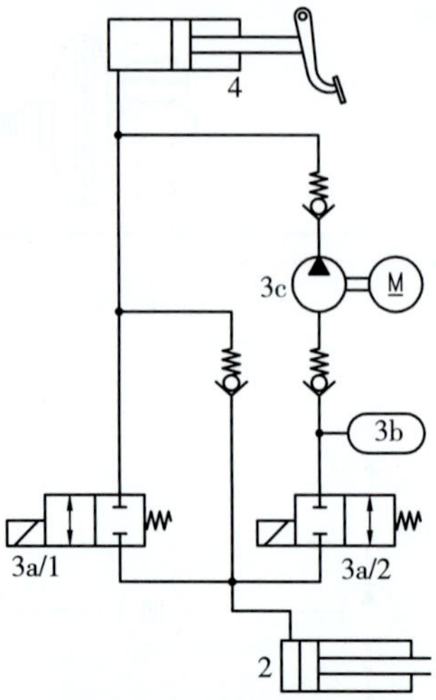

控制单元识别到车轮抱死趋势并将车轮制动器与主缸断开。2位2通换向阀（3a/1）关闭。压力无法继续提高。制动压力保持不变。

降低压力

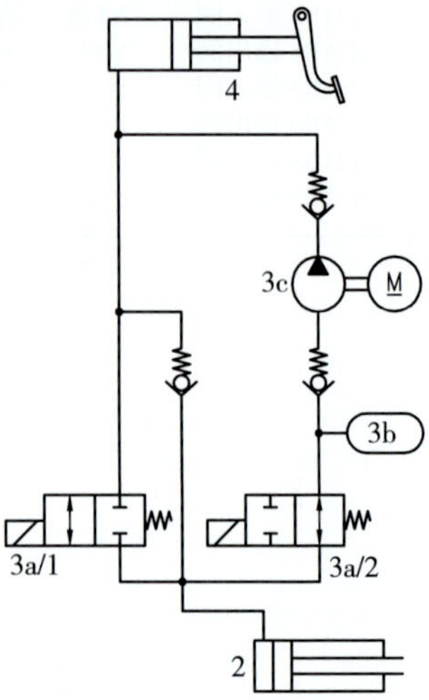

控制单元将主缸与车轮制动器断开、打开2位2通换向阀（3a/2）并控制回流泵（3c）。回流泵将减压时从轮缸流出的制动液经过蓄液室（3b）输送回主缸（4）内。

串联制动主缸

因为压力波动较大，所以带 ABS 的车辆装备了一个带有中心阀的串联主缸。中心阀承担补偿孔的功能（参见《汽车技电技术（一）》学习领域4，液压制动器这一章）。移过补偿孔时初级密封防尘套不能损坏。中心阀通过阀门弹簧压在固定安装的限位销上。

活塞通过密封防尘套密封：

· 次级密封防尘套：向外密封压杆活塞。

· 分隔密封防尘套：中间活塞环室与压杆制动回路之间的密封。

· 初级密封防尘套：压力室与活塞环室之间的密封。

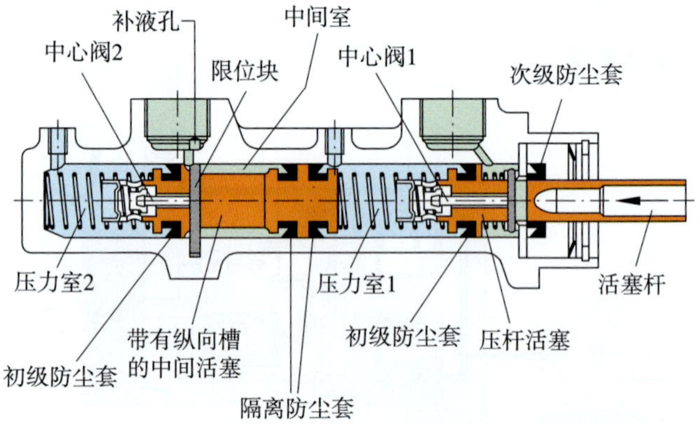

制动位置

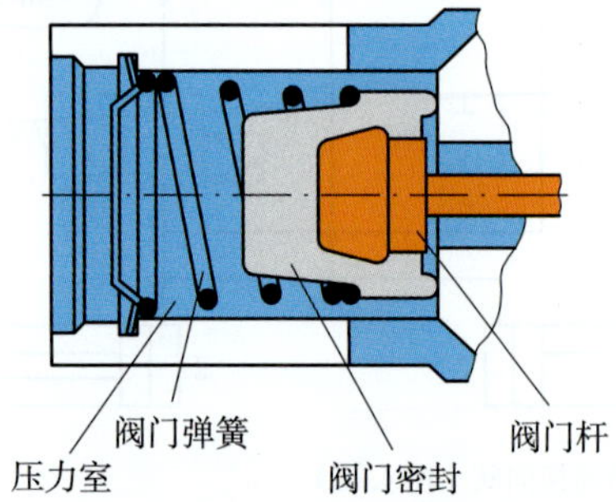

制动时固定安装的限位块释放中心阀。中心阀关闭，因此压力室与中间室之间的通道关闭。现在可以在两个压力室内建立压力。

松开位置

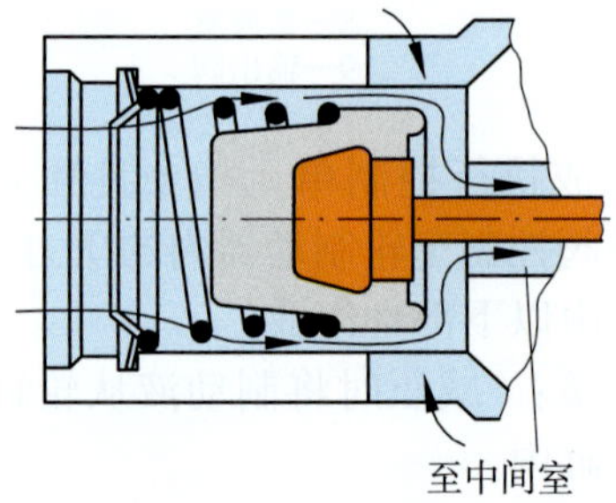

处于松开位置时阀杆受力压到限位块上。中心阀打开。压力室通过补液孔与补液罐连接。借此可补偿制动液温度波动和摩擦片磨损造成的体积变化。

1.2.4.4 真空制动助力器

在机械控制式真空制动助力器中真空部件与制动主缸一起安装。真空制动助力器的任务是，在不影响制动程度感觉的情况下降低制动所需要的脚踏力。在此利用空气压力与发动机进气管内压力（真空）之间的压力差作为助力源。真空失灵时制动系统仍具有全部功能。但是需施加较大的脚踏力。柴油发动机车辆的真空制动助力器需要一个附加真空泵。

学习领域 10

真空制动助力器

隔膜将壳体分为真空室和工作室。工作室通过真空阀和外部空气阀交替与真空室或外部空气连通。这个双联阀门通过制动踏板和活塞杆来操纵。阀门通过阀门活塞和一个橡胶缓冲垫圈作用在主缸活塞杆上。

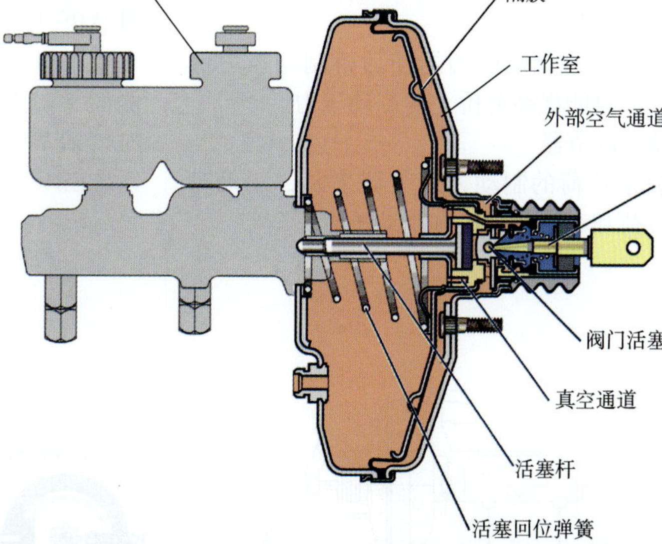

松开位置

处于松开位置时工作室与真空室连通。外部空气通道关闭。工作活塞或隔膜两侧压力相同。隔膜通过活塞回位弹簧保持在限位位置。

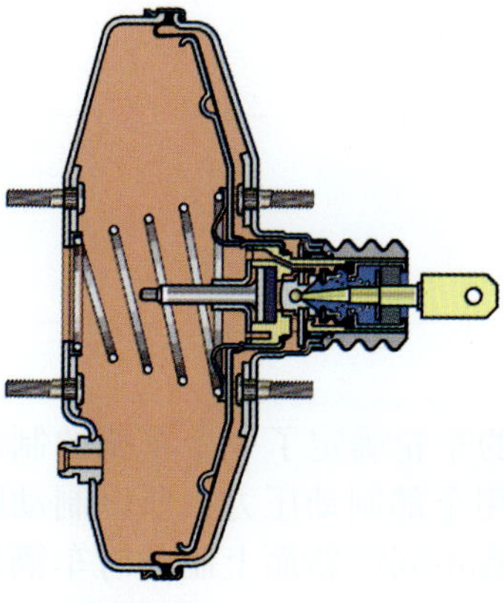

部分制动位置

处于部分制动位置时真空通道关闭，工作室与外部空气连通。外部空气流入工作室内。工作室与真空室之间的压力差产生的作用力克服活塞回位弹簧力推移隔膜、压杆和活塞，直至与主缸产生的反作用力相等。

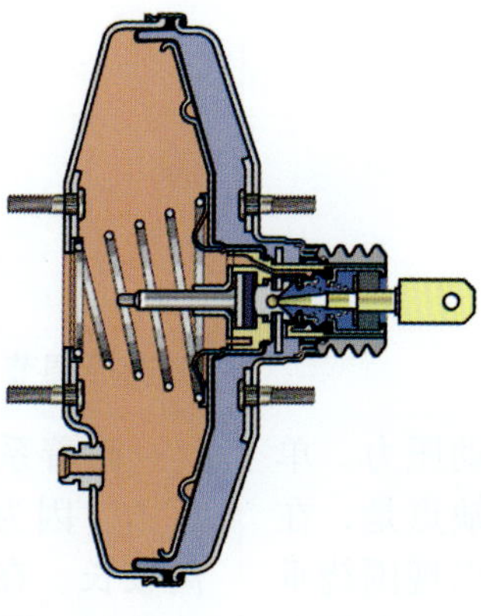

最大制动位置

处于最大制动位置时工作室与真空室隔开，外部空气通道完全打开。现在工作隔膜前后的压力差最大。脚踏力以最大助力放大。

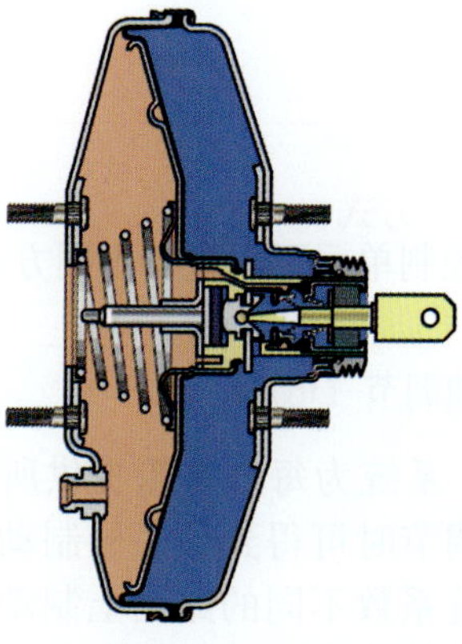

➔ 除真空制动助力器外还有一种液压制动助力装置。相关信息请参见辅助材料 CR-ROM 光盘。

1.2.4.5 制动力分配

负荷和路面条件造成制动条件不断变化：

·前部和后部车桥负荷不同。

·直线行驶制动时前车轮负荷增加，后车轮负荷减小。

·弯道内制动时弯道外侧车轮还承受附加负荷。

制动力分配系统限制后车轮上的制动压力。借此防止后车轮提前抱死。

传统制动力分配系统

防抱死装置承担制动力分配功能。这些装置安装在后车轮的制动管路内。在此分为

·制动限力器

从某一压力起制动限力器使后桥制动压力保持不变。此后只能提高前桥上的制动压力。

·制动力调节器

对取决于负荷的制动力调节器来说，制动时根据车辆负荷和车桥负荷控制制动压力。

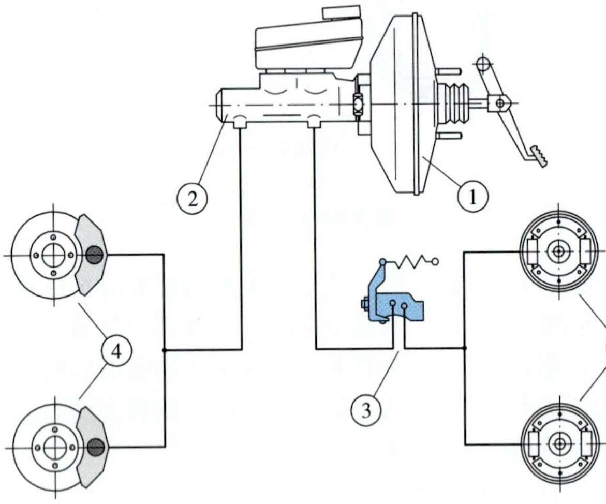

1—真空制动助力器
2—串联制动主缸
3—取决于负荷的制动力调节器
4—盘式制动器
5—鼓式制动器

电子制动力分配系统EBV

电子制动力分配系统 EBV 在轻轻踩下制动踏板时和转弯行驶就已开始工作。制动压力通过 ABS 控制单元内的专用软件来调节，以保证后车轮不过度制动。EBV 调节的目的是提供较高的侧面导向力和合理的制动力分配。ABS 调节开始时，即某一车轮有抱死趋势时，电子制动力分配系统EBV 工作结束。

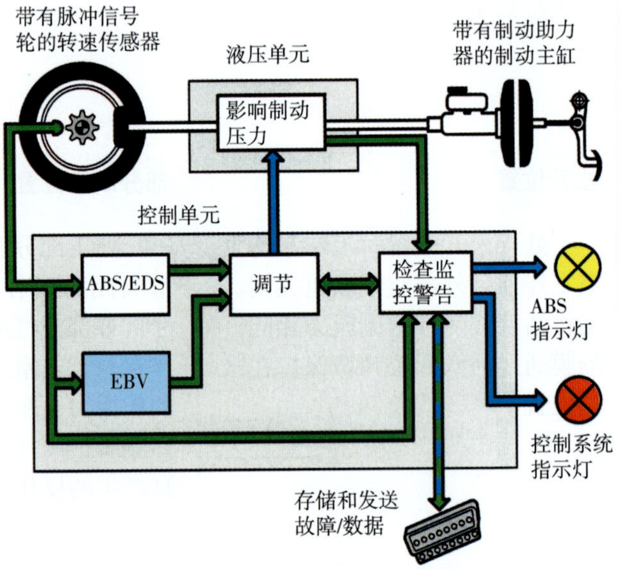

ABS调节方式

控制单元可以进行不同方式的调节。

单独调节（IR）

系统为每个车轮提供所需最大制动压力。单独调节时可得到最短的制动距离。其缺点是，在附着系数不同的路面上制动时车辆上出现围绕垂直轴的力矩（偏转力矩），因此此时同一车桥上的车轮制动程度不动。

低选择调节（SLR）

附着系数最小的车轮确定了一个车桥的制动压力。因为没有利用全部制动压力，所以制动距离较长。在附着系数不同的路面上制动时车辆轨迹稳定，因此一个车桥的制动压力基本相同。

1.2.5 机械机构

车轮制动器

鼓式制动器

在鼓式制动器中两个带制动摩擦片的对置制动蹄片通过一个轮缸压到制动鼓上。制动鼓固定安装在轮毂上。制动蹄片和轮缸与制动底板连接，底板则固定在车轮悬架上。

回位弹簧使制动摩擦片与制动鼓脱开。

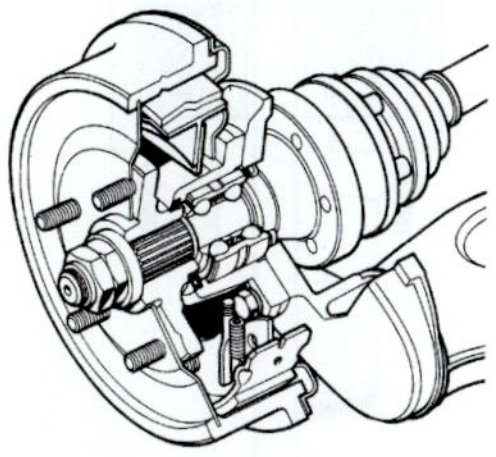

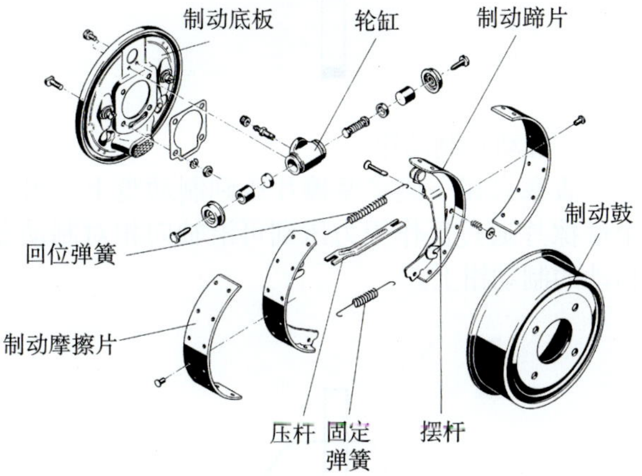

液体压力作用在轮缸内。该压力产生的压紧力使制动蹄片压到制动鼓上。

鼓式制动钳的制动蹄片在压紧力的作用下围绕一个固定的旋转点转动并压到制动鼓上。由此产生与转动方向相反的摩擦力。摩擦力与力臂一起产生力矩，在领蹄处力矩向外作用，在从蹄处力矩向内作用。

· 在领蹄处该力矩使制动蹄片与制动鼓之间的压紧力增大（伺服作用）。

· 在从蹄处该力矩使制动蹄片与制动鼓之间的压紧力减小。

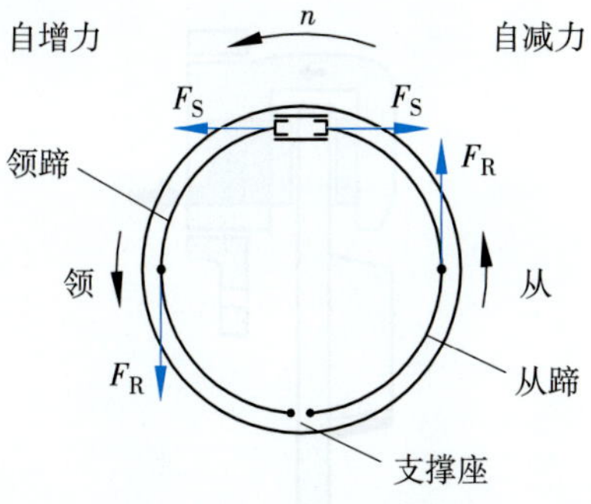

盘式制动器

在盘式制动器中制动活塞将制动摩擦片压到制动盘上。制动摩擦片通过制动钳导向。制动轮缸也装在制动钳内。制动钳通过螺栓与车轮悬架连接，制动盘与轮毂连接。

制动活塞通过一个矩形密封环密封，该密封环还用于松开制动器时活塞回位。

有一个扩张弹簧使制动摩擦片附着在活塞上。

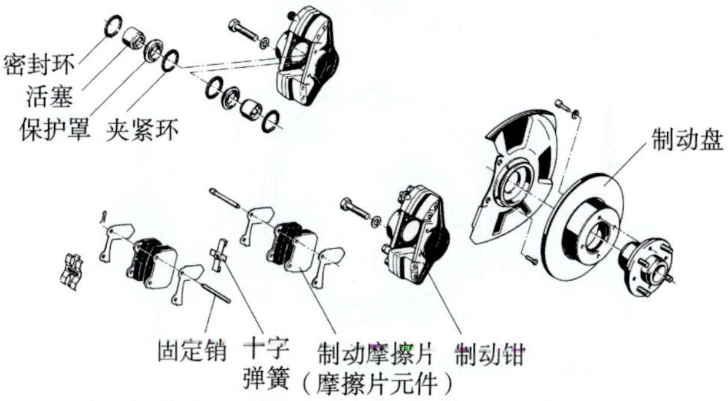

液体压力作用在制动轮缸内并产生使制动摩擦片压到制动盘上的压紧力。

制动轮缸内装有一个四边形密封环，制动期间活塞移动时该密封环出现弹性变形。松开制动器时橡胶密封环逐渐恢复原状并将活塞推回到松开位置。盘式制动器间隙约为0.15 mm。

在盘式制动器中密封环起自调间隙的作用。如果密封环已达到最大变形且制动摩擦片还未靠在制动盘上，活塞就会相对密封环移动。从而使间隙始终保持相同。

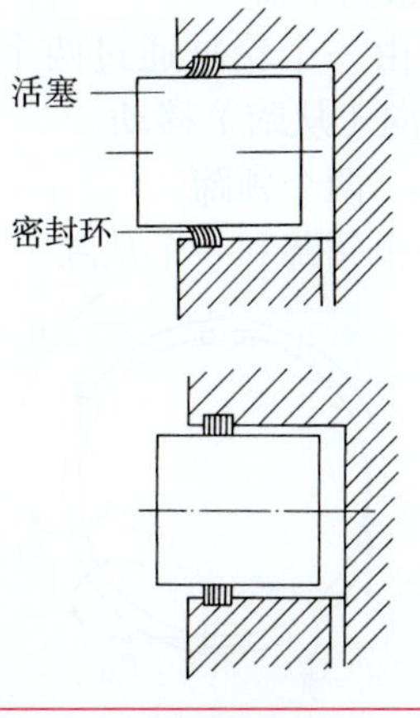

自调间隙装置减小制动器间隙。响应时间缩短。

鼓式制动器结构按制动轮缸和支撑座布置形式区分。

· 单领蹄制动器

制动蹄片由一个轮缸通过两个活塞撑开。支撑座为固定式。

向前行驶：一个领蹄和一个从蹄

倒车：一个领蹄和一个从蹄

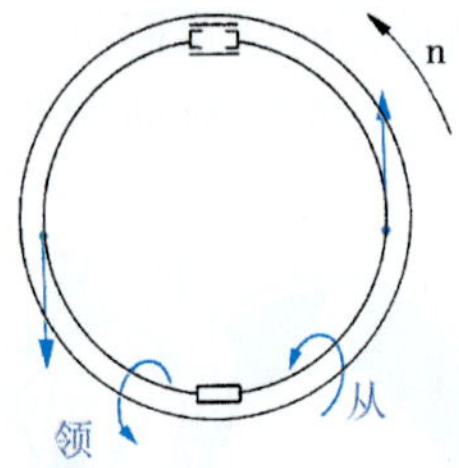

· 双领蹄制动器

每个制动蹄片都由一个独立的轮缸撑开。

向前行驶：两个领蹄

倒车：两个从蹄

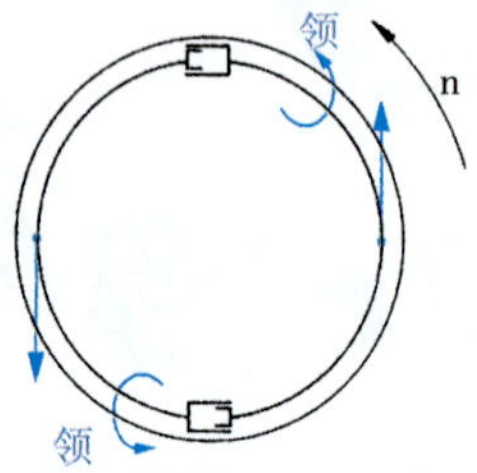

· 双向双领蹄制动器

制动蹄片由两个轮缸分别通过两个活塞撑开。

向前行驶：两个领蹄

倒车：两个领蹄

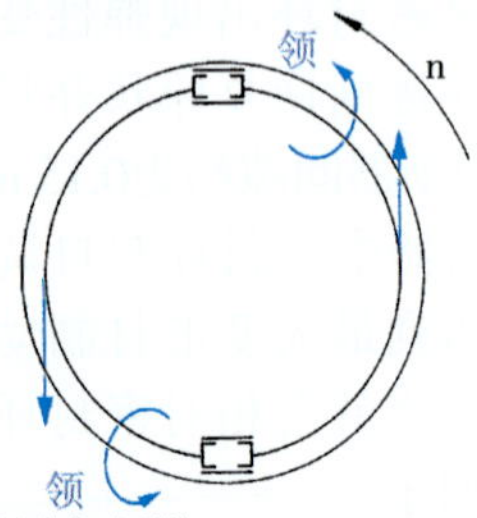

· 单向伺服制动器

制动蹄片由一个轮缸通过两个活塞撑开。支撑座向一个方向（从蹄）移动。

向前行驶：两个领蹄

倒车：一个领蹄和一个从蹄

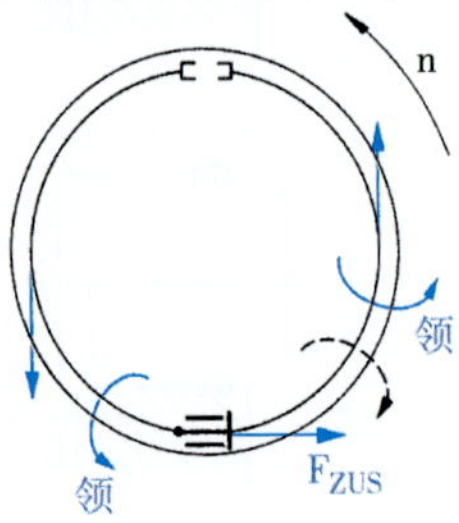

盘式制动器不需要间隙调整装置。

制动器间隙自动调整。

盘式制动器结构形式按制动钳结构区分。

· 固定式制动钳

制动轮缸和活塞布置在制动盘两侧。制动钳为固定式。

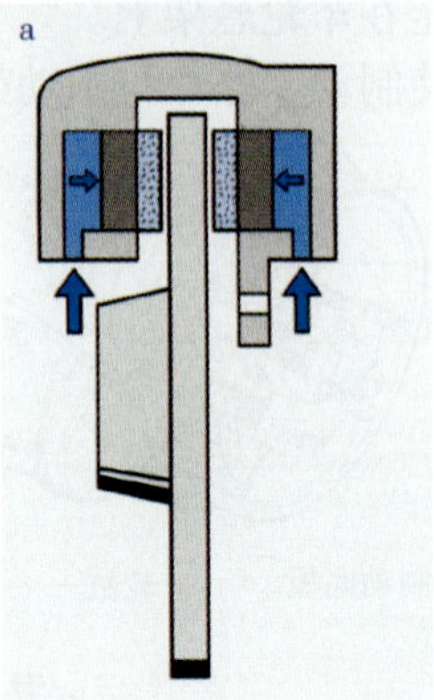

· 滑动式制动钳

活塞只在一侧将摩擦片压到制动盘上。另一个摩擦片通过反作用力压到可沿轴向相对制动盘移动的制动钳上。

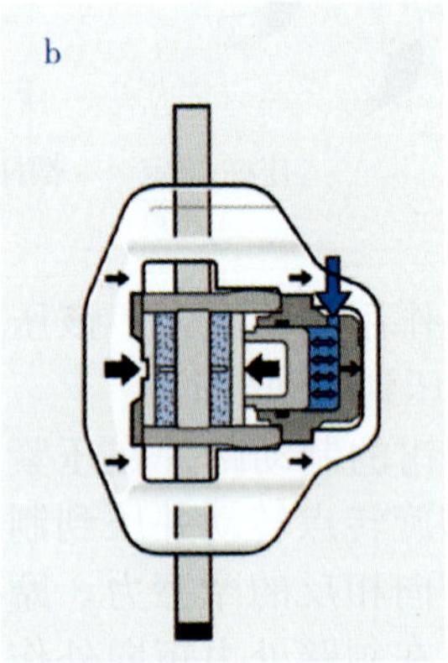

· 浮动式制动钳

制动轮缸与安装架一起构成一个紧凑型部件。制动时首先内侧制动摩擦片通过活塞压到制动盘上，然后另一个制动摩擦片通过制动钳体压到制动盘上。

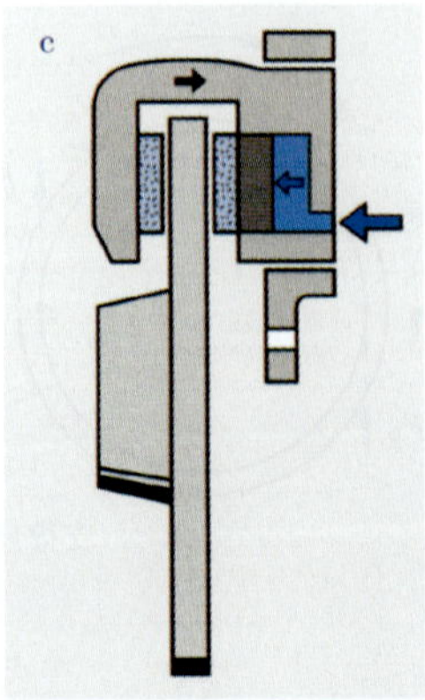

·双向伺服制动器

制动蹄片由一个轮缸通过两个活塞撑开。支撑座可向两个方向自由移动。

向前行驶：两个领蹄

倒车：两个领蹄

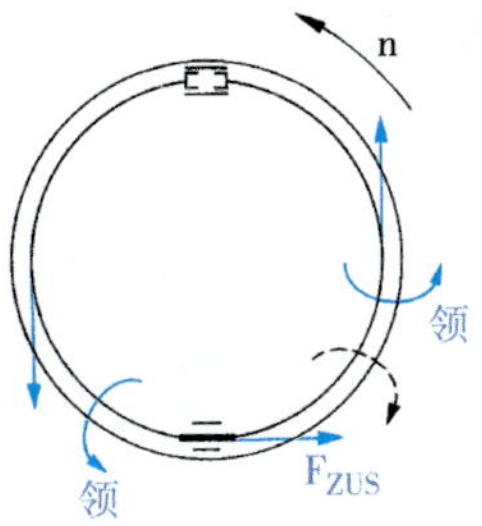

制动盘承受很高的热负荷。制动盘由球墨铸铁、可锻铸铁或铸钢等耐热材料制成。要求特别高时采用陶瓷碳纤维材料制成制动盘。

制动盘分为实心制动盘（后车轮）和内通风型制动盘。通过冷却通道可以达到较好的冷却效果。

制动衰退：制动器过热（例如持续制动时）导致摩擦因数和摩擦力减小。制动效能降低。盘式制动器衰退较小且几乎不影响行驶安全性。在鼓式制动器中自增力程度减小导致摩擦因数降低，自增力大小也取决于摩擦因数。

为避免出现制动衰退，在制造摩擦片的生产过程中增加了一种加工工艺（焦化处理）。

鼓式制动器与盘式制动器对比

特征	鼓式制动器	盘式制动器
压紧力	⊕ 小	⊖ 大
摩擦因数波动时的制动效能	⊖ 不均匀	⊕ 均匀
制动衰退	⊖ 大	⊕ 小
耐污染	⊖ 不敏感	⊖ 敏感
自清洁	⊖ 否	⊕ 是
散热	⊖ 不利	⊕ 有利
间隙	⊖ 0.3~0.5 mm	⊕ 0.15mm
调整	⊖ 以机械方式自动	⊕ 自动
松开	⊖ 通过弹簧	⊕ 通过密封环
预压	⊖ 0.5~1.5 bar	⊕ 0 bar
管路压力	⊕ 25~50 bar	⊖ 50~120bar

1.2.6 健康保护，制动液，废弃处理

健康保护、制动液、制动液方面的工作和废弃处理按学习领域 1 执行。这些内容请查阅随附的辅助材料 CD-ROM 光盘。

1.2.7 责任法

责任法已在学习领域2中提及。更多信息请查阅“进行机动车、挂车、总成及其部件方面的工作时的费用概算条件（机动车维修条件）-德国机动车行业中央委员会（波恩）推荐”。

这些资料请查阅随附的辅助材料 CD-ROM 光盘。

1.3 防抱死制动系统ABS和驱动防滑控制系统ASR/电子差速器锁EDS

1.3.1 系统组件

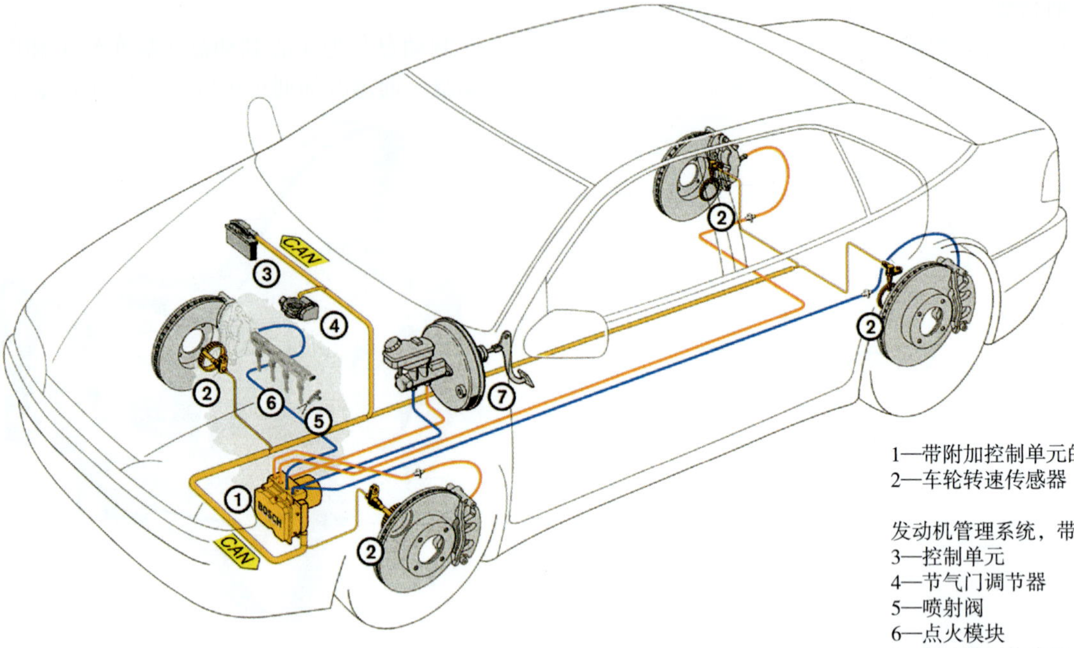

1—带附加控制单元的液压总成
2—车轮转速传感器

发动机管理系统，带有
3—控制单元
4—节气门调节器
5—喷射阀
6—点火模块
7—加速踏板传感器

ABS 系统的作用是防止制动时车轮抱死，而 ASR 系统的作用则是防止起步和加速时车轮打滑。由此保证车辆行驶稳定性并防止甩尾。ASR 与 ABS 系统使用相同的转速传感器。ASR分析转速信息并在某一车轮有打滑趋势时立即识别出来。

1.3.2 ASR方案

驱动防滑控制系统有三种方案：

驱动防滑控制系统		
牵引力： 制动干预	**稳定性： 发动机干预**	**牵引力 + 稳定性： 制动和发动机干预**
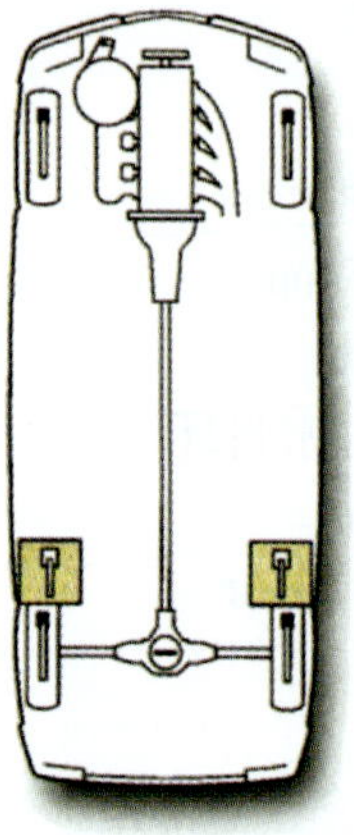	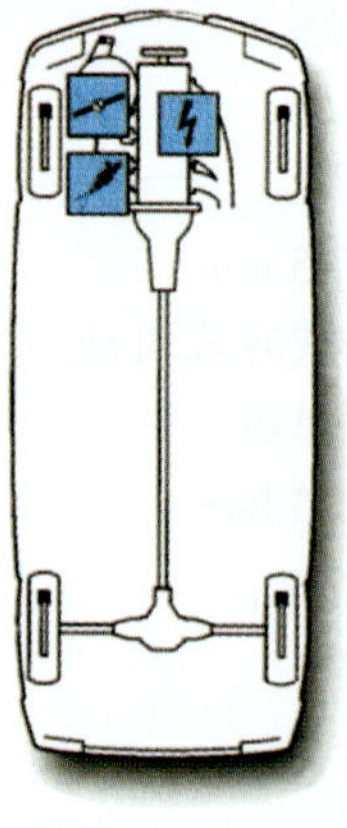	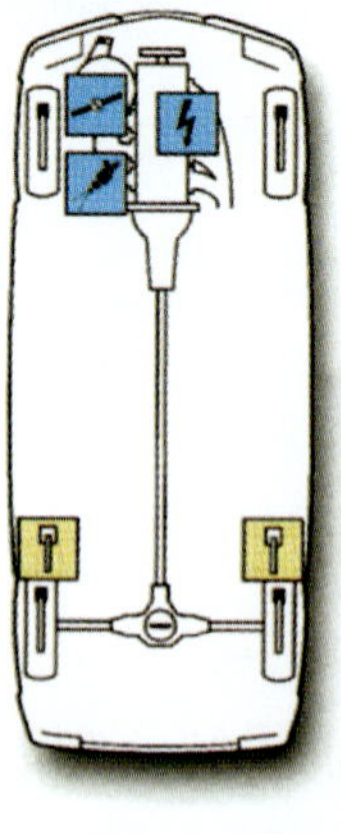
电子锁止式差速器功能通过对打滑车轮进行制动来提高光滑路面上的牵引力。	对发动机管理系统进行干预时系统有针对性地影响节气门、喷射量和点火时刻。ASR通过CAN总线与发动机管理系统连接。	ASR与制动干预和发动机功率控制一起配合得到最佳的驱动功率。只要行驶状况要求ASR主动进行干预，ASR就会确定功率需求，驾驶员指令排在第二位。

1.3.2.1 带有发动机干预功能的ASR

电子发动机管理系统根据实际条件调整发动机功率。ASR 通过 CAN 与发动机控制单元连接。ASR 优先于驾驶员指令处理电子加速踏板信号。ASR 影响节气门位置、喷射量和点火时刻。

如果控制单元根据所接收的传感器信号识别到某一车轮有打滑趋势，就会降低过多的驱动力矩。

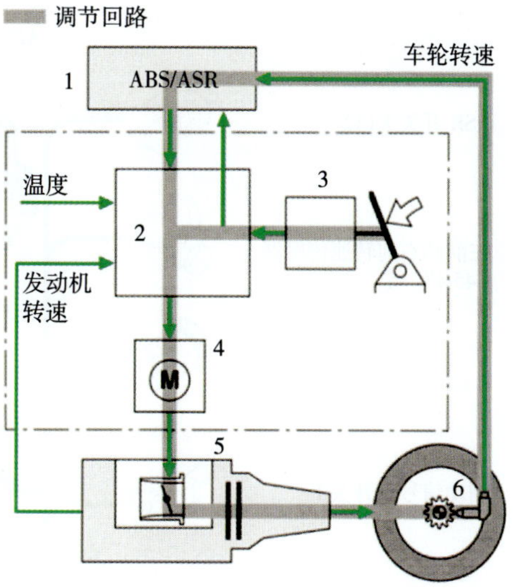

1—ABS/ASR控制单元
2—带电子节气门EGAS的Motronic控制单元
3—加速踏板传感器
4—伺服电动机
5—节气门（或柴油喷射泵）
6—转速传感器

1.3.2.2 带有制动干预/电子差速器锁EDS的ASR

与机械锁止式差速器不同，电子锁止式差速器不需要额外的机械组件。除了 ABS 系统现有的阀门外，只额外安装了一个电磁阀（带限压器的截止阀）和一个液压转换阀。

EDS原理示例：左侧车轮位于干燥沥青路面上，右侧车轮位于潮湿光滑的路面上。

无电子差速器锁

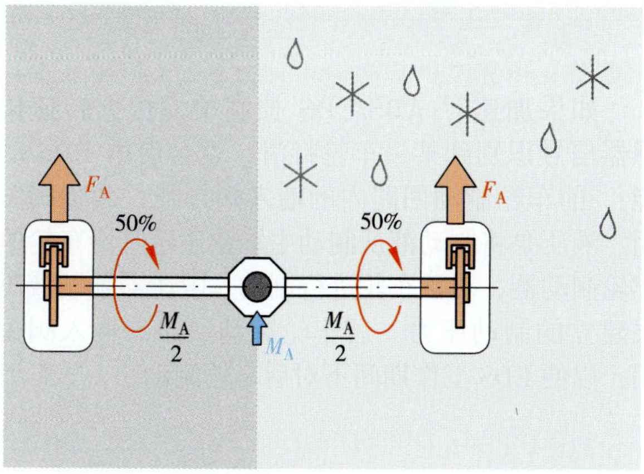

车轮的附着系数足够大时，差速器为每个驱动轮提供50%的驱动力矩M_A。此时一个车轮的驱动力$F_A = M_A/2r_{rad}$。可传递驱动力矩$M_A/2$由附着系数较小的车轮决定。位于干燥沥青路面上的车轮传递的驱动力与趋于打滑的车轮相同。

带电子差速器锁

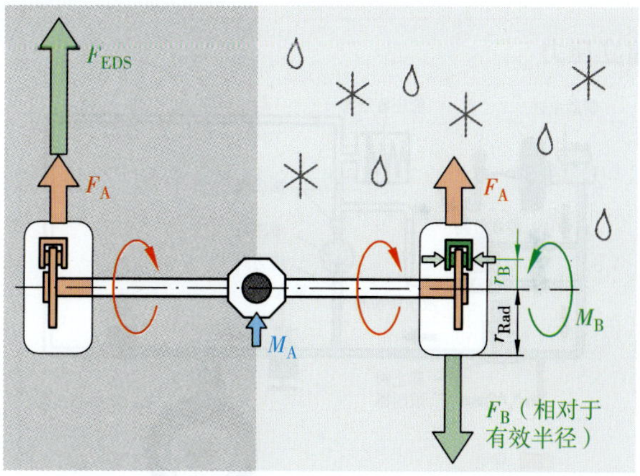

转速传感器识别到某一车轮打滑并将信息通报给ABS/EDS控制单元。控制单元通过额外安装的电磁阀对打滑车轮进行适当制动。由此产生的制动力矩M_B反作用于驱动力矩$M_A/2$。由于差速器的作用，位于干燥沥青路面上的车轮可以将全部作用力作为驱动力使用。未打滑车轮可以传递附加的驱动力$F_{EDS} = M_B/r_{rad}$。

学习领域 10

1.3.3 电子系统/液压系统

1.3.3.1 系统概览

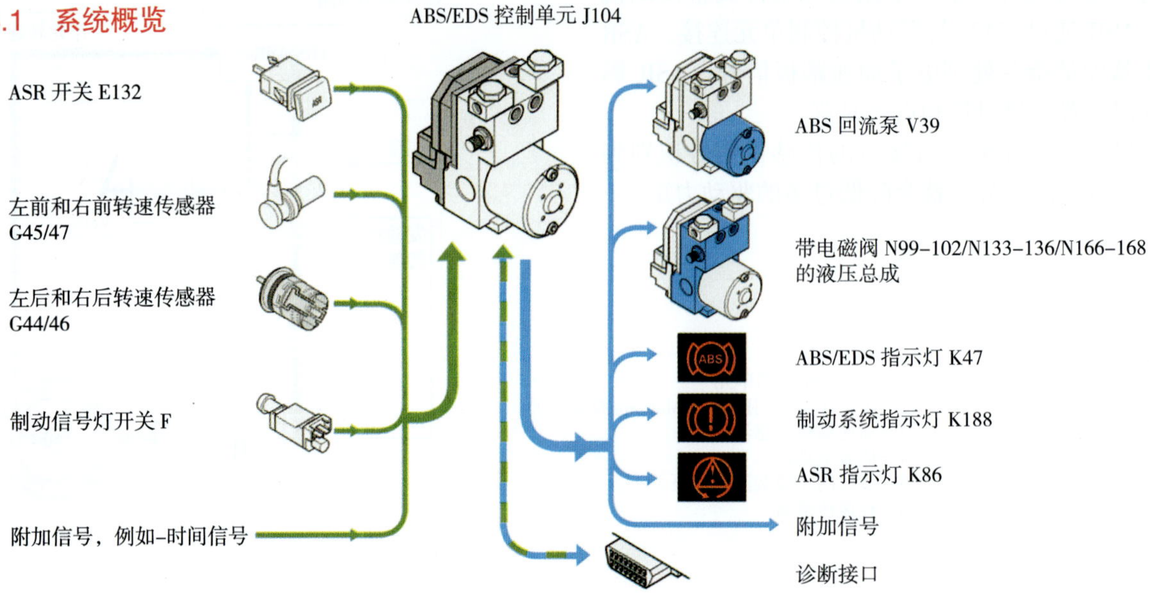

1.3.3.2 液压回路图

除了 ABS 装置的阀门外， ABS/EDS 装置的前车轮制动回路中还有两个电磁截止阀和两个液压转换阀。

·制动：操纵制动器时液压转换阀关闭。制动主缸建立压力。制动压力通过打开的截止阀和输入阀作用在车轮制动器上。

·一个车轮打滑：
在一个车轮的调节回路内进行EDS调节。

建立压力

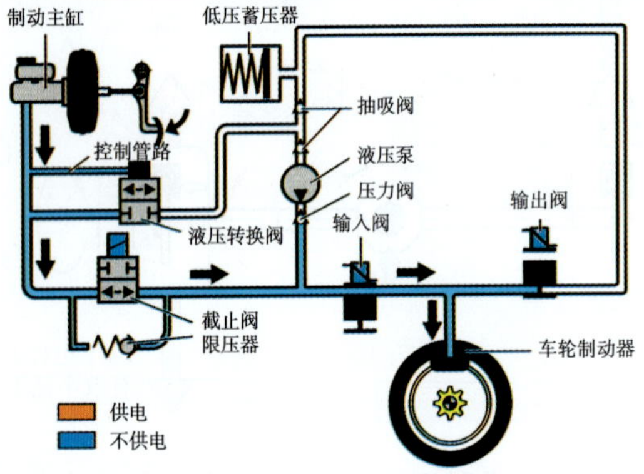

如果加速时 ABS/EDS 控制单元根据转速传感器信号识别到某一车轮打滑，就会启用 EDS 功能：前车轮制动回路内的输入阀打开，截止阀关闭。液压泵将制动液从制动主缸输送至打滑车轮的车轮制动器，对该车轮进行制动。限压器限制液压泵建立的制动压力。后车轮制动回路的输入阀关闭，以便 EDS 工作期间不对后车轮制动。

保持压力

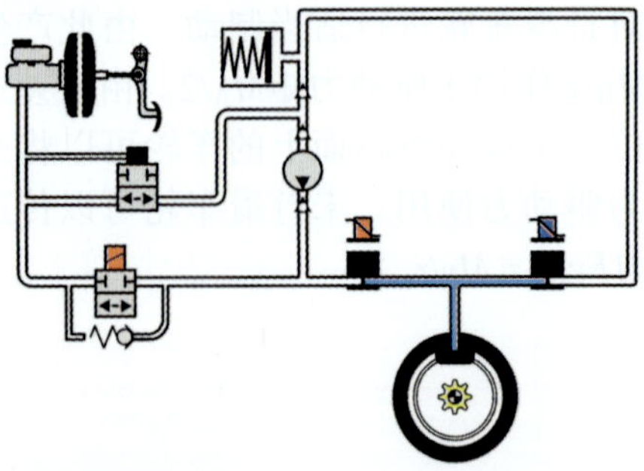

打滑车轮转速降低时，系统关闭液压泵。输入阀通电并因此关闭。输出阀不通电并保持关闭状态。继续对打滑车轮制动。

减压阶段

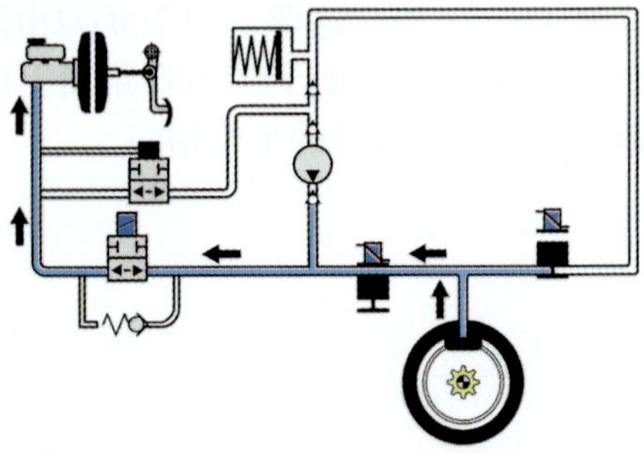

如果该车轮不再打滑，输入阀断电并打开，同时打开截止阀。从而通过制动主缸降低压力。

1.4 电子稳定控制系统ESP/行驶动力调节FDR

普通制动系统仅顾及驾驶员指令，纯驱动防滑控制系统ABS和ASR仅顾及车轮与路面之间的附着情况，ESP 则在此基础上还识别车辆是否稳定地按驾驶员给定的轨迹行驶。

ESP执行以下任务：

· ESP分析：驾驶员转向何处？

ESP得到转向角传感器信息和车轮转速传感器信息。

· ESP检查：车辆驶向何处？

ESP得到偏转率传感器信息和横向加速度传感器信息。

· ESP调节：通过有针对性地制动使车辆稳定（尤其是转弯时）并可靠保持行驶轨迹。避让突然出现的障碍物时通过ESP干预降低甩尾危险。

1.4.1 行驶性能

在行驶动力学中详细阐述了行驶性能定义。行驶性能是车辆对转向、踩下加速踏板、制动等驾驶员操纵和对路面状态、横风等干扰做出的反应。好的行驶性能意味着在所有行驶情况下都能保持轨迹稳定性。

车辆行驶性能通过标准化驾驶操纵来确定：

· 稳态转圈行驶

稳态转圈行驶时确定车辆的自转向特性。在转弯极限速度内轮胎与路面之间仍能提供足够的附着力。如果转弯时超过这个速度，则轮胎无法再传递所需侧向力并出现侧滑。车辆甩尾或围绕其垂直轴偏转。

超过转弯极限速度时分为两种情况：

不足转向

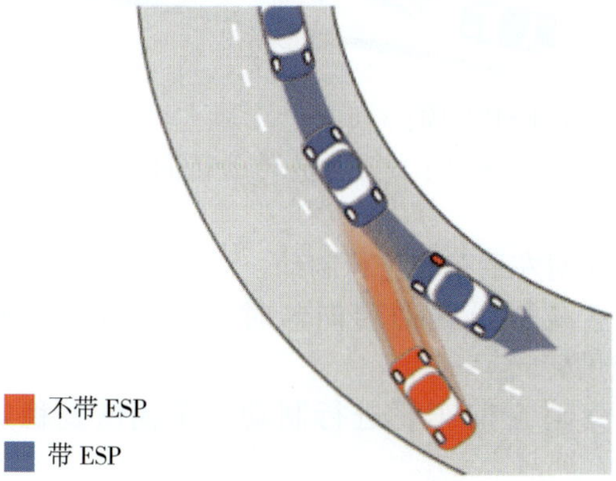

车辆前部向弯道外侧方向推移。
前轮驱动车辆趋向于不足转向。

过度转向

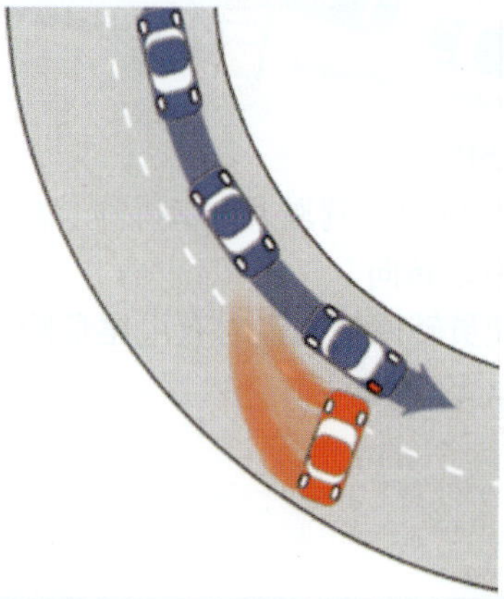

车辆尾部向弯道外侧移动。
后轮驱动车辆趋向于过度转向。

· 弯道内制动或负荷变化时的反应

弯道内制动或突然松开加速踏板时行驶性能向“过度转向”方向偏移。

· 过渡特性

过渡特性包括开始直线行驶后快速避让绕行。避让试验也称为超车试验，试验规定迅速绕过车道上高四米、长十米的障碍物。

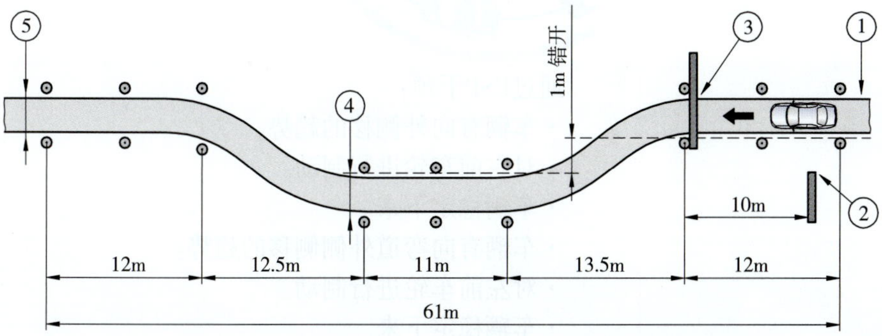

避让试验（超车试验）
试验开始：
阶段1：最高挡位（手动变速器），行驶挡位
D（自动变速器），发动机转速2000r/min
阶段 2：松开加速踏板
阶段 3：用光栅测量速度，向左转向
阶段 4：向右转向
阶段 5：试验结束

以下插图所示为不同行驶状况下带有和不带ESP时的行驶性能。

在不同附着系数的路面上行驶

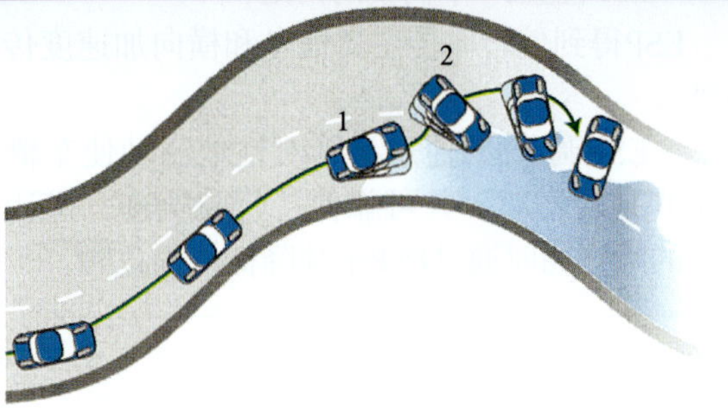

不带ESP：

·车辆向弯道外侧方向侧移（不足转向）。

·车辆无法再转向。

·移到附着系数较大的路面上时有甩尾危险。

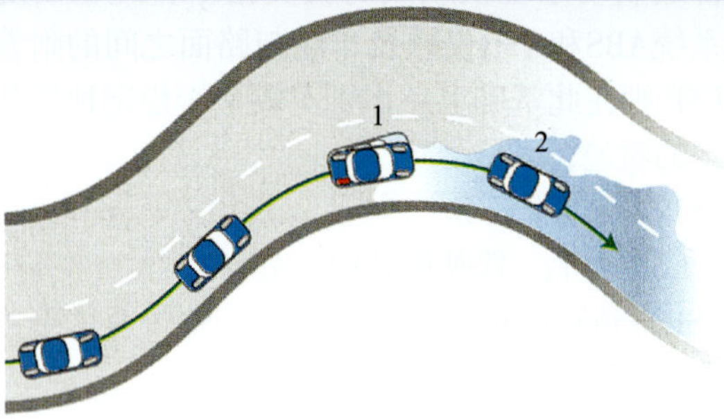

通过ESP干预：

·ESP对弯道内侧车轮制动并降低发动机转矩。车辆保持航向稳定。

避让障碍物

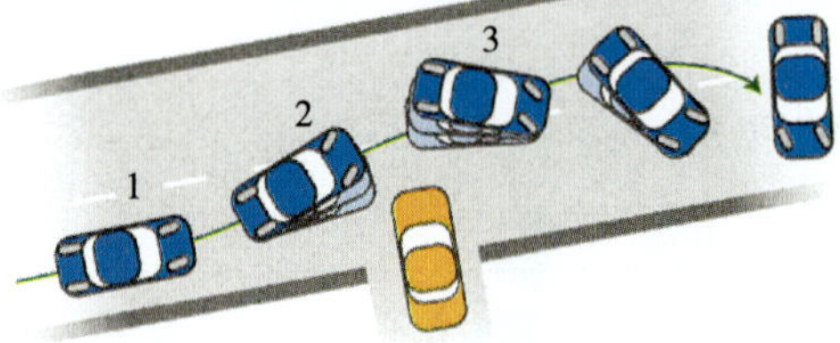

不带ESP：

·最大制动：驾驶员转动转向盘避让绕行时导致车辆不足转向。

·驾驶员转回转向盘时有甩尾危险。

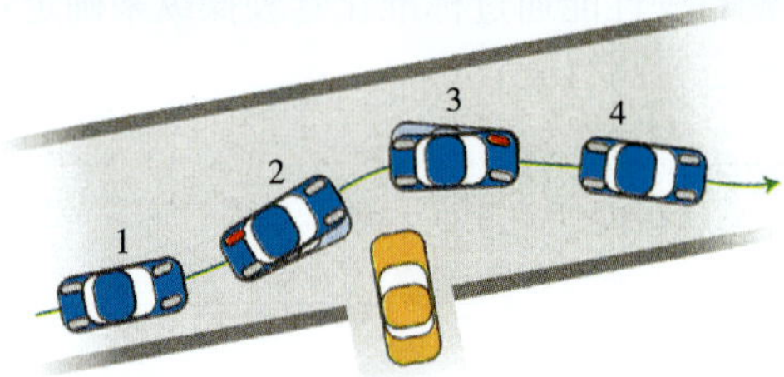

通过ESP干预：

·最大制动：驾驶员转动转向盘时导致车辆不足转向。

·对左后车轮进行制动。

·驾驶员转回转向盘时车辆尾部向外侧移（过度转向）。

·对左前车轮进行制动。车辆恢复稳定状态。

错误判断弯道情况

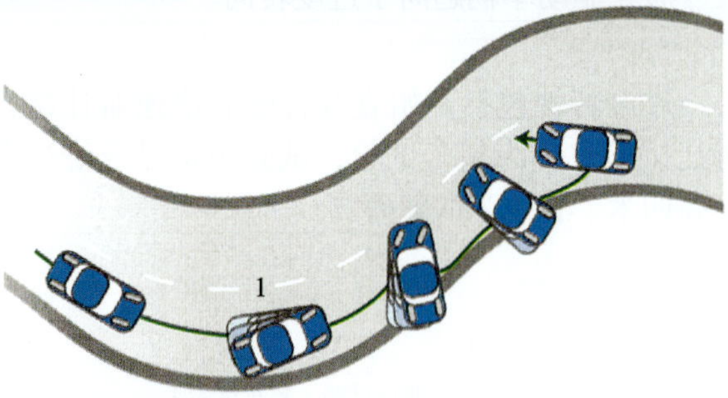

不带ESP：

·车辆尾部侧移。

·转向盘校正不再起作用。

·车辆甩尾。

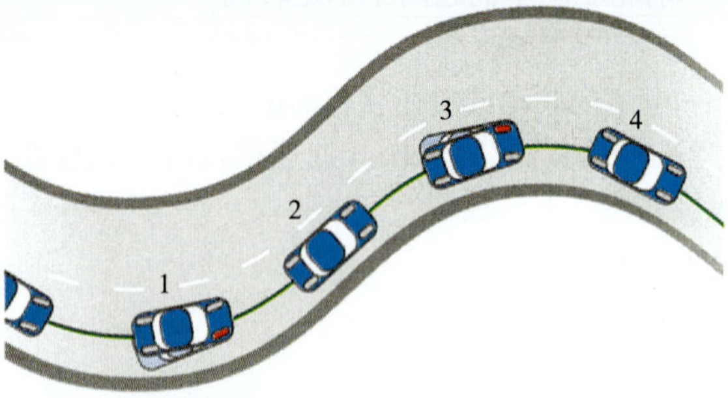

通过ESP干预：

·车辆有向外侧移的趋势。

·对右前车轮进行制动。

·车辆稳定下来。

·车辆有向弯道外侧侧移的趋势。

·对左前车轮进行制动。

·车辆稳定下来。

1.4.2 系统组件

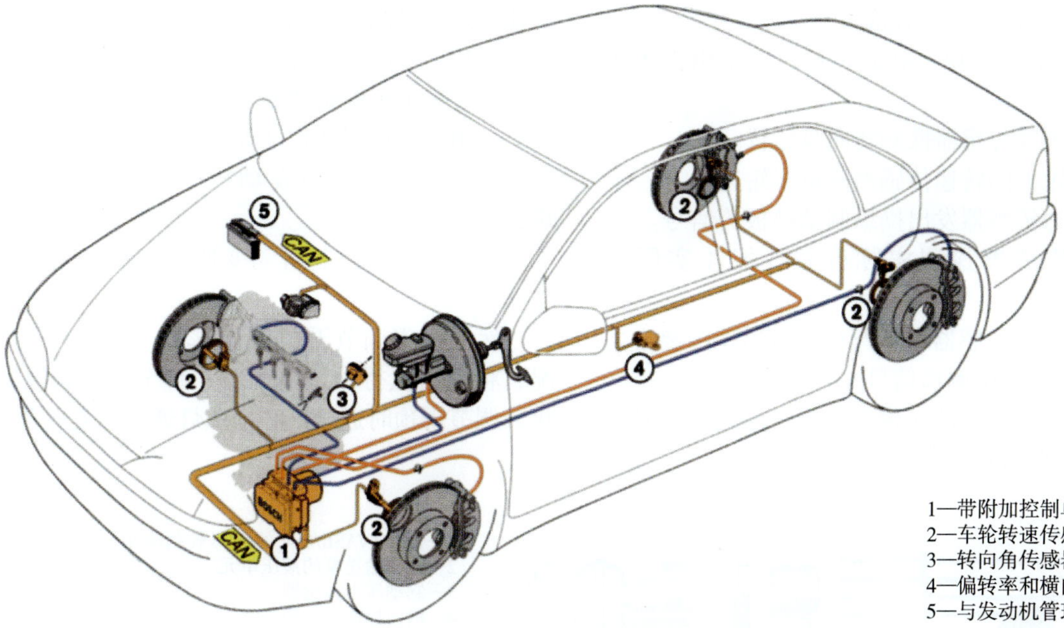

1—带附加控制单元的液压总成
2—车轮转速传感器
3—转向角传感器
4—偏转率和横向加速度传感器
5—与发动机管理系统通信

ESP 使用 ABS 和 ASR 所有组件，这些组件是

· 带附加控制单元的液压总成，

· 车轮转速传感器。

ESP 还利用以下部件工作

· 转向角传感器，

· 偏转率和横向加速度传感器，

· 预压传感器，

· 行驶动力调节开关阀，

· 行驶动力调节液压泵。

下图所示为 EVA 原理行驶动力调节系统结构。

ESP 控制单元由以下功能单元组成：

· 行驶动力调节器：通过有针对性地干预制动和发动机管理系统来防止车辆甩尾。

· ABS/ASR 滑转率调节器：ABS 防止制动时车轮抱死并使车辆保持轨迹稳定性和转向能力。ASR 通过干预制动和发动机管理系统防止车轮打滑，例如在结冰路面上或加速时。

· MSR 发动机制拖力矩调节器：防止换低挡或突然松开加速踏板时因发动机运动部件惯性而造成驱动轮抱死。

除控制液压总成外，ESP 控制单元还对发动机管理系统进行干预。

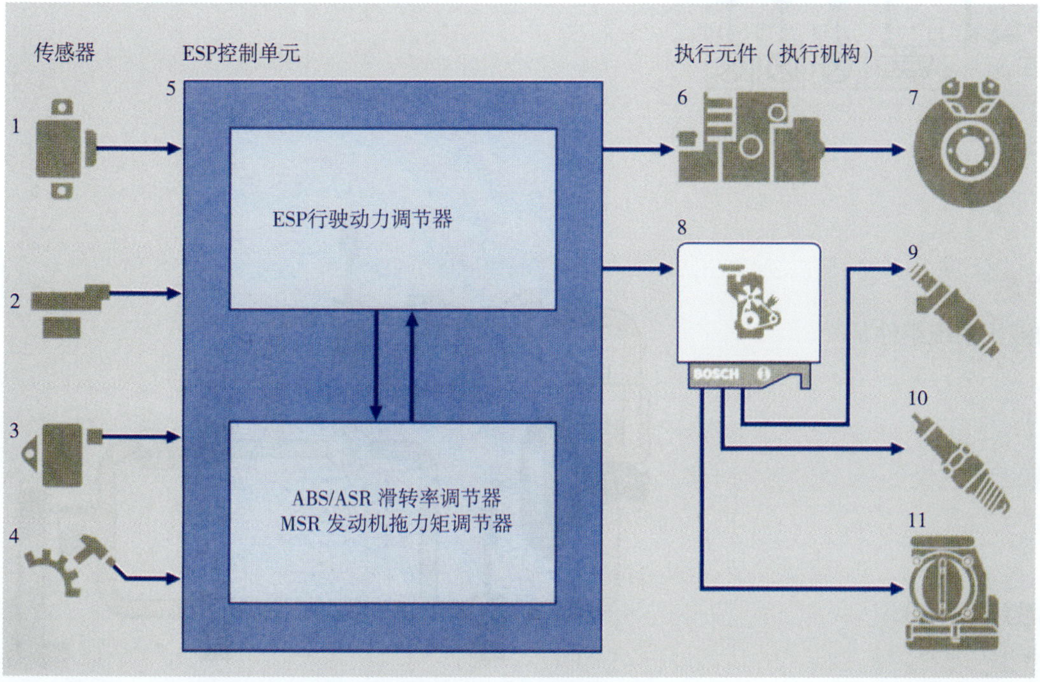

1—带横向加速度传感器的偏转率传感器
2—转向盘角度传感器
3—预压传感器
4—转速传感器
5—ESP 控制单元
6—液压总成
7—车轮制动器
8—发动机管理系统控制单元
9—燃油喷射装置

仅适用于汽油发动机：
10—点火提前角干预
11—节气门干预（EGAS）

1.4.3 ESP调节回路

为进行 ESP 干预，ESP 控制单元得到有关驾驶员指令和车辆行驶性能的信息。

· 驾驶员指令（规定状态）通过以下组件来确定：

–转向盘角度传感器探测转向盘位置。

–所有车轮上的转速传感器测量车轮速度。

–制动压力传感器发出操纵制动踏板的信号。

· 以下传感器探测实际行驶性能（实际状态）：

–横向加速度传感器对转弯行驶时出现的离心力做出反应并发出一个侧移信号。

–偏转率传感器探测车辆围绕垂直轴的所有转动并发出甩尾趋势信号。

ESP控制单元不断将规定状态与实际状态比较并在几分之一秒内计算出所需措施。

ESP控制单元确定，

· 对哪个车轮制动或加速，

· 相应车轮制动程度如何，

· 是否需要进行发动机干预并降低发动机扭矩，

· 是否必须控制自动变速器车辆的变速器控制单元。

然后检查调节干预是否成功。如果不是这种情况，将重新执行该调节循环，直至行驶状况发生变化。调节干预时通过ESP 指示灯通报给驾驶员。

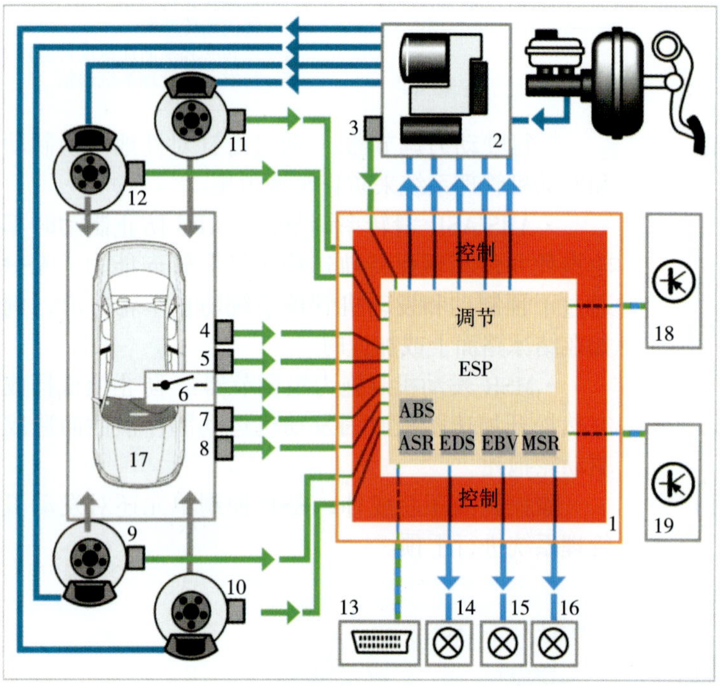

1—带 EDS/ASR/ESP 的 ABS 控制单元
2—带预输送泵的液压单元
3—制动压力传感器
4—横向加速度传感器
5—偏转率传感器
6—ASR/ESP 按钮
7—转向角传感器
8—制动信号灯开关
9~12—转速传感器
13—诊断导线
14—制动系统指示灯
15—ABS 指示灯
16—ASR/ESP 指示灯
17—车辆和驾驶员特性
18—对发动机管理系统进行干预
19—对变速器控制系统进行干预（仅限自动变速器车辆）

1.4.4 液压系统

1.4.4.1 液压系统组件

参与 ESP 干预的液压系统组件是

· 开关阀（a），
· 高压开关阀（b），
· 输入阀（c），
· 输出阀（d），
· 制动轮缸（e），
· 回流泵（f），
· 行驶动力系统液压泵（g），
· 制动助力器（h）

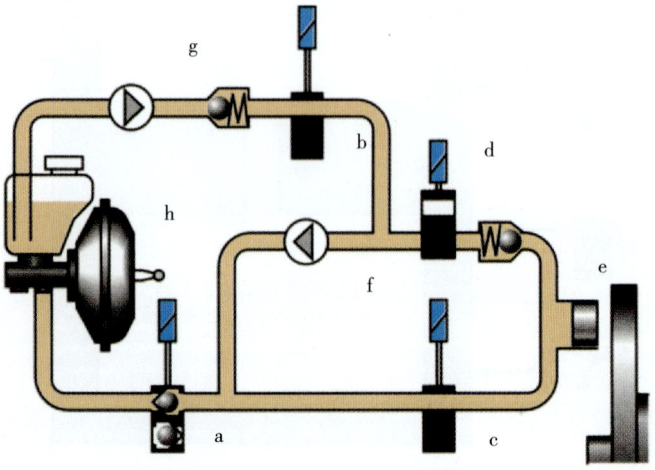

1.4.4.2 功能

建立压力

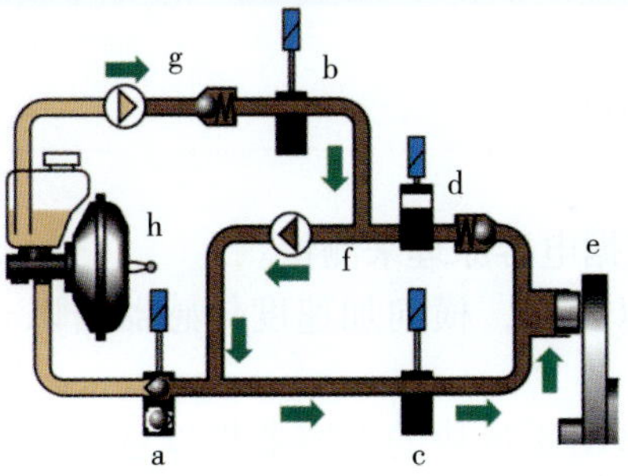

ESP 干预时行驶动力系统液压泵将制动液从储液罐输送到制动回路内。因此回流泵抽吸侧和制动轮缸内产生所需制动压力。回流泵开始输送制动液并提高制动压力。

保持压力

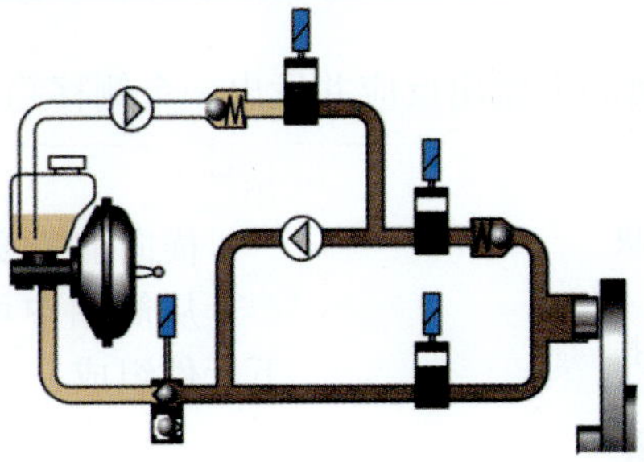

输入阀关闭，输出阀关闭。作用在制动轮缸内的制动压力保持不变。回流泵结束输送过程，高压开关阀关闭。

减压

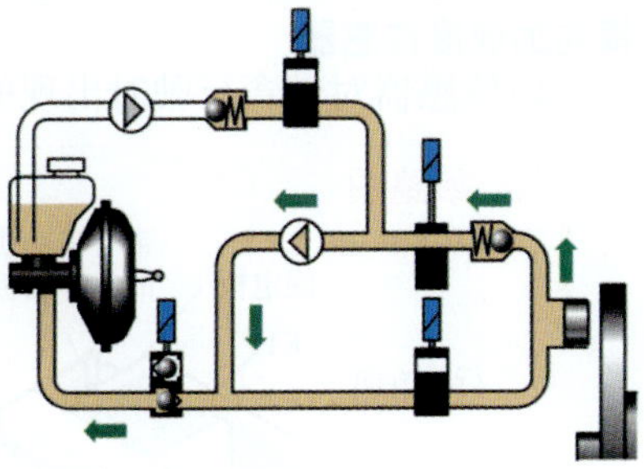

开关阀切换到反方向。输入阀保持关闭状态，输出阀打开。制动液通过串联主缸流回到储液罐内。

开关阀（a）、高压开关阀（b）、输入阀（c）、输出阀（d）、制动轮缸（e）、回流泵（f）、行驶动力系统液压泵（g）、制动助力器（h）。

1.4.5 电子系统

1.4.5.1 系统概览

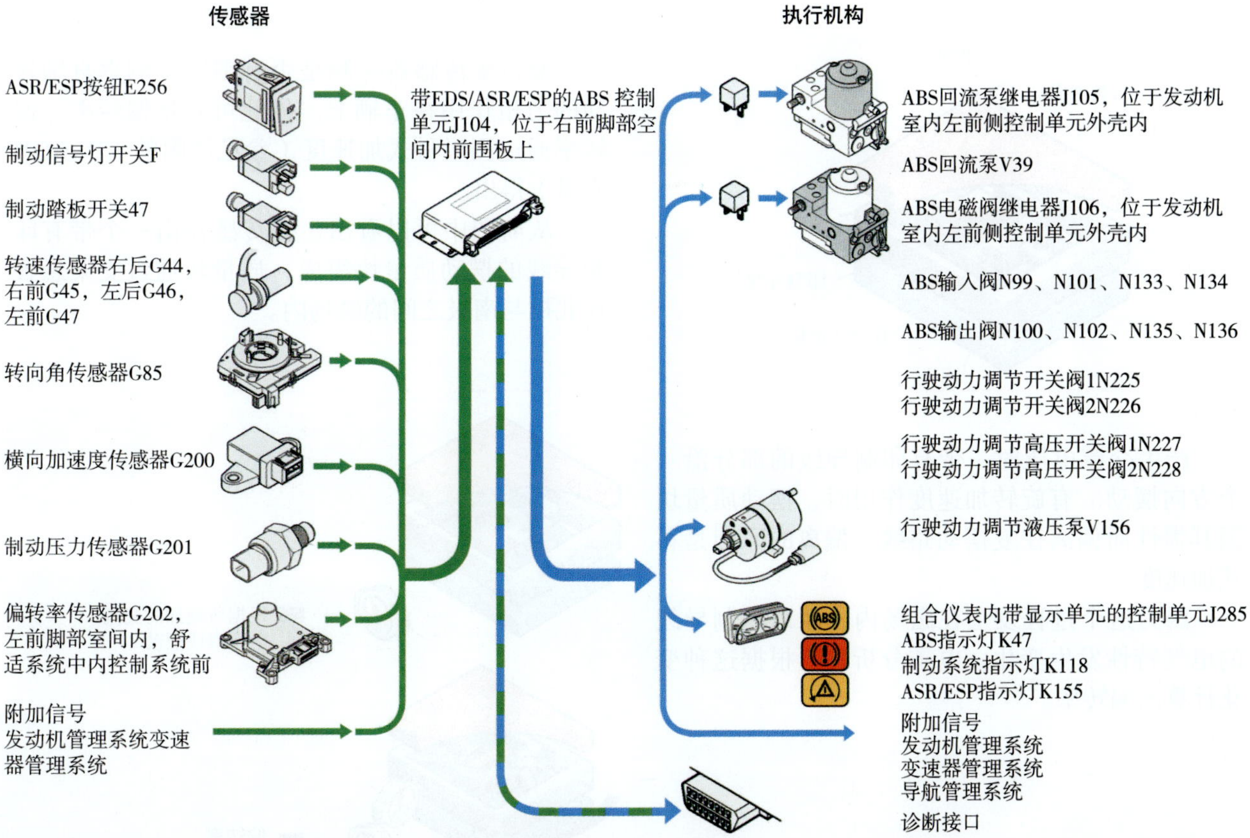

1.4.5.2　传感器

横向加速度和偏转率组合传感器

横向加速度传感器

该传感器对转弯行驶时出现的离心力做出反应并发出一个侧移趋势信号。

原理图/线路图

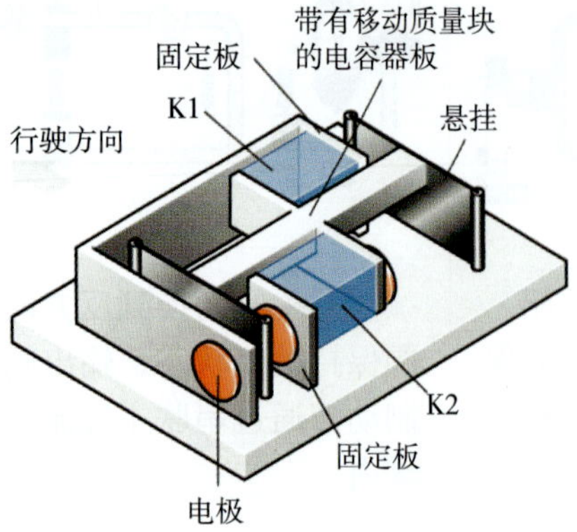

结构

横向加速度依据电容原理来测量。

从简图中可以看出，横向加速度传感器由以下元件组成：

·一个带有移动质量块的电容器板以悬置方式布置，因此电容器板可以往复摆动。

·两个电容器板以固定方式安装。

·因此构成串联在一起的电容器K1和K2。

为便于理解，在此将用于测量电荷量（即电容量 C）的测量设备连接在电极上。

功能

没有横向加速度作用在车辆上时，测得的电容器电荷量相等：$C_1=C_2$。有横向加速度作用时，中间电容器板因移动质量块的惯性而逆着加速度方向相对固定式电容器板移动。因此电容器板之间的距离和电荷量发生变化：C_1越来越小，C_2越来越大。

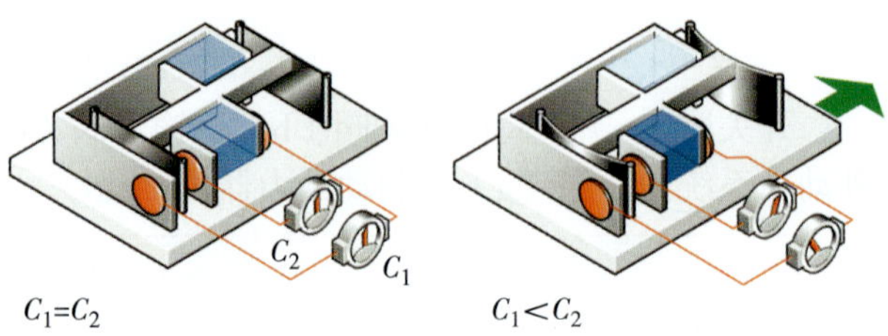

偏转率传感器

该传感器探测车辆围绕垂直轴的所有转动并发出甩尾趋势信号。

原理图/线路图

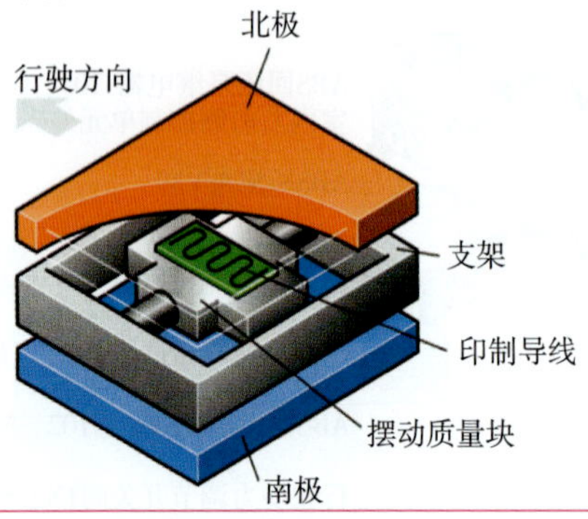

结构

偏转率传感器探测是否有围绕车辆垂直轴转动的力矩作用在车辆上。借此可测量偏转率。偏转率通过测量科式加速度（参见随附的CD-ROM光盘）得出。

从简图中可以看出，该传感器由一个带有印制导线的摆动质量块组成，质量块通过支架悬置在北极与南极之间的磁场内。

功能

产生交流电压时，带有印制导线的部分沿一个方向摆动。有旋转加速度作用时，摆动质量块因其惯性而偏离往复摆动路线。偏离的原因是科式加速度。

因为这个过程发生在磁场内，所以印制导线的电气特性发生变化。电子分析装置根据这种变化计算出偏转率。

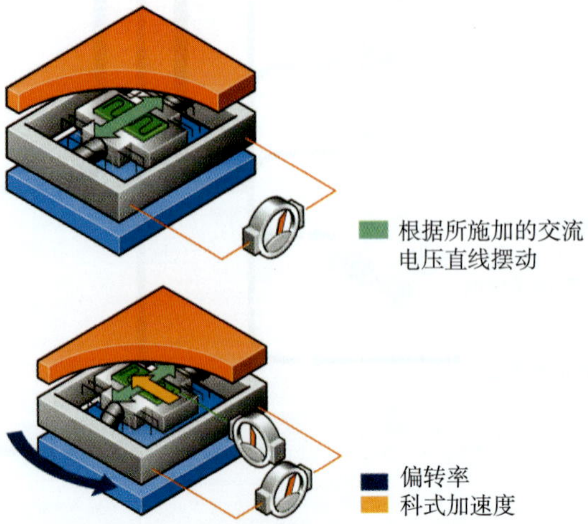

制动压力传感器

原理图

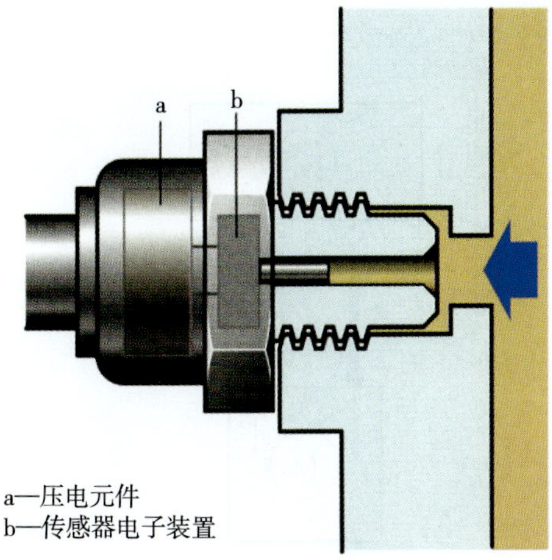

a—压电元件
b—传感器电子装置

线路图

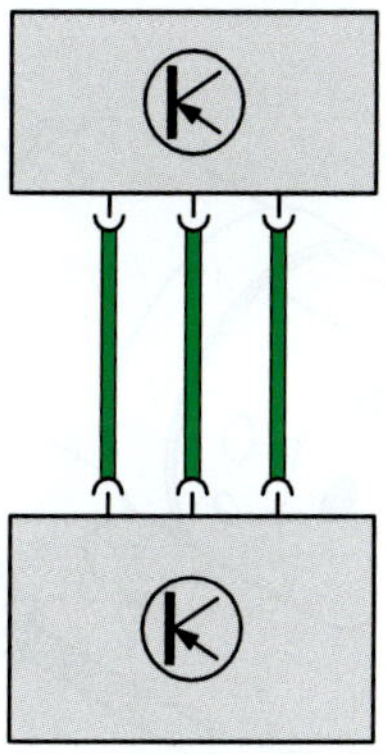

功能

传感器由一个在压力作用下产生电压的压电元件组成。压力越高，电压也越高。电压大小是当前制动压力的一个衡量标准。

ASR/ESP按钮

原理图

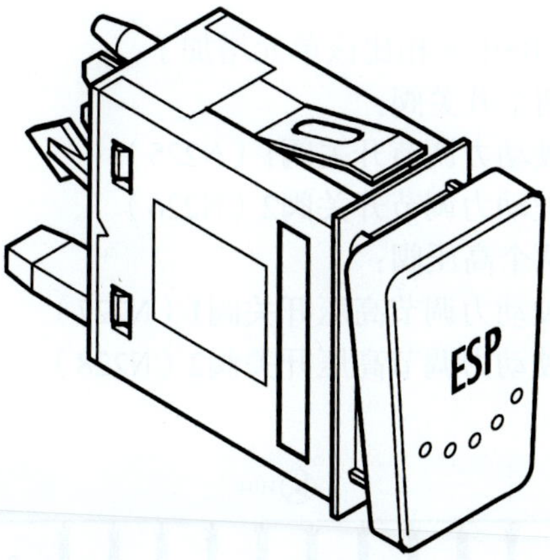

线路图

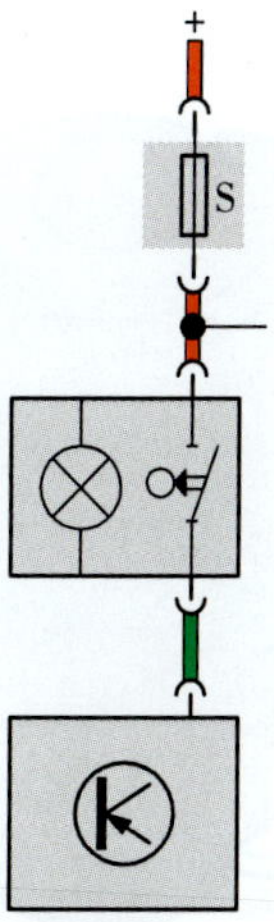

功能

驾驶员可以利用该按钮关闭ESP。在以下情况下应关闭ESP功能

- 带防滑链行驶时，
- 从深雪中或松软的路面上驶出时，
- 车辆在测功机上运行时。

按钮失灵

无法关闭ESP。按钮有故障时通过 ASR/ESP 指示灯亮起提醒驾驶员。

1.4.5.3 执行机构

行驶动力调节液压泵

原理图

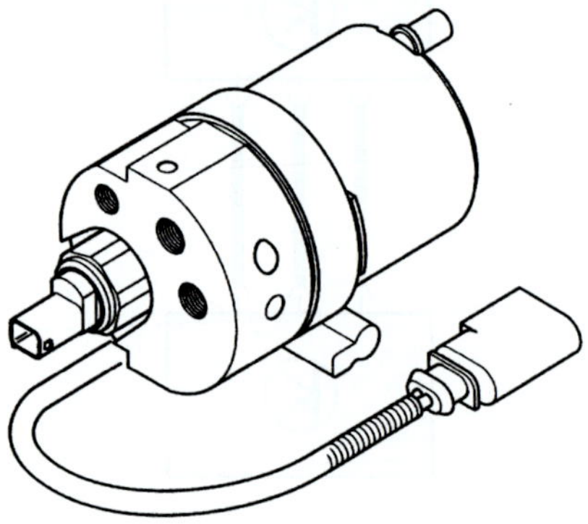

线路图

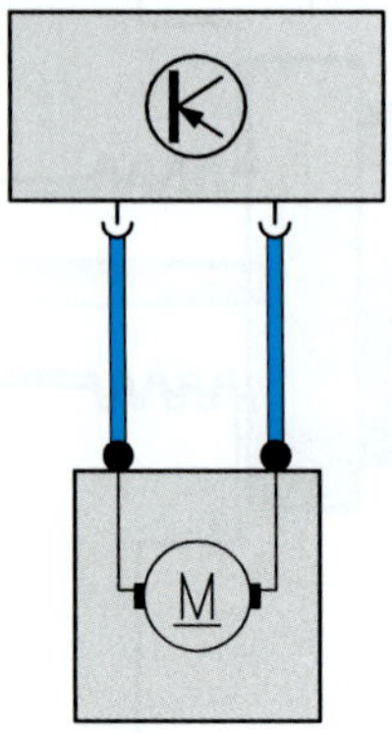

在ABS系统中不同调节范围内回流泵只能提供少量制动液。为了在回流泵抽吸侧建立所需预压，在此还需要一个用于ESP装置的液压泵。行驶动力调节液压泵无自调功能。

液压泵失灵

不再执行ESP功能。ABS、EDS和ASR不受影响。

液压单元

原理图

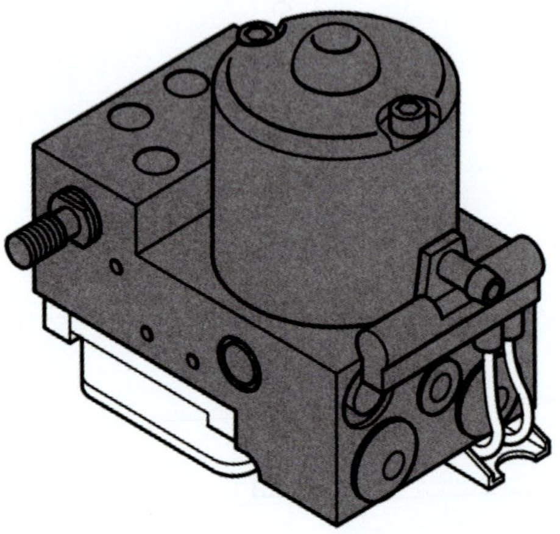

线路图

液压单元与对角布置的两个制动回路一起工作。

与ABS单元相比该单元增加了

- 两个开关阀：

行驶动力调节开关阀1（N225）

行驶动力调节开关阀2（N226）

- 两个高压阀：

行驶动力调节高压开关阀1（N227）

行驶动力调节高压开关阀2（N228）

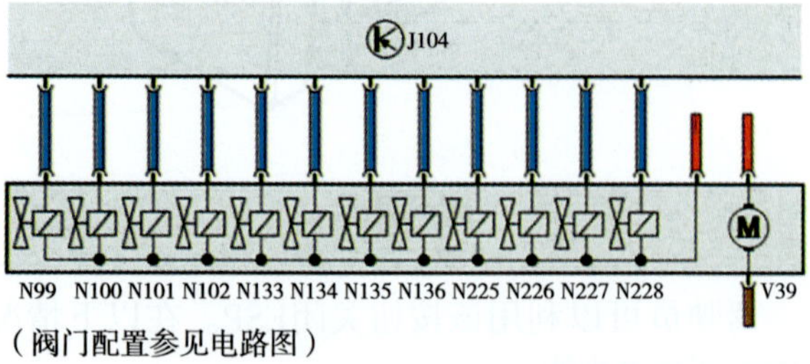

（阀门配置参见电路图）

功能

通过控制某一制动轮缸的输入和输出阀可以实现三种状态“建立压力”、“保持压力”和“降低压力”。

液压单元失灵

整个系统完全关闭。

1.4.5.4 电路图

该电路图表示ABS、ASR和ESP系统所有组件之间的关系。

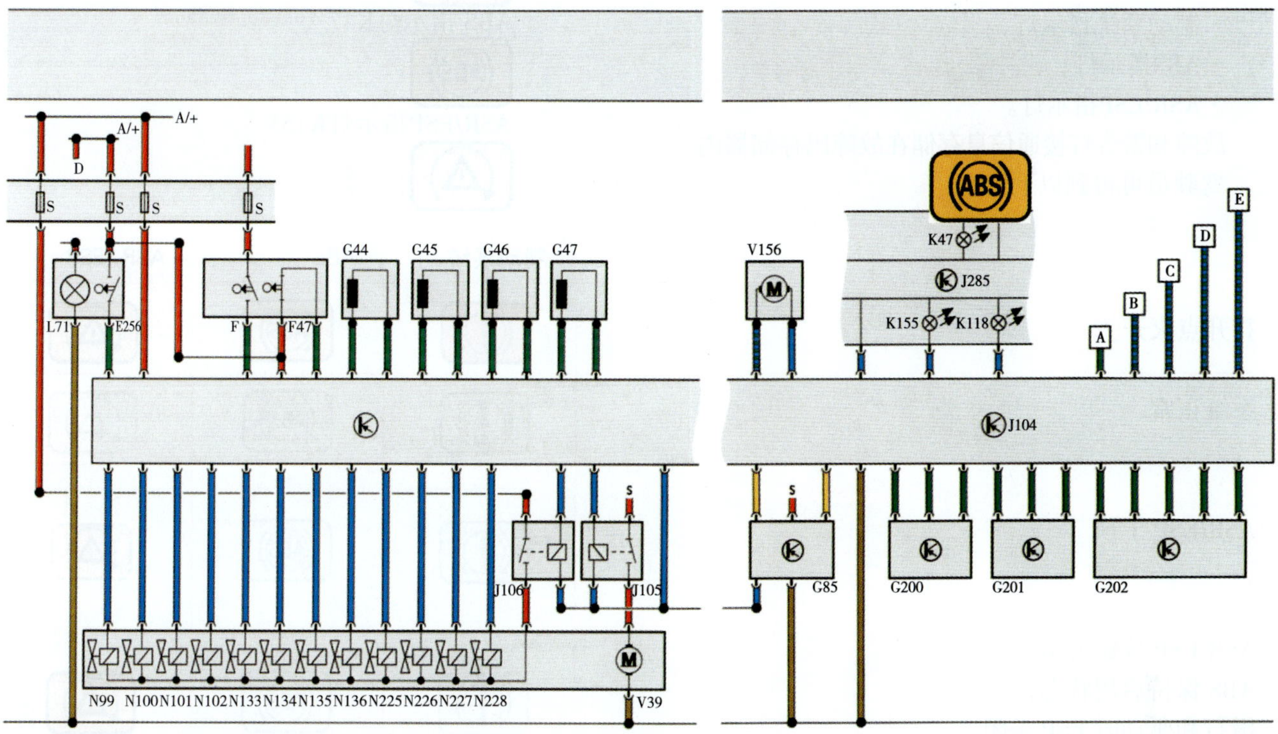

彩色编码

=输入信号
=输出信号
=正极
=接地
=CAN总线

部件

连接点火开关正极

E256　ASR/ESP 按钮

F　制动信号灯开关
F47　制动踏板开关

G44　右后转速传感器
G45　右前转速传感器
G46　左后转速传感器
G47　左前转速传感器
G85　转向角传感器
G200　横向加速度传感器
G201　制动压力传感器
G202　偏转率传感器，左前脚部空间内，舒适系统中央控制系统前

J104　带EDS/ASR/ESP ABS控制单元，位于右前脚部空间内前围板上
J105　ABS回流泵继电器，位于发动机室内左前侧控制单元外壳内
J106　ABS电磁阀继电器，位于发动机室内左前侧控制单元外壳内
J285　组合仪表内带显示单元的控制单元
K47　ABS指示灯
K118　制动系统指示灯
K155　ASR/ESP指示灯

N99　右前ABS输入阀
N100　右前ABS输出阀
N101　左前ABS输入阀
N102　左前ABS输出阀
N133　右后ABS输入阀
N134　左后ABS输入阀
N135　右后ABS输出阀
N136　左后ABS输出阀
N225　行驶动力调节开关阀1
N226　行驶动力调节开关阀2
N227　行驶动力调节高压开关阀1
N228　行驶动力调节高压开关阀2

S　熔丝

V39　ABS回流泵
V156　行驶动力调节液压泵

A　连接驻车制动器控制
B　导航系统（仅限带导航系统的车辆）
C　发动机管理系统
D　变速器管理系统（仅限自动变速器车辆）
E　诊断导线

1.4.6 警告灯

该系统通过以下警告灯向驾驶员通报干预或故障情况：

- 制动系统指示灯，
- ABS指示灯，
- ASR/ESP指示灯。

故障和警告灯接通信息存储在故障码存储器内。

驾驶员可得到以下信息：

警告灯

制动系统指示灯K118

ABS 指示灯K47

ASR/ESP指示灯K155

	制动系统	ABS	ASR/ESP
打开点火开关			
系统正常			
ASR/ESP 干预			
ASR/ESP 按钮关闭 ABS 保持启用状态， 滑行和驱动时 ESP 关闭， ABS 干预时保持启用状态			
ASR/ESP 失灵 偏转率传感器、横向加速度传感器、转向角传感器或动压力传感器有故障，ABS 失灵时 ESP 应急功能保持启用状态。EBV 保持启用状态。			
ABS 失灵 所有系统都关闭。			

1.4.7 Bosch-ITT Automotive ESP系统对比

在 Bosch公司的产品中预压通过一个预输送泵（行驶动力调节液压泵）产生。在ITT公司的产品中预压通过一个主动式制动助力器建立。

主动式制动助力器

主动式制动助力器由一个真空部件（c）和一个压力部件（d）组成，两个部分通过一个隔膜隔开。迄今为止，这种制动助力器都借助进气管真空放大制动踏板上的脚踏力。助力器还有一个通过导线与ESP 系统连接的阀门活塞电磁单元（e）。

该装置由以下部件组成

- 制动识别开关，
- 制动压力电磁线圈，
- 空气导向阀。

如果该系统识别到需进行ESP干预且驾驶员还未踩下制动踏板，阀门活塞电磁单元内的阀门就会打开。

空气流入可建立10 bar预压的制动助力器内。

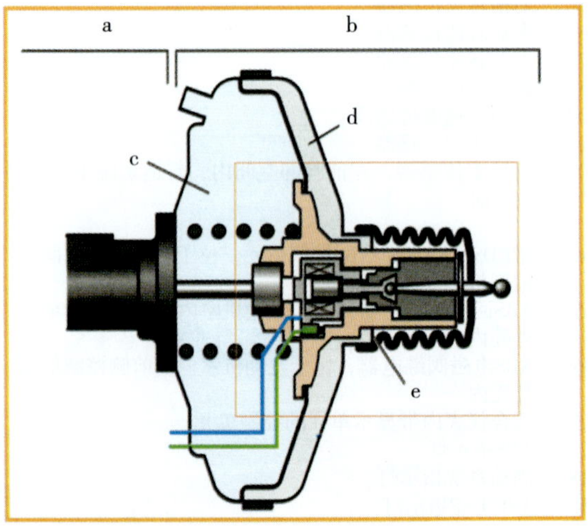

a=串联主缸 b=制动助力器

1.5 制动辅助系统BA

1.5.1 液压制动辅助系统

在紧急情况下许多驾驶员没有用所需脚踏力踩下制动踏板，没有利用制动器的全部功率。因此造成制动距离较长。制动辅助系统的任务是缩短制动距离。曲线图所示为车辆带有和不带制动辅助系统时的制动压力。

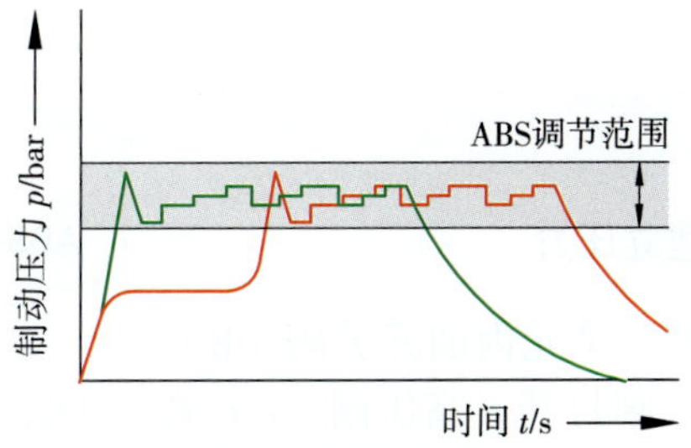

1.5.1.1 系统组件

液压制动辅助系统利用ABS/ESP的硬件来调节制动压力。制动辅助系统的中心部件是带有集成式ABS控制单元和回流泵的液压单元。

必须满足以下条件才能启用紧急制动：

· 制动信号灯开关发出已操纵制动器的信号。

· 转速传感器提供车辆当前车速信息。

· 制动压力传感器发出驾驶员以多快速度和多大脚踏力踩下制动踏板的信号。

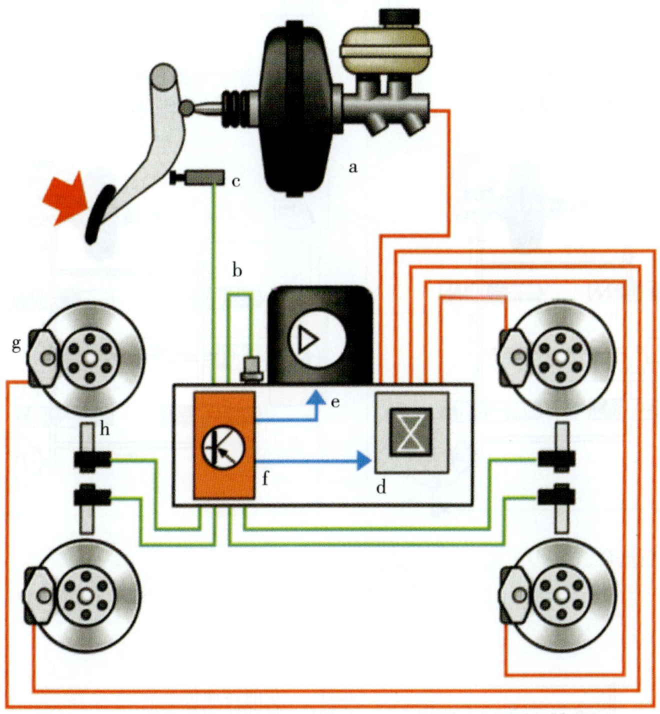

a—制动助力器
b—制动压力传感器
c—制动信号灯开关
d—液压单元
e—回流泵
f—控制单元
g—制动轮缸
h—转速传感器

制动辅助系统分两个阶段工作：

· 第1阶段：制动辅助系统开始干预

如果制动时超过某一数值，控制单元就会控制回流泵和相应的电磁阀。制动压力提高至抱死极限，从而使ABS系统很快进入调节范围（绿色线）。

· 第 2 阶段：制动辅助系统结束干预

如果制动辅助系统启动后驾驶员施加的压力降到某一数值以下，就会根据驾驶员施加的踏板压力重新调整系统压力。

1.5.1.2 液压回路图

<table>
<tr><th colspan="2">阶段1</th><th>阶段2</th></tr>
<tr><th>快速建立压力</th><th>ABS干预</th><th>降低制动压力</th></tr>
<tr><td>液压单元内的开关阀（b）和输入阀打开，高压阀（c）关闭。回流泵建立的压力直接作用在制动轮缸上。制动辅助系统将制动压力提高到最大值。</td><td>开关阀（b）和输入阀关闭，高压开关阀（c）和输出阀打开。达到抱死极限时，ABS功能限制压力继续提高。回流泵使制动压力保持在抱死限值以下。因此制动辅助系统无法继续提高制动压力。</td><td>高压开关阀（c）和输出阀打开，输入阀关闭。制动液可以流向蓄压器，然后由回流泵输送回补液罐。</td></tr>
<tr><td>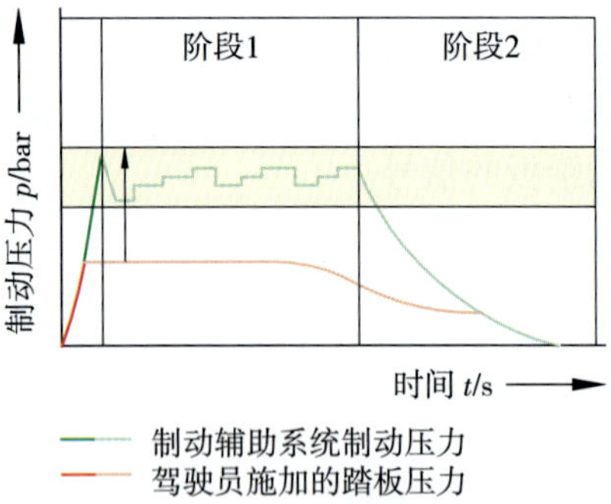
</td><td>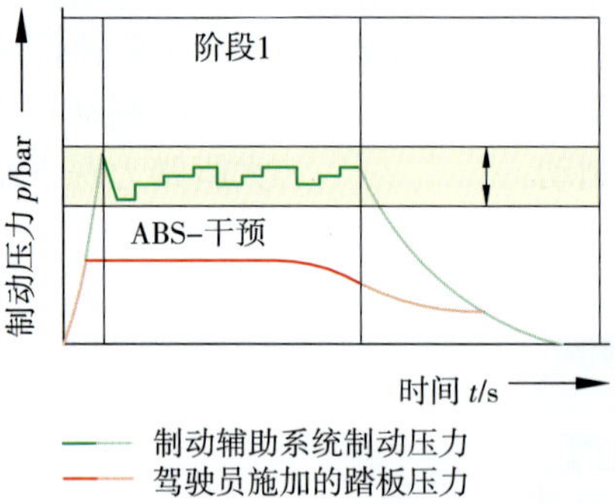
</td><td>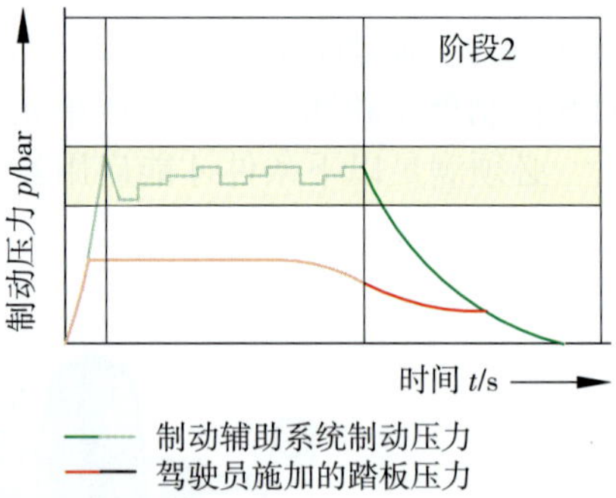
</td></tr>
<tr><td>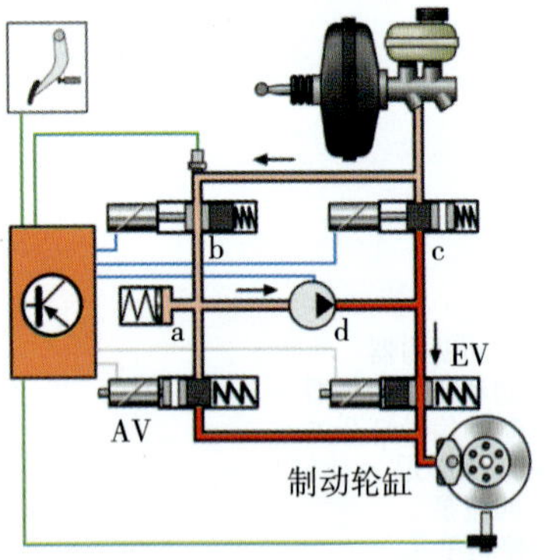
</td><td>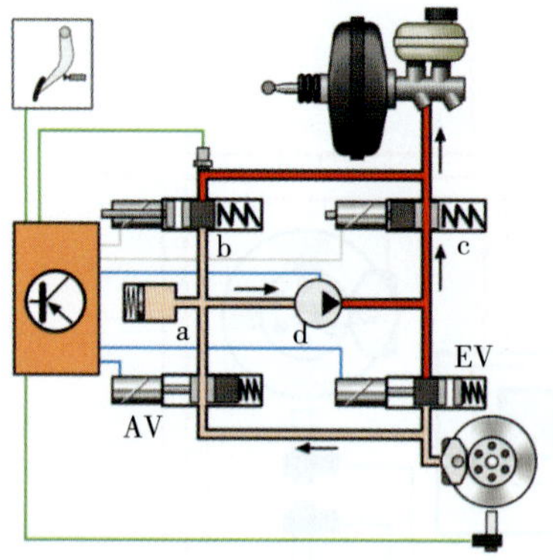
</td><td>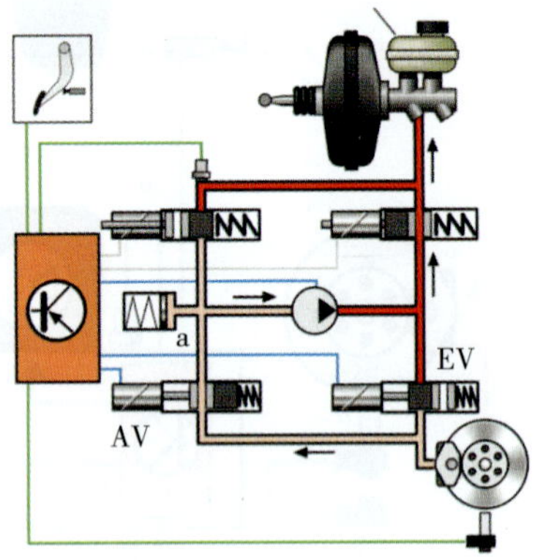
</td></tr>
<tr><td colspan="3">a—蓄压器，b—开关阀N225，c—高压开关阀N227，d—回流泵</td></tr>
</table>

1.5.1.3 电路图

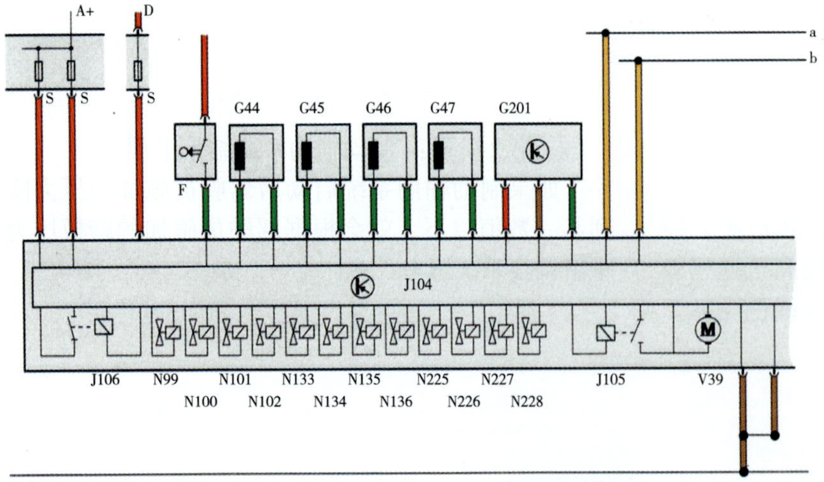

A+ 蓄电池
D 点火开关
F 制动信号灯开关
G44 右后转速传感器
G45 右前转速传感器
G46 左后转速传感器
G47 左前转速传感器
G201 制动压力传感器
J104 ABS 控制单元
J105 ABS回流泵继电器
J106 ABS电磁阀继电器

N99 右前ABS输入阀
N100 右前ABS输出阀
N101 左前ABS输入阀
N102 左前ABS输出阀
N133 右后ABS输入阀
N134 左后ABS输入阀
N135 右后ABS输出阀
N136 左后ABS输出阀
N225 行驶动力调节开关阀1
N226 行驶动力调节开关阀2
N227 行驶动力调节高压开关阀1
N228 行驶动力调节高压开关阀2

S 熔丝
V39 ABS回流泵
a 跃升CAN
b 跃降CAN

1.5.2 机械制动辅助系统

机械制动助力器EVA（紧急阀门辅助）同样适用于带ABS的车辆。集成到制动系统内时不必安装附加的传感器和电子装置。

真空制动助力器还包括一个快速踩下制动踏板时启用制动辅助功能的机械开关组件。

机械开关组件由三个总成部件组成：

- 压杆、阀门活塞、球套、传动盘
- 锁止套、机械挡块
- 钢球保持架、钢球、控制装置壳体

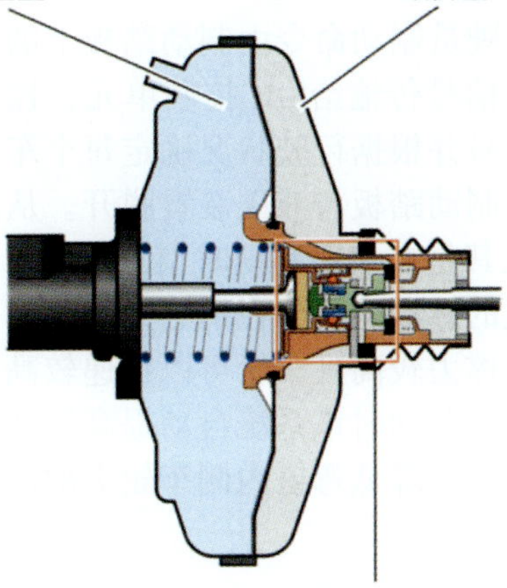

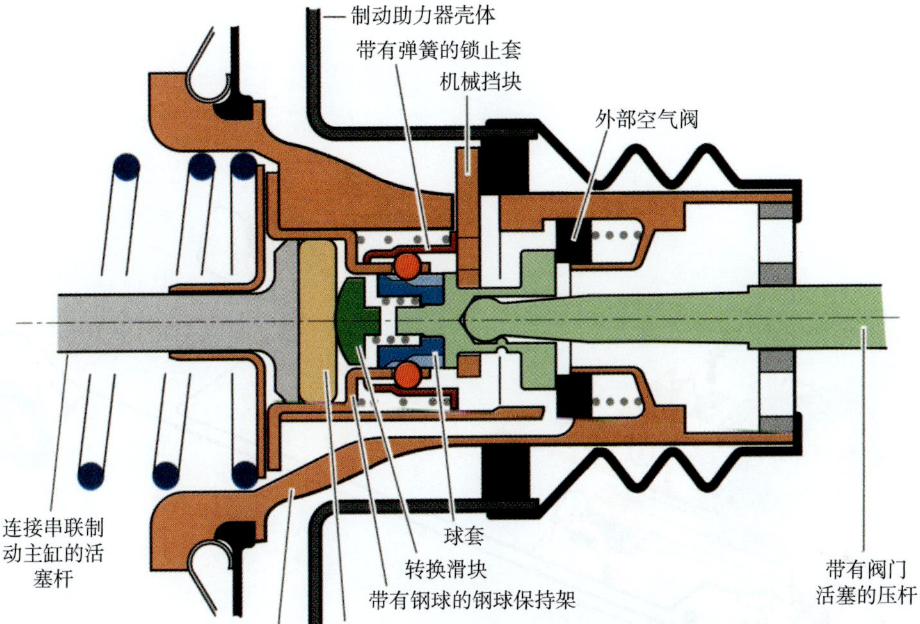

缓慢踩下制动踏板	迅速踩下制动踏板
不启用制动辅助功能。制动时驾驶员感觉到来自制动系统的全部背压（反向压力）。为提高制动强度，驾驶员必须克服反作用力。	启用制动辅助功能。总成部件锁止。因此一部分反作用力转移到壳体上。为提高制动强度，驾驶员只需施加较小的作用力。

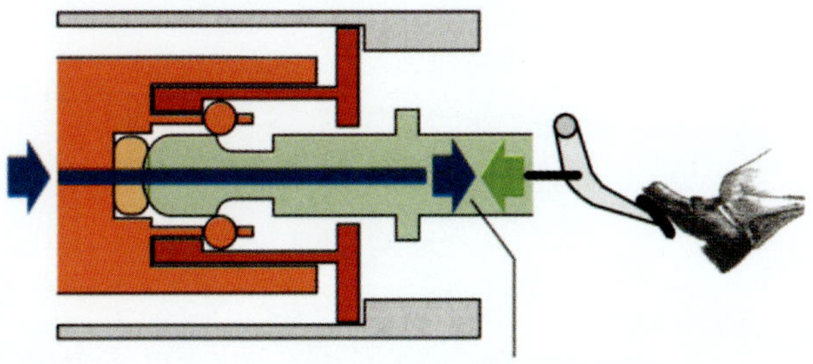

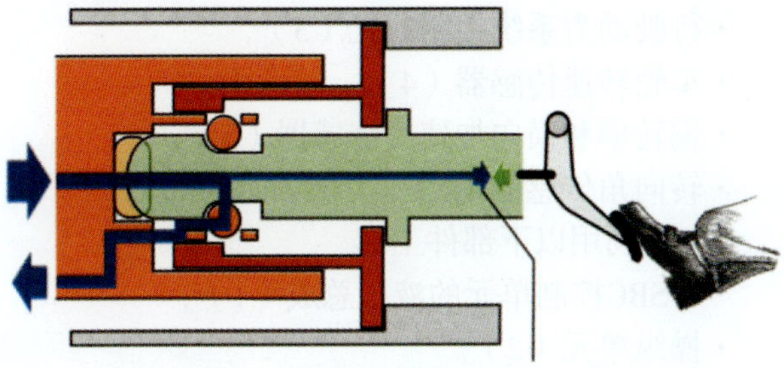

1.6 电液制动器EHB/SBC

在电液制动器（= EHB/SBC = Sensotronic 制动控制）中驾驶员制动命令由制动踏板上的一个传感器探测并将信号传输给SBC控制单元，控制单元处理传感器信号并根据行驶状况确定每个车轮的最佳制动压力。制动踏板与液压装置脱开。从而提高了舒适性。尤其是在快速制动时消除了ABS调节过程中制动踏板的脉动。因为在离心力的作用下弯道外侧车轮的支撑力较高且车轮可以传递较高的制动力，所以弯道内制动时该系统自动提高这些车轮上的制动压力。同时降低弯道内侧车轮上的制动力，以提高对保持轨迹稳定来说很重要的侧面导向力。带装载物行驶时SBC根据重心偏移量调整制动力分配。略微减轻前桥负荷可避免停车时特有的前俯运动。

通过SBC还构成了一个高效机械电子系统，其控制单元通过CAN集成在不同电子控制单元组成的数据网络内。因此最大制动时SBC系统可以与ESP一起通过精确计量的快速制动脉冲使车辆提前稳定下来并防止车辆甩尾。

1.6.1 系统组件

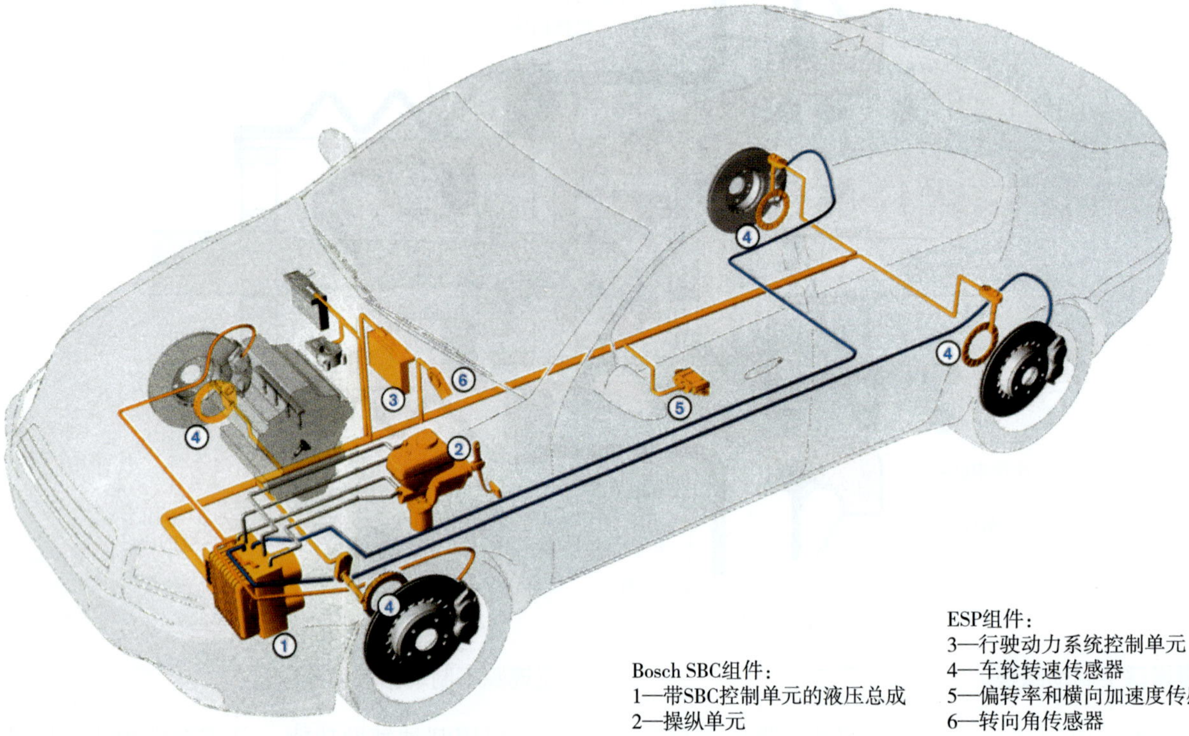

Bosch SBC组件：
1—带SBC控制单元的液压总成
2—操纵单元

ESP组件：
3—行驶动力系统控制单元
4—车轮转速传感器
5—偏转率和横向加速度传感器
6—转向角传感器

SBC使用以下ESP组件：

· 行驶动力系统控制单元（3），
· 车轮转速传感器（4），
· 偏转率和横向加速度传感器（5），
· 转向角传感器（6）。

SBC还利用以下部件工作

· 带SBC控制单元的液压总成（1），
· 操纵单元（2）。

1.6.2 功能

SBC用电子部件替代了许多机械部件。

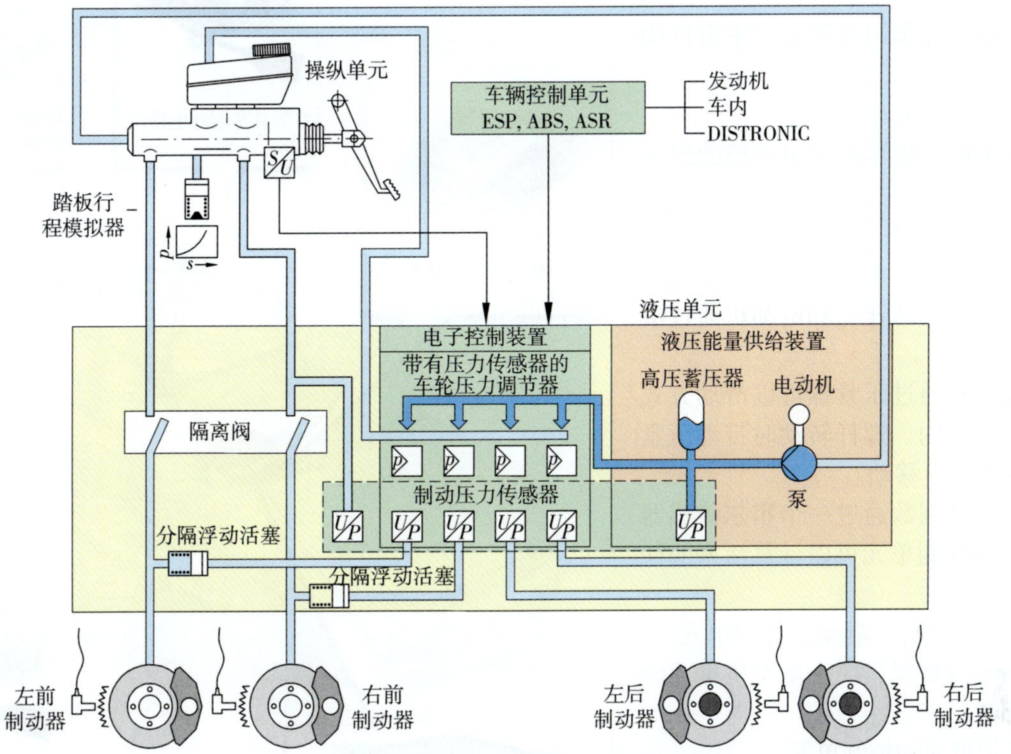

电液制动器的主要功能单元是：

· 操纵单元

传感器替代制动助力器测量主缸内的压力和制动踏板操纵速度并将信号传输给 SBC 控制单元。

主缸内的压力传到一个踏板行程模拟器内。就像驾驶员从传统制动器获得的感觉一样，模拟器借助主缸压力和一个弹簧产生踏板触感。

· SBC控制单元

SBC 控制单元得到以下信息

–来自操纵单元的踏板行程和主缸内的制动压力以及通过 CAN 数据总线得到以下信息

–来自 ABS 系统的车轮转速，

–来自 ESP 系统的转向角、偏转率和横向加速度，

–来自变速器控制系统的行驶挡位。

控制单元根据这些传感器信号瞬间计算出针对当前行驶状况的制动命令和针对每个车轮且适合当前状况的制动压力。

· 液压单元

液压单元由四个车轮压力调节器组成。调节器准确控制制动压力并使其作用在制动轮缸上。车轮压力调节器内的压力传感器监控制动过程。

· 液压能量供给装置

液压能量供给装置由一个电动液压泵和一个高压蓄压器组成。高压蓄压器内的制动液压力为140~160 bar。SBC控制单元通过控制电动液压泵调节压力。

因此，即使发动机关闭时也能在最短时间内提供最大制动压力。

快速提供高压力是最重要的 SBC 功能特点。

SBC 通过驾驶员快速把脚从加速踏板移到制动踏板上识别到驾驶员即将进行紧急制动，然后借助高压蓄压器提高制动系统内的压力并使制动摩擦片迅速靠在制动盘上。此时踩下制动踏板就会以最大制动压力制动。

SBC 系统属于冗余系统（冗余：针对失灵和运行安全性的附加预防措施）。正常运行时制动踏板上的传感器将信号提供给控制单元。SBC 系统失灵时，驾驶员施加在制动主缸内的制动压力通过隔离阀直接作用在车轮制动器上。

1.7 电动机械式驻车制动器

1.7.1 系统组件

电动机械式驻车制动器由以下组件构成：

· 驻车制动器压力开关

· 带有集成式驻车制动电动机的组合制动钳

制动摩擦片通过一个螺杆传动机构以机械方式压紧。螺杆由一个直流电动机通过减速器来驱动。减速器和电动机通过法兰安装在制动钳上。

一个液压缸通过压紧螺母以滑动方式安装在制动活塞内。螺杆转动时带动压紧螺母在螺杆螺纹上移动。

电动机转动圈数通过一个霍尔传感器来测量。因此控制单元可以计算活塞的往复运动行程。

· 电动机械式驻车制动器控制单元

控制单元内集成了一个微型机械式倾斜角度传感器。

· 带显示单元的控制单元

· 与其他系统组件的 CAN 数据交换，例如 ABS、点火开关位置、制动信号灯开关、警告和指示灯

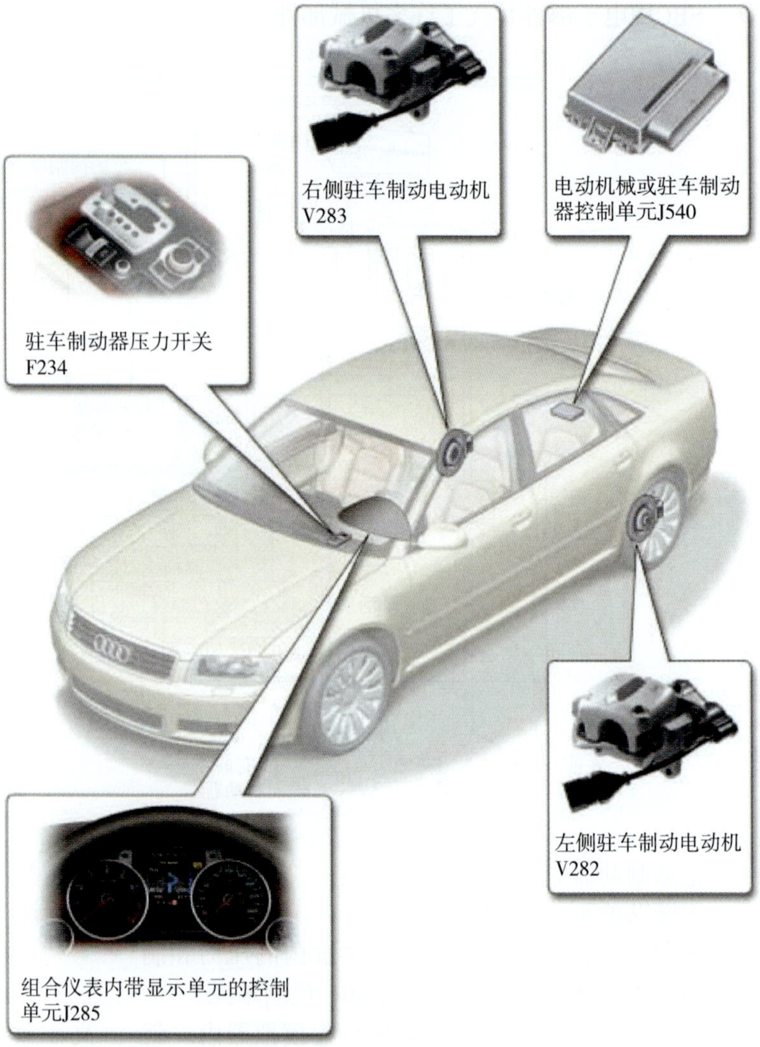

1.7.2 功能

驾驶员利用一个压力开关操纵电动机械式驻车制动器。

驻车制动器接合时，螺杆上的螺母向前移动。液压缸靠到活塞上并将摩擦片压到制动盘上。松开制动盘时制动活塞因密封环恢复原状而移回。从而松开制动盘。

电动机械式驻车制动器具有以下功能：

· 驻车制动功能

通过开关内和组合仪表内的指示灯提醒驾驶员该功能处于启用状态。压紧力适用于上坡坡度不超过 30 % 时的情况。

· 动态紧急制动功能

如果车速低于8km/h 时操纵开关，驻车制动器就会接合。

此时最大制动减速度可达$8m/s^2$。

· 制动摩擦片磨损识别和间隙校正

大约每隔500km系统会在未操纵驻车制动器且车辆静止时自动测量摩擦片厚度。

· 起步辅助功能

利用这项功能可以实现在上坡路面上不向后溜车的情况下平稳起步。

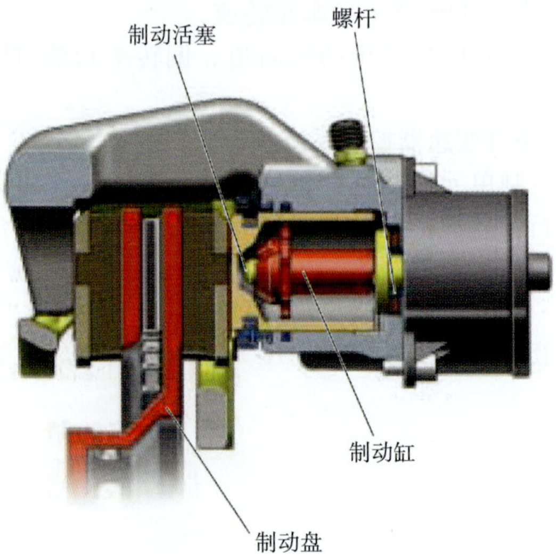

D 通过检查和测量实现质量保证要求

1 故障诊断

故障	故障部位	原因
轮胎毁坏	胎壁的挤压变形区域 轮胎胎面（保护）	·轮胎压力过低 –气门嘴帽缺失可能是轮胎压力缓慢下降的原因。 –钉子刺入轮胎胎面。 ·超过允许的最高速度
轮胎一侧磨损	转向系统几何尺寸、车轮悬架	·功能元件损坏或弯曲造成车轮位置不正确（例如车轮前束或外倾角过大）
胎面花纹中部严重磨损	轮胎	·轮胎压力过高
胎肩处磨损	轮胎	·轮胎压力过低
轮胎局部花纹磨损	车轮，轮胎 减振器 制动器	·车轮未进行动平衡 ·因液压油损失而造成减振作用较低 ·制动器有故障
车辆跑偏	转向系统几何尺寸，车轮悬架	·功能元件损坏或弯曲
车身一侧下沉	螺旋弹簧，钢板弹簧 高度校正器	·以下情况造成弹簧折断 –负荷过高 –弹簧表面损坏 –弹簧材料疲劳 ·控制滑阀卡死 ·控制导杆弯曲
弹性作用降低	弹簧气囊 橡胶缓冲块	·泄漏 ·材料老化
减振器发出吱吱嘎嘎声	减振器固定件	·铰接支座振动 ·铰接支座松动
转向盘不平稳（转向盘颤动）	车轮和轮胎 转向减振器 车轮悬架	·车轮和轮胎车轮未进行动平衡（车轮颤动） ·液压油损失（泄漏） ·万向节销磨损
转向系统响应过慢	转向器 球销	·间隙过大 ·振动
行驶特性较差（车身摆动）	减振器	·以下情况造成液压油损失 –密封件损坏 –活塞杆损坏 ·材料疲劳造成阻尼阀失效

行驶稳定系统内的故障通过指示灯亮起表示出来。此时相应系统自动关闭。需使用系统测试仪进行故障分析。有关读取故障码存储器记录以及传感器和执行机构检查和查量的详细信息请参阅《汽车机电技术（二）》学习领域 7。下面仅介绍车轮转速传感器的检查内容。

2 车轮转速传感器检查和测量

感应式转速传感器

线路图

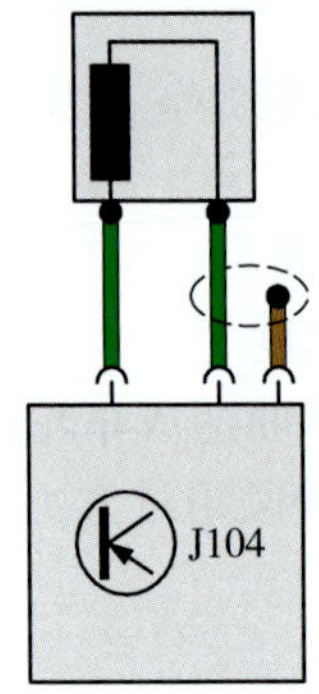

信号

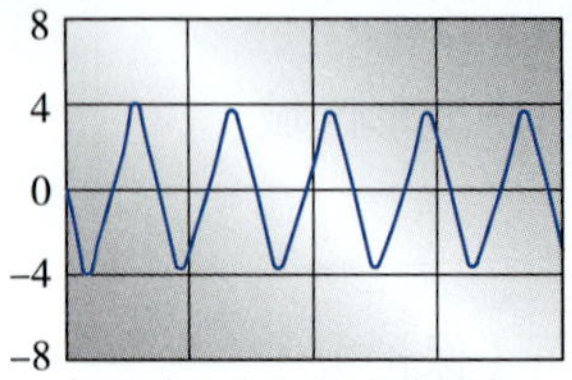

与发动机之间的准确距离

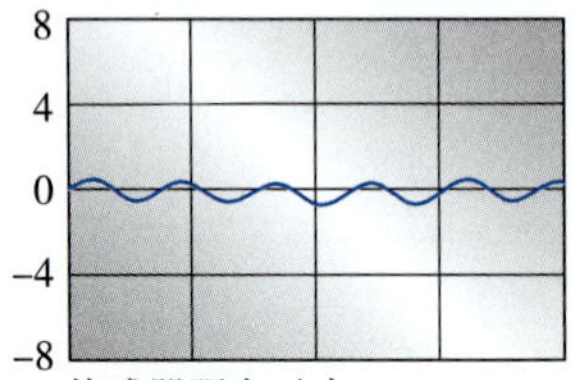

传感器距离过大

故障原因

·传感器与信号轮之间的距离过大时输出电压下降，距离过小时信号轮会碰到传感器。

·间隙内有铁屑

磁性传感器吸附制动盘的铁屑。

输出信号受干扰。

·车轮轴承间隙过大导致信号受干扰。

检测

检查间隙大小： 轮齿和传感器必须彼此准确相对且必须测量间隙。

线路图

·连接在检测接线端与接地之间

·举升车辆

·打开点火开关

·以约60r/min 的转速转动车轮信号曲线参见上图

信号

·将电压表（交流电压）连接在导线束侧的多线脚插头上

·举升车辆

·打开点火开关

·以约60r/min的转速转动车轮电压应符合制造商规定

电阻检测

·将欧姆表连接在导线束侧多线脚插头的插头上，或用欧姆表直接在车轮传感器上测量

规定值约为1000Ω

主动式转速传感器

检测

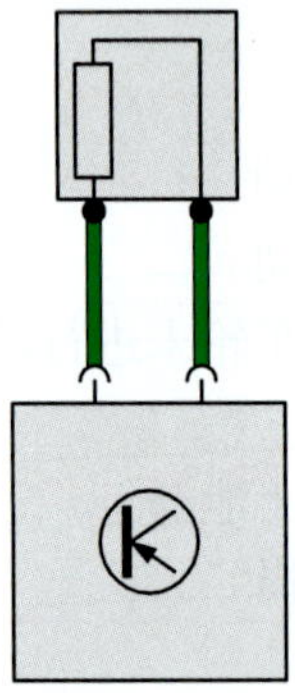

信号

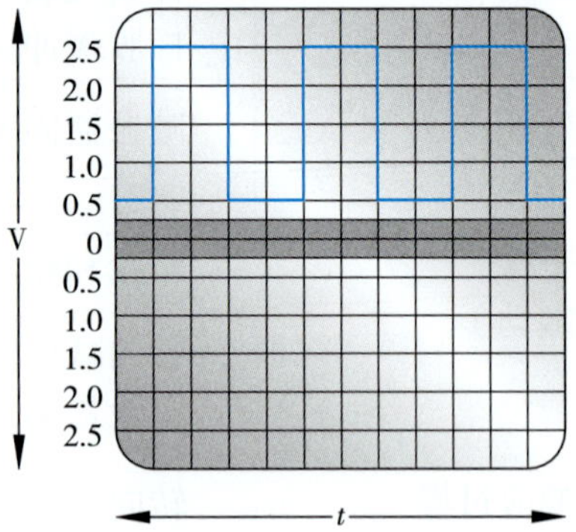

检测

示波器检测

·连接在检测接线端与接地之间

·举升车辆

·打开点火开关

·以约60r/min的转速转动车轮信号曲线参见上图

电压检测

·将电压表连接在检测接线端与接地之间

·缓慢转动车轮

规定值在0.5～2.5V之间

·检测供电电压规定值：约12V

电阻检测

·连接欧姆表

·测量电阻

规定值在2500~4500Ω之间

（注意制造商规定）

3 制动检测

根据道路交通许可规定（StVZO）第29章中对年检的要求，应定期在机动车维修站内进行制动检测在此

–确定各车轮的制动力（N），

–计算车辆制动效能（% 或 m/s^2）以及

–确定一个车桥上受检车轮的制动力差值。

进行这些工作时使用制动试验台。试验台有滚筒试验台（测功机）和平板试验台两种类型。最常见的试验台是滚筒试验台，因此在以下内容说明中使用这种试验台。

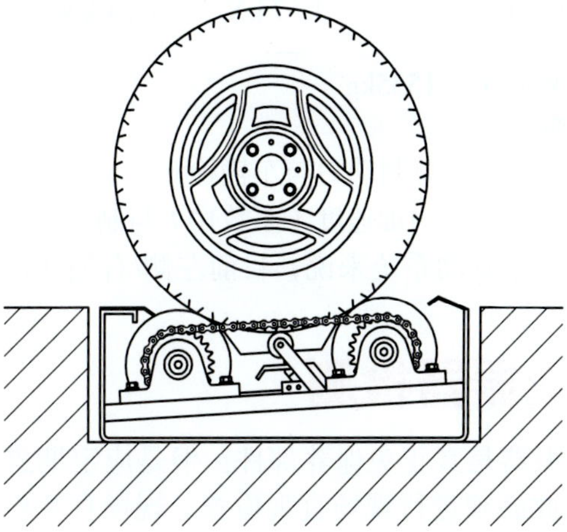

滚筒试验台结构

滚筒试验台有两个通过链条彼此连接的滚筒。滚筒由电动机驱动。滚筒之间有一个用于识别车辆驶入的接触探测滚轮，滚轮使电动机接通以驱动滚筒。接触探测滚轮还用于识别制动车轮是否抱死以及关闭电动机以防轮胎损坏（防抱死）。

制动检测流程

车辆开到试验台上后，为清除摩擦面上的污物并使制动系统大致达到运行温度，最好轻微制动一次。必须调整好车辆位置，否则制动检测期间车辆可能从试验台上跳起，这会导致测量自动中断。

此后可以将车辆制动至抱死极限。记录测量结果。分别针对行车制动系统和驻车制动系统执行这个过程。

计算制动效能以及评价制动力差值时需得到这些制动参数值。

为计算制动效能，在此还要确定制动检测时的车辆质量。为此请查阅机动车行驶证第14项“空车重量”。必须在这个数值的基础上加上试验员的重量。现在可以根据所得结果进行计算。

制动效能

制动效能是指所产生的制动力之和$F_{BRadges}$与允许车辆重力F_{Gzul}之间的百分比。制动效能通过在滚筒试验台上进行制动检测来确定。制动检测时确定：

· 各车轮的制动力（N），

· 一个车桥上受检车轮的制动力差值，

· 车辆制动效能（%）。

制动效能计算公式：

$$z=\frac{F_{BRadges}}{F_{Gzul}}\times 100\,\%$$

其中：$F_{Gzul}=mg$（$g=10m/s^2$）

参数	公式符号	单位
制动效能	z	%
制动力之和	$F_{BRadges}$	N
允许重力	F_{Gzul}	N
换算系数	100	%
制动减速度	a	m/s^2
重力加速度	g	m/s^2
质量	m	kg

计算示例

制动系统		制动力		Σ	z	a	左/右	正常/不正常
行车制动	前桥	2.96 kN	2.84 kN	8.15 kN	53.1 %	5.31 m/s^2	0.12 kN	正常
	后桥	1.25 kN	1.10 kN				0.15 kN	正常
驻车制动		1.57 kN	1.74 kN	3.31 kN	21.6 %	2.16 m/s^2	0.17 kN	正常

检测质量：1535kg

计算说明：

制动效能z=总制动力与车辆检测重量之比

减速度a=重力加速度（系数10）与制动效能之比

对行车制动系统来说，目前左侧/右侧允许偏差为一个车桥较高值的25%；对驻车制动系统来说，传统结构形式为50%，电动机械式支撑制动器为95%。

4 减振器检测

减振器是真正免保养部件。但是应定期进行检查。在此必须进行现场直观检查。现场直观检查包括：

–检查是否泄漏，

–检查是否损坏，

–检查是否有磨损痕迹。

利用计算机控制的系统检测减振器

在某些系统中不单独测量减振器，而是测量整个车轮悬架。但是此时必须注意，两个待检查侧的轮胎充气压力必须相同，否则可能计算结果不同。

在这种试验台上使用两个平台，测量时通过电动机依次将平台加速至最高频率。关闭电动机后开始测量时，相应平台仅由惯性质量驱动。在摆动过程中通过所安装的力传感器测量车轮支撑力。测量结果以最小附着系数百分比方式给出。这个数值表示车轮悬架确保车轮与路面接触的能力有多大。

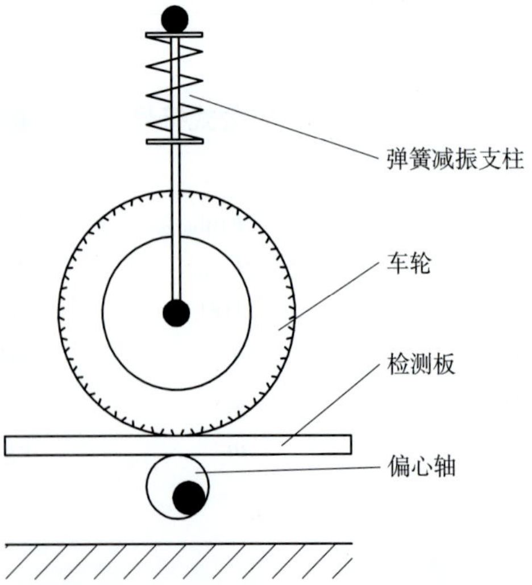

按 EUSAMA 原理工作的车轮悬架测试仪

轮胎磨损形式也可能表明减振器功能受损（轮胎局部花纹磨损）。试车期间车轮悬架发出的敲击声也可能源于减振器损坏。

在此无法通过左右摇晃方式准确判断减振器状态。为此必须使用计算机控制的系统。

减振器检测流程

将待检测的车辆开到检测平台上居中位置。首先测量车桥重量，以用于计算。随后开始检测过程。在检测过程中制动器必须保持松开状态。

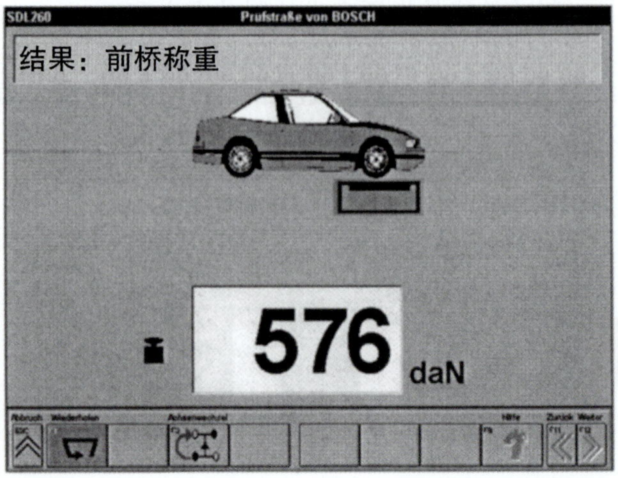

检测过程结束后计算结果并显示给试验员。对系统识别为正常的减振器来说，最小附着系数至少为45%。如果计算结果低于25%，则可认为该减振器损坏。一个车桥上减振器之间的差值不得大于15%。

但是在质量较低的车辆上，即使安装了新减振器，计算结果也可能低于45%。这种情况可以在考虑车辆质量的情况下通过计算予以校正。

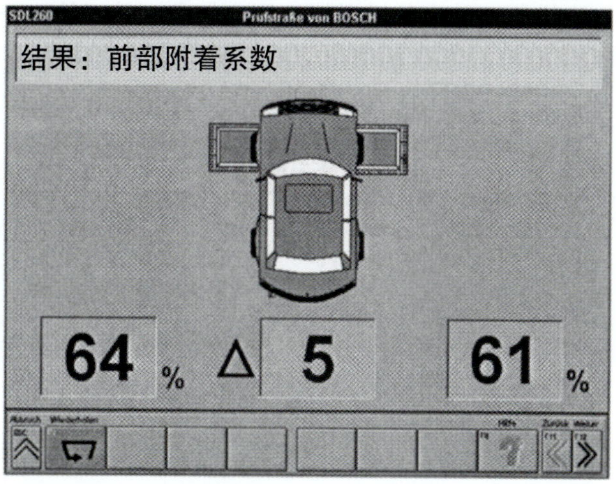

5 四轮定位

车轮不同位置影响车辆行驶稳定性。出于这个原因，应定期检查车辆底盘的车桥几何状态。尤其是进行底盘方面的工作后必须进行这些测量工作。

四轮定位前必须检查：
-轮胎和轮辋规格是否相同，
-轮胎充气压力和胎面花纹深度，
-悬架状态，
-转向机构、车轮轴承和转向横拉杆球销的状态，
-车辆上的检测负荷（需要时），
-通过车轮检查是否有轮辋冲击情况。

车辆开到四轮定位平台上时必须注意，因为转向时或转弯行驶时车辆悬架（铰接支撑座）可能发生非常小的变形，这会对四轮定位产生不利影响，所以应尽可能仅以直线行驶状态将车辆开到平台上。应尽可能不抬起车辆使之四轮离地。使用快速夹紧装置可以省去这项工作。如果不得不抬起车辆使之四轮离地，此后必须通过上下推移车身使车辆弹簧移回。

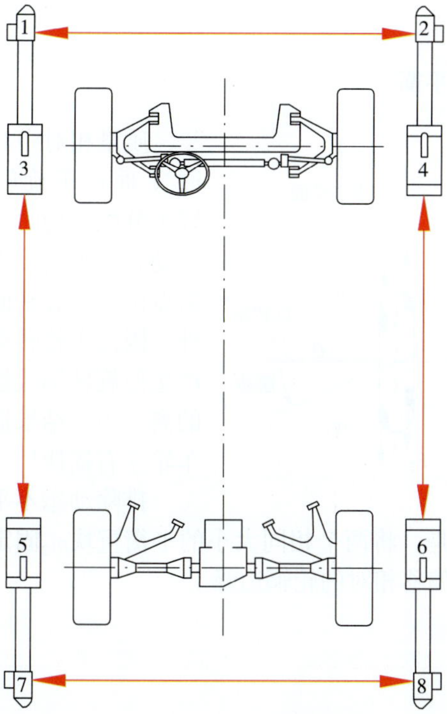

四轮定位以光束四边矩形原理为基础。在此借助测量读取头用红外线围绕车辆四周形成一个矩形。测量与这个矩形的偏差并据此计算出车轮具体位置。用户可从显示屏上看到这些车轮测量值。

四轮定位流程

车辆准备工作结束后进行四轮定位。此时用一个制动踏板夹紧装置固定住车辆。实际测量过程由计算机控制并以菜单导航方式显示给用户。在此必须注意，红外线发射和接收范围内不得有人，否则会中止测量。实际测量时必须转动转向车轮。从而有针对性地测量并计算与光束四边矩形的偏差。

进行四轮定位后系统为用户打印一份四轮定位记录，作为证明可以将该记录提供给客户。

Beissbarth ML4000
四轮定位

BTZ "Moltkering" HwK Wiesbaden	客户编号：	维修委托编号：
部门：车辆	客户：	底盘编号：
Moltkering17	街道：	牌照号：
65189 Wiesbaden	地点：	注册登记日期：
电话：0611/77895-0	电话：	里程表读数：
传真：0611/77895-66	所进行的测量：	日期：2008\5.05.06/08:54

车辆：

测量定位原因：

轮胎产品：　　尺寸/规格：

	左前	右前	左后	右后
轮胎充气压力（冷态轮胎）				
轮胎花纹深度/mm				

			初始测量	规定值 左右最大差值	最终测量
后桥	外倾角	左侧	#	# # #	#
		右侧	#		#
	前束	左侧	#	# # #	#
		右侧	#		#
		总	#	# # #	#
	行驶轴角		#	# # #	#
前桥	主销后倾	左侧	#	# # #	#
		右侧	#		#
	主销内倾角	左侧	#	# # #	#
		右侧	#		#
	轮距差角	左侧	#	# # #	#
		右侧	#		#
	外倾角	左侧	#	# # #	#
		右侧	#		#
	前束	左侧	#	# # #	#
		右侧	#		#
		总	#	# # #	#
	车轮偏置		#	# # #	#
	最大转向角 左侧车轮	左侧	#	# # #	#
		右侧	#	# # #	#
	最大转向角 右侧车轮	左侧	#	# # #	#
		右侧	#	# # #	#

6 动平衡

不平衡

受制造和安装条件所限在所有转动部件中都会出现不平衡，不平衡干扰同心回转并加剧车轮和轮胎、悬架和转向系统部件的磨损。

不平衡分为静态和动态不平衡，通常情况下一起出现。

静态不平衡

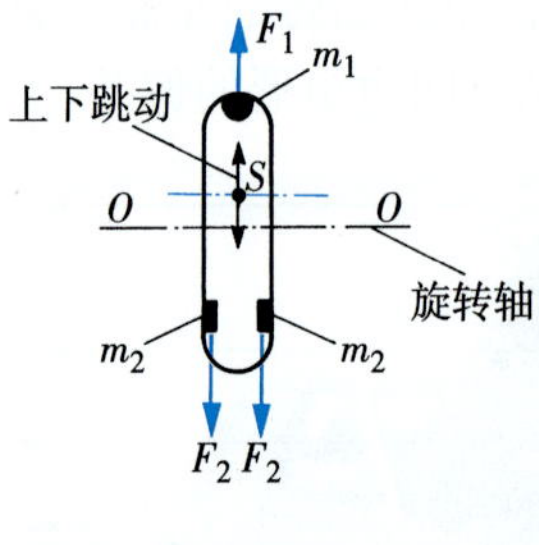

质量相对旋转轴线OO分布不均时就会产生静态不平衡。车轮重心位于旋转轴线之外。因此车轮转动时产生使旋转轴线移动的离心力。结果造成车轮上下跳动！

排除静态不平衡的方法是，将相应大小的平衡重块m_2固定在与重心偏移相对的两个轮辋边缘上。

借此使重心与旋转轴线重合。质量块m_2分开固定在两个车轮边缘上，以免出现动态不平衡。

动态不平衡

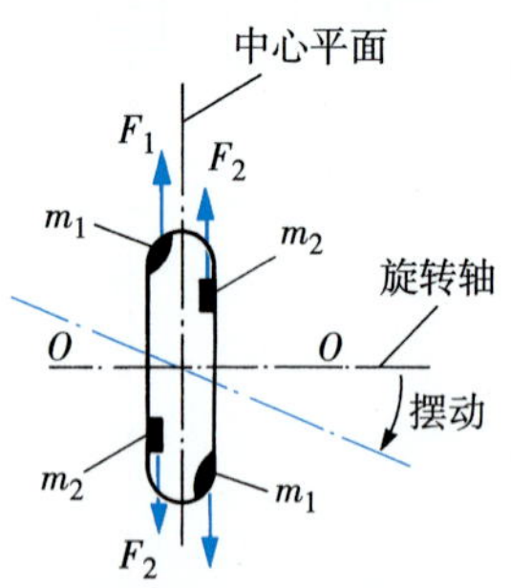

质量相对中心平面（垂直于旋转轴线）分配不均时会产生动态不平衡。不平衡点位于中心平面之外，因此车轮转动时产生使旋转轴线摆动的离心力。结果造成车轮左右摇摆！

排除动态不平衡的方法是，将两个相同大小的平衡重块m_2固定在与质量偏移相对的轮辋边缘上。

➔ 静态不平衡信息请参见CD-ROM光盘

客户委托解决方案说明

底盘和制动系统

1．通过以客户为本实现质量保证要求

用客户数据创建一个工作卡（ESItronic）。

2．通过系统知识实现质量保证要求

1）确定车辆信息：车辆和发动机数据、前桥结构、后桥结构、制动和行驶安全系统、轮胎、轮辋、拧紧力矩（工作表 1、ESItronic CD-ROM 光盘、辅助材料 CD-ROM 光盘）。

2）确定车轮悬架：摆臂数量、摆臂名称（工作表2、ESItronic CD-ROM光盘、辅助材料CD-ROM光盘）。

3）确定车轮调整值（工作表 2、ESItronic CD-ROM 光盘）。

4）解释底盘数据对行驶性能的影响（工作表 2）。

5）说明 DIN 标准规定的制动回路分布。以系统方框图形式简单绘制制动回路分布图（工作表 3）。

6）说明集成在车辆保护系统内的系统功能并解释其任务（工作表 4）。

7）打印制动系统电路图并粘贴在工作表 5 内。用彩色笔在电路图中画出各信号：

绿色：至控制单元的输入信号

蓝色：来自控制单元的输出信号

红色：正极，总线端15/30供电

棕色：接地

8）指出电路图内所示功能元件的名称（工作表 5）。

9）绘制按 EVA 原理工作的行驶安全系统的系统方框图（工作表 6）。

10）确定传感器、传感器信号和失灵时的影响（工作表 7）。

3．通过检查和测量实现质量保证要求

1）确定故障并说明待检测功能元件的功能（工作表 8）：

客户委托 1：011D （Lupo）

客户委托 2：0590 （Audi A4）

客户委托 3：C 1140 （MB 320 CDI）

2）如何检测该功能元件（工作表 9）？

3）该故障可能由哪些原因造成的（工作表 9）？

4．通过按计划修理实现质量保证要求

1）修理制动系统液压部件时必须考虑哪些一般性安装措施（工作表 10）？

2）制动系统的哪些部件是与安全有关的组件且不得进行修理（工作表 9）？

5．通过检查和记录实现质量保证要求

1）进行液压回路方面的工作（更换组件）时必须进行哪些检查（工作表 11）？

2）通过记录所进行的工作填写工作卡。

➔ 客户委托解决方案工作表以及有关底盘和制动系统的其他信息请参见辅助材料 CD-ROM 光盘。

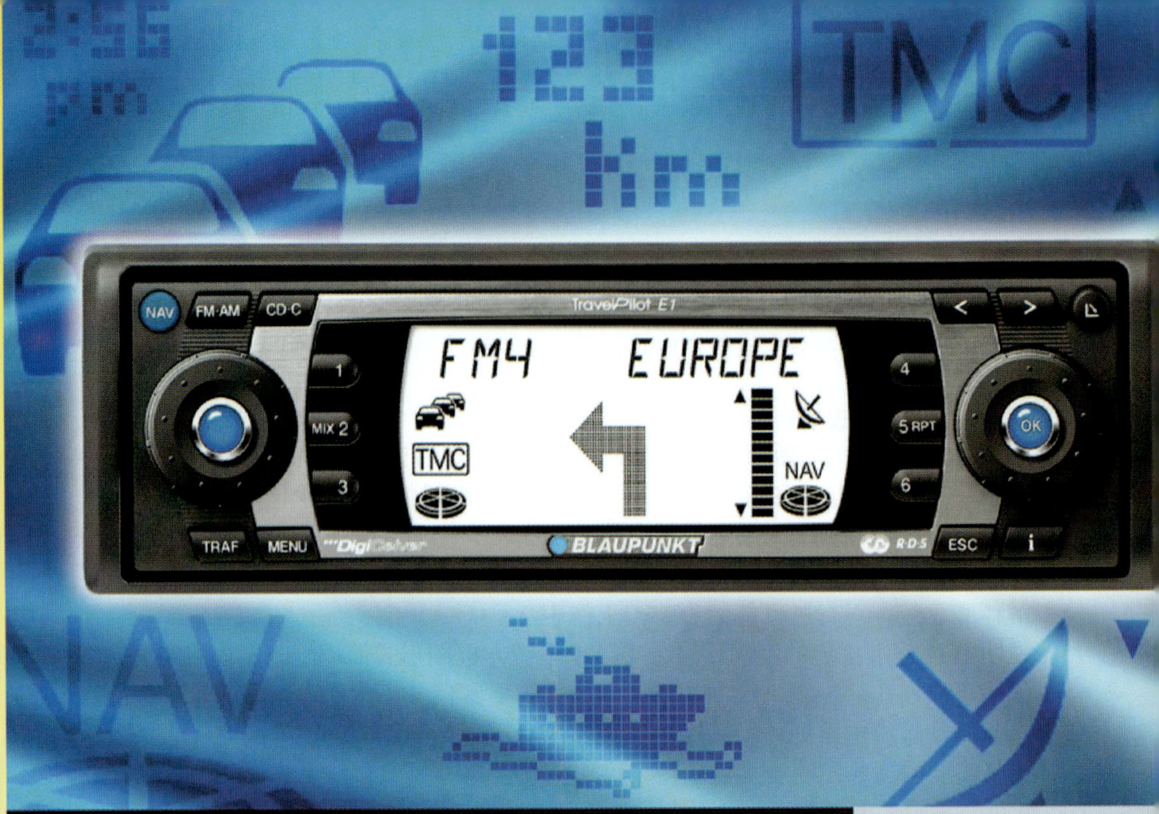

学习领域 11

附加系统加装和投入使用

1 客户咨询

1.1 客户咨询：一位 BMW 330i 客户希望加装一个冷却液辅助加热装置

机动车行驶证

K-YZ 3301

左侧所述车辆的牌照号如上所述，
所有人名字、姓氏（或教名）、公司
MANFRED HUNGER

出生于
邮政编码，住址/公司，街道和门牌号
ROTTENSTRASSE 10
53837 特罗伊斯多夫

或邮政编码，所在地，街道和门牌号

代码					
区域1	010262	区域2	0005	区域3	6801D

1		普通轿车 欧4
2		BMW
3		BMW 330i
4	车辆识别号	WBAEV510330PD93342
5		汽油/车载诊断系统 04
6	最高车速/(km/h)	250
7	功率/kW/(r/min)	K170/5900
8	排量/cm³	2979
9	有效或半挂车负荷/kg	–
10	燃油箱容积/m³	–
11	座椅/躺椅数	–
12	座位数，包括驾驶员座位和临时座位	–
13	最大尺寸/mm	长 4471 宽 1739 高 1415
14	整备质量/kg	1505
	允许最大质量/kg	1930
16	允许车桥负荷/kg	前 935 中 – 后 1075
17	车轮和/或防滑链	1
18	车桥数	2
19	其中驱动桥数	1
20	轮胎规格代码 前部	225/45R17 91W
21	轮胎规格代码 中间和后部	225/45R17 91W
22	轮胎规格代码 或前部	
23	轮胎规格代码 中间和后部	
	制动接口处压力	
24	单回路制动器	bar
25	双回路制动器	bar
26	挂车挂钩 DIN 740，形状和尺寸	
27	挂车挂钩检查标志	
28	拖挂负荷/kg 挂车带制动时	
29	挂车不带制动时	
30	停车时噪声/dm(A)	
31	行驶时噪声/dm(A)	
32	首次注册登记日期	17.07.2004
33	备注	

1.2 客户咨询：一位 BMW 330i 客户希望加装一个导航系统

机动车行驶证

K-YZ 3301

左侧所述车辆的牌照号如上所述，
所有人名字、姓氏（或教名）、公司
MANFRED HUNGER

出生于
邮政编码，住址/公司，街道和门牌号
ROTTENSTRASSE 10
53837 特罗伊斯多夫

或邮政编码，所在地，街道和门牌号

代码					
区域1	010262	区域2	0005	区域3	6801D

1		普通轿车 欧4
2		BMW
3		BMW 330i
4	车辆识别号	WBAEV510330PD93342
5		汽油/车载诊断系统 04
6	最高车速/(km/h)	250
7	功率/kW/(r/min)	K170/5900
8	排量/cm³	2979
9	有效或半挂车负荷/kg	–
10	燃油箱容积/m³	–
11	座椅/躺椅数	–
12	座位数，包括驾驶员座位和临时座位	–
13	最大尺寸/mm	长 4471 宽 1739 高 1415
14	整备质量/kg	1505
	允许最大质量/kg	1930
16	允许车桥负荷/kg	前 935 中 – 后 1075
17	车轮和/或防滑链	1
18	车桥数	2
19	其中驱动桥数	1
20	轮胎规格代码 前部	225/45R17 91W
21	轮胎规格代码 中间和后部	225/45R17 91W
22	轮胎规格代码 或前部	
23	轮胎规格代码 中间和后部	
	制动接口处压力	
24	单回路制动器	bar
25	双回路制动器	bar
26	挂车挂钩 DIN 740，形状和尺寸	
27	挂车挂钩检查标志	
28	拖挂负荷/kg 挂车带制动时	
29	挂车不带制动时	
30	停车时噪声/dm(A)	
31	行驶时噪声/dm(A)	
32	首次注册登记日期	17.07.2004
33	备注	

1.3 客户咨询：一位 BMW 330i 客户希望加装带有弯道照明灯的双氙气前照灯

机动车行驶证

K-YZ 3301

左侧所述车辆的牌照号如上所述，
所有人名字、姓氏（或教名）、公司
MANFRED HUNGER

出生于
邮政编码，住址/公司，街道和门牌号
ROTTENSTRASSE 10
53837 特罗伊斯多夫

或邮政编码，所在地，街道和门牌号

代码					
区域1	010262	区域2	0005	区域3	6801D

1		普通轿车 欧4
2		BMW
3		BMW 330i
4	车辆识别号	WBAEV510330PD93342
5		汽油/车载诊断系统 04
6	最高车速/(km/h)	250
7	功率/kW/(r/min)	K170/5900
8	排量/cm³	2979
9	有效或半挂车负荷/kg	–
10	燃油箱容积/m³	–
11	座椅/躺椅数	–
12	座位数，包括驾驶员座位和临时座位	–
13	最大尺寸/mm	长 4471 宽 1739 高 1415
14	整备质量/kg	1505
	允许最大质量/kg	1930
16	允许车桥负荷/kg	前 935 中 – 后 1075
17	车轮和/或防滑链	1
18	车桥数	2
19	其中驱动桥数	1
20	轮胎规格代码 前部	225/45R17 91W
21	轮胎规格代码 中间和后部	225/45R17 91W
22	轮胎规格代码 或前部	
23	轮胎规格代码 中间和后部	
	制动接口处压力	
24	单回路制动器	bar
25	双回路制动器	bar
26	挂车挂钩 DIN 740，形状和尺寸	
27	挂车挂钩检查标志	
28	拖挂负荷/kg 挂车带制动时	
29	挂车不带制动时	
30	停车时噪声/dm(A)	
31	行驶时噪声/dm(A)	
32	首次注册登记日期	17.07.2004
33	备注	

1 车内冷却液辅助加热装置

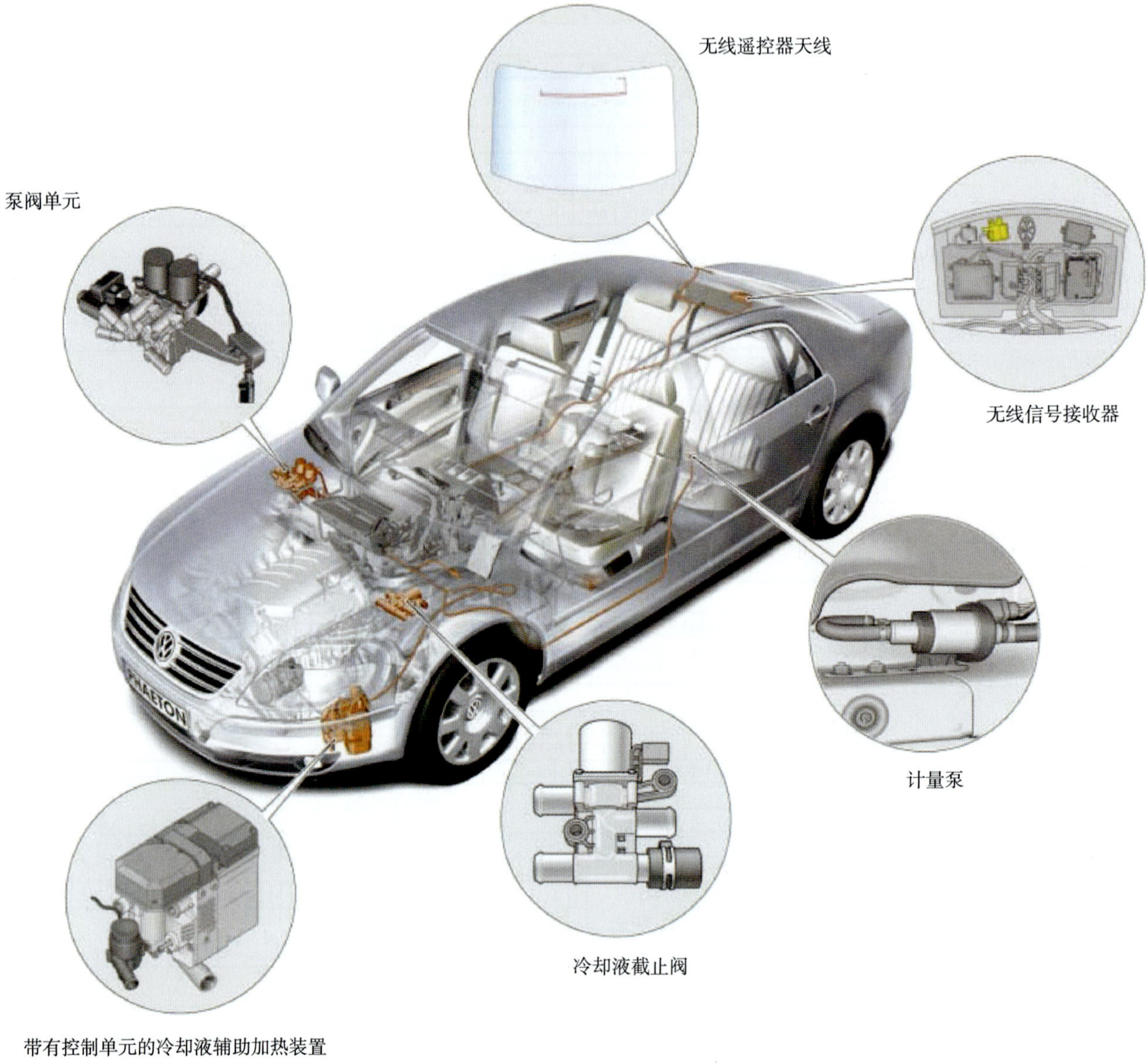

在这个装有 12 缸发动机的车辆上还安装了一个泵阀单元和一个截止阀。各系统组件的安装位置视车型和配置情况而定。例如装有氙气前照灯时，带有控制单元的冷却液辅助加热装置必须安装在其他位置，因为氙气前照灯明显长于普通卤素前照灯。但是冷却液辅助加热装置应尽可能靠近乘员区安装，以免因管路较长而产生不必要的热损耗。

1.1 冷却液辅助加热系统

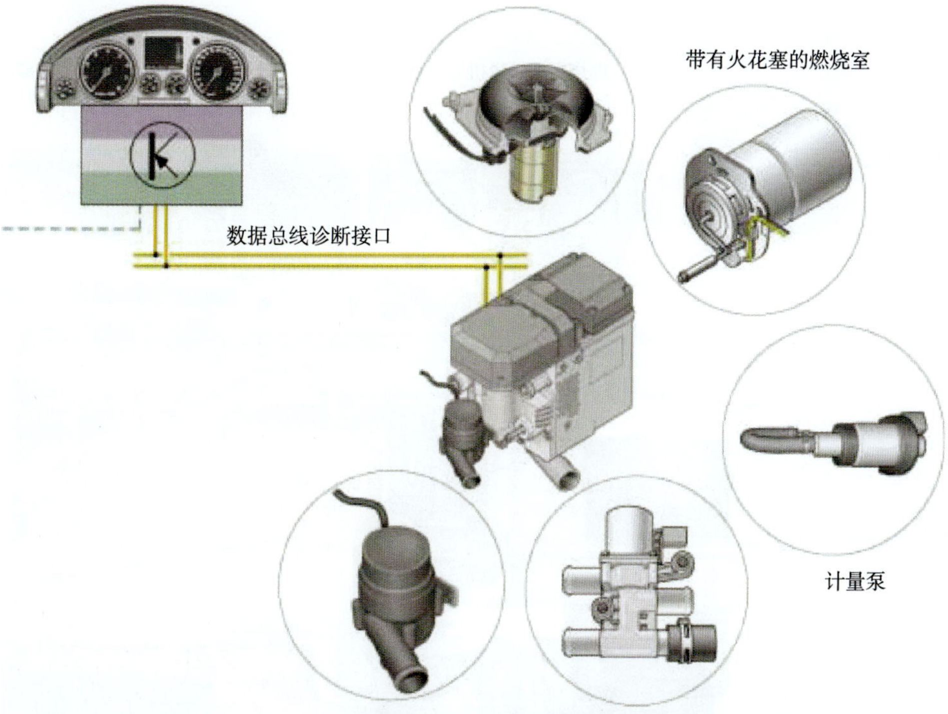

在现代车辆上加装冷却液辅助加热装置时，通过连接到车辆现有数据总线系统来确保诊断功能。这样可以监控控制单元、燃烧空气鼓风机、火花塞、计量泵、冷却液截止阀和循环泵。

1.1.1 冷却液辅助加热装置加热器系统概览

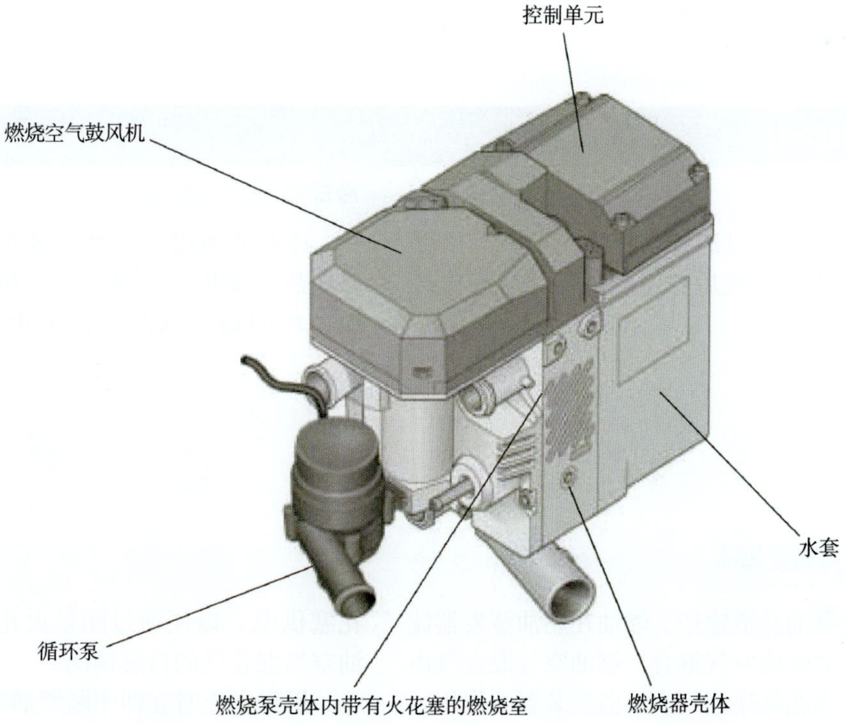

1.1.2 冷却液辅助加热装置加热器系统组件

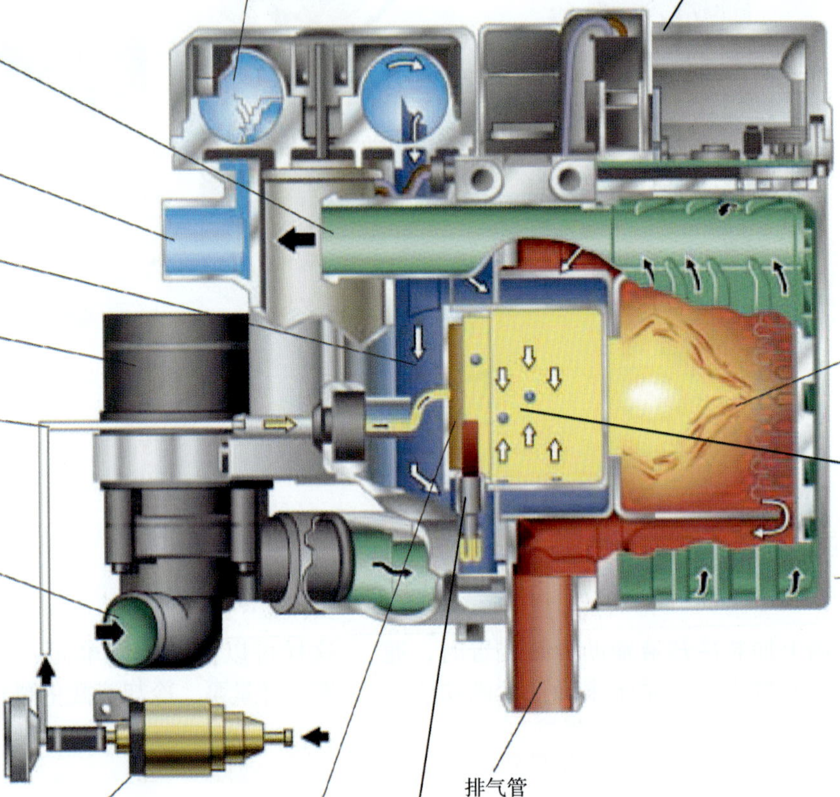

工作油液和辅助材料

燃烧空气输送

所需燃烧空气通过进气口（参见插图）由燃烧空气鼓风机吸入，然后通过燃烧空气通道输送至燃烧室。

冷却液

冷却液通过一个开口进入散热器内并由燃油燃烧热量加热。加热后的冷却液通过出口进入冷却循环回路，因此可以用于加热发动机和乘员区。

为辅助加热装置输送燃油

燃油通过燃油通道输送。燃油在燃油蒸发器滤网内与所吸入的燃烧空气混合。燃油空气混合气由火花塞点燃。火花塞还起到火焰监控装置的作用。进行火焰监控时，点燃燃油空气混合气后还为火花塞供电，以便通过测量火花塞电阻持续监测燃油空气混合气的自燃情况。

燃烧中止时立即中断燃油输送。

系统组件

循环泵

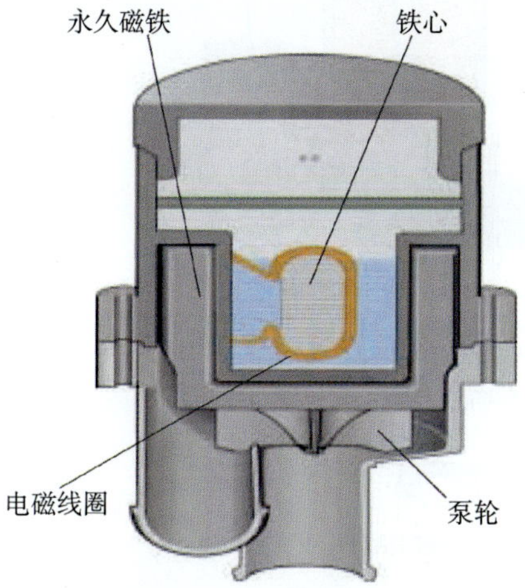

发动机关闭时通过循环泵确保冷却液循环。循环泵由辅助加热装置控制单元来控制。循环泵按照压缩机系统原理工作，由一个电动机驱动。

燃烧空气鼓风机

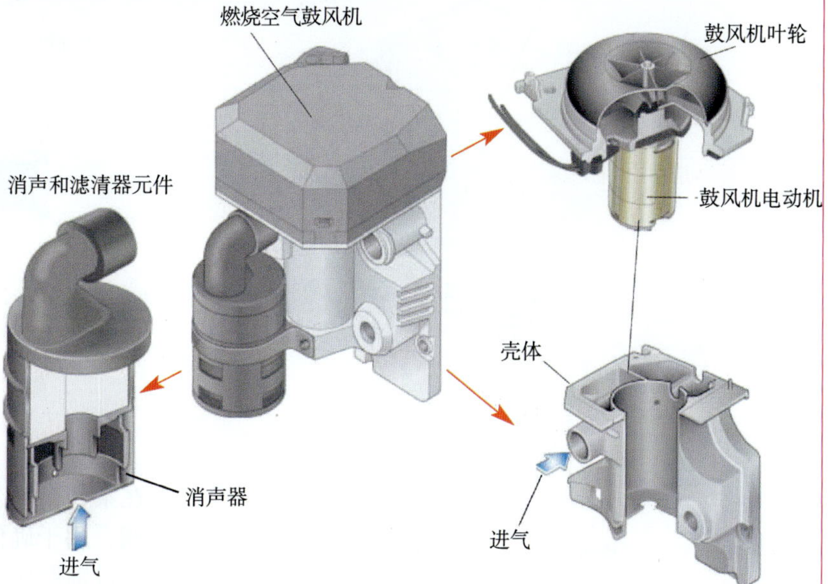

燃烧所需氧气由燃烧空气鼓风机通过一个带有附加消声器的特殊进气管随外界空气一起吸入，随后通过一个空气通道输送至滤网式燃油蒸发器并继续输送至燃烧室。

控制单元

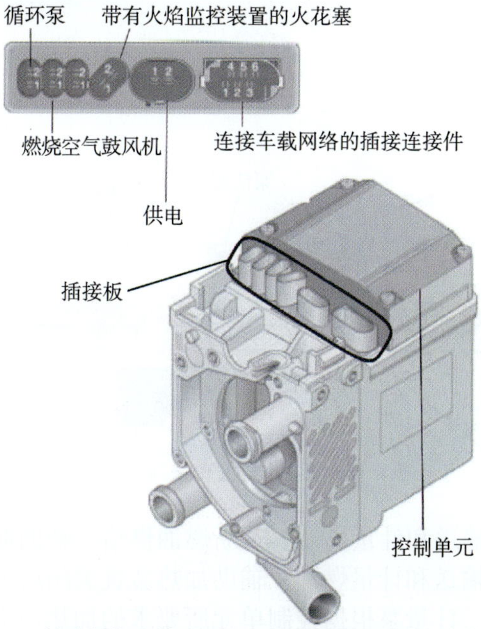

控制单元作为中央控制装置确保工作流程并监控加热运行。控制单元通过一个插接板连接到车载网络。系统由一个温度传感器监控辅助加热装置内的冷却液温度并调节辅助加热运行模式。温度超过 125℃时就会关闭加热装置并禁止其继续运行。按照诊断系统给出的说明解除禁止。

燃烧室

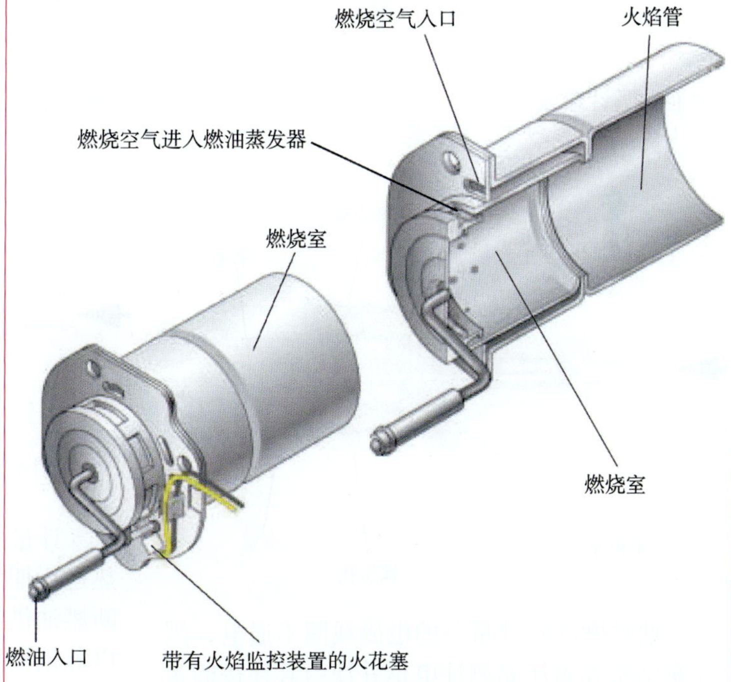

燃油空气混合气在燃烧室内形成，随后在火焰管内点火和燃烧。起动阶段带火焰监控装置的火花塞点燃燃油空气混合气；加热阶段混合气通过高温燃烧室壁自动燃烧。系统通过测量火花塞电阻监控燃烧过程。

散热器

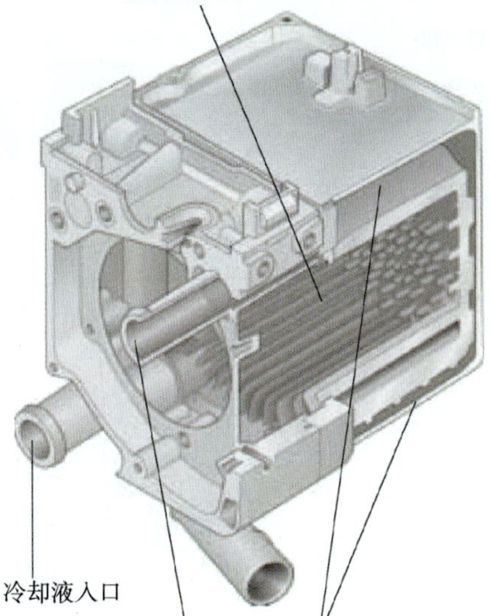

燃烧室内产生的热量通过水套或辅助加热装置热交换器传输给冷却液。冷却液通过入口进入水套壳体内，在此吸收来自燃烧室的燃烧热量，加热后的冷却液通过出口流出水套。

冷却液截止阀

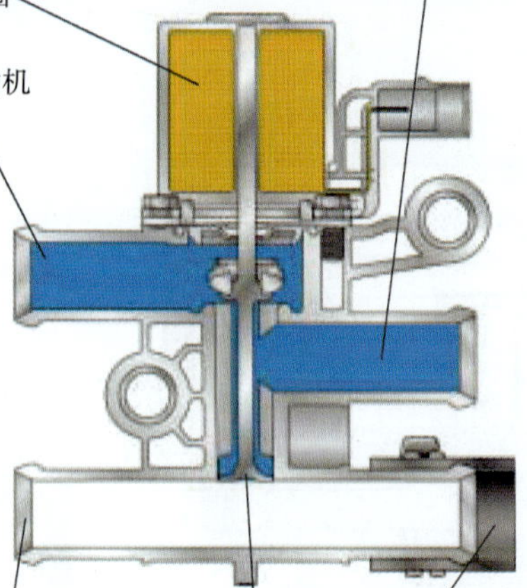

在某些车辆上辅助加热装置带有一个附加冷却液截止阀，用于确保乘员区供暖和发动机加热分开。该阀门通过辅助加热装置控制单元来控制。

在上述正常运行状态下截止阀不通电，它使一个泵阀与发动机冷却循环回路相连。泵阀通过两个热交换器控制冷却液循环回路。在此针对左侧和右侧乘员区安装了两个独立的热交换器。

加热运行模式下首先为乘员区供暖。

燃油抽吸计量泵

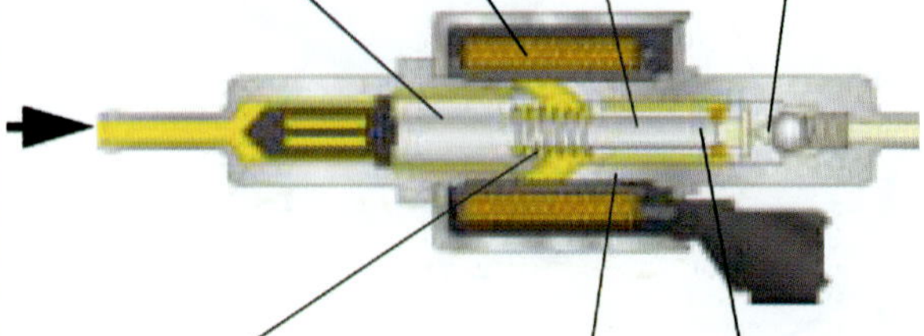

抽吸燃油时计量泵的电磁线圈不通电，因此泵活塞弹簧压紧磁性电枢并使与其连接的泵活塞返回初始位置。因此扩大的空间使泵室内产生真空，这个真空可以将外部的燃油通过开起的输送孔吸入泵室内。利用这种结构原理可以精确计量燃油、确保泵工作噪声较低并延长计量泵的使用寿命。

燃油输送计量泵

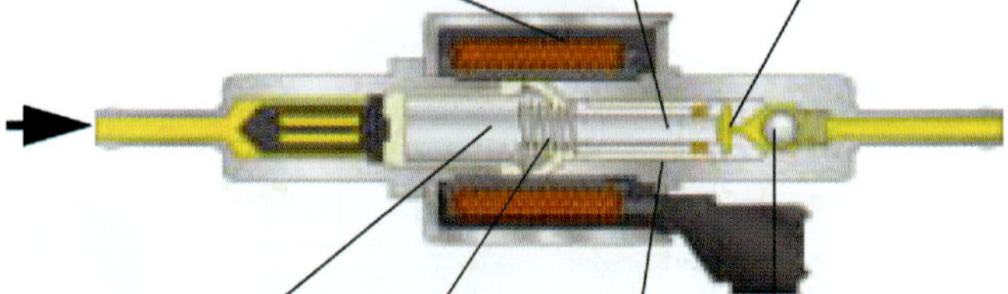

计量泵输送和计量燃油、关断燃油供给。辅助加热运行期间输送和计量燃油。辅助加热装置关闭后关断燃油供给。计量泵根据控制单元所要求的加热功率以节拍形式工作。计量泵是一种往复式活塞泵，其磁性电枢以固定方式与泵活塞连接。

输送燃油时计量泵内始终充满燃油。电磁线圈通电时，磁性电枢及泵活塞克服泵活塞弹簧力移动。泵活塞使阀球抬起并输送出泵室内的燃油。燃油输送阶段泵活塞关闭至泵室的输送孔。

1.2 冷却液辅助加热装置运行阶段

起动阶段

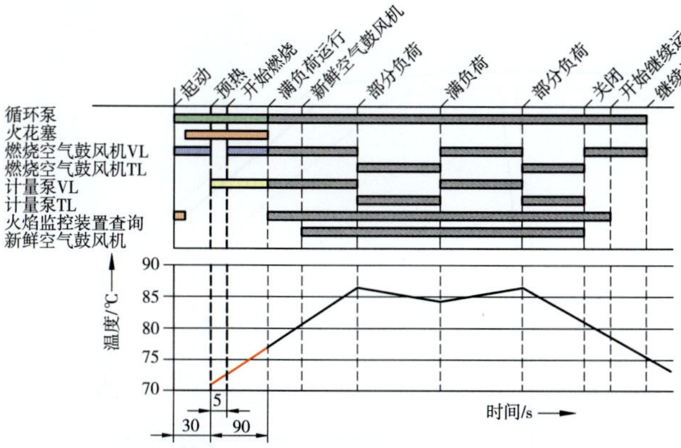

起动车辆发动机时加热装置进入运行准备状态。如果冷却液循环回路温度低于60℃，车外温度低于5℃，起动阶段开始。火花塞和燃烧空气鼓风机接通。约30s后燃油计量泵接通且燃烧空气鼓风机关闭3~4s，以便为加热装置起动形成可燃混合气。随后燃烧空气鼓风机在85s内逐步向上调节到满负荷。

达到满负荷燃油输送量后关闭火花塞并将燃烧空气鼓风机向上调节到满负荷。在以后45s内以及在正常燃烧运行时，火花塞起火焰监控装置的作用。此后开始自动调节加热运行。如果未形成火焰或火焰中断，就会自动重复起动过程。如果仍未形成火焰，则结束燃油输送，系统因故障而关闭，燃烧空气鼓风机继续运行。

加热或调节阶段

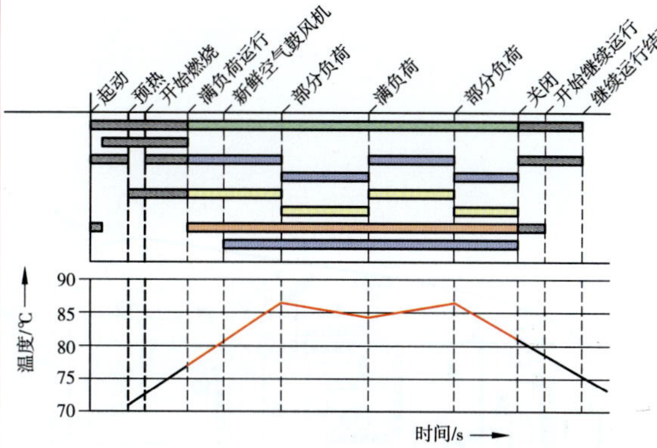

温度升高到87℃后辅助加热装置切换到可节省能量的部分负荷运行模式。同时空气鼓风机降低功率且计量泵减少燃油输送。如果冷却液温度降低到83℃，辅助加热装置重新切换到调节阶段。即使整个燃烧运行持续时间超过约75min，也会进行上述切换。

如果冷却液温度超过89℃，就会中止满负荷运行。冷却液温度降低到85℃后，辅助加热装置再次以部分负荷起动。如果部分负荷运行期间冷却液温度继续下降，则65℃时辅助加热装置再次切换到部分负荷运行模式。

继续运行或关闭阶段

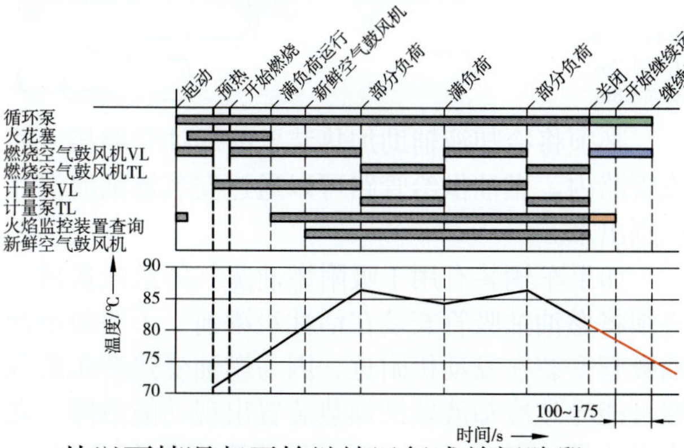

从以下情况起开始继续运行或关闭阶段

- 关闭车辆发动机，
- 关闭辅助加热装置，
- 自动加热过程（约1h）。

为此燃油计量泵关闭，燃烧结束。燃烧空气鼓风机和循环泵继续运行，以便使冷却液冷却下来。冷却液温度低于约65℃时鼓风机和循环泵自动关闭。根据具体车辆继续运行阶段约为3min。

自动关闭

在以下情况下辅助加热装置自动关闭

- 车辆问题，
- 冷却液温度过高，
- 车载网络电压过高，
- 车载网络电压过低。

车辆问题

- 打开燃油箱盖板，
- 燃油存量不足，
- 车载网络过载，
- 安全气囊触发，
- 车辆发动机提供足够的加热功率。

冷却液温度过高

冷却液温度超过105℃时，辅助加热装置自动关闭。

燃烧空气鼓风机仍继续运行约2min。

1.3 冷却液循环回路内的冷却液辅助加热装置

1.3.1 冷却液循环回路内冷却液辅助加热装置的系统概览

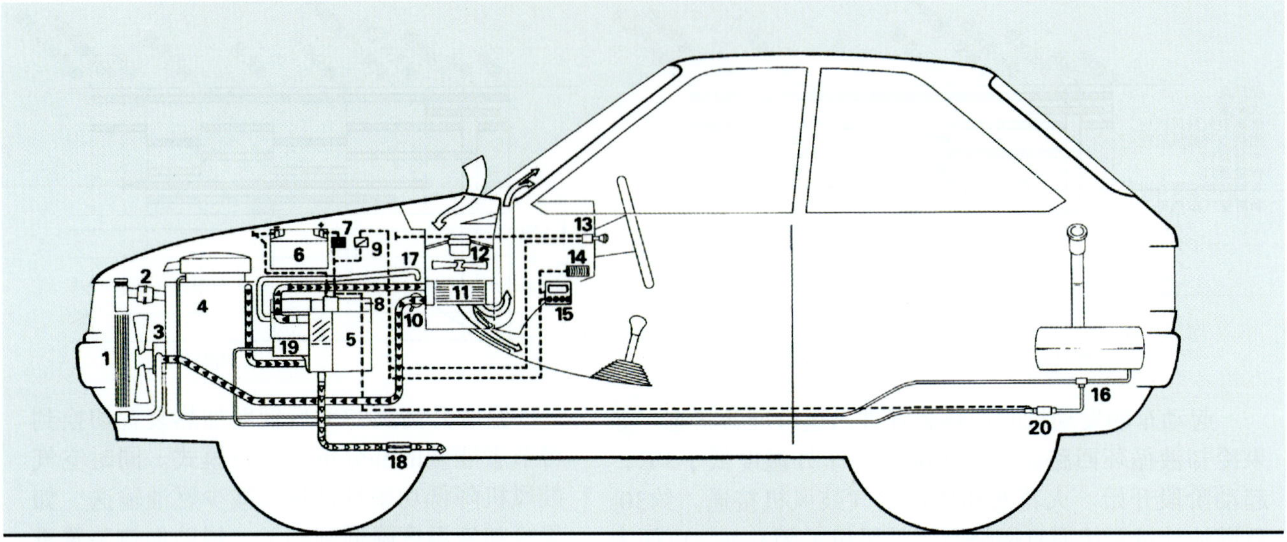

1—散热器
2—冷却液节温器
3—（机动车发动机）冷却液泵
4—标准配置机动车发动机
5—冷却液加热器
6—蓄电池
7—熔断器支架
8—控制单元（加热器内）
9—继电器（用于车辆鼓风机）
10—车辆加热装置调节阀
11—车辆加热装置热交换器
12—车辆加热装置鼓风机
13—车辆加热装置鼓风机开关
14—车内熔丝插板
15—预选时钟
16—燃油抽吸管
17—进气消声器，燃烧空气进气管
18—排气消声器
19—循环泵
20—燃油计量泵

冷却液循环回路

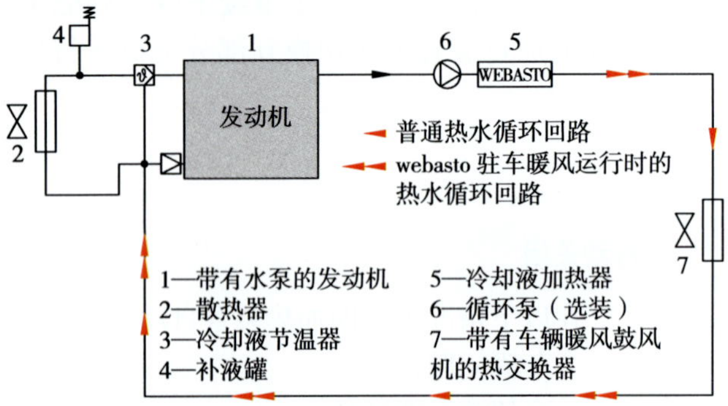

冷却液辅助加热装置的安装位置应尽可能低，这样才能确保加热装置和循环泵自动排气。因为循环泵为非自吸式结构，所以应始终布置在较低的位置。

因此循环泵既可以安装在冷却液辅助加热装置旁的规定位置处，也可以安装在冷却液循环回路内的另一个位置处。冷却液循环回路内的冷却液量不得超过3~4L，否则无法保证系统正常工作。冷却液辅助加热装置必须始终安装在加热装置热交换器的供给管路内（参见插图）。软管必须无折弯且尽可能以向上延伸方式铺设。软管连接件通过软管卡箍固定，以防脱落。

首次运行前应为整个冷却液辅助加热装置排气。

燃油供给系统

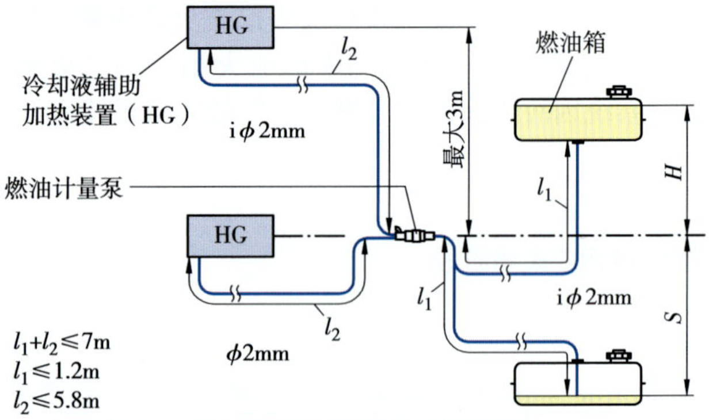

必须将冷却液辅助加热装置的燃油管路接入回流管路内。燃油供给管路可以通过安装燃油滤清器识别出来。

如果车辆装有用于吸附燃油蒸气的活性炭罐，必须将燃油抽吸管安装在活性炭罐前。不要将燃油抽吸管安装在发动机附近，因为燃油受热产生的气泡可能导致冷却液辅助加热装置出现功能故障。允许燃油供给高度H为1m 时，燃油管路内的过压只允许为+0.11 bar。允许燃油抽吸高度为1m 时，燃油箱内最大允许真空度只能为-0.02 bar。

1.3.2　12 缸发动机冷却液循环回路示意图

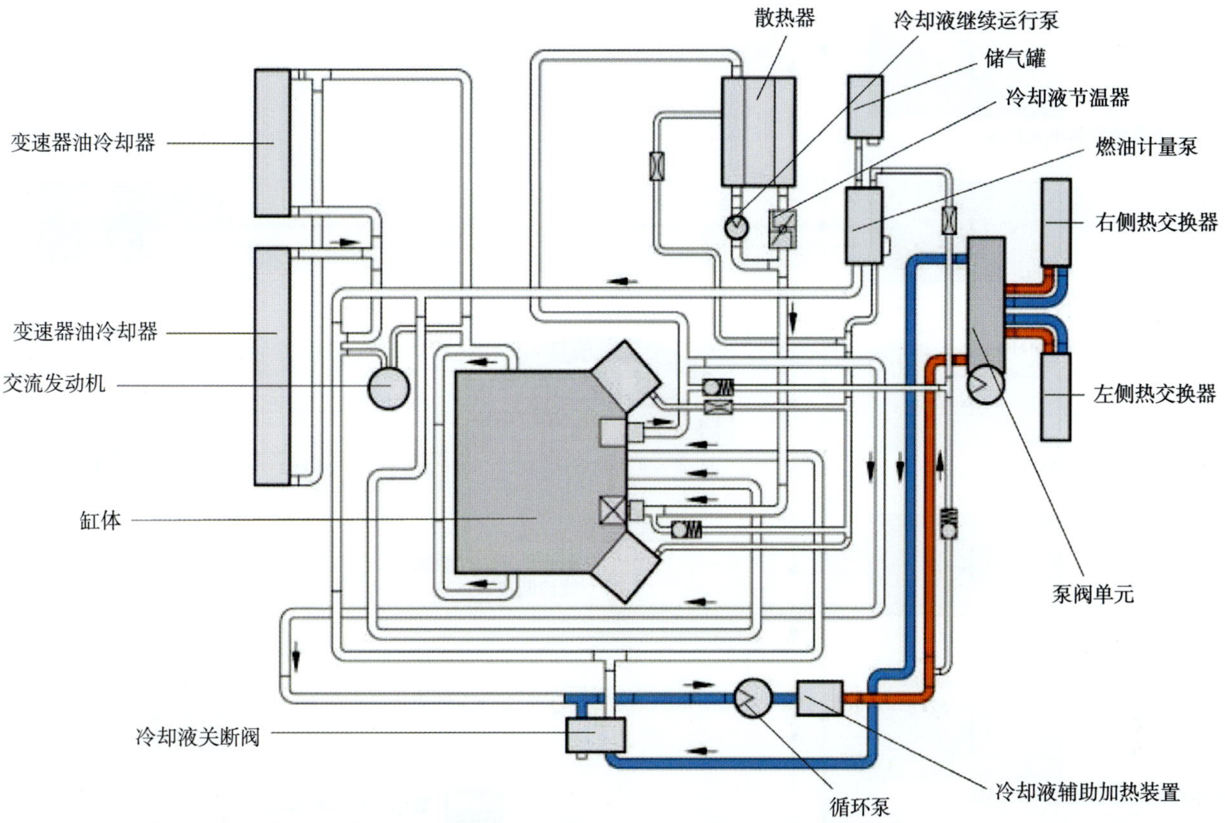

如果车辆发动机关闭时打开冷却液辅助加热装置，则会关闭冷却液截止阀。冷却液通过循环泵输送至冷却液辅助加热装置，冷却液在散热器内吸收热量。随后冷却液通过位于此处的泵阀单元输送至车内乘员区处的热交换器，然后返回至冷却液辅助加热装置。在此为车内乘员区供暖。

1.4　12 缸发动机冷却液辅助加热装置电路图

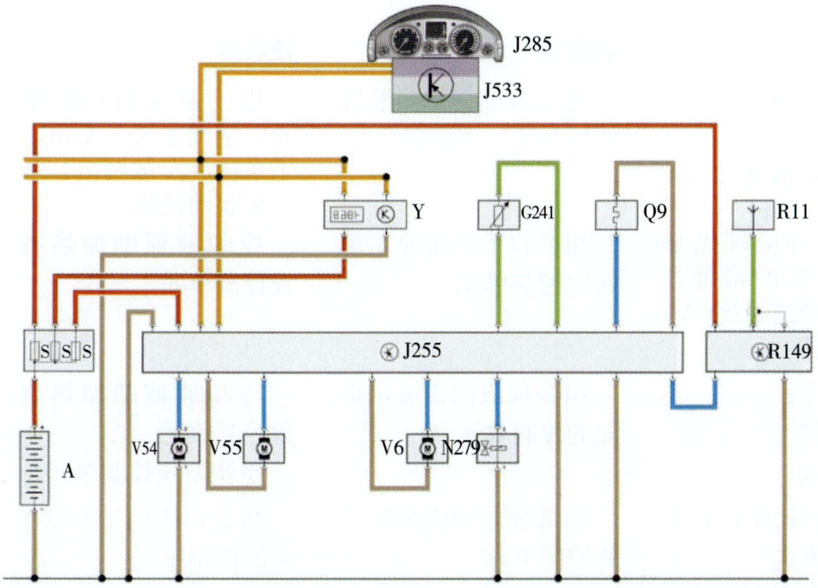

A　蓄电池
G241　冷却液温度传感器
J255　冷却液辅助加热装置上的冷却液辅助加热装置控制单元
J285　组合仪表内带显示单元的控制单元
J533　数据总线诊断接口
N279　冷却液截止阀，加热装置
Q9　冷却液辅助加热装置（带火焰监控装置）的点火塞
R11　天线
R149　后窗台板下的冷却液辅助加热装置无线信号接收器
S　熔丝
V6　燃烧空气鼓风机
V54　燃油计量泵
V55　循环泵
Y　模拟时钟

颜色标记
蓝色　信号输出
棕色　车辆接地
绿色　信号输入
红色　供电正极
橙色　信息娱乐系统 CAN 数据总线

1.5 高级车辆冷却液辅助加热装置联网

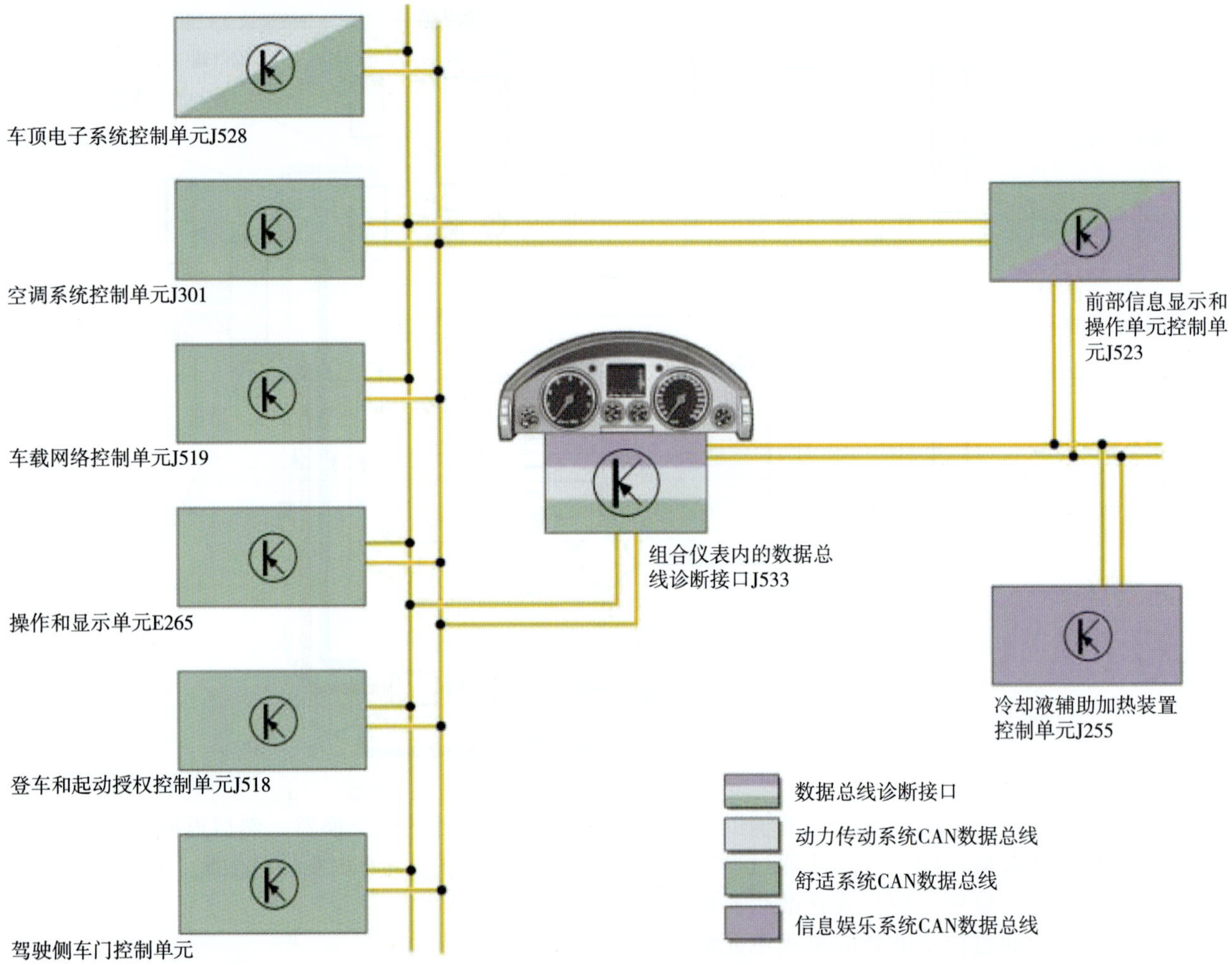

在这种高级车辆上，冷却液辅助加热装置控制单元通过信息娱乐系统 CAN 数据总线和组合仪表内的数据总线诊断接口与车内其他控制单元连接。冷却液辅助加热装置控制单元通过这个数据网络与其他控制单元交换所有必要的信息。

可能的数据总线信息

功能	信息	发射器	接收器
接收针对冷却液辅助加热装置的无线指令和运行模式信息	通过无线遥控器打开鼓风机 接通 LED 指示灯	冷却液辅助加热装置控制单元	以下系统的控制单元：空调系统、车顶电子系统、车载网络、登车和起动授权
发送给冷却液辅助加热装置的指令和信息	打开冷却液辅助加热装置。燃油箱警告灯亮起。舒适系统CAN总线的信息	组合仪表内带显示单元的控制单元	冷却液辅助加热装置控制单元
冷却液辅助加热装置的操纵	操纵指令： 驻车通风 立即起动	组合仪表内带显示单元的控制单元	冷却液辅助加热装置控制单元 空调系统控制单元
冷却液辅助加热装置的操纵	冷却液辅助加热装置的运行模式 加热持续时间	前部显示和操作单元的控制单元	组合仪表内带显示单元的控制单元

1.6 安全规定

· 冷却液辅助加热装置不允许安装在车辆驾驶员或乘员区内。

· 冷却液辅助加热装置只允许安装在冷却液量超过4L的机动车内。

· 燃烧空气不允许从乘员区抽取。

· 排气管不允许朝上安装且不应伸出车外。

· 铺设排气管路时，必须确保燃烧废气不会进入乘员区内。

· 可以在排气管路上适当位置处钻出一个孔，以便排走可能出现的燃烧冷凝水。

· 进气管路和排气管路直径必须小于16mm。

· 铺设和安装冷却液辅助加热装置的导线和开关装置时，必须确保不影响其功能和运行。

· 铺设燃油管路时，要求车辆扭转或发动机在其支撑座内移动时不会造成损坏。

· 必须能随时从外部看出冷却液辅助加热装置的运行状态。

· 由于有爆炸危险，因此在加油站处和/或加油设备旁必须关闭冷却液辅助加热装置。

· 由于有中毒危险，因此不得在没有废气抽排设备的封闭空间内使用冷却液辅助加热装置。

· 所有燃油管路必须完好无损，必须定期检查管路的密封性。

· 其型号铭牌上注明使用柴油或汽油的冷却液辅助加热装置，不得使用生物柴油或普通生物柴油运行。

2 导航系统

2.1 车内导航系统

2.1.1 导航系统的任务

导航系统通过屏幕显示和通过扬声器输出语音主动引导驾驶员驶向事先输入的目标。在动态导航过程中，导航设备还处理当前接收的交通信息且必要时在路线引导中考虑这些信息。

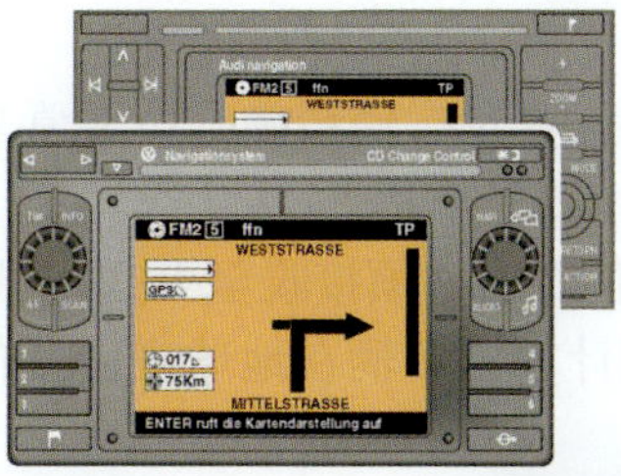

2.1.2 导航系统的优点

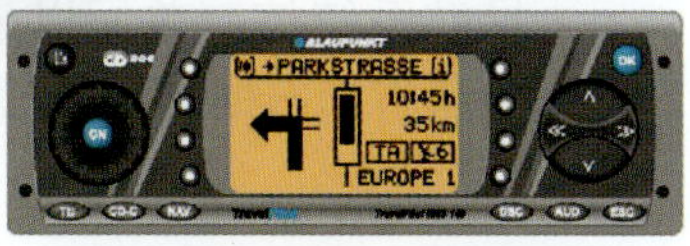

· 经过优化的行驶路线计划可以缩短行驶里程和行驶时间，

· 驾驶员可以集中精力于驾驶车辆，

· 降低发生事故的危险，

· 通过避免绕路保护环境，

· 不断更新地图资料，

· 准确计算到达时间，

· 通过有计划地在低价加油站加油节省费用，

· 寻找宾馆、旅游景点或饭店时节省时间，

· 通过绕开堵车或其他交通受阻路段节省时间，

· 在危险情况快速测定事故车辆位置。

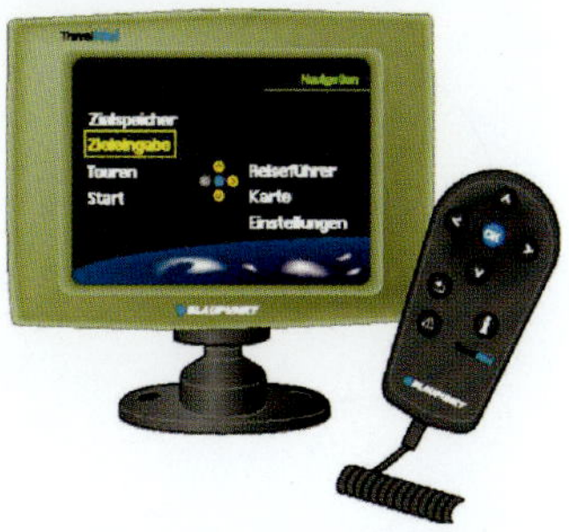

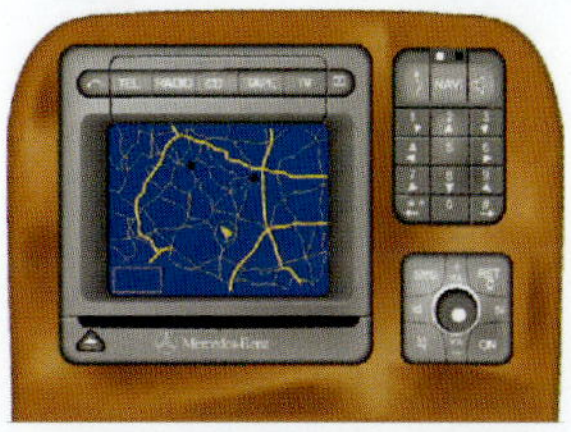

2.2 全球卫星定位系统（GPS）

2.2.1 GPS 结构

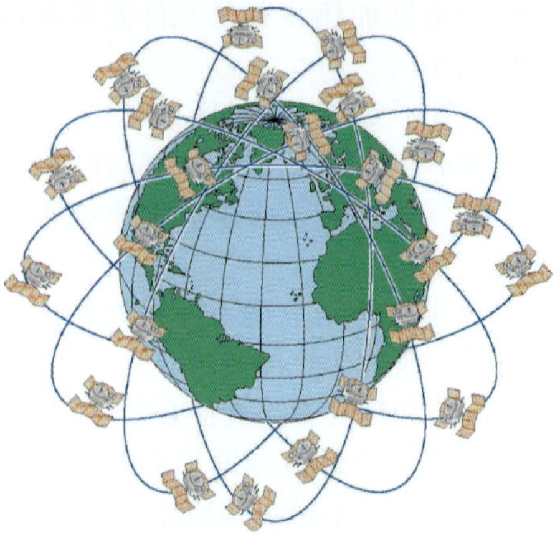

GPS（全球卫星定位系统）是一种通过卫星提供支持的导航系统，这个系统由24~27颗分布在六个不同运行轨道上的卫星构成。每颗卫星每天围绕地球运行接近两圈。在全球范围内都可以检查卫星位置并在必要时予以校正。这些卫星由美国军方发射到既定运行轨道，需要时可以更改卫星导航精度。发射功率约为50W。与地面导航系统相比最大优势是，即使在气候恶劣的情况下GPS也始终处于准备就绪状态。

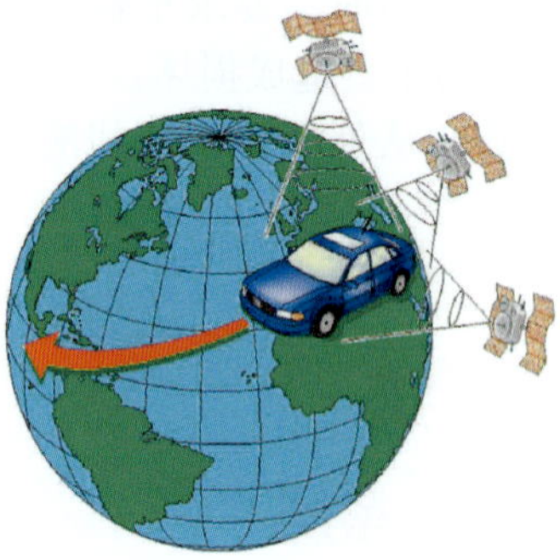

GPS信号由一个识别码、星历和年历数据组成。这个识别码通过一个1~32位PRN代码（伪随机码）表示。这个代码也显示在GPS接收器的显示屏上。星历数据由所有卫星持续发送，其中包含有关日期和准确时间的数据。年历数据提供所有卫星当前位置信息。

2.2.2 通过 GPS 定位

· GPS 以围绕各个卫星形成的球体为基础。

· 车辆定位时测量各无线信号的运行时间，不同卫星的信号运行时间不同。运行时间的测量必须非常精确。

· 精确的卫星当前位置对车辆精确定位非常重要。

· 为明确确定车辆位置，必须接收至少3颗卫星的信号。只有这样才能计算出车辆在地球表面任何地点处的位置。

· 导航系统控制单元以最快速度计算出因干扰而产生的所有运行时间计算误差。

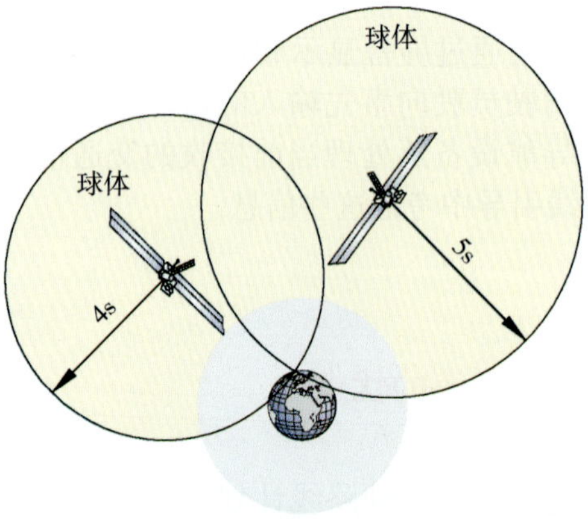

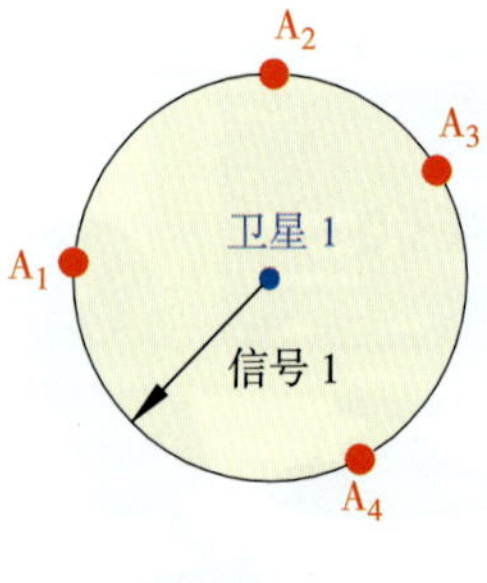

可能的车辆位置
例如A1 ~ A4

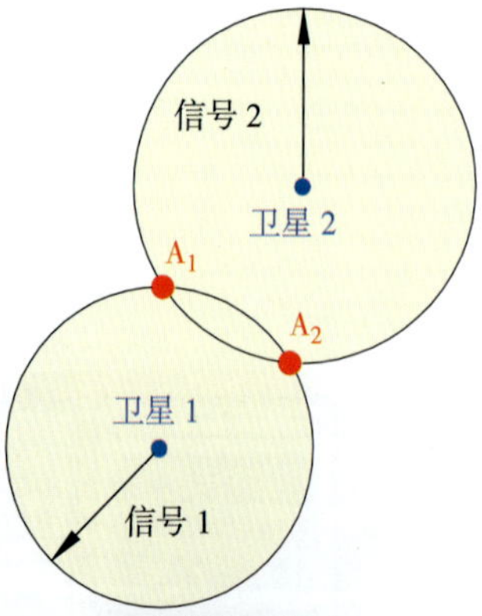

可能的车辆位置
例如A1或A2

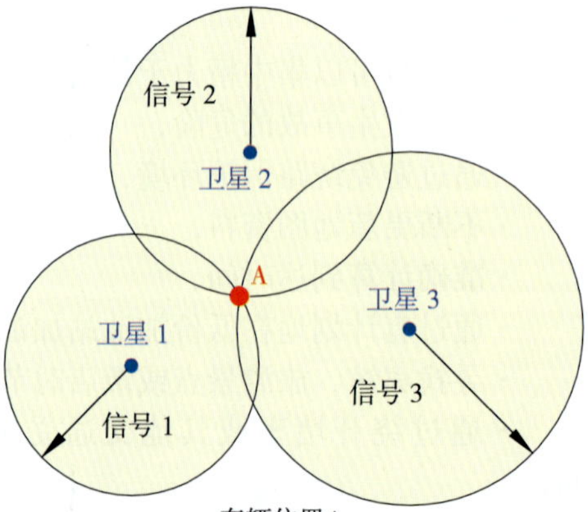

车辆位置A

2.2.3 GPS 信号干扰因素

电离层和大气层特性可能影响 GPS 接收器与卫星之间的无线连接。这会导致运行时间计算不准确，从而造成定位不精确。

电离层干扰

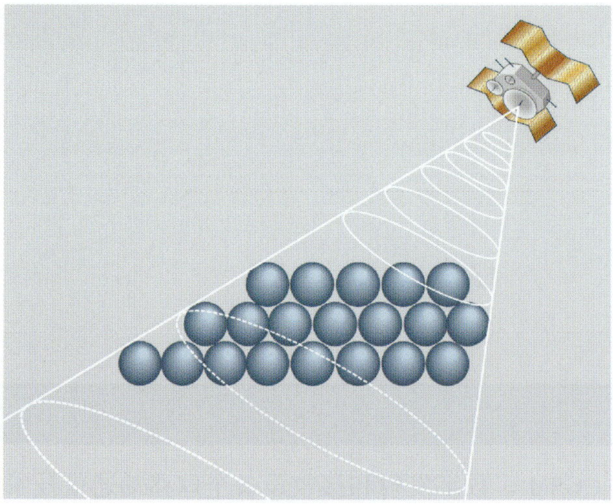

带电粒子使信号速度降低。在 GPS 接收器中可以通过与卫星控制信号对比测量对此进行补偿。

大气层干扰

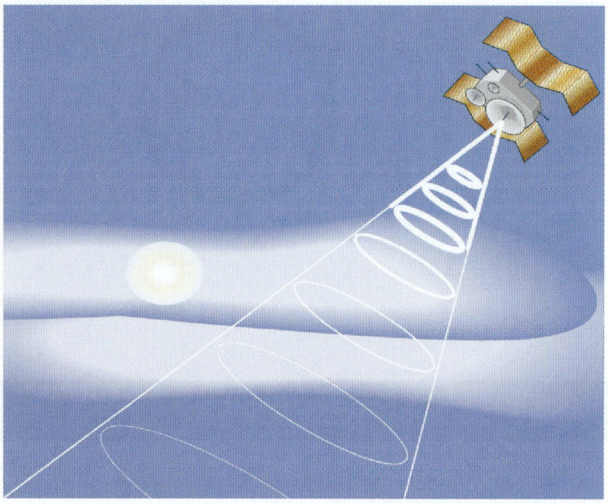

空气湿度大或 GPS 结冰可能造成 GPS 信号衰减，但是最多带来几米的误差。

因遮挡信号而造成的干扰

如果因高层建筑、山谷、隧道或其他障碍物遮挡而造成导航设备的GPS天线不能以直线形式无线连接到所有卫星，剩余卫星就会判定定位不精确。因此必须认真考虑GPS天线的安装位置，例如使用车顶行李架时。

因多途径接收而造成的干扰

这种情况是由于 GPS 信号在高层建筑或高山上反射而造成的。通过天线接收电视信号时这种干扰以重影形式表现出来。接收设备补偿微小的误差，在其他情况下可以通过使用另一种类型的天线来降低这种干扰。

卫星时钟误差和舍入误差

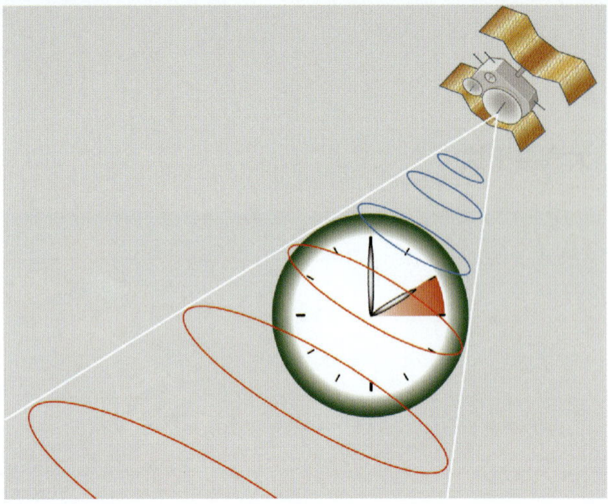

发射器和接收器时钟误差以及舍入误差可能产生1~2m的位置误差。位置误差通过随 GPS一起提供的CD-ROM光盘上的道路地图来识别或澄清。

因电话天线调整不正确而造成的干扰

组合天线内GSM天线的接地连接不良造成GSM发射功率提高，因此干扰GPS接收效果。

（GSM = 数字发射和接收设备全球移动通信技术标准。）

2.2.4 车辆定位和车辆导航

车辆定位时确定车辆位置、行驶方向和车速。

车辆导航包括车辆定位，同时还确定行驶方向和车辆与目的地之间的距离。

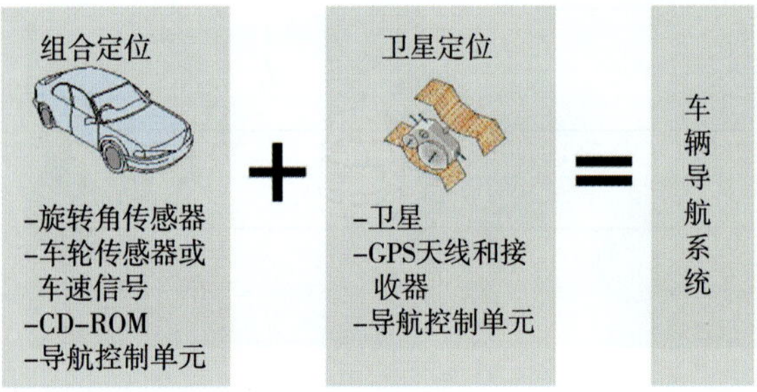

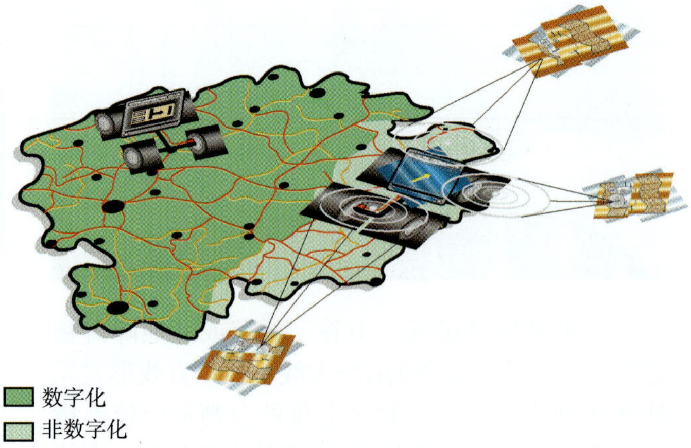

组合定位

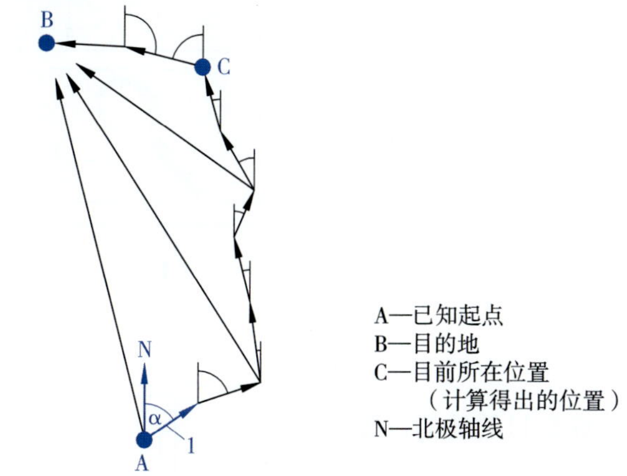

组合定位是一种地面定位技术。出发时定位完成后，计算机通过各路段彼此连接计算出车辆当前位置。路段计算依据传感器信号（ABS、ESP）和与导航CD光盘数据的对比结果。为此导航控制单元每秒钟内多次以所谓的“地图匹配”形式，将CD光盘上的地图数据与所确定的行驶里程和方向进行对比。在乡村公路上精度为5m左右，在高速公路上为50m。

这种方法不适用于还未存储在CD光盘上或还未实现数字化的地区。

卫星定位

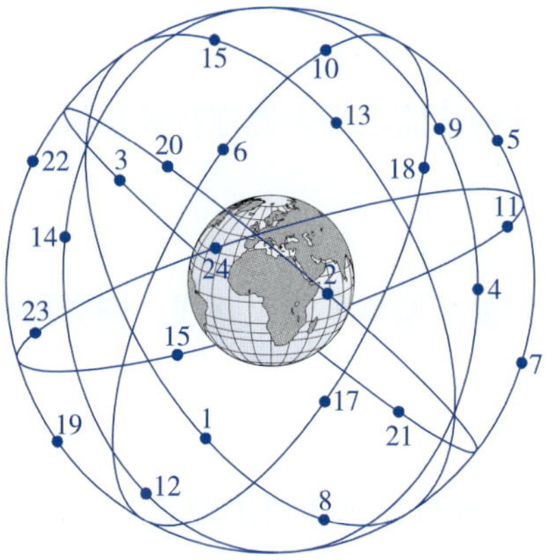

卫星定位以均匀分布在六个运行轨道上的24颗GPS卫星为基础，这些卫星约12个小时围绕地球运行一圈。这种分布形式理论上确保地球上任何地点都能够与至少4颗卫星建立无线连接。通过3颗卫星可以实现明确定位。导航计算机与卫星之间无线连接时出现的上述干扰可能导致出现定位误差。

学习领域
11

组合定位和卫星定位的工作流程

1. 通过操作和功能按钮输入所要求的行驶目的地。

2. 根据 CD-ROM 光盘上的道路地图确定行驶目的地位置。

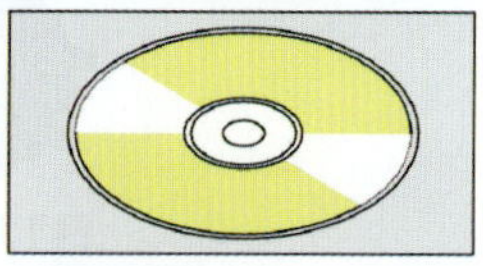

3. 导航控制单元根据所接收的卫星数据计算出车辆当前位置，计算精度约为 ± 100m。

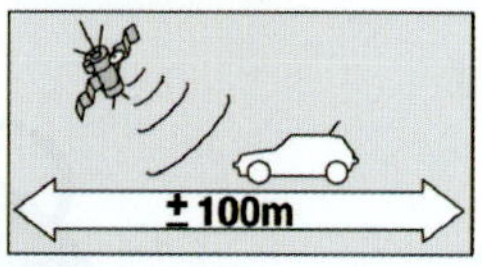

4. 通过组合导航和与 CD-ROM 光盘上的数字地图数据对比准确确定车辆位置（误差不超过 ± 5m）。

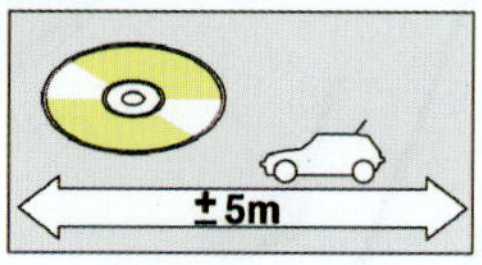

5. 导航控制单元计算里程、行驶方向、行驶方向变化等。

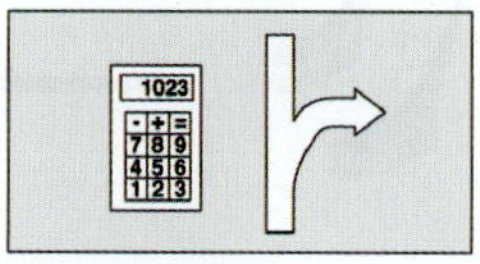

6. 以视觉和声音提示形式开始输出行驶建议。

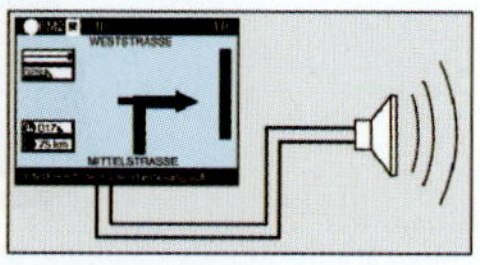

7. 行驶期间，行驶的里程通过ABS的转速传感器测定的转速数据和转角传感器测定的转向数据而计算得出。

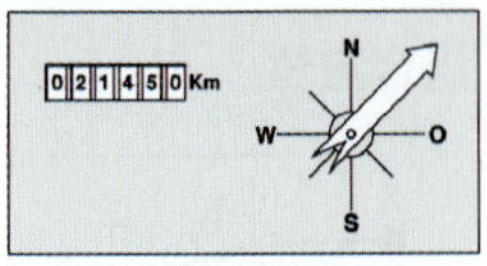

8. 该系统持续监控是否遵守行驶建议。

9. 如果驾驶员偏离了建议路线，则会提醒驾驶员注意。

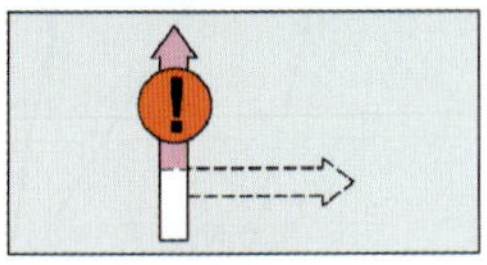

10. 如果驾驶员保持在这条路线上行驶，则计算机重新计算至目的地的行驶里程。

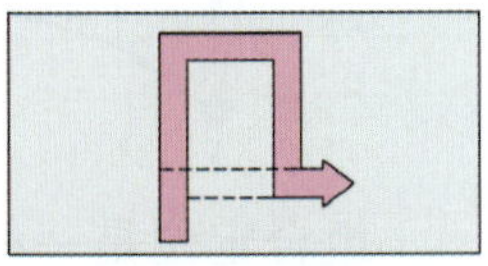

11. 到达行驶目的地后，将通过语音输出“您已到达目的地”予以确认。

2.3 整个车辆导航系统

2.3.1 车辆导航系统概览

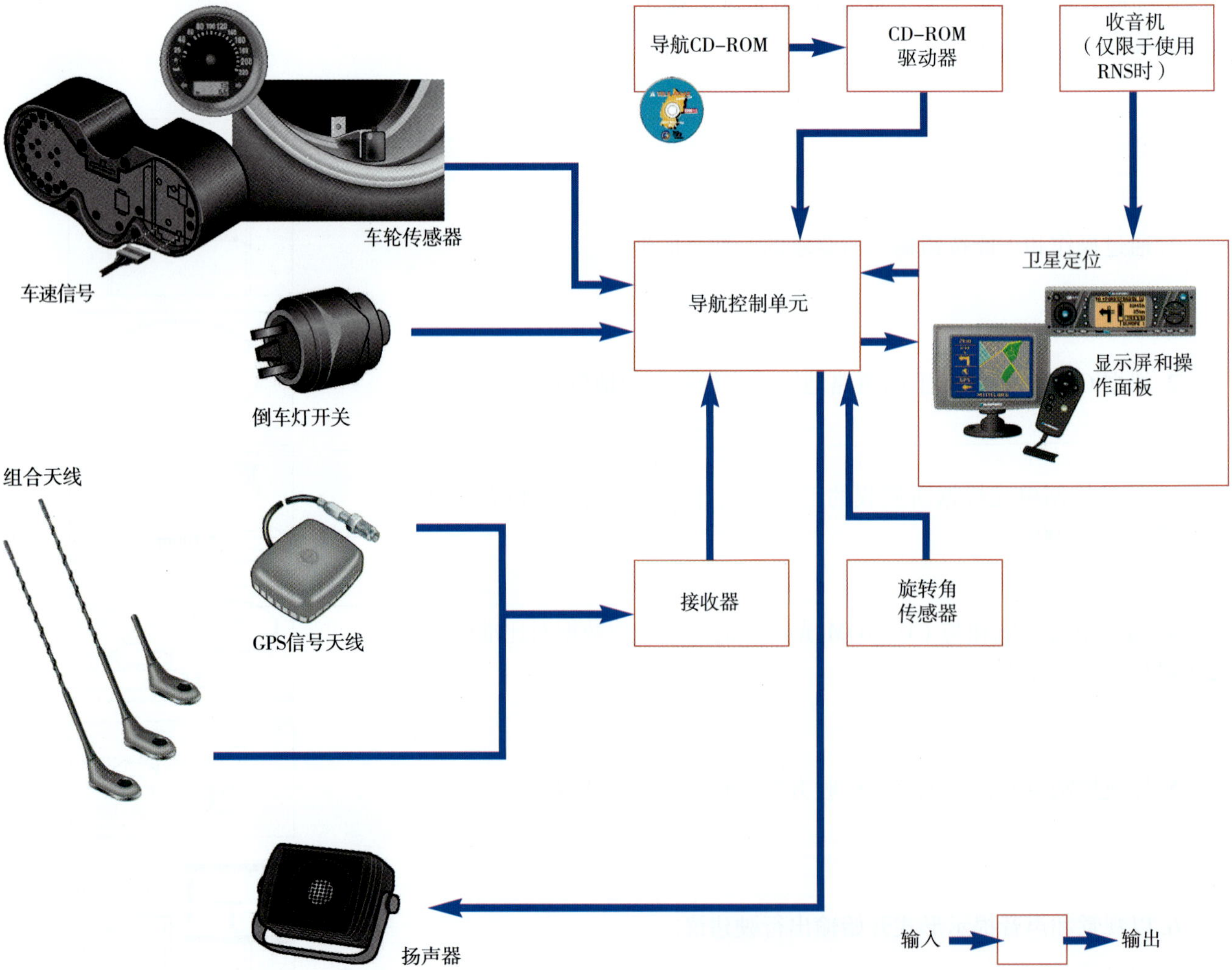

2.3.2 系统组件（传感器 / 天线）

旋转角传感器

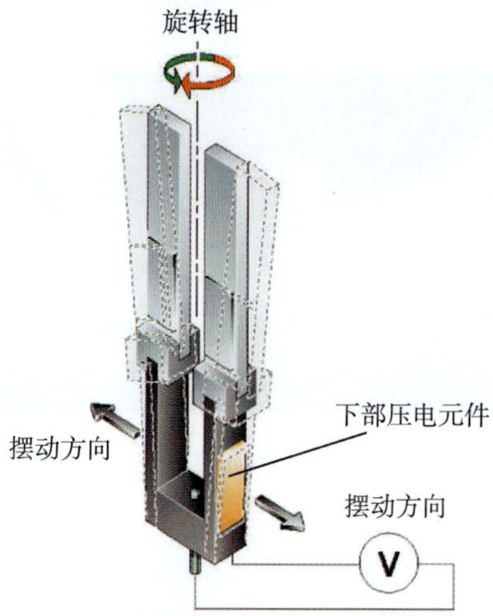

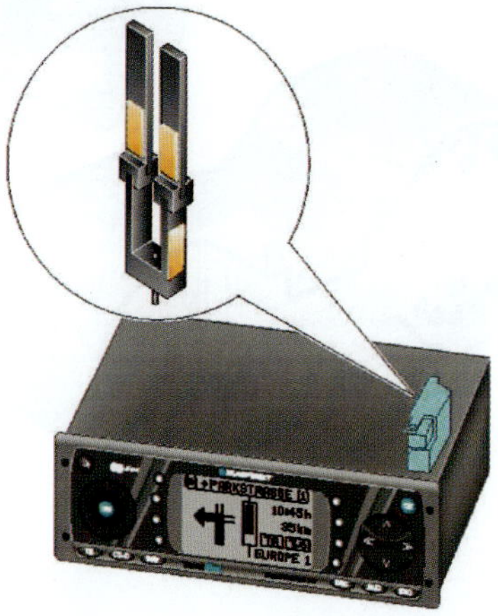

旋转角传感器也称为陀螺测试仪，用于测量车辆的偏转率和旋转率。旋转角传感器可辅助导航系统驶过无法接收GPS 信号且只有通过偏转率才能确定当前位置的多层停车场。

该传感器形似音叉，由4个压电元件控制，其信号借助传感器电子装置读取。

直线行驶时旋转角传感器的功能

直线行驶时音叉上部区域不存在科式加速度。因为音叉上部反相摆动，所以上部压电元件不产生电压。

转弯行驶时旋转角传感器的功能

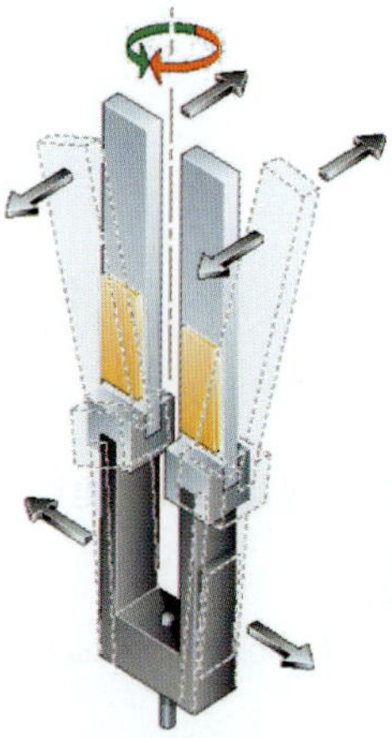

车辆沿曲线移动时，整个转弯行驶期间音叉上部区域持续扭曲。因此该压电元件产生电压。电压值取决于转弯曲率，正负取决于转弯方向。

下部压电元件（参见上图）通电并因此产生振动。这种振动使音叉上部区域产生反相摆动。转弯行驶时转动与直线振动叠加在一起。此时产生的科式加速度使音叉上部区域扭曲，压电元件产生电压。电压值取决于转动量，由旋转角传感器读取并继续发送给导航计算机。

旋转角传感器失灵

旋转角传感器失灵时无法实现准确导航。失灵信息以故障码形式存储在故障码存储器内。

用于提供车速表信号的车轮传感器

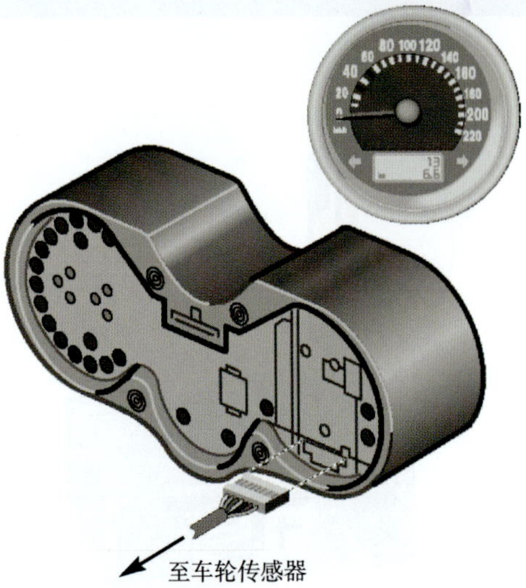

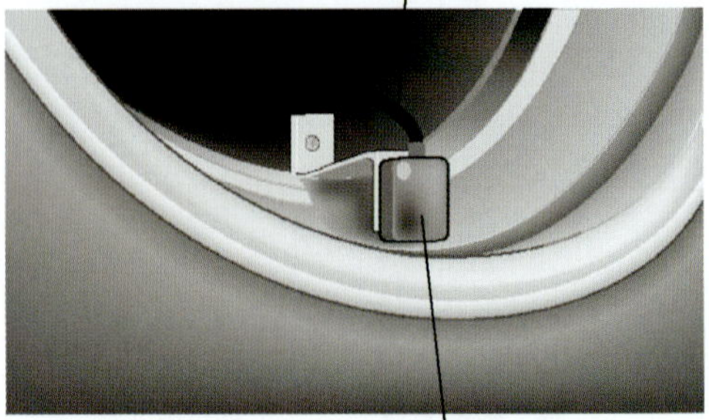

为确定里程可以利用车速表中电子里程表的脉冲信号或ABS 传感器信号。连接车速表信号时必须查阅并遵守导航系统制造商的安装说明或规定。

车速表信号错误时无法进行组合定位且在故障码存储器内存储一个故障码。

某些导航系统制造商要求安装一个附加车轮传感器。为此需在轮辋上安装一个磁条。安装时必须遵守专业维修站的现行安全规定。

GPS 导航天线

组合天线

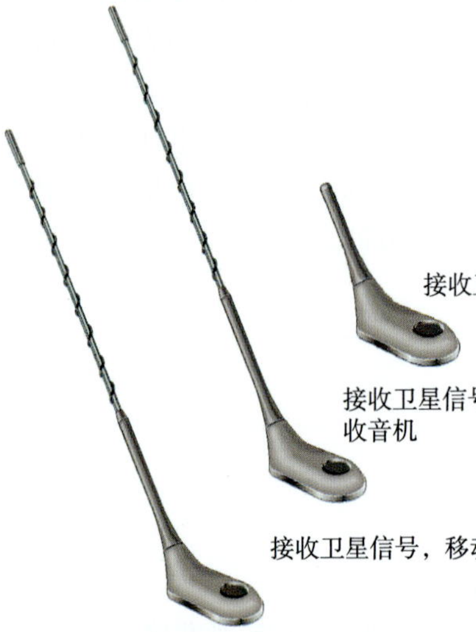

GPS 信号天线

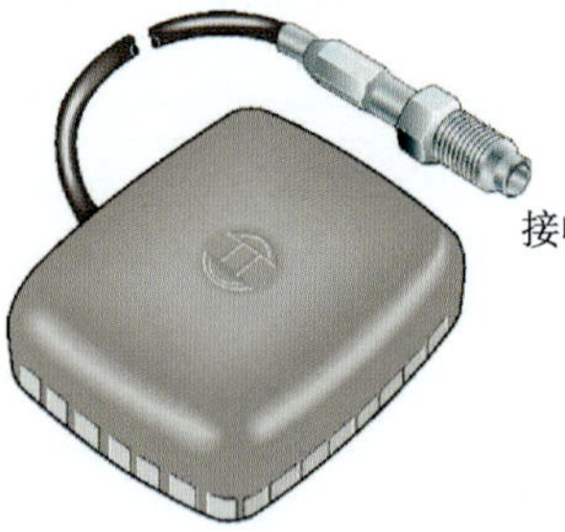

GPS导航天线可以作为信号天线固定在后窗台板上、后备箱上或车顶上。如果车窗玻璃带金属涂层，则天线必须安装在外部，在此必须遵守随附的安装说明。GPS信号天线可以作为组合天线与GSM 移动电话天线一起安装，但是也可以与2m无线电台天线和车载收音机天线一起安装。在此必须遵守有关12V设备的安装规定。

2.4 动态路线引导

通过GSM或RDS TMC接收动态交通信息数据时，系统将当前交通受阻信息纳入路线计划中并用于计算一条绕行路线（RDS= 公共无线电通信业务，TMC=通报最新交通情况的数字交通广播数据频道）。这些信息由交通广播电台作为TMC数据迅速发送。在此可以通过附加TMC调谐器盒或通过带有TMC输出端的车载收音机直接连接到TMC数据上。也可以在TFT屏幕上接收TMC数据。

接收 TMC 数据时的信号流程

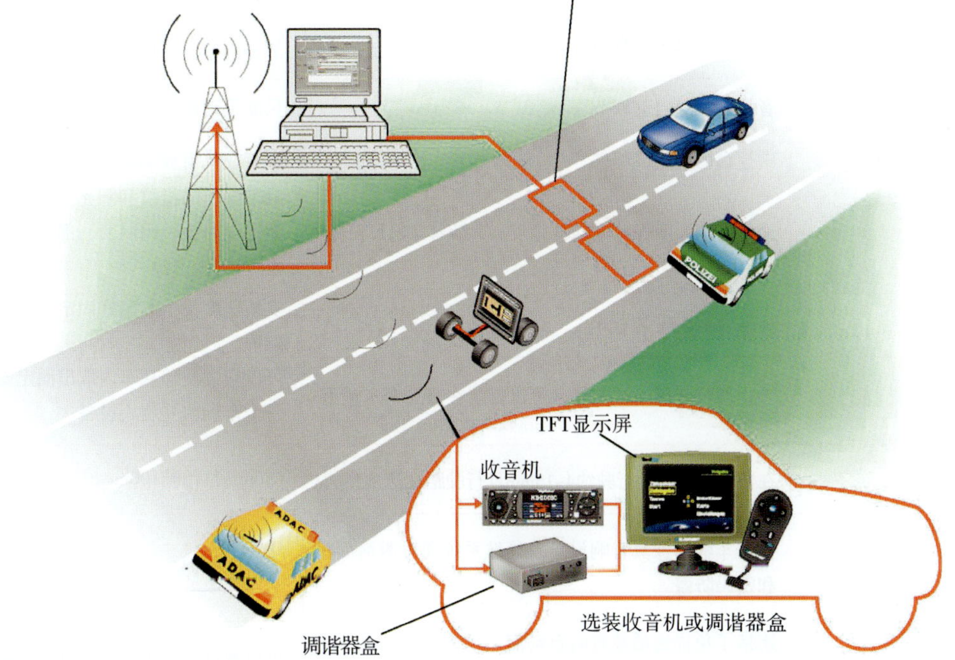

交通未受阻时的动态路线引导	交通受阻时的动态路线引导
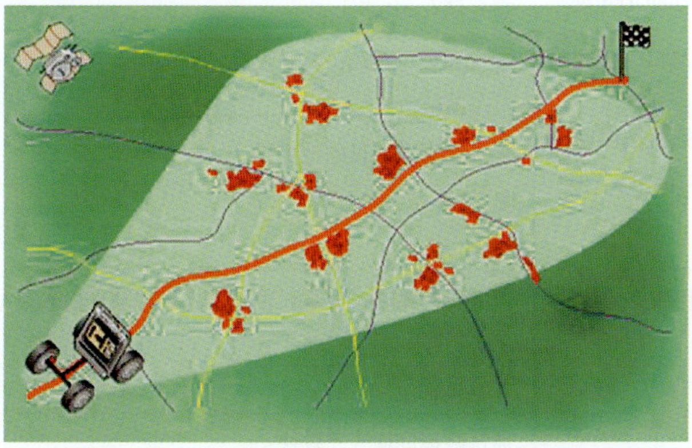	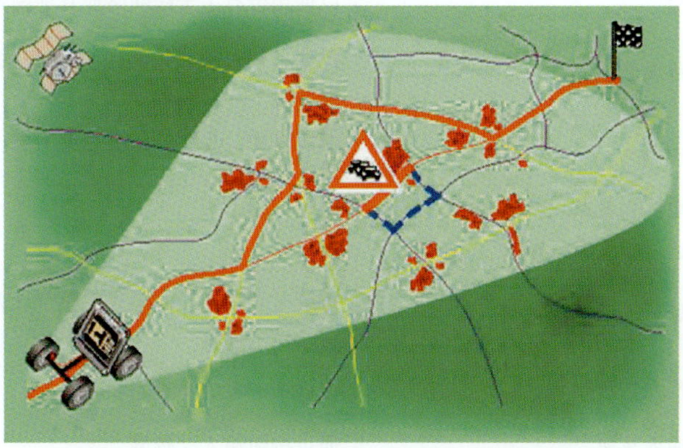
动态路线引导功能启用时驾驶员可以将注意力完全集中在交通情况上，接收到最新 TMC 数据后导航系统立即计算出一条时间最佳的绕行路线。	接收到 TMC 数据时，导航设备根据路线上出现的影响因素选择交通缓慢、堵车或堵死图标并在地图视图中通过图标表明具体位置（参见上图）。 导航系统不断预先计算绕行路线，因此即使出现多处交通受阻情况也能立即做出响应。

2.5 固定安装式与移动式导航系统对比

	固定安装式导航系统	移动式导航系统
	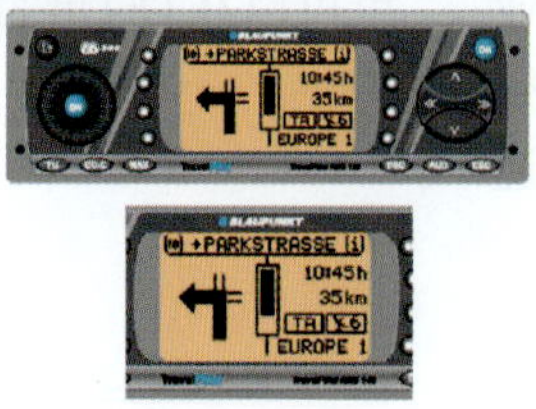	
导航显示	箭头导航（建议路线计划导航 turn by turn）	地图导航
语言	八种（从德语到瑞典语）	八种（从德语到瑞典语）
语音	易于理解且声音有活力，规定语音	部分内容不易理解，语音较轻，可选择不同语音
Gala（音量随车速自动调节）	音量随车速自动调节	只能手动调节音量
车内安装位置	中控台内的集成部件	安装在风窗玻璃固定支架上
显示屏清晰度	通过持续照明保持最佳清晰度，大字体 / 象形符号	触摸屏上的指纹和阳光照射可能导致看不清楚，电池供电时会关闭照明，部分设备字体 / 象形符号较小
安装	标准收音机安装方式	安装速度快（固定好固定支架，将设备装入固定支架内）
更换车辆	必须像收音机一样安装且可以安装在另一个车辆上	可以很方便地从车内取出固定支架，然后固定在另一个车辆内并装入设备
安装后试运行	在数字化道路上行驶约4~15min且行驶距离达到250 m	约6min且行驶100m
防盗保护	整个车辆高保真音响设备及导航系统通过激活面板和密码防盗	无防盗保护
电话连接	连接了免提通话装置时自动启用电话静音功能，电话通话由车辆扬声器播出，此时仍能输出行驶指示信息	可以通过蓝牙连接移动电话，但是声音质量较差，无电话静音功能
软件	仅用一张CD光盘即可在一个国家或地区内导航，可以使用带有主干线网络或其他国家地图的CD光盘	SD 卡和 CD 光盘，必须根据需要通过计算机将数据存储在 SD 卡上
路线选项	最快、最短或最佳路线（高速公路、渡口、避开收费路段）	最快和最短路线（避开收费路段，行人路线，自行车路线）
动态	通过 TMC 进行动态目的地引导（包括德国联邦高速公路）	无法实现动态目的地引导
地标兴趣点	显示	显示
通过邮政编码导航	可以	可以
导航计算持续时间	持续时间相同，但是只有整个计算过程结束后才能显示指示信息	持续时间相同，但是在整个计算过程结束前先显示指示信息
预先指示	很详细，考虑车速	部分设备
输入车速	通过按钮输入，较慢	通过触摸屏输入，较快
输入路线	通过按钮输入，因此行驶期间也可以较方便地输入	通过带有较小“按钮”的触摸屏输入，因此行驶期间输入时有困难且危险
GPS 信号长时间缺失时确定方位	显示屏上出现“风向风速图”，搜索当前位置，重新定位时更新行驶建议	地图逐渐隐去，约20s后显示屏变为灰色，重新定位时不更新行驶建议
驶过停车库或隧道后重新设置系统	很准确，但是较慢（首先只检查位置，然后给出行驶建议）	较快，但是不一定准确（立即定位，紧接着给出行驶建议，然后才准确定位，必要时重新定位）

3 带有集成式照明距离调节装置的前照灯（Litronic）

3.1 气体放电灯的系统组件

氙气灯控制部件

在此使用电子镇流器用于点火、运行和监控。镇流器包括：

·控制部件

在短暂的起动阶段提高灯泡电流，以便灯泡立即亮起。运行期间限值灯泡电流并调节工作电压以确保车灯照明稳定。

·点火部件

为气体放电灯泡点火提供所需要的高电压（10~20 kV）。然后产生 200 V 400 Hz 的交流电使灯泡亮起。灯泡达到合适的温度时， 85 V 电压即可维持灯泡运行。

带或不带透光玻璃的气体放电灯泡

1—带或不带散光功能的透光玻璃
2—气体放电灯泡
3—点火装置
4—控制单元
5—步进电动机
6—车桥传感器
7—车载网络

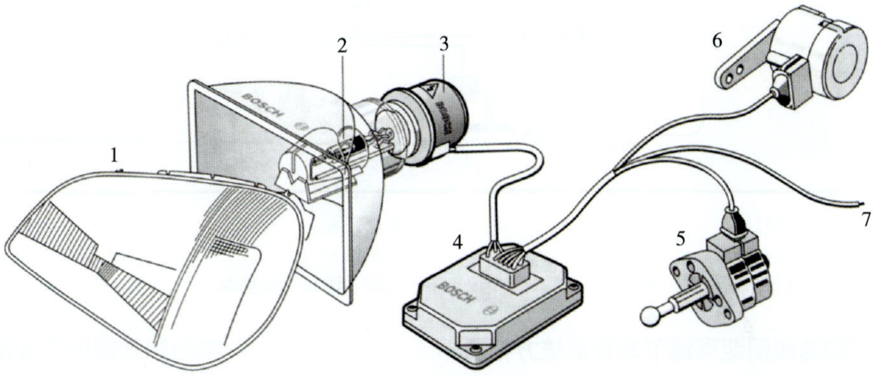

反射型前照灯（PES）内的气体放电灯泡

1—透镜
2—气体放电灯泡
3—插头
4—点火装置
5—控制单元
6—车载网络

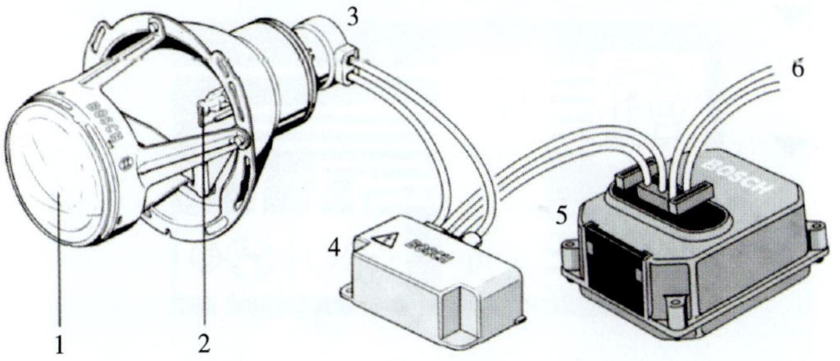

3.1.1 准静态照明距离调节装置

这种照明距离调节装置仅针对负荷变化造成的倾斜度改变进行校正。控制单元分析车速表信号以及前桥和后桥上的车辆高度传感器信号，将这些信号与所存储的规定数据对比并在必要时控制前照灯上的步进电动机。控制单元通过车速信号得知车辆当前运动状态。起步后根据车辆负荷检查并在必要时改变前照灯位置。匀速行驶时再次检查前照灯位置。准静态照明距离调节装置以较长的延迟时间工作，即只有倾斜度改变存在较长一段时间时才控制步进电动机。

安装了氙气灯改装套件时使用超声波距离传感器，这些传感器可确定至路面的直线距离。传感器将信号继续传输给中央控制单元，控制单元则通过前照灯上的步进电动机调节前照灯照明距离。

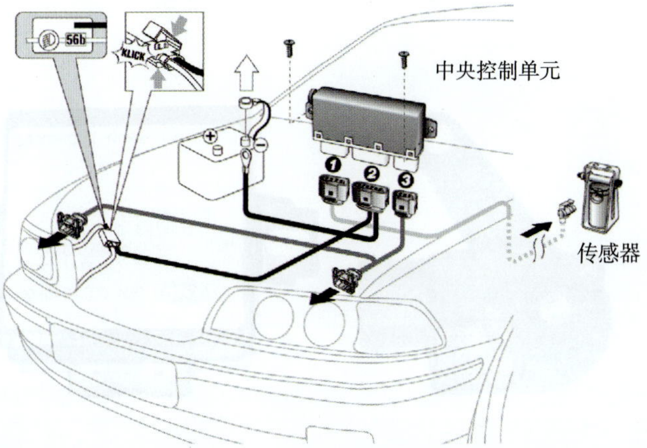

学习领域 11

3.1.2 动态照明距离调节装置（LWR）

在带有氙气前照灯的车辆上使用这种照明距离调节装置。该装置针对所有车辆倾斜度改变进行校正，包括制动和加速时出现的倾斜度改变。加速或制动时磁阻或感应式步进电动机传感器探测前桥和后桥的不同弹簧压缩量并立即通过步进电动机校正前照灯位置。在动态照明距离调节装置中有一个控制单元处理车速信息，以实现最佳调节。该控制单元也针对倾斜度快速瞬时改变予以补偿。

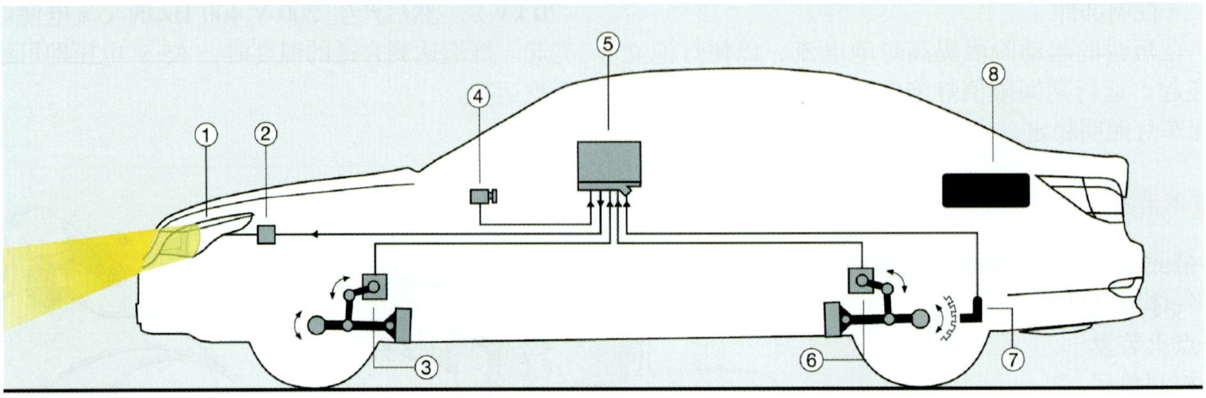

1—前照灯
2—执行元件
3—前桥车辆高度传感器
4—车灯开关
5—控制单元
6—后桥车辆高度传感器
7—转速传感器
8—负荷

动态照明距离调节装置系统方框图

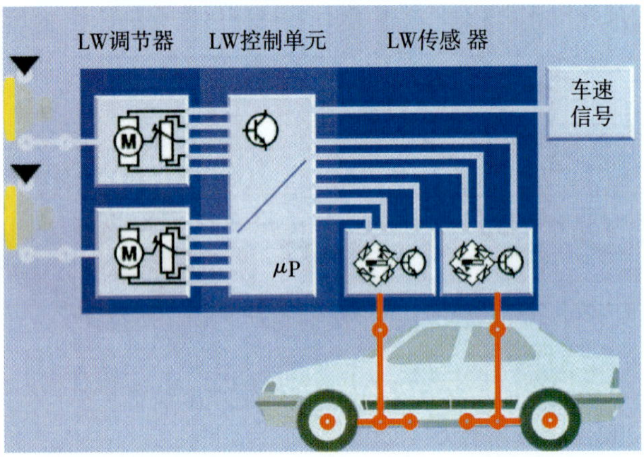

制动和加速时带和不带动态照明距离调节装置的前照灯

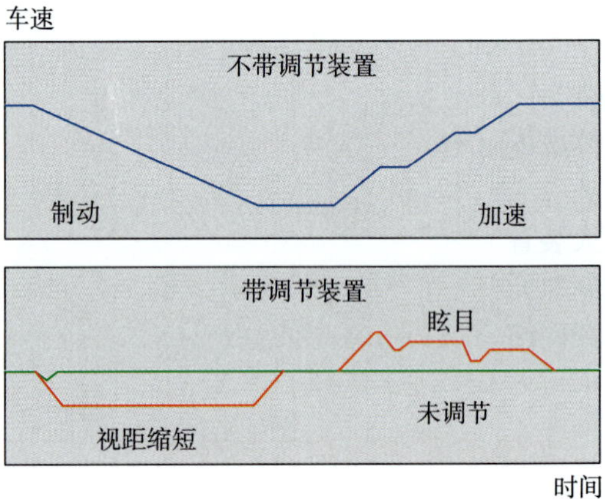

用于动态照明距离调节装置的车辆高度传感器和控制单元

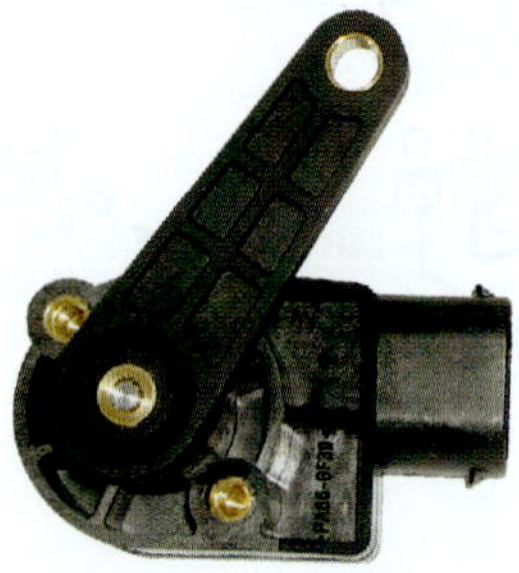

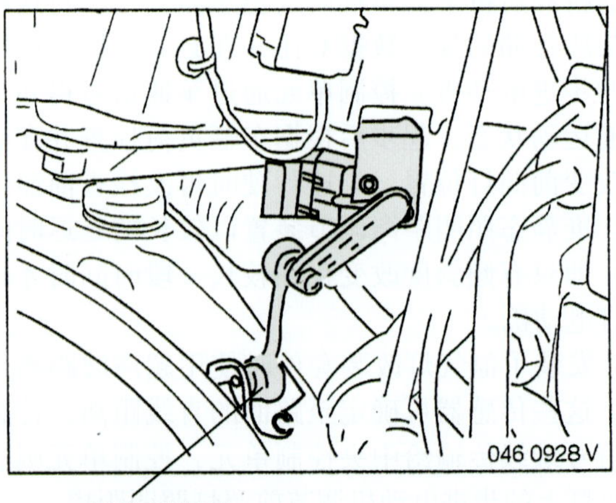

车桥固定装置

3.2 使用双氙气前照灯时的法律规定

加装或改装为双氙气前照灯时必须遵守道路交通许可规定中的相关法律规定、ECE 规定和 EWG 指导准则。这些车辆必须配备自动照明距离调节装置和前照灯清洗装置。

有关这方面的信息另请访问联邦车辆管理局网站www.kba.de。在此必须注意：

道路交通许可规定第22a节

75/756/EWG 规定的指导准则

ECE 规定 48

ECE 规定 45

3.3 用于双氙气前照灯的前照灯清洗装置

前照灯清洗装置（SRA）系统概览

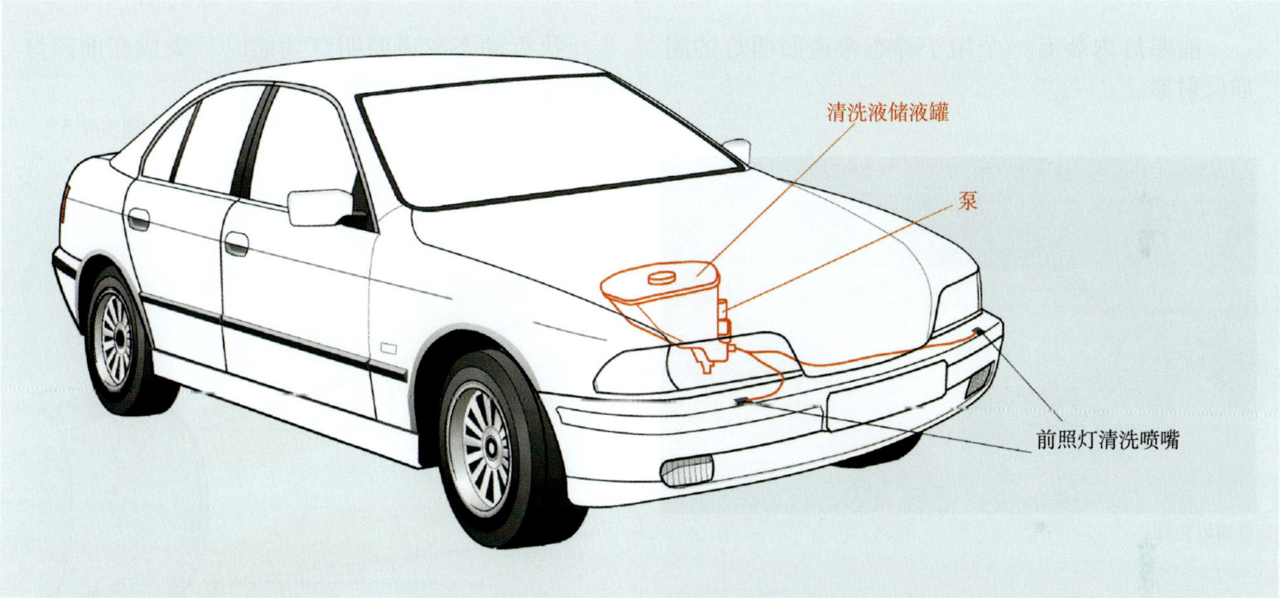

为确保路面照明效果良好且避免对面来车眩目，前照灯透光玻璃必须保持干净整洁。前照灯清洗装置可清除前照灯上的污物。污物对强光型前照灯（例如氙气前照灯）的影响很大，前照灯玻璃上的污物容易造成对面来车眩目。

前照灯清洗时基本上只使用喷水装置。

前照灯清洗装置结构

前照灯清洗系统由以下组件构成：

· 通过伸缩式喷嘴分配清洗液的螺旋腔喷嘴，

· 开关阀 / 中心阀，

· 带插接接头的软管组件，

· 带有离心泵的储液罐，

· 通过电子时间控制单元控制或通过继电器控制。

前照灯清洗装置功能

清洗液以较高压力喷到前照灯透光玻璃上。清洗液滴通过特殊的螺旋腔喷嘴以锥束形式喷出。这些极小的液滴冲击污物使其溶解和脱离。行车灯接通时，每次操纵风窗玻璃清洗装置时清洗前照灯一次。离心泵工作时将清洗液压入一个缸内，从而可以克服弹簧力使伸缩式喷嘴移出。伸缩式喷嘴达到其工作位置后，清洗液通过一个阀门喷到前照灯上。关闭离心泵后压力弹簧将喷嘴压回带初始位置。

4 弯道照明灯

静态弯道照明灯

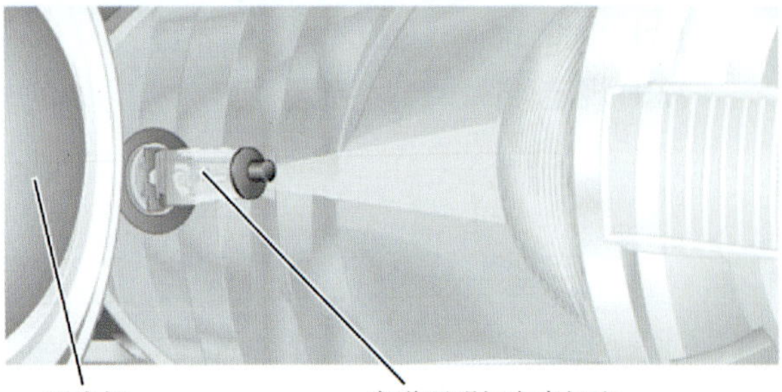

前照灯内装有一个用于静态弯道照明灯的附加反射器。

普通近光灯

静态弯道照明灯

以上插图所示为转弯过程中不同的路面照明情况，上图为标准近光灯，下图为附加静态弯道照明灯。可以明显看出静态弯道照明灯启用时照明范围较大。根据法律规定，静态弯道照明灯只允许与近光灯一起工作。

动态弯道照明灯

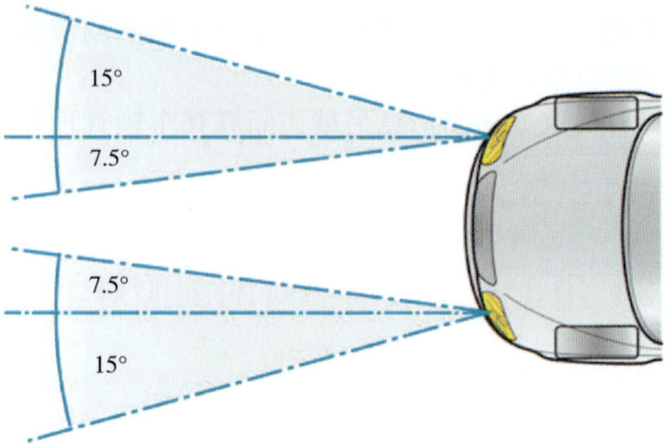

执行动态弯道照明灯功能时，集成在前照灯内的电动机使近光灯模块水平摆动。

弯道内侧摆动角度为 15° ，弯道外侧为7.5°

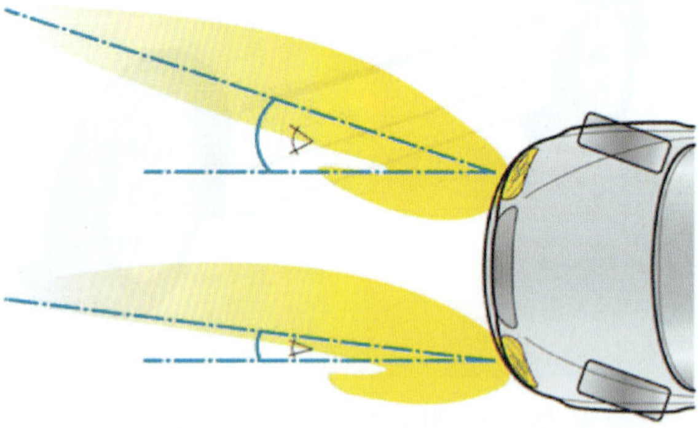

通过不同摆动角度可以实现根据弯道走向照明。弯道内侧摆动模块的摆动范围是弯道外侧摆动范围的两倍。因此可以在保持光线均匀分布的情况下提供最大照明宽度。

车速低于 10 km/h 时不启用摆动模块。停车状态下不允许前照灯摆动，从静止状态加速且转动转向盘时前照灯略微摆动。

4.1 带静态弯道照明灯时前照灯的结构

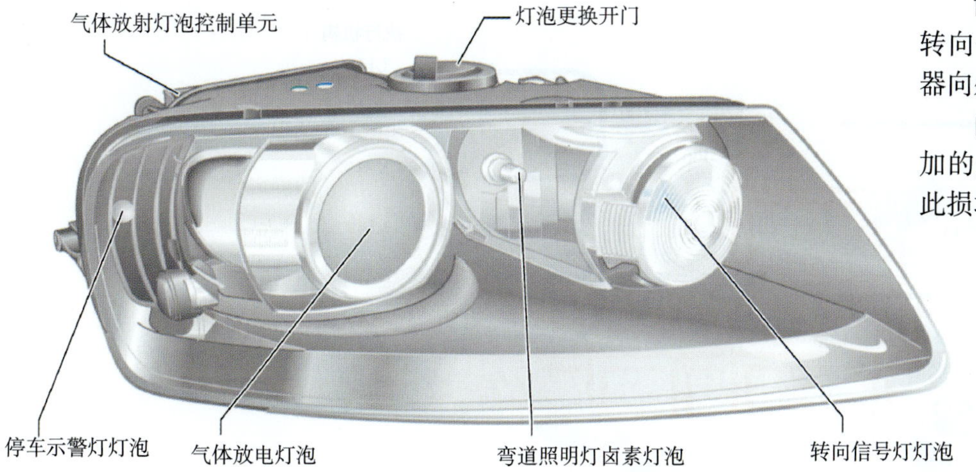

静态弯道照明灯灯光通过转向信号灯后的一个附加反射器向外反射。

卤素灯泡可以通过一个附加的灯泡更换开口接触到，因此损坏时可以更换。

4.2 带动态弯道照明灯时前照灯的结构

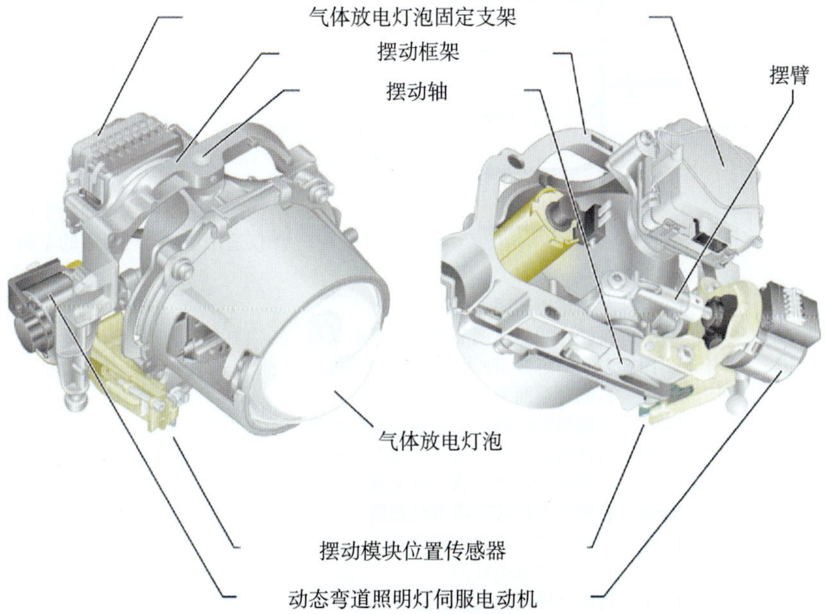

动态弯道照明灯灯泡模块的结构与普通双氙气灯泡的结构基本相同。近光灯和远光灯也安装在该灯泡模块内。该灯泡模块还带有一个摆动框架。框架由一个伺服电动机带动。该伺服电动机为步进电动机，其位置由一个传感器或控制器控制。

4.3 弯道照明灯的主要组件和安装位置

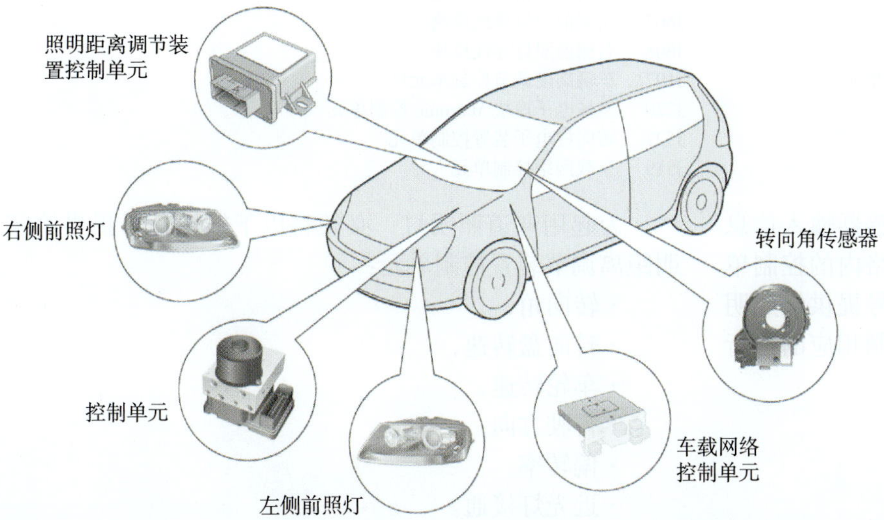

图示为弯道照明灯所需控制单元和附加组件的安装位置。具体安装位置取决于车型和所选套件。

学习领域 11

4.4 动态弯道照明灯系统概览

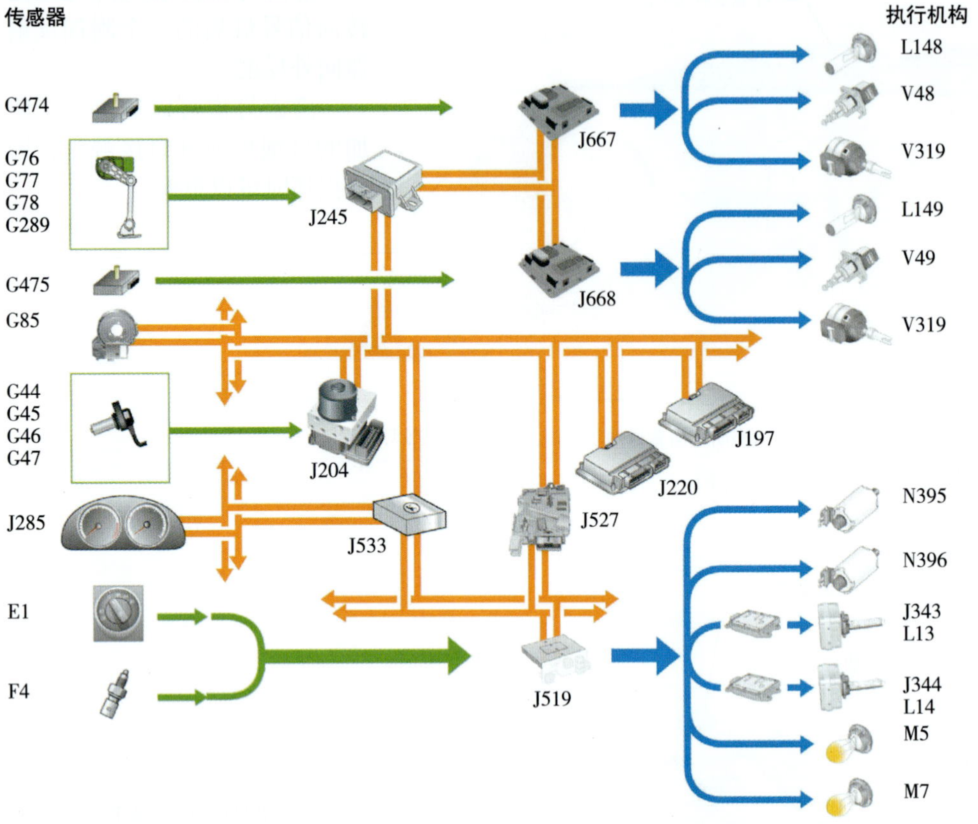

* 适用于不带空气悬架的车辆
** 仅适用于带空气悬架的车辆

传感器

G474 左侧摆动模块位置传感器（结构形式取决于制造商）
G76 左后车辆高度传感器*
G77 右后车辆高度传感器*
G78 左前车辆高度传感器*
G289 右前车辆高度传感器*
G475 右侧摆动模块位置传感器（结构形式取决于制造商）
G85 转向角传感器
G44 右后转速传感器
G45 右前转速传感器
G46 左后转速传感器
G47 左前转速传感器
J285 组合仪表内的控制单元
E1 车灯开关
F4 倒车灯开关
J245 弯道照明灯和照明距离调节装置控制单元
J204 ABS 控制单元
J533 数据总线诊断接口

执行机构

L148 左侧弯道照明灯灯泡
V48 左侧照明距离调节装置伺服电动机
V319 左侧动态弯道照明灯伺服电动机
L149 右侧弯道照明灯灯泡
V49 右侧照明距离调节装置伺服电动机
V319 右侧动态弯道照明灯伺服电动机
N395 左侧前照灯防眩调节电磁铁
N396 右侧前照灯防眩调节电磁铁
J343 左侧气体放电灯泡控制单元
L13 左侧气体放电灯泡
J344 右侧气体放电灯泡控制单元
L14 右侧气体放电灯泡
M5 左前转向信号灯灯泡
M7 右前转向信号灯灯泡
J667 左侧前照灯导线模块
J668 右侧前照灯导线模块
J197 车辆高度调节控制单元**
J220 机械电子模块 Matronic 控制单元
J527 转向柱电子装置控制单元
J519 车载网络控制单元

该系统图给出了有关通过传感器输入信息的概览，这些信息在CAN总线网络内的控制单元中进行处理并作为所需输入信号提供给照明距离调节装置控制单元，以便控制相应的执行机构（输出元件）。

为起用弯道照明灯，必须将以下输入信号提供给照明距离调节装置控制单元：

· 转向角，
· 转向盘转速，
· 车轮转速，
· 行驶方向，
· 偏转率，
· 近光灯接通。

4.5 动态弯道照明灯电路图

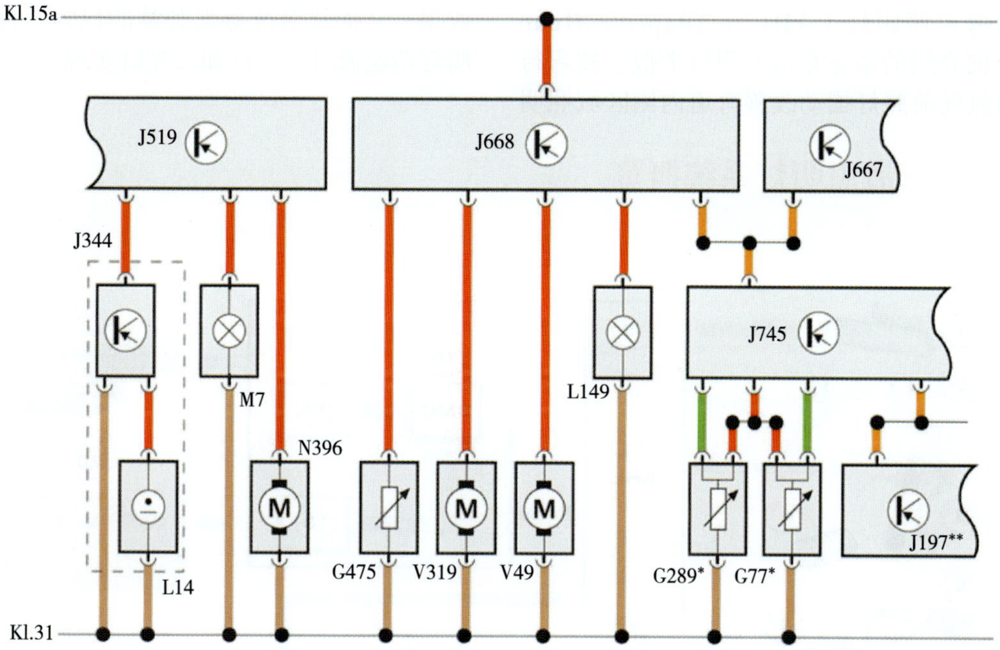

G 77 右后车辆高度传感器
G289 右前车辆高度传感器
G475 摆动模块位置传感器
N396 防眩调节电磁铁
J197 车辆高度调节控制单元
J344 气体放电灯泡控制单元
J519 车载网络控制单元
J667 左侧前照灯供电模块
J668 右侧前照灯供电模块
J745 弯道照明灯和照明距离调节装置控制单元
V319 右侧弯道照明灯步进电动机
V49 右侧照明距离调节装置步进电动机
L14 右侧气体放电灯泡
L149 右侧弯道照明灯灯泡
M7 右侧转向信号灯灯泡

红色= 正极
棕色= 接地
绿色= 输入信号
橙色= CAN 总线

5 自适应弯道照明灯（AHL）

自适应弯道照明灯（AHL = Adaptive Head Light）与前面介绍的动态弯道照明灯类似。转弯行驶时通过双氙气前照灯摆动改善弯道内侧区域照明效果，从而显著改善驾驶员的视野。自适应弯道照明明灯功能通过近光灯和远光灯实现。

5.1 自适应弯道照明灯系统概览

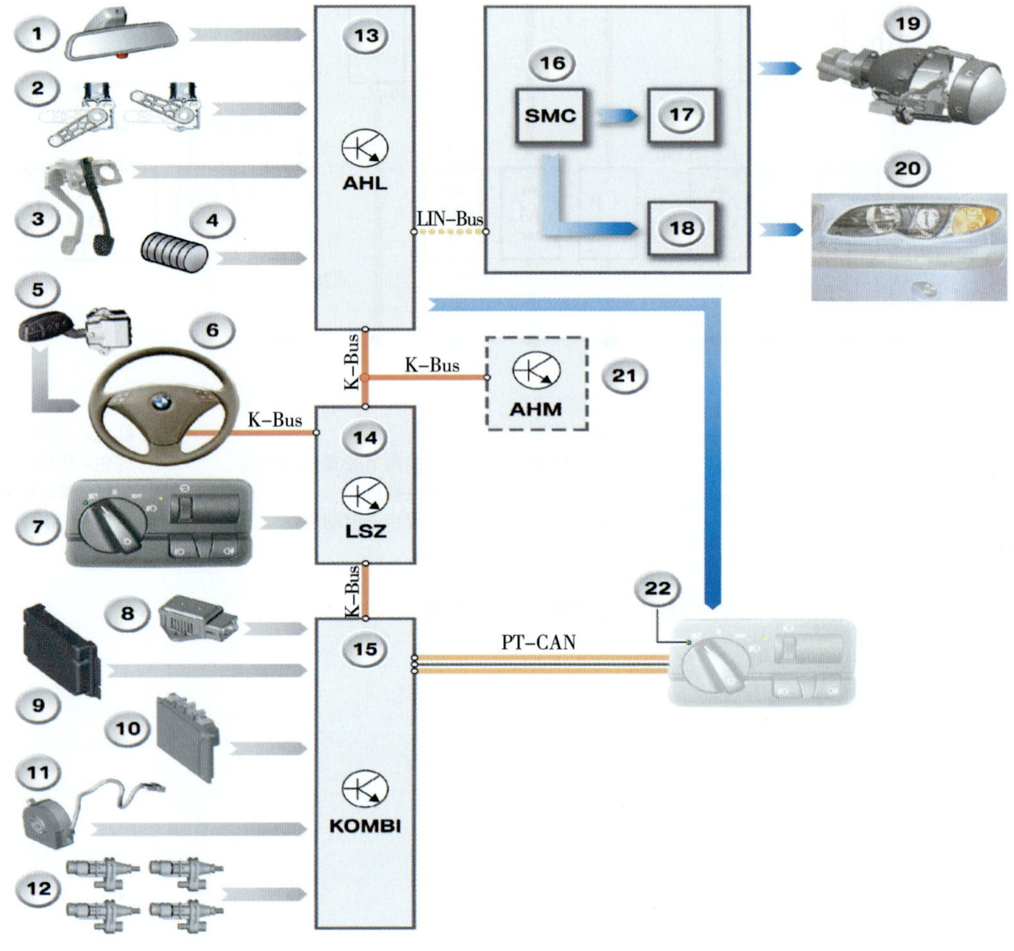

1—雨量和行车灯传感器
2—车辆高度传感器
3—制动信号灯开关
4—零位传感器
5—转向信号灯和远光灯开关
6—多功能转向盘
7—车灯开关
（开关位置 A）
8—偏转率传感器
9—通用模块
10—变速器电子控制系统，LIN总线（AHL与SMC之间的局域总线）
11—转向角传感器，K总线（车身总线）
12—车轮转速传感器，PT-CAN（动力传动系统CAN总线）
13—AHL 控制单元
14—车灯开关中心（LSZ）
15—组合仪表内的控制单元
16—步进电动机控制器（SMC）
17—自适应弯道照明灯（AHL）步进电动机
18—照明距离调节装置步进电动机
19—氙气灯控制单元
20—前照灯
21—挂车模块
22—用于 AHL 的绿色指示灯（LED）

5.2 自适应弯道照明灯系统组件

5.2.1 AHL 控制单元

AHL 弯道照明灯系统方框图

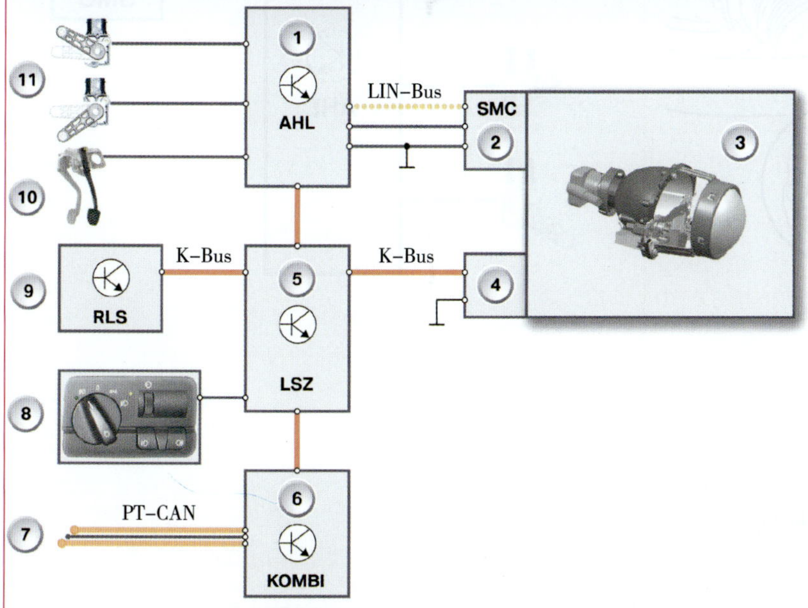

1—AHL 控制单元
2—步进电动机控制器（SMC）
3—摆动模块
4—氙气灯控制单元
5—车灯开关中心（LSZ）
6—组合仪表（网关）内的控制单元
7—连接控制单元的PT-CAN
8—车灯开关（开关位置 A）
9—雨量和行车灯传感器（RLS）
10—制动信号灯开关
11—车辆高度传感器
12—K总线（车身总线）

AHL 控制单元的工作原理

AHL 控制单元通过分析行驶动力性数值计算自适应弯道照明灯和自动照明距离调节装置的摆动量。

必须用车辆专用数值为 AHL 控制单元设码！

车辆专用数据包括：

· 轴距，

· 前照灯安装高度，

· 照明距离调节装置特性曲线。

前照灯专用数据以设码形式存储在步进电动机控制器内。

照明距离控制单元的功能

· 控制和监控车辆前照灯和外部车灯，

· 控制和监控转向信号和危险报警功能，

· 仪表照明和危险报警开关定向照明的调光器，

· 为行车灯自动控制功能分析雨量和行车灯传感器信息，

· 与挂车模块通信，

· 起用自适应弯道照明灯的绿色指示灯（LED），

· 通过K总线交换数据，

· 诊断和监控数据管理，

· 分析双氙气前照灯故障。

5.2.2 AHL传感器

车辆高度传感器

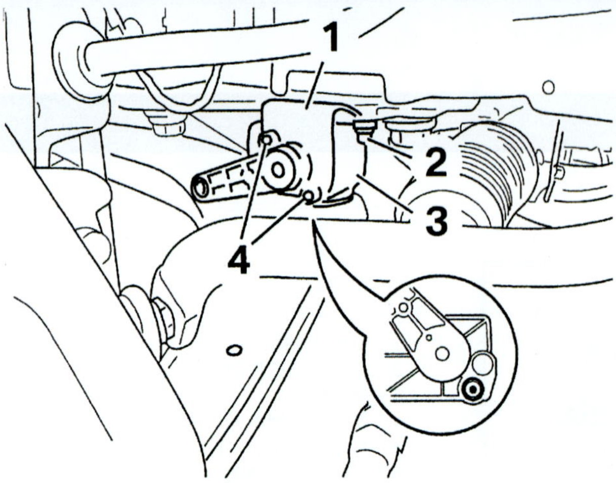

1—支架
2—固定螺母
3—车辆高度传感器
（放大图所示为车辆高度传感器设码）
4—固定螺栓

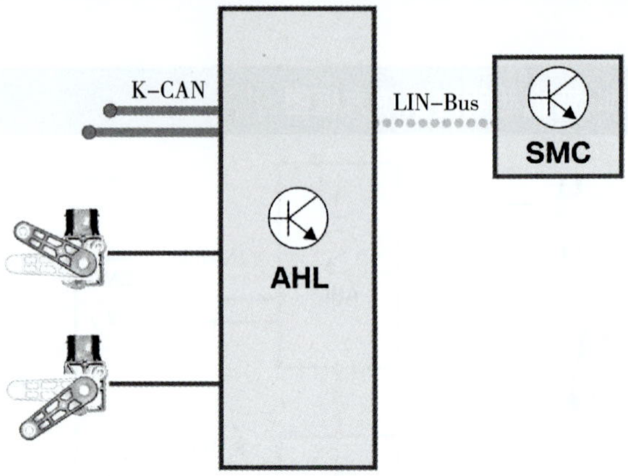

车辆高度传感器必须安装在车辆一侧。如果沿对角安装车辆高度传感器，则车辆横向运动会影响前照灯照明距离。

车辆高度传感器的工作原理

车辆高度传感器是霍尔传感器，车辆倾斜度改变时传感器输出电压呈线性变化。步进电动机控制器（SMC）控制前照灯摆动模块垂直于自动照明距离调节装置步进电动机运动。

零位传感器

自适应弯道照明灯摆动模块的位置通过零位传感器测定。摆动模块移过传感器时传感器探测零位位置。传感器内的霍尔传感器通过电平高低切换确认零位位置。零位传感器按以下方式影响AHL前照灯内摆动模块的位置：

· 停车后前照灯移到关闭位置（点火开关关闭时），

· 开始行驶前进行前照灯的参考运行或检查运行。此时前照灯从关闭位置出发经过零位传感器移到直线行驶位置。

零位传感器的工作原理

零位传感器按以下方式工作：

· 步进电动机控制器为其提供约5V电压，

· 步进电动机控制器可防止零位传感器电压过高，

· AHL前照灯制造商根据摆动模块以机械方式调整零位传感器，因此确保传感器与摆动模块相匹配。

雨量和行车灯传感器

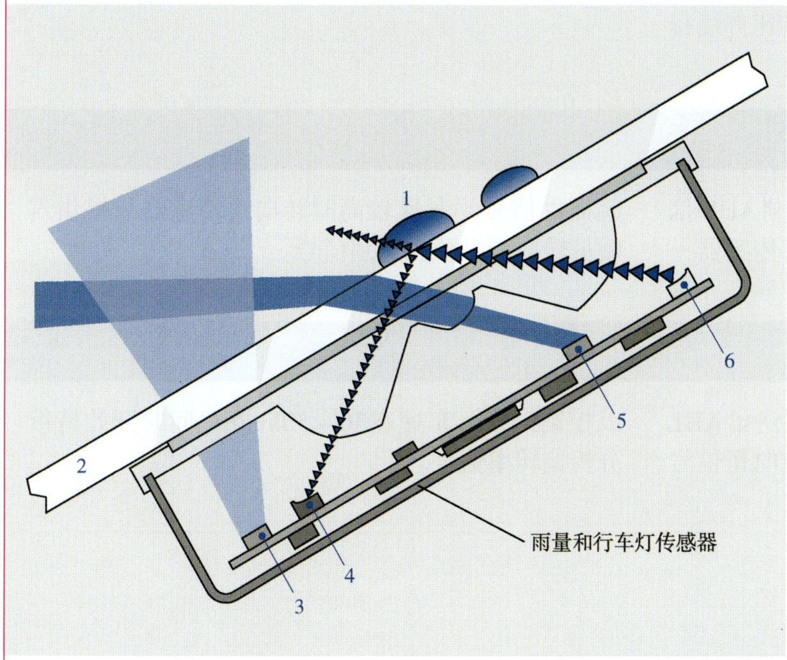

1—雨滴
2—风窗玻璃
3—环境光线传感器
4—光电二极管（接收二极管）
5—指向远方的行车灯传感器
6—发光二极管（发射二极管）

雨量和行车灯传感器由以下部件组成：

·光学元件，该元件牢固粘接在风窗玻璃上；

·电子单元，该单元包括电子分析装置及4个光学发射二极管和4个光学接收二极管；

·加热装置，该装置用于防止雨量和行车灯传感器内的光学元件上起水雾。

雨量和行车灯传感器内雨量传感器的功能

·雨量传感器内的发射二极管向风窗玻璃方向发射红外线。

·风窗玻璃处于干燥状态时，红外线全部反射至接收二极管。

·风窗玻璃上光学元件附近有水滴时，所发射的红外线不再完全反射。

·雨量传感器内的逻辑分析电路识别风窗玻璃湿润程度，然后将这条信息通过车身总线发送至通用模块，此后通用模块起动刮水过程。

·在此可以通过刮水器操纵机构上的滚花轮调节传感器灵敏度。车辆静止时灵敏度复位到最低挡或间歇刮水模式。

雨量和行车灯传感器内行车灯传感器的功能

·打开点火开关后，2个光电二极管探测风窗玻璃上方环境光线的亮度。

·行车灯传感器将风窗玻璃前的光线变化通过车身总线继续传输给车灯开关中心。

·行车灯控制功能打开时车灯开关中心据此接通或关闭车灯。

·识别到黑暗来临时：“黑暗”接通限值以固定数值形式存储在行车灯传感器内。

·行车灯传感器的灵敏度可以通过车辆和钥匙记忆功能（例如车钥匙内）分两挡更改。

偏转率传感器

偏转率传感器在所有车速下车辆侧滑或甩尾时将信号提供给 AHL 控制单元，以便控制自适应弯道照明灯。在这些情况下前照灯移到直线行驶位置，只有车辆稳定下来后才会控制前照灯摆动。

转向角传感器

车速低于30 km/h 时转向角传感器提供AHL 信号，车速在30～50km/h之间时与偏转率传感器一起提供信号。车速较高时转向角传感器只提供驾驶员转向操纵预先识别信号。

车轮转速传感器

车轮转速传感器将当前车速信息发送给AHL控制单元。车速低于30km/h时只提供转向角信号以控制AHL，车速在30～50km/h之间时开始持续分析偏转率信号。

5.2.3 步进电动机控制器（SMC）

步进电动机控制器系统方框图

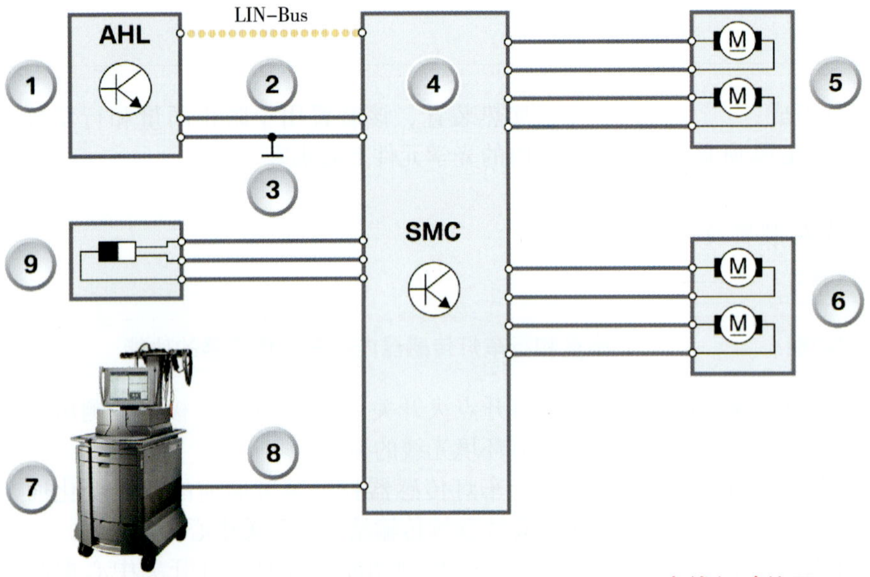

1—AHL 控制单元
2—供电电压
3—车辆接地
4—步进电动机控制器（SMC）
5—自动照明距离调节装置步进电动机
6—自适应弯道照明灯步进电动机
7—诊断系统
8—左侧和右侧设码线脚
9—零位传感器
LIN总线， AHL控制单元与SMC之间的局域总线

步进电动机控制器（SMC）的功能

SMC 正常工作的前提是正确设码和分配线脚。为区分左侧和右侧前照灯，在左侧前照灯的 SMC 处线脚12必须接地。用于AHL的前照灯专用数据以设码形式存储在SMC内。

为执行AHL功能，SMC按以下方式计算前照灯的摆动量：

· SMC从AHL控制单元处得到前照灯应移动到哪个位置（规定值）；

· SMC 知道其前照灯的当前位置；

· SMC 计算前照灯步进移动行程。SMC 控制步进电动机按计算步进行程移动到所要求的前照灯位置。每次运行时零位传感器都检查这些规定位置。

直线行驶位置

前照灯调整到指向车辆纵轴方向并照向正前方，这个位置的角度为0°。直线行驶位置通过两个角度定义：

· 相对零位传感器的角度，

· 相对机械基准点的角度。

步进电动机控制器按以下方式计算直线行驶位置：

· 零位传感器工作时，从传感器位置出发移向直线行驶位置。

· 零位传感器失灵时从机械基准点出发移向该位置。

5.2.4 作为伺服电动机的步进电动机

AHL伺服电动机属于双极步进电动机。这些电动机是带有磁铁转子的直流电动机，通过合理布置绕组产生磁场。

功能

通过矩形脉冲控制步进电动机时，电动机轴以设计规定的数值，即所谓的步进角度为步幅转动。如果脉冲序列较快，则步进电动机轴就会连续转动。借助减速器可以更准确地确定转动量，因为电动机轴可以转动较大的角度，而减速器输出轴则转动较小的角度。

步进电动机控制系统方框图

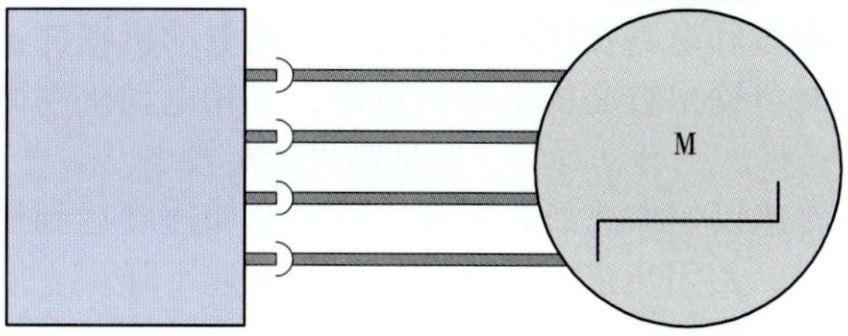

步进电动机控制器根据相应的输入信号确定以下参数：

· 转动步进数，
· 转动方向，
· 转速。

步进电动机以一个步进转动

转动前的磁极轮位置和开关状态	转动后的磁极轮位置和开关状态
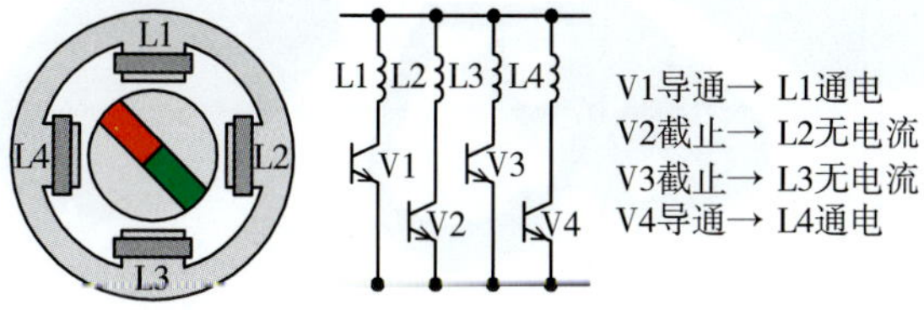	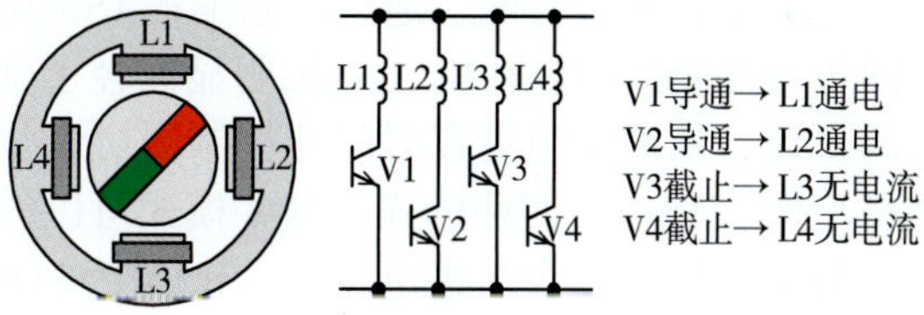

步进电动机结构

步进电动机的结构与普通电动机相同。电动机由一个固定的定子和一个旋转的转子组成。但是与普通电动机不同的是，步进电动机带有固定的电磁铁。转子由一个永久磁铁组成。由于不必通过电刷和集电环为转子供电，因此不会出现电弧和机械磨损。

在双极步进电动机中定子绕组两侧采用反极性结构，为此需要两个开关来控制。定子内相绕组数较少导致冲击运行，即处于半步进运行模式。在半步进运行模式下插入平分步进角度的中间步进。在此通过定子内的一个或两个绕组交替通电实现步进加倍。平稳转动通过逐步提高或降低绕组电流实现，而不是直接接通或关闭供电。这种运行模式称为微步进。

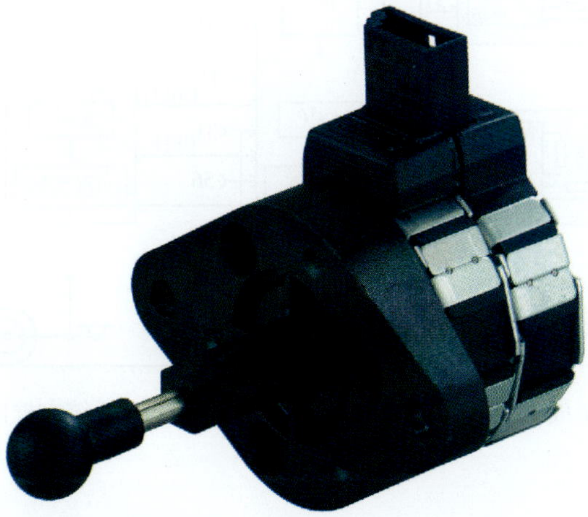

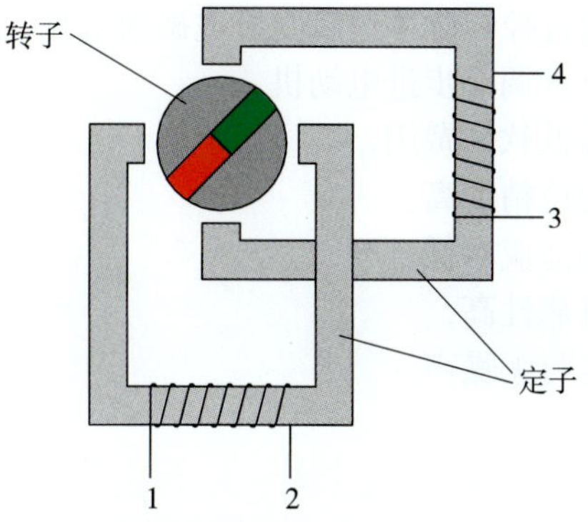

双极步进电动机带有4个连接导线，不像单极步进电动机那样有中间抽头

步进角度

步进角度大小或步进电动机步幅大小取决于永磁转子上磁极对的数量和定子内可控绕组或相绕组的数量。

电动机带有2个、3个或5个相绕组， 超过5个绕组时布线和电路费用明显提高。两相电动机在冲击转动时可输出较高的电动机转矩，五相电动机在微步运行模式下转动均匀，但是输出转矩较小。

转速以匀加速形式上升，以较低加速度达到规定转速，关闭步进电动机时转速匀减速下降。立即关闭时转子在其惯性作用下继续运转且不按步进方式逐渐关闭，从而导致位置数据不正确。仅在寻找零位或缓慢转动时，才通过某一时钟频率以非匀加速上升形式选择一个相应的转速。

通过改变信号相位可以使步进电动机的转动方向从向前切换为向后。在普通步进电动机中相位变化90° 时转动角度为1.8° 。对这种步进电机来说，转动一圈需200个微步进。作为控制信号形成的正弦波形越好，步进电动机的控制就越精确均匀。

智能步进电动机（ISM = 智能步进电动机）

智能步进电动机是一种普通双极步进电动机和一种位于一个独立控制单元（控制单元可以集成在车辆高度传感器壳体内）内的步进电动机。ISM的主要组成部分是特定用途集成控制电路，也称为ASIC，步进电动机控制完全由这个电路负责。电动机控制通过一个单线接口实现。但是该接口还向另一个方向将执行机构状态信息传输给控制单元。

在此可以通过带有集成式LIN总线接口的通信模块对这个ASIC进行诊断。通过单独编程ASIC可以按不同步进幅度控制电动机。ASIC明显减轻了微控制器的负荷，从而留出更多时间让控制器协调步进电动机工作。ASIC有四种模式，这些模式可以彼此独立地分别应用于三个步进电动机：RAMP, SOFT, VELOCITY和HOLD。

在RAMP模式下步进电动机按梯形运行曲线定位（参见插头）。SOFT 模式下步进电动机以均加速方式移动到新位置，但是以渐减加速度制动。在VELOCITY 模式下以最大加速度达到定位速度。在HOLD 模式下 ASIC自主决定以多大加速度达到定位速度。

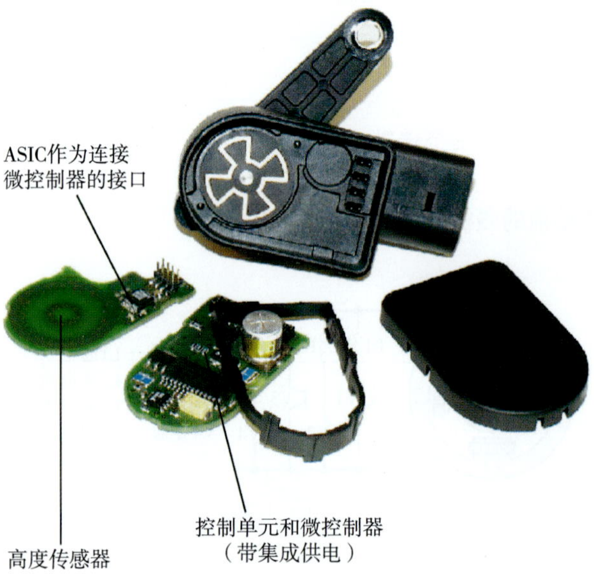

传感器集成式控制单元

智能步进电动机控制系统 ISM 的优点

- 过电压和低电压保护，
- 过电流保护，
- 温度过高或过低时发出警告信息，
- 通过控制脉冲边沿改善电磁兼容性，
- 负责调节步进电动机，
- 降低软件费用，
- 定位精度高，
- 制造成本低，
- 可靠性高，
- 运行无噪声。

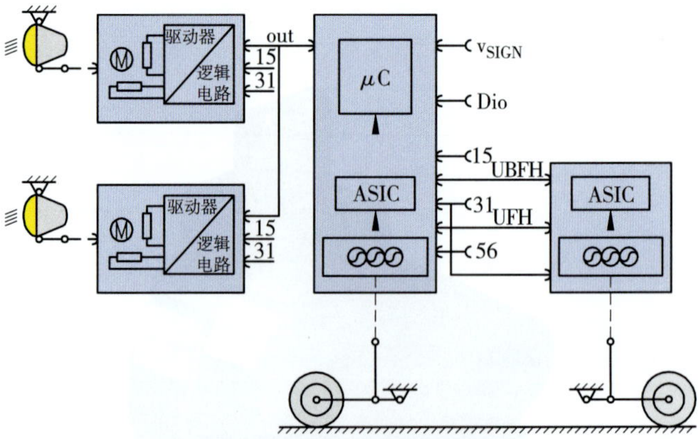

带传感器集成式控制单元的动态照明距离调节装置系统方框图

C 通过检查和测量实现质量保证要求

1 冷却液辅助加热装置故障诊断

1.1 无测试仪时的故障诊断

故障	故障部位	故障原因
冷却液泄漏	冷却液软管	·冷却液软管损坏 ·冷却液软管折弯 ·未按规定力矩拧紧软管卡箍
燃油气味	燃油接入管路	·燃油接入管路泄漏 ·燃油管路损坏 ·燃油管路折弯 ·燃油管路堵塞
	加热器	·辅助加热器泄漏
冷却液辅助加热装置无法关闭	导线	·未夹紧 ·电缆折断 ·未正确连接
	遥控器	·遥控器电池电量过低 ·遥控器操作按钮损坏
加热装置不起动	计量泵	·至计量泵的供电导线对地短路（用数字万用表检查） ·至计量泵的导线断路（用数字万用表检查）
加热装置不起动或关闭	火花塞	·火花塞导线对地短路（数字万用表）
加热装置关闭或不起动	燃烧器	·至燃烧器的供电导线断路
加热装置关闭或不起动	燃烧器	·燃烧器电动机短路 ·燃烧器电动机过热
加热装置关闭	火花塞	·至火花塞 / 火焰监控装置的导线断路 ·对供电系统正极短路
加热装置关闭	循环泵	·接地导线短路 ·供电导线短路 ·导线断路 ·过载
暖风鼓风机不起动	暖风鼓风机	·至继电器的接地导线短路 ·鼓风机控制电路过载

1.2 利用 Webasto 加热器诊断程序和测试仪进行故障诊断

Webasto 加热器诊断	用于测试仪和计算机的诊断适配接头
加热器诊断用于借助测试仪或计算机检查辅助加热装置Thermo Top C。 将辅助加热装置与测试仪或计算机连接时，需使用诊断适配接头，必要时还需要一个专用插接适配接头（参见左侧插图）。插接适配接头与连接诊断计算机时使用的适配接头相同。 有关在硬盘上安装诊断程序的问题可以通过互联网（www.webasto.de）向 Webasto 公司咨询。	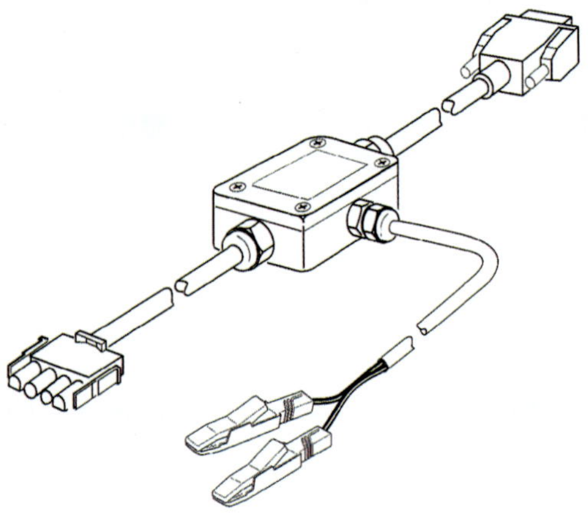

利用诊断程序进行功能检查期间可能出现的故障信息

故障信息	故障原因
控制单元损坏	· 电子装置有故障 · 控制单元编程错误
火焰中断（加热运行期间，重新起动后未形成火焰）	· 燃油供给管路或燃油继续供给管路混淆 · 燃油油位过低 · 燃油系统内出现真空 · 燃油管路内产生气泡 · 未注意计量泵的安装位置 · 燃烧空气输送量不足 · 排气系统堵塞 · 燃烧器损坏
火焰中断（燃烧运行时火焰多次中断）	· 同上
电压过高	· 发电机调节器损坏
电压过低	· 蓄电池电量低 · 蓄电池损坏 · 导线接触电阻大
过热	· 冷却液不足 · 加热器未进行排气
计量泵短路	· 至计量泵的供电导线对地短路
计量泵断路	· 至计量泵的导线断路 · 对供电系统正极短路
燃烧器电动机短路	· 至火花塞的供电导线对地短路
燃烧器电动机断路	· 至燃烧器电动机的导线断路 · 燃烧器电动机过载或短路
点火塞短路	· 至火花塞的供电导线对地短路

故障信息	故障原因
火花塞断路	· 至火花塞 / 火焰监控装置的导线断路 · 对供电系统正极短路 · 9min内冷却液升温低于3℃
冷却液泵短路	· 至循环泵的供电导线对地短路 · 过载
冷却液泵断路	· 至循环泵的导线断路 · 对供电系统正极短路
鼓风机短路	· 至鼓风机继电器的导线对地短路 · 鼓风机控制电路输出端过载

解除故障

解除故障	用“预选时钟”解除故障
解除故障前应检查片状熔丝支架内的熔丝。必要时用20 A 熔丝替代15 A 熔丝。如果此后辅助加热装置仍无法运行，则必须解除故障。	首先找到故障原因并排除故障，然后利用预选时钟上的立即加热按钮关闭辅助加热装置并重新打开。按下图所示方式解除故障。

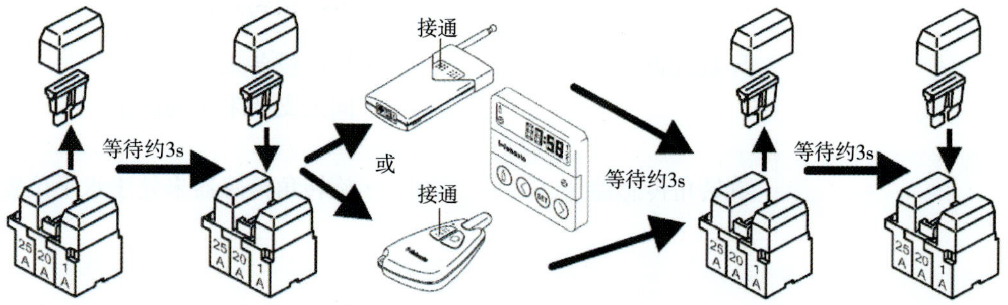

通过取下加热器导线束内的20A熔丝（黄色）中断供电	重新插入熔丝	短促按压发射器上左侧的EIN（打开）按钮或按压 ◎ 预选时钟上的按钮	通过取下加热器导线束内的20A熔丝（黄色）中断供电	重新插入熔丝。借此打开加热器

2 导航设备故障诊断

故障	故障部位	故障原因
导航系统不工作 （收音机接收无问题）	导航 CD 光盘	· 未正确插入 CD 光盘 · 插入了不正确的 CD 光盘 · 无法读取 CD 光盘
无法打开导航系统	熔丝	· 熔丝熔断 · 没有熔丝
	操作单元	· 操作单元损坏 · 操作单元未正确固定
导航系统工作不正常	车轮传感器	· 传感器供电导线损坏 · ABS 传感器损坏 · 导航设备连接混淆
	天线	· 接收到的卫星数量不够 · 天线没有“地平面” · 高层建筑遮挡信号 · 天线没有无遮挡地连接到卫星 · 天线连接插头损坏 · 检查天线导线是否断路
	倒车灯开关	· 开关损坏 · 未连接到导航设备
	导航设备	· 导航设备未牢固安装 · 固定支架未正确固定
	旋转角传感器	· 旋转角传感器未处于水平位置

3 前照灯、前照灯调节装置故障诊断

3.1 利用测试仪进行双氙气前照灯故障诊断

进行自适应随动前照灯诊断时必须注意以下信息：

· 指示灯接通条件，

· AHL 控制单元的诊断模式，

· 自适应随动前照灯功能故障列表，

· 双氙气灯诊断，

· 客户提供的故障信息：“摆动到较大角度后不再运行”，

· 客户提供的故障信息：“车速超过60km/h 时自适应随动前照灯不工作”。

进行以下诊断委托时必须将AHL控制单元设置为诊断模式：

· 停车状态下读取重要的总线信号，以检查后续信号是否存在，

· 车速信号，

· 偏转率，

· 转向角。

故障存储方式如下：

· 步进电动机等部件的故障由 SMCS 继续传输给 AHL 控制单元并存储在 AHL 控制单元内。

· 进行状态查询时 AHL 控制单元通报这些故障（例如与右侧前照灯的通信失灵）。

· 总线信号缺失或部件信号缺失信息存储在 AHL 控制单元内。

故障	故障部位	故障原因
规定公差范围内出现步进损失	摆动模块	· 摆动模块移动不灵活
AHL 停止摆动	摆动模块	· 摆动模块卡住
摆动模块移到直线行驶位置	LIN 总线	· LIN 总线失灵
起动时和接通前雾灯时双氙气灯关闭	步进电动机控制器 导线未正确固定 导线折断 零位传感器 摆动电动机	· 步进电动机控制器损坏 · 接地故障 · SMC 上无供电 · 零位传感器损坏 · 摆动电动机损坏
摆动模块受阻	摆动电动机 摆动模块	· 摆动电动机损坏 · 摆动模块卡住

3.2 检测前照灯调节装置，必要时校准

3.2.1 前照灯和气体放电灯的一般性调节规定

·用前照灯调节设备进行调节时，车辆和前照灯调节设备必须位于一个平面上。

·车辆和前照灯调节设备必须彼此对准。

·规定的轮胎充气压力必须相当于1位至3位乘员产生的负荷。

·调节设备与车辆之间的距离应不超过30cm。

·前照灯灯罩不得损坏或脏污。

·驻车制动器必须松开且未挂入挡位。

·转向系统必须处于直线行驶位置。

·进行基本设置期间不允许移动车辆（靠在车辆上、上车和下车）。

·车辆内不允许有驾驶员或负荷。

·必须推移车辆几米或者使车辆前部和后部弹簧上下移动多次。

·不必调整倾斜度。（前照灯遮光板上带有以百分比表示的倾斜度。百分比数据表示投影距离为10 m。例如1 % 相当于倾斜度为10 cm。）

·进行前照灯调节前必须关闭点火开关。

·读取故障码存储器记录，以便确定是否存储了针对照明距离调节装置的故障码。

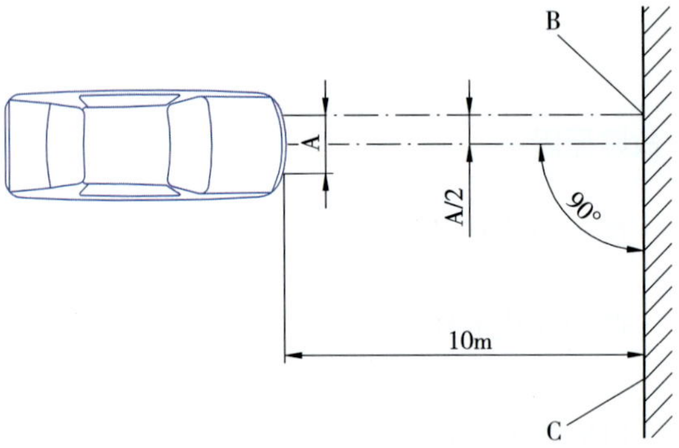

A=前照灯中心的水平距离
B=中心标志
C=检测面

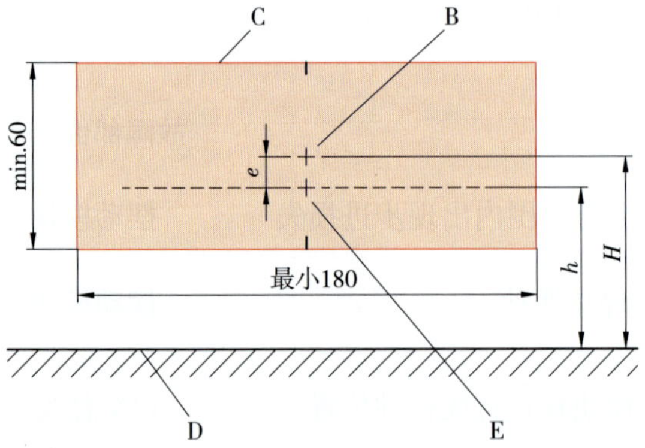

D=站立面
E=分界点
$e=H-h$（调节尺寸）
主前照灯1%，e=10cm
H=以站立面为基准前照灯中心的高度
h=以站立面为基准近光灯的明暗分界高度

进行前照灯调节前必须检查燃油箱油位，必要时加满或在后备箱内燃油箱附近放置等重量的物品。

近光灯 / 前雾灯

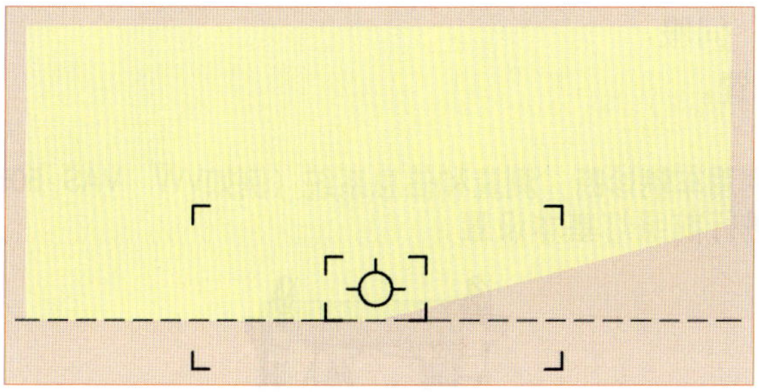

按制造商规定安装布置调节设备并将其调节到适用于近光灯或前雾灯的倾斜度。根据指导准则 76/756/EWG 取消右侧行驶车辆近光灯的15°线。

远光灯

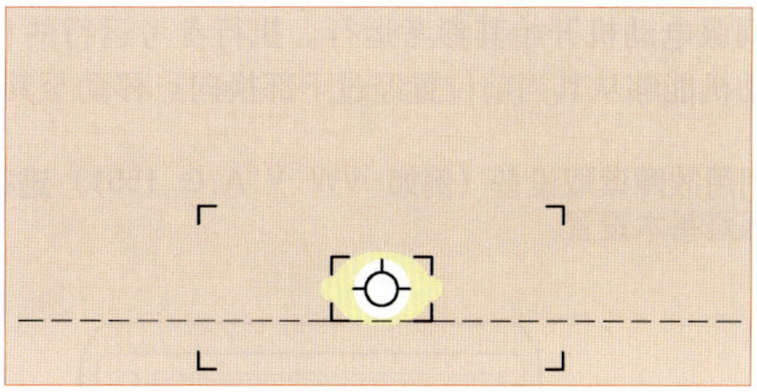

远光灯光束中心必须位于界限标记内。但是仅适用于近光灯和远光灯可以一起调节的前照灯系统。

高度调节

在前照灯高度和侧向都可以调节的车辆上，必须首先进行高度调节，然后进行侧向调节。

侧向调节

顺序相反时会造成高度调节出现误差。原则上应检查高度调节结果。

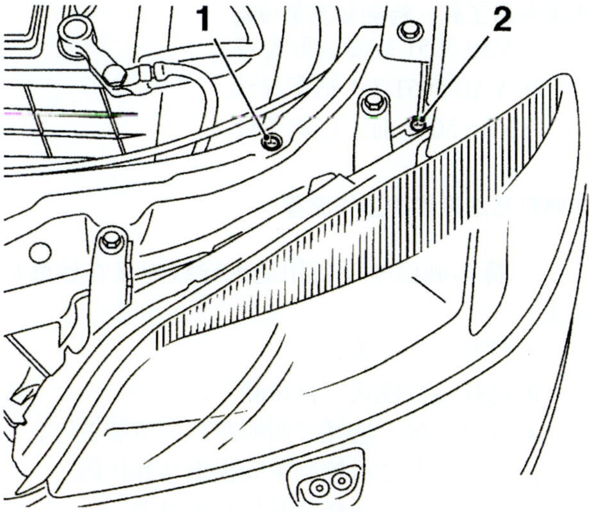

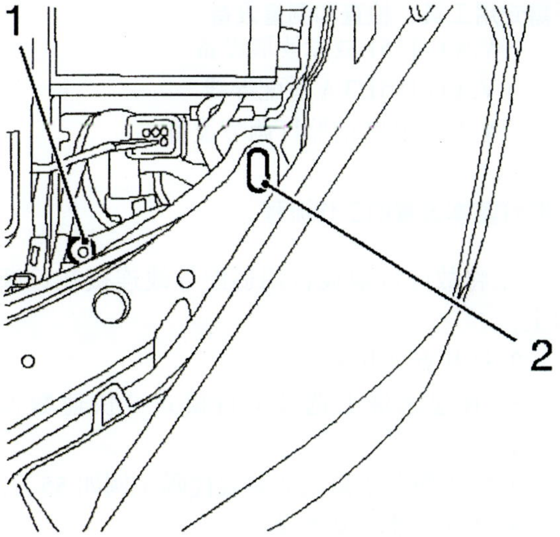

通过两个螺钉调节前照灯：
1—高度调节
2—侧向调节

3.2.2 前照灯调节装置

照明距离调节装置：起动车辆发动机，然后接通车灯，以便伺服电动机开始其参考运行。执行参考运行的目的是，伺服电动机能够从其当前位置经过下部换向点移动至其基本位置。

利用故障读取设备（例如 VW V.A.G 1551）进行前照灯基本设置

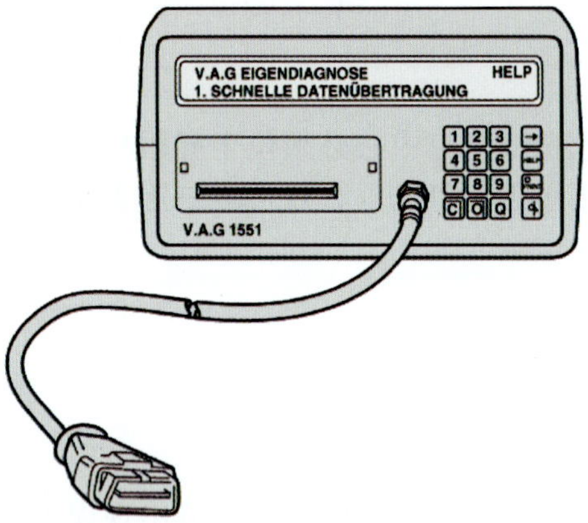

利用 V.A.G 1551 进行基本设置

所需专用工具、检查和测量设备

- V.A.G 1551 故障读取设备
- V.A.G 1551/3 A 适配导线
- V.A.G 5047 前照灯调节设备

前照灯基本设置的工作流程

1. 将故障读取设备用适配导线连接在诊断接口上，
2. 打开点火开关，
3. 在显示屏上选择运行模式“快速数据传输”，
4. 输入照明距离调节装置代码（例如 55），
5. 选择功能“基本设置”，
6. 选择“前照灯按基本设置移动”，
7. 利用前照灯调节设备调节前照灯，
8. 执行前照灯位置自适应功能，
9. 确认后在显示屏上查询故障码存储器记录，
10. 如果未存储故障，则“结束输出”，
11. 关闭点火开关并脱开诊断导线。

利用车辆诊断、测量和信息系统（例如VW VAS 5051）进行前照灯基本设置

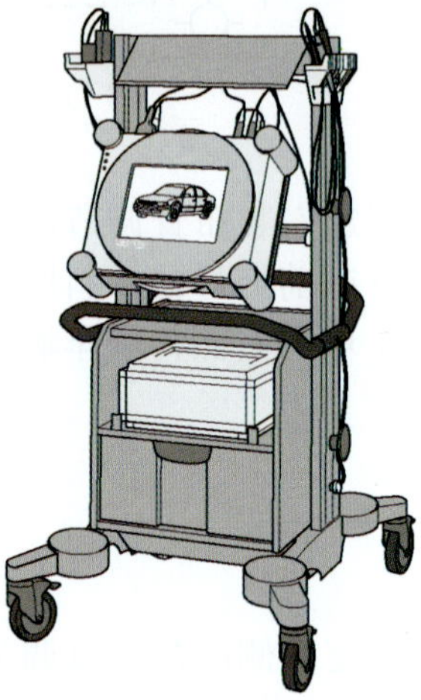

利用 VAS 5051 进行基本设置

所需专用工具、检测和测量设备

- VAS 5051 故障读取设备
- VAG 5051/3 A 适配导线
- VAS 5047 前照灯调节设备

前照灯基本设置的工作流程

1. 将车辆诊断设备用适配导线连接在诊断接口上，
2. 打开点火开关，
3. 选择运行模式“自诊断”，
4. 在显示屏上选择“照明距离调节装置”，
5. 显示屏上显示控制单元识别号和代码，
6. 在显示屏上选择“开始基本设置”，
7. 显示屏显示“现在调节前照灯”后，用前照灯调节设备调节前照灯，
8. 通过输入按钮组合（显示分组号 002）使控制单元记住新调节位置，
9. 故障码存储器查询（如果存储了故障，必须进行维修。为此应打印出故障记录），
10. 如果未存储故障：关闭点火开关并脱开诊断导线。

客户咨询说明

1. 用客户数据创建一个工作卡（ESItronic）。

2. 为客户提供系统安装咨询并向客户解释相应系统的优点。

3. 绘制一个系统方框图并借助系统方框图向客户解释该系统。

学习领域 12和13

网络系统检查和修理

车身、舒适和安全系统诊断与维修

A 针对舒适系统CAN数据总线的客户委托

机动车行驶证

H-VW 2005

左侧所述车辆的牌照号如上所述，所有人名字、
姓氏（或教名）、公司

邮政编码、居住地 / 办公室、街道和门牌号

或邮政编码、所在地、街道和门牌号

30137 汉诺威

汉诺威地区
道路交通管理局
局长
代理人

签名

代码

区域 1: 010262 | 区域 2: 0603 | 区域 3: 72001 | 4

编号	项目	内容
1		普通轿车 欧 4
2		大众（德国）
3		1K
4	车辆识别号	WVWZZZ1KZ5P097254 0
5		D-D/OBD 15
6	最高车速/（kW/h）	187
7	功率kW/（r/min）	K077/4000
8	排量/cm³	1896
9	有效或承载负荷/kg	–
10	燃油箱容积/m³	–
11	座椅/躺椅数	–
12	座位数，包括驾驶员座位和临时座位	5
13	最大尺寸/mm	长 4204 宽 1739 高 1466
14	整备质量/kg	1362
15	允许最大质量/kg	1890
16	允许车桥负荷/kg	前 1060 中 – 后 900
17	车轮和/或防滑链	1
18	车桥数	2
19	其中驱动桥数	1
20	轮胎规格代码 前部	195/65R15 91H
21	轮胎规格代码 中间和后部	195/65R15 91H
22	轮胎规格代码 或前部	205/55R15 91H
23	轮胎规格代码 中间和后部	205/55R15 91H
	制动接口处的压力	
24	回路制动器	– bar
25	双回路制动器	– bar
26	挂车挂钩 DIN 740、形状和尺寸	–
27	挂车挂钩检查标志	–
28	拖挂负荷/kg 挂车带制动器时	1400
29	挂车不带制动时	660
30	停车时噪声/dB（A）	79
31	行驶时噪声/dB（A）	73
32	首次注册登记日期	01.04.2005
33	备注	Ziff. 13 : LANG BIS

Ziff. 13 : LANG BIS 4 319, HOCH BIS 1505 U. ZIFF. 14:BIS 1536JE NACH
AUSR.*ZIFF.15:+45 U.ZIFF.16:H.+40 B.ANH-BTR.*ZIFF.20 U.21 A.6 0*ZIFF.20 BIS 23
AUCH GEN.:205/55R16 91Q M+S A.6JX16, ET50 OD.205/60R15 91H A.6JX15, ET47
OD.255/45R17 91H A.7JX17, ET54*ZIFF.27 GEN.:E1 00-1346 FALLS WERKSEITIG
MONTIERT*ZIFF.28:1700 BIS 8% STETIG.*

客户通信地址

Klaus Mustermann先生
Eichenstraβe街道12号
30169汉诺威

委托编号： 5781
客户编号： 1526
委托日期： 2006年10月7日

车型	牌照号	车辆识别号	里程数/km
VW高尔夫	H-VW2005		8500

首次注册日期	发动机代码	接车人	电话号码
2004年4月		Müller	0511/168000

项目	工时	时间	工作描述	价格
1			前乘客车门车窗升降器无法操纵	

日期：2009年7月11日 16：30

此委托书是在明确确认“车辆，总成及其零件工作和费用估算条件”之后才签发并交给本人的。

车辆终检

日期	时间	验收人	里程数/km

Klaus Mustermann

客户签名

1 Golf V 中的网络结构

动力传动系统、舒适和信息娱乐系统控制单元之间以及组合仪表和诊断接口之间通过CAN数据总线进行数据交换。刮水器电动机、车灯和雨量传感器以及防盗报警装置组件使用LIN数据总线。CAN是控制器区域网络的缩写，表示控制单元彼此联网并交换数据。LIN表示局域互联网，在这种网络中控制单元布置在一个有限的结构空间内。由于采用中央诊断接口或网关，因此可以超越系统界限交换数据。例如，制动控制单元、驻车辅助系统控制单元或刮水器电动机都可以使用车速信号。

通过网络可以满足人们对现代车辆行驶安全性、行驶舒适性、排放性能和耗油量方面不断提高的要求。尽管功能多种多样，但是仍能简单明了地对网络系统进行诊断。另一个优点是因导线和插接连接件较少而减小了所需空间且降低了重量。

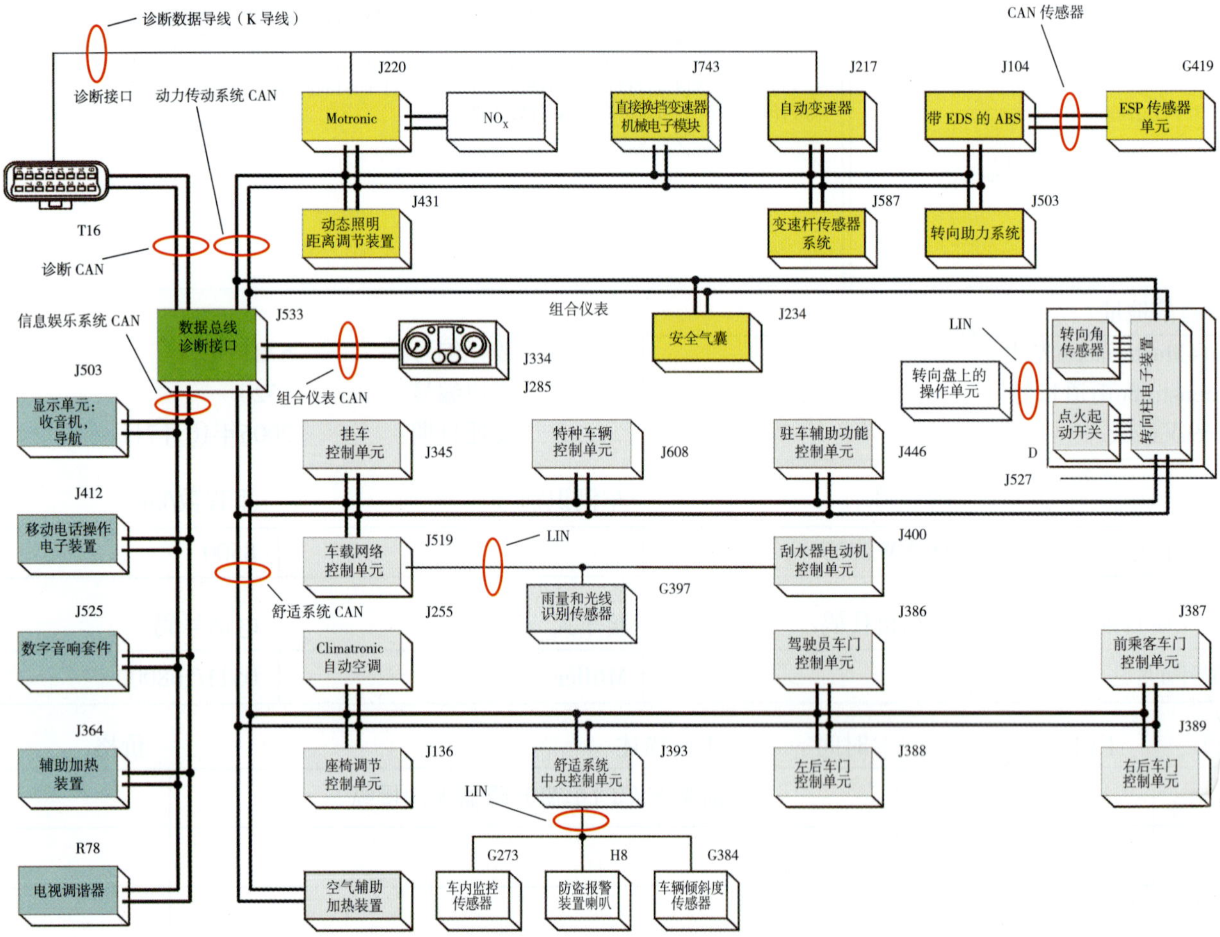

动力传动系统CAN

用于发动机、变速器和制动器等动力传动系统组件的传统控制单元连接在动力传动系统CAN上。此外还有用于安全气囊、转向角传感器、变速杆和机械电子转向系统的控制单元。即使关闭点火开关，发动机转速和车速信号为零前仍能提供转向助力。其数据传输速率为500kbit/s。

数据导线短路或断路会导致总线关闭。

组合仪表CAN

组合仪表内的控制单元通过组合仪表CAN数据总线与网关连接。组合仪表控制单元通过显示屏和显示区显示来自所有网络的不同数据。利用组合开关上的操作元件和显示屏上的菜单选项可以进行用户个性化设置。其数据传输率为500kbit/s。

诊断CAN

诊断CAN是物理上对外隔离的网络。与网关互相配合可以快速访问所有数据总线。连接诊断测试仪时，网关根据要求通过诊断总线提供某些车辆系统参数。在此传输车内所装控制单元的完整列表和自诊断信息。其总线数据传输率与动力传动系统CAN和组合仪表CAN相同。

舒适系统CAN

车门内的控制单元、舒适系统中央控制单元、车载网络控制单元以及用于座椅调节、空调系统、挂车识别和转向柱电子装置的控制单元连接在舒适系统CAN上。这个总线的数据传输率为100kbit/s。

关闭点火开关后该系统必须保持准备就绪状态。因此需通过总线端 30 继续为其供电。为降低功率消耗及保护蓄电池，舒适系统CAN总线自动切换到休眠模式。

总线导线短路或断路时，舒适系统仍能正常工作。如果两个总线导线彼此连接在一起，则自动切换到单线模式。

转向盘和转向柱区域内的所有开关都连接在转向柱电子装置控制单元上。因此经过处理的信号可提供给网络内的所有设备。

车载网络控制单元还负责集中分配能量和控制光源。

由于空调系统控制单元连入网络内，因此可以在倒车时或清洁车窗玻璃时自动切换到循环空气模式，从而防止有异味的车外空气进入车内。

信息娱乐系统CAN

在带有完整装备的车辆上，带有收音机和导航系统显示单元的控制单元、数字音响套件控制单元、收音机、CD 换碟机、电视调谐器和电话连接在信息娱乐系统CAN上。

这些组件最重要的功能必须能够通过多功能转向盘上的开关单元来控制。

收音机频率显示、导航信息和电话信息通过诊断网关反馈给组合仪表内的显示屏。

LIN （局域互联网）数据总线

局域互联网是一种所有总线设备都位于一个有限安装区域内的子系统。信息通过1个主控控制单元和最多 16 个副控控制单元进行交换。在 Golf V 中转向柱电子装置控制单元、舒适系统中央控制单元和车载网络控制单元是主控单元。转向盘操作单元是转向柱电子装置控制单元的副控单元。车内监控传感器、车辆倾斜报警传感器以及防盗报警装置的喇叭连接在舒适系统总线的中央控制单元上。刮水器电动机控制单元和雨量 / 车灯识别传感器作为车载网络控制单元的副控单元使用。因为很难擅自改动 LIN 总线，所以安全技术领域使用这种总线。总线数据传输率为20kbit/s。

1.1 对比普通控制单元网络与通过数据总线实现的控制单元网络

普通

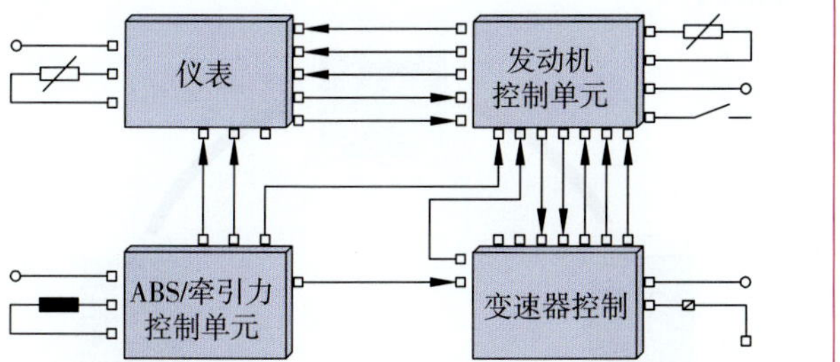

彼此通信的控制单元单独通过单线连接在一起。因此每个信息都需要一个导线。

缺点：

– 需要很多成本高且容易出现故障的插接连接件。

– 控制单元复杂时无法随意增加接口数量。

– 由于导线较多，因此电磁干扰的影响较大。

– 某一传感器的信号无法或很难重复使用。

– 系统改动只能通过硬件实现。

优点：

不需要特殊的诊断设备。

数据总线

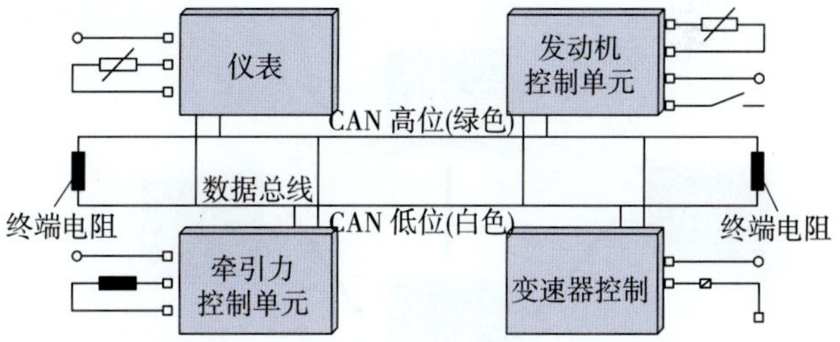

控制单元最多通过两个数据导线彼此连接。某一设备拥有的信息可通过总线提供给所有其他设备。如果需要在某一总线信息上增加附加信息，则只需更改软件即可。

其他优点：

– 由于总线设备持续检查所发送的信息，因此错误率较低。

– 极大地简化了车辆布线且便于进行诊断。

– 由于某一信号可以重复使用，因此传感器和信号导线较少。因此控制单元上所需插接连接件也较少。

– 由于插接连接件和导线较少，因此减轻了重量。

1.2 网络结构

网络结构也称为拓扑结构。最重要的基本形式是线性、树状、星形和环形结构。

线性结构

控制单元以并联方式布置在总线上时称为线性结构。某一控制单元发送的总线信息可以由所有其他总线设备同时读取。个别控制单元失灵时，可在部分范围继续使用该系统。系统扩展性好。

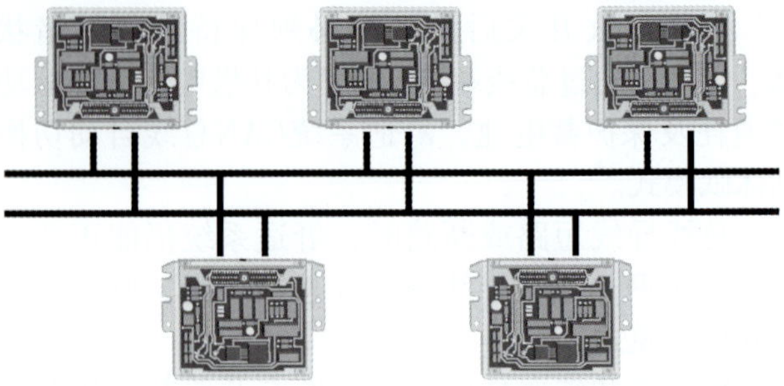

树状结构

线性结构带有分支时称为树状结构。车辆内通常使用这种布置方式。个别控制单元失灵时，该系统也能在部分范围内继续工作。

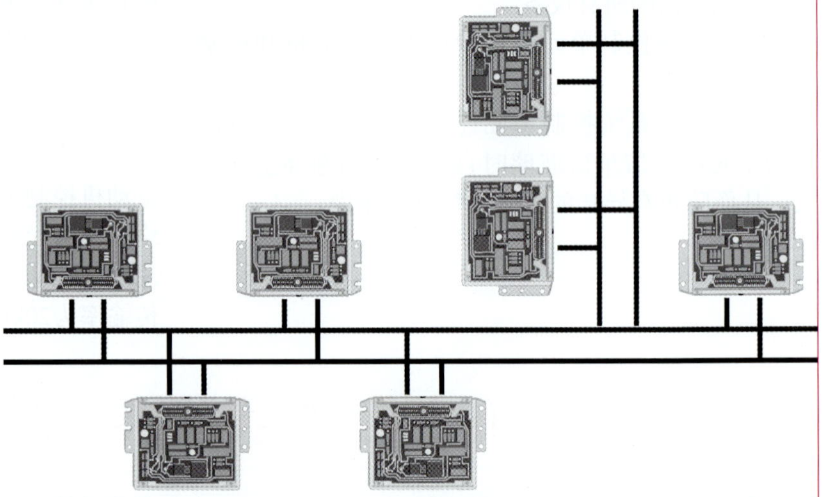

星形结构

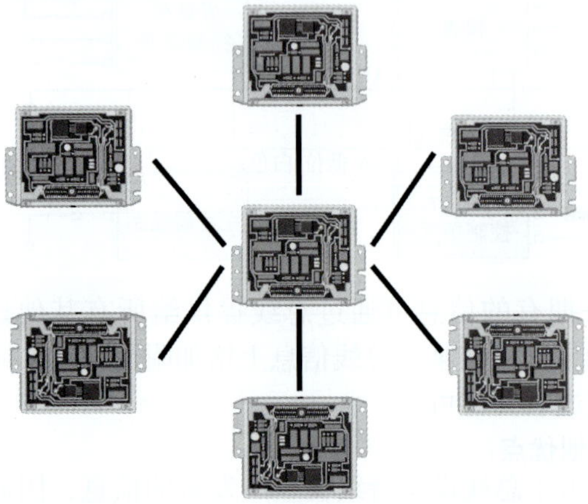

在星形结构中各节点通过专用导线连接在一个中央单元上。因为导线不处于占用状态，所以数据和信息能够以较高的速率传输。网络扩展性好。因为仅采用点对点连接，所以便于进行诊断。

中央控制单元损坏时系统通信全部中断。

环形结构

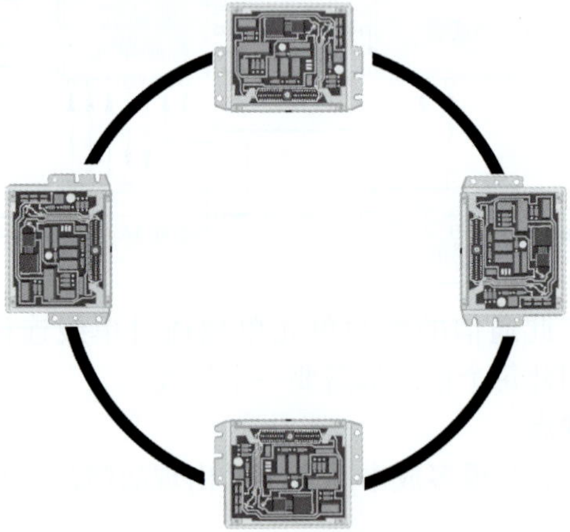

在环形结构中，每个控制单元上下各有一个控制单元通过特殊连接元件（环形接口）连接在环形导线上。数据按规定方向传输。

环形结构内布置的控制单元越多，总线信息循环运行时间越长。

出现断路情况时，该系统的部分范围仍可使用。

1.3 CAN网络示意图

实际应用中通常不使用概览图中和示意图中所示的控制单元线性布置形式，因为控制单元必须根据具体功能布置在车辆内，而线性布置形式则无法满足要求。

虽然CAN标准未对树状结构做出规定，但是这种结构在数据传输方面没有任何问题。

CAN数据导线在车辆内的实际布线图称为CAN拓扑结构图。该结构图针对具体车辆且对故障查询很有用，因为图中给出了节点的位置。

此示例为 Phaeton 动力传动系统的CAN拓扑结构图。从中可以看出采用了树状结构。

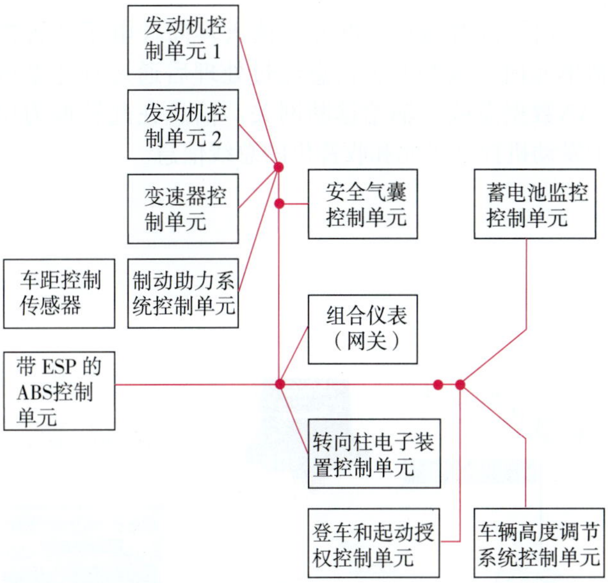

1.4 数据总线上的控制单元

数据总线诊断接口

带有不同总线接口的印制电路板

诊断接口内用于数据总线的网关将不同总线系统彼此连接在一起，能够在子系统物理结构不同且软件受限的情况下进行数据交换。某个子系统失灵时这种布置形式不会造成整个系统失灵。因为所有信息都将所连接的数据总线提供给网关，所以网关也作为诊断接口使用。

网关的工作原理与市郊列车、城际特快或城市轻轨停靠的火车站类似。乘客（信息载体）可以通过站台（网关）转车。如果旅行期间乘客观察到与列车状态有关的情况，乘客会通知火车站工作人员。

网关可以置于组合仪表内、车载网络控制单元内，或者像Golf V 一样位于一个独立的壳体内。

网关的特殊任务

- 休眠模式，唤醒模式
- 动力传动系统CAN继续运行主控功能
- 休眠功能和唤醒功能启用时使总线系统同步
- 诊断
- 集中监控具有诊断功能的控制单元之间的通信
- 对比规定安装的控制单元和实际安装的控制单元（设码）
- 为现场网关设码联机帮助提供支持
- 售后服务故障的中央汇集点
- 诊断故障的主控单元，监控（当前故障）的故障计数器、日期和时间等环境数据

在网络系统内通过网关传输“钥匙位置”信息

钥匙位置通过标准开关读入转向柱电子装置控制单元内。这些开关信息经过处理后通过舒适系统CAN数据总线传输给诊断网关。信息在此转换为用于发动机控制单元和收音机的总线信息。

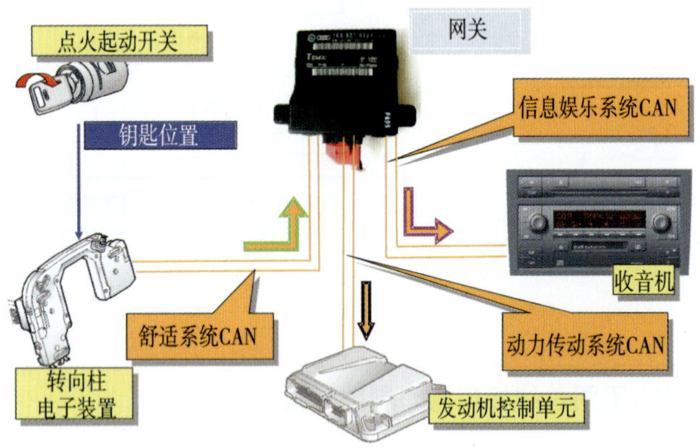

网关功能示意图（示例）

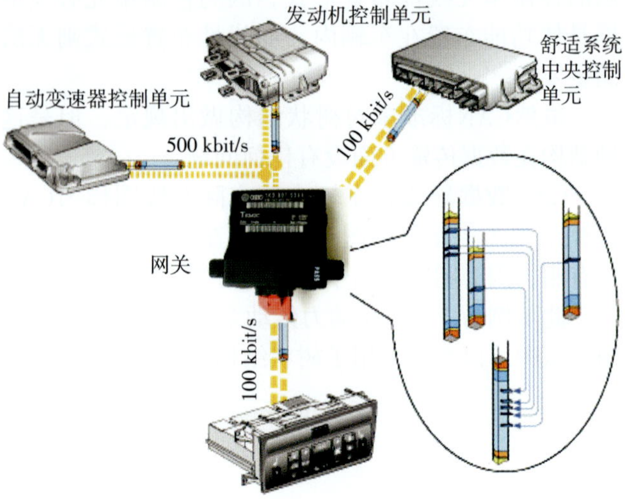

舒适系统中央控制单元

系统方框图

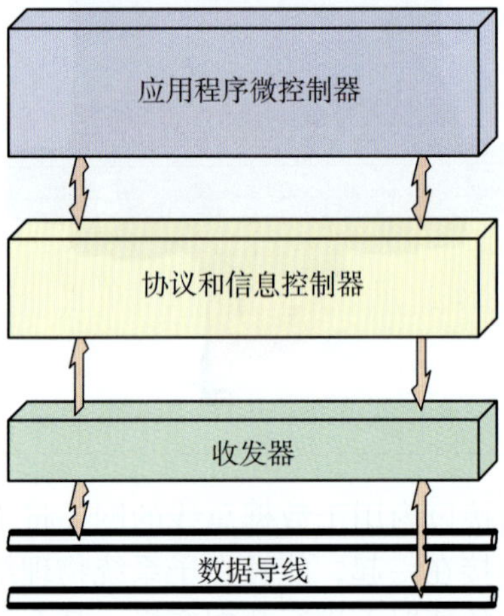

控制单元内通常分为三个等级。最高一级是应用程序微控制器，这个控制器与发动机管理系统或 ABS 的传统控制单元类似。控制器采用相同的功能元件，通过传感器和执行机构一起与外界建立连接。为确保微控制器能与其下一级的“协议”控制器通信，微控制器还装备了一个用于数据输出和系统控制的接口。

“协议”控制器分析应用程序传输的数据，将数据汇集在一个总线信息帧内并为逻辑信号传输到数据总线级上作准备。

传输数据时该控制器控制收发器芯片，芯片则通过一个驱动程序将比特形式的总线信息转到总线上。为确保应用程序能得到其他总线设备的数据，除发送器外收发器还带有一个接收器。总线干扰CAN节点时收发器还能保护每个CAN连接。可以采用铜导线或光缆作为数据传输媒介。

1.5 数据传输方式

串行数据传输

在CAN总线和 LIN 总线中，总线信息以时序电压脉冲形式在总线导线上串行传输。电压高低和脉冲长度取决于具体系统。

并行数据传输

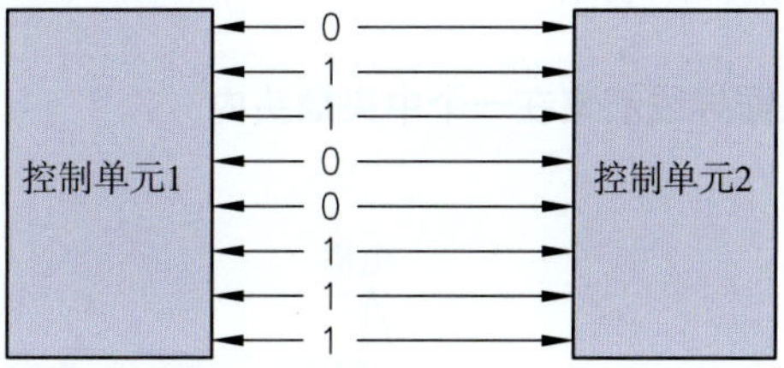

与串行数据传输对应的是总线信息并行传输，在此电压脉冲以并行方式在总线上传输。在微控制器和计算机技术方面主要采用这种传输方式。

1.6 数据传输导线的特性

CAN在线

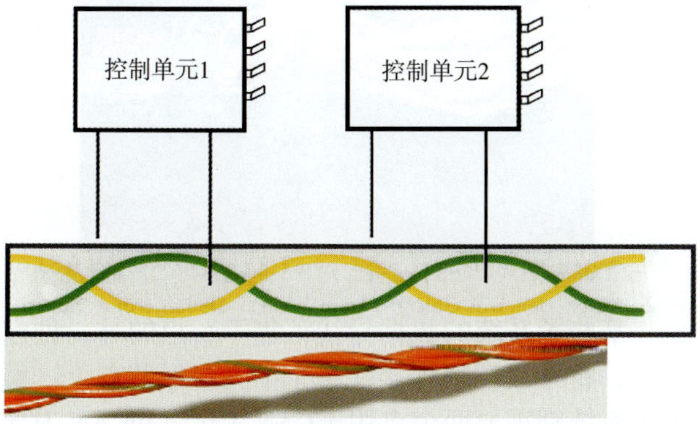

连接在CAN总线上的控制单元通常通过两个数据导线彼此连接。两个导线互相缠绕（双绞线），称为CAN高位和CAN低位导线。两个双向导线上传输相同的数据。

LIN在线

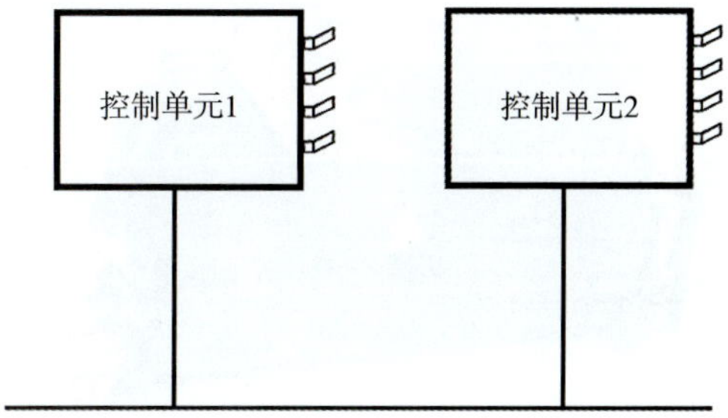

LIN 总线上的控制单元原则上通过一个导线彼此连接。

这种总线也称为单线总线。导线横截面为 0.35mm。总线导线不需要屏蔽。

商用车上CAN总线采用另一种导线布置形式。由于距离较长且数据导线无法始终沿车身布线，因此为屏蔽干扰需增加两个接地导线。

双绞线导线

双绞线导线对称性好，可抵抗外部干扰，因为干扰电压以相同相位作用在两个导线上且因此在收发器的接收器内形成电压差时可以彼此消除。

双绞线还能防止数据总线导线向外干扰辐射。

以下插图表明双绞线对感应干扰的敏感度较低。

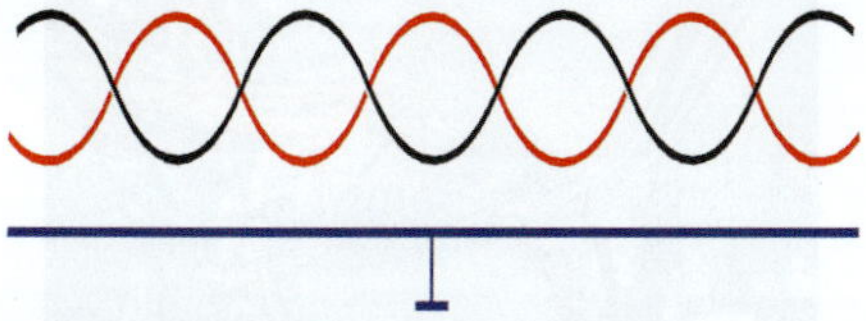

由于采用互相缠绕方式（扭绞长度为 2 cm），因此改变了导线相对干扰源的位置。这样就会在双绞线导线上产生作用方向相反的干扰电压。如果扭绞数为偶数，则在理想情况下干扰电压部分互相抵消且叠加在数据信号上的干扰电平将不起作用。但是数据导线必须紧靠带有负电位的材料布线或者紧靠一个与负极连接且无高频干扰的导线布线。

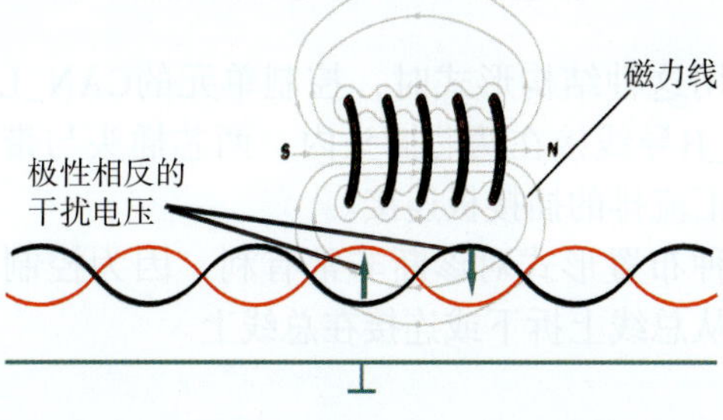

CAN数据导线的节点或星形节点

CAN数据导线的连接点位于节点或所谓的星形节点内。实际布置情况取决于具体车辆，有关规定请查阅拓扑结构图。

CAN数据导线汇集在一个中央插头内

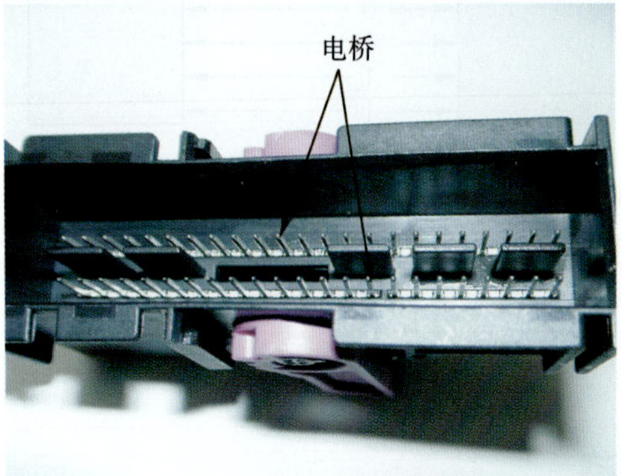

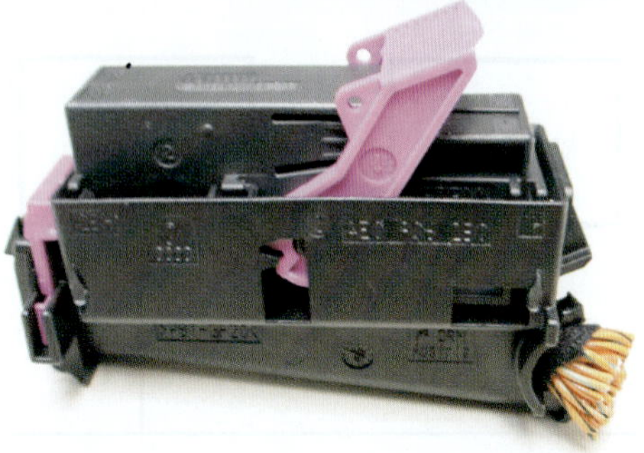

采用这种结构形式时，CAN数据导线汇集在一个插头内且按顺序布置在插槽内。导线端部以插上插槽的方式连接。因为诊断时不使用电桥插头，而是连接一个诊断盒，所以很容易进行诊断。

CAN数据导线汇集在一个中央节点内

某些子系统的数据导线汇集于一点的另一种方式是，将导线端部焊接在一个中央星形节点上。每个子系统都需要两个点用于CAN_L导线和CAN_H导线。因为故障查询时不允许打开这些连接点，所以必须在距离约 10 cm 处断开。查明故障后，必须用特殊挤压连接件重新连接导线端部。

连接点示意图

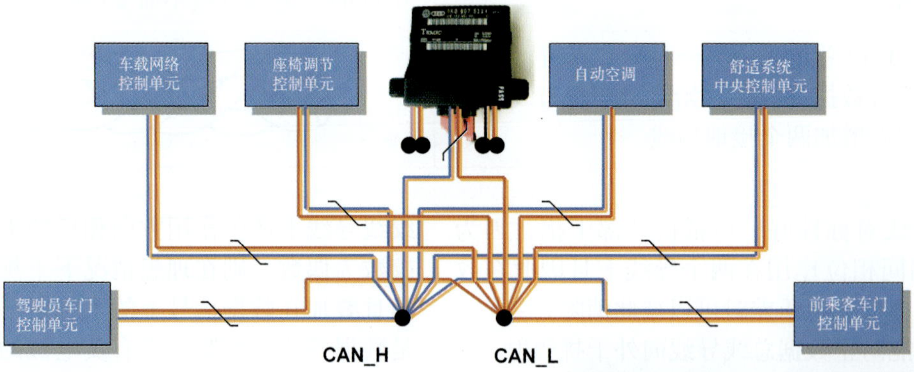

CAN数据导线汇集在一个“CAN电位分配器”内

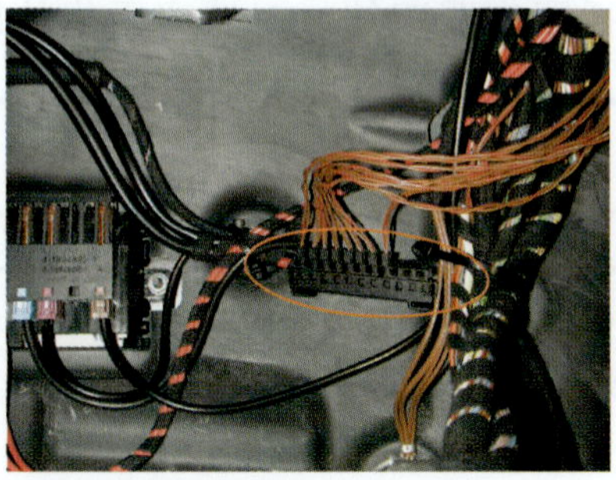

采用这种结构形式时，控制单元的CAN_L导线和CAN_H导线接在两芯插头内，两芯插头与带有两个电位汇流排的插接板连接。

这种布置形式对诊断非常有利，因为控制单元很容易从总线上拆下或连接在总线上。

2 在总线导线上生成信号

CAN和LIN总线信息通过数据导线上的电压变化来传输。电平在低数值（低位）与高数值（高位）之间切换。这两种状态可以通过二进制字符0和 1表示，称为比特（二进制数）。

电气信号可以通过一个电阻和一个开关或晶体管在数据导线上产生。

通过一个开关和一个灯泡（电平指示器）产生信号的示意图

开关打开

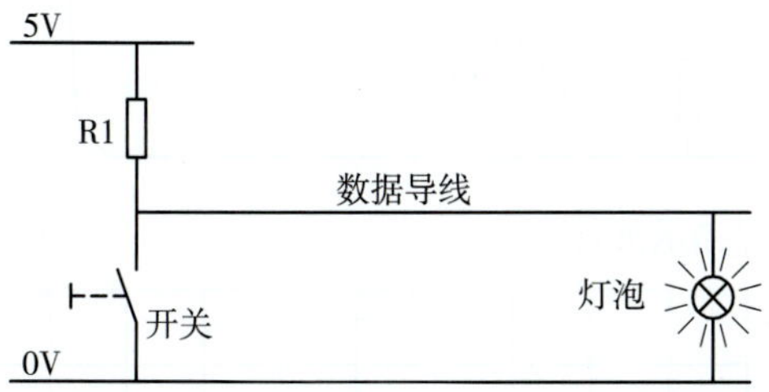

开关闭合

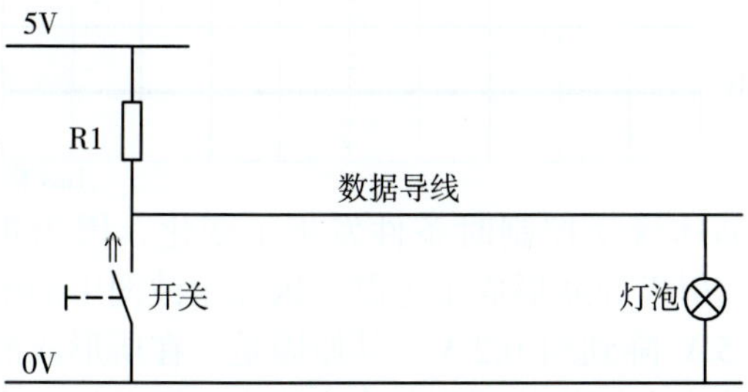

开关处于打开状态时，电阻R1与灯泡串联。如果已根据灯泡标称电压（例如2.5 V）调整电阻上的电压降，则灯泡亮起。此时数据导线上的电压值约为2.5 V。以二进制方式表示时，这种情况为状态 1。

如果使开关闭合，则电路从并联电路变为开关电阻为零欧姆的“混合电路”。因为灯泡与开关并联且并联电路电阻值始终小于最小的单个电阻，所以全部电压都作用在电阻R1上。数据导线上电压为0 V且灯泡不亮起。按二进制表示方式这种情况为状态 0。

通过一个晶体管和一个灯泡（电平指示器）产生信号的示意图

晶体管未受控制

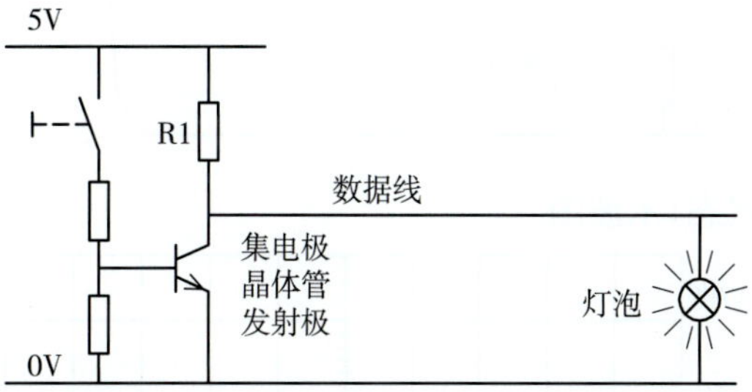

晶体管受控制

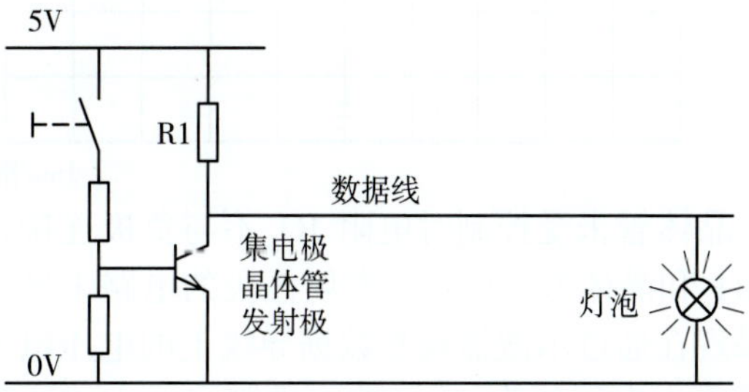

晶体管未受控制时，电阻 R1 不与负极直接连接，电阻与灯泡一起构成一个串联电路。相应数值匹配时，灯泡亮起且数据导线上产生二进制状态1。

晶体管受控制时条件发生了变化，因为集电极- 发射极导通形成了另一个电路。因此数据导线上的电压值从2.5 V降到约0 V。灯泡不再亮起且数据导线上形成二进制状态0。

对比结果表明，两个电路对数据导线的作用相同。

学习领域 12

学习领域 13

如果用示波器替代灯泡，则通过观察示波图可以发现二进制状态 0 或 1 与数据导线电压电平之间的直接关系。

晶体管未受控制

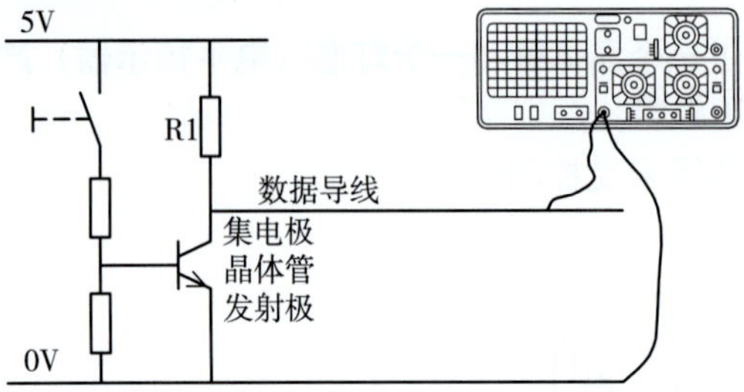

状态1示波图

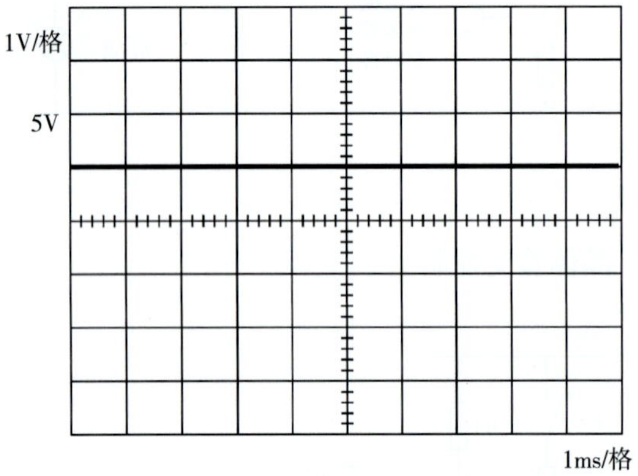

晶体管未受控制时电阻 R1 不与负极连接，因为 R1 和晶体管集电极-发射极段的电路未导通。如果现在通过示波器观察数据导线上的电压电平，则可看出电压值为 5V。按二进制表示方式这种情况相当于状态 1。

晶体管受控制

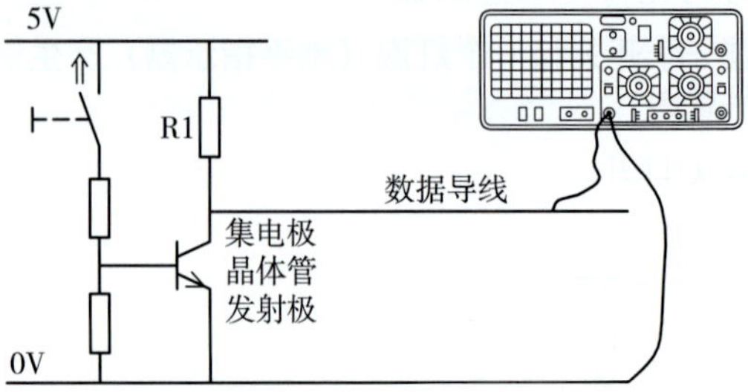

状态0示波图

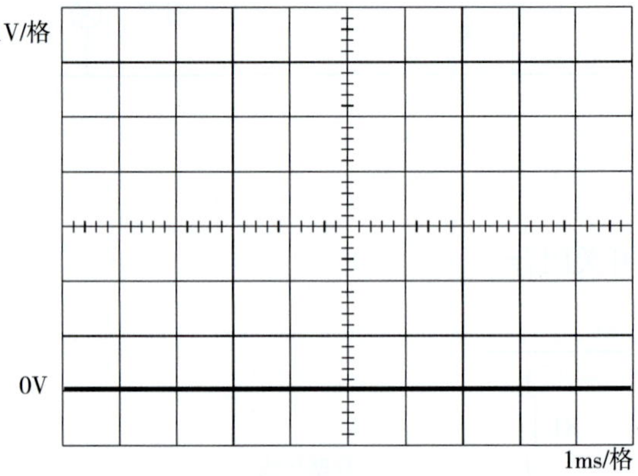

晶体管受控制时条件发生了变化，因为集电极-发射极导通形成了电路。因此示波图中的电压值从 5 V 降到约 0.2 V。其原因是，在所形成的串联电路中电压值分配到各个电阻上。因此以二进制表示时，数据导线处于状态 0。

2.1 数据表示方式

如果总线导线上的电压电平以相同的时钟节拍切换，则可以在相同时段内表示二进制代码数据。这些时段称为比特。

以二进制数方式为十进制数编码

十进制数	二进制数			
0	0	0	0	0
1	0	0	0	1
2	0	0	1	0
3	0	0	1	1
4	0	1	0	0
5	0	1	0	1
6	0	1	1	0
7	0	1	1	1
8	1	0	0	0
9	1	0	0	1

利用二进制字符 0 和 1 可以为十进制数编码。示例所示为十进制数 0~9 的编码。

二进制数9在数据总线上的表示方式

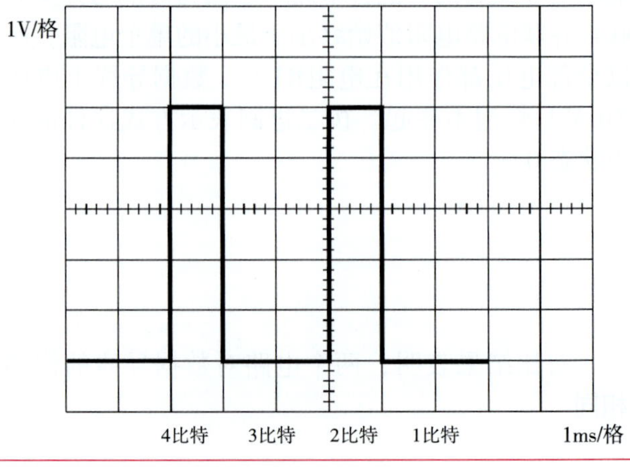

2.2 比特编码方法

总线上的比特编码（比特表示）可以通过非归零法（NRZ）、曼彻斯特法和脉冲宽度调制（PWM）法实现。这些方法的区别在于表示一个比特所需要的时段（时间窗）数量不同。

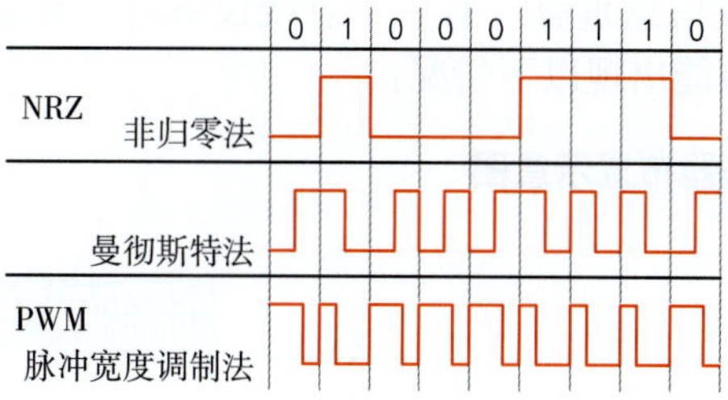

采用NRZ法时用一个时段即可表示一个比特。在整个比特时间内所示比特的电平保持不变。CAN和LIN中使用这种方法。曼彻斯特比特由两个时段构成，PWM比特由三个时段构成。曼彻斯特和PWM编码的优点是，每个比特都包含一次用于总线设备同步的脉冲沿切换。

2.3 信号传输速度

数据导线上的电压电平按待传输二进制数值的节律切换。在此数据接收器必须知道，数据发送器让每个比特在数据总线上停留多长时间（直至下一个数值转到数据导线上为止的时间）。这个循环时间是系统的时钟频率。这个时间越短，信息传输越快，但是数据发送器和接收器的工作速度也必须越快。按 ISO（国际标准化组织）标准系统分为两组：

- 低速通信范围：比特率低于 125 kbit/s
- 高速通信范围：比特率高于 125 kbit/s

低速

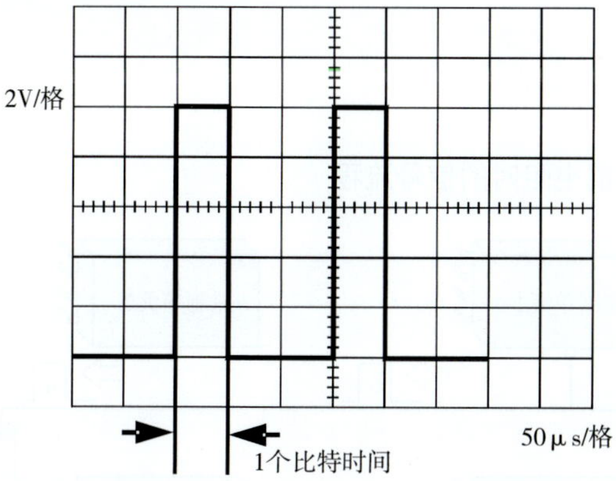

0.00005s ------- 1bit

1s ------- Xbit

X=20 000bit/s=20kbit/s= 20kBaud

高速

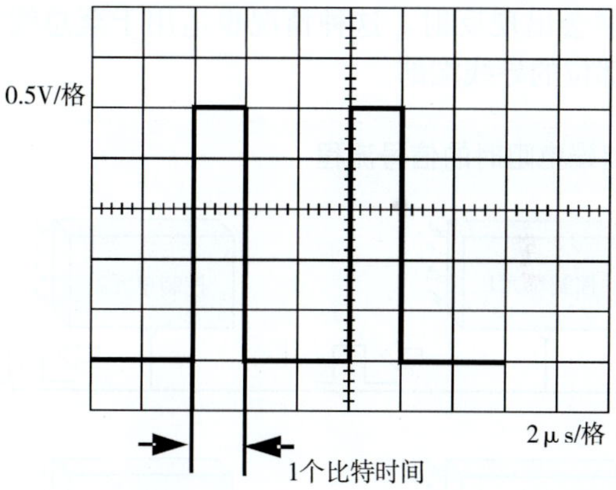

0.00002s ------- 1bit

1s ------- Xbit

X=500 000bit/s=500kbit/s= 500kBaud

2.4 显性比特和隐性比特

如果总线上布置了多个发送器，则同时发送时会造成信息重叠。有三个总线设备时，在总线电平方面可能出现以下情况：

发送器布置示意图

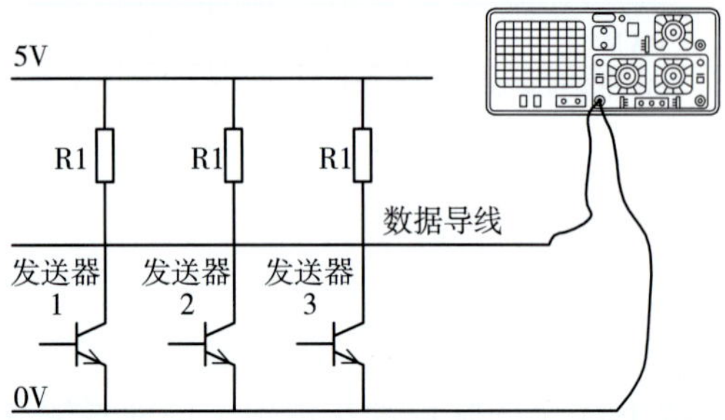

三个发送器时可能产生的电平

发送器 1	发送器 2	发送器3	总线导线上的电平
未受控制	未受控制	未受控制	1
受控制	未受控制	未受控制	0
未受控制	受控制	未受控制	0
受控制	受控制	未受控制	0
未受控制	未受控制	受控制	0
受控制	未受控制	受控制	0
未受控制	受控制	受控制	0
受控制	受控制	受控制	0

如果三个发送器都未起用，则晶体管不受控制，因此没有电流流过电阻且数据导线上的电压值为5V。作为二进制状态或电平这种情况表示为1。如果某个晶体管通电，则有电流流过串联电阻。数据总线上电压值变为0V或电平为0。这意味着，任何处于起用状态的收发点都可以立即用低位覆盖状态1（高位）。因此在这个电路中低位状态称为显性，高位状态称为隐性。这种关系对传输错误信息以及访问总线收发点的同时识别冲突来说十分重要。

3 终端电阻

在高频网络中总线导线端部必须有中止点，否则可能会出现反射。这种情况也适用于至总线设备连接部位的导线端部。

无终端电阻时的信号流程

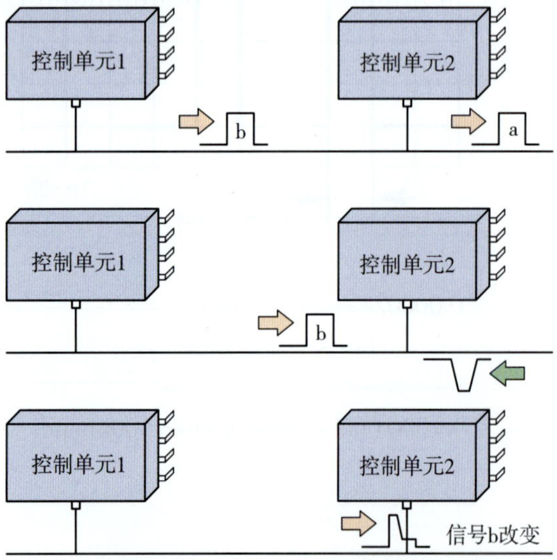

对于高频信号来说，总线导线端部的作用相当于独立的发送器。因此导线端部会产生反向运行的信号，这些信号叠加在有效信号上并造成信号失真。例如，各控制单元扫描时不识别为1，而是识别为0。

反射过程与撞到码头堤岸上、然后反射并与后续波浪叠加的水波类似。如果波浪冲到沙滩上，沙滩就会吸收波浪的能量且不会造成波浪叠加。

有终端电阻时的信号流程

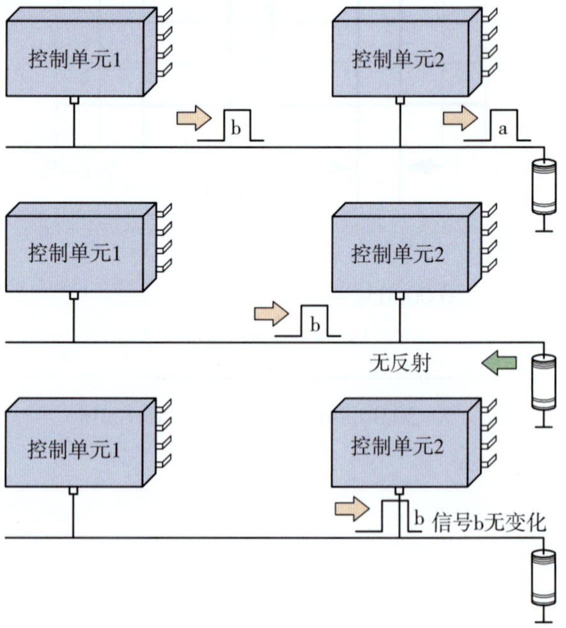

因为电阻可以吸收信号运行到数据导线端部时的能量，所以只需连接一个电阻即可使数据导线中止。

按CAN规范布置电阻

CAN规范中规定终端电阻连接在数据总线导线的端部。每个电阻值都为120Ω。

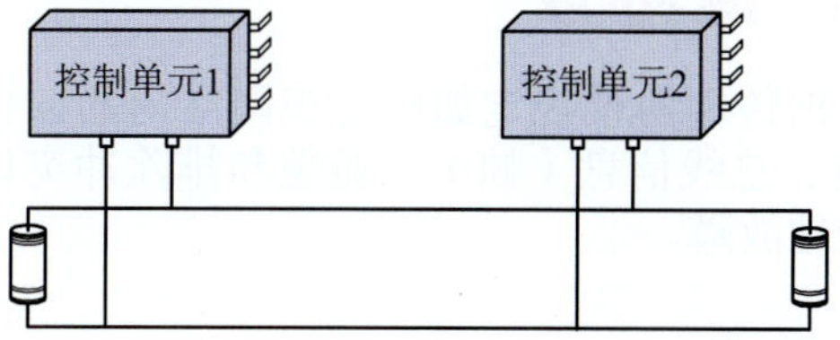

电阻在控制单元内的布置

与标准规定在数据总线两端布置终端电阻（为120Ω）不同，在高速总线（CAN）上汽车制造商最常使用的是分布在控制单元上的负载电阻。

在低速总线（CAN）中终端电阻不连接在CAN_H与CAN_L之间，而是对地或对5V切换。

高速总线（CAN）上的终端电阻

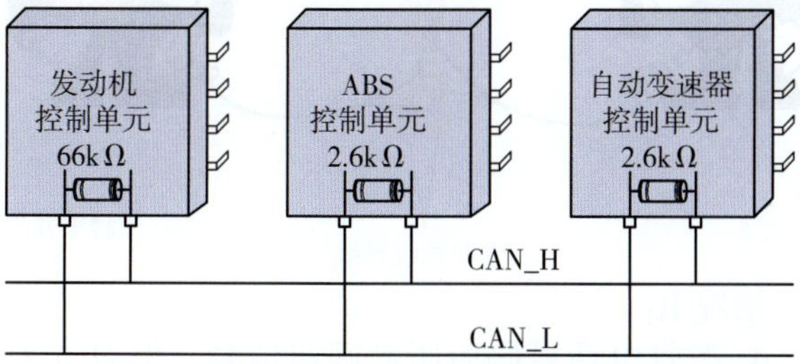

例如，在 Golf V中发动机控制单元内有一个中央终端电阻，其他高阻值电阻布置在其他控制单元内。其结果是虽然总线导线上的反射较强，但是由于总线长度较短而不会明显影响数据交换。

高速总线上附加安装回线时可能出现令人费解的故障信息。因此车辆内的接地导线不保持连接状态。

低速总线（CAN）上的终端电阻

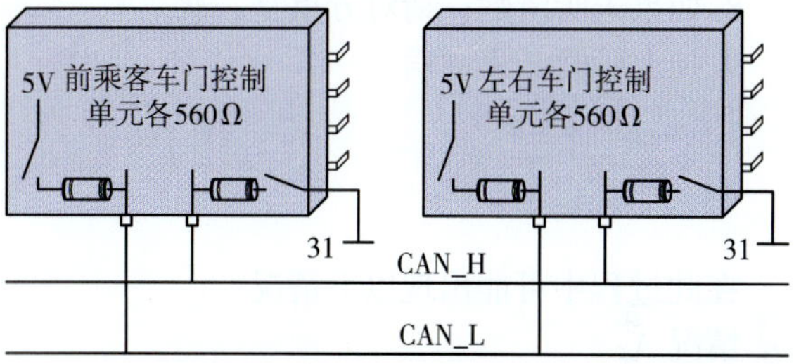

在低速总线中一个电阻在CAN_L导线与收发器供电之间切换，另一个电阻在CAN_H导线与接地之间切换。将行驶开关置于关闭位置时，无法从外部测量电阻值，因为两个电子开关断开了供电和接地连接。

带有一个数据导线的低速总线CAN（单线CAN）内的终端电阻

除了带有两个数据导线的低速总线（CAN）外，系统还使用单线技术。这些系统抵抗外部干扰的能力较差，采用这种形式主要是为降低成本。

终端电阻连接在数据总线导线与接地电位之间。

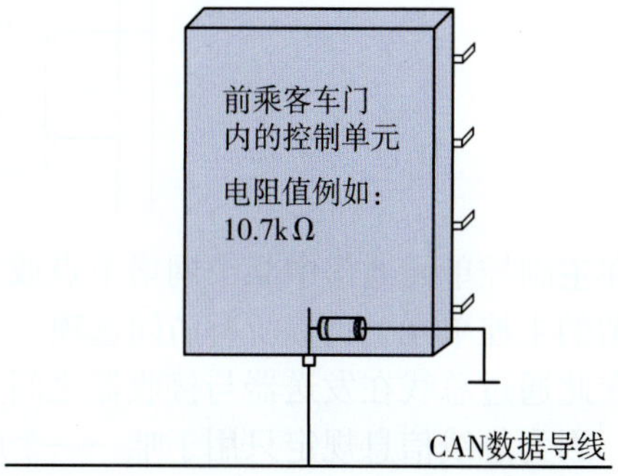

正常运行时总线上的电压电平位于0~4.55V之间（Opel）。

为降低功率消耗，在此也可以使控制单元转入休眠模式。此后控制单元不再参与总线通信。

为唤醒休眠的控制单元，另一个控制单元必须在数据导线上施加一个较高的电压电平。这个电压的电压值通常在11~13V之间。

4 传输协议

数据传输协议规定如何组织网络内的通信、信息交换、总线信息（帧）、避免和排除冲突以及识别和处理故障。

数据传输过程：

1. 拿起电话听筒。
2. 等待空线信号。
3. 拨打通话方的电话号码。
4. 等待通话方接听电话。
5. 说出姓名。
6. 开始通信。
7. 始终交替说话和倾听。
8. 如果未听清楚，请对方重复一次。
9. 挂上听筒结束通信。

在此过程中可能出现以下情况：

情况 A：

4. 拨打电话号码后听到占线音。
5. 挂上听筒。
6. 过一会从序号 1 开始。

在此以通过电话通话传输信息为例介绍数据传输协议。

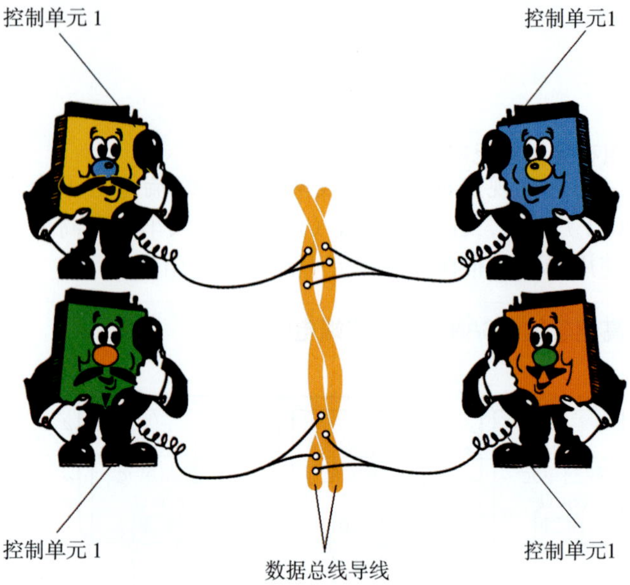

情况 B：

4. 拨打电话号码后听到呼叫信号，但对方未接听电话。
5. 挂上听筒。
6. 过一会从序号 1 开始。

4.1 通信方式

车辆中分为主副控单元系统和多主控单元系统。

主副控单元通信

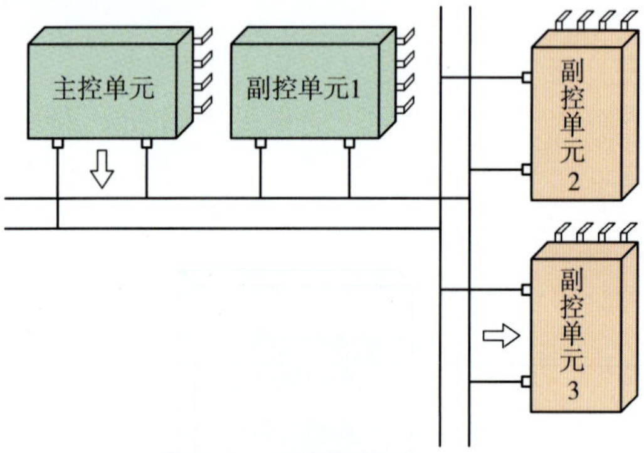

在主副控单元通信中某个网络节点或总线设备（所谓的主控单元）负责所有访问选项。

在此通过总线在发送器与接收器之间建立虚拟连接，因为总线信息规定只用于唯一一个收发点。

主副控单元布置容易实现。但是其功能只取决于主控控制单元。该控制单元损坏时，总线上的通信全部中断。

多主控单元通信

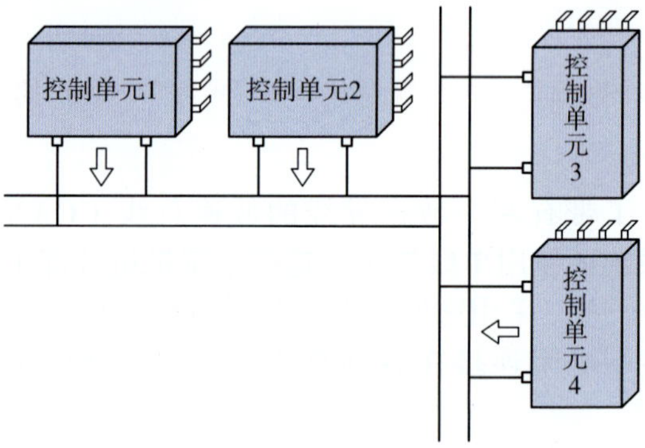

第二种方式是多主控单元系统，因为访问总线时所有设备具有同等权限。在访问数据总线方面可以分为受控方式和非受控方式。

在第一种方式中要发送信息的总线设备可以访问处于空闲状态的总线。在第二种方式中由网络内的规定信号序列决定发送权限。

从安装角度看分散式多主控单元结构成本较高，但是个别或多个总线设备失灵时通信系统通常仍能正常工作。

4.2 信息交换

控制单元之间在总线上交换信息时可以以总线设备为主或以总线信息为主。

以总线设备为主

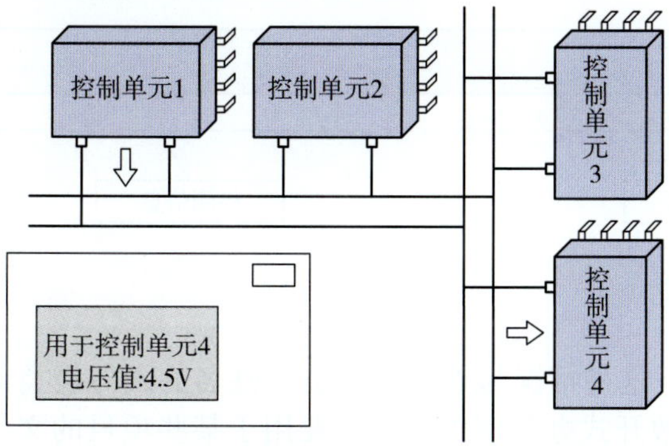

在第一种信息交换方式中发送器直接通过一个接收地址通知要向其发送信息的接收器。其他节点虽然读取仅规定用于这个接收器的信息，但是不会继续处理该信息。只有按规定接收该信息的接收器才分析信息并确认信息已正确接收。如果传输期间出现错误，发送器会重新发送数据。

以总线信息为主

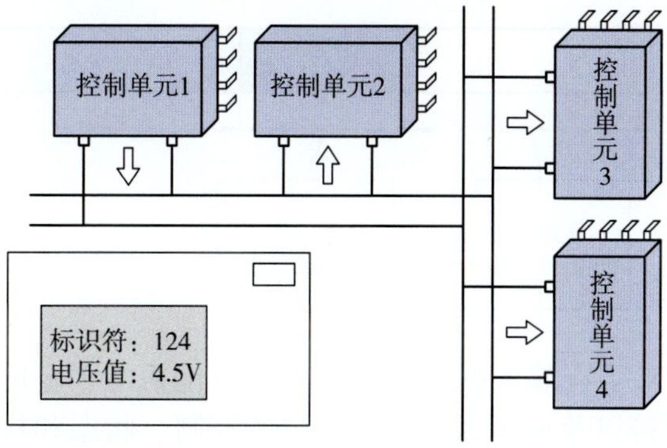

如果成功进行以总线信息为主的信息交换，发送器就会为该信息分配一个唯一的特征码（标识符）。该标识符还包括信息的优先级。所有总线设备都检查接收到的信息是否有错误并确认接收。尽管信息中不包含发送器地址，但是可以通过信息要素表和标识符确定发送节点。

如果每个节点内执行的总线信息筛选接受该标识符，该信息就会存储在信息缓冲器内。

应用程序确认有输入信息时，可以从此处接收并继续处理该信息。总线信息筛选由应用程序决定。

4.3 通信要素表

一个总线信息的所有通信关系都以发送器与接收器关系的形式列在一个所谓的通信要素表。

以下所示为动力传动系管理系统通信要素表的一部分。表格左侧栏位中列出了连接在总线上的所有控制单元。在后面的栏位中规定哪些节点发送哪些数据以及接收哪些数据以继续分析。

总线设备控制单元	总线信息或信息	信号	发送（S）或接收（E）总线信息		
			控制单元		
			发动机	ABS	自动变速器
发动机	发动机1	加速踏板值	S		E
	发动机2	发动机转速	S	E	E
		发动机温度	S		E
ABS	ABS1	右前车轮转速		S	
		左前车轮转速		S	
	ABS2	右后车轮转速		S	
		左后车轮转速		S	
变速器	变速器1	发动机额定转矩	E		S

5 总线信息、信息或帧

机动车中主要使用串行通信系统。在此有效数据嵌入在所谓的总线信息、信息或帧内。从以下插图中可以看出一个总线信息的结构。

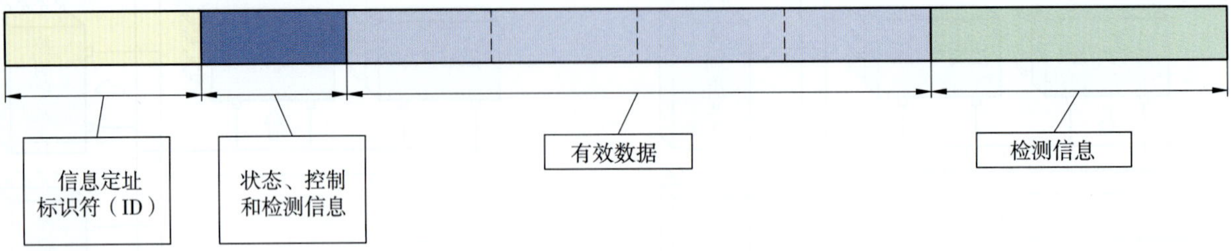

除了有效数据外，总线信息还包括用于定址的标识符以及用于可靠传输数据的控制、状态和检测结果信息。标记总线信息时分为以总线设备为主的定址和以信息为主的定址。如果总线信息分配给了某些总线设备或网络节点，则接收器只处理标识符与其地址一致的信息。这种方法与投递信件（信息）类似，邮递员仅将信件投递给某一收件人。

如果总线信息标识符与内容链接，则可能有多个总线设备访问该信息并继续处理有效数据。此时每个节点都借助信息筛选或接受性检查来检查所接收的信息对其是否重要。

这种情况与外面带有员工姓名的文件袋类似，在敞开式办公室中员工需要用于某些项目的文件。负责其他项目的员工可忽略这些通知。

5.1 CAN信息格式

在CAN网络中传输信息时可以分为五种不同的总线信息格式（帧）。

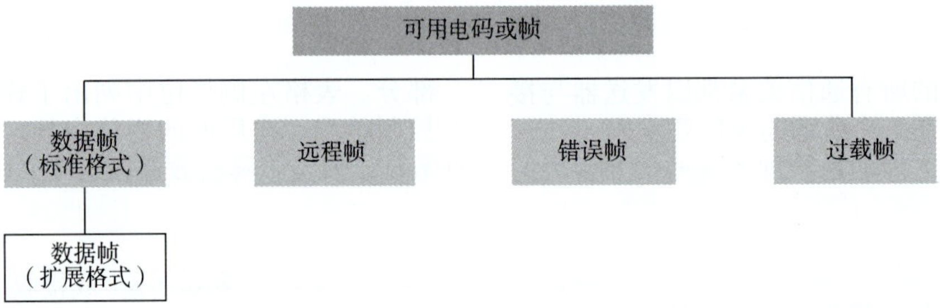

数据帧

数据帧用于传输数据。电码分为带 11 比特标识符（标准格式）和带 29 比特长标识符（扩展格式）的电码。

远程帧

远程帧（请求电码）由某一总线设备发出，用于请求传输带有规定标识符的数据电码。

错误帧

错误帧（错误信息）由一个总线节点放到总线上，前提是节点发现数据传输错误时。

过载帧

发送过载帧（过载电码）的用途是总线访问重新开通时延迟某一时间。

带 11 比特标识符标准格式（2.0A）的CAN信息基本结构

每个数据电码或每数据帧都由分配在七个字段内规定数量的比特组成。这些字段是指帧结束、CRC 字段、数据字段和仲裁字段等。这个仲裁字段既用于电码的优先级，同时也用于信息的逻辑地址。

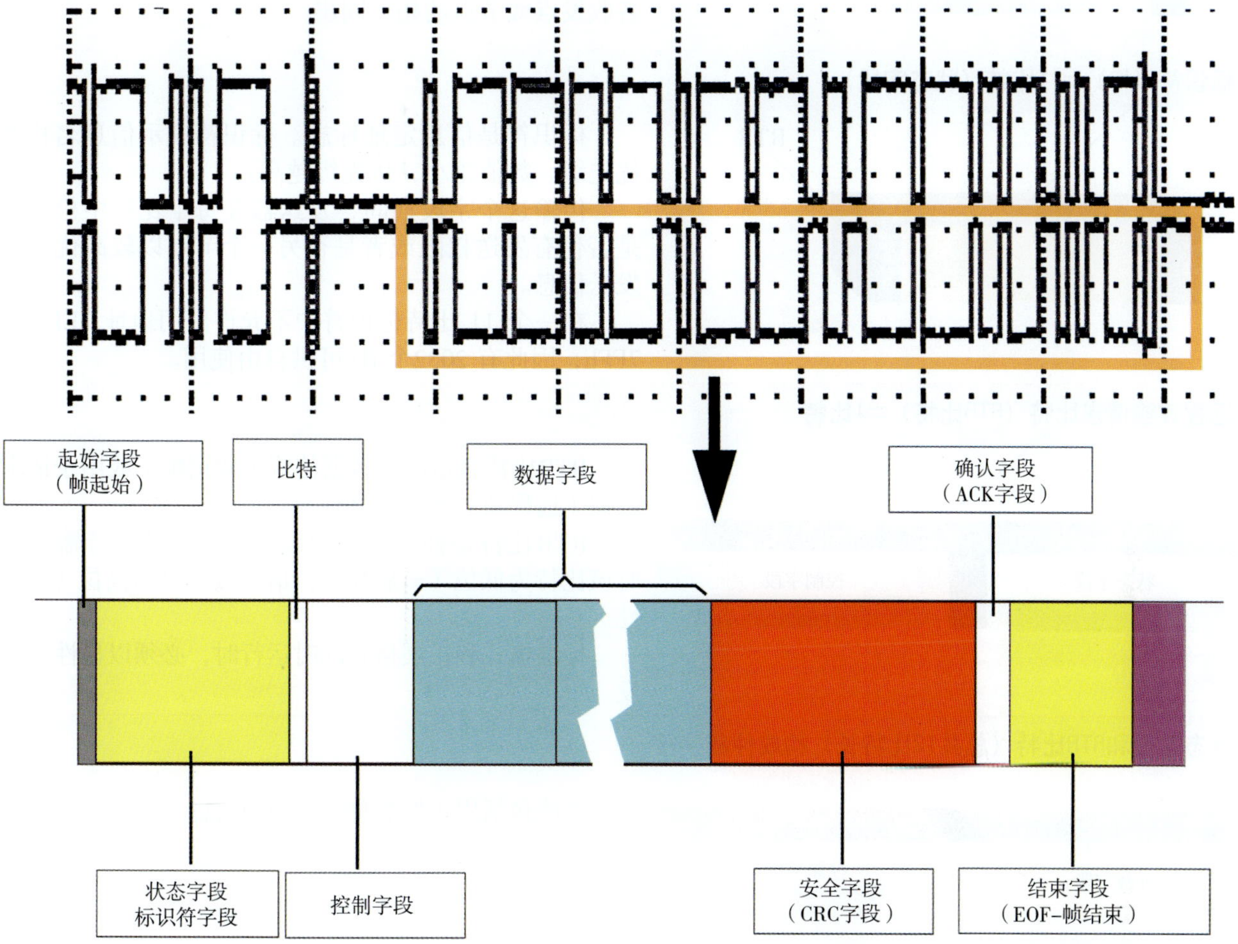

扩展格式（规范 2.0B）的CAN信息

标准帧与扩展帧借助 IDE 比特来区分。在标准帧中这个在RTR 比特后发送的比特始终处于低位启用状态（显性）。在扩展电码（规范 2.0B）中这个比特为隐性，以便能够显示位于后面的 18 比特扩展标识符。

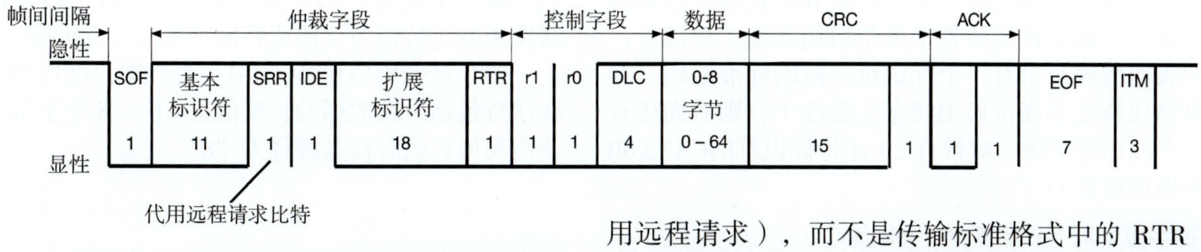

CAN2.0B的29比特标识符由11比特基本标识符和 18 比特扩展标识符组成。因此可以为 536,870,912 个不同的信息定址。

原则上可以在一个系统内同时使用标准和扩展CAN协议。但是此时只允许使用CAN2.0B 规范的CAN控制器或CAN2.0B停用的标准CAN控制器。

在带有扩展标识符的格式中传输 SRR 比特（代用远程请求），而不是传输标准格式中的 RTR 比特。SRR 比特始终以高位启用状态（隐性）发送，以确保做出访问决定时标准格式总线信息始终得到一定的总线配额（与扩展格式的总线信息相比，两个总线信息的标识符相同时）。

与标准格式不同，在扩展格式中 IDE 比特后是18比特扩展标识符和 RTR 比特。所有后面的字段都与标准格式相同。

5.1.1 各比特字段的含义

帧起始（SOF）=1比特=始终低位（起始字段）

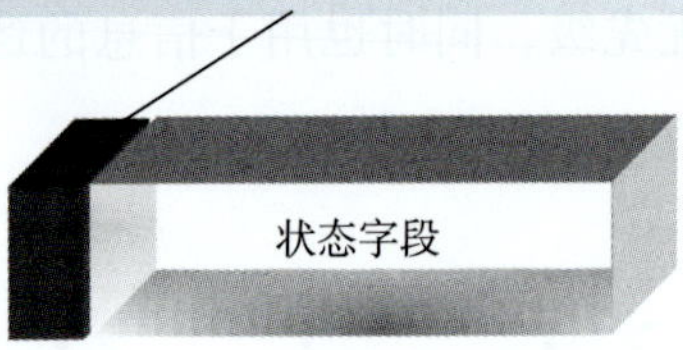

帧起始比特位于起始位置，用于表示一个电码开始。这个比特始终处于低位启用状态（显性）。总线停顿时间过后，这个下降沿也用于通常情况下空闲的各收发点或节点的相位同步。

标识符（ID）=11比特（状态字段）

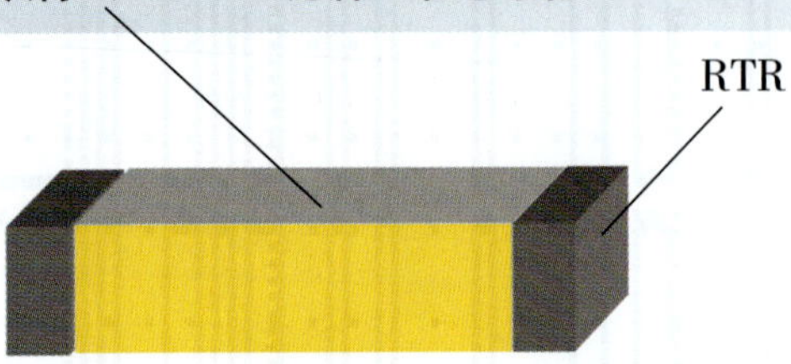

标识符是信息定址标志。标识符表示信息名称和优先级。数值越小，优先级越高。

传输这个字段期间，发送器在每个比特中检查其是否仍有发送权限或者是否另一个节点以较高优先级发送信息。

在一个 11 比特标识符中不允许使用地址 7EFh 至 7FFh，因此有 2032个 ID 可供自由使用。

远程传输请求比特（RTR比特）=1比特

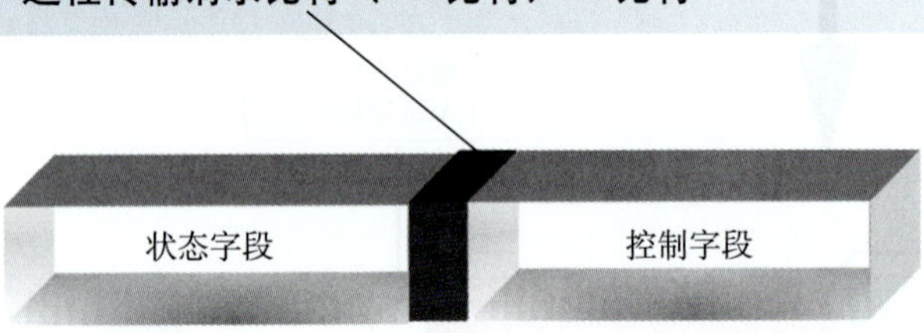

RTR比特表示用于数据传输（数据帧）或用于请求数据（远程帧）的一个电码。

RTR比特是仲裁字段的最后一个比特。传输数据时该比特为低位（= 显性），请求数据时为高位（= 隐性）。

标准格式和扩展格式同时运行时，必须以显性方式发。

状态字段和RTR比特（总共12比特长）构成仲裁字段

在此包括用于控制总线访问的信息。

控制字段= 6比特

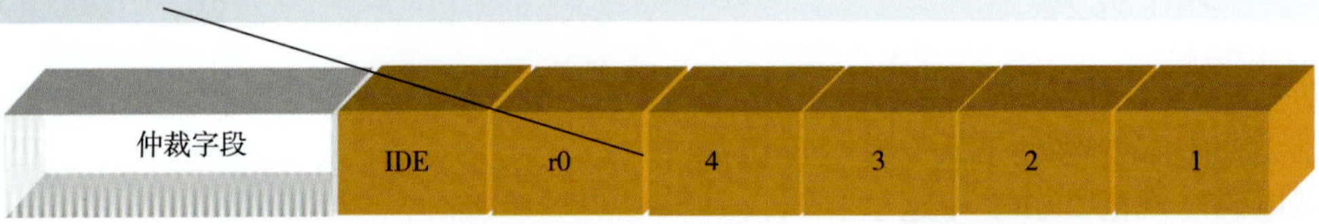

控制字段内的第一个比特是 IDE 比特（标识符扩展）。如果该比特处于低位启用状态（显性），则表明传输只带有一个标识符字段的标准电码。如果该比特处于高位启用状态（隐性），则后面还有一个标识符字段（对带有 29 比特标识符的CAN2.0B来说很重要）。

第二个比特“r0”为预留比特。这个以显性方式发送的比特作为预留比特用于将来进行扩展。

四个最低价值比特（4–1）是数据长度代码。这些比特包括后续数据的长度信息（0 ~ 8个字节）。使用其他数值时将其解释为“8”。

数据字段=0～8个字节=0～64比特

待传输的有效数据位于这个字段内。传输从第一个字节开始，在这些字节内从最高价值比特开始。在数据请求电码（远程帧）中数据字段为空。

循环冗余码校验CRC字段=15比特，CRC定界符（定界比特）=1比特
（安全字段或错误识别字段）

数据安装字段（CRC 字段）包括用于数据比较（CRC 顺序）的 15 比特。第 16 比特称为 CRC 定界符或定界比特。该比特始终处于高位启用状态（隐性），与 RS232 中的奇偶校验比特类似。

在数据安全字段中接收某一信息的接收器可以检查数据的正确性。就是说，CRC 校验和仅用识别错误，而不用于校正错误。

如果接收器识别到错误，就会在后面的确认时段内插入一个隐性比特。此外还在帧结束字段内写入一个用于表示错误信息的错误电码。

在此可以识别最多 6 个单个比特错误和 15 个依次出现的比特错误（数据组错误）。

确认字段，ACK字段=2比特，ACK时段和ACK定界符
（确认字段或反馈字段）

确认字段内的第1个比特称为 ACK 时段比特。这个比特从发送器起为高位启用状态（隐性）。第2个比特是ACK定界符比特。这个比特在发送器和接收器处始终为高位启用状态（隐性）。

所有正确接收到所发送信息的总线设备都通过在 ACK 确认时段内发送一个显性电平（低位）对此予以确认。如果该电平保持为高位，则发送器将这种情况解释为错误且开始执行一个错误处理程序。其用途是重复发送未正确传输的信息。

ACK 时段值仅表示是否没有或至少一个接收器正确接收到该信息。不应将这种情况理解为错误信息。连接在数据总线上且无错误接收信息的控制单元越多，信号越明确。ACK时段后始终跟随一个隐性定界比特，以便将接收确认与偶尔同时开始的错误信息区分开来。

帧结束字段，EOF字段=7比特（结束比特）

数据电码以 EOF 字段结束。必须通过有意识的编码中断识别出来，因为五个相同的比特后不插入填充比特。该电平为高位启用状态（隐性）。

帧间间隔字段，IFS字段=3比特；也称为强制暂停字段ITM Field

在正确传输的信息中，结束处还有一个至少 3 比特的电码空隙。接收器可以通过这个强制暂停将所接收的信息存储在总线接收缓冲器内。

此外某一节点发送一个电码后在规定时间内不得再次占用总线，以便能够发送低优先级的总线信息。

新CAN控制器不再采用这种方式。

5.1.2 远程帧规范 2.0A（标准格式）

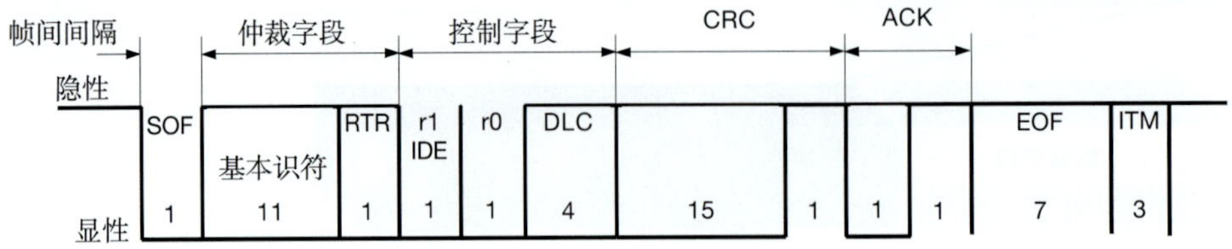

与数据帧不同，远程帧的 RTR 比特处于高位启用状态（隐性），其数据字段为空。因为 RTR 比特还用于总线分配，所以在相同时刻偶尔发送所请求的数据帧时远程帧会失去传输权限。所有可以接收相应数据的总线设备都能够发送远程帧。

5.1.3 过载帧

某一CAN节点通过一个过载帧通知所有属于该系统的设备，该节点还未处理完以前的信息，因此不能处理新信息。

通过过载帧使一条新信息的开始时间增加过载帧的持续时间。

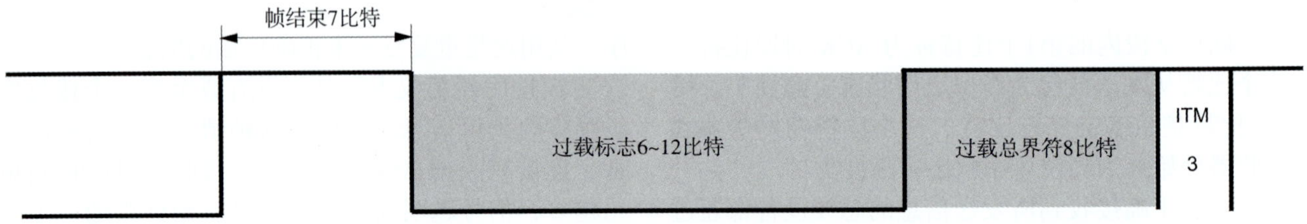

5.1.4 错误帧

某一总线设备识别到错误时，所有其他CAN节点都通过一个错误帧获悉有错误存在。此时连续发送6个覆盖每个其他当前值的低位启用（显性）比特（错误标志）。

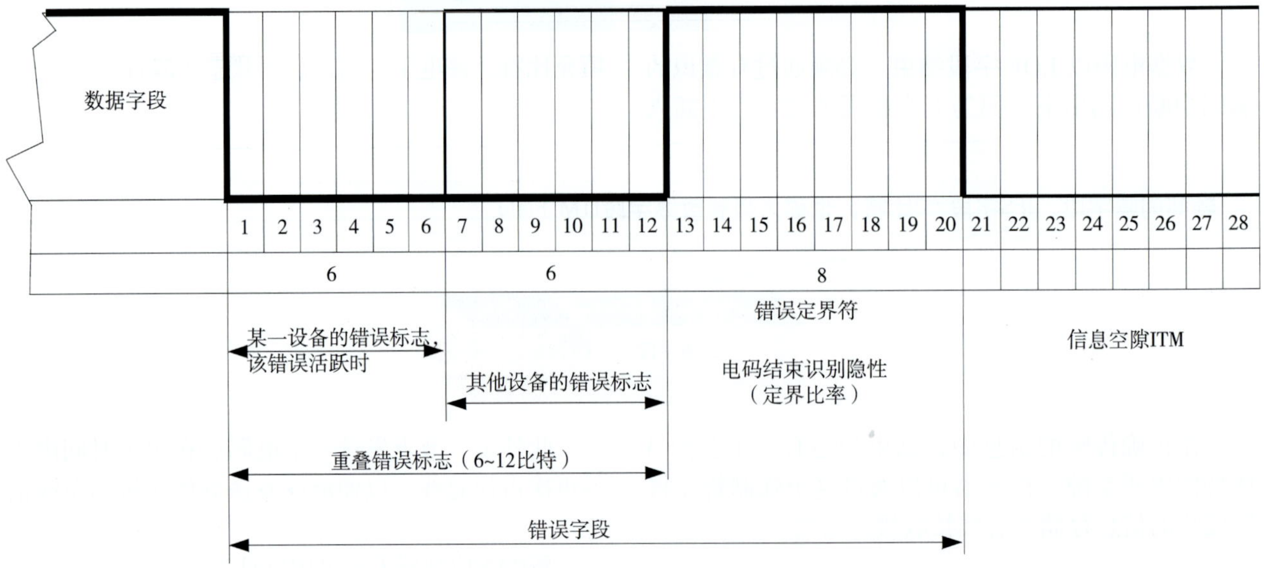

5.1.5 CAN错误识别和处理

数据传输时的错误可能是接触不良、短路、软件错误或外部强电磁场引起的。

短路

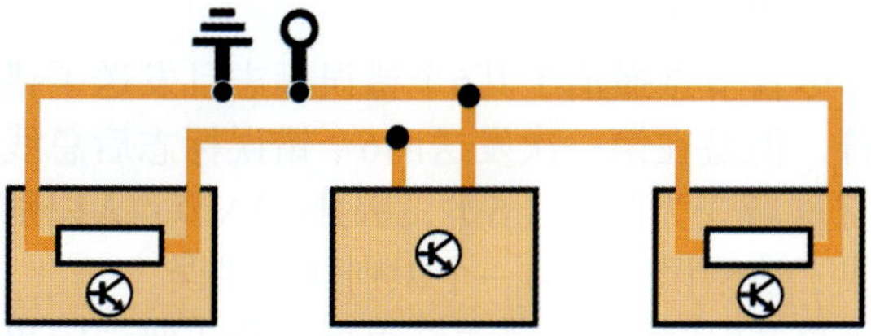

电磁干扰源

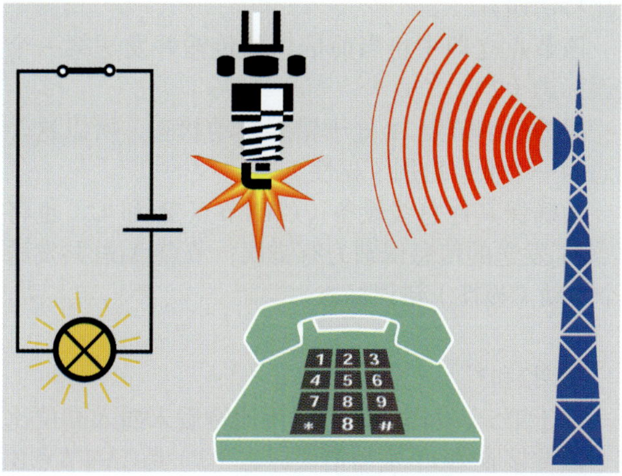

CAN错误处理可以分为三个方面：
- 错误识别，
- 错误处理和
- 错误隔离。

1. 错误识别

发送器识别错误的能力以监测总线信号为基础。每个发送信息的CAN节点同时监测总线电平，此时会立即识别所发送比特与所接收比特之间的差异。此外接收器还检查总线信号的逻辑性。

因此可以识别五种不同的错误。

– 比特错误

发送出的比特接收时逻辑值与发送时不一致。仲裁字段（同时多次读取时覆盖隐性比特）和确认时段（通过另一个总线设备的接收确认覆盖由发送器设置的隐性比特）除外。

– 比特填充错误

识别到 5 个以上连续相同的比特。帧结束区域除外。

– CRC 错误

所发送的校验和与计算出的校验和不一致。

– 格式错误

数据格式损坏，例如未将 CRC 定界符识别为隐性比特。

– 确认错误

发送器在确认时段中没有接收到低位启用（显性）比特；也就是说其他总线设备未将信息识别为正确。

2. 错误处理

某个CAN节点识别到的每个错误都立即通过一条错误信息（错误帧）提供给所有其他节点。因此所有总线设备不再将此前接收的信息继续发送给应用程序微控制器。在此通过自动重复传输有错误的信息来校正错误。

为了在出现故障时不会因发送错误标志而造成各控制单元在总线上的所有数据交换失效，控制单元根据一个确定的算法逐渐从总线事件中退出。因此，第一级复位后触发错误标志的CAN节点只允许发送由高位启用（隐性）比特组成的被动错误标志。其结果是这个控制单元不会再阻碍总线上的数据交换。但是，在这种状态下该控制单元可以继续发送和接收信息。

如果一个或多个总线设备多次干扰系统且发送错误或接收错误的错误计数器达到规定限值，就会将这个或这些设备与总线完全断开。在这种总线关闭状态下，这些控制单元无法发送或接收信息。

错误主动与错误被动状态之间的过渡通过CAN控制器自动实现。只有通过相应的操作，例如软件或硬件复位，才能撤消总线关闭状态。

3. 错误信息的产生

下述说明针对“插图1～4”。

插图1

CAN节点A在时刻1时识别到一个数据字段中有1个比特错误。

该节点立即中止当前信息的传输并发送第一个错误标志（2）。

因为CAN节点 A 处于错误主动状态，所以这个标志为一个低位启用（显性）。

为确保其他总线设备（CAN节点 B 和 C）也将节点 A 发送的信息识别为有错误，节点 A 总共发送6个主动（显性）错误标志。

插图2和3

由于第5个发送的低位启用比特后未插入高位比特，因此接收第6个主动错误标志（3）后CAN节点B和C识别到比特填充错误。

作为反应，这两个节点也将6个错误标志发送到总线上，这样就产生了一个总长12比特的错误标志。

插图 4

尽管节点撤消了其6个错误标志且发送了错误定界符，但是在第一次发送的6个错误标志后总线状态没有重新变为隐性（5），因此CAN节点A识别到它造成了该错误或者第一个识别到该错误。

总共8比特长的错误结束标识符（错误定界符）和 3 比特长的ITM字段后，发送器（CAN节点A）以SOF比特（6）开始重复发送由于错误信息而丢弃的信息。

在这个例子中，从识别到错误到重复信息的时间（错误恢复时间）为 23 比特。

插图1～4

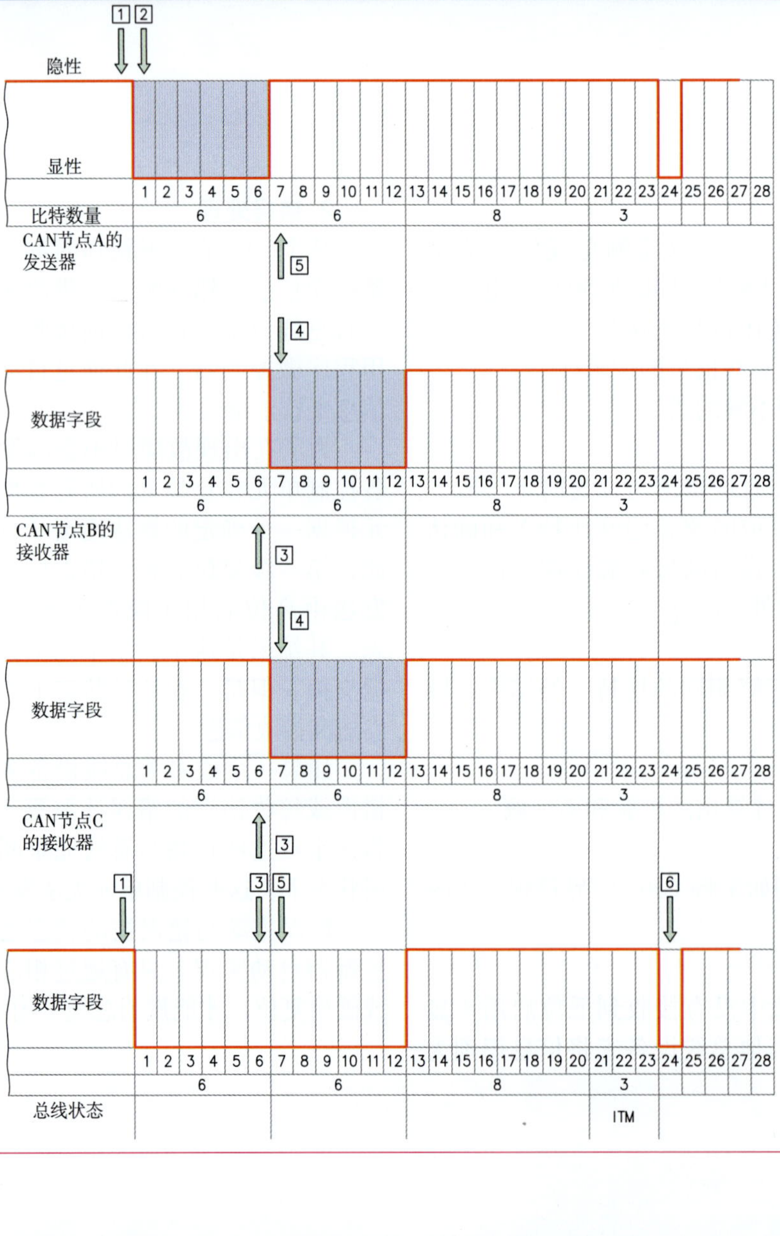

5.1.6 比特填充

在CAN中比特在总线上以 NRZ 法（非归零法）表示。就是说，总线电平在整个比特时间内保持不变。因此对连续同值比特来说，不出现可以用于同步的电平变化。

为确保在CAN中总线设备能够同步分析较长的同值比特序列，在5个相同比特后发送1个信息时自动插入1个相反电平的比特（= 脉冲沿切换）。这种方法称为比特填充。

这个附加插入的比特不属于信息内容，由接收器从比特流中滤出。

以下插图所示为比特填充流程。

发送器

在此需将右侧插图所示的数据电码发送到总线上。CAN芯片在 5个同值比特后插入一个填充比特。

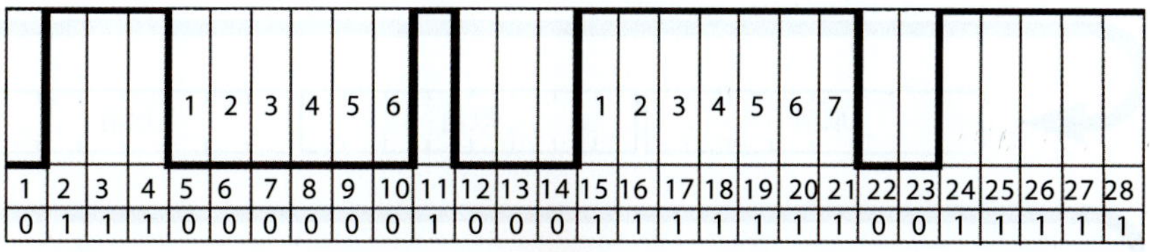

数据总线上的信号

在右侧插图中可以看到比特填充后的总线电平。

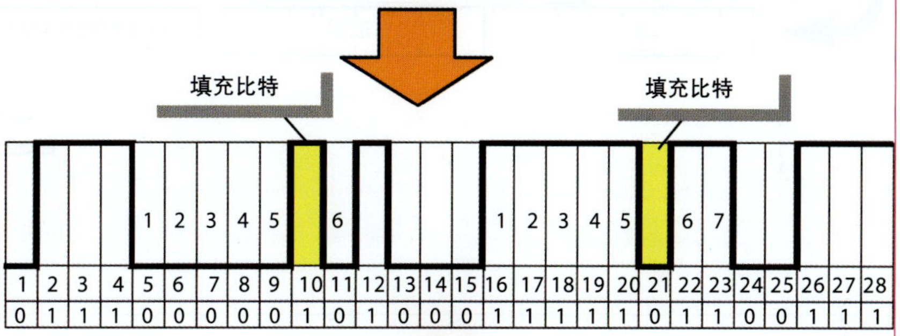

接收器

在接收器中清除填充比特，从而确保控制器能够处理源自发送器的信息。

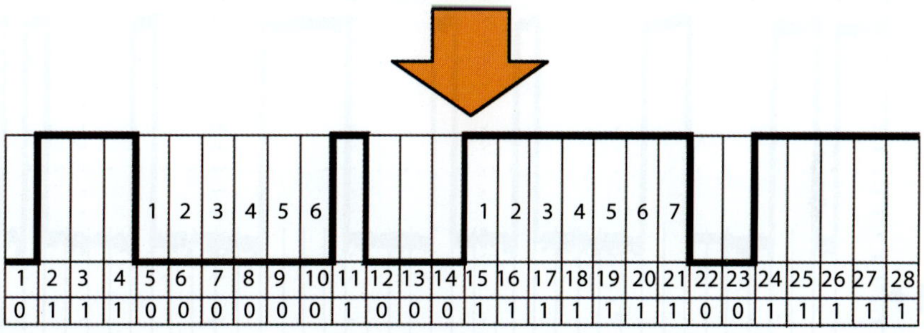

比特填充区

比特填充区以帧起始开始，在 CRC 序列后结束。CRC 定界符不再属于这个区域。

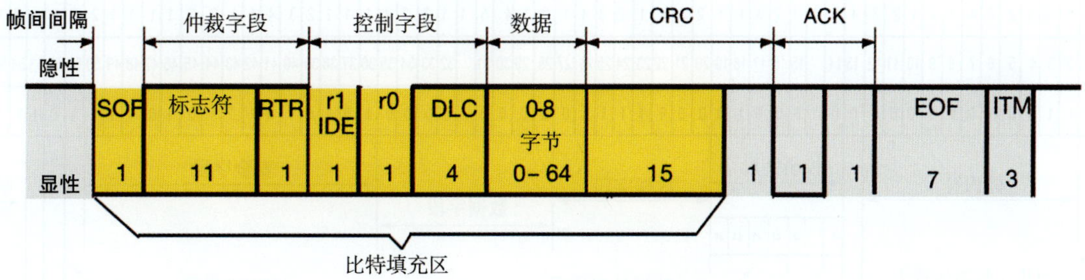

比特填充示例

如果将有效数据的比特序列与比特形式的信息示波图进行对比，即可理解比特填充的功能。在本示例中 CRC 定界符前有效数据为 50 比特。

如果在示波图上重复该过程，则得到 52 比特。

为识别出不属于有效数据的填充比特，必须移除超过 5 个相同比特电平后的所有比特。这样才能为其余的信息比特分配比特特征码。

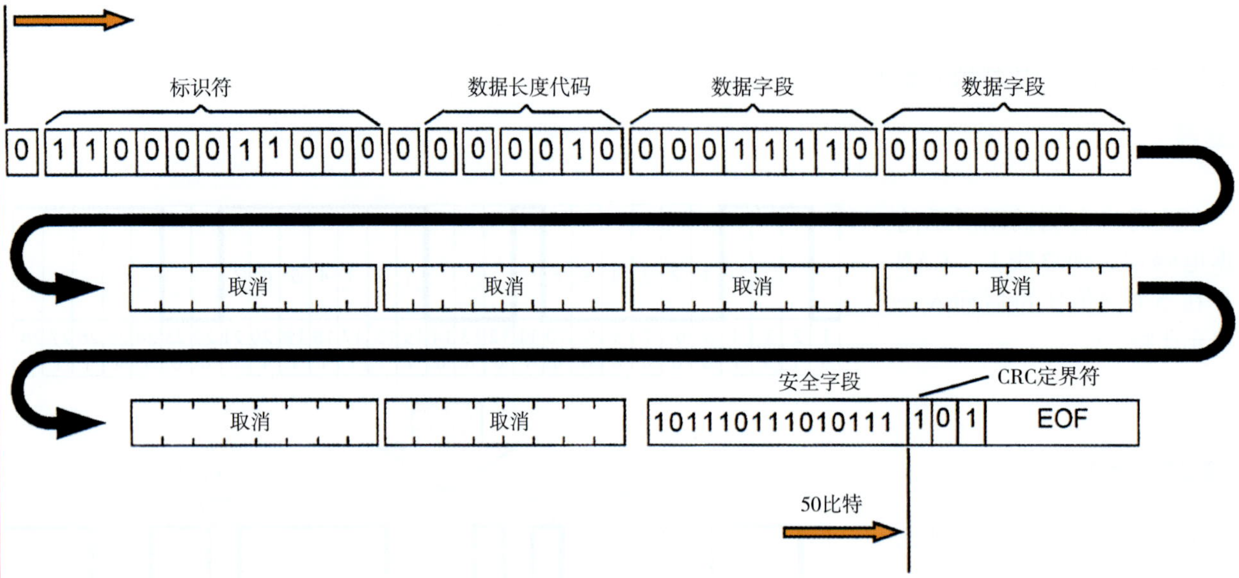

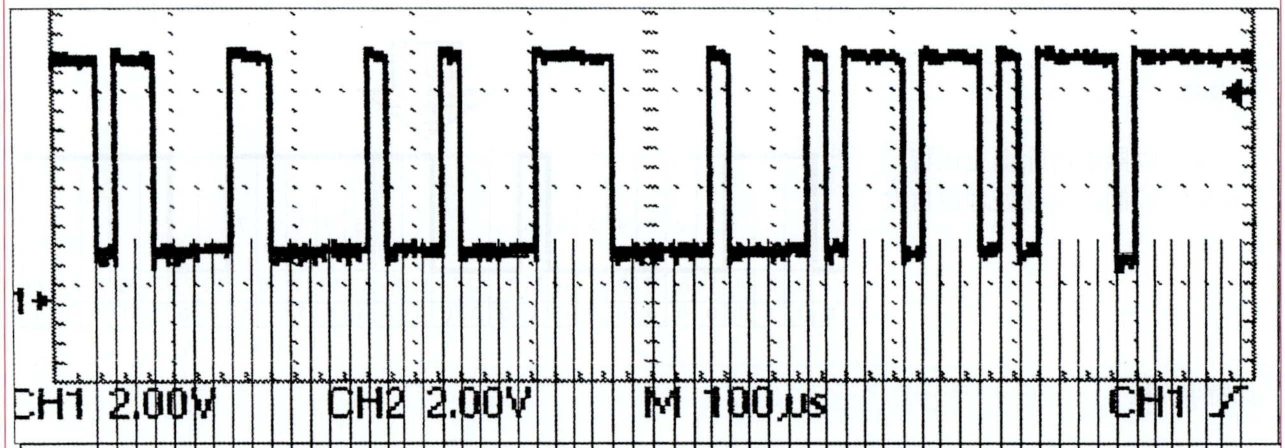

比特数量	1	2	3	4	5	6	7	8	9	10	11	12	13	14	15	16	17	18	19	20	21	22	23	24	25	26	27	28	29	30
相同比特	1	1	2	1	2	3	4	1	2	1	2	3	4	5	1	1	2	3	1	1	2	3	4	1	2	3	4	1	2	3
比特特征码	1	2	3	4	5	6	7	8	9	10	11	12	13	14		15	16	17	18	19	20	21	22	23	24	25	26	27	28	29
比特状态	0	1	1	0	0	0	0	1	1	0	0	0	0	0		0	0	0	1	0	0	0	0	1	1	1	1	0	0	0

比特数量	31	32	33	34	35	36	37	38	39	40	41	42	43	44	45	46	47	48	49	50	51	52	53	54	55	56	57	58	59	60
相同比特	4	5	1	1	2	3	4	1	1	1	2	3	4	1	1	2	3	1	1	1	1	2	3	1	1	2	3	4	5	6
比特特征码	30	31		32	33	34	35	36	37	38	39	40	41	42	43	44	45	46	47	48	49	50	51	52	53	54	55	56	57	58
比特状态	0	0		0	0	0	0	1	0	1	1	1	0	1	1	1	0	1	0	1	1	1	1	0	1	1	1	1	1	1

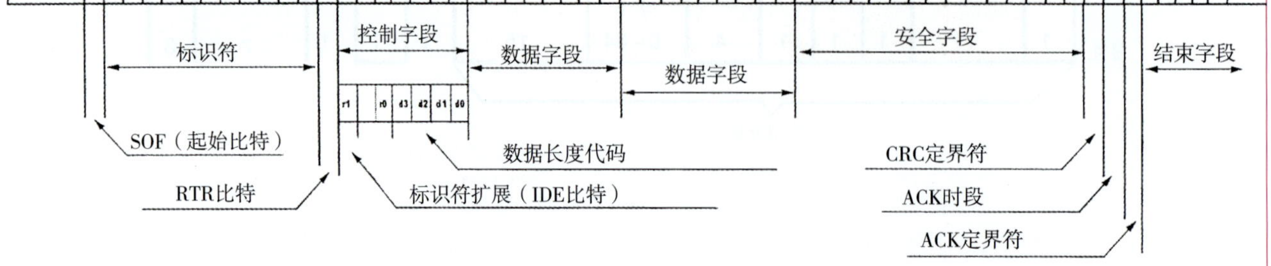

5.2 LIN信息格式

LIN 信息结构

LIN 信息以一个串行通信协议为基础，除同步中断外这个协议与 UART 协议（通用异步收发器）相同。“UART 字节”由1个起始比特、8个数据比特和1个停止比特组成。

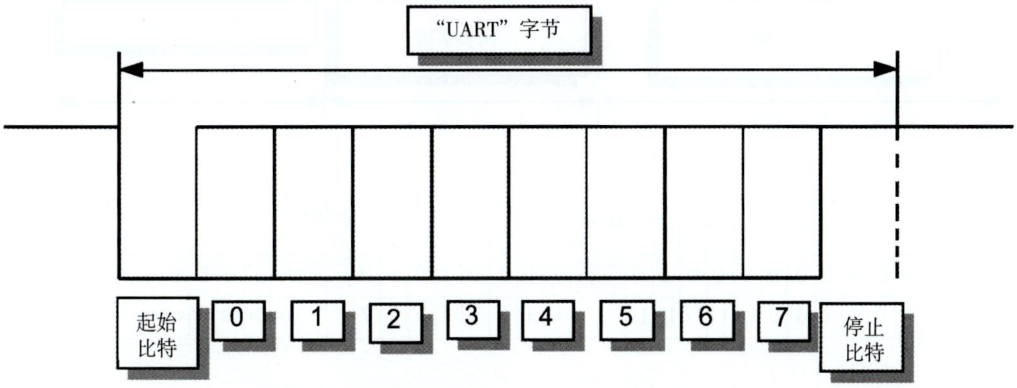

LIN 特别适合于由一个主控单元（例如车辆技术中带有CAN接口的电子控制单元）控制一个或多个副控单元的简单网络结构。只有得到主控单元的授权时，副控单元才能发送信息。

LIN 支持主控单元与副控单元之间的对话和副控单元与副控单元之间的通信。

与利用设备地址工作的传统主副控单元总线不同，在 LIN 中使用信息定址（与CAN类似）。

LIN 信息

一个完整的 LIN 信息由帧头（信息头）和响应（应答字段或信息内容）部分组成。基本结构如以下插图所示。

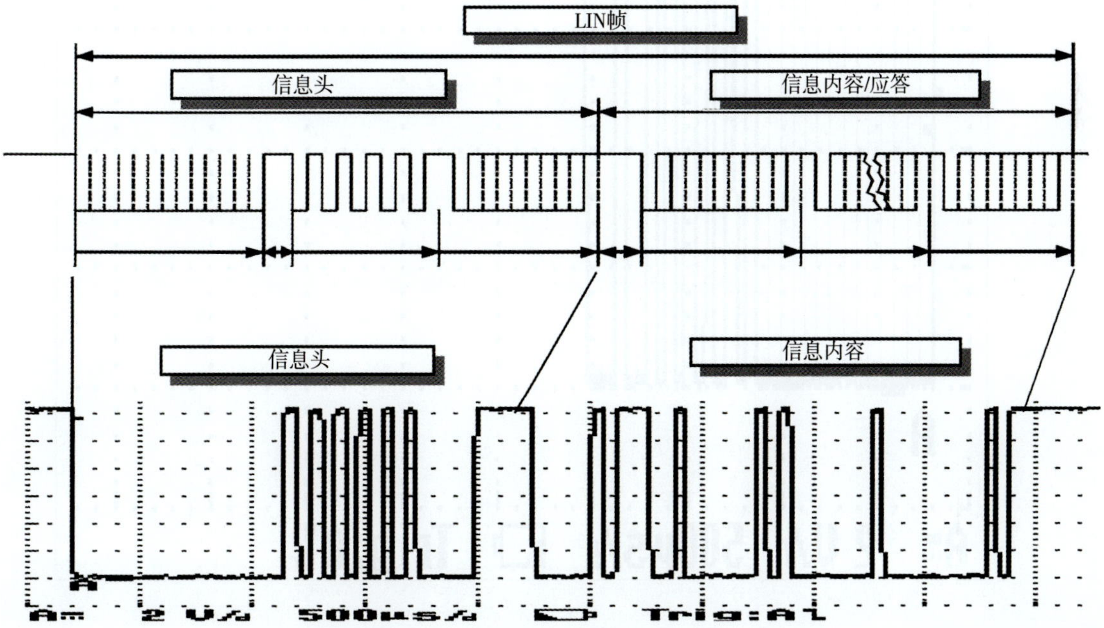

每个信息都由主控单元启动且以帧头开始。帧头是待传输数据包的信息头。帧头不包含有效数据。该标识符后是响应字段，其中数据字段以带有1～8个数据字节的实际有效数据开始，校验和字段以校验和开始。

响应可以由其中一个副控单元或由主控单元本身发出。

信息头（帧头）

由主控控制单元循环发送到 LIN 数据总线上的 LIN 信息的帧头可以划分为同步中断、同步字段和标识符字段区域。

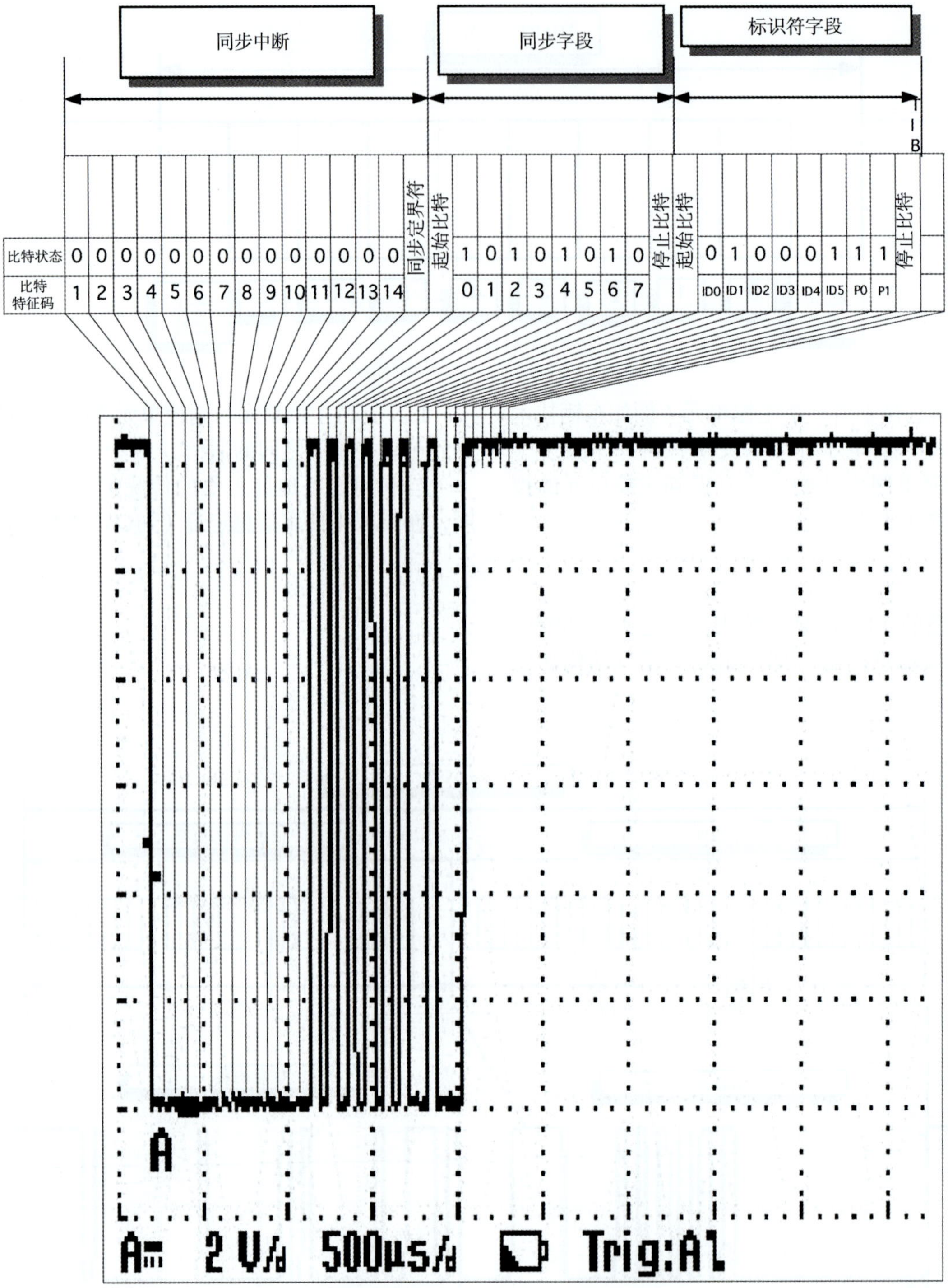

同步中断

中断后新信息始终以表示信息起始的同步中断开始。同步中断长度至少为13个比特时间。为确保副控单元以很不精确的时钟节拍（允许偏差为14%）明确识别信息起始，在此需要这个长时间间隔。至少13个显性比特由至少一个隐性比特（同步定界符）界定。

同步字段

副控单元记录同步中断的11个显性比特后，就会切换到同步过程。该过程以同步字段开始。在此期间主控单元始终发送字节 55h 或比特序列0101010101。

副控单元可以通过其定时器电子装置明确确定主控单元的系统时钟并使其自己的基准时间或时钟与主控单元的时钟时间一致或同步。上述过程可以使用带有阻容振荡器（替代成本较高的石英晶体振荡器）的低成本副控单元电子装置实现。

副控单元与总线时钟频率建立联系后，传输期间其基准时间只允许在最大 2% 以内变化，以确保可靠传输。同步丧失时会导致延期读取比特和信息改变。

标识符字段

标识符字段是帧头的第三个和最后一个字节。该字段由1个起始比特、6个标识符比特、2个优先级比特和1个停止比特组成。利用标识符比特ID0~ID5可以为最多64个不同的信息分配一个标识符。2个优先级比特P0和P1用于数据安全性，包括前6个比特的校验和。

在版本至V1.2的LIN规范中，比特ID4和ID5（数据字段长度比特）规定响应字段内的数据字节数为固定值。从版本1.3起不再强制规定这个位置处的编码。但是定义信息时必须考虑数据字段长度。

信息内容（响应）

主控单元发送作为帧头内最后一个字段的标识符字段后，做出响应的副控单元或主控单元本身可以在标识符字段的停止比特后撤消信息应答（信息响应）。响应以2个、4个或最多8个数据字段开始（至 LIN 1.2 为止）。

数据字段数和信息长度在标识符字段内通过比特 ID4 和 ID5确定并与标识符固定连接。每个数据字段都由一个起始比特、数据字节和一个停止比特组成。副控单元可以利用起始比特和停止比特进行同步，因此这两个比特也用于传输安全性。

带有副控单元应答和主控单元指示的信息

信息可以分为带副控单元应答的信息和带主控单元指示的信息。在第一种情况下，主控单元在帧头内要求某一LIN副控控制单元等发送挡位或转速信息。副控单元发送的信息应答直接附加在帧头上。

在第二种方式中，LIN主控单元指示副控控制单元应实施响应字段内包含的数据。因此该响应由主控单元本身发送。

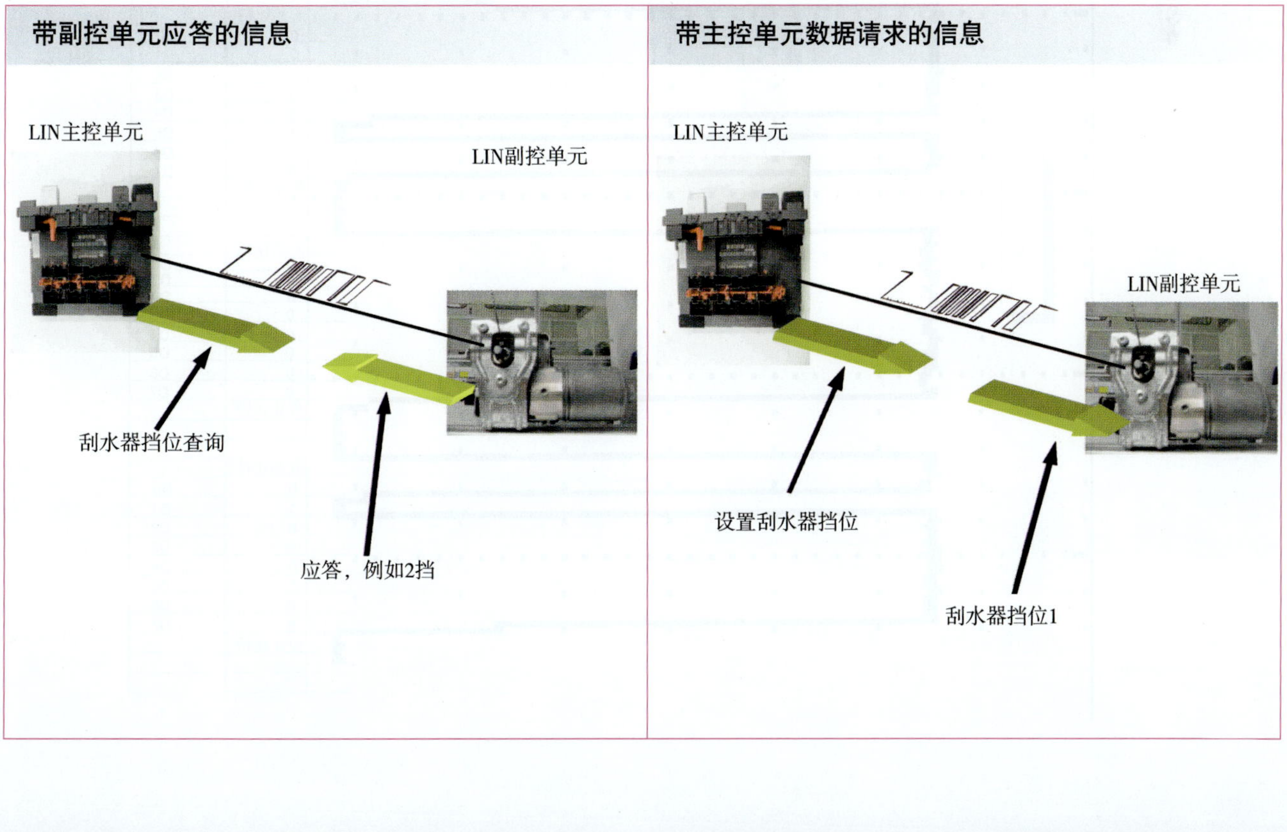

带帧头和响应的 LIN 信息

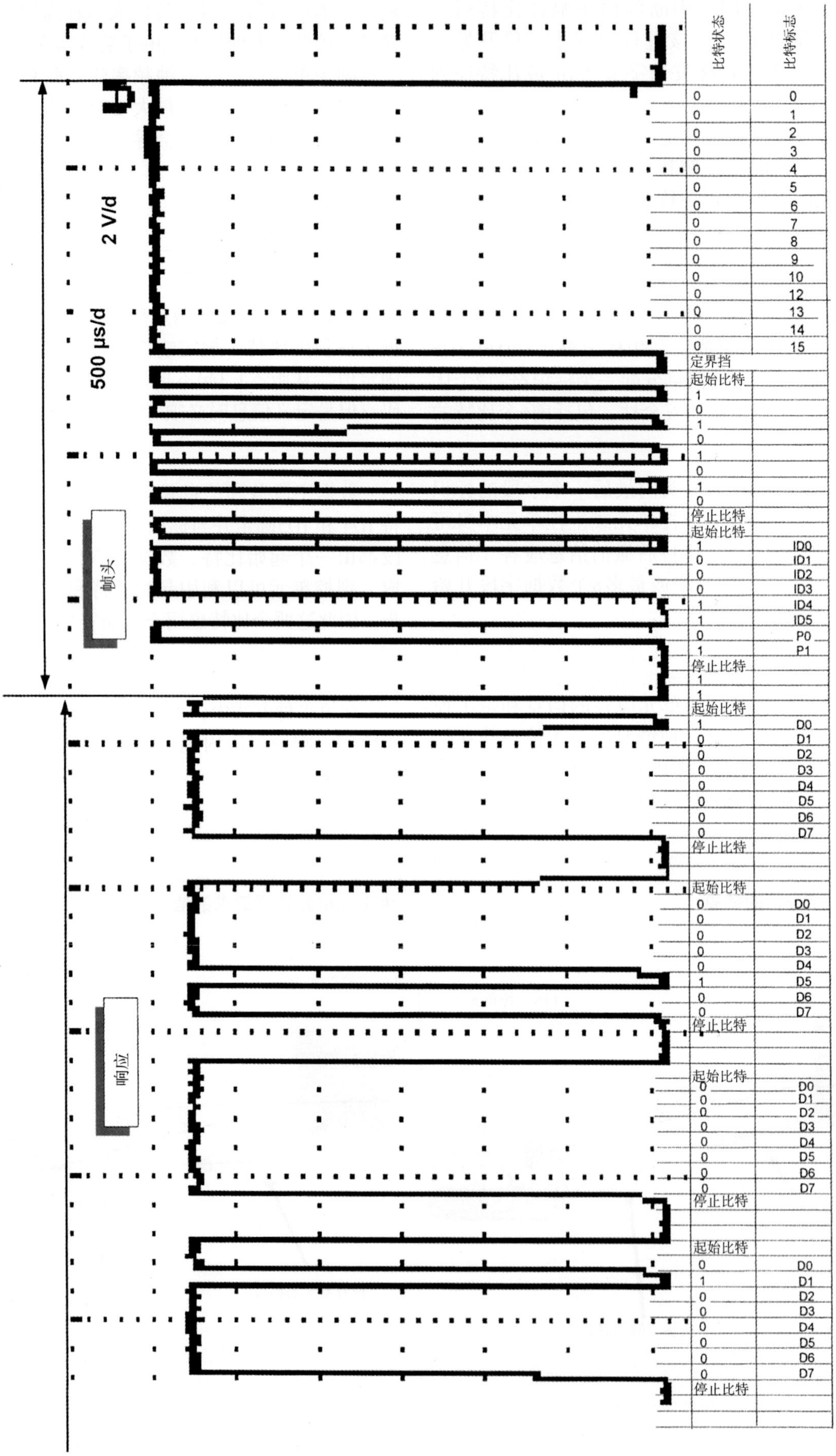

6 控制单元访问数据总线的策略

如果某个数据总线上连接了多个控制单元且这些控制单元要访问总线以便发送信息，必须有明确的总线访问标准，以避免出现所谓的总线冲突。下面以概览形式给出了可能存在的总线访问方法。

	受控制		偶尔不受控制	
	主控副控单元组合	多主控单元组合		
	中央控制	分散控制	无冲突	非无冲突
方法	**轮询法** 轮询法通常是指循环查询。在主控和副控单元系统中，主控单元询问副控单元是否要传输数据或主控单元可以直接请求所需要的数据。 **授权标记** 采用这种原则时，中央总线管理器（总线仲裁器）以一个特殊电码（权标）的形式将发送权限授予给某一总线设备。此后，获得相应权限的总线设备可以根据编程程序与其他总线设备交换一条或多条信息。访问结束后将权标交还给中央总线管理器。	**权标传递，权标环** 在网络中通过某一信号序列（权标）将发送权限授予给总线设备。目前占用权标的总线设备有权访问总线。前提是，所有节点都有一个规定的上节点和下节点。 **TDMA （时分多址）** TDMA 方法是一种时分多路传输法，在这种方法中每个循环内为每个节点分配固定数量的时间窗，在这些时间窗中节点可以传输一条信息。	CSMA/CA（带冲突避免的载波侦听多路访问） 采用这种方法时，网络节点在访问总线的同时通过所谓的仲裁阶段识别冲突。基于待传输信息的优先级，只有要发送最高优先级信息的节点以继续发送的方式访问总线。	CSMA/CD（带冲突检测的载波侦听多路访问） 在 CSMA/CD 中信息发送站监听传输介质（载波侦听）。传输介质空闲时，开始传输信息。传输介质处于占用状态时，继续对其进行监听。传输期间读取电平信号。如果另一个发送站同时开始传输数据，则会导致冲突。随后两个发送站中断其传输。
技术	LIN MOST	Flex Ray TIP TTCAN	CAN	以太网

6.1 CAN总线访问、避免冲突和仲裁

在比特对比特CAN中，通过直至 RTR 比特有效的标识符字段识别和排除冲突。为此原则上每个发送器都读取发送过程中其发送到CAN_L和CAN_H导线上的总线电平。

通过读取这两个电平可以与发送请求进行比较。如果读取时某个发送器识别到其发送的电平与发送请求不同，则表明另一个发送器发送了优先级较高的信息。该发送器放弃其发送器功能，以便作为接收器继续工作。此时该发送器的总线访问选择程序丢失。

仲裁过程

接收最后一条信息后，控制单元（节点）1、2和3开始发送其信息。

信息以始终为显性的 SOF 比特开始。因为这种情况适用于所有总线设备，所以所有总线设备都读取总线导线上相同的比特状态。随后节点将第11个标识符比特发送到总线上。如草图中所示，所有设备都要传输一个高位或隐性比特。因为读取到的电平不表示与发送请求有区别，所以所有节点都保持其发送功能并在时刻 c 时发送下一个比特。

节点 1 要将一个低位信号、节点 2 要将一个高位信号、节点3 要将一个低位信号发送到总线上。

读取时节点1和3识别到与发送请求无区别，节点2则识别到与发送请求有偏差，因为节点1和3发送的显性比特覆盖了节点2发送的隐性比特。

对节点2来说，这种情况表示其总线访问“丢失”且其发送请求必须延迟到某一时刻。节点2停止发送并成为接收器。因为这种情况在时刻c后立即出现，所以信息不会丢失且节点1和3可以继续发送信息。

标识符字段结束时，只有传输最高优先级信息的控制单元3仍处于发送模式。因此可确保带有较高优先级标识符的信息无延迟地发送至接收器。因此该标识符不仅表示信息，也表明了信息的重要性。

6.2 LIN 总线访问

在 LIN 数据总线中无需为组织总线访问而采取特殊措施。这种主控和副控单元系统可始终确保只有主控单元或帧头标识符内指定的副控单元发送信息。

7 总线信息传输

7.1 CAN总线信息传输

取决于所采用的CAN控制器，CAN分为基本型CAN和全功能型CAN。基本型CAN通常带有1个发送缓冲器和1~2个接收缓冲器。经过CAN控制器接收缓冲器的信息存储在应用程序处理器的存储器内。这个处理器还负责管理存储器存储位置。存储器内可存放信息的数量不受限制，仅取决于处理器性能。

全功能型CAN可明显减轻应用程序处理器的负荷，因为CAN控制器通常可通过其自身的中间存储器（缓存）最多管理 15 条信息。因此限制了待处理信息的数量。在现代系统中第 15 个信息缓冲器只能接收信息且信息处理过程与基本型CAN相同，因此弥补了这种缺点。

CAN控制器内用于接收或发送信息的每个存储器都通过应用程序分配有一个接收或发送标识符。

下页上的插图给出了全功能型CAN控制单元的基本结构。

各信息缓冲器与用于指定信息的邮箱类似。信息传输过程中，应用程序 XY 的微型计算机将诸如带有标识符 ID150的温度值信息存放在4号信箱内。在接收器侧带有这个标识符的信息可以通过编程器分配给 1~15 之间的任意一个信箱。

每个信箱或每个信息缓冲器都可以配置为发送存储器或接收存储器。

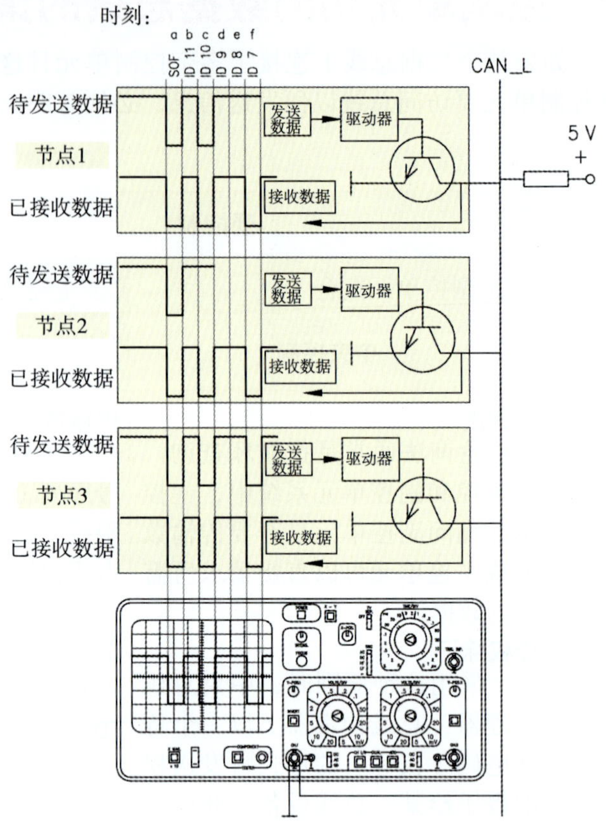

发送

发送时由应用程序微型计算机准备的信息存放在配置为发送缓冲器的存储器内，然后通过CAN控制器转换为CAN格式。为此插入一个起始比特和所需要的填充比特，同时附上 CRC字段、ACK 和结束比特。应用程序微型计算机负责确定标识符、数据长度代码、RTR 比特以及有关标准或扩展CAN信息的说明。

CAN控制器通过设置传输请求比特向应用程序发出成功传输信息的信号。

接收

接收时通过CAN控制器实现接收信息、清除填充比特、校验信息错误和查询标识符同步。如果未正确传输信息，则CAN控制器借助编程器规定的接受性掩码检查标识符。

如果标识符对应用程序来说很重要，则为标识符、控制寄存器和数据字节分配其中一个由程序规定的接收缓冲器。在全功能型CAN中，每次仅针对一个 ID 预留接收缓冲器。在存储器内进行查询后，CAN控制器通过设置一个状态比特将有关收到后续待处理信息的情况提供给应用程序微型计算机。

带CAN接口的控制单元的功能单元（简图）

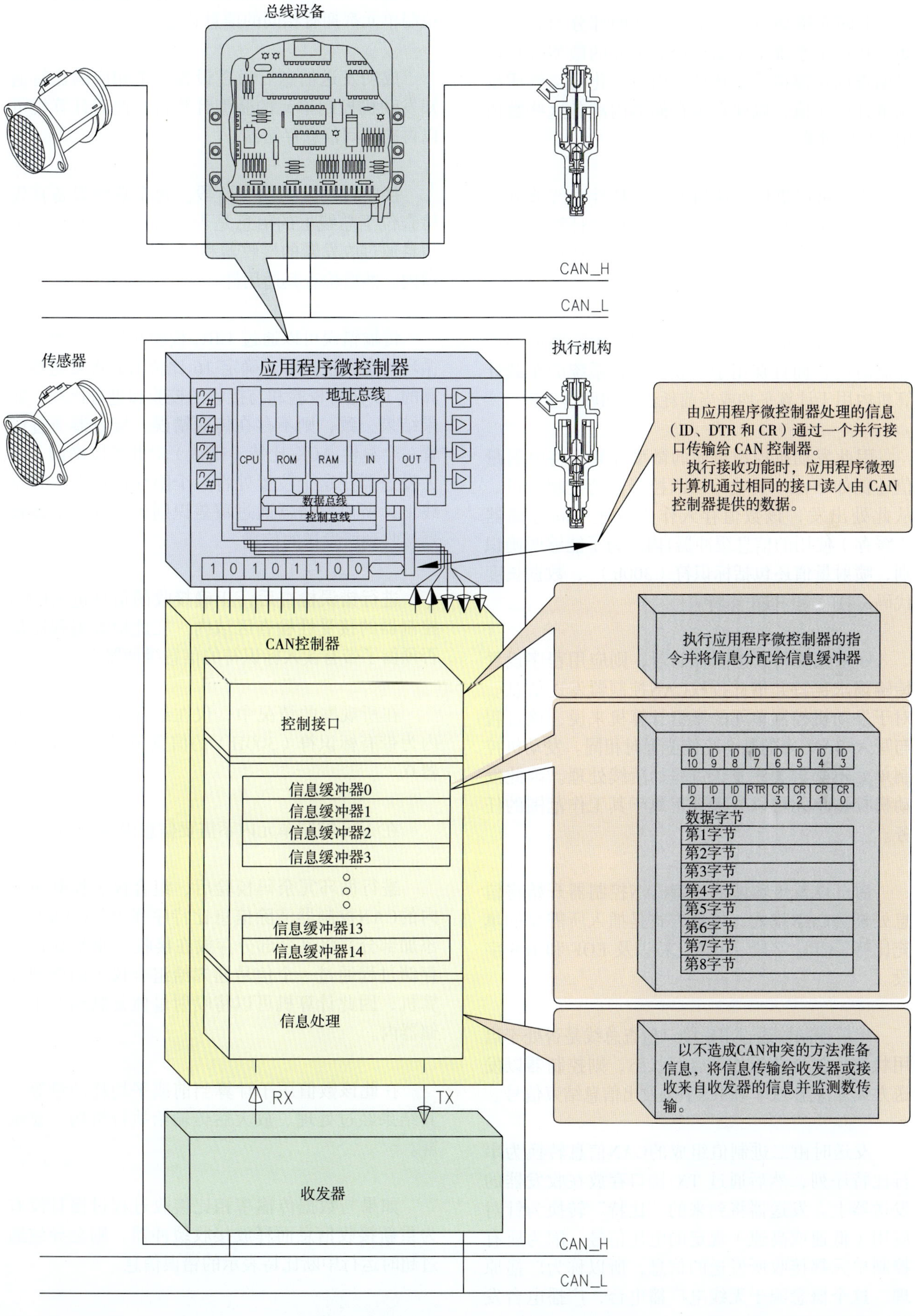

7.1.1 数据传输示例

下面介绍动力传动系统CAN的部分内容。例如，在这个系统中发动机控制单元的微型计算机定期查询在模拟数字转换器内数字化的空气质量流量计电压值，以便在主存储器内准备这些数值用于后续处理。

然后可以借助转速值按喷射特性曲线族确定基本喷射量并按规定的固定计算程序计算出喷射阀的控制时间。在此必须考虑来自RAM 的其他校正值。

计算得出的喷射量值不仅用于确定喷射阀的控制时间，而且在用于驾驶员信息系统的车载计算机内用于计算平均或当前耗油量和可达里程。

因此发动机控制单元的微型计算机将喷射量值（例如 34H）传输给CAN控制器的控制接口。从此处出发，该数值存入作为发送中间存储器（缓存）使用的信息缓冲器1内。为了能够明确识别，喷射量值还包括标识符（300h）、数据长度代码（1H）和 RTR 比特。

如果成功写入中间存储器，则应用程序设置传输请求比特并借此授权CAN控制器发送信息。对于发动机控制单元的微型计算机来说，该过程与写入 RAM 内的某个存储位置时相同。发动机控制单元不必再关注发送过程的后续处理。因此发动机控制单元可以处理真正属于其工作范围的任务。

通过设置传输请求比特CAN控制器开始将信息处理为CAN格式，处理方式是插入所需要的填充比特、CRC 字段、ACK比特以及 EOF 和 IFS 字段。

然后控制器通过 RX 接口检查总线是否处于启用状态。如果总线处于启用状态，则控制器以发送方式等待至 EOF 和 IFS字段发出信息结束信号。

发送时由二进制值组成的CAN信息转换为串行比特序列，然后通过 TX 接口存放在收发器的发送器上。发送器将到来的“比特”转换为针对应用（低速或高速）规定的电压信号。因为所有控制单元都接收所发送的信息，所以称为广播原理。这个概念源于无线电广播电台，广播电台发送一个节目，打开收音机并调到该节目的所有听众都能接收到。其优点是，所有连接在总线上的控制单元都拥有相同的信息状态。

成功发送信息后通过设置一个相应的比特通知发动机控制单元的微型计算机。此后计算机可以再次访问信息存储器。

接收过程分为两个阶段。每个总线设备首先检查位于总线上的信息是否有错误。为此将每个信息通过收发器的接收器和RX 导线读入CAN控制器内。然后检查其适用性。

传输错误可以通过 CRC 校验和确定。为此以循环冗余码校验形式确定 16 比特值并将发送器计算的 16 比特校验和与接收的校验和进行比较。如果结果一致，则不存在传输错误。接收器通过设置一个显性 ACK 比特（确认）对此予以确认。因为发送器在这个位置处将一个隐性比特发送到总线上，所以发送器通过覆盖识别到至少一个接收器接收到所发送的信息。

进行错误检查后，正确接收的信息进入CAN控制器的接受性检查区域内。在此检查编程器是否预留了带有读入标识符的信息缓冲器。

在所观察的情况中，仅在组合仪表控制单元内为带有标识符（300H）的信息预留了接收缓冲器 0。

在 ABS 控制单元内不需要信息内容。

进行循环冗余码校验后，组合仪表控制单元内的CAN控制器清除信息比特序列中的CAN专用添加部分并将其余部分存放在接收缓冲器 0 内。存储过程通过一个信号通知给组合仪表的微型计算机，因此计算机可以将喷射量值复制到其主存储器内。

在此该数值用于计算当前或平均耗油量等。其结果经过处理、放大后传输给执行机构、显示屏。

如果与数据传输率相比接收过程过慢且没有为重新接收信息而释放接收缓冲器，则会导致通过超时运行中断比特表示的错误信息。

数据传输示例，插图

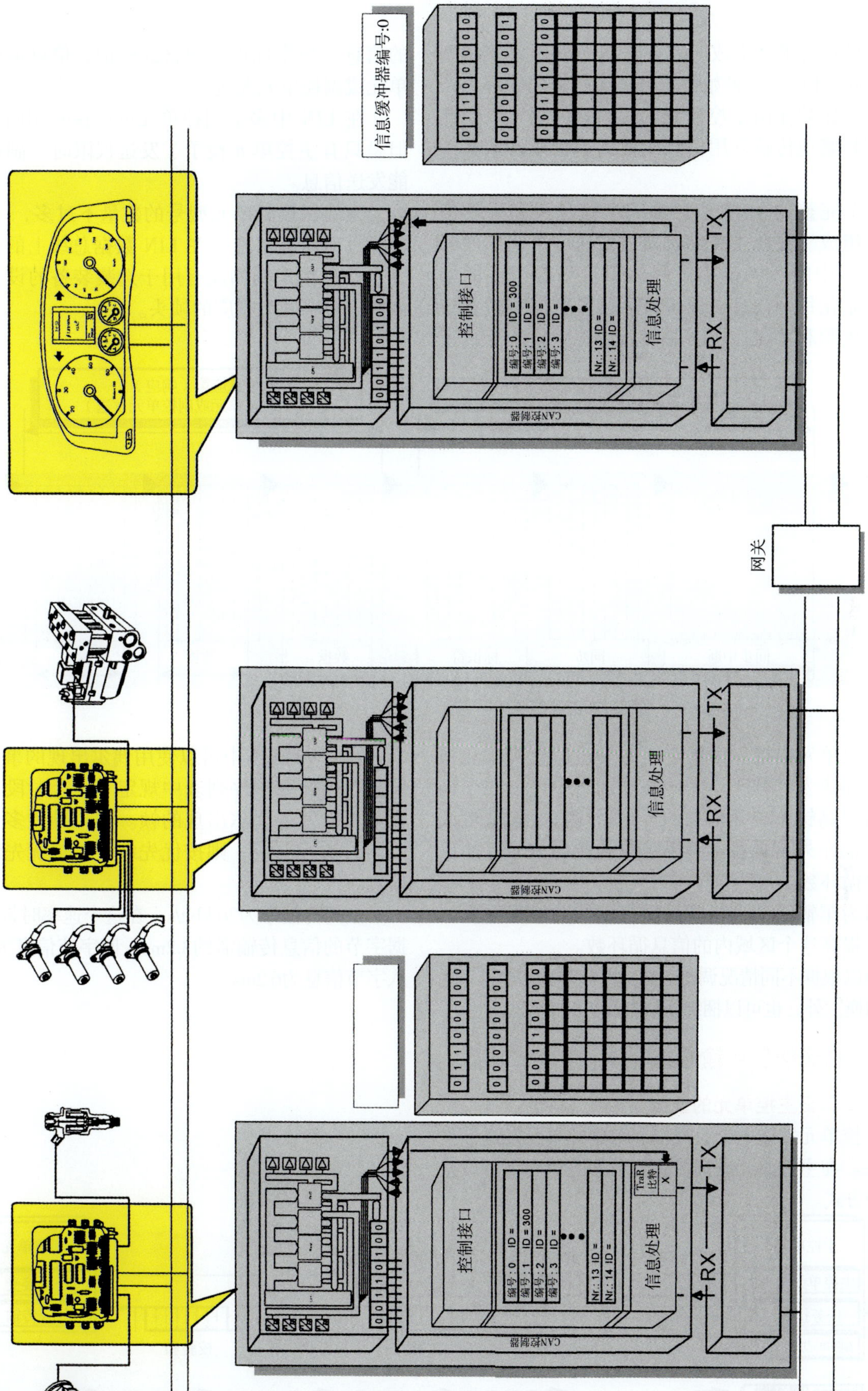
信息缓冲器编号:0
控制接口
编号: 0 ID = 300
编号: 1 ID =
编号: 2 ID =
编号: 3 ID =
Nr.: 13 ID =
Nr.: 14 ID =
信息处理
RX
TX
CAN总线
网关
信息处理
RX
TX
CAN总线
控制接口
编号: 0 ID =
编号: 1 ID = 300
编号: 2 ID =
编号: 3 ID =
Nr.: 13 ID =
Nr.: 14 ID =
TraR
比特
X
信息处理
RX
TX
CAN总线

7.2 LIN数据传输

信息头和信息应答

与只有请求或更改时才发送信息的事件控制型总线不同，LIN是一种始终重复传输数据的循环工作系统。工作顺序由主控控制单元的软件决定。因此可以更频繁地传输常用信息或根据运行条件调整信息顺序。

一个完整的 LIN 信息由一个信息头和一个信息应答组成。在此主控单元通过发送一个起始序列（由同步中断、同步字段和标识符字段组成的帧头）初始化每个信息。标识符后通过数据字段和校验和或校验和字段在所谓的信息应答中给出了真正的信息。根据标识符包含的标记，信息可以由主控单元或副控单元发送。

在 LIN 中多个副控单元可以接收相同的信息；但是只有主控单元授予了发送权限时，副控单元才能发送信息。

为确保控制单元型号的数量不过多， LIN 主控单元针对所有可连接在 LIN 数据总线上的控制单元发送信息头。例如没有用于选装装备的设备时，示波图上可看到无响应的帧头。

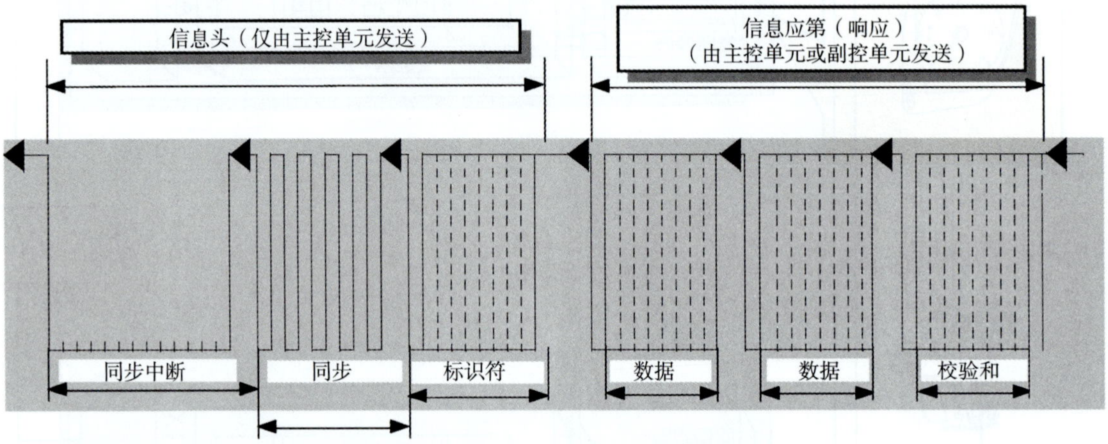

时序表

主控单元根据一个指定了待发送信息次序和频度的时序表发送帧头。因此在子网络中可以在车辆静止时提高锁止单元信息的传输循环数并降低带调节装置的车外后视镜、暖风装置和转向信号灯的信息传输循环数。

因为车辆起动且行驶后后视镜的功能很重要，所以需提高这个区域内的信息循环数。

可以根据不同情况调整各LIN组件的响应时间。除了“切换”外，也可以捆绑新信息和更改网络管理。

在 2.0 版LIN中可以使用偶尔出现的事件控制式信息。因此在顺序列表中规定了一个时段，在该时段内可以发送偶尔出现的帧。如果导致多个副控单元同时访问总线，则按优先级仅传输优先级较高的信息。

最高传输率为20 kbit/s。在这个速率时带有两个数据字节的信息传输需约3.2ms，四字节信息为4.2 ms，八字节信息为6.2ms。

7.2.1 总线信息传输方式

从副控单元至主控单元的数据

主控单元发送一个只授权一个副控单元发送信息的帧头。在主控单元查询传感器数据等情况下可以选择这种方式。

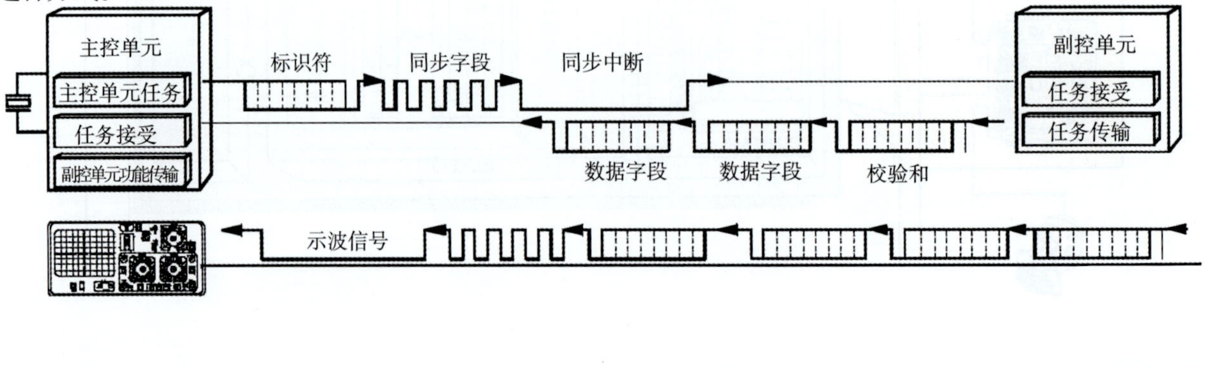

从主控单元至副控单元（或多个副控单元）的数据

在这种通信方式中，主控单元在帧头后响应字段内发送用于一个或多个副控单元的有效数据。副控单元通过标识符识别到数据规定只用于副控单元本身且必须进行处理。

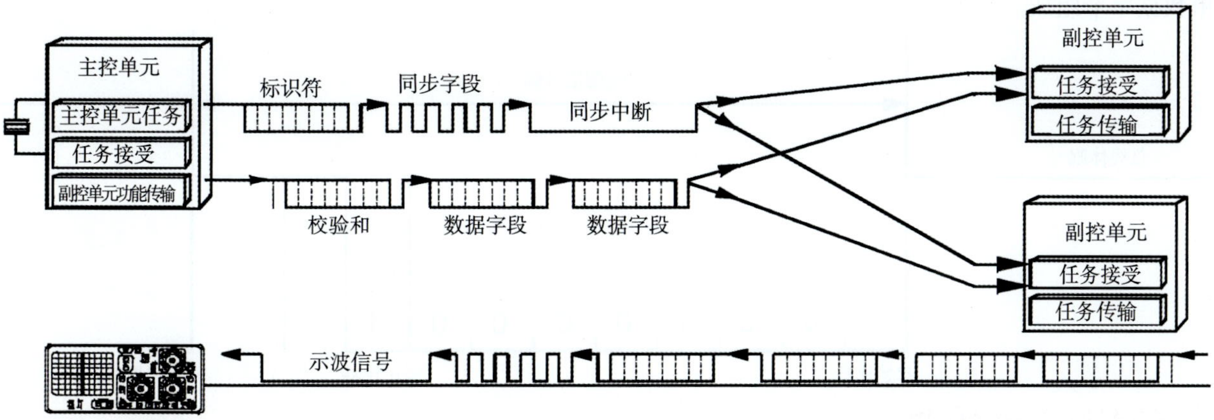

从副控单元至副控单元的数据

只有主控单元要求时，才能在副控单元之间交换数据。

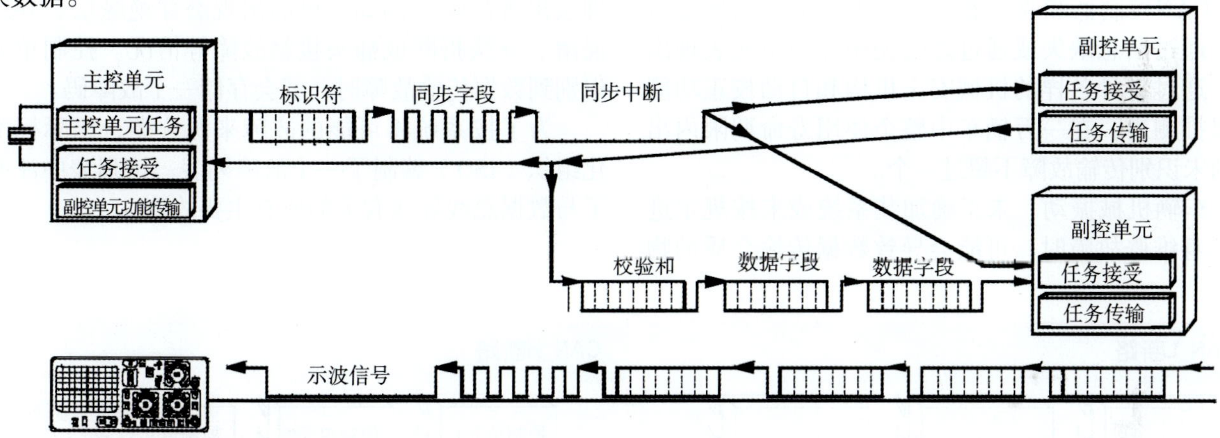

7.2.2 特殊总线信息

休眠帧

为降低空闲时的电流，可以使 LIN 总线进入休眠模式。为此主控单元发送一个带标识符 3Ch 的特殊休眠帧。此外第一个数据字节内还必须带有数值 00h。接收并处理信息后，所有连接在 LIN 总线上的节点都进入“休眠状态”。

此后总线电平持续保持在电压值U_{bat}或为隐性电平。需要时每个总线设备都可以中止休眠模式。

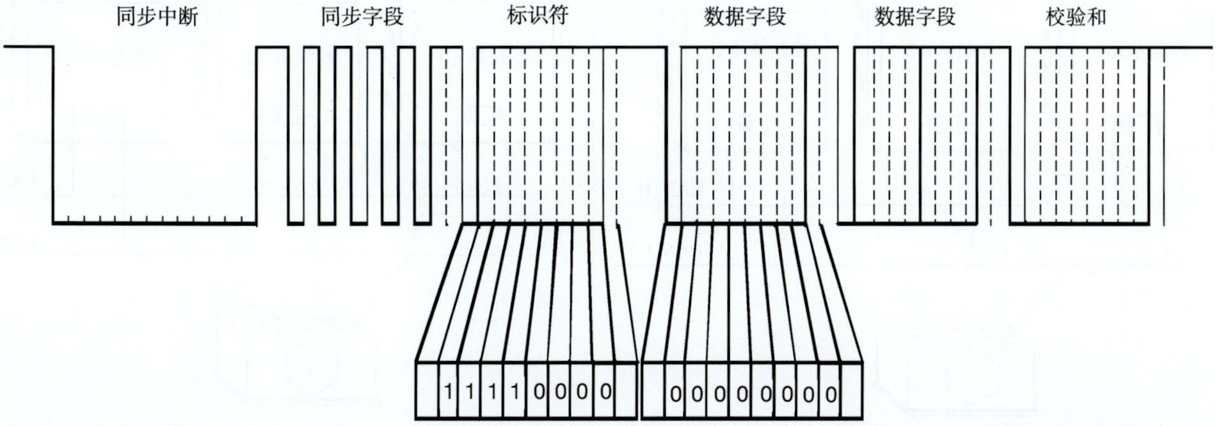

唤醒信号

如果某个特殊事件（例如无线遥控钥匙信号）后一个节点发送唤醒信号，则重新唤醒总线设备。这个信号由一个包含数据 80 h 且以唤醒定界符结束的单数据字节组成。

主控单元接收信息并检查其有效性后，就会发送一个同步中断字段以启用副控单元。

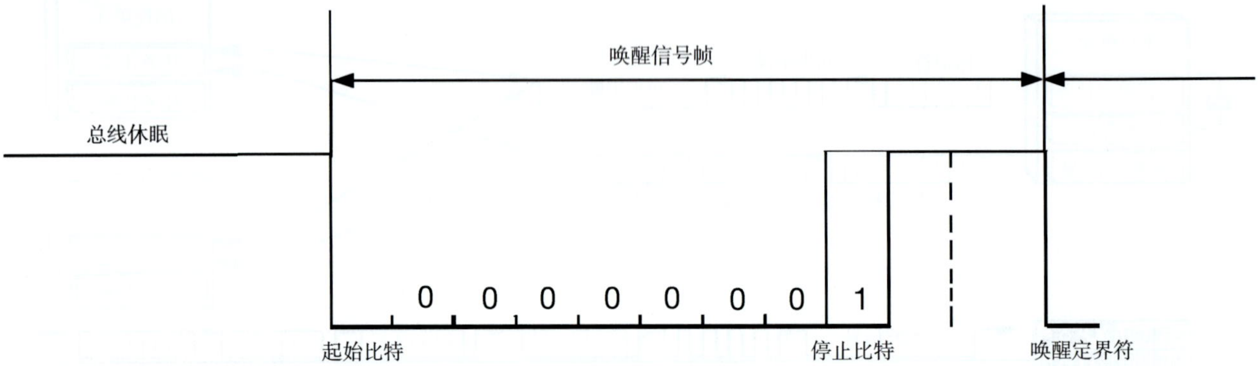

8 数据导线故障

8.1 CAN数据导线故障

CAN控制器和收发器很少出现故障。出现故障时，通过信息缺失或通过总线关闭控制单元表现出来。通过各种各样的机械安全机构和自动校正功能可以推测出，在一万辆车中整个使用寿命期限内出现的未识别传输故障不超过一个。

车辆机械振动、未正确加装系统或未按规定进行车身维修故障时，可能会导致数据传输介质的物理层出现故障。例如，可能出现磨穿绝缘层、导线混淆、导线折断或插头接触故障等情况。控制单元识别到数据传输故障时，就会存储一个故障码。

为了按系统将可能的故障来源分类，国际标准化组织（ISO）编制了一个故障列表。该列表中注明了与数据总线导线有关的所有主要故障。

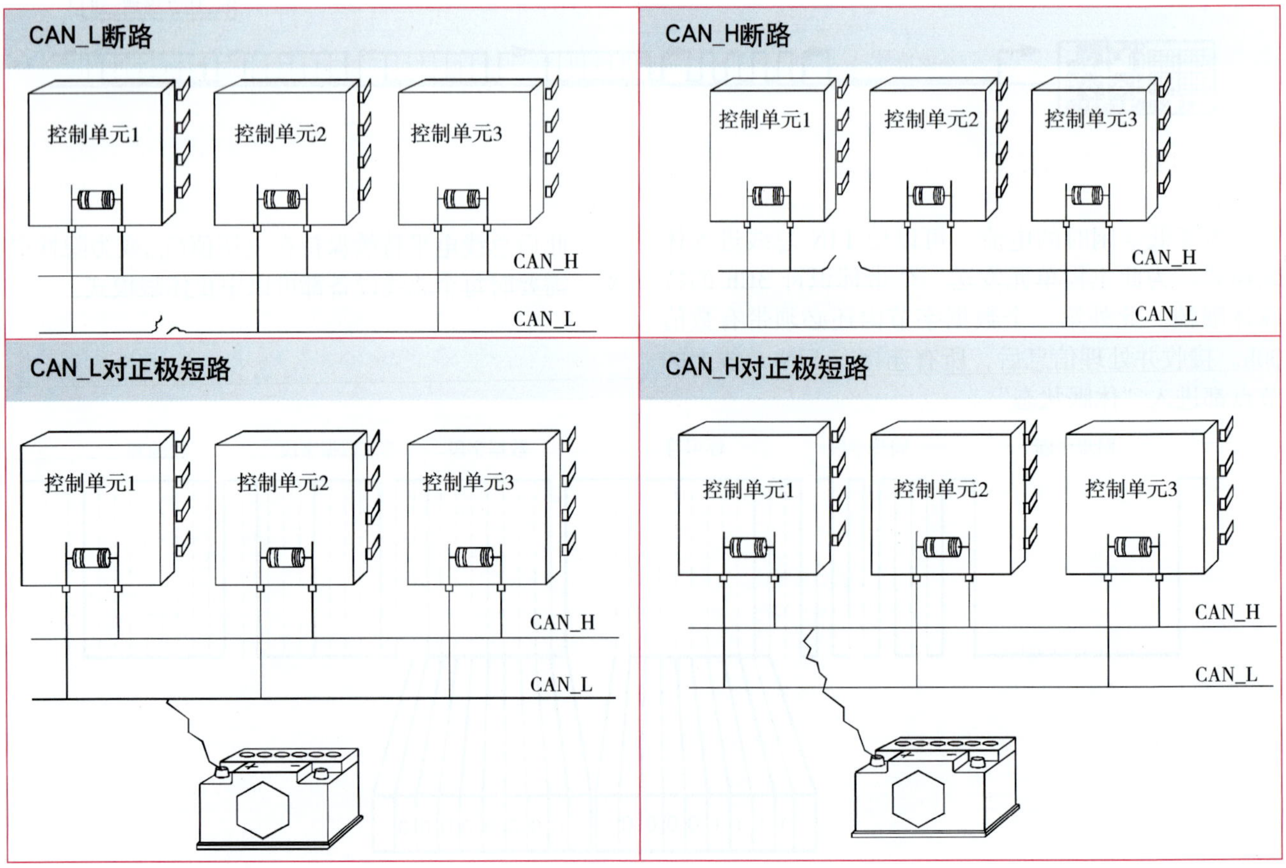

CAN_L对负极短路

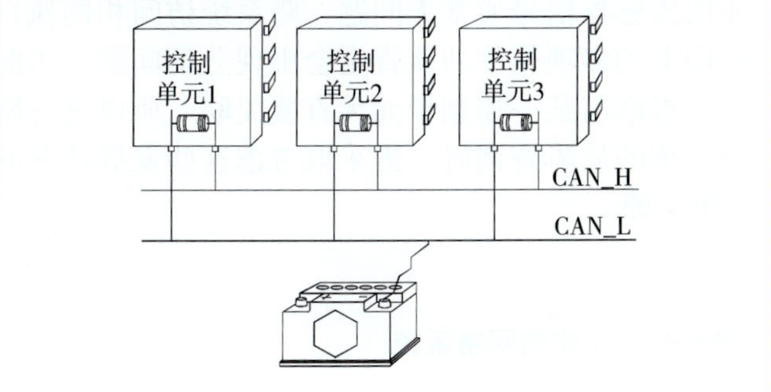

CAN_H对负极短路

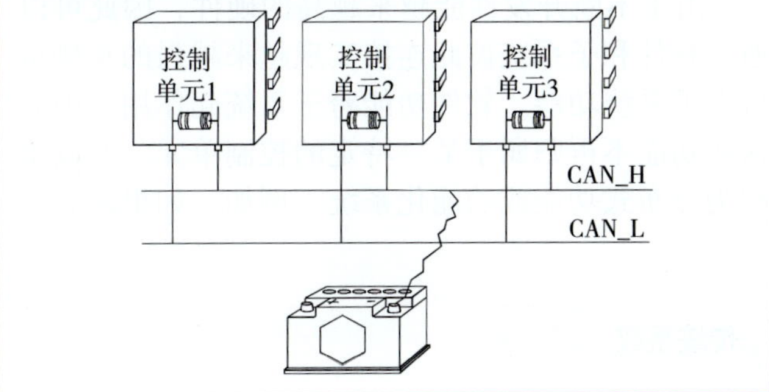

CAN_L和CAN_H彼此连接

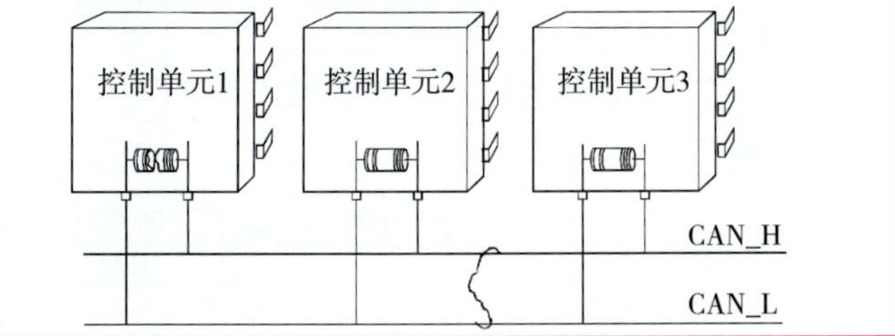

电阻缺失

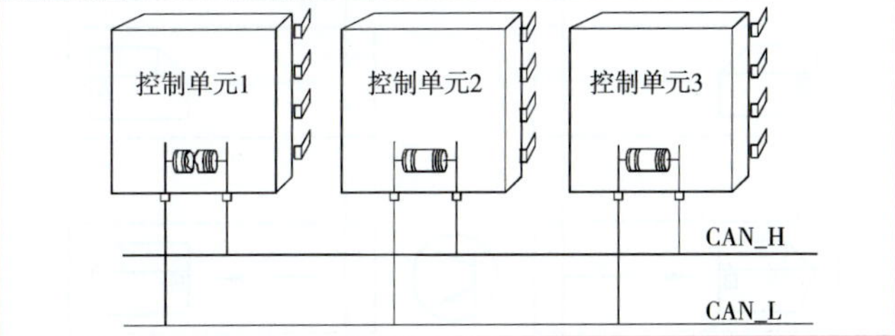

实际上可能出现下图所示的其他故障。

CAN_L和CAN_H断路

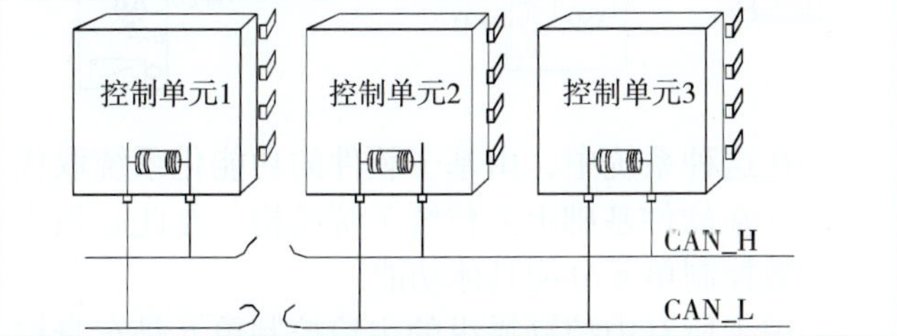

CAN_L和CAN_H彼此交叉

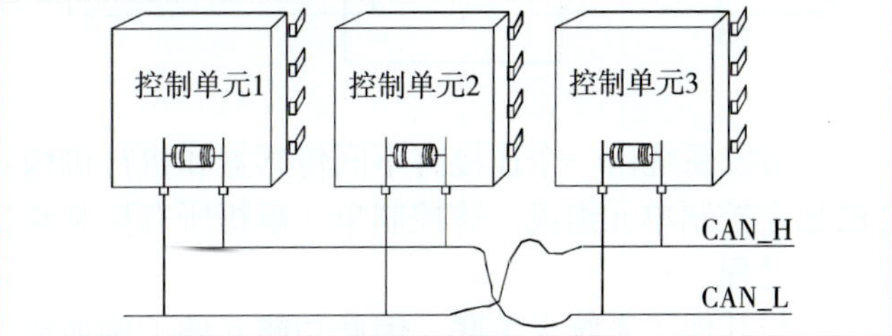

CAN_L和CAN_H彼此连接且对负极短路

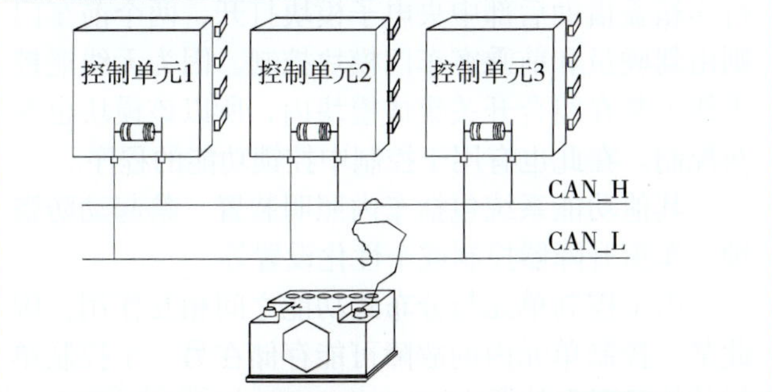

CAN_L和CAN_H彼此连接且对正极短路

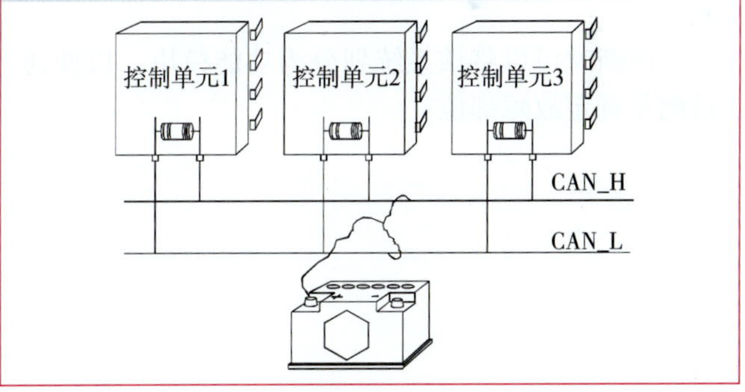

8.2 LIN数据导线故障

对LIN数据总线来说没有专用的ISO标准故障列表，因为该系统采用单线技术，所以只有几种故障情况。

LIN数据导线断路

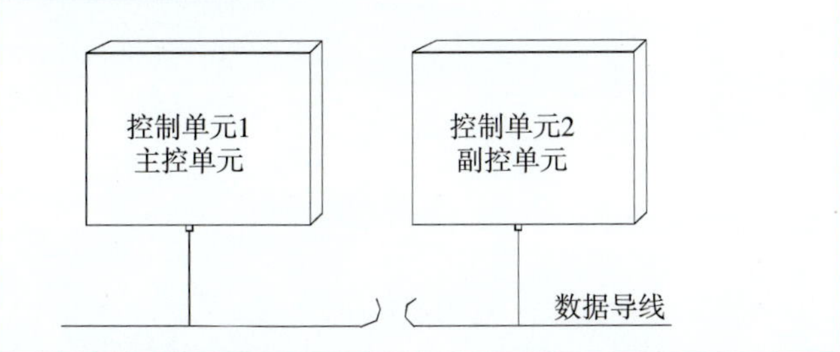

LIN数据导线对正极或对负极短路

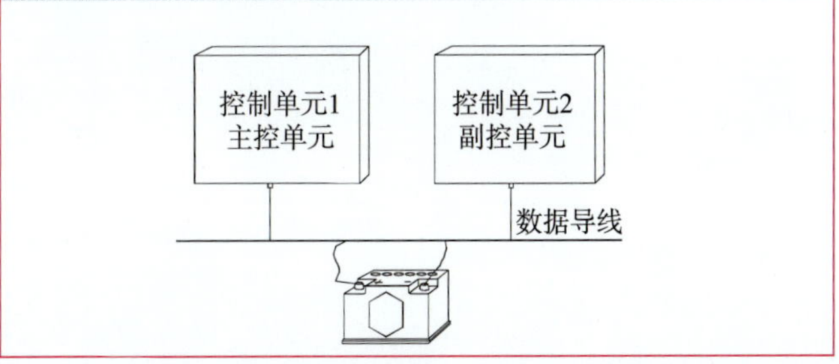

9 网络系统诊断

由于不断开发性能越来越高的硬件，因此可以通过软件和子系统彼此连接实现越来越强的车辆机械电子系统功能。软件功能跨子系统起作用，因此这些功能不再归属于某一特定的控制单元。所以也称为分布式功能或功能化系统。例如，如果跨系统使用传感器信号通常无问题，跨系统访问相同执行机构上的多项软件功能肯定会出现分配问题。因此客户报修与某一控制单元无直接关联。所以进行网络系统的故障查询时，需采取考虑这些发展情况的诊断策略。

传统系统

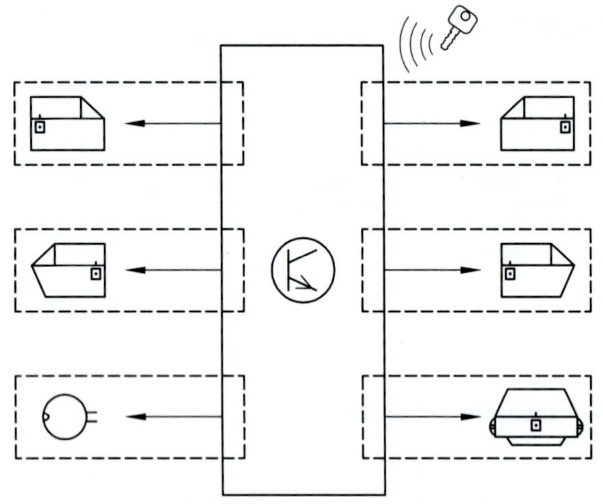

传统系统由一个连接有不同传感器和执行机构的独立控制单元组成。该控制单元承担所有控制和调节过程。

与其他子系统无关联，因此功能元件（例如传感器、控制单元）发生故障时不会影响其他控制单元。

诊断时可以将该系统划分为功能模块，以便通过测量确定故障部位。

带分布式功能的网络系统

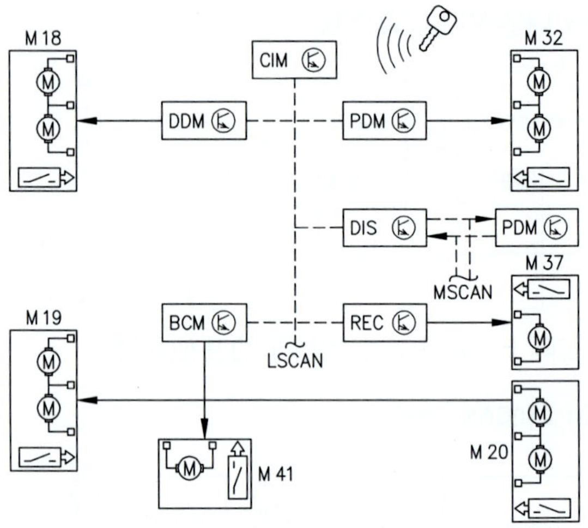

在这种系统中，由基于软件的功能化系统取代了建立在软件基础上的传统系统结构。在此必须为大多数控制单元分配具体功能。

用于所有中控锁操纵的主控控制单元是车身控制单元。该控制单元控制两个后车门及燃油箱盖。行李箱盖借助后部中央电子模块打开，两个前车门则由驾驶员和前乘客车门模块控制。因为无线遥控天线安装在组合开关集成模块内，所以该模块也参与控制。在此也有用于控制中控锁功能的程序。

其他功能系统包括车内照明装置、禁起动防盗锁、车窗升降器控制或个性化设置等。

由于控制单元与分布式功能之间相互作用，因此某一控制单元内的故障可能存储在另一个控制单元的故障码存储器内。

只有确保功能联网时，才能在这个系统中确定故障部位。

9.1 诊断策略

进行网络系统诊断时必须遵守结构化工作步骤，以便能够迅速可靠地对故障和故障原因进行诊断。如果比较各汽车制造商的规定，就会发现可以将类似的结构划分为七个层面。引导性问题有助于进行诊断。如果读者想到了其他引导性问题，请记录下来。

层面	引导性问题
报修层面 该层面是以目标为本和以客户为本进行诊断的基础。在此必须尝试获取尽可能多的与报修有关的信息。 应尽可能准确地记录客户报修内容，以便在车辆进行工作的每个人都了解同样的信息。	- 能否询问客户？ - 能否与客户一起进行试车？ - 感觉到有哪种故障现象？ - 何时以及在哪些情况下出现该问题？ - 是否有可能是故障原因的车辆历史记录（例如车主加装了收音机）？ - 出现报修问题前是否维修过车辆？ - 是否有故障前期征兆？ 是否有噪声或异味？ - 哪些环境影响导致出现故障？ - 使用条件是否异常（例如牵引房车）？ - 故障偶尔出现还是持续存在？ - 是否正确操纵该系统？ - 该故障是否带来有明显特征的问题？ - 报修问题是否与设计有关？
准备层面 该层面用于问题情况具体化和限定问题范围。	- 检查客户报修问题。 - 是否能再现故障或故障码存储器内的故障记录？ - 如果该故障无法再现或继续出现，必须查阅售后服务信息（常见故障）。
功能层面 该层面用于系统分析和确定系统界限，同时是以目标为本进行诊断的基础。	- 该故障可以归入哪个子系统或功能化系统？ - 功能化系统的元件如何协同工作？ - 哪些功能元件属于该子系统或功能化系统？ - 在哪个方面进行故障查询最合适？
现场直观检查 开始检查假定的故障来源的系统。该层面仅理解为现场直观检查且涉及所有可接触到的功能元件。 尽管进行诊断工作时这个层面能够提供一些启示，但是常常会跳过该层面。如果知道报修问题中大约 10% 的原因可借此找到，那么其重要性是不言而喻的。	- 所有接地连接是否都干净、牢固、正确且完好无损？ - 归属该功能系统的功能元件的熔丝是否正常？ - 相关系统的所有插头连接件是否都干净、牢固且完好无损？ - 真空软管是否折弯、撕裂或泄漏？ - 机油油位和冷却液液位是否符合规定？

层面	引导性问题
检测前提条件层面 在传统系统中这个层面不必很详细。 进行网络系统的故障查询时，在此必须考虑引导性问题，因为出现通信问题时不存储故障记录。	– 诊断设备是否能正常工作？ – 能否读取故障码存储器记录？ – 哪些结果表明通过网络查询了远处的故障码？ – 所有控制单元是否都参与通信？ – 控制单元是否在总线上注册？ – 是否根据装备情况配置或调整了控制单元？是否正确设置了控制单元的参数？ – 参数设置是否不完整？ – 终端电阻是否起作用？是否安装了合适的电阻？
故障查询层面或检测和测量层面 这个层面的目的是，获得检测结果并进行分析，从而明确确定故障部位。	– 必须按哪个顺序处理故障码？ – 哪些情况可能产生故障码？ – 必须读取哪些测量值块？ – 实际值是否在公差窗口的界限内？ – 是否能比较不同传感器的实际值？是否能看出哪些关联不可信？ – 是否能进行执行元件诊断？ – 哪些诊断设备适用于进行故障查询？ – 如果引导型故障查询程序未找出故障，必须选择哪些测量和检测部位？ – 在哪里能找到测量和检测点？ – 是否缺少学习值？ 例如在某些系统中断开蓄电池接线后。 – 如何防止故障反复出现？
故障排除层面 在此弄清楚应如何维修有故障的系统。	– 如何进行维修或修理？ – 使用哪些工具和辅助工具？ – 维修会带来哪些后果？
检查层面 该层面用于确保诊断和维修工作质量，从而保证客户满意。	– 如何检查是否排除了报修问题或故障？ – 是否恢复到车辆的标准状态？ – 是否删除了故障码存储器记录？ – 是否进行了试车？ – 自学型系统是否能自学习（自适应）？ – 哪些记录表明查询了远处的故障码？ – 是否有不相关的故障记录？

9.2 检测方式

由于CAN和LIN中可能产生的故障很多，因此没有普遍适用的测量或检测方法。因此，诊断技师必须根据具体情况决定使用哪些测量和检测工具。做出决定的标准是故障特征、检测经验、可供使用的设备和车辆状态等。

测量和检测工具：可以使用通用测量设备、示波器、诊断测试仪和CAN分析系统。

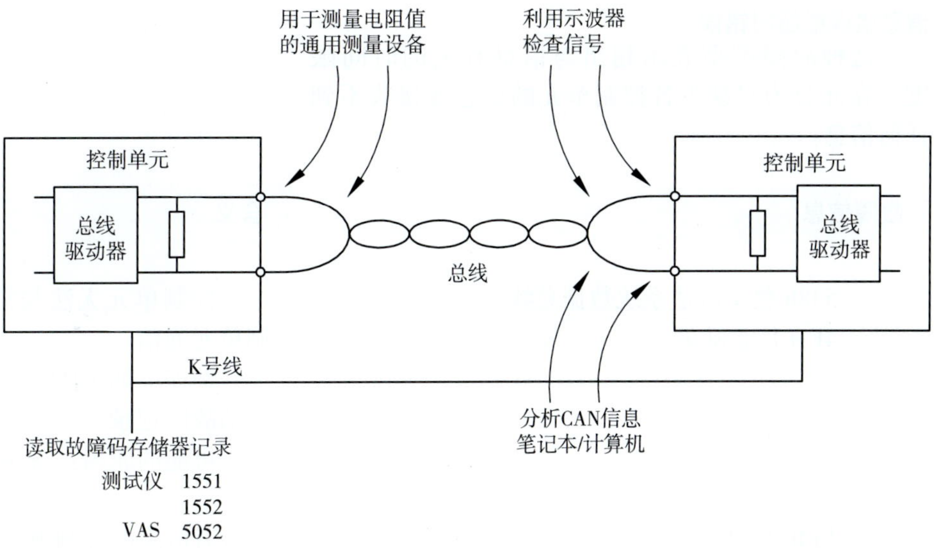

9.2.1 利用诊断测试仪检查

连接在CAN和LIN数据总线上的控制单元通过其自诊断功能软件（车载诊断）识别与总线有关的故障，例如导线故障、信息错误、超时错误和硬件故障。读取故障记录后，可以利用这些信息有针对性地进行故障查询。但是前提是对故障码存储器记录及其解释非常了解。

首次确认故障时和维修后原则上必须读取故障码存储器记录，以便证明排除了故障。借助诊断测试仪确定故障部位的另一种方式是显示实际值或进行执行元件诊断。

通过K导线连接测试仪

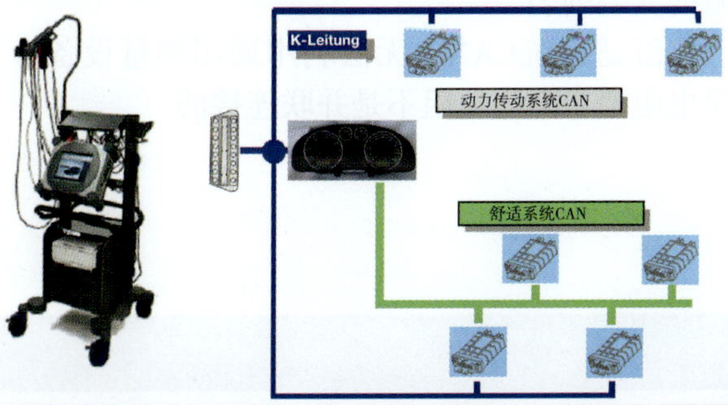

通过CAN总线连接测试仪

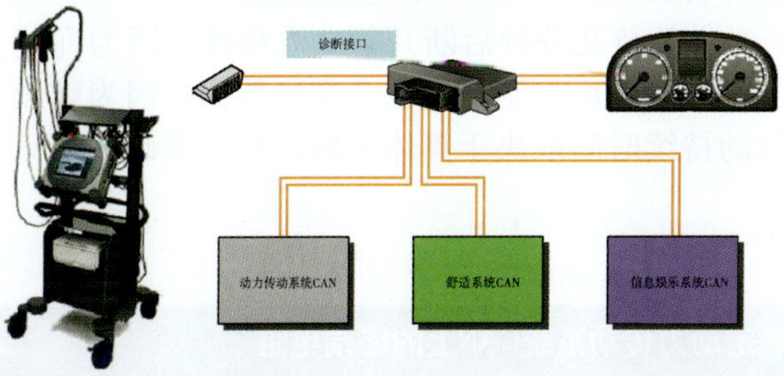

控制单元故障码存储器内可能存在的信息

故障记录的含义和数量取决于车辆制造商。因此在此给出的示例不具有普遍适用性。

总线故障　这种故障类型表示CAN总线上的基本故障

故障信息	含义
538h 整个舒适系统数据总线 25h 损坏	控制单元与总线完全断开。控制单元无法发送和接收数据且不能将故障码发到总线上。 处于这种状态后，应用程序微型计算机在等候时间后尝试重新启用CAN控制器。
338h 整个舒适系统数据总线 50h 处于单线模式	曾接收到一个网络信息，该信息表示单线模式持续至少一秒钟或信息中包含单线故障比特。

信息错误或超时错误

这种故障类型表示超出与信息有关的时间限度。在此分为只缺少各控制单元的信息或接收不到任何信息。

故障信息	含义
538h 整个舒适系统数据总线 4EH 信息缺失	控制单元无法与需要其数据的一个或多个控制单元通信。 例如，如果 500 ms 内无法接收信息，则存储通信故障记录。 可能的原因：未安装或配置控制单元
514h XYZ 控制单元 31h 无法通信	有故障的控制单元未收到信息。 其原因可能是导线断路或设备未在总线上注册。

9.2.2 利用通用测量设备检查

利用通用测量设备可以确定终端电阻阻值、测量数据导线上的电压值以及检查数据导线的导通性或是否短路。

检测电阻时数据导线必须无电压。如果要检查的系统进入休眠模式且关闭点火开关后数据导线上仍然有电压，则必须断开蓄电池接线。

必须等待几分钟后断开蓄电池接线，因为即使关闭点火开关后控制单元也会交换数据。因为继续运行的持续时间取决于具体车辆，所以准确数值只能查阅相应的制造商资料。

为确保系统内的所有电容器能够放电，应至少等候五分钟。

为检查车辆，在此需要带节点或分配器说明的网络示意图以及连接在总线上的控制单元及其终端电阻的安装列表。

在舒适系统CAN中无法利用通用测量设备静态测量电阻值，因为电阻不是并联连接的。

确定动力传动系统CAN上的终端电阻

终端电阻通常安装在属于车辆基本装备的两个控制单元内。测量时总线上不得连接有其他测量设备。供电已关闭。

计算

两个电阻并联连接。因此总电阻值为：

$$R_{ges}=\frac{R_1 R_2}{R_1+R_2}=\frac{120\,\Omega\times120\,\Omega}{120\,\Omega+120\,\Omega}=60\,\Omega$$

测量电路的原理图

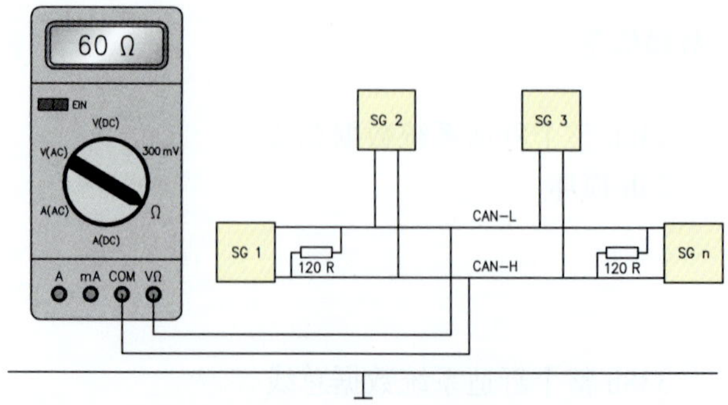

测量结果评估				
电阻值 ...	小于5Ω	大于5Ω 小于5Ω	大于70Ω	符合规定值
测量结果解释	CAN_L与CAN_H之间短路	总线上至少安装了第三个带有终端电阻的控制单元 某个控制单元的终端电阻有故障 有电流分流	如果测得的电阻值大于70Ω，但是小于140Ω，则可能只在一个控制单元内有终端电阻，或者至带终端电阻的控制单元的总线导线中至少有一个导线断路 如果电阻值大于140Ω，则说明至少两个控制单元的连接中断	终端电阻正常且符合规定
限定故障原因	依次从总线上断开控制单元接线并重复进行测量	依次从总线上断开根据安装列表不带终端电阻的控制单元 寻找电流分流部位	依次从总线上断开控制单元接线 寻找导线断路部位	

确定控制单元内的终端电阻

过程	测量电路的原理图
关闭供电且经过相应的等候时间后，从总线上断开待检测的控制单元并将欧姆表连接在总线导线的接口上。	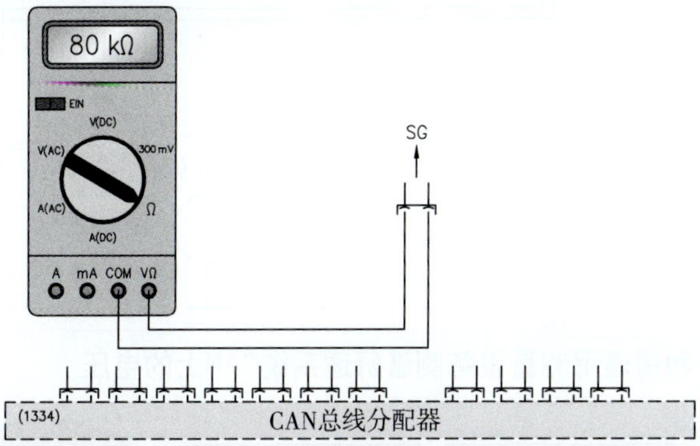

测量CAN数据总线导线与总线端15、30和31之间的电阻

过程	测量电路的原理图
关闭供电后，将欧姆表依次连接在总线端15、30、31和其中一个数据导线上。 在双线系统中必须检测两个导线。	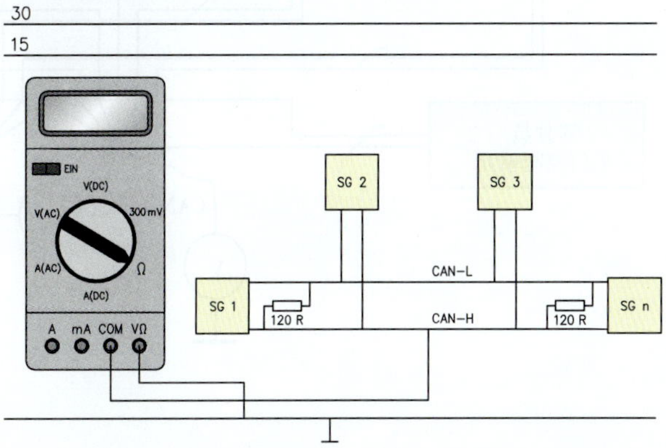

测量结果评估

·数据导线CAN_L、CAN_H与总线端 31 之间的测量值。

如果电阻值大于 300Ω，则说明该系统正常。如果数值小于 300Ω，则存在短路或电流分流至总线端 31。

·数据导线与总线端 15 和 30 之间的测量值

如果每次测量时电阻值都大于5kΩ，则说明未连接到总线端15和30且不存在故障。

如果测量设备显示电阻值小于5kΩ，则表示所检查的接口之间短路。

·限定故障原因

在两种情况下都可以通过拔下控制单元、检查控制单元插头和连接部位进一步限定故障部位。

利用电压表检查数据导线

利用高级电压表可以在数据导线上测量电压电平，以便评价基本系统功能。

测量时点火开关必须处于打开状态且没有任何其他检测设备连接在总线上。

利用通用测量设备测量动力传动系统CAN上的电压

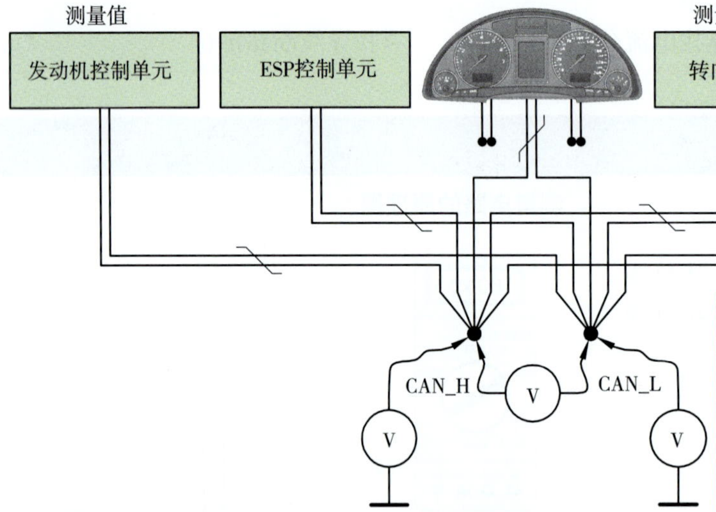

测量点:	电压值
CAN_H与总线端31之间	2.6 ~ 2.9 V
CAN_L与总线端31之间	2.4 ~ 2.1 V
CAN_L与CAN_H之间	0.2 ~ 0.8 V

利用通用测量设备测量舒适系统CAN上的电压

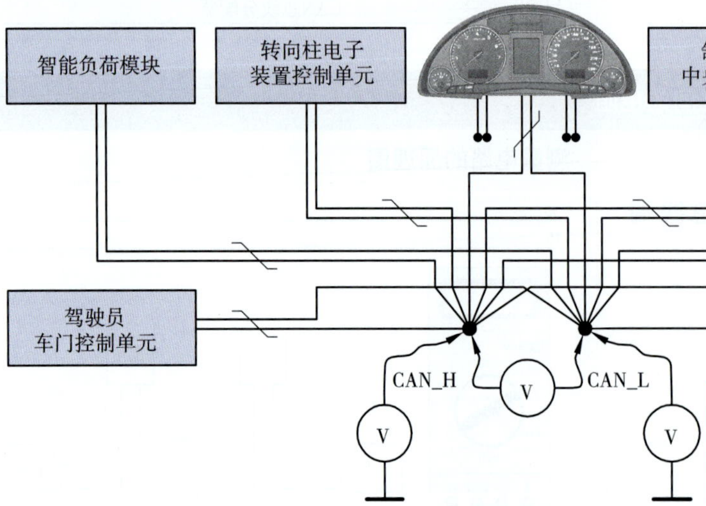

测试点	电压值
CAN_H与总线端 31 之间	3.2 ~ 4.6 V
CAN_L与总线端 31 之间	4.1 ~ 4.8 V
CAN_L与CAN_H之间	0.2 ~ 0.9 V

利用通用测量设备测量信息娱乐系统CAN上的电压

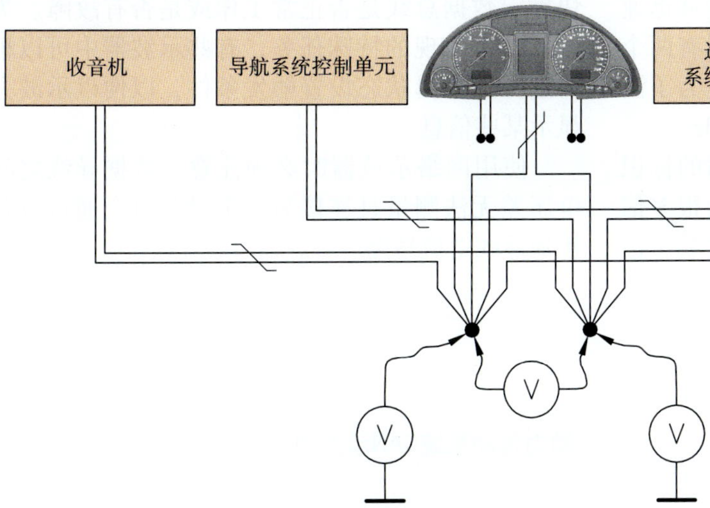

测量点	电压值
CAN_H与总线端31之间	3.2 ~4.6 V
CAN_L与总线端31之间	4.1 ~4.8 V
CAN_L与CAN_H之间	0.2 ~0.9 V

利用通用测量设备测量 LIN 数据总线上的电压

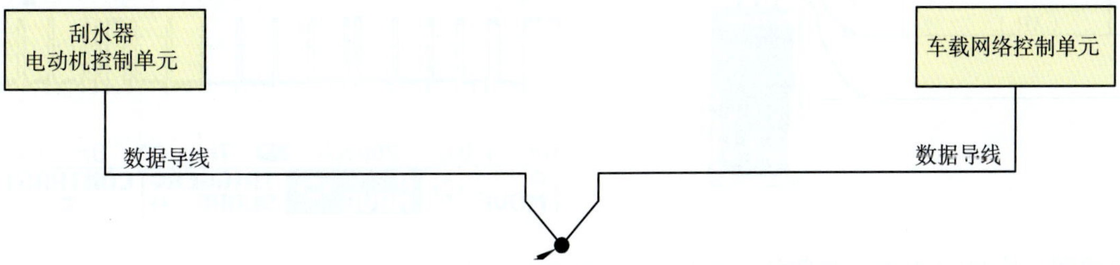

测量点	电压值
数据导线与总线端31之间	最高 10.65V

9.2.3 利用示波器检测信号

采用这种测量方法时，可以在点火开关打开的情况下分析总线导线上的信号流程，从而能够迅速准确地识别数据导线层面上的故障。示波器有两个通道和一个存储器，可以实现无电位测量。为了测量时评估信号沿陡度，最低带宽应达到20MHz。

信号流程示波不用于分析或评价所传输的标识符或字节变化。同时也无法实现示波，因为很多信息带有不同的标识符，示波器只是随机触发某个信息脉冲。因此示波图仅用于评价数据导线的物理层面。通过相应的练习和典型的比较，示波图可以很快确定数据总线是否正常工作或是否有故障。为完成发展中出现的特殊任务，有些示波器中可以根据所选择的逻辑状态设置触发条件，以便以示波方式显示某些信息。

使用网络示波器时必须注意，数据导线之间的电压差无法测量且连接另一个设备时会通过设备的接地导线造成短路。

以示波方式显示动力传动系统CAN上的信号

CAN_H测量电路原理图

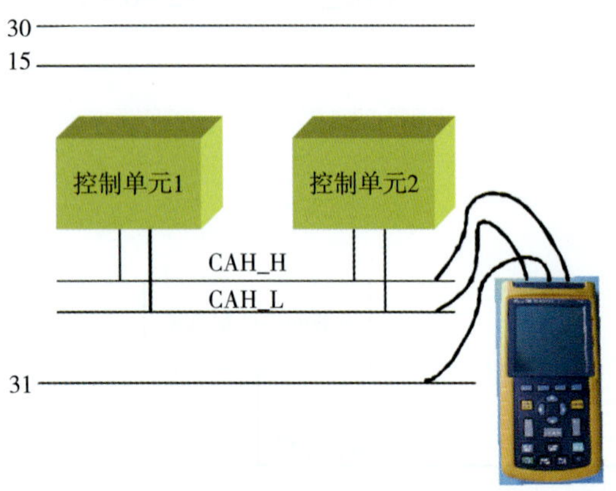

动力传动系统CAN示波图

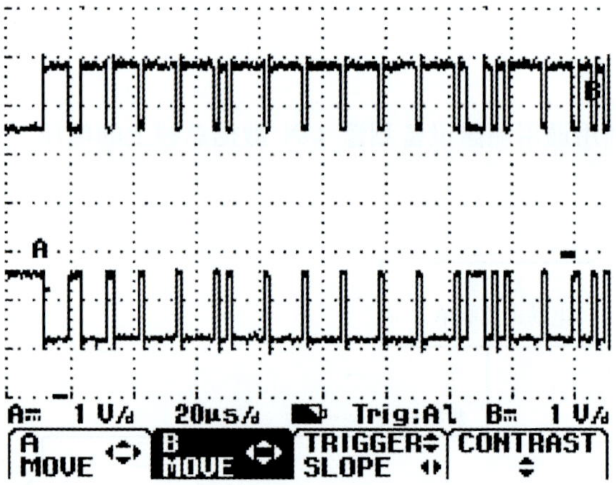

为显示示波图，应将双通道示波器的一个通道连接在CAN_H导线上并将另一个通道连接在CAN_L导线上。同时将接地点与一个控制单元的接地接口连接。该示波图表示系统正常时的电压曲线。上部曲线表示CAN_H导线上的信号流程，下部曲线为CAN_L导线上的信号流程。CAN_L（通道 A）上的静态电平为 2.5 V，CAN_H（通道 B）上的静态电平是 2.5 V。静态电平差值的计算结果是电压值为 0 V。该结果在收发器集成电路 IC 的公差范围内。显性阶段的电压差可以直接读取。该电压为 2.5 V。在收发器内读取后这个电压值继续传输给CAN控制器。

双通道示波器的电路符号

在许多图示中使用示波器电路符号来表示测量点。

因此在双通道示波器中两个通道 A 和 B 分别通过一个电路符号来表示。

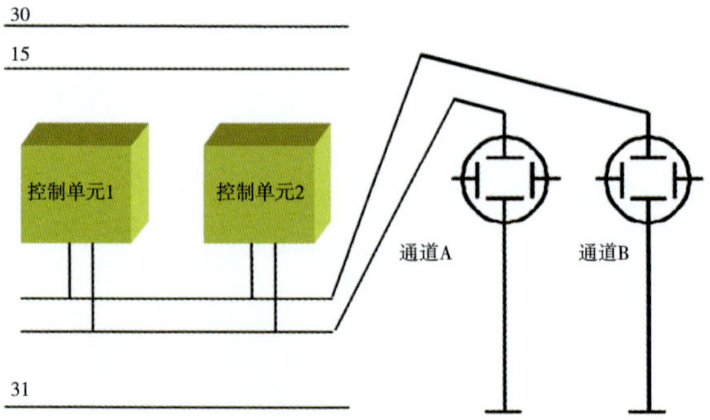

示波器屏幕显示

在这种示波器设置下，屏幕左上角处显示通道 A 上最大电平与最小电平之间测得的电压（峰峰测量）。通道 B 上的测量电压显示在右上角处。这些

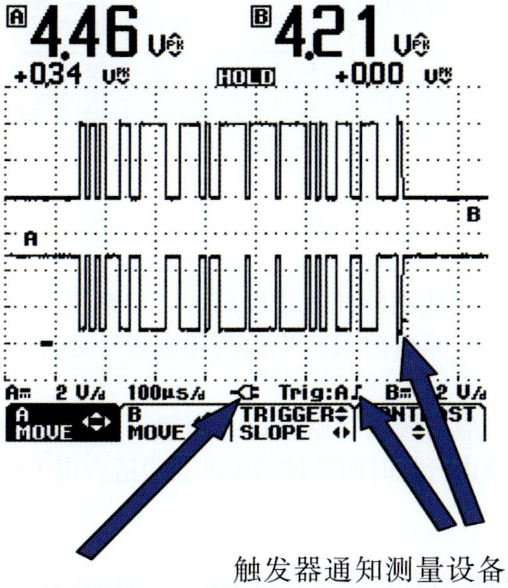

插头符号表示通过电源适配器为示波器供电。

触发器通知测量设备应何时开始显示信号波形。屏幕上的触发器符号表明了触发器电平和触发信号沿。本示例中为CAN_L导线ACK信号的下降沿。

为了在示波器屏幕上得到静态且可供分析的电压信号，ACK 时段非常适合作为触发点，因为该时段始终比其他比特明确。

显示下面的小字体数字表示相对相应通道零线的最低电压值。零线通过细黑条表示，与通道的关系通过字母 A 和 B 表示。

屏幕上部电压值之间的字样“HOLD”表明存储了一个示波图。

但是也可以借助光栅图形读取电压值和时段，因为光栅图形与通过放大器或衰减器和时间格调整的电压值和时间值存在固定的比例关系。

条目2V/d 表示，在示波图中读取电压的方式是每格（刻度单位）为2V。在时间轴上一个格表示100μs。因此，本示例中数据包传输的持续时间约为 650μs。

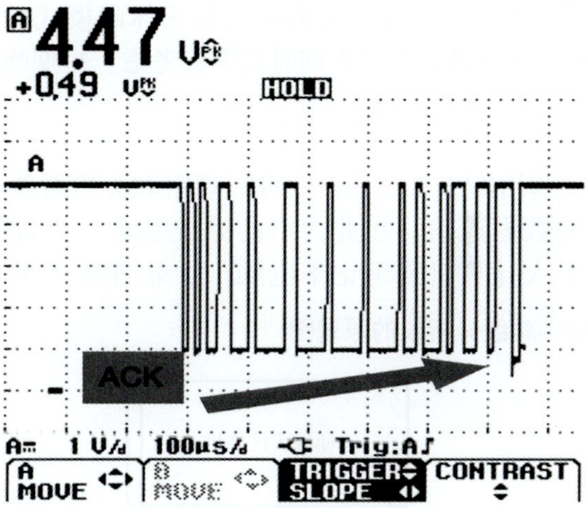

以示波方式显示舒适系统CAN上的信号

测量电路原理图

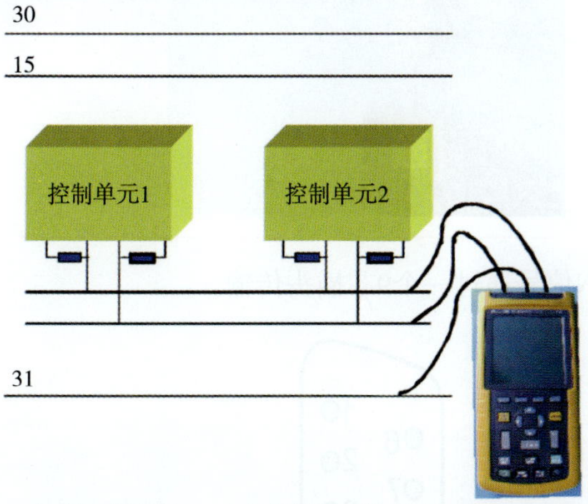

示波图

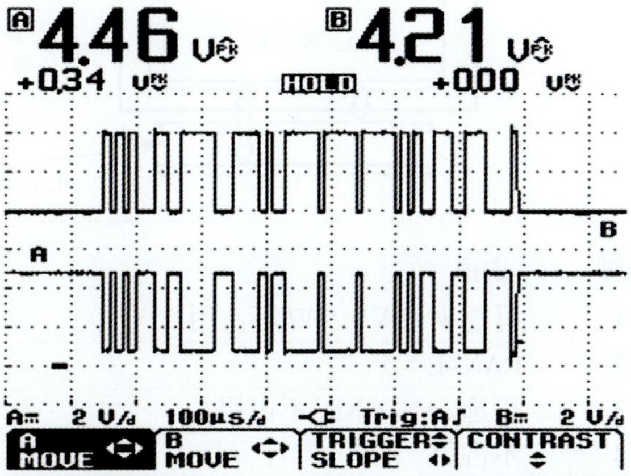

在舒适系统CAN中测量导线的连接与在动力传动系 统CAN上测量时完全相同。

该示波图表示系统正常时的电压曲线。上部曲线表示CAN_H导线上的信号流程，下部曲线为CAN_L导线上的信号流程。因为CAN规范中未规定数据导线上的电压电平，所以对不同制造商来说示波图可能不同。

在示波图中CAN_L（通道 A）的静态电平电压值为 5 V，CAN_H导线的电压值为 0 V。

在个人计算机上分析示波图

可以将通过数字存储示波器示波显示的信号传输到个人计算机上并借助软件继续进行分析。然后可以借助两个渐显光标非常简单地确定传输一个比特的时间和系统传输率等。本示例中测量结果为数据传输率等于100kBaud/s。

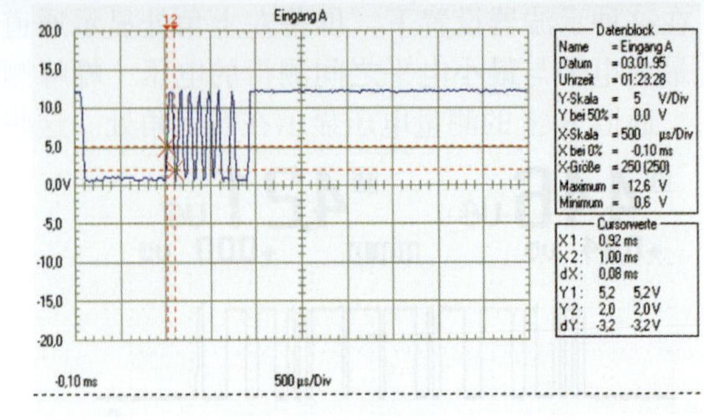

利用示波器检查休眠和唤醒功能

涉及到车辆蓄电池放电过快的报修问题时，必须将能启用休眠模式的数据总线系统一起列入故障查询程序中。因为损坏的控制单元或电磁干扰可能会定期或不定期唤醒处于休眠模式的系统，所以进行故障查询时需予以考虑。短期唤醒阶段（在此期间耗电量提高）后，系统再次进入休眠模式。唤醒阶段产生的高耗电量导致蓄电池快速放电。

唤醒阶段与休眠阶段之间通常时间间隔较大。因此能进行长时间监控的示波器很适合用于诊断。

9.2.4 利用CAN总线分析仪检测 CAN 总线信息

利用CAN总线分析仪可以观察和分析总线导线上的数据通信。在此介绍的系统基于一台计算机（个人计算机或笔记本电脑）、软件和一个接口（CAN硬件加密狗）。插在并行接口或USB接口上的硬件加密狗包含一个CAN控制器和一个收发器。

CAN总线分析仪的原理图

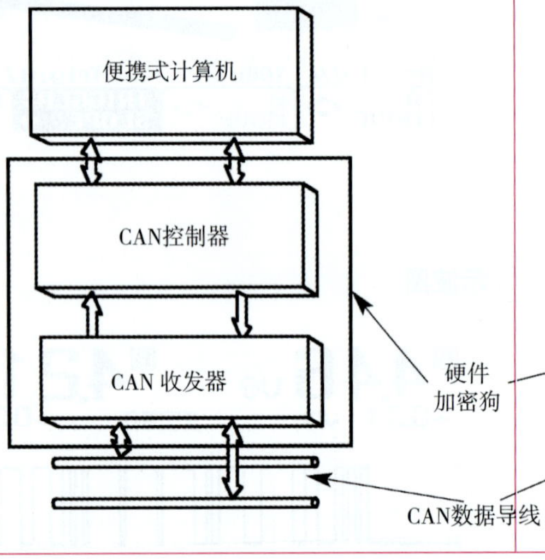

设备布置

线脚	占用
1	可选 + 12 V/+ 5 V/ 不占用。
2	CAN–L
3	可选CAN–GND/ 不占用。
4	不占用
5	不占用
6	可选CAN–GND/ 不占用。
7	CAN–H
8	不占用
9	可选 + 12 V/+ 5 V/ 不占用。

CAN信号通过一个9芯插头传输。

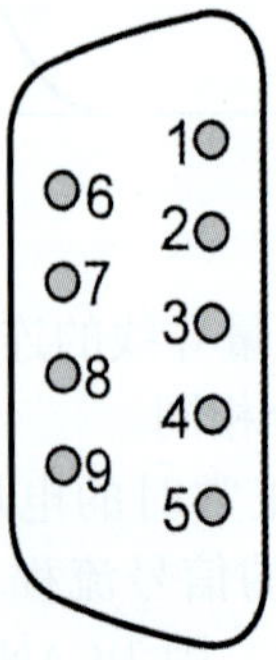

系统配置

计算机能够通过CAN硬件加密狗和软件参与CAN网络内的通信前，必须首先配置计算机接口和硬件加密狗。为此必须知道CAN总线的传输率。

============= 配置 ==============

基本地址：	378
中断请求编号：	7
比特率：	User
BTR0/BTR1 hex：	071C
硬件：	COM口PEAK 硬件加密狗

==

CAN分析系统正确连接在CAN数据导线上且进行组件配置后，显示屏上出现以下图示。接收列表布置在上部区域内。列表中显示自上次全部删除以来通过CAN总线运行且经过程序接收过滤器的所有信息（总线信息）。

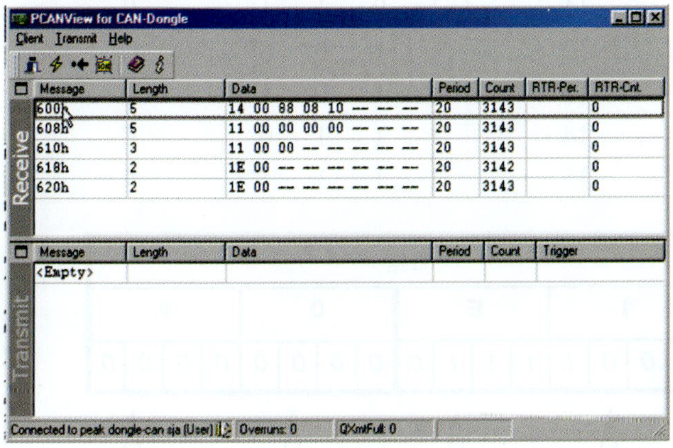

各显示栏含义：

信息：	十六进制格式的CAN信息标识符（可使用的数值为0 至 7 FFh）
长度：	用于信息内传输的数据字节值（十六进制格式）
数据：	与长度栏内的说明一致，最多 8个数据字节的CAN信息。
周期：	最近两次接收信息之间经过的时间（单位为秒钟，周期性发送信息时才有意义）。
计数：	表示自上次复位以来接收了多少次信息。

分析程序中第四行中的信息与示波图所示相同。在屏幕上显示十六进制格式的比特形式编码有助于分析所采集的信息。

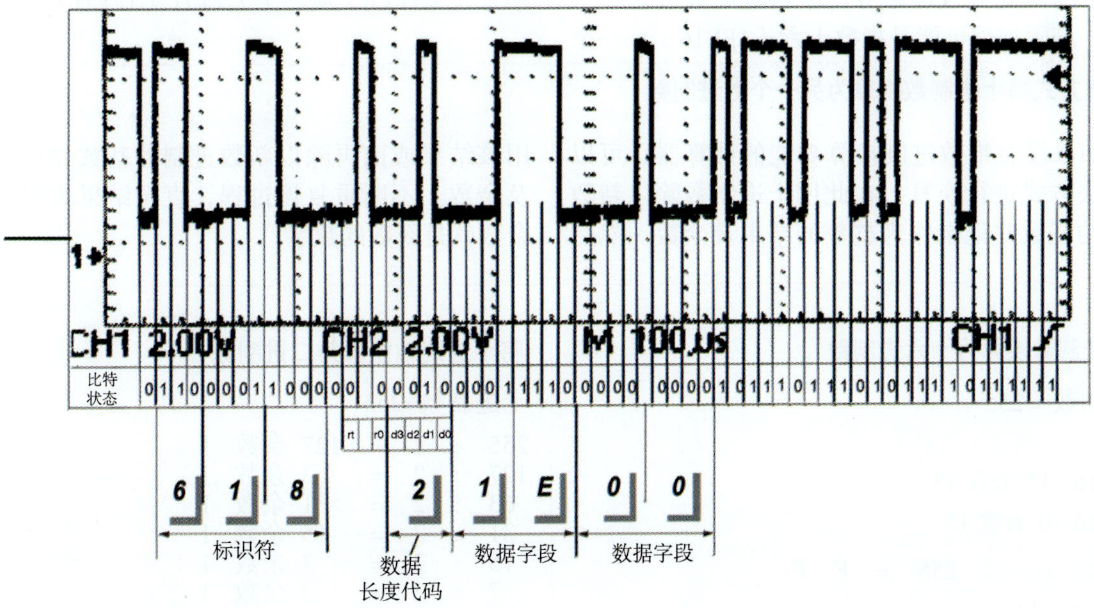

不同数进制之间的数字换算

如果不同进制的数值能互相换算，则对利用CAN分析系统、诊断测试仪显示和打印件分析和评价信息记录非常有用。除了观察总线功能外，借此还以查看信息数据字节内与功能有关的比特项。

二进制数与十六进制数之间互相换算

尤其是在利用微处理器和微控制器及其程序工作的CAN分析系统中“翻译”总线记录时，处理二进制拼法的各比特非常麻烦且不直观。因此为简单化始终用四个比特组成一个数字。

利用四个比特可以表示2^4=16个不同的符号。因为第十个字符后十进制数变为两位，所以使用字母表的字母 A 至 F表示后六个字符。

多位二进制数可以通过将比特分为四个一组换算为十六进制数。在此始终从右或以最低值比特开始。比特形式与十六进制数之间的对应关系见右侧表格。如果要将一个十六进制数换算为一个十进制数，则按相反顺序进行。

标识符换算时请注意，（从右数）第三位只能使用三个比特。因此在标准格式（2A）的CAN信息中没有数值大于7FFh 的标识符。

十进制	十进制				十六进制
0	0	0	0	0	0
1	0	0	0	1	1
2	0	0	1	0	2
3	0	0	1	1	3
4	0	1	0	0	4
5	0	1	0	1	5
6	0	1	1	0	6
7	0	1	1	1	7
8	1	0	0	0	8
9	1	0	0	1	9
10	1	0	1	0	A
11	1	0	1	1	B
12	1	1	0	0	C
13	1	1	0	1	D
14	1	1	1	0	E
15	1	1	1	1	F

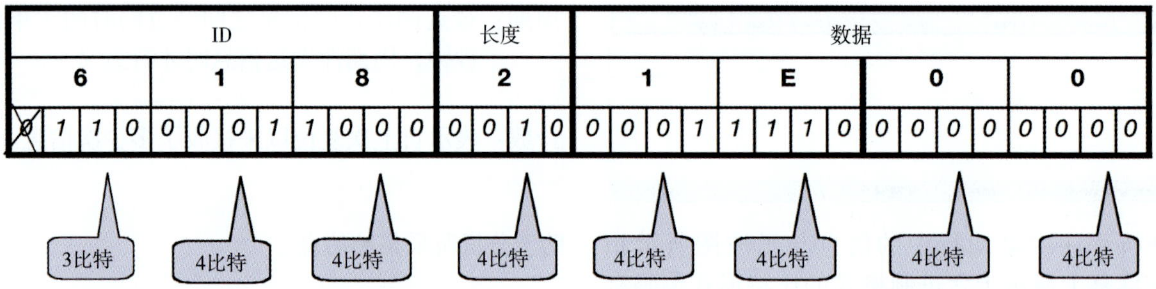

为了与其他数进制区分，十六进制数包含一个附加项。该附加项可能是指数十六（1FE16）、一个小写 h（1FEh）或一个大写 H（1FEH）

以除法方式将十进制数换算为另一个数进制数

如果没有带数进制换算功能的计算器，可以按除法方式进行换算。在此用十进制数除以新数进制的基数并记录作为整数的结果及余数。然后用该结果或商再除以新数进制的基数并记录结果及余数。不断重复该过程，直至结果为零。这些余数就是新数的数字。

将十进制数换算为十六进制数

十进制数 = 255

255 : 16= 15 余数 15

15 : 16= 0 余数 15

255 = F F

将十进制数换算为二进制数

十进制数=255

255	:	2	=	127	余数	1
127	:	2	=	63	余数	1
63	:	2	=	31	余数	1
31	:	2	=	15	余数	1
15	:	2	=	7	余数	1
7	:	2	=	3	余数	1
3	:	2	=	1	余数	1
1	:	2	=	0	余数	1

255 = 1 1 1 1 1 1 1 1

将其他数进制的数值换算为十进制数

可以通过幂值法等换算其他数进制的数值。在此用该数进制基数的幂乘以待换算数值的各数位。换算结果之和就是所需要的十进制数。

将二进制数换算为十进制数

位值作为幂	2^7	2^6	2^5	2^4	2^3	2^2	2^1	2^0
位值和为十进制数	128	64	32	16	8	4	2	1

二进制数= 1111 1111

1 1 1 1 1 1 1 1

$1 \times 2^0 = 1$

$1 \times 2^1 = 2$

$1 \times 2^2 = 4$

$1 \times 2^3 = 8$

$1 \times 2^4 = 16$

$1 \times 2^5 = 32$

$1 \times 2^6 = 64$

$1 \times 2^7 = 128$

1 1 1 1 1 1 1 1 = 255

将十六进制数换算为十进制数

位值作为幂		16^2	16^1	16^0				
位值作为十进制度		256	16	1				

十六进制数 = FF

F F

$15 \times 16^0 = 15$

$15 \times 16^1 = 240$

F F = 255

系统功能在信息上的分配

本示例中列出的数据记录控制舒适电子系统的功能，数据记录源于 1997 年生产的一辆车。信息数量无法查出，因为与制造年份较近的系统相比总线上传输的信息较少。

通过驾驶员车门上的操作单元控制前乘客车门内的车窗升降器电动机时，“车窗下降”功能位于带有标识符608h信息的第三个数据字节内，前乘客车门内控制单元提供的反馈位于带有标识符610h信息的第一个数据字节内。

显示窗口视图为信息快照，因为计数器计数以20ms间隔持续进行。存储屏幕显示前，信息发送到数据导线上16086次。如果操作驾驶员车门操作单元上的车窗升降器开关，则带有标识符608h信息的第三个数据字节内的条目和带有标识符610h信息的第一个数据字节内的条目发生变化。在第一个信息内条目从00h跳转为C0h，在第二个信息内从11h 变为1Ch。对于带标识符608h的信息来说，驾驶员车门内的控制单元是发送器，前乘客车门内的控制单元是接收器。对带有标识符608h的信息来说刚好相反。

	信息标识符	信息长度内的字节数量	发送间隔周期/ms	自开始记录以来的注册信息数量计数	控制单元状态 FT S = 发送 E = 接收	控制单元状态 BFT S = 发送 E = 接收
驾驶员车门（FT）控制单元	608 h	5	20	16086	S	E
前乘客车门（BF）控制单元	618 h	2	20	16086	E	S

系统处于基本状态

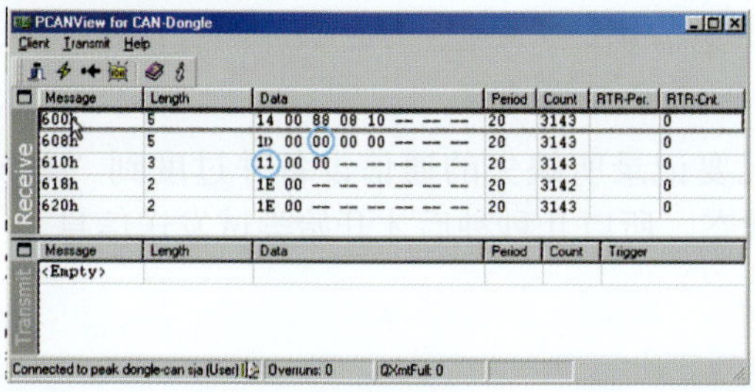

操作了驾驶员车门上的车窗升降器开关

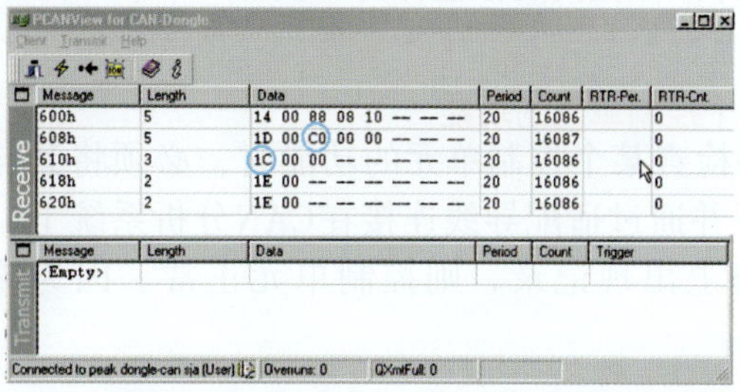

传输流程

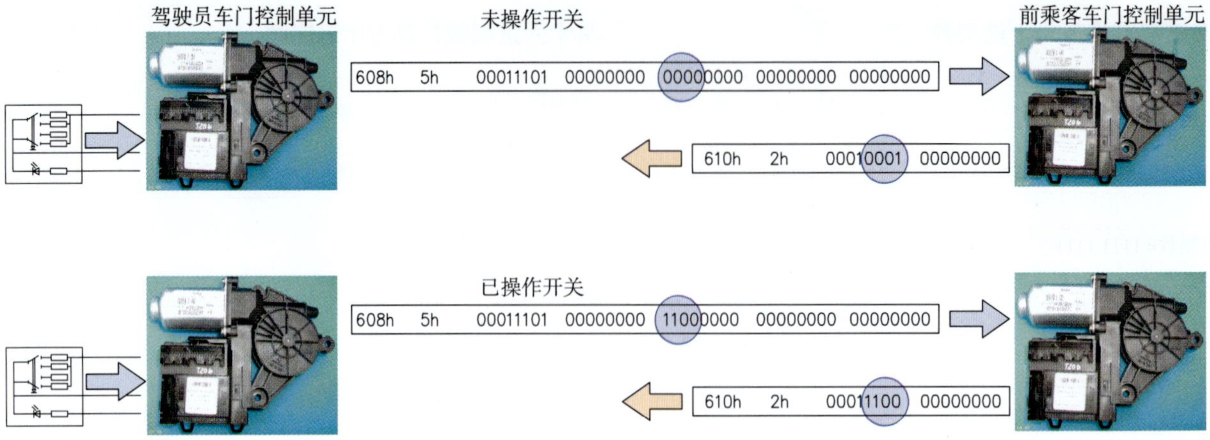

屏幕显示条目分析

利用CAN分析程序开始故障查询前，应首先查询数据总线诊断接口（网关）内控制单元的故障记录和安装列表，然后查询控制单元的故障记录。将分析系统连接在数据总线上并打开点火开关后，屏幕上出现相应条目。

导线偶尔断路并因此造成动力传动系统总线上的某个控制单元有时失灵。

如果因数据导线或连接插头断路而导致控制单元与总线完全断开，则信息列表中没有这些控制单元的信息。因为CAN数据总线以动态形式对故障状态做出反应，所以相关功能元件上的运动可能导致发送功能复原且信息出现在屏幕上或者计数栏位内的信息计数器继续运行。

如果所查总线范围的标识符为已知，则可以识别相关控制单元。

存在断路故障

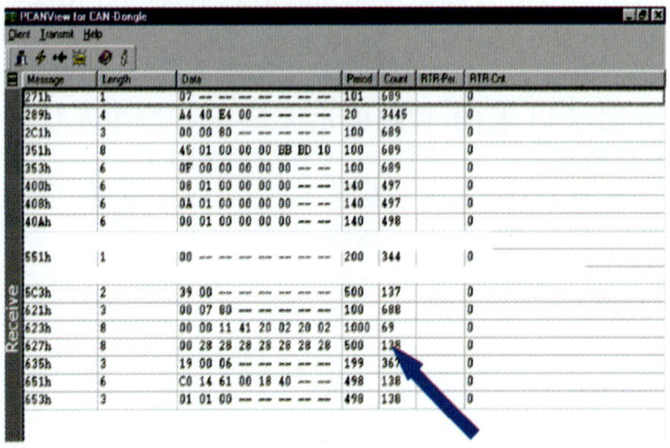

Message	Length	Data	Period	Count	RTR-Per.	RTR-Cnt
271h	1	07 -- -- -- -- -- -- --	101	689		0
289h	4	A4 40 E4 00 -- -- -- --	20	3445		0
2C1h	3	00 00 80 -- -- -- -- --	100	689		0
351h	8	45 01 00 00 00 BB BD 10	100	689		0
353h	6	0F 00 00 00 00 00 -- --	100	689		0
400h	6	08 01 00 00 00 00 -- --	140	497		0
408h	6	0A 01 00 00 00 00 -- --	140	497		0
40Ah	6	00 01 00 00 00 00 -- --	140	498		0
551h	1	00 -- -- -- -- -- -- --	200	344		0
5C3h	2	39 00 -- -- -- -- -- --	500	137		0
621h	3	00 07 80 -- -- -- -- --	100	688		0
623h	8	00 00 11 41 20 02 20 02	1000	69		0
627h	8	00 28 28 28 28 28 28 28	500	[illegible]		0
635h	3	19 00 06 -- -- -- -- --	199	[illegible]		0
651h	6	C0 14 61 00 18 40 -- --	498	138		0
653h	3	01 01 00 -- -- -- -- --	498	138		0

某一控制单元与总线断开期间无法记录信息。因此计数栏位内的数值保持不变。

已排除断路故障

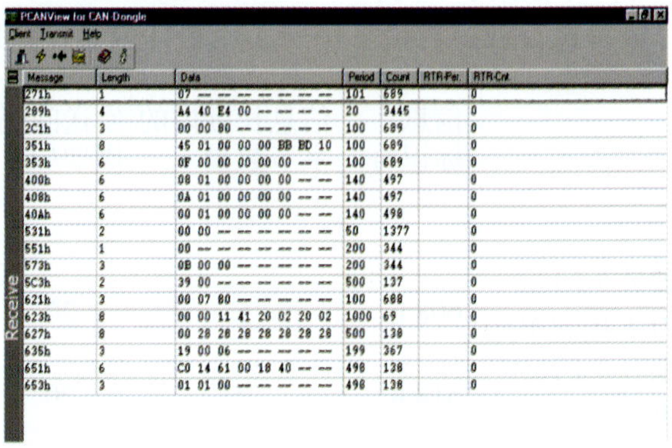

Message	Length	Data	Period	Count	RTR-Per.	RTR-Cnt
271h	1	07 -- -- -- -- -- -- --	101	689		0
289h	4	A4 40 E4 00 -- -- -- --	20	3445		0
2C1h	3	00 00 80 -- -- -- -- --	100	689		0
351h	8	45 01 00 00 00 BB BD 10	100	689		0
353h	6	0F 00 00 00 00 00 -- --	100	689		0
400h	6	08 01 00 00 00 00 -- --	140	497		0
408h	6	0A 01 00 00 00 00 -- --	140	497		0
40Ah	6	00 01 00 00 00 00 -- --	140	498		0
531h	2	00 00 -- -- -- -- -- --	50	1377		0
551h	1	00 -- -- -- -- -- -- --	200	344		0
573h	3	0B 00 00 -- -- -- -- --	200	344		0
5C3h	2	39 00 -- -- -- -- -- --	500	137		0
621h	3	00 07 80 -- -- -- -- --	100	688		0
623h	8	00 00 11 41 20 02 20 02	1000	69		0
627h	8	00 28 28 28 28 28 28 28	500	138		0
635h	3	19 00 06 -- -- -- -- --	199	367		0
651h	6	C0 14 61 00 18 40 -- --	498	138		0
653h	3	01 01 00 -- -- -- -- --	498	138		0

如果排除了短路故障，则计数器继续运行。

检查某个控制单元的功能

要检查某个控制单元的功能时，必须将其与总线断开并通过适配导线连接在CAN分析系统上。如果屏幕上出现记录，则控制单元正常。因为该控制单元要记录所缺失的通信设备并过度到“总线休眠”状态，所以几秒种后才开始尝试发送信息。

检测电路	针对发送控制单元的屏幕显示
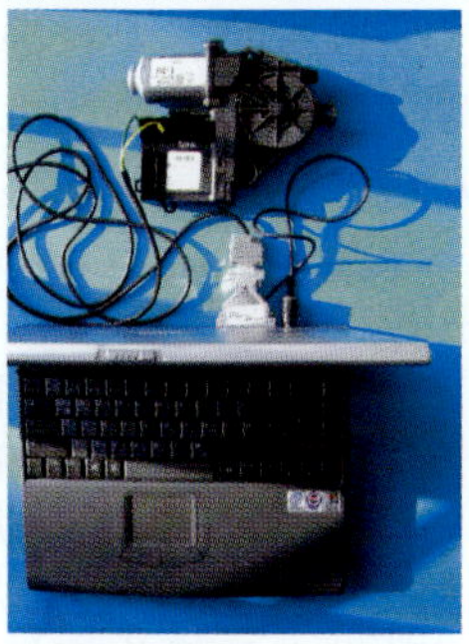	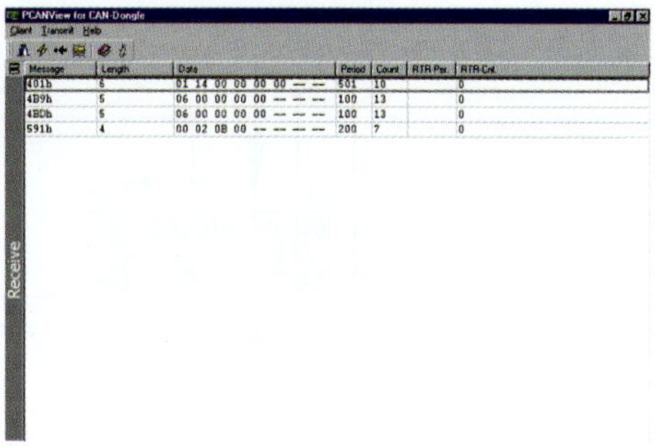

如果使用带有扩展功能的程序，则可以得到总线统计方面的附加信息，例如全局显示信息传输率、故障类型、总线负荷和CAN控制器状态。

10 车窗升降器控制子系统（舒适系统CAN）

车窗升降器控制功能归属舒适系统。

将相应开关拉至或压至第二个压力点时，驾驶员车门上的操作单元执行前车窗自动升降功能。无法从其他车门处执行自动运行功能。再次操作某一开关时，车窗自动运行过程中止。达到驾驶员车门开关上的第一个压力点时或者操作其余车门上的某一开关时，只要开关保持压下或拉起状态，车窗就会一直向下或向上移动。

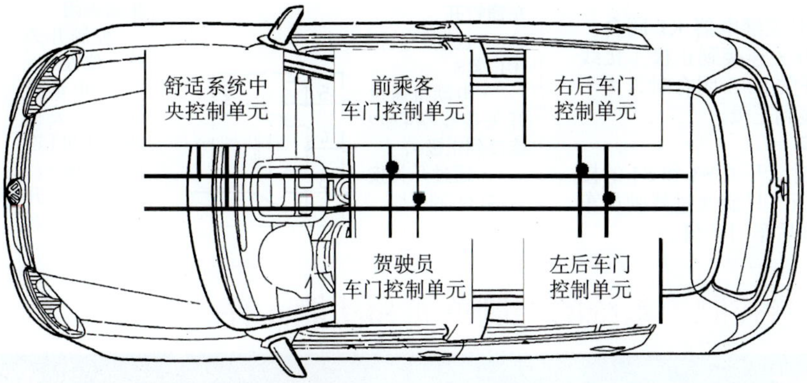

10.1 通过数据总线控制车窗升降器

例如，为了关闭前乘客车门内的车窗而操作驾驶员车门上车窗升降器开关组件内的开关时，开关信号以电压值形式传输至驾驶员车门控制单元。

控制单元处理该信号并将其以总线信息形式发送到总线上。

总线上的所有控制单元都读取该总线信息。但是，只有前乘客车门内的控制单元才利用该信息授权控制车窗升降器电动机。

为使车窗向上移动时可能造成的受伤危险降至最低，车窗升降器配备了闭合力限制功能。

该系统无法区分夹手危险和机械卡止。

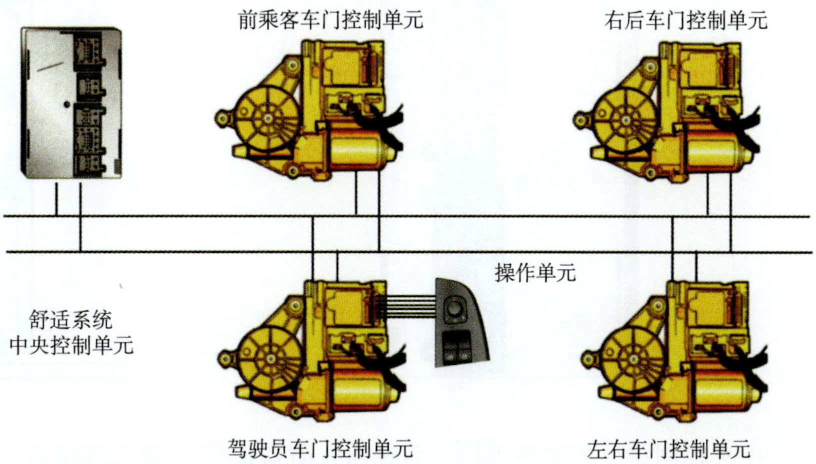

更换车窗升降器电动机后或断开蓄电池接线后必须执行一个学习过程，以便确定车窗的限位块位置。不执行这个学习过程则无法实现自动升降功能。

电动车窗升降器，手动调节

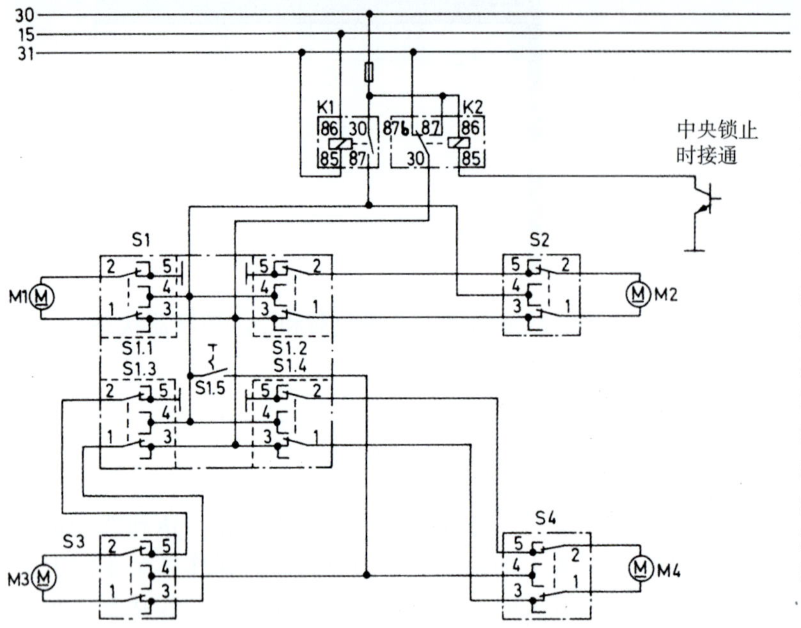

手动调节时，只有操作对应的操作开关时车窗升降器电动机才会运行。以中控方式锁车时，所有车窗都会关闭。

K1 = 主继电器
K2 = 控制继电器
M1 = 驾驶员车门车窗升降器电动机
M2 = 前乘客车门车窗升降器电动机
M3 = 左后车窗升降器电动机
M4 = 右后车窗升降器电动机
S1 = 驾驶员车门操作面板
S1.1 = 用于 M1 的开关
S1.2 = 用于 M2 的开关
S1.3 = 用于 M3 的开关
S1.4 = 用于 M4 的开关
S1.5 = 后部车窗升降器锁止开关
S2 = 用于 M2 的开关
S3 = 用于 M3 的开关
S4 = 用于 M4 的开关

点火开关打开时主继电器 K1 闭合。用于两个前车门的开关连接到正极（接线端 4）；只有锁止开关 S1.5 闭合时，用于后车门的开关才连接到正极。

锁止开关S1.5的影响

锁止开关断开时，开关 S3 和 S4 的接口 4 上没有正极电压。只能通过驾驶员车门上的操作面板控制后车门车窗。

车窗打开

控制开关位于位置S

· 电动机通过开关接线端4和2连接到正极+，

· 通过开关接线端1和3到接地。

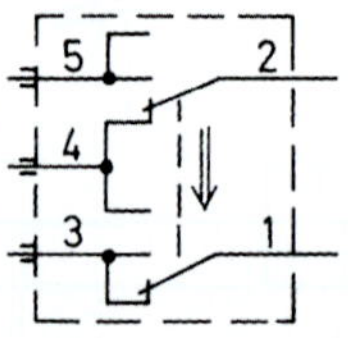

车窗关闭

控制开关位于位置 H

· 电动机通过开关接线端4和1连接到正极 +，

· 通过开关接线端 2和5接地。

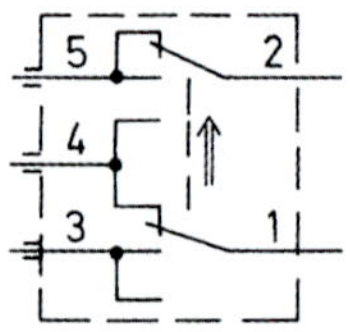

10.2 车窗升降器控制子系统的控制单元和功能元件

舒适系统中央控制单元

功能元件

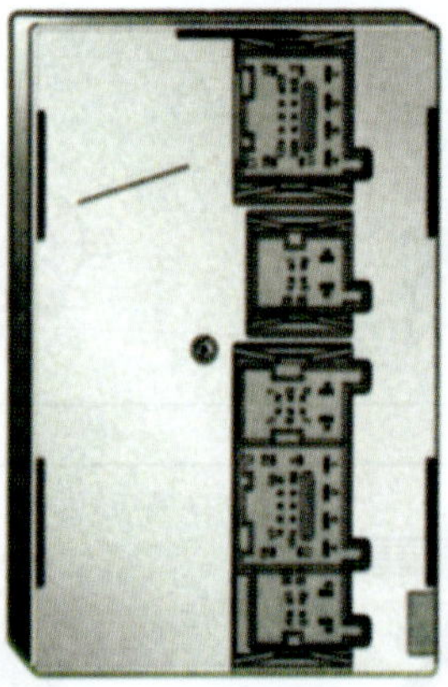

线路图

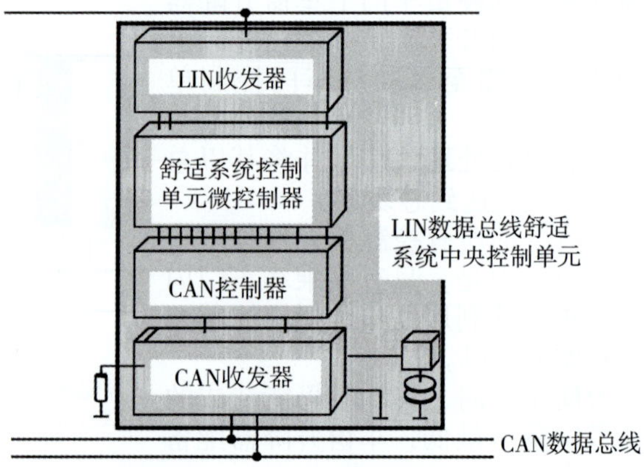

中央控制单元控制中控锁、后车门、防盗报警装置、燃油箱盖和行李箱盖开锁。后视镜由车门内的控制单元负责控制。对于防盗报警装置的 LIN 数据总线来说，舒适系统中央控制单元是主控控制单元和CAN数据总线与 LIN 数据总线之间的网关。

带车窗升降器电动机的车门控制单元

功能元件

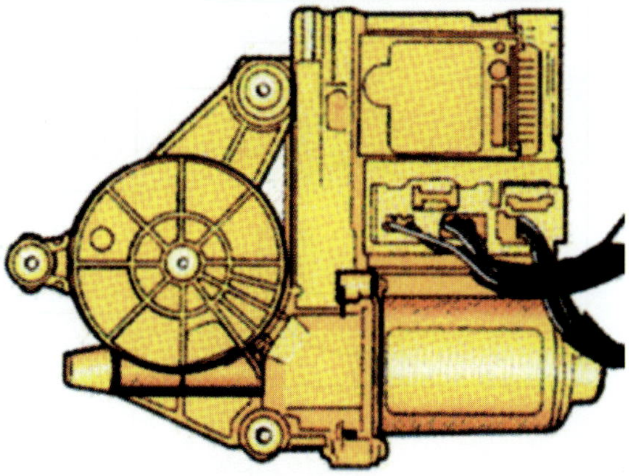

因为车门条件不允许采用较宽的结构形式，所以车窗升降器电动机采用扁平结构。为产生足够大的力矩，电动机转动通过一个自锁型蜗杆传动机构传递到驱动轮上。

车门上的车窗升降器开关直接连接在车门控制单元上。通过驾驶员车门上的操作单元操作前乘客车门的车窗升降器和两个后车门时，信号通过CAN数据总线传输。

车门控制单元内的微控制器分析所接收的信息并通过切换继电器控制相应车窗升降器电动机。

应急功能

如果车门控制单元无法接收到CAN信息（例如舒适系统中央控制单元损坏时），则启用应急运行功能。如果所有车门控制单元都无法接收到舒适系统中央控制单元的五个信息，则存储一条故障记录“控制单元无法通信”且驾驶员侧的车门控制单元接管中控锁控制功能。此时锁芯开关的信号变为指令信号。锁芯开关的优先级高于按钮。此外还会停用其他车门控制单元的操作单元。

所有其他车门控制单元对该车门控制单元的信息做出反应。

如果至驾驶员车门的CAN数据导线断路，则只能通过锁芯手动锁止车辆。锁止 / 开锁按钮失效。

线路图

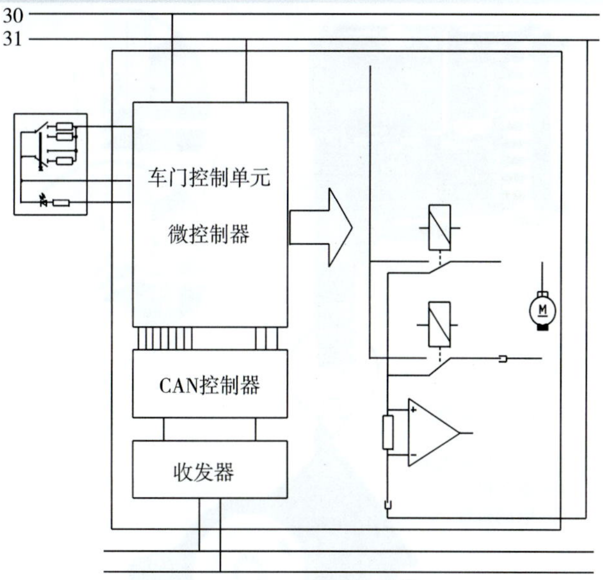

诊断

诊断范围内确定的故障可以通过CAN导线诊断和诊断接口访问（调出）。这种情况也适用于通过按钮发出的执行元件诊断指令和读取测量值块。K 导线不再使用。

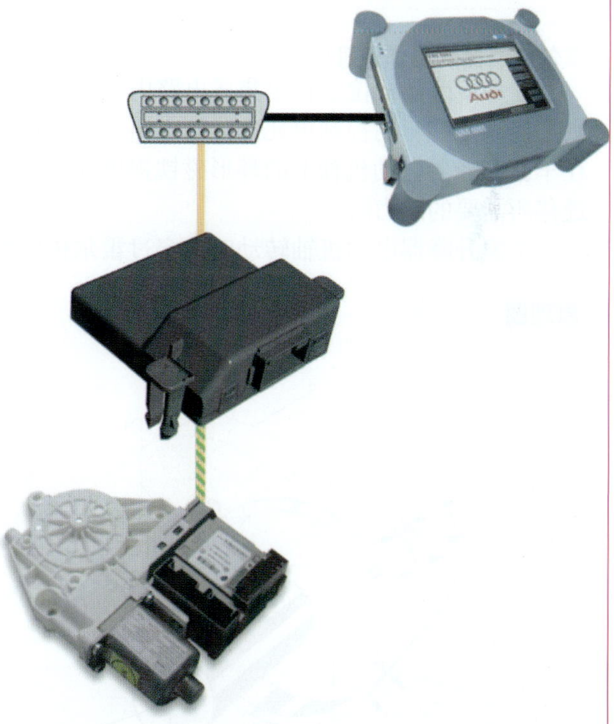

用于识别车窗位置和防夹保护功能的霍尔传感器

功能元件

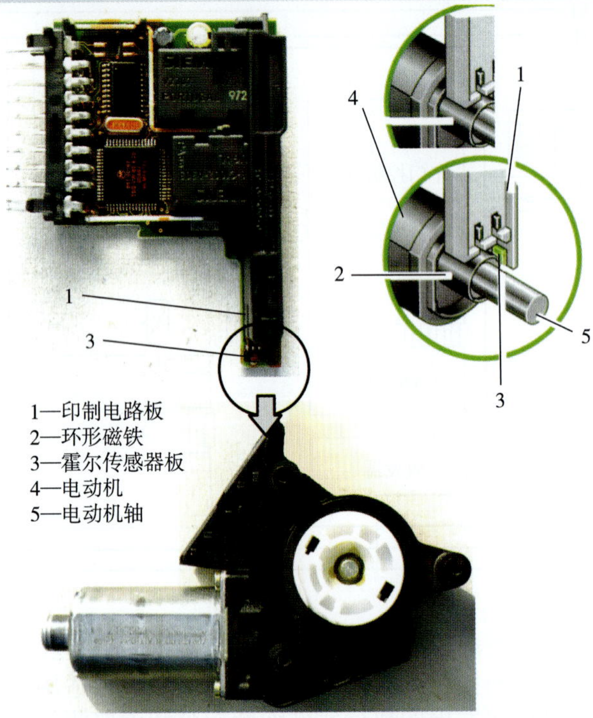

1—印制电路板
2—环形磁铁
3—霍尔传感器板
4—电动机
5—电动机轴

线路图

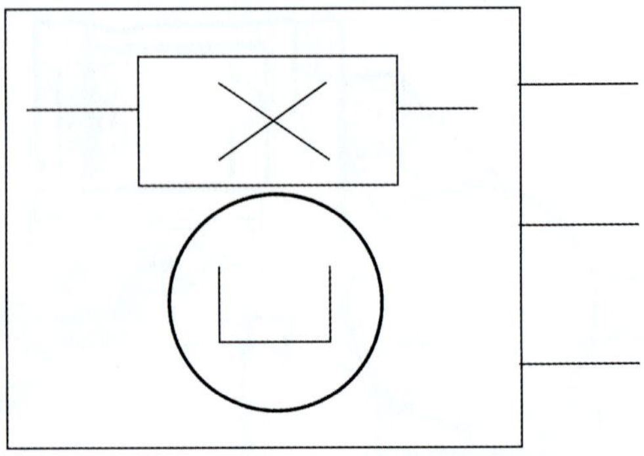

控制单元通过一个霍尔传感器识别车窗限位块、移动困难和夹手情况，该传感器可探测车窗升降器电动机的转速变化和转动圈数。霍尔传感器安装在控制单元印制电路板上，紧靠电枢轴。

霍尔传感器的工作原理

霍尔传感器板位于霍尔集成电路内，集成电路则直接固定在车门控制单元的印制电路板上。粘接在车窗升降器电动机轴上的环形磁铁提供促使电子迁移所需要的磁力线。

车窗升降器电动机轴转动时，穿过霍尔传感器板的磁力线改变其磁场强度和方向。

这些场强变化引起霍尔传感器板内的电子发生不同程度的迁移。由此产生的霍尔电压放大后可作为确定转速和位置的信号使用。

原理图

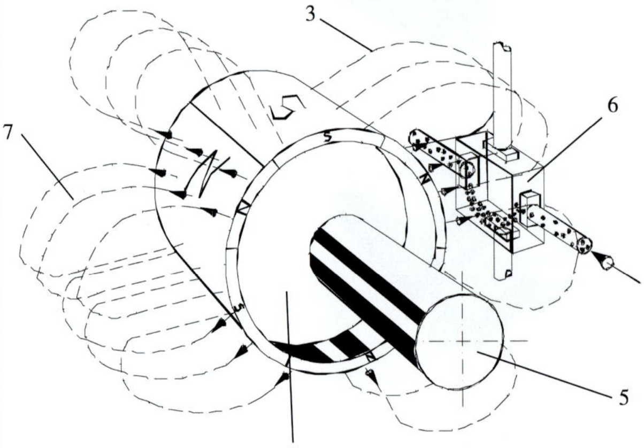

霍尔传感器在电动机轴上的布置

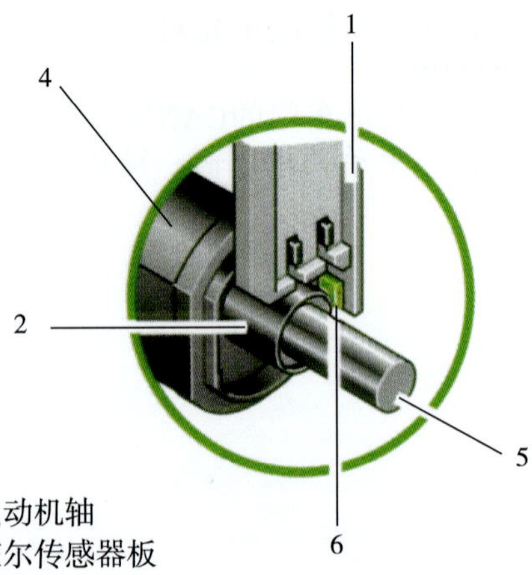

1—印制电路板
2—环形磁铁
3—霍尔集成电路
4—电动机
5—电动机轴
6—霍尔传感器板
7—磁力线

操作单元

功能元件

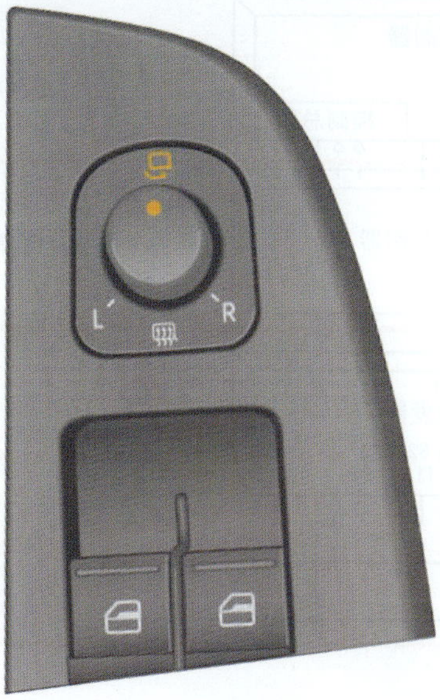

车门上的每个开关都有四个通过压力点确定的开关位置，两个位置用于一个方向，另外两个用于另一个方向。当前开关位置通过电压编码提供给控制单元。

线路图

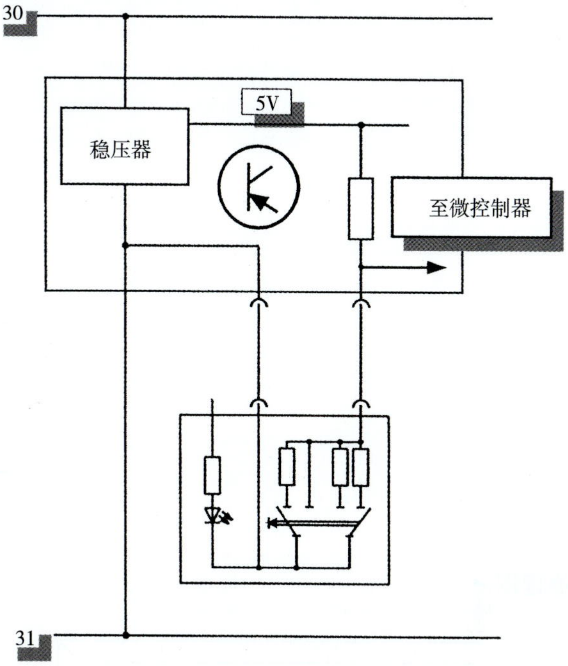

电压编码的功能

驾驶员车门操作单元上的车窗升降器开关分别通过一根导线连接在控制单元上，可以执行以下功能： 自动升起、自动下降和标准升降功能。因为开关位置以电压值形式编码，所以可以通过一根导线传输四个开关位置信号。

由控制单元内的串联电阻和车窗升降器开关内的四个不同电阻组成的分压器承担编码功能。微控制器信号输入端处的电压值大小由当前通电线路的电阻值决定。

计算

$$\frac{U_{总}}{R_{总}}=\frac{U_{信号}}{R_{开关}}$$

$$U_{信号}=\frac{U_{总}R_{开关}}{R_{总}}$$

a）$U_{信号}=\frac{5V\times 10\Omega}{1100\Omega}=0.45V$

b）$U_{信号}=\frac{5V\times 0\Omega}{1000\Omega}=0V$

c）$U_{信号}=\frac{5V\times 270\Omega}{1270\Omega}=1.06V$

d）$U_{信号}=\frac{5V\times 820\Omega}{1820\Omega}=2.25V$

分压器电路

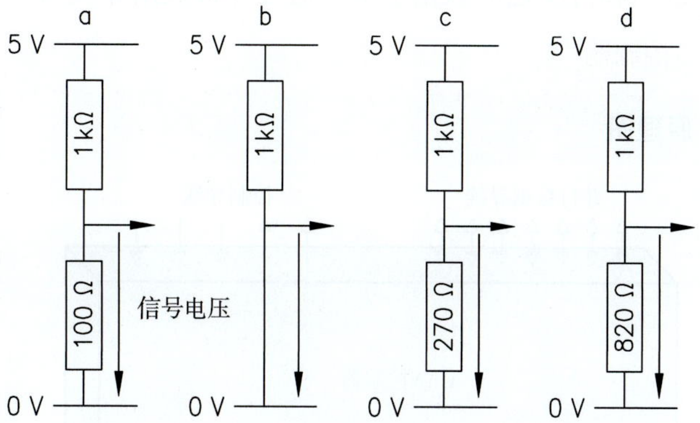

11 在舒适系统CAN数据导线上生成信号

总线设备的结构和工作原理

CAN连接主要采用图示的三级结构。

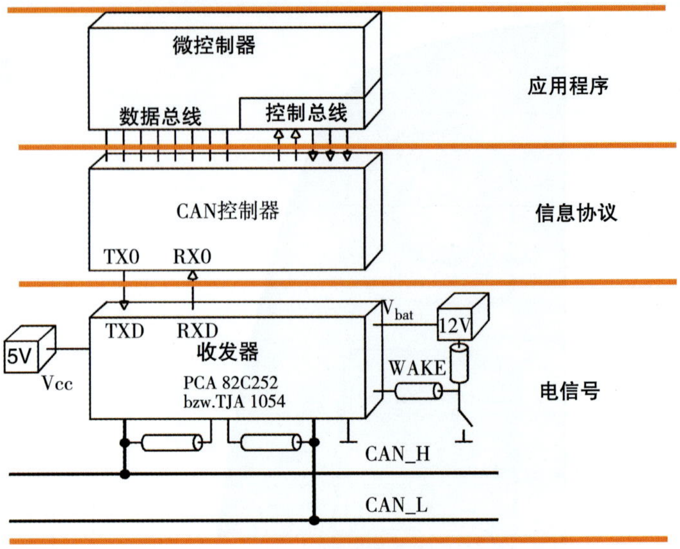

应用程序微控制器

原理图	系统方框图
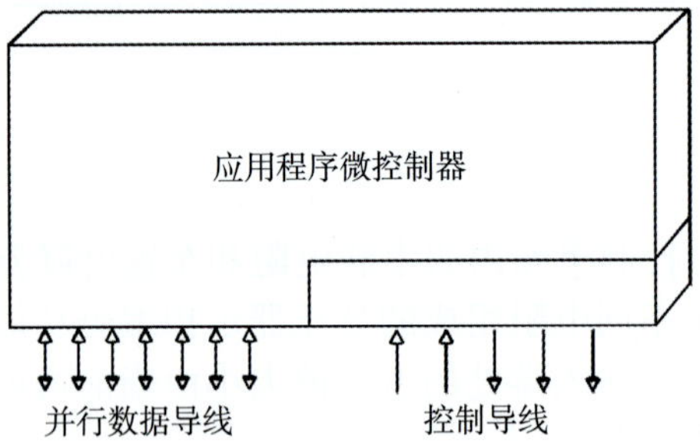	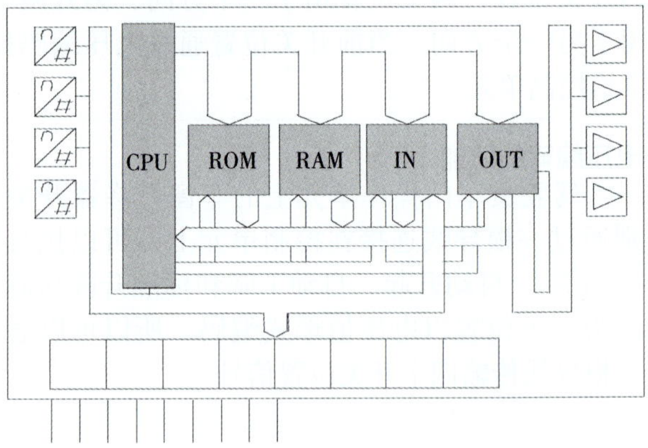

执行发送过程时，应用程序微控制器将有效数据（标识符、有关这个帧是数据帧还是远程传输请求帧的说明、有关要发送多少个数据字节的说明和待发送的数据字节）通过并行数据导线写入CAN控制器的发送数据缓冲器内，然后控制器准备这些数据以传输到总线上并将完整协议传输至负责直接连接总线的收发器模块。

CAN控制器

原理图	系统方框图
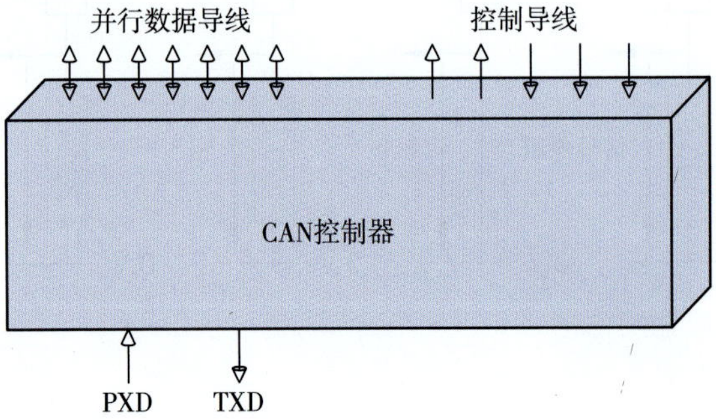	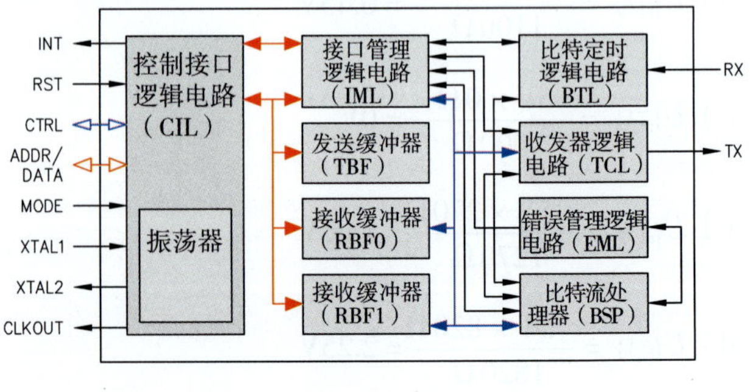

CAN控制器减轻了应用程序微控制器的所有数据传输工作负荷，因为CAN控制器独立进行信息整理、CRC 校验和计算、访问总线（总线仲裁）、帧发送和错误检查。

在接收方向上该流程反向进行。进行错误检查和接受性筛选后，CAN控制器将从接收帧中提取出来的有效数据写入其接收中间存储器（缓存）内。然后在此为控制单元或应用程序的微控制器准备好帧标识符、RTR 比特、数据字段长度和数据字节。如果关闭了接收筛选功能，则会分析每个接收到的信息。

如果传输成功，则应用程序微控制器得到确认信息。如果传输有错误或者其他总线设备未接收到信息，则CAN控制器继续发送一条错误信息。

发送和接收时，对于应用程序微控制器来说CAN控制器的作用像一个写入待传输数据或从中提取已接收数据的附加存储器。

收发器的结构和工作原理

收发器系统方框图

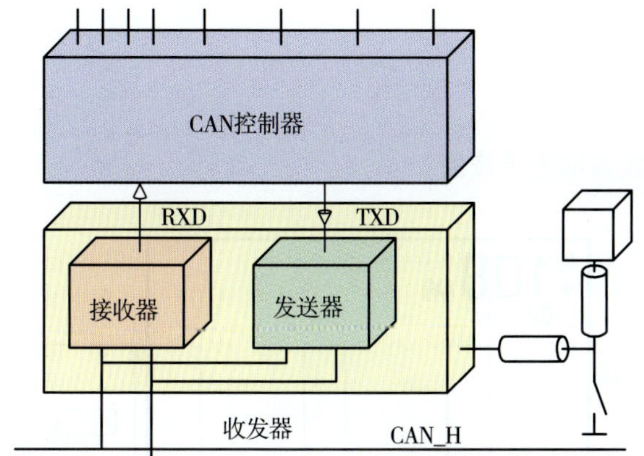

收发器内部电路

说明：

如果收发器工作，则说明开关S1和S2闭合。

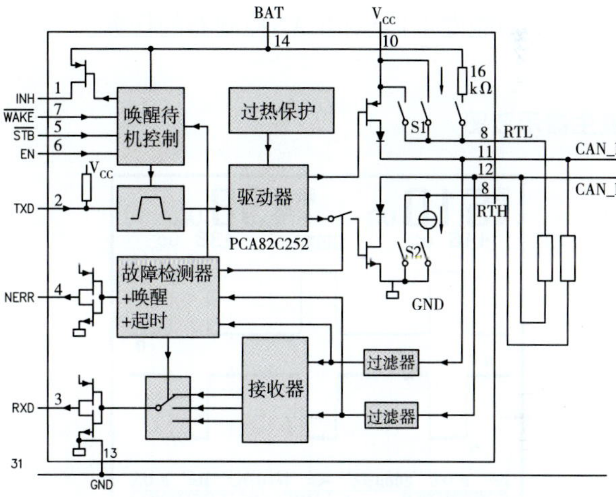

收发器是CAN控制器与总线导线之间的物理接口。收发器主要由一个发送器（驱动器）和一个接收器（比较器）组成。两个模块都与总线导线CAN_H和CAN_L连接。收发器命名源自发送器和接收器名称。

应用程序微控制器将有效数据传输给CAN控制器后，CAN控制器的串行输出信号通过接口TXD传输至收发器模块的接口 TXD，收发器模块则通过其输出端将总线信号CAN_H和CAN_L放到数据传输媒介上。

来自总线的接收信号到达收发器的接口RXD，然后从此处读入CAN控制器（RXD）内。在此转换各比特并处理CAN信息。随后由应用程序微控制器通过并行数据导线接管处理结果。

收发器PCA82C252是专门为车辆应用而开发的收发器，在第Ⅱ代VAG舒适系统中使用。最高传输率为125kbit/s 时，收发器可以控制最多15个总线节点。在第III代舒适电子系统中使用TJA 1054。其线脚和功能与PCA82C252兼容。由于改善了两个输出电压的对称性，因此降低了该收发器的干扰辐射。此外还能识别是否对5 V 供电电压短路。新模块最多可驱动32个总线节点，处于单线模式时可承受接地点之间最高 1.5V的干扰电压。

与动力传动系统总线的收发器不同，模块PCA82C252 和 TJA1054 也与车载网络电压连接。这些模块还能将负载电阻与负极或供电完全断开。

这种“可变负载”的后果是，供电关闭时无法测量这些收发器的终端电阻。CAN_H导线和CAN_L导线彼此独立工作，不会互相影响。与动力传动系统CAN一样取消了平均电压。

收发器内的发送器和接收器的工作原理

发送器模拟电路

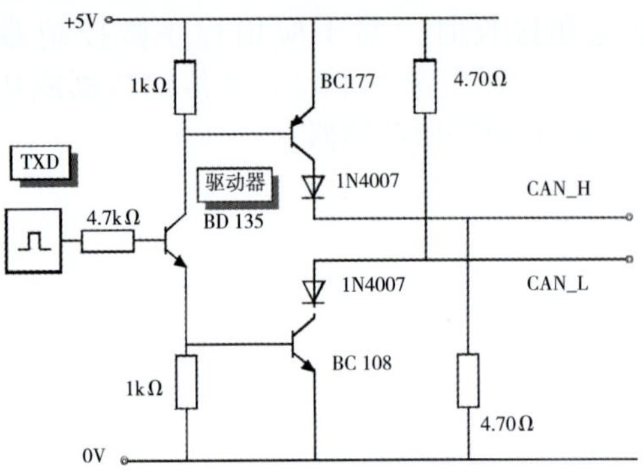

发送器将CAN控制器通过接口 TXD 发来的信号放到数据总线上。数据总线上产生的电压电平完全相反，但是次序相同。

因为所有收发器的晶体管都并联连接负极，所以这相当于“与”电路或开路控制器电路。只要某一晶体管连通，总线电平就为显性。在该模拟电路中有一个功能发生器承担CAN控制器的任务。

接收器模拟电路

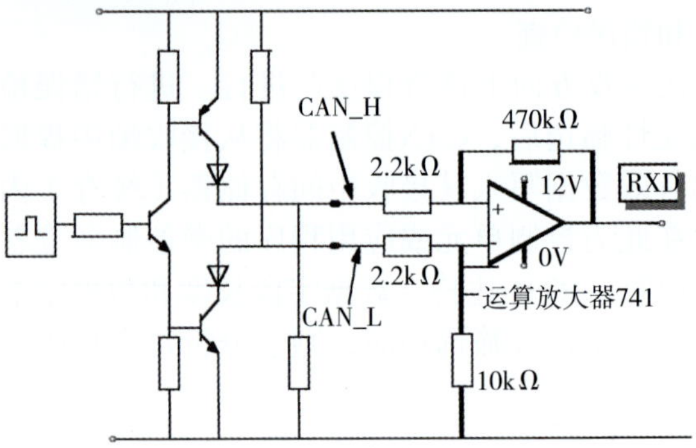

接收器是一个差分放大器（模拟比较器），该放大器根据公式（$U_{diff} = U_{CAN\_H} - U_{CAN\_L}$）确定数据导线上电压电平之间的差值。形成差值并进行处理后传输给CAN控制器。为此规定使用接口 RXD。

发生器示波图

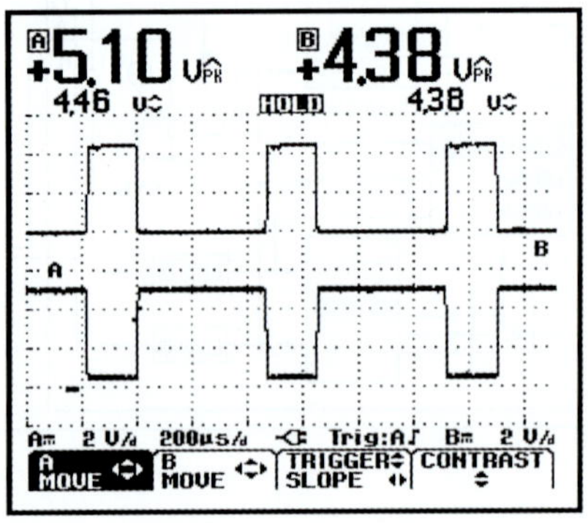

示波图表示舒适系统CAN数据导线上典型的电压曲线。上部（通道 B）是CAN_H，下部是CAN_L（通道 A）。供电电压为 5 V时，CAN_H的静态电平设为 0V，显性电平设为 4.38V。对于CAN_L信号来说，隐性状态为 5.1V，显性状态为 0.64V。

接收器输出示波图

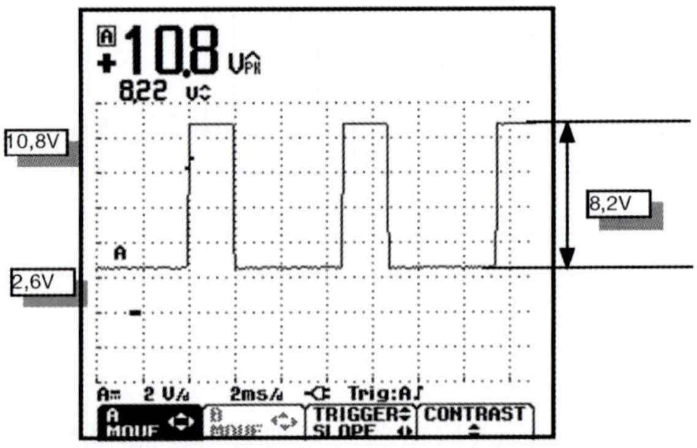

由于简化了比较器与供电之间的连接，因此示波显示的电压曲线仅表示CAN_H与CAN_L之间产生电压差的趋势。但是该功能与真实系统类似。

ISO 11519-2中规定的舒适系统CAN数据总线电压电平

ISO 11519-2 中规定按以下方式确定舒适系统CAN数据总线的电平和控制单元的布置方式：

- 系统内安装的控制单元不应超过 20 个。
- 总线导线上的终端电阻阻值应为500Ω、1 kΩ或 5.6 kΩ。
- CAN_H导线上的显性电压信号必须至少为3.6V，隐性电压信号必须至少为 0.2V。
- CAN_L导线上显性信号的电压值不得超过 1.4V，隐性信号的电压值不得大于 1.4V。

说明：信号沿陡度未按比例显示

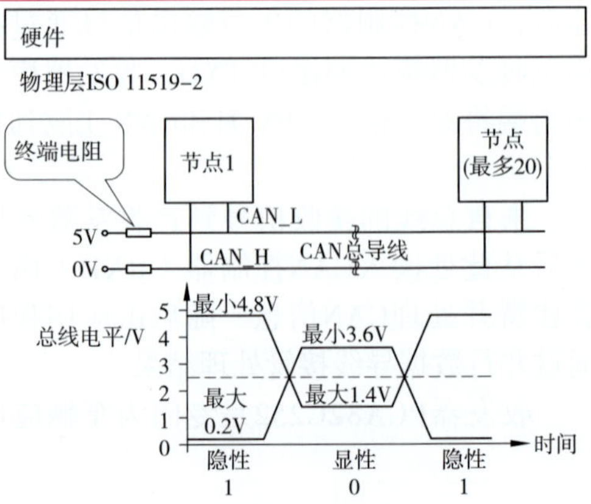

舒适系统CAN电压值和传输率

测量点

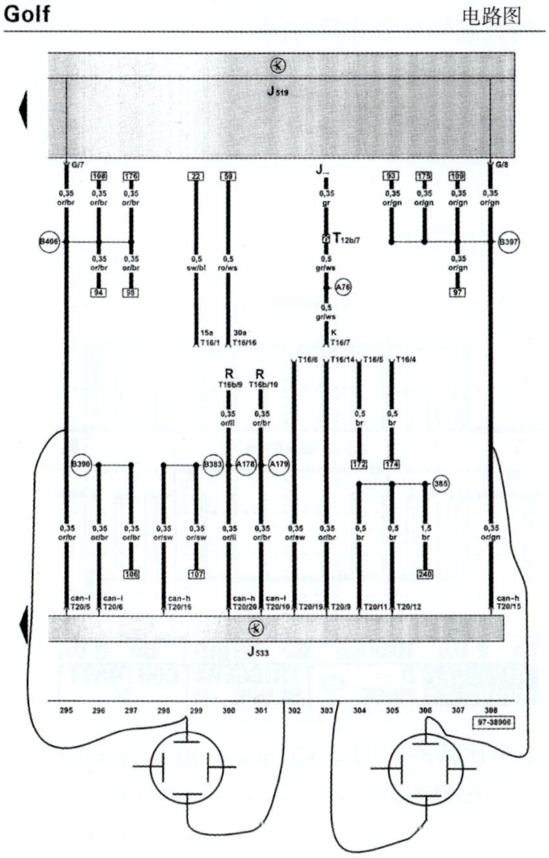

车载网络控制单元、数据总线诊断接口、诊断接口

J ... 发动机控制单元
J 519 车载网络控制单元
J533 数据总线诊断接口
R 收音机
T12b 左侧排水槽内 12 芯插接连接件
T16 诊断接口 16 芯插接连接件
T16b 16 芯插接连接件
T20 20 芯插接连接件
385 接地连接
A76 连接件（K 诊断导线）
A178 信息娱乐系统高位CAN总线连接
A178 信息娱乐系统低位CAN总线连接
B383 动力传动系统高位CAN总线连接 1
B390 动力传动系统低位CAN总线连接 1
B397 舒适系统高位CAN总线连接 1
B406 舒适系统低位CAN总线连接 1

双通道示波器的每个通道都通过测量导线固定连接在舒适系统CAN的CAN_H导线和CAN_L导线上。同时将接地点与控制单元的接地接口连接。然后打开点火开关。测量期间不得有其他检测设备连接在数据总线上。

CAN_H和CAN_L电压值

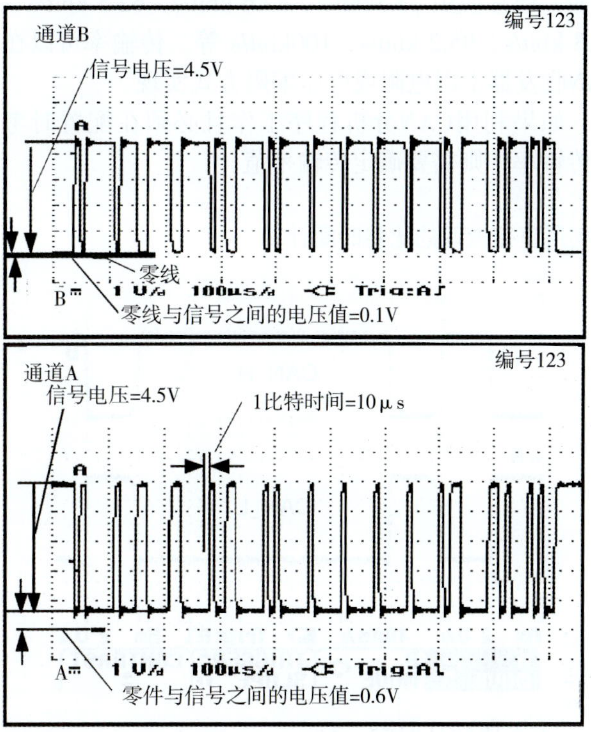

示波器两个通道的灵敏度都调到1V/格。时间分辨率值为100μs/格。在常用的示波器中零线通过一个细黑条标记出来。触发在通道A上和在起始比特的下降沿上进行。触发点通过一个与字母Z类似的触发标记符标记出来。

车辆中CAN_H导线上静态电平的电压值为0.1 V，显性电平的电压值为4.6V。CAN_L导线上静态电平的电压值是5.1V，显性电平电压值为0.6V。电压值结果源于收发器中发送器内的二极管和晶体管集电极–发射极段。一个比特的时间为10μs。

如果将电平电压值与ISO 11519–2 中规定的数值比较，可以看出电压值位于公差范围内。

说明：

因为系统功能正常时CAN_L信号的显性电平始终表现为不与 0 线重合，所以在分辨率较低的示波器中和时段示波图中也可以显示信号。

舒适系统CAN传输率

CAN总线规范未规定总线导线上的传输率和电平。因此不同制造商生产的车辆中传输率也不同。例如，通常使用 33.3kbit/s、47.6 kbit/s、62.5 kbit/s、83.3 kbit/s、95.2 kbit/s、100kbit/s 等。传输率可以在CAN收发器上以电阻或电压编码方式实现。

如果利用CAN分析程序工作且必须在配置时考虑传输率，则需要确定传输率值。

舒适系统CAN传输率

计算传输率时一个比特的时间必须为已知。使用高分辨率示波器时，必须相应设置分辨率。在低分辨率示波器中最好将多个比特合并，以便按合并比特的数量划分总比特时间。

利用直接读取的比特时间计算

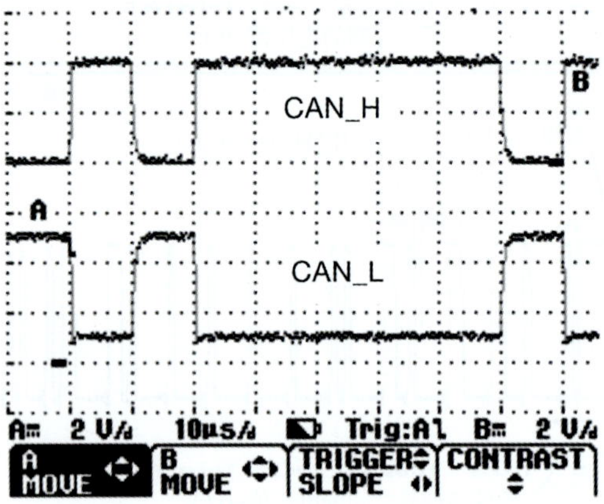

1 个比特的时间 = 10 μs

0.00001s ------------- 1 bit

1s ------------- X bit

X = 100000bit/s = 100kbit/s=100kBaud

利用多个比特计算

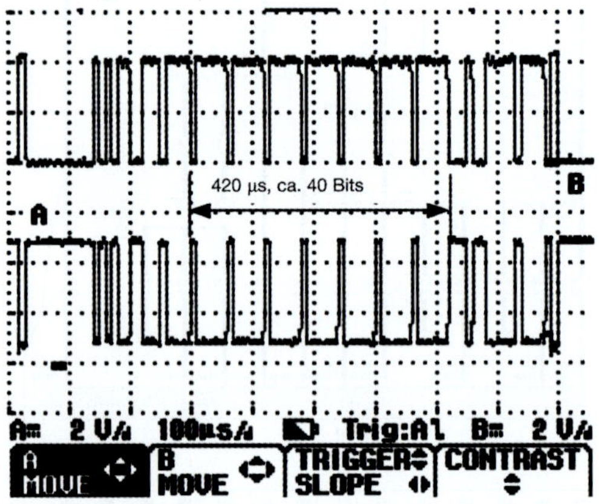

1 个比特的时间 = 420 μs：40 比特 = 10.5 μs

0.0000105s ------------- 1 bit

1s -------------- X bit

X = 95238bit/s = 100kbit/s=100kBaud

低速和高速数据总线的划分

根据 ISO（国际标准化组织）标准，机动车内使用的总线系统可以分为低速和高速通信范围。在此低速总线的比特率低于 125 kbit/s，高速总线高于 125 kbit/s。

低速总线主要用于车身电子系统或舒适电子系统，高速总线则用于发动机管理系统、变速器控制系统等之间的通信。

电磁兼容性（EMV）

任何通过铜导线进行的数据传输都会受到来自外部的干扰辐射，同时自身也是这种干扰的制造者。因此针对接收应尽可能选择差分传输或接收技术和“双绞线”数据导线。发送过程中必须通过信号沿陡度使信号大小、传输率和信号波形彼此协调。

通常情况下电场、感应场或电磁场造成的干扰交替出现。

如果一对导线的电压不同，则输出导线与回流导线之间始终存在电场。如果其他导线进入这些电场范围内，则互相之间会产生电气作用。因此，布线时输出导线和回流导线必须尽可能彼此靠在一起。

在导线内电流有变化之处必须注意相互之间的感应作用。因为发送器电路的晶体管快速接通和关闭电路，所以在总线导线上传输二进制信号属于这种情况。

在此只能通过屏蔽或控制信号沿上升和下降来防止或降低辐射。

差分传输技术

因为某一数据导线对正极或负极短路时始终存在一个可供分析的信号，所以差分传输技术可改善系统的传输可靠性。此外还能消除干扰电压。

舒适系统CAN数据总线上的信号

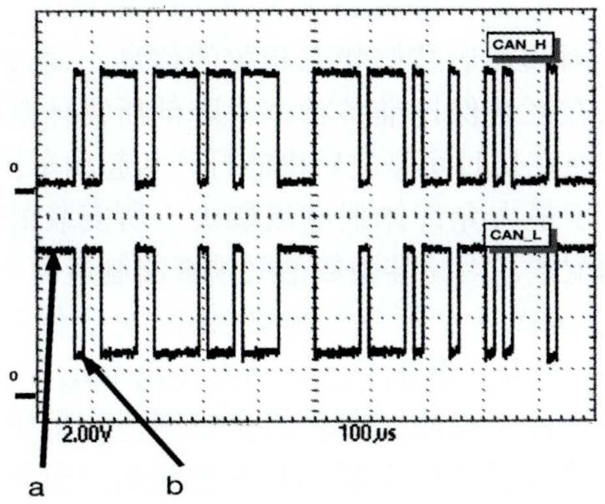

差分信号

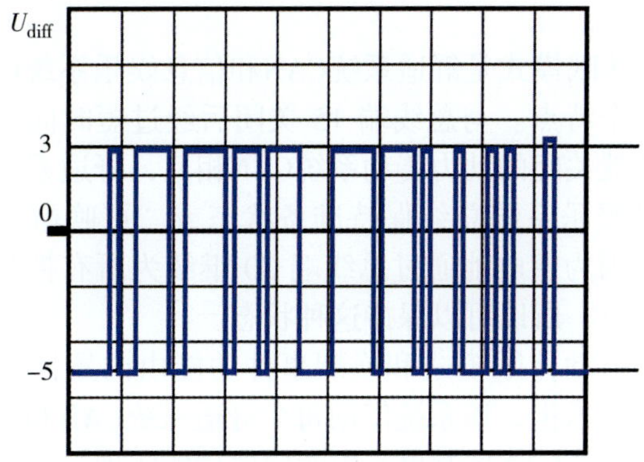

计算点 a 和 b 处的差分信号。

a) $U_{diff} = U_{CAN\_H} - U_{CAN\_L} = 0V - 5V = -5V$　b) $U_{diff} = U_{CAN\_H} - U_{CAN\_L} = 4V - 1V = 3V$

如计算结果所示，接地偏移本身或车载网络电压波动不影响传输可靠性。

干扰电压补偿

车辆中数据总线导线受到不同的干扰影响，这些影响以相同相位作用在两个总线导线上。由于差分传输技术可使CAN_H导线和CAN_L导线的电压值之间产生差值，因此消除了干扰电压。

带干扰电压的信号

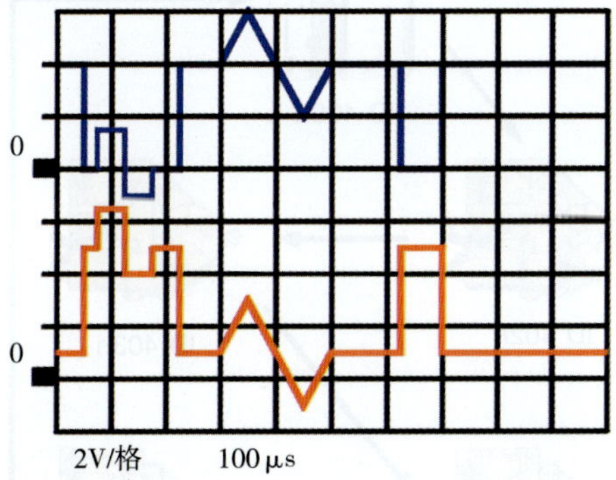

接收器内产生差值后的信号

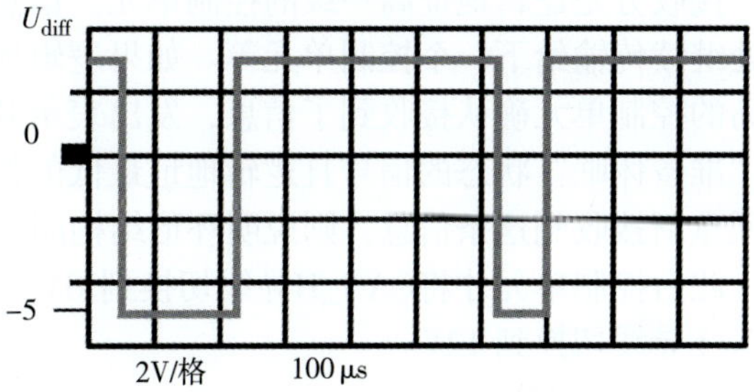

信号沿陡度

为了在使用非屏蔽导线的车辆中能够在干扰较小的情况下传输数据，信号电压大小、传输率和信号沿形状必须彼此协调。

信号沿陡度以每时间单位伏特方式表示，必须用高分辨率示波器观察。在 40% 处和 60% 处切割信号沿并以插值方式计算待检查信号沿的陡度。

计算

CAN_L下降沿

40% 时的电压值 = 3.4V

60% 时的电压值 = 2.6V

时段 = 0.4 μs

$$信号沿陡度 = \frac{3.4V-2.6V=0.8V}{0.2\,\mu s}$$

$$信号沿陡度 = \frac{4V}{\mu s}$$

示波图

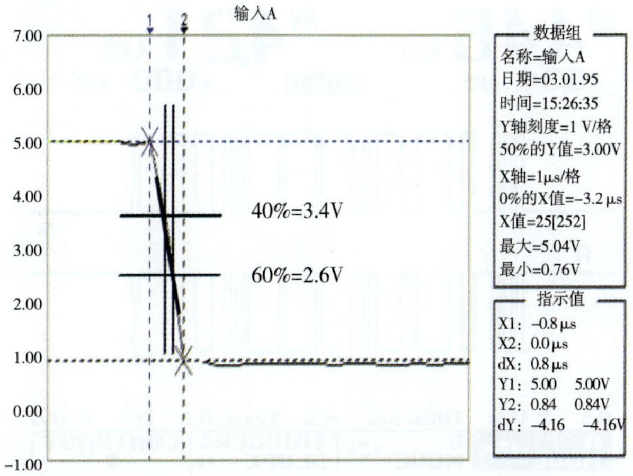

12 休眠和唤醒模式

休眠模式

休眠模式是舒适系统CAN和信息娱乐系统CAN的一个特点。与总线端 15 关闭后经过短时间后续运转就关闭的动力传动系统CAN相反，舒适系统和信息娱乐系统总线保持准备状态或“可唤醒”状态。因为蓄电池通过总线端 30 继续为所有控制单元供电，所以可以保持这种状态。

启动休眠模式和唤醒事件功能由内置网络管理系统承担，该系统借助每个舒适系统CAN和信息娱乐系统CAN控制单元中的软件功能实现。为执行休眠和唤醒过程，在此使用特殊标识符（400h 至 43Fh）。此外，这些标识符还标示出与休眠状态、唤醒原因和环形结构状态相关的信息。通过休眠模式可以在系统保持准备状态时降低所需休眠电流，从而即使在长时间停放后也能打开和起动车辆。

由于最大允许休眠电流取决于所安装的蓄电池和车辆配置，因此准确数值必须查阅制造商资料。

在 GolfV 上，所有控制单元始终处于休眠模式或者始终唤醒相关数据总线的所有控制单元。

除这种模式外，在其他车辆制造商采用的系统中休眠模式仅适用于某一数据总线的一组所选控制单元。

启动休眠模式

流程

系统通过发送一个用于建立环形结构的特殊信息启动休眠模式。在这个逻辑地址最低的控制单元发送的信息中包含有关信息发送方和目标地址的说明。接收方是逻辑地址高一级的控制单元。信息从此处继续传输给下一个控制单元等。如果逻辑地址最高的控制单元确认接收到了信息，发出表示其处于“准备休眠”状态的信号且逻辑地址最低的控制单元重新接收到这条信息，则说明环形结构闭合。

此后控制单元才将CAN_H导线切换到 0V 并将CAN_L导线切换到 12V。

示意图

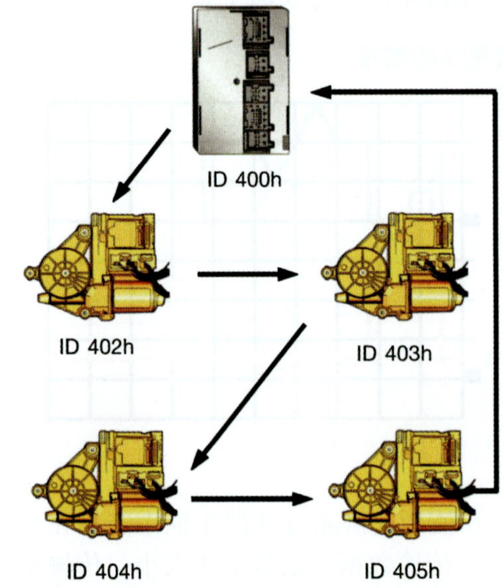

示波图：系统未处于休眠模式

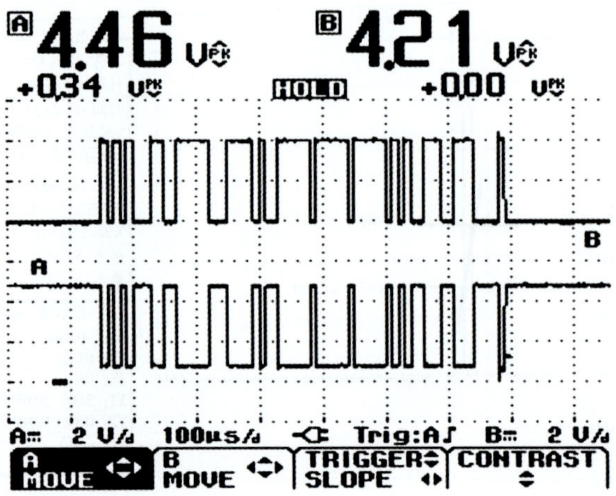

示波图：系统处于休眠模式

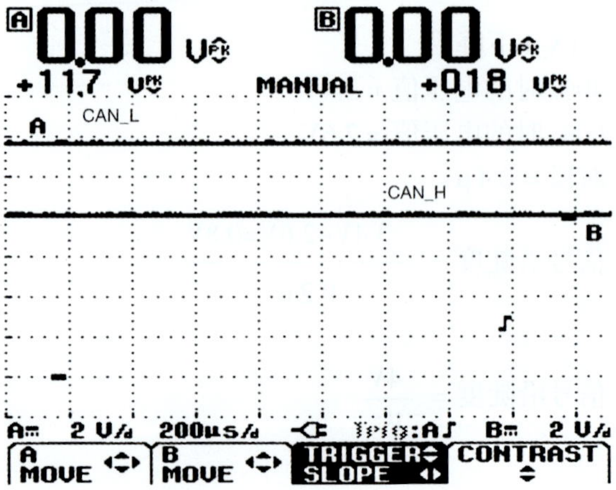

唤醒模式

作为对传感器信号和CAN总线信息的反应，系统启动唤醒模式或唤醒阶段。但是，出现故障时也会无意间启动。

该功能也可通过一个环形结构信息启动，因此这个过程与启动休眠模式类似。

在诊断接口的软件中对休眠逻辑进行监控。例如，动力传动系统CAN仍在工作时，这种监控可以使舒适系统CAN数据总线和信息娱乐系统CAN数据总线不进入休眠模式。由于 GolfV 中舒适系统和信息娱乐系统数据总线是相关联的，因此两个总线始终同时进入休眠模式或唤醒模式。

休眠电流测量

如果客户抱怨车载网络休眠电流需求量增大，则必须检查该故障是由一般性电气故障，还是休眠和唤醒功能问题引起的。例如，没有为休眠模式做好准备的控制单元可能造成所有其他总线设备保持在“清醒”状态。

唤醒信号示波图

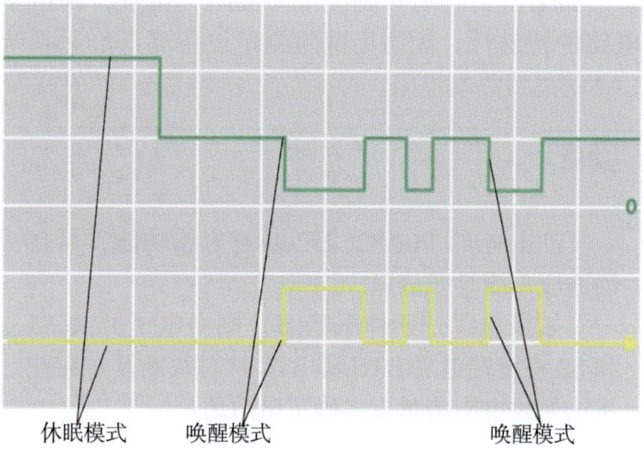

舒适系统数据总线处于唤醒模式

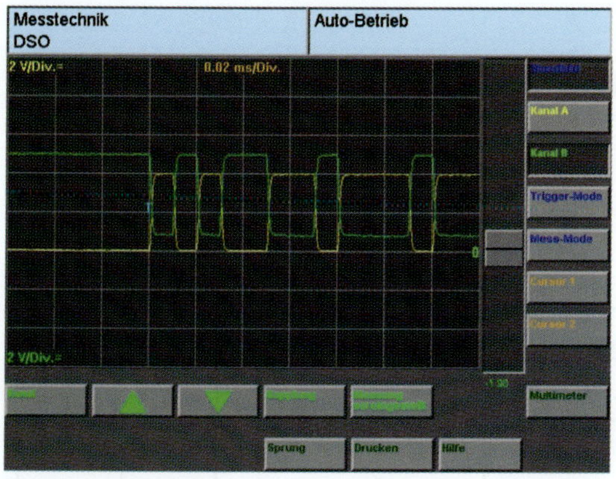

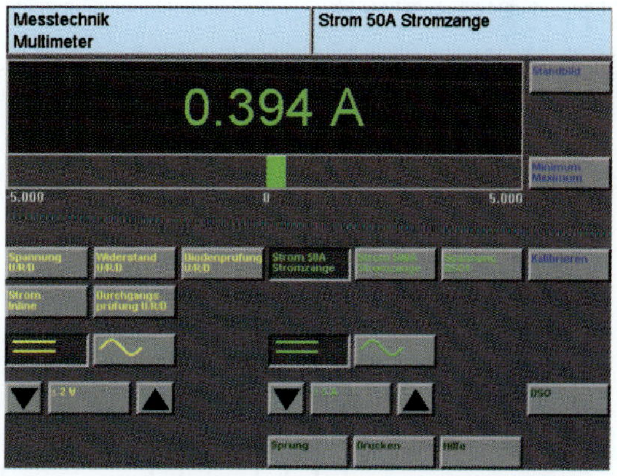

舒适系统数据总线处于休眠模式

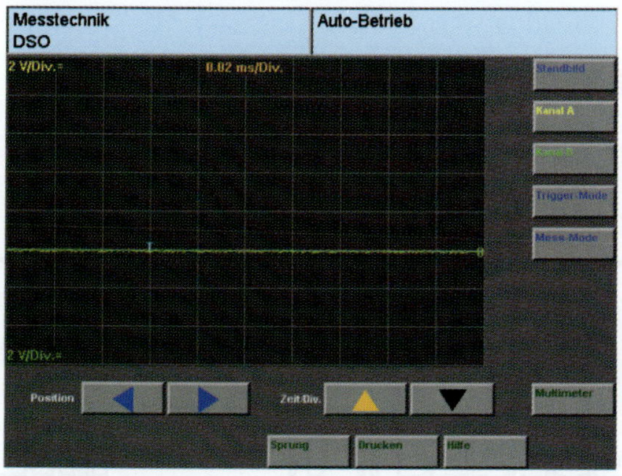

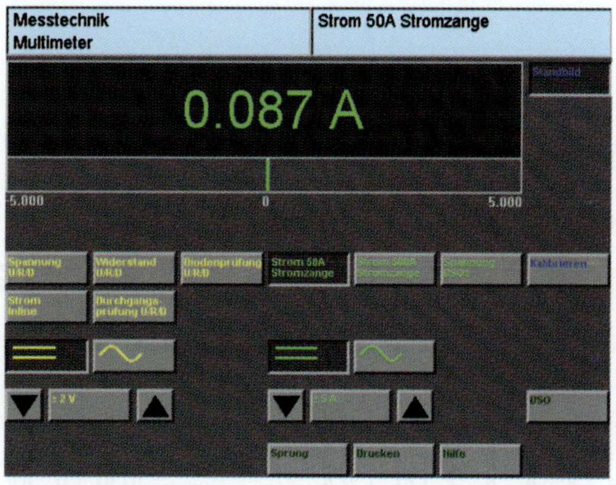

13 确定舒适系统CAN上的总线终端电阻

如果点火起动开关位于“关闭”位置，则由于电路的特殊性，无法用电阻测量设备测量舒适系统CAN的总线终端电阻。

功能

Philips 的 PCA82C252 具有容错功能，可自动适应总线导线故障。

如果总线处于休眠状态，则由电子开关 S1 和 S2 将终端电阻 RTH 和 RTL 从总线断开。因此无法通过电阻测量方式确定电阻值。

（RTH =CAN_H终端电阻）

（RTL =CAN_L终端电阻）

收发器系统方框图

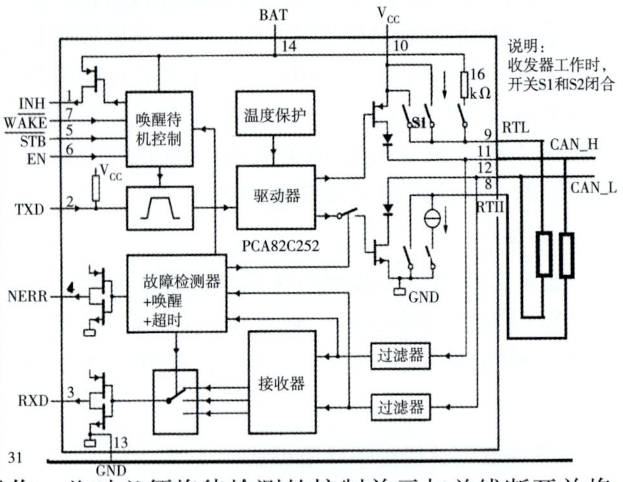

如果要确定电阻值，则只能在接通状态下进行操作。此时必须将待检测的控制单元与总线断开并将其与一个测量电阻连接。

测量电阻与控制单元连接

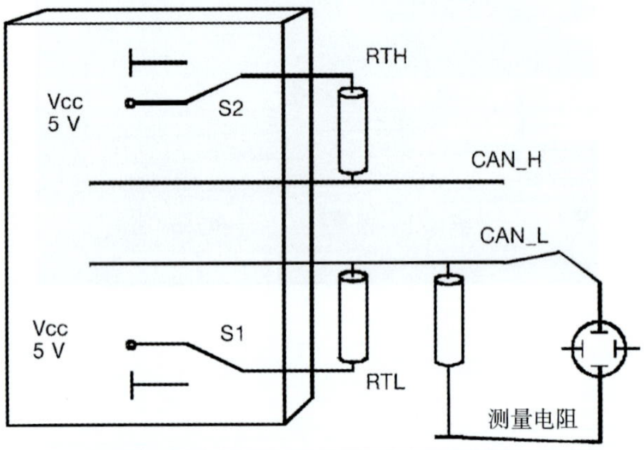

测量电路工作原理

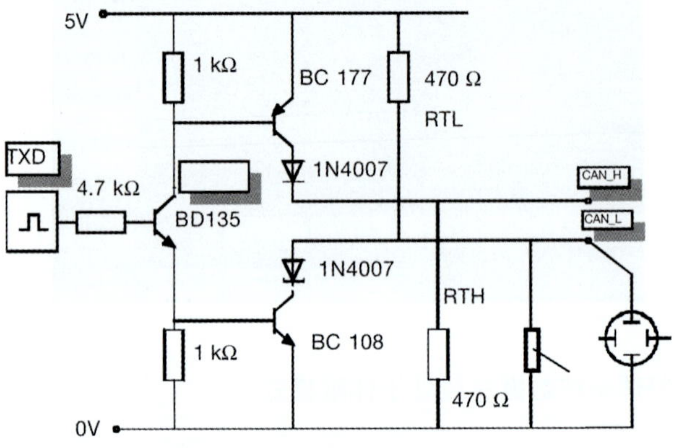

没有测量电阻时的示波图

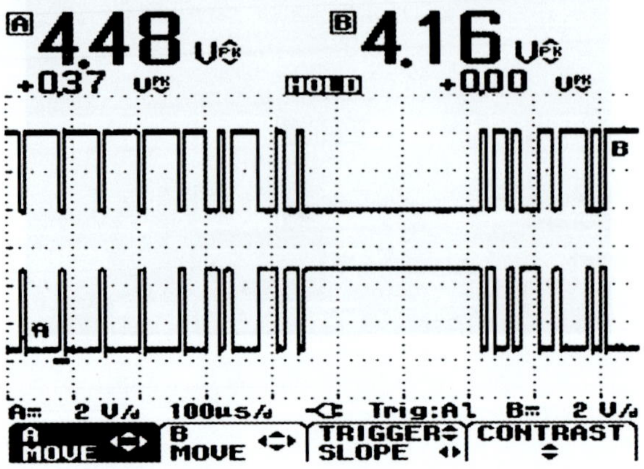

带有测量电阻时的示波图

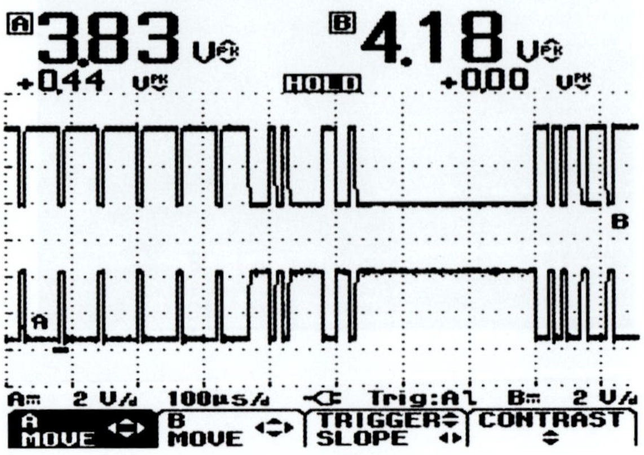

计算

控制单元电子装置内部供电电压值为5V。这个数值是总电压值。终端电阻RTL上的电压降可以根据总电压值和测量电阻示波显示电压值计算得出。

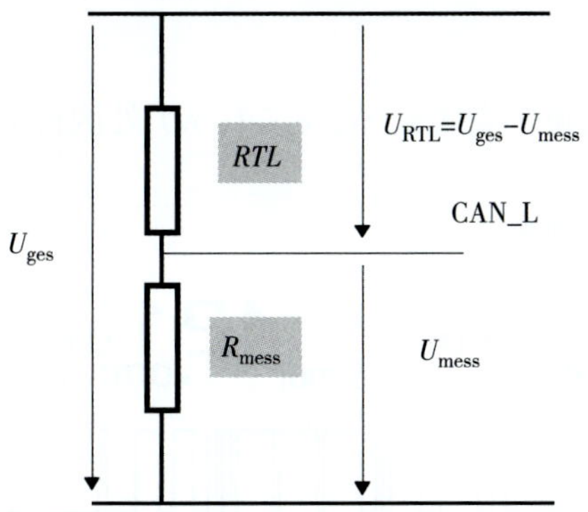

$$\frac{R_{mess}}{U_{mess}}=\frac{RTL}{U_{RTL}=U_{ges}-U_{mess}}$$

$$RTL=\frac{R_{mess}(U_{ges}-U_{mess})}{U_{mess}}$$

$$RTL=\frac{4700\Omega\times(4.85V-4.27V)}{4.27V}$$

$$RTL=638.4\Omega$$

控制单元内安装了一个560Ω电阻。

在此只需测量一个电阻值，因为故障只能在元件插装范围内出现且电阻只位于元件插装机中具有相同电阻值的流水线上。

当前控制单元的电阻配置

表格中以示例形式列出了当前控制单元所配置的电阻值。由于每个车辆制造商采用的电阻值可能不同，因此每次检查负荷电阻时都必须遵守制造商说明。

控制单元	电阻值/Ω
中央舒适电子系统	560
驾驶员车门控制单元	560
前乘客车门控制单元	560
组合仪表	560
左后车门控制单元	5600
右后车门控制单元	5600
转向柱模块	5600
记忆功能控制单元	5600
驻车辅助系统	560

14 舒适系统CAN故障示波图和故障信息

如前所述，舒适系统和信息娱乐系统CAN没有用于总线信号开关挡彼此连接的终端电阻。其优点是，CAN_H数据导线和CAN_L数据导线工作时相互独立，系统在短路时能切换到单线运行模式而保持功能正常。就是说，切换后仅对一个导线进行信号分析。对于表格中列出的故障情况，可以采用单线运行模式。

表格中列出的可能发生的故障与CAN规范中予以考虑且ISO故障列表中列出的故障相同。实际上还有其他可能发生的故障，出现这类故障时不切换到单线运行模式。例如：CAN_L和CAN_H导线混淆（交叉）、CAN_L和CAN_H导线相互连接（短路）、对正极或负极短路以及两个数据导线断路。

故障	CAN_H	CAN_L
1	断路	断路
2	对负极短路	
3		对负极短路
4	对正级短路	
5		对正极短路
6	对CAN_L短路	对CAN_H短路

14.1 在诊断测试仪内将故障分配给故障示波图和故障信息

利用示波器进行任何测量时，CAN 数据导线的电压电平都以接地为基准。在示波图中，CAN_H 始终位于上部，CAN_L始终位于下部。

无故障时的舒适系统CAN

如果诊断测试仪显示没有 CAN 故障，则在舒适系统 CAN 内每个点（a、b、c、d、e）处测得的电压电平必须相同。

诊断测试仪显示

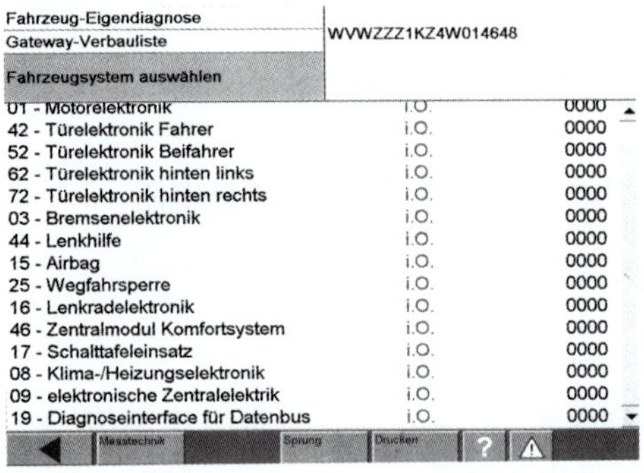

正常系统示波图

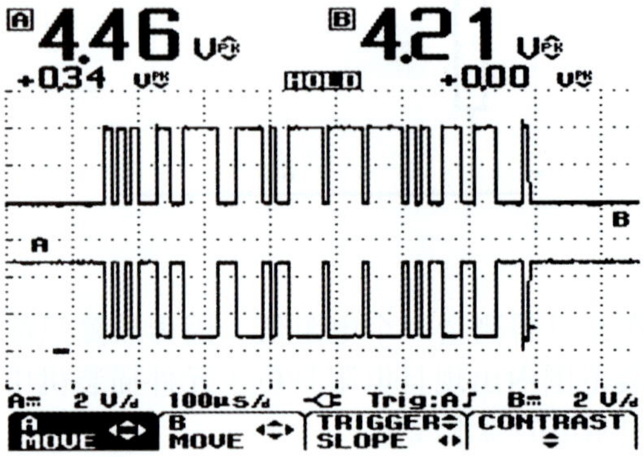

联网示意图

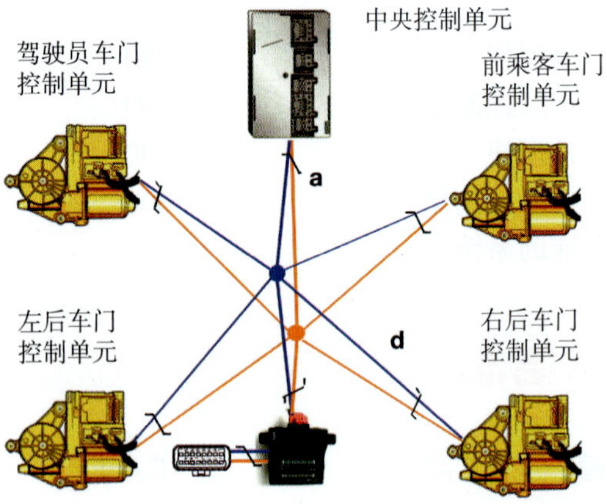

对于两个信号来说，显性电平和隐性电平都有规律地交替变化。CAN_H（通道B）在显性状态下电压值为4.2V，在隐性状态下电压值为0V。CAN_L 在显性状态下电压值为0.7V，在隐性状态下电压值为5V。

通过CAN_L信号与0线的偏移，可以将信号分配给CAN_H或CAN_L数据导线。

14.2 数据导线断路

如果存在断路，则一个数据导线断路时，系统不会与所有控制单元一起切换到单线运行模式。只有直接连接在已断路数据导线上的设备，才无法再将 CAN 信息传输到两个数据导线上。因此在测量值块中显示“单线运行模式”。对于其余的控制单元来说，在断路情况下也可以不受干扰地传输数据。但是，在其测量值块中与数据导线相关的显示从“单线”切换为“双线”。

CAN_L 导线断路

从网关安装列表层面可以很容易识别出数据总线故障。在这个示例中，这些记录表示舒适系统数据总线的范围内有一个故障，因为所有连接在此的控制元件都有故障记录。如果通过诊断功能菜单中的序号 02 在所标出的控制单元故障码存储器中查询故障记录，则所有故障信息都提示单线运行模式和断路。

网关安装列表中的记录

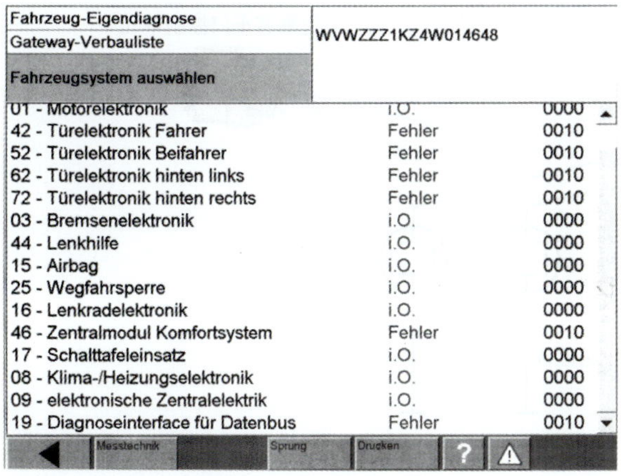

选择诊断功能

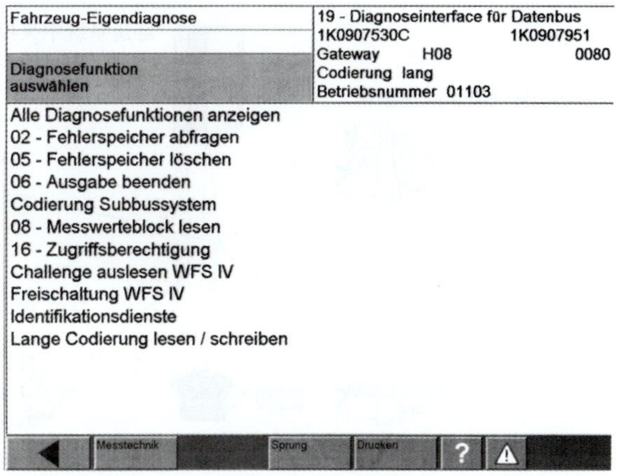

诊断网关中的故障码存储器记录

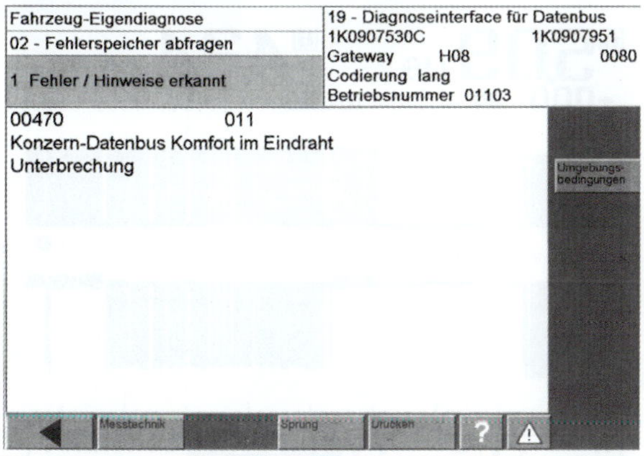

车门控制单元中的故障码存储器记录

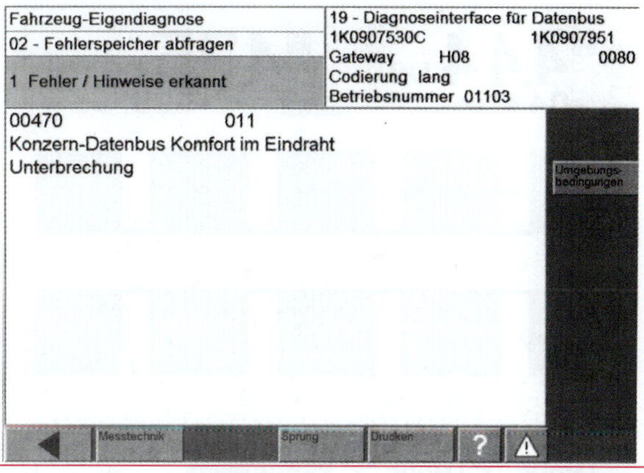

为了进一步限定故障部位，必须在下一个步骤中读取相关控制单元的测量值块。从“选择诊断功能”菜单中也可以进行这个操作。

在所选示例中只有前乘客车门控制单元处于单线运行模式，因为收发器识别到一根数据传输导线缺失。相反，其余控制元件则表明有一个与总线相关的故障记录，该记录不断在“单线”与“双线”之间切换。这很容易理解，因为绝大多数信息都可以通过两个数据导线与总线上连接的其余控制单元进行交换。

前乘客车门控制单元中的测量值块

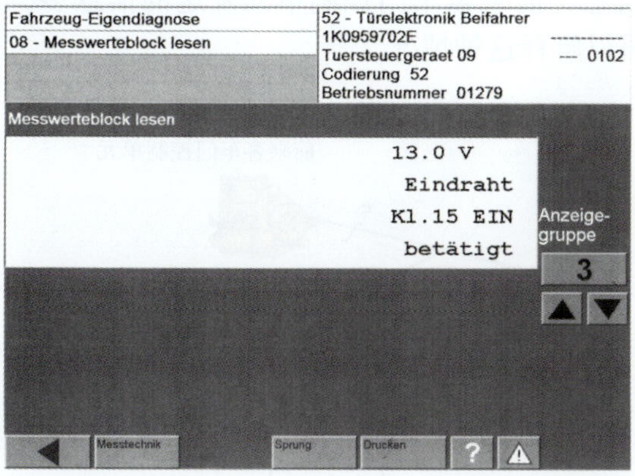

其余控制单元的测量值块

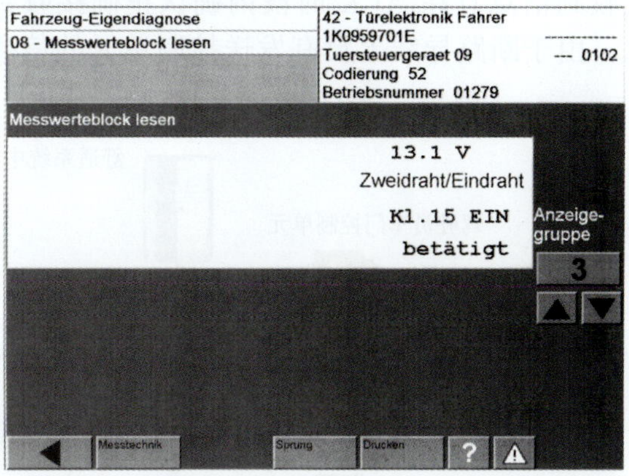

信号流程取决于测量点。如果在节点附近进行测量，则在断路的数据导线上没有已断开控制单元的数据包。各比特是其余控制单元针对来自前乘客车门控制单元信息的确认信号。在示波图中，由于解析率较低而无法再识别出各信息的比特。

节点侧的测量点

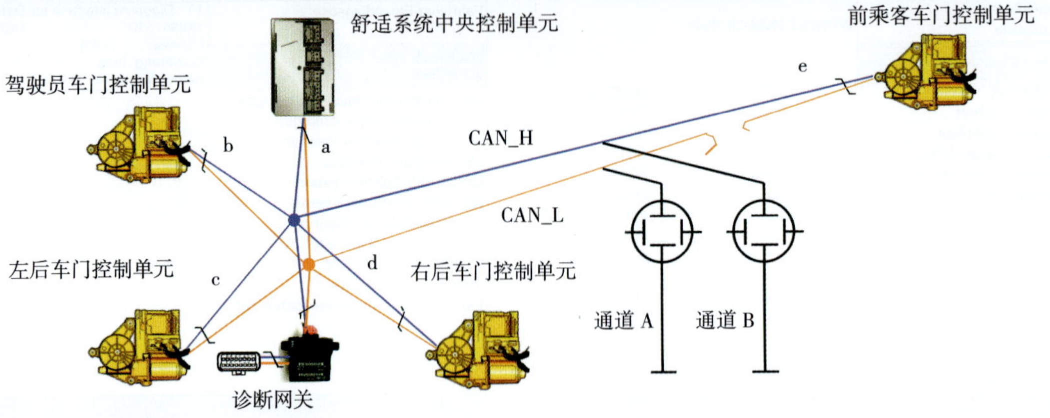

CAN_L未断

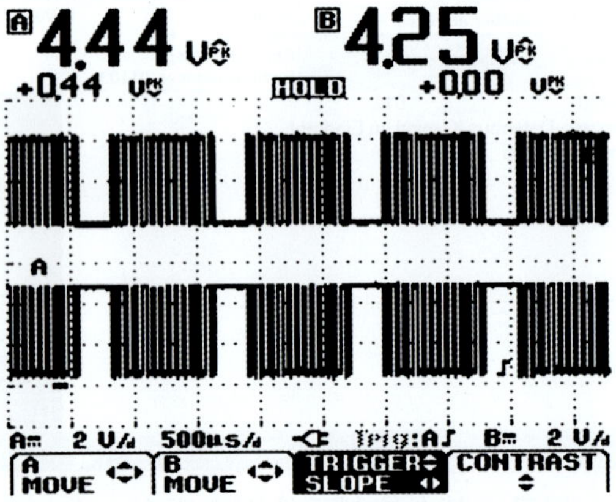

信息缺失时的示波图

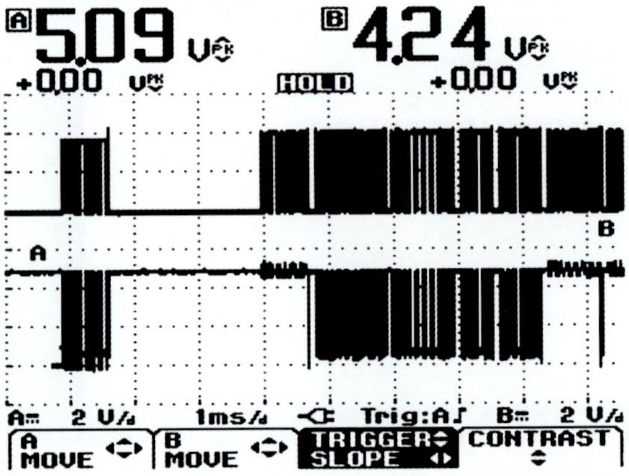

控制单元侧的测量点

如果在控制单元附近进行测量，则在断路的导线上同样无法识别到各确认比特（ACK）。这些比特的产生源于控制单元通过完好无损的导线接收到信息且在 ACK 时段内确认正确接收到信息。由于断路导线上没有发送控制单元的信息，因此断路点前的导线段上只能看到ACK比特和前乘客车门控制单元的信息。ACK比特的记录数比节点附近示波图上的比特多。来自其他控制单元的信息比前乘客车门控制单元发送的信息多，由此可以解释这种情况。

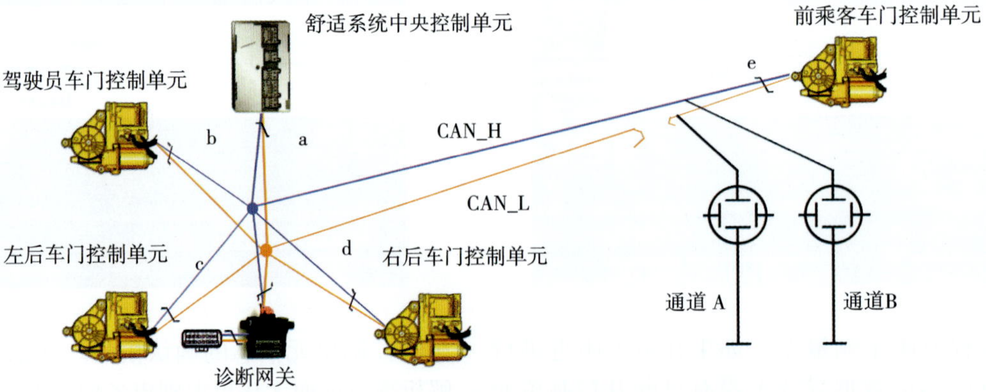

CAN_L未断路

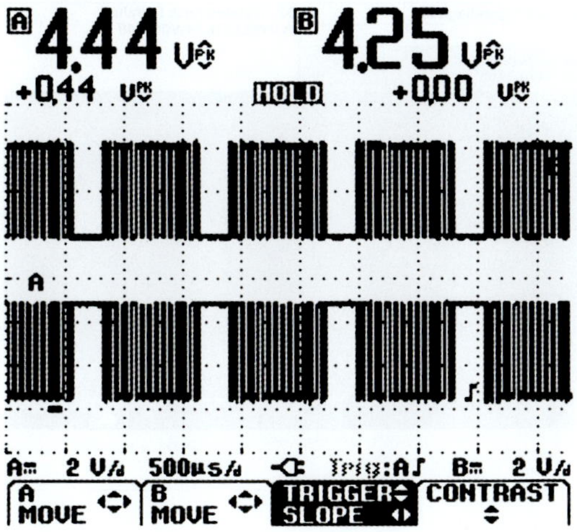

信息缺失时的示波图

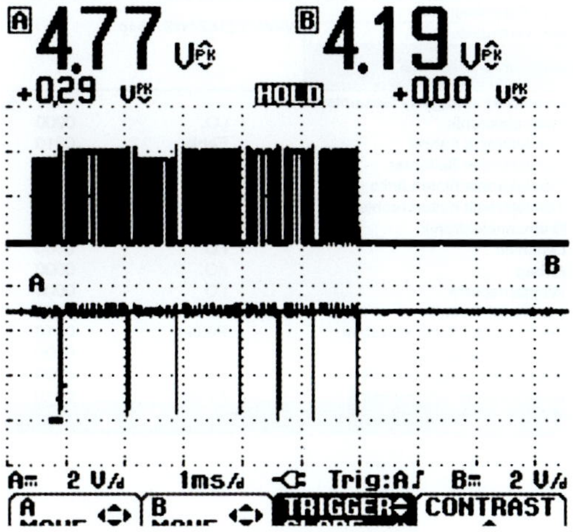

为了清楚地看出故障部位前后示波图的区别，两次测量时选择相同的示波器时间格。

利用诊断测试仪和故障再现法确定断路的导线

利用诊断测试仪读取故障码存储器和测量值块显示中的信息时，无法清楚地确定发生故障的CAN_H和CAN_L导线。如果没有示波器可供进一步限定故障部位，则需要采取后续诊断步骤。在此利用的原理是：只有两个导线都有故障时，舒适系统CAN总线才会失灵。在示例中，必须为此将CAN_H和CAN_L导线依次接到负极。同时观察网关安装列表、故障码存储器和控制单元测量值块中的显示内容。

由于不知道车内导线断路位置，因此总共有三种短路连接可能性：第一种是直接在完好无损的数据导线上，第二种是在断路点前的断路数据导线上，第三种是在故障部位后面。系统的反应每次都不相同，因此限定故障部位时必须予以考虑。

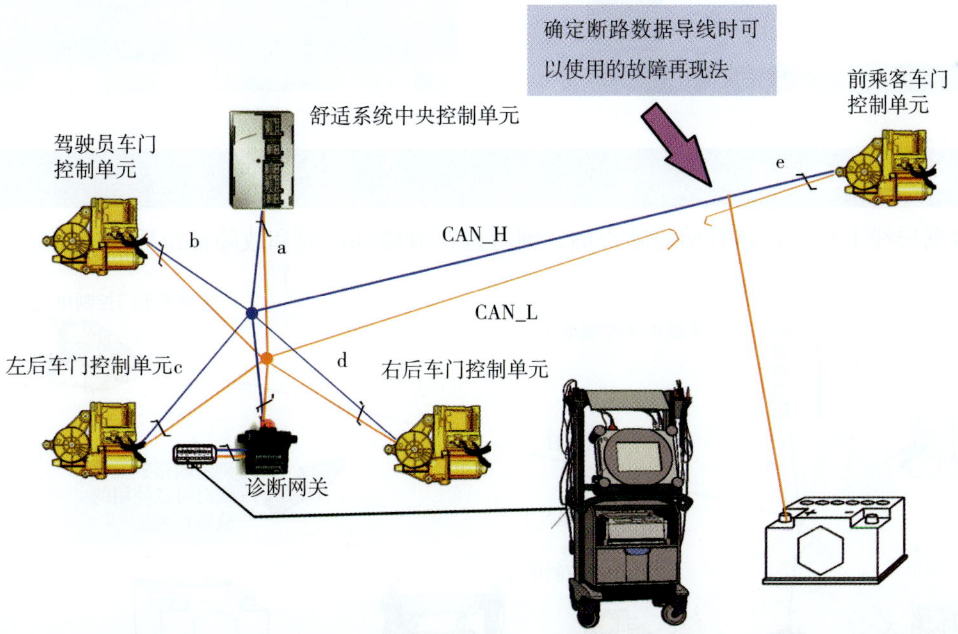

如果使没有断路的数据导线对负极短路，则连接在已断路数据导线上的控制单元无法再进行数据交换。因此，信息网关安装列表中的显示从“故障”跳转为“无法到达”。对于所连接的其他控制单元来说显示内容不切换。如果此后尝试访问前乘客车门控制单元的“选择诊断功能”菜单，以便读取故障码存储器记录，则显示故障信息“车辆系统不存在”。在此可以看出，只有通过 CAN 数据导线才能进行诊断。

网关安装列表中的故障记录

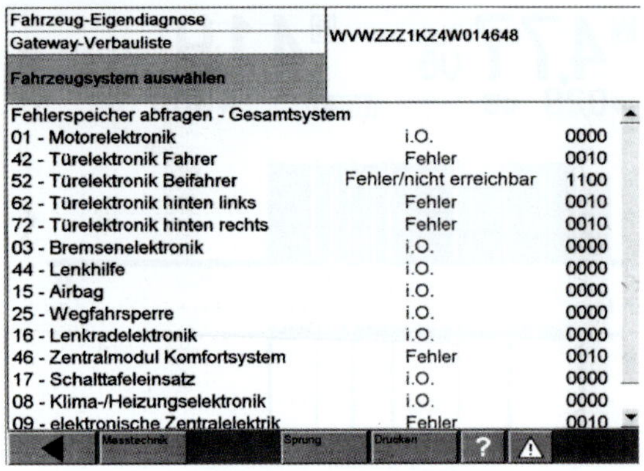

选择诊断菜单时的信息

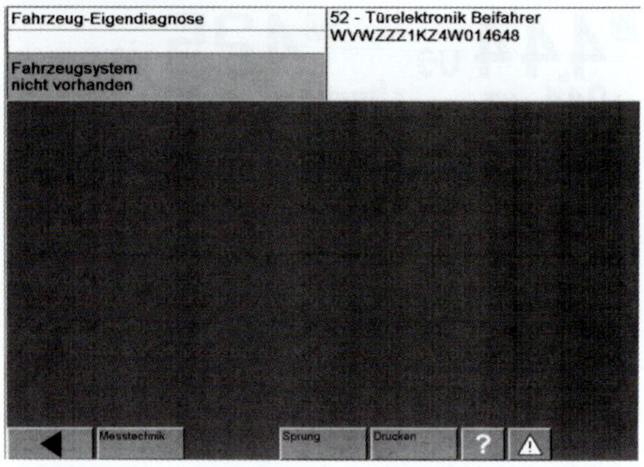

可以通过剩下的数据导线继续访问其他控制单元的故障码存储器。存在故障记录时可以看到提示信息："集团舒适系统数据总线处于单线运行模式且电路中有电气故障。" 后一条提示信息不存储在车门控制单元的故障码存储器内。

在测量值块中记录持久切换为"单线"。

故障码存储器内的记录

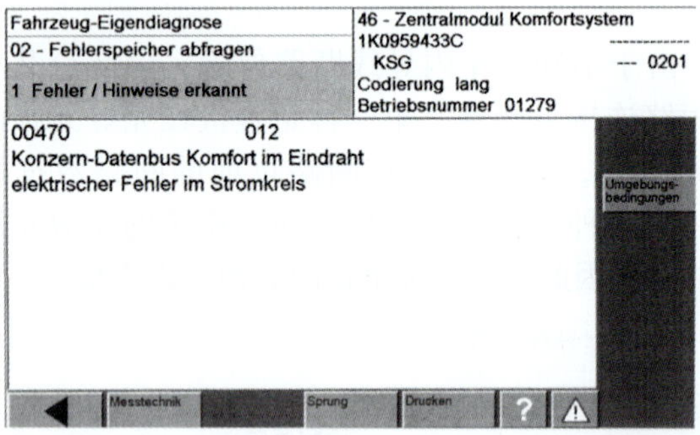

测量值块内的记录

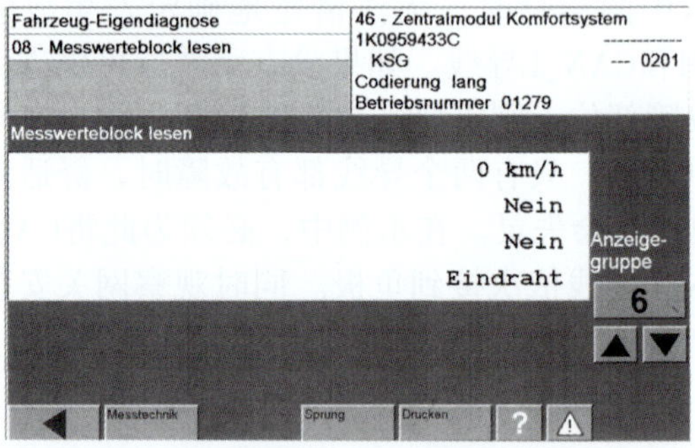

故障部位前断路导线上的故障再现

如果以断路数据导线上形成短路开始故障查询，则可以在故障部位前和故障部位后形成短路

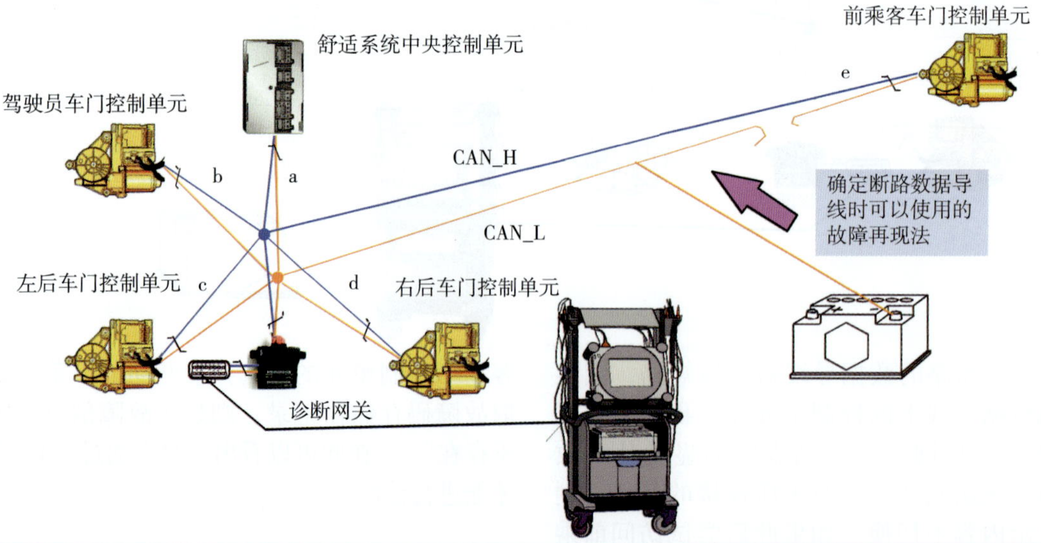

与节点连接控制单元的故障码存储器内的故障记录

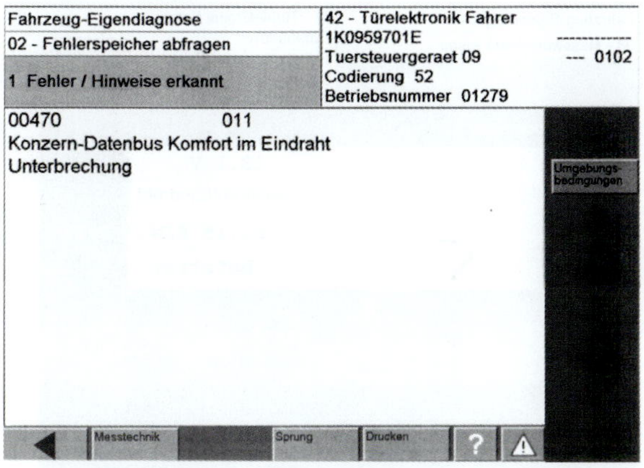

与节点连接控制单元的测量值块内的记录

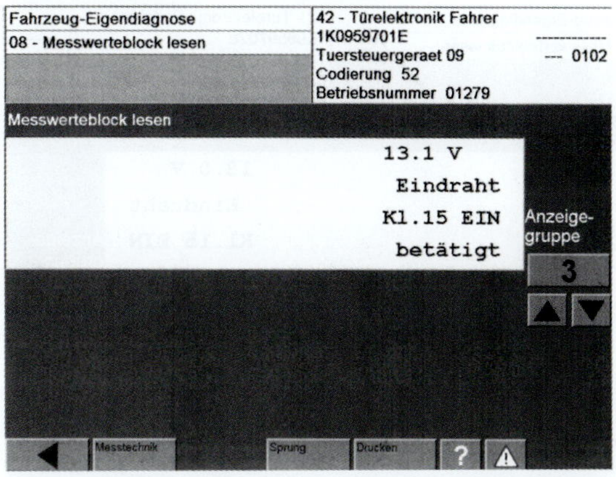

如果在故障部位前形成对负极短路，则故障码存储器中不涉及断路的车门控制单元的故障记录没有任何反应。“集团数据总线处于单线 / 断路状态”信息与未实施故障再现时的信息一致。舒适系统中央控制单元和诊断接口内的故障记录表示识别到短路并在其故障信息中增加了“电路中有电气故障”记录。测量值块的记录也发生变化。与总线相关的信息不再从“单线”切换为“双线”。

故障部位后断路导线上的故障再现

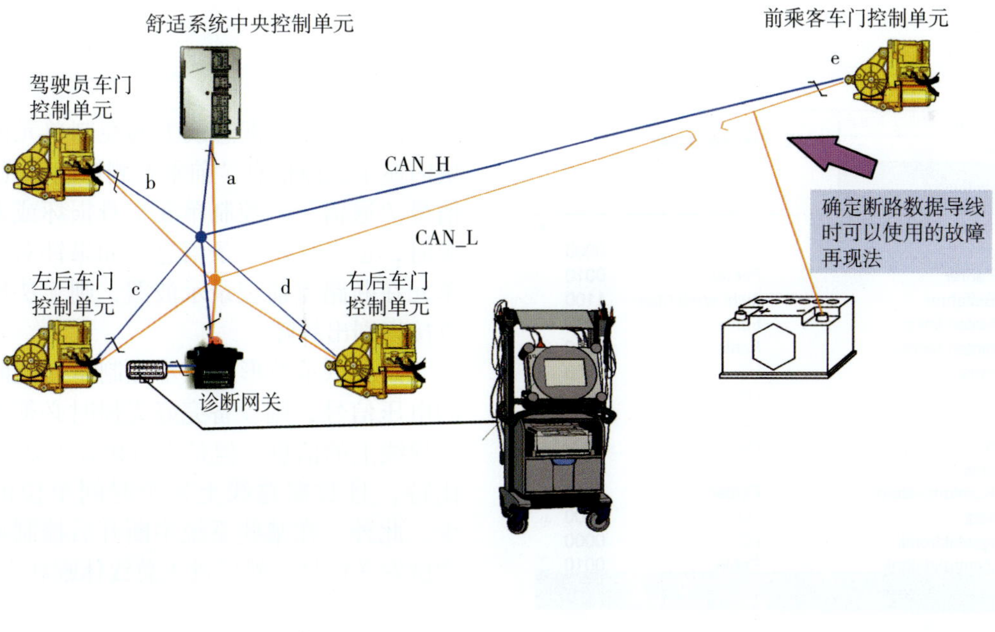

未采用故障再现法时CAN_H测量值块内的显示

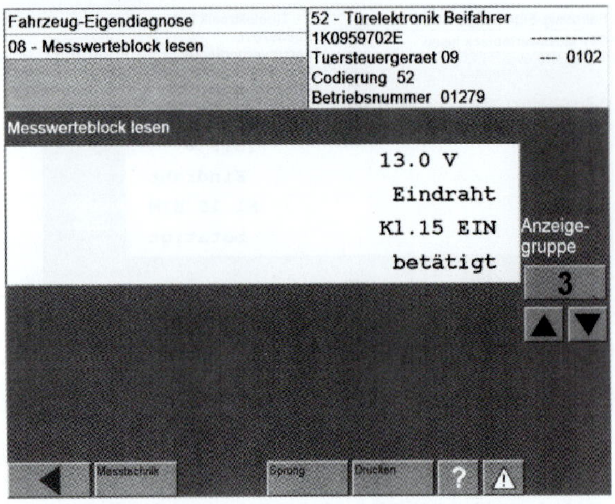

与断路点前再现故障不同，与故障无关的控制单元测量值块内的记录从“单线”切换为“双线”等。

必须十分小心地在数据导线上形成短路；只有完全确认数据导线断路时，才能使用这种方法。

采用故障再现法时CAN_L测量值块内的显示

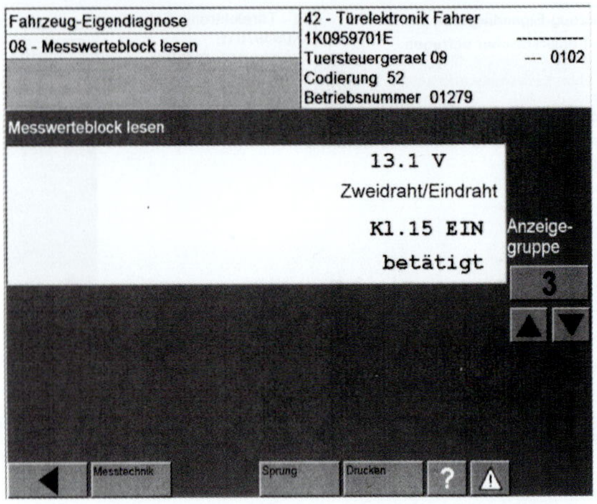

在不同制造商的诊断设备上，与数据总线故障相关的显示内容不同。但是诊断的基本结构和故障信息类似。

CAN_H和CAN_L导线同时断路

如果两个数据导线同时断路，则断开的控制单元无法再参与网络通信。

诊断测试仪显示

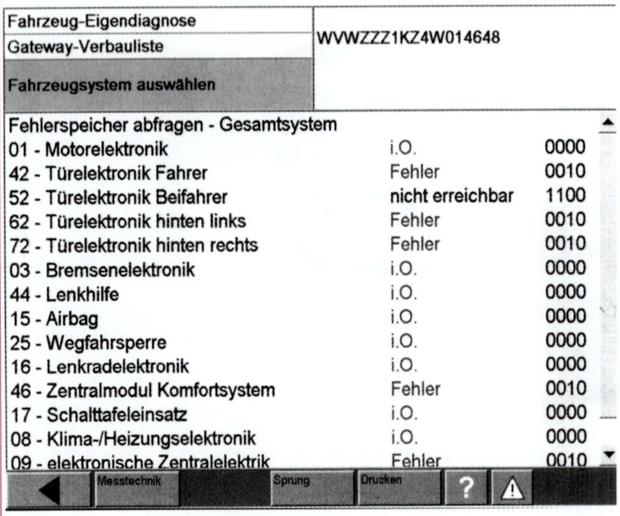

挂在其余数据总线上的控制单元的测量值块内显示故障信息“前乘客侧控制单元 J387 无信号 / 通信”。控制单元本身损坏或未接通电源时，也会显示这条信息。如果针对相关控制单元在断路点前记录示波图，则无法用示波器直接识别出故障。

如果以示波形式显示控制单元上断路点后的电压信号，则设备完好无损时必须能看到两个导线上的信息。但是没有接收确认，即 ACK 比特，且数据总线上每个时间单位的信息较少。此外，在某些系统中断开后控制单元几次尝试发送信号，然后进入总线休眠状态。

测量点示意图

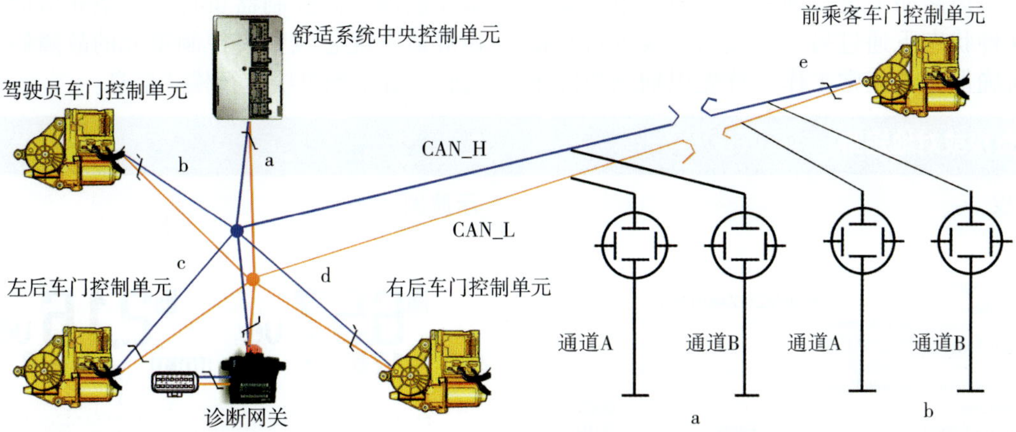

节点上的示波图（a）

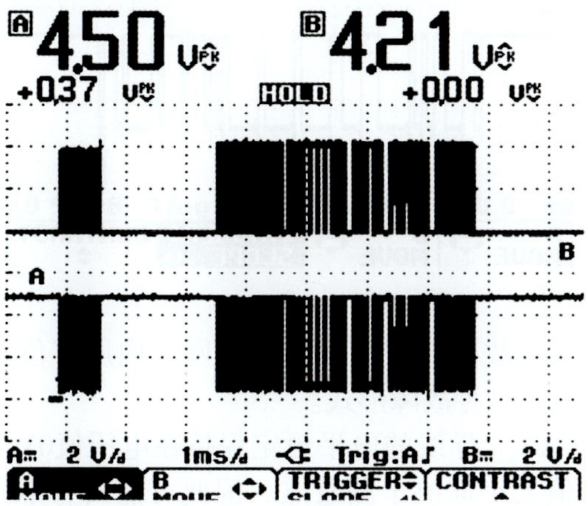

控制单元上的示波图（b）

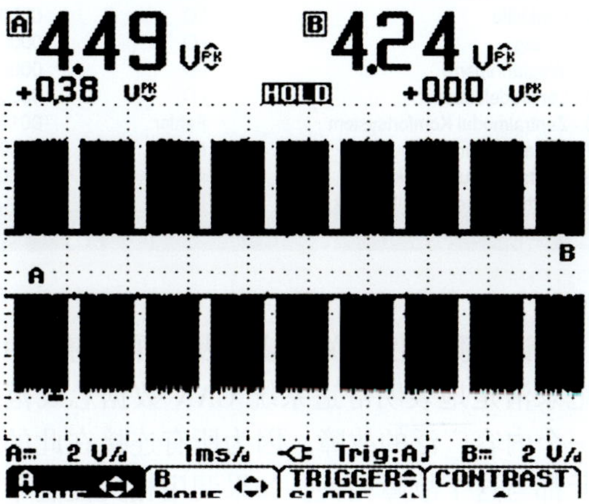

限定故障部位

只有利用电阻或导通性测量设备才能准确定位断路点。为此必须将蓄电池接线与车载网络断开，以便舒适系统 CAN 上的控制单元断开电源。对插头逐个实施电阻测量或导通性检测，直到节点为止。在此还要检查插头是否接触良好。如果未诊断出断路点，则说明控制单元内有故障。此后必须更换这个控制单元。

电阻测量

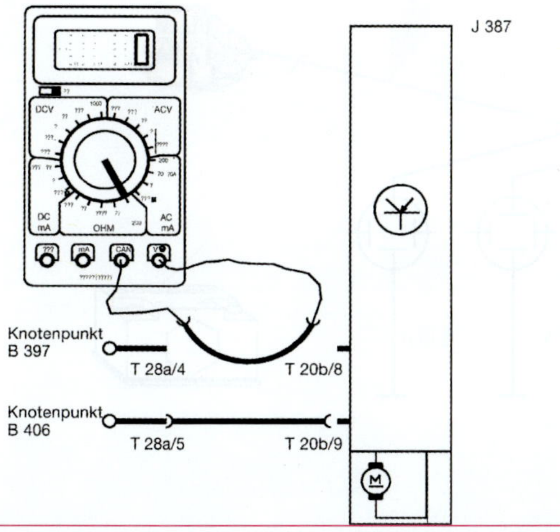

接触不良

14.3 数据导线对负极或正极短路

如果两条CAN数据导线中的任意一条由于对地短路或对正极短路而失灵，则系统切换为单线运行模式。在这种状态下通过另一个数据导线进行数据传输，从而确保系统正常工作。首先识别到故障事件的CAN控制器将故障信息发送给相关应用程序的微控制器。微控制器负责将一条相应故障信息存储在舒适系统总线中央控制单元的故障码存储器内。驾驶员看不到单线运行模式信息。

CAN_H对负极或对地短路

诊断测试仪

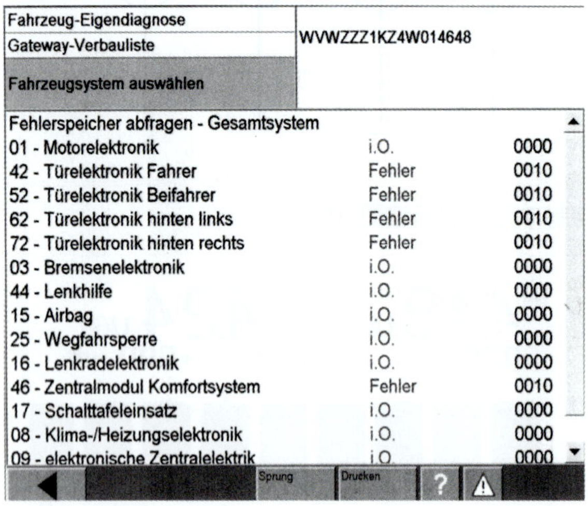

Fahrzeug-Eigendiagnose	WVWZZZ1KZ4W014648
Gateway-Verbauliste	
Fahrzeugsystem auswählen	

Fehlerspeicher abfragen - Gesamtsystem		
01 - Motorelektronik	i.O.	0000
42 - Türelektronik Fahrer	Fehler	0010
52 - Türelektronik Beifahrer	Fehler	0010
62 - Türelektronik hinten links	Fehler	0010
72 - Türelektronik hinten rechts	Fehler	0010
03 - Bremsenelektronik	i.O.	0000
44 - Lenkhilfe	i.O.	0000
15 - Airbag	i.O.	0000
25 - Wegfahrsperre	i.O.	0000
16 - Lenkradelektronik	i.O.	0000
46 - Zentralmodul Komfortsystem	Fehler	0010
17 - Schalttafeleinsatz	i.O.	0000
08 - Klima-/Heizungselektronik	i.O.	0000
09 - elektronische Zentralelektrik	i.O.	0000

在诊断测试仪网关安装列表的屏幕窗口中，故障记录清楚地表明舒适系统 CAN 数据总线范围内有一个内容广泛的故障，因为所有连接在此的控制单元都与这个故障相关。如果调用相关控制单元内的故障码存储器，则可以读取到故障记录“集团舒适系统数据总线处于单线运行模式”和“断路”。

示波图

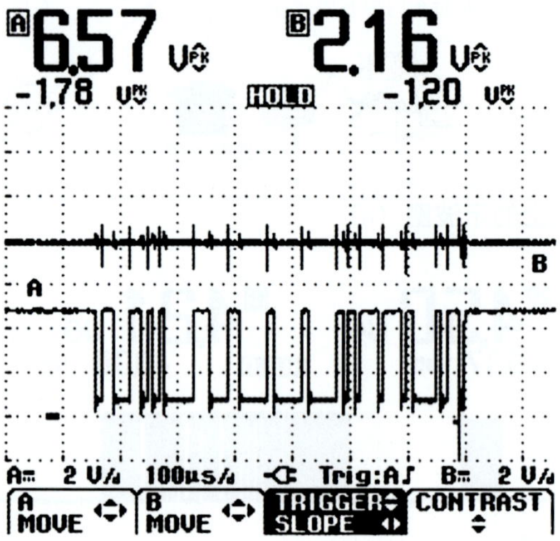

无论故障部位在何处，在网络内所有位置都可以发现这种故障形式。

CAN_L导线的电平恒定保持在电压值0V。电压峰值大小取决于测量点，因此可能具有不同的特征。

示意图

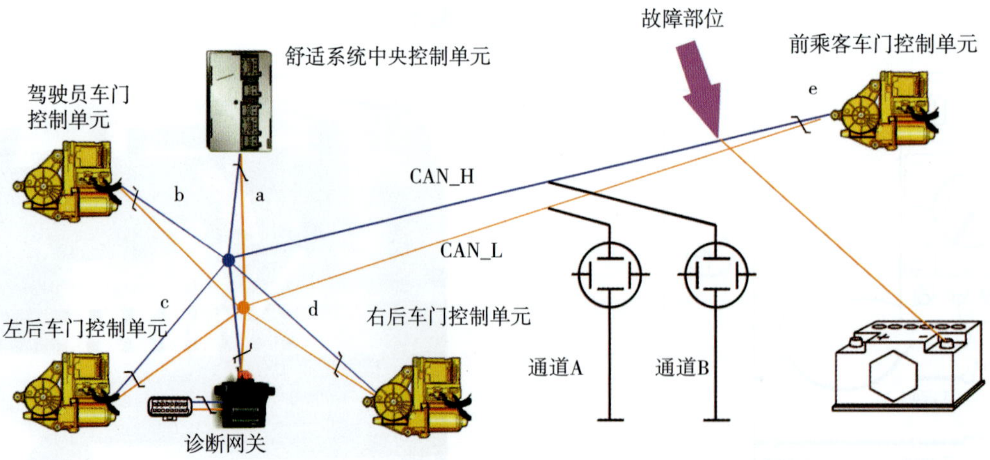

CAN_L对负极或对地短路

诊断测试仪

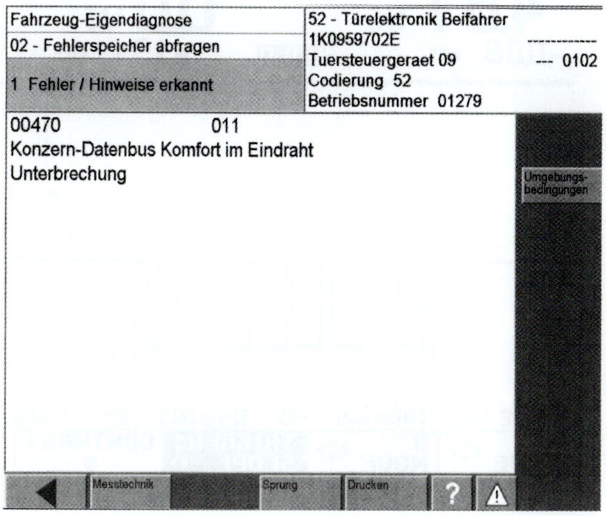
Fahrzeug-Eigendiagnose
02 - Fehlerspeicher abfragen
1 Fehler / Hinweise erkannt
52 - Türelektronik Beifahrer
1K0959702E
Tuersteuergeraet 09 --- 0102
Codierung 52
Betriebsnummer 01279
00470 011
Konzern-Datenbus Komfort im Eindraht
Unterbrechung
Umgebungs-bedingungen
Messtechnik
Sprung
Drucken
?

这些故障信息与对正极短路时的信息一致。这种情况也适用于控制单元故障码存储器内的信息。没有是否涉及CAN_H 或 CAN_L 数据导线的提示信息。

示波图

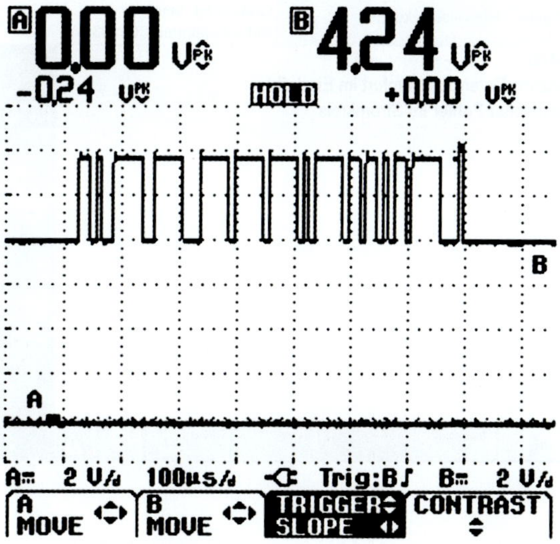

在此舒适系统 CAN 内所有位置处的错误形式也相同。CAN_L 导线的电平恒定保持在电压值 0V。

CAN_H 上的交变电平位于规定公差范围内。

示意图

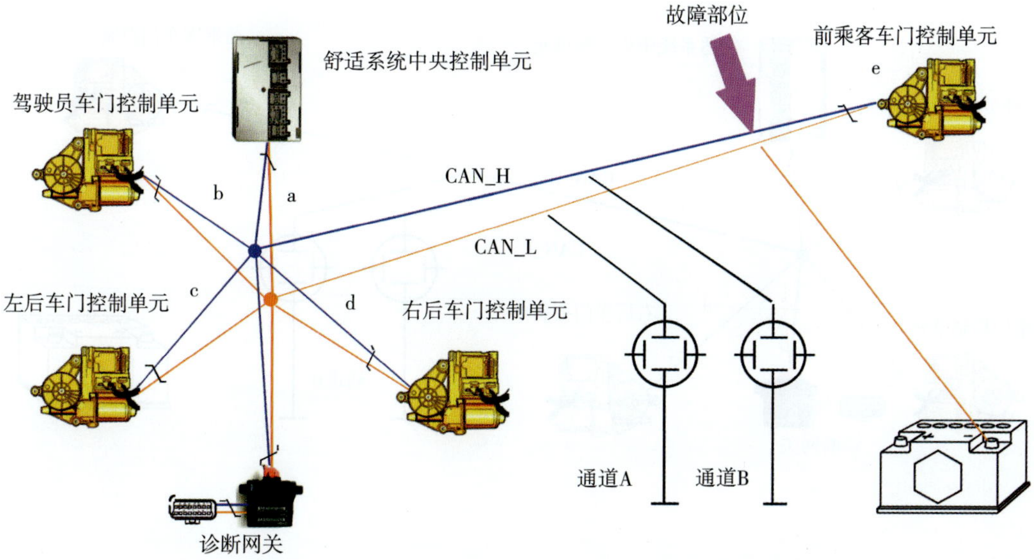

CAN_H 对正极短路

诊断测试仪

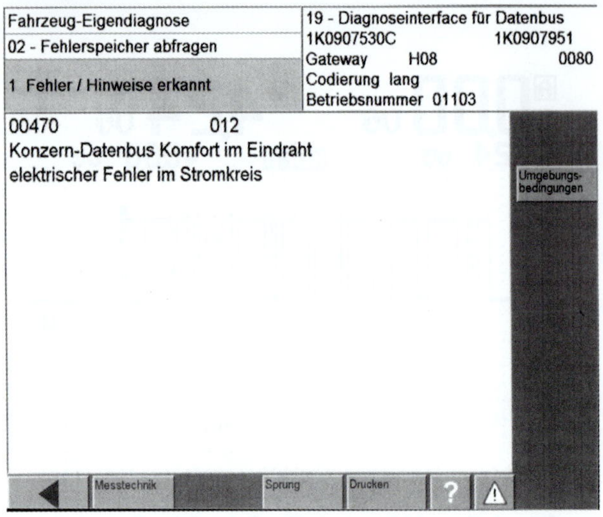

示波图

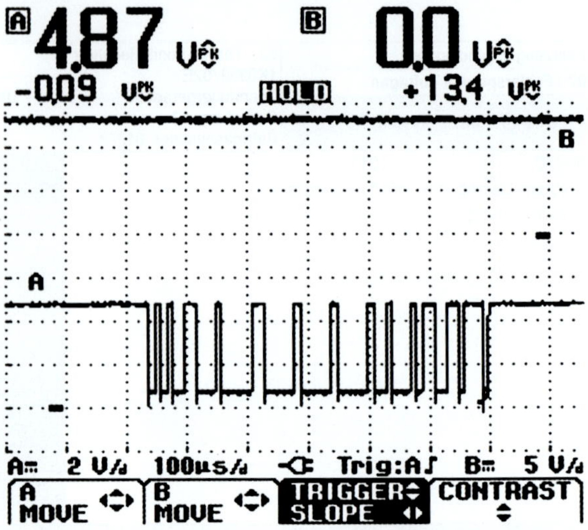

诊断测试仪所有层面上的故障信息都与 CAN_L 导线对负极和对正极短路时的信息一致。在舒适系统控制单元的故障码存储器和诊断网关中也有针对电路中电气故障的提示信息。对于所有连接在该数据总线上的控制单元来说，测量值块内都显示单线运行模式。

无论故障部位在何处，在网络内所有位置都可以发现这种故障形式。

CAN_H 导线的电平恒定保持在电压值12V或保持在车载网络电压值。CAN_L 上的隐性和显性交变电平位于规定范围内。

示意图

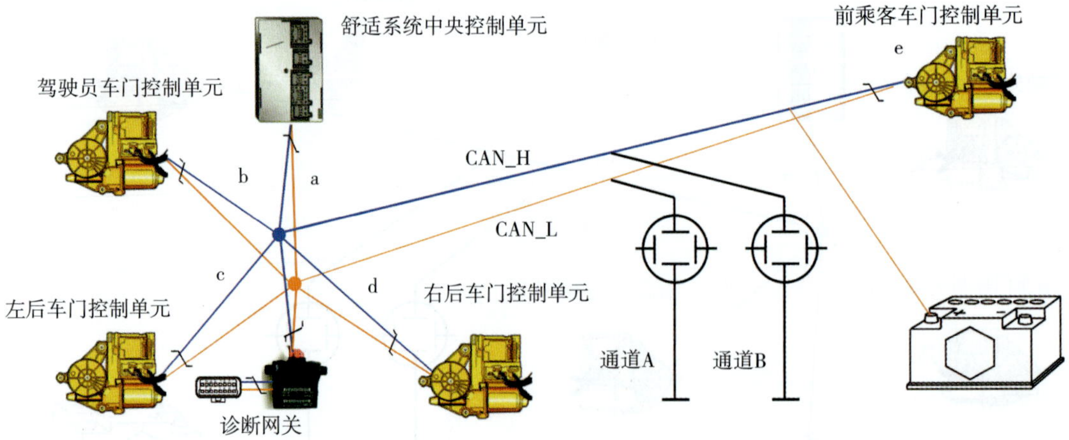

数据导线对负极或正极短路时限定故障部位

在此同样只能利用电阻测量设备或导通性检测仪确定短路的准确位置。此时必须断开蓄电池接线。

CAN–L对正极短路

诊断测试仪

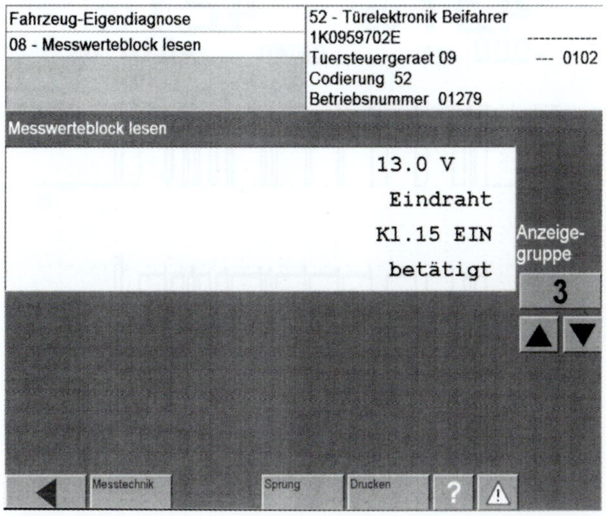

即使存在这个故障，故障记录也与以前的记录相同。就像所预期的一样，例如车门控制单元的测量值块内同样储存了单线运行模式的提示信息。对所有短路故障来说，都没有针对相关数据导线或短路类型的提示信息。

示波图

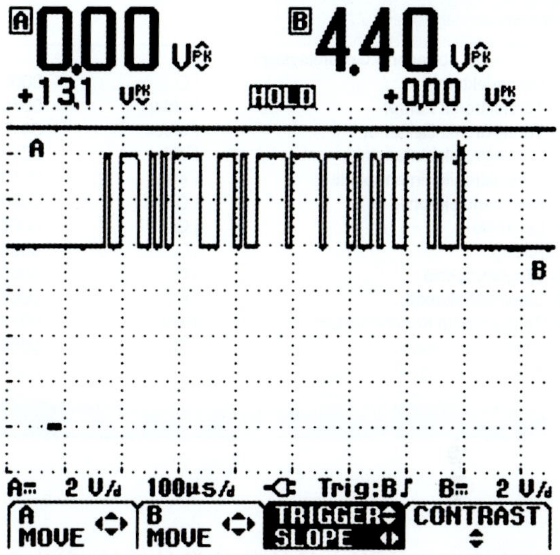

无论故障部位在何处，在网络内所有位置都可以发现这种故障形式。

CAN_L 导线的电平恒定保持在电压值 12V 或保持在车载网络电压值。CAN_H 上的隐性和显性交变电平位于规定范围内。

示意图

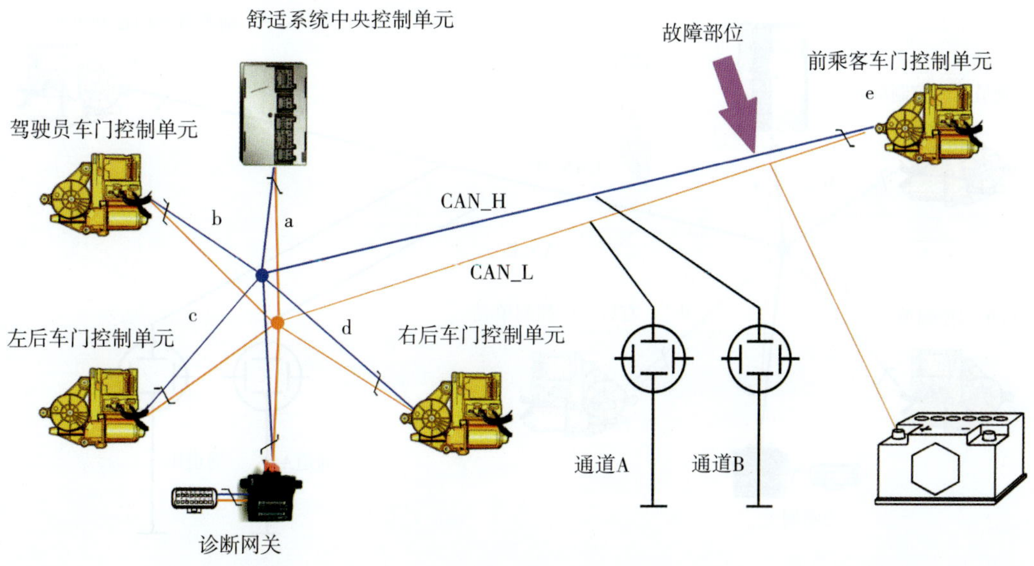

CAN_H与CAN_L导线之间短路

CAN控制器识别到该故障，系统切换为单线运行模式。如果还存在对正极或接地短路故障，则无法再进行数据交换。

诊断测试仪

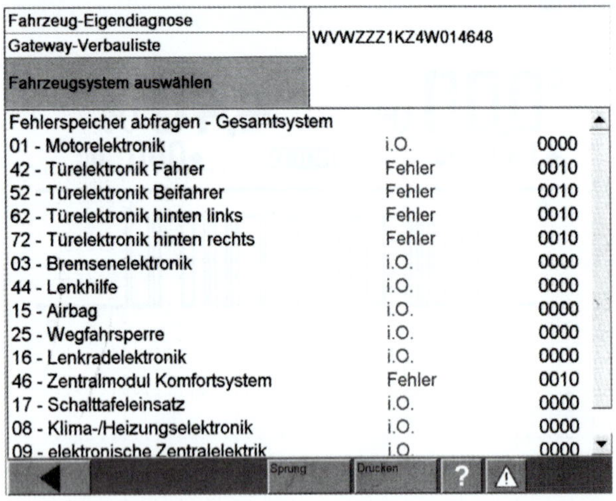

示波图

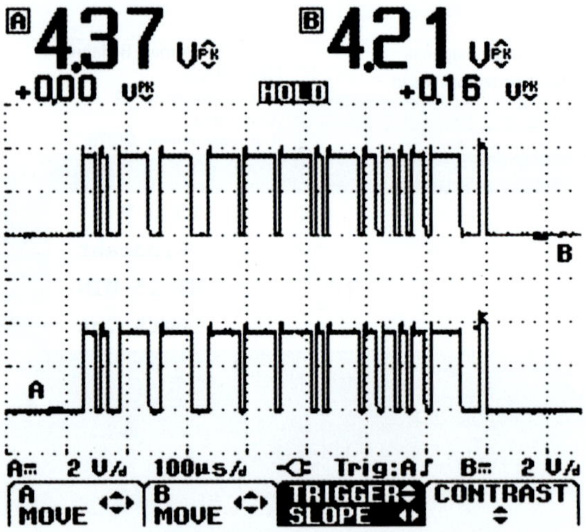

除了完整查询中的故障信息外，诊断测试仪还通过控制单元故障码存储器内的记录“集团舒适系统数据总线处于单线 / 断路状态”报告单线运行模式。在所有控制单元的测量值块内都记录了提示信息“单线”。诊断接口故障码存储器内还有一条故障提示信息，该信息表示电路中有电气故障。

由于两个数据导线短路，因此导致收发器关闭 CAN_L 驱动器并将 CAN_H 信号切换到 CAN_L 导线上。

在舒适系统 CAN 的所有位置处故障形式都相同。

示意图

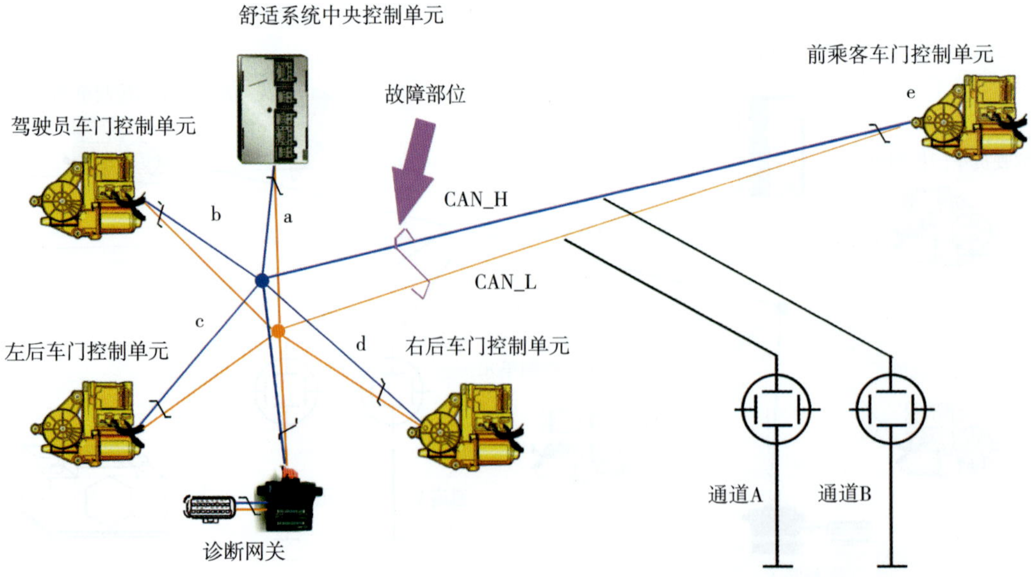

CAN_H与CAN_L导线之间短路

如果两个数据导线彼此短路，同时对正极或负极短路，则CAN 控制器将总线关闭状态信息发送给控制单元的微控制器。因为舒适系统 CAN 上的所有控制单元都发生这种情况，所以该故障以记录“无法到达控制单元 a、b、c、d 和e”的形式存储在诊断网关故障码存储器内。

在示波图中两个导线上的电平都为 0V 或者与通过短路而施加的正电压电位一致。排除对正极或负极短路故障后，系统自动跳转回单线运行模式。

示意图

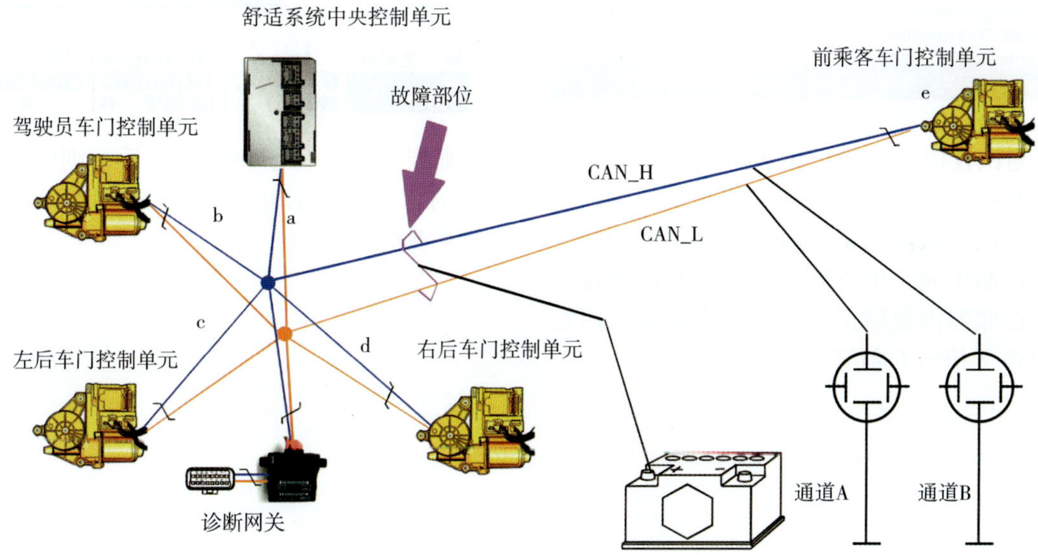

对负极短路时的示波图

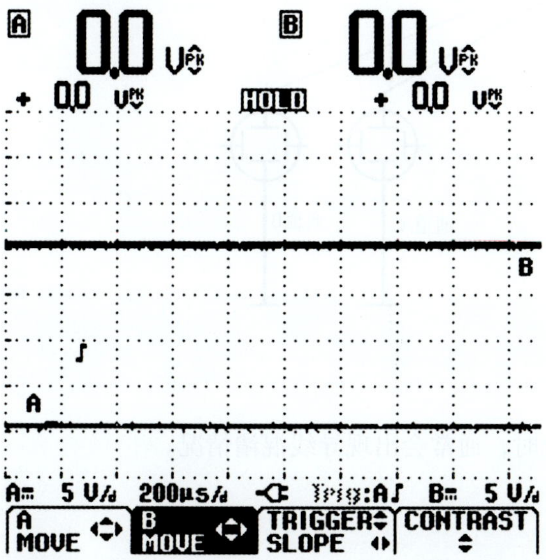

对正极短路时的示波图

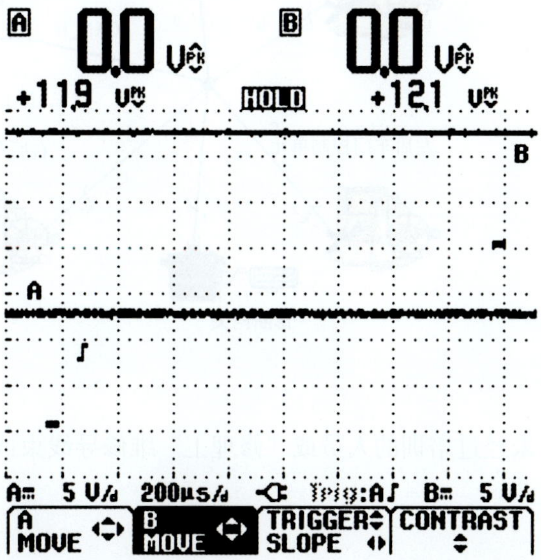

14.4 CAN_H与CAN_L数据导线混淆

诊断测试仪

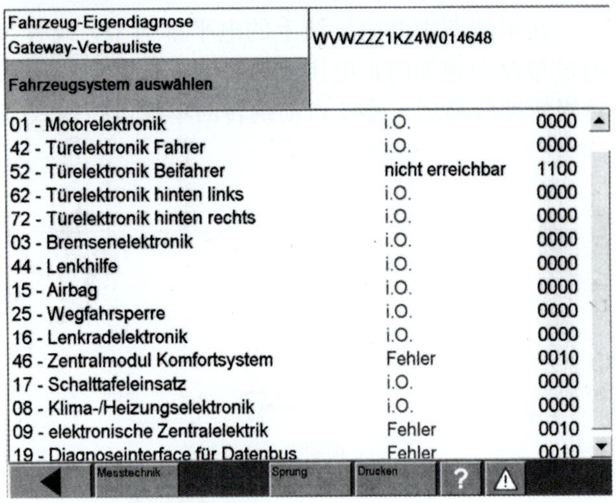

Fahrzeug-Eigendiagnose	WVWZZZ1KZ4W014648	
Gateway-Verbauliste		
Fahrzeugsystem auswählen		
01 - Motorelektronik	i.O.	0000
42 - Türelektronik Fahrer	i.O.	0000
52 - Türelektronik Beifahrer	nicht erreichbar	1100
62 - Türelektronik hinten links	i.O.	0000
72 - Türelektronik hinten rechts	i.O.	0000
03 - Bremsenelektronik	i.O.	0000
44 - Lenkhilfe	i.O.	0000
15 - Airbag	i.O.	0000
25 - Wegfahrsperre	i.O.	0000
16 - Lenkradelektronik	i.O.	0000
46 - Zentralmodul Komfortsystem	Fehler	0010
17 - Schalttafeleinsatz	i.O.	0000
08 - Klima-/Heizungselektronik	i.O.	0000
09 - elektronische Zentralelektrik	Fehler	0010
19 - Diagnoseinterface für Datenbus	Fehler	0010

诊断测试仪内的故障记录表示无法与故障部位后的控制单元通信。其余车门控制单元的故障码存储器中没有故障记录。通信系统中央模块、车载网络控制单元（中央电子装置）和诊断接口的故障码存储器内故障记录为“前乘客侧车门控制单元J387无信号/通信”。

示波图

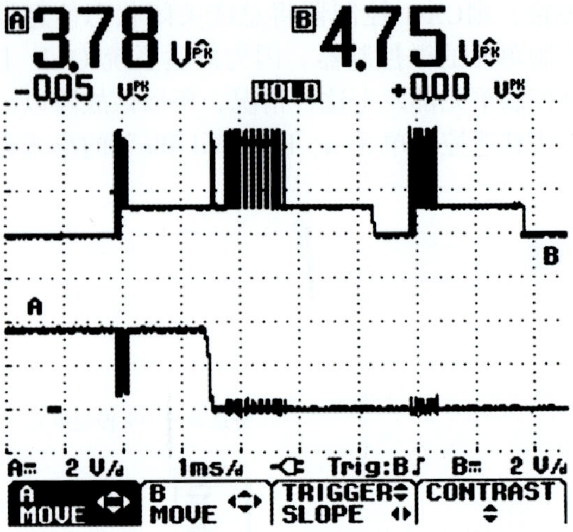

如果测量点位于故障部位后，则两个数据导线上的示波图显示电平剧烈波动且隐性和显性电压电平改变。

示意图

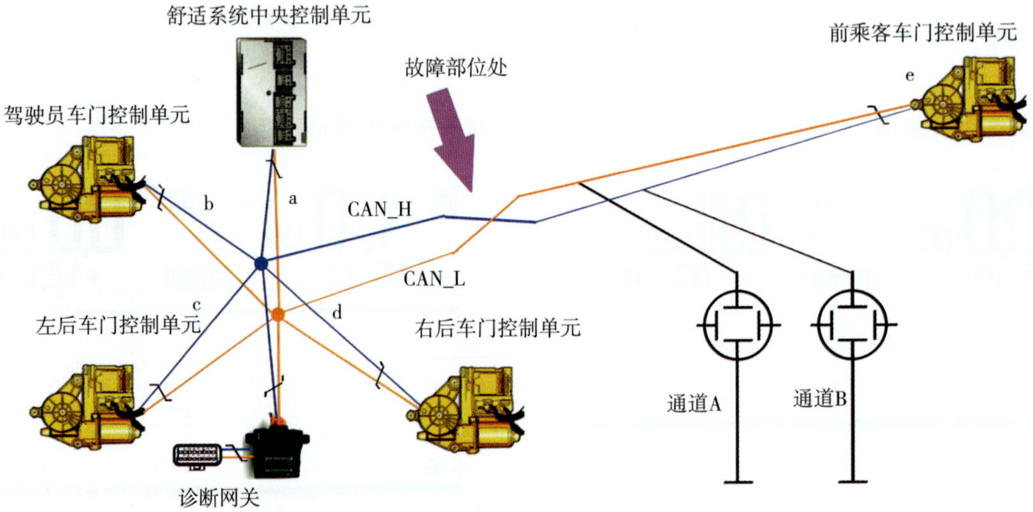

未经过培训的人员或“修理工”维修导线束或加装系统时，通常会出现导线混淆情况。

控制单元故障码存储器和测量值块内的记录

如果尝试从“网关安装列表”显示进入前乘客车门电子装置控制单元的“显示数据功能”菜单，则会出现信息“系统不存在”。

其余车门控制单元的故障码存储器内没有存储故障，测量值块内显示双线运行模式。

故障码存储器内的记录

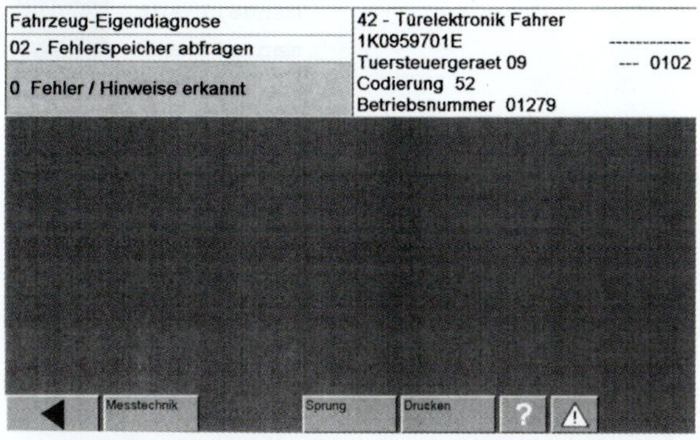

在数据总线诊断接口和舒适电子系统中央模块的故障存储器内，故障记录表明前乘客侧车门控制单元完全断开。

测量值块内的记录

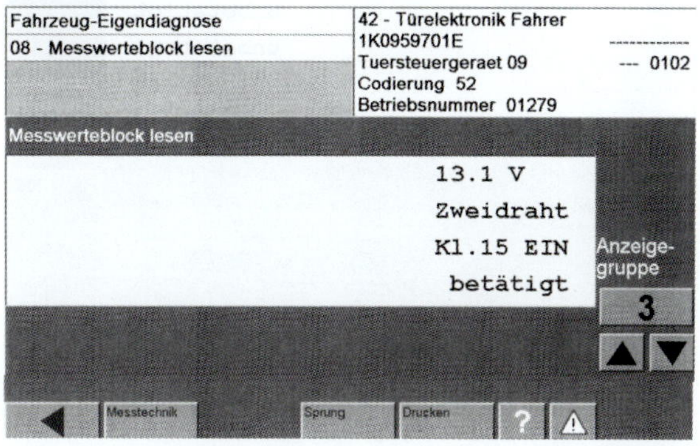

数据总线诊断接口故障码存储器内的记录

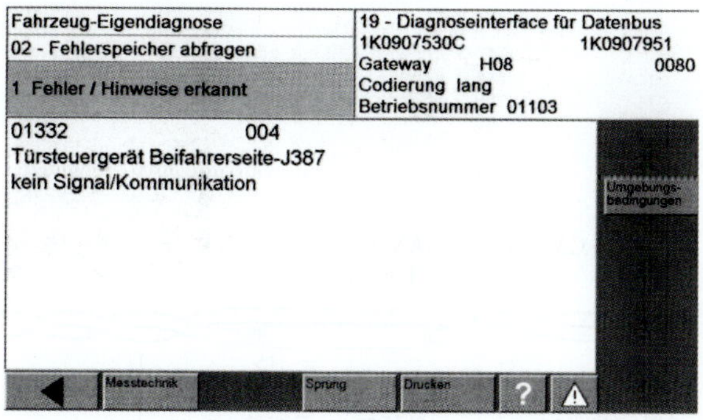

舒适系统中央模块故障码存储器内的记录

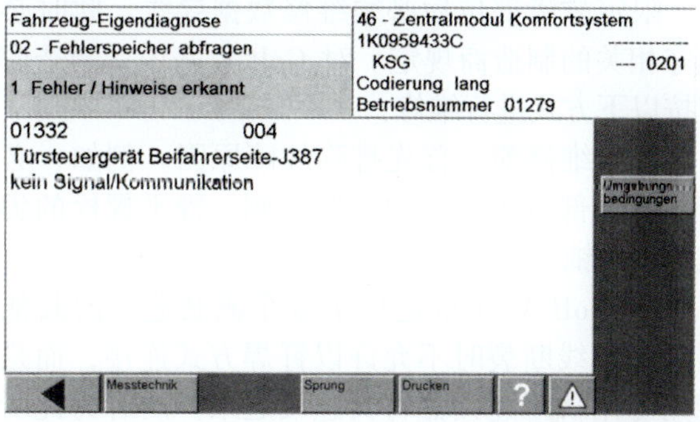

这些示例表明，只有正确解释了故障码存储器内的记录和测量值块内的信息且将其综合考虑时，才能有针对性地进行诊断。

除了“自由”诊断外，现代诊断测试仪还能使用专家系统。在这些复杂程序中，连接在车辆诊断插头上且输入故障关键词后，系统将引导用户逐步进行故障分析。此时用户必须严格遵守每个规定的检测和工作步骤。不允许使用自己的故障查询策略。

通过系统内集成的检测和测量功能，机电维修工可以进行各种不同的功能检查并将结果与所存储的规定值相比较。

15 检查连接在控制单元上的功能元件

示意图

通过测量值块和执行元件测试可以确定操作元件故障。例如，操作驾驶员车门内操作单元上的开关并注意观察相关测量值块的屏幕显示。但条件是，相关控制单元与诊断测试仪之间的数据传输畅通。

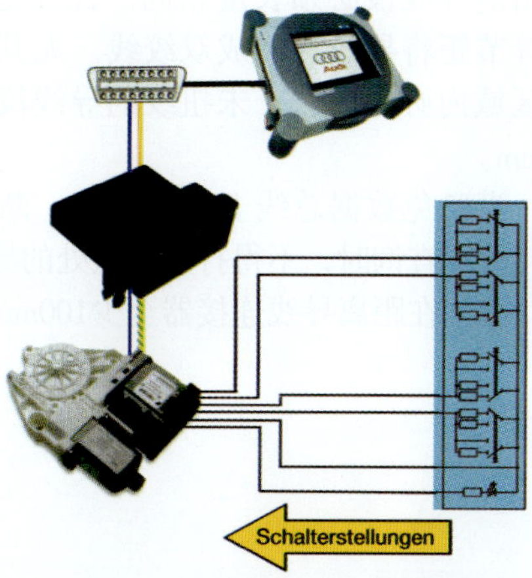

诊断测试仪显示

未操作车窗升降器开关	已操作车窗升降器开关
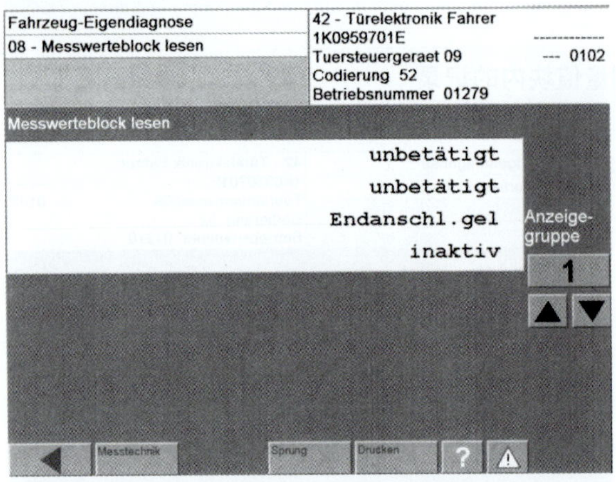	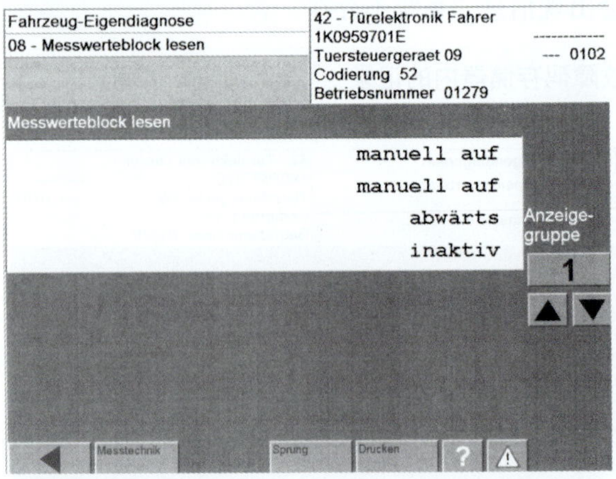

16 数据导线维修

限定故障部位后必须维修数据导线。此时必须遵守相关的制造商规定。对 Golf V 来说，制造商规定按以下方式进行维修：

开始维修前，首先排除故障原因。例如，必须清除车身部件尖锐棱边上的毛刺、锉平螺栓的尖端或更好地铺设导线束。

在 Golf V（也适用于该车辆制造商的其他车型）上导线断裂时不允许以钎焊方式连接，而是只能用专用挤压连接器将其连接起来。所有为此所需的备件和工具都放在一个导线维修箱内。

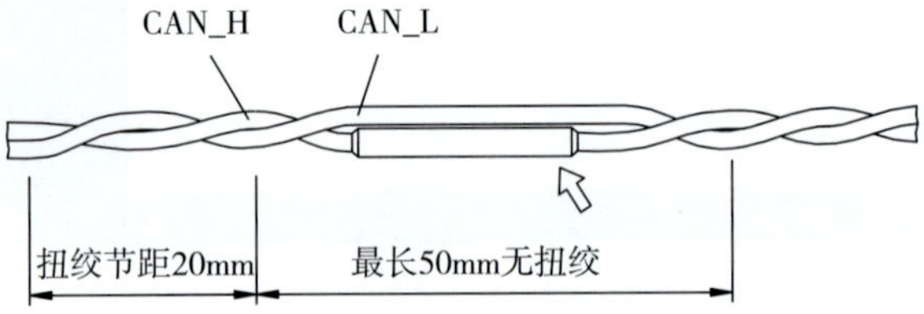

挤压连接后，用热风机使连接器的塑料套管收缩。此时连接器塑料与导线绝缘层就会焊接在一起，因此确保维修部位防水且不漏气。最后在维修部位缠上黄色绝缘胶带，以将其标出。

维修 CAN 数据总线的 H 导线和 L 导线时，所使用的导线段必须长度相同。此外还必须以 20mm 的等节距将导线缠绕成双绞线。尤其是在挤压连接器区域内必须注意，未扭绞的导线段长度不得超过 50mm。

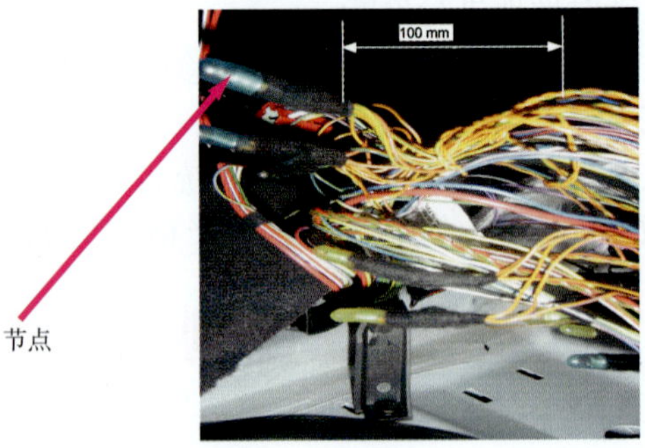

为避免数据总线上产生反射，断开控制单元以进行故障查询时，不得打开节点处的导线连接器。因此，必须在距离导线连接器至少100mm处断开导线。

B　针对动力传动系统CAN数据总线的客户委托

机动车行驶证

H-VW 2005

左侧所述车辆的牌照号如上所述，所有人名字、
姓氏（或教名）、公司

邮政编码、居住地 / 办公室、街道和门牌号

或邮政编码、所在地、街道和门牌号

30137 汉诺威

汉诺威地区
道路交通管理局
局长
代理人

签名

代码			
区域 1: 010262	区域 2: 0603	区域 3: 72001	4

1		普通轿车 欧 4
2		大众（德国）
3		1K
4	车辆识别号	WVWZZZ1KZ5P097254　0
5	D-D/OBD	15
6	最高车速/（kW/h）	187
7	功率kW/（r/min）	K077/4000
8	排量/cm³	1896
9	有效或承载负荷/kg	–
10	燃油箱容积/m³	–
11	座椅/躺椅数	–
12	座位数，包括驾驶员座位和临时座位	5
13	最大尺寸/mm	长 4204　宽 1739　高 1466
14	整备质量/kg	1362
15	允许最大质量/kg	1890
16	允许车桥负荷/kg	前 1060　中 –　后 900
17	车轮和/或防滑链	1
18	车桥数	2
19	其中驱动桥数	1
20	轮胎规格代码　前部	195/65R15 91H
21	轮胎规格代码　中间和后部	195/65R15 91H
22	轮胎规格代码　或前部	205/55R15 91H
23	轮胎规格代码　中间和后部	205/55R15 91H
24	制动接口处的压力　回路制动器	– bar
25	双回路制动器	– bar
26	挂车挂钩 DIN 740，形状和尺寸	–
27	挂车挂钩检查标志	–
28	拖挂负荷/kg 挂车带制动器时	1400
29	挂车不带制动时	660
30	停车时噪声/dB（A）	79
31	行驶时噪声/dB（A）	73
32	首次注册登记日期	01.04.2005
33	备注	Ziff. 13 : LANG BIS

Ziff. 13 : LANG BIS 4 319, HOCH BIS 1505 U. ZIFF. 14:BIS 1536JE NACH
AUSR.*ZIFF.15:+45 U.ZIFF.16:H.+40 B.ANH-BTR.*ZIFF.20 U.21 A.6 0*ZIFF.20 BIS 23
AUCH GEN.:205/55R16 91Q M+S A.6JX16, ET50 OD.205/60R15 91H A.6JX15, ET47
OD.255/45R17 91H A.7JX17, ET54*ZIFF.27 GEN.:E1 00-1346 FALLS WERKSEITIG
MONTIERT*ZIFF.28:1700 BIS 8% STETIG.*

客户通信地址

Klaus Mustermann先生
Eichenstraβe街道12号
30169汉诺威

委托编号：　5781
客户编号：　1526
委托日期：　2006年7月3日

车型	牌照号	车辆识别号	里程数/km
VW高尔夫	H-VW2005		9500

首次注册日期	发动机代码	接车人	电话号码
1994年8月25日	B 5252 S Kat	Müller	0511/168000

项目	工时	时间	工作描述	价格
1			ABS指示灯持续亮起。	

完成日期：2006年7月4日 16：30

此委托书是在明确确认“车辆，总成及其零件工作和费用估算条件”之后才签发并交给本人的。

车辆终检

日期	时间	验收人	里程数/km

Klaus Mustermann

客户签名

1 动力传动系统CAN数据总线子系统

动力传动系统CAN数据总线子系统包括发动机管理系统控制单元、自动变速器、带有 EDS 的ABS、转向柱电子装置、照明距离调节装置和安全气囊。通过在此未画出的诊断接口和网关可以实现与其他数据总线的通信。

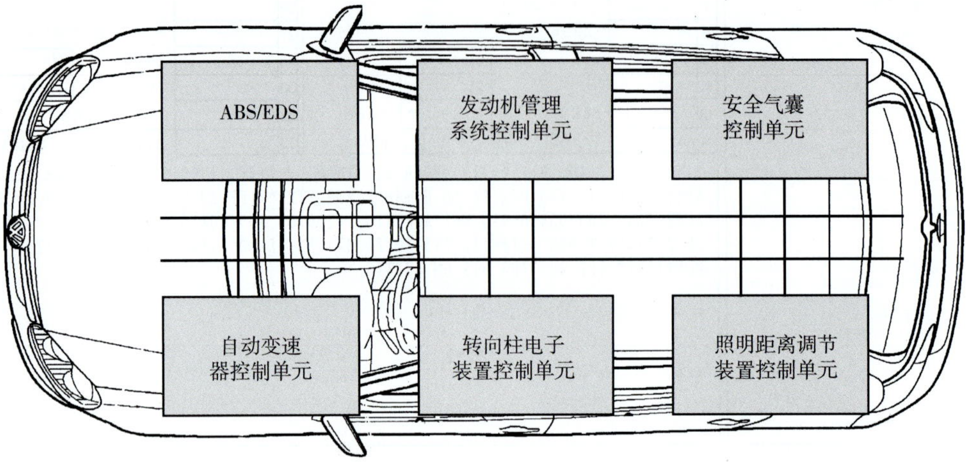

例如，自动变速器控制单元通过 CAN 数据导线不断从与发动机负荷状态相关的发动机管理系统控制单元接收信息。因为动力传动系统CAN是实时总线，所以变速器控制单元可以立即对传动系统内的负荷变化做出反应。

动力传动系统CAN数据总线通过总线端 15 接通且在短时继续运行后再次完全关闭。因此只有维修说明中规定的间隔时间过后，才允许拔下控制单元插头。

1.1 动力传动系统CAN数据总线的控制单元

控制单元的内部结构与舒适系统 CAN 数据总线的内部结构基本相同。

区别在于可能的传输率、终端电阻的布置以及总线电平的生成。

动力传动系统CAN数据总线没有应急运行特性，因为 CAN_H和 CAN_L 导线通过终端电阻直接连接且收发器内的发送晶体管使用共同的平均电压。此外也没有采用“智能”差分放大器，这种差分放大器可以单独分析 CAN_H 和 CAN_L 数据导线上的信号。

名称

WR	写入信号
RD	读取信号
CS	芯片选择信号
IT	中断信号 （正常接收到帧）
R1，R2	终端电阻
VCC	供电电压
R3	用于确定信号沿陡度的电阻
RXD	串行接口读取
TXD	串行接口写入

示意图

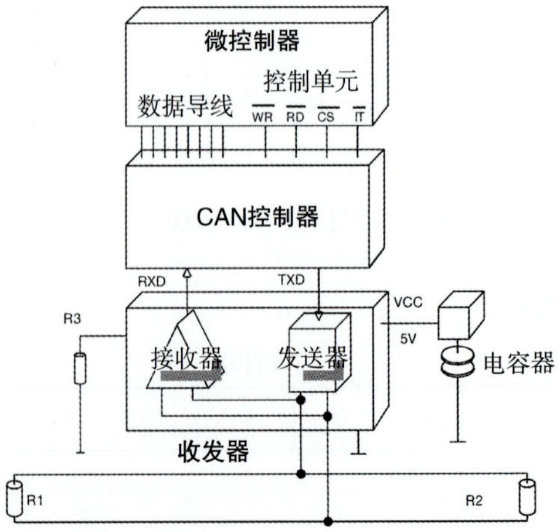

1.2 借助模拟电路解释收发器的工作原理

与舒适系统数据总线的低速 CAN 收发器一样，高速 CAN 收发器也由两个用于产生信号的开关晶体管和一个位于接收端内的比较器组成。两个组件通过二极管与 CAN_H 和 CAN_L数据导线连接。所产生的电压电平可以用于分析差分信号，从而提高数据传输可靠性。

系统广框图

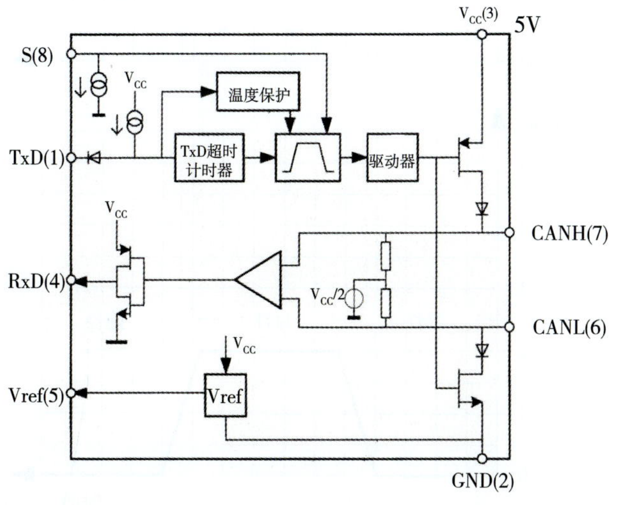

模拟电路

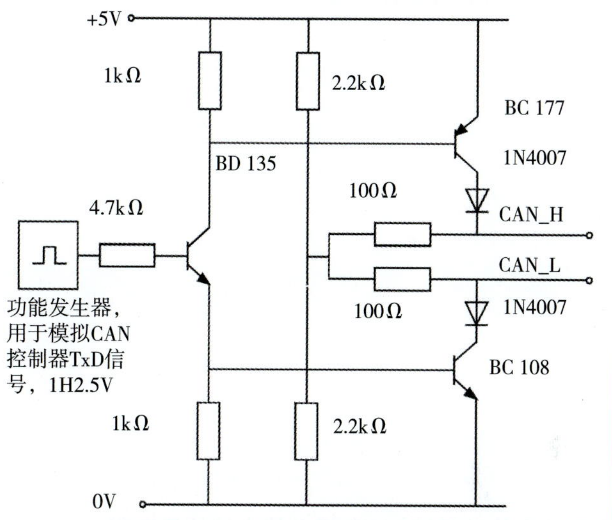

模拟电路数据导线上的信号流程

在未受控状态（休眠状态或隐性状态）下，两个数据导线上的电压电平为 2.5V。在显性状态下 CAN_H 导线上的电平升高至少 1V。在 CAN_L 导线上电平下降数值与之相同。

表示静态电平的示波图

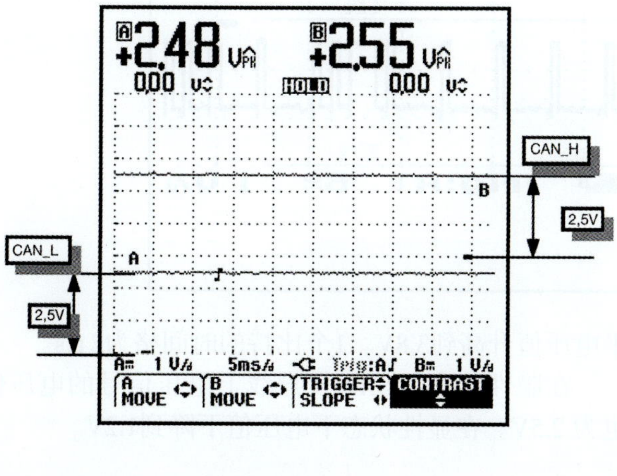

表示信号电平的示波图

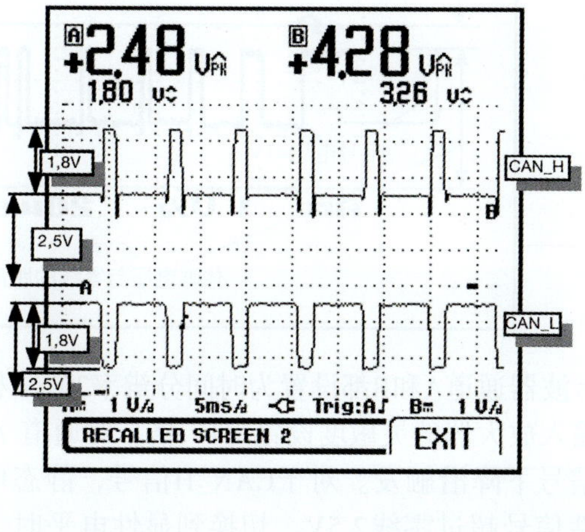

在模拟电路中，CAN_H 与 CAN_L 单线电平之间的电压差在隐性状态下为 0V，在显性状态下为 3.6V。在显性状态下示波显示的电压值与车辆上的实际值不一致。

ISO11898标准规定的高速CAN总线导线电压值

高速总线连接的CAN物理接口通常采用ISO11898标准。该标准规定传输介质为两个总线导线。两个终端电阻都规定为120Ω。

CAN_H导线电压值与 CAN_L导线电压值之差小于0.5V时，总线节点必须识别为隐性状态。CAN_H导线电压值与CAN_L导线电压值之差至少为0.9V时，必须识别为显性状态。

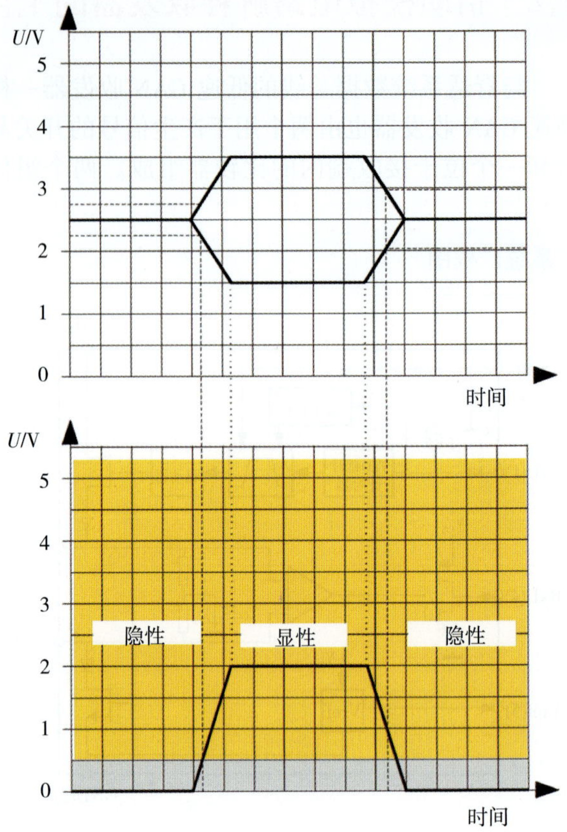

车辆动力传动系统CAN数据总线上的信号流程

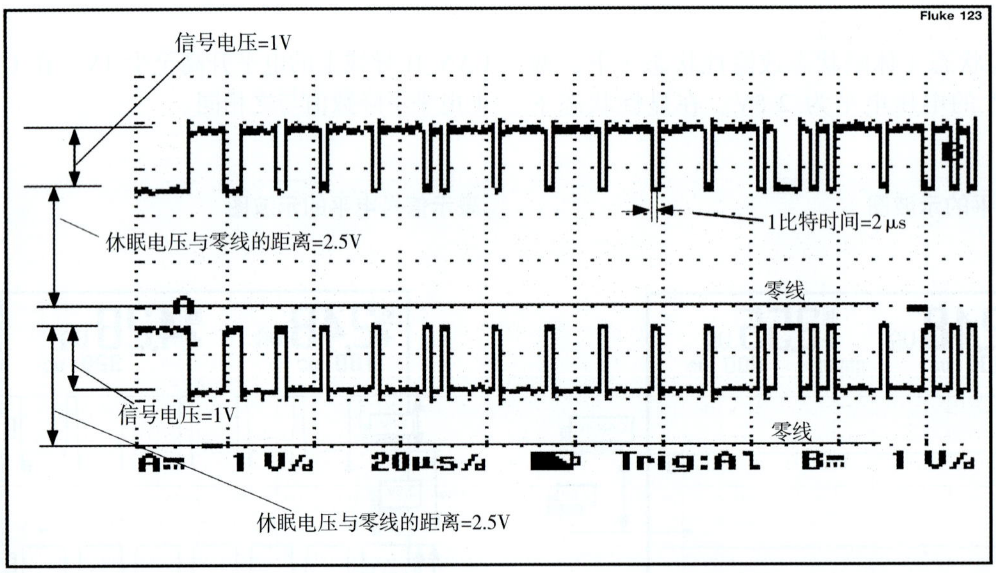

示波器通道A和B都设置为时间分辨率20μs/格，两个输入放大器的灵敏度设置为1V/格。对通道 A 来说在信号下降沿触发。对于CAN_H信号，静态电平或隐性信号超过零线2.5V。切换到显性电平时，电平电压值升高到3.8V。1个比特的时间格为2μs。

在隐性状态下CAN_L导线上电压信号的电压值也为 2.5V。在显性状态下电压值下降到1.2V。

动力传动系统CAN数据总线的传输率计算

1 个比特的时间：2μs

0.000002s ———————— 1bit

1s ———————— xbit

$$x = \frac{1s \times 1bit}{0.000002s}$$

x=500000 bit/s=500kbit/s=500kBand

2 动力传动系统CAN数据总线终端电阻

在GolfV的动力传动系统CAN数据总线上，数据导线端部没有安装CAN规范中规定的两个120Ω终端电阻。其功能由发动机管理系统控制单元内电阻值为66Ω的一个中央电阻承担，动力传动系统总线上的其余控制单元内各有一个高阻值电阻。每个电阻值都为2.6kΩ。

尽管与技术规范有偏差，但是数据导线长度比较短时不会对总线通信性能产生不利影响。与舒适系统CAN内的负荷电阻相反，动力传动系统总线控制单元内的负荷电阻阻值可以用电阻测量设备测量。

为了在进行故障系统诊断时避免测量错误，如果负荷电阻采用这种布置方式，那么数据导线的延长部分不允许超过5m。

系统总电阻

如果关闭了点火起动开关，则可以在控制单元处于插接状态时，利用电阻测量设备测定负荷电阻的总电阻值。为此必须将测量设备连接在CAN_H和CAN_L数据导线的任意一点上。

根据连接在动力传动系统CAN数据总线上的控制单元数量，测得的电阻值必须在53~66Ω之间。

通过终端电阻在控制单元内的特殊布置方式，系统断电时可以利用电阻测量设备诊断短路和断路故障。

可能的测量点

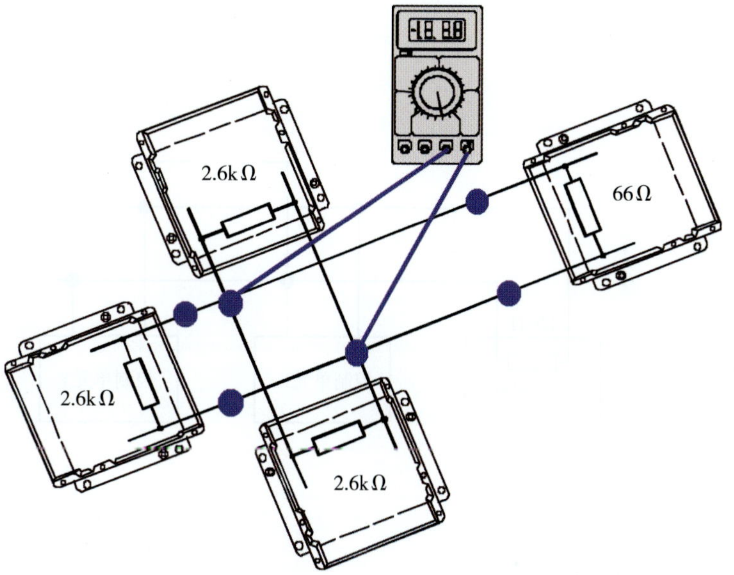

总电阻值计算

车辆内的电路

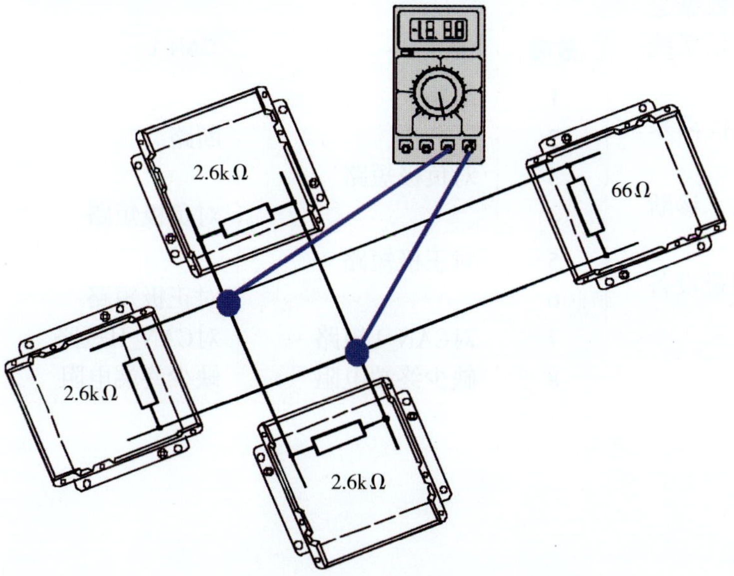

备选电路

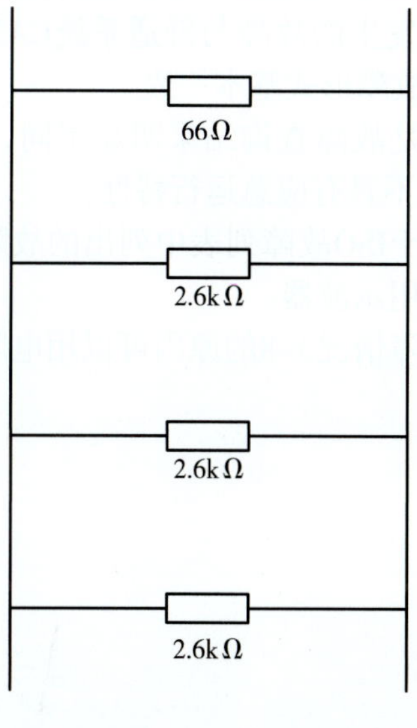

学习领域 12

学习领域 13

因为控制系统内的电阻并联连接，所以可以按以下方式计算负荷电阻的总电阻值：

$$\frac{1}{R_{ges}}=\frac{1}{R_1}+\frac{1}{R_2}+\frac{1}{R_3}+\frac{1}{R_4}$$

$$\frac{1}{R_{ges}}=\frac{1}{2600\,\Omega}+\frac{1}{2600\,\Omega}+\frac{1}{2600\,\Omega}+\frac{1}{66\,\Omega}$$

$$\frac{1}{R_{ges}}=\frac{3}{2600\,\Omega}+\frac{1}{66\,\Omega}$$

$$\frac{1}{R_{ges}}=0.001154\,\frac{3}{\Omega}+0.151515\,\frac{1}{\Omega}$$

$$\frac{1}{R_{ges}}=0.0163\,\frac{1}{\Omega}$$

$$\frac{1}{R_{ges}}=\frac{1}{0.163\,\Omega}\,\frac{\Omega}{1}$$

$$R_{ges}=61.35\,\Omega$$

除了GolfV中选择的终端电阻布置方式外，在其他车型中还有CAN规范中规定的不同方式。

在此每两个属于车辆标准装备的动力传动系统CAN数据总线控制单元内安装两个终端电阻。

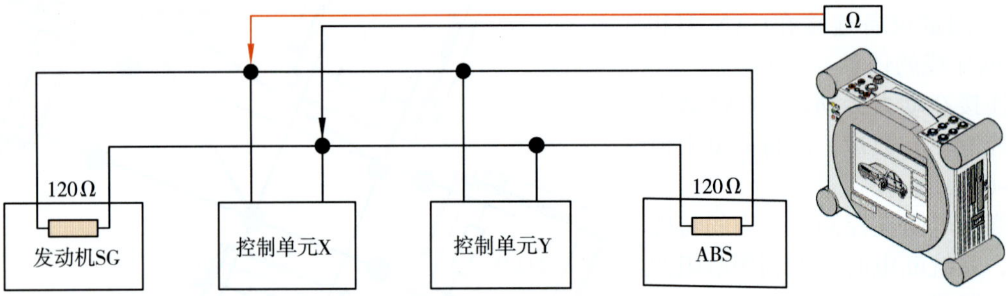

3 动力传动系统CAN数据总线故障

除了在连接方式不同的终端电阻范围内可能发生其他形式的故障外，动力传动系统CAN数据总线可能发生的故障与舒适系统CAN和信息娱乐系统CAN的故障形式基本一致。

但是故障查询结果明显不同，因为动力传动系统CAN 不具有应急运行特性。

对于ISO故障列表中列出的故障1和2来说，诊断时需使用示波器。

故障情况3~8的原因可以用电阻和电压测量设备限定。

ISO故障列表

故障	CAN_H	CAN_L
1	断路	
2		断路
3	对负极短路	
4		对负极短路
5	对正极短路	
6		对正极短路
7	对CAN_L短路	对CAN_H短路
8	缺少终端电阻	缺少终端电阻

3.1 无故障的动力传动系统CAN数据总线

如果诊断测试仪没有在网关安装列表中列出故障，则通常可以在数据导线的任何位置处测量到同样的电压曲线。

诊断测试仪显示

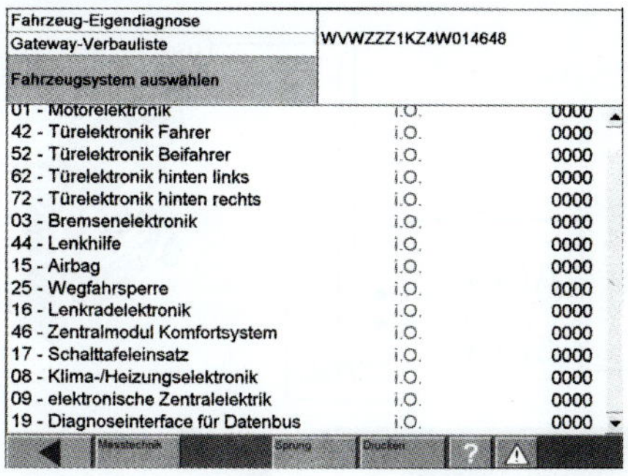

正常系统示波图

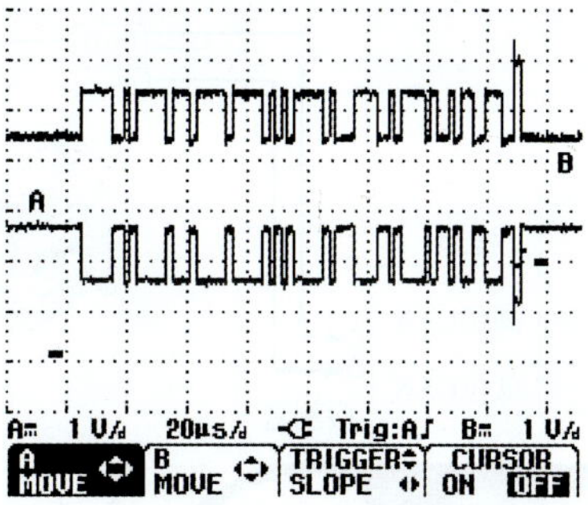

联网示意图

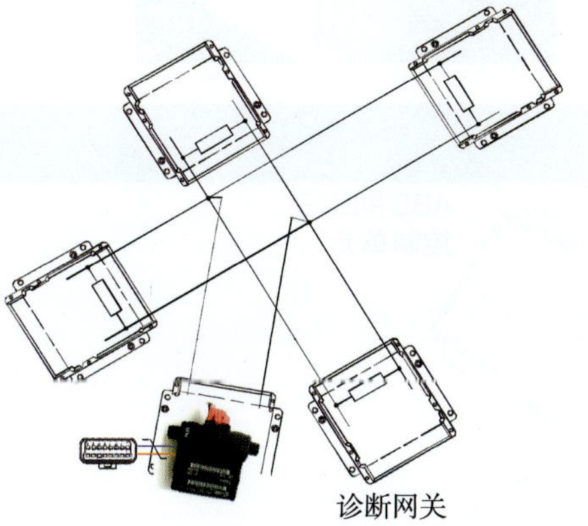

在示波图上CAN_H和CAN_L数据导线的信号直接上下重叠且对称排列。从示波图中可以看出，上面是CAN_H信号，下面是CAN_L信号。电平不受干扰地从显性状态切换为隐性状态或反向切换。

CAN_H和CAN_L信号的隐性电平都为2.5V。在显性状态下CAN_H的电压值约为3.5V，CAN_L则约为1.5V。根据总线负荷，这些数值可能在几百毫伏范围内波动。电压信号曲线在很大程度上取决于所使用的示波器。一般规律是：解析度越高，信号显示越清楚。

3.2 动力传动系统CAN数据总线：断路

CAN_L 导线断路

控制单元故障码存储器内的记录

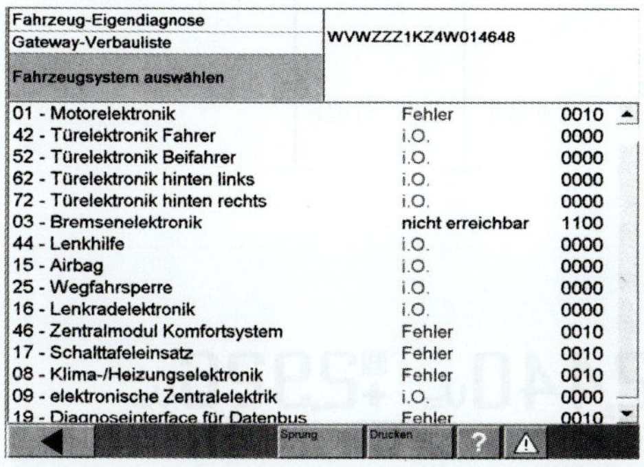

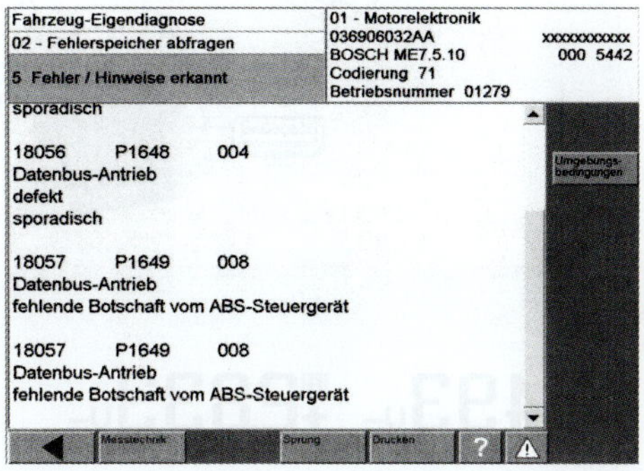

如果其中一条通向控制单元的数据导线断路，则相关控制单元无法再参与总线上的数据交换，因为动力传动系统 CAN 数据总线不具有单线运行模式。查询网关安装列表时，如果至ABS 和 EDS 控制单元的连接有故障，则显示信息“无法到达制动系统电子装置”。

即使两个数据导线都断路，也显示同样的记录。故障提示信息也存储在与制动系统电子装置控制单元交换数据的其他控制单元的故障码存储器中。在此这条记录还表明动力传动系统数据总线中有一个偶发故障。这很容易理解，因为与总线上其他控制单元的通信仍在进行。如果两个数据导线都断路，则不出现提示信息“偶发”。

用示波器进行诊断时，最好使用两个通道并测量数据导线信号对地电压。这样更容易分析电压电平且可用于故障查询。

如果彼此相对测量数据导线上的电压信号，则显示电压差。

但是，这种显示方式对限定故障部位来说用处不大。

CAN_H和CAN_L对地	CAN_H与CAN_L之间的电压差
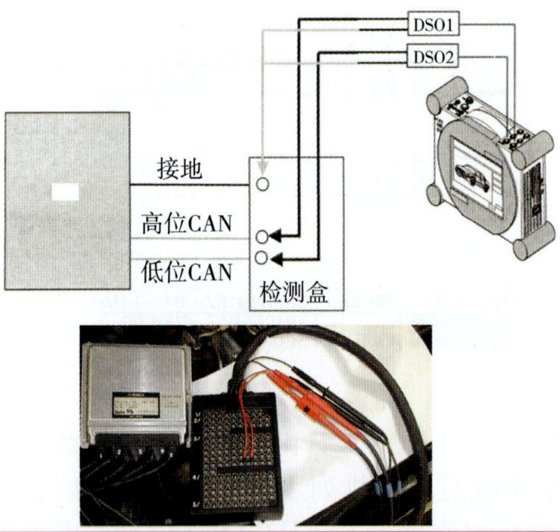	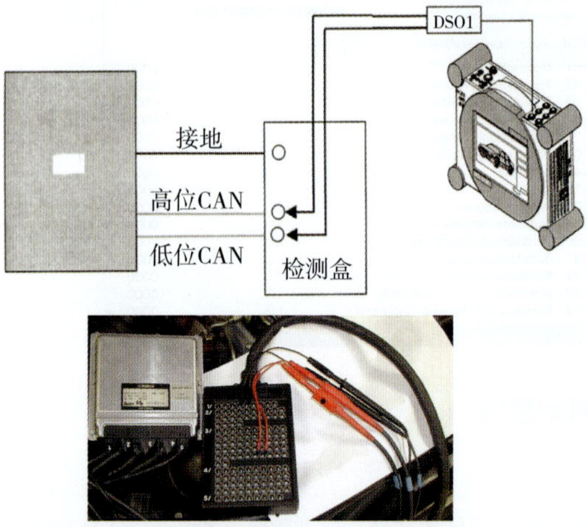

用示波器测量

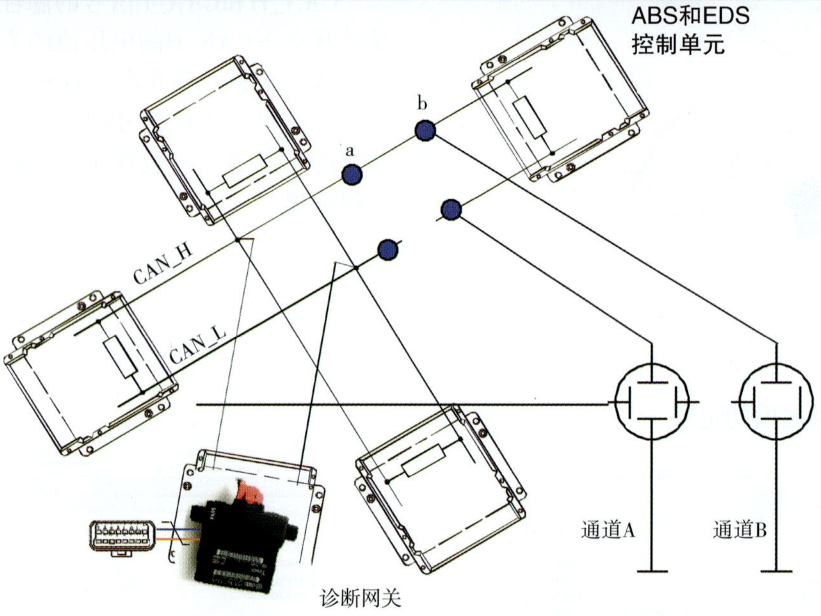

测量点a	测量点b
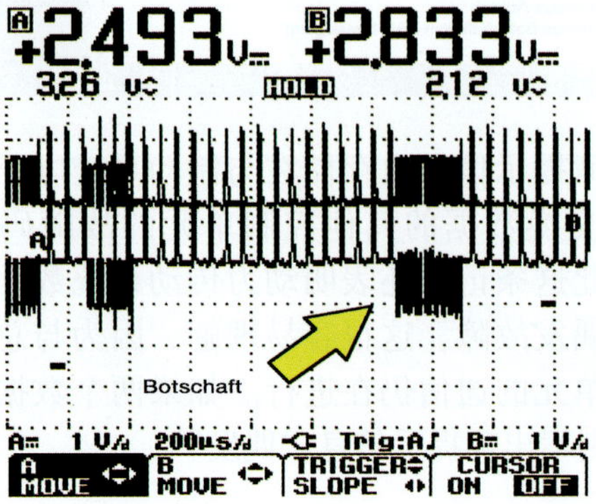	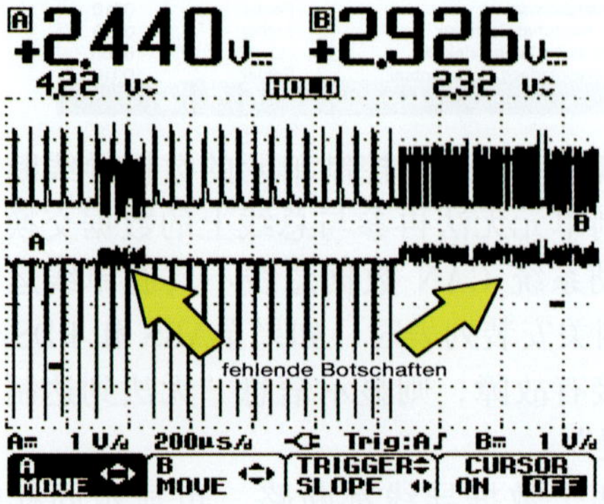

在示波图中无法识别出信息的各个比特。其原因是所设置的示波器时间格太小，使得信息看起来像连续的块状。

如果测量点在节点区域内，则必须识别到仅偶尔缺失的信息。相反，如果在断路点后，也就是部分断开的控制单元附近示波显示，则故障形式表现更清晰。

通过收发器内部错接和终端电阻布置还能显示出两个数据导线上的严重故障。故障严重程度取决于测量点，可能有所不同。

CAN_H导线断路

用示波器测量

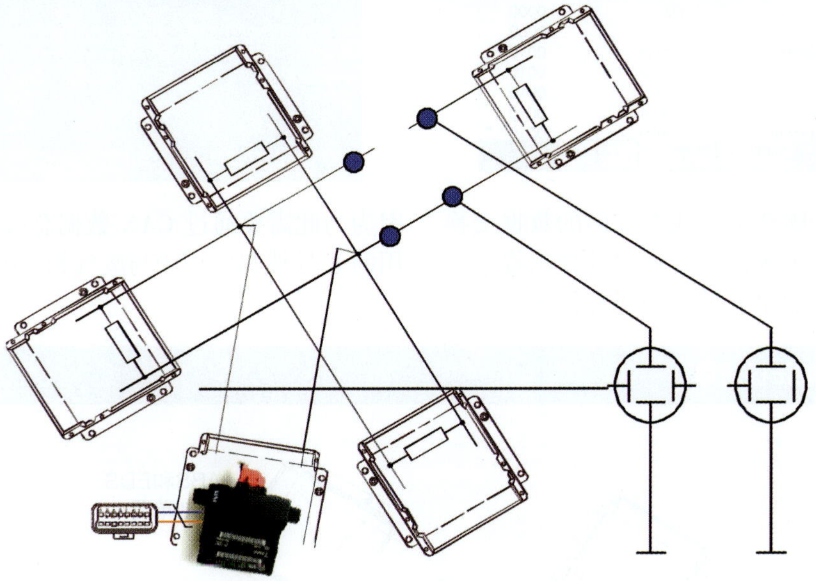

测量点a

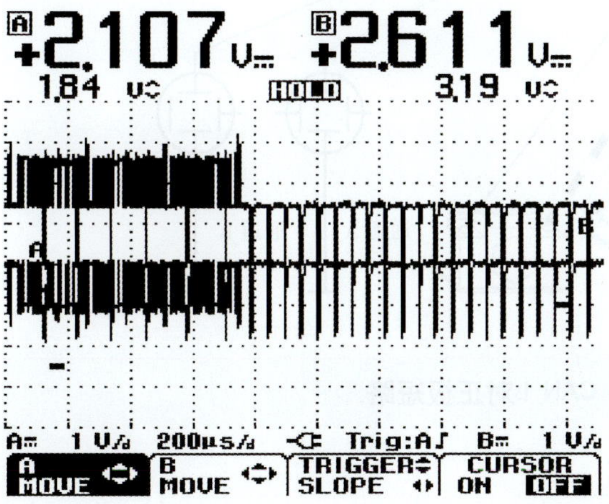

测量点b

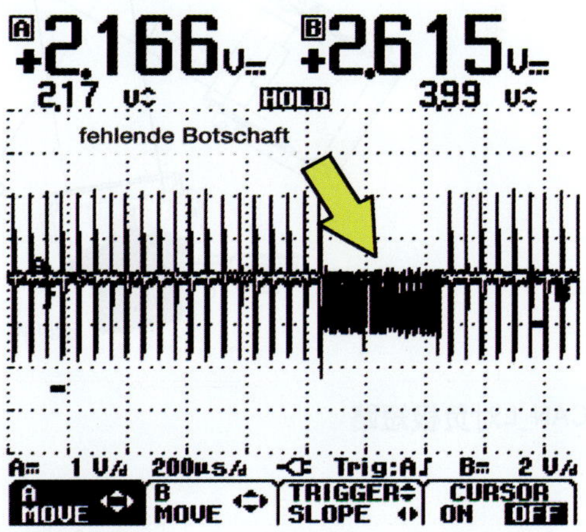

由于时间格过小，因此在这个示波图中不显示信息的各个比特，而是只突出显示数据块。通过选择时间格可以更清楚地识别到缺失的信息。

类似故障表现与 CAN_L 数据导线断路时相同。但是故障电平指向相反方向。

3.3 动力传动系统CAN数据总线：对正极或负极短路

控制单元故障码存储器内的记录

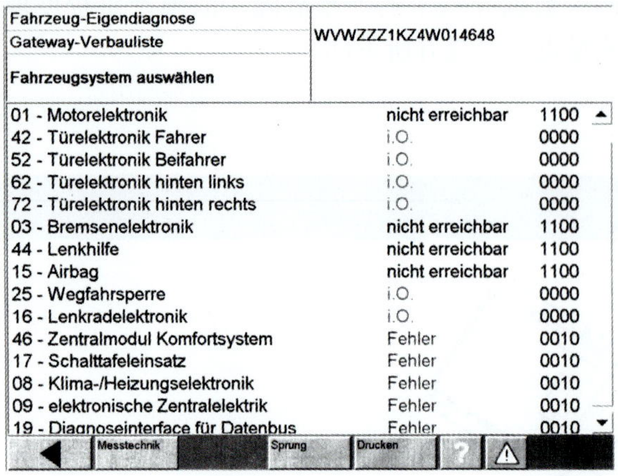

Fahrzeug-Eigendiagnose Gateway-Verbauliste Fahrzeugsystem auswählen	WVWZZZ1KZ4W014648	
01 - Motorelektronik	nicht erreichbar	1100
42 - Türelektronik Fahrer	i.O.	0000
52 - Türelektronik Beifahrer	i.O.	0000
62 - Türelektronik hinten links	i.O.	0000
72 - Türelektronik hinten rechts	i.O.	0000
03 - Bremsenelektronik	nicht erreichbar	1100
44 - Lenkhilfe	nicht erreichbar	1100
15 - Airbag	nicht erreichbar	1100
25 - Wegfahrsperre	i.O.	0000
16 - Lenkradelektronik	i.O.	0000
46 - Zentralmodul Komfortsystem	Fehler	0010
17 - Schalttafeleinsatz	Fehler	0010
08 - Klima-/Heizungselektronik	Fehler	0010
09 - elektronische Zentralelektrik	Fehler	0010
19 - Diagnoseinterface für Datenbus	Fehler	0010

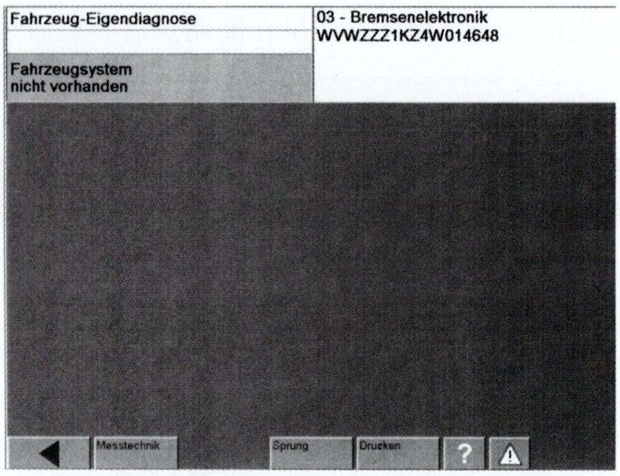

Fahrzeug-Eigendiagnose	03 - Bremsenelektronik WVWZZZ1KZ4W014648
Fahrzeugsystem nicht vorhanden	

如果出现短路，则整个总线系统内的数据交换都受干扰。网关安装列表内的记录对此作出提示。此时无法读取相关控制单元的故障码存储器记录，因为为此需要通过 CAN 数据总线进行通信。以前使用的 K 导线只应用于与废气相关的查询。

CAN_L 导线对负极或正极短路

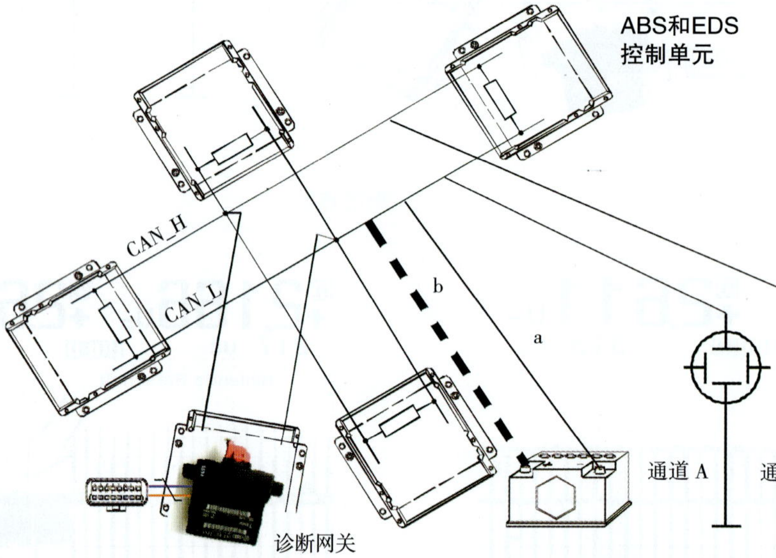

a）CAN_L对负极短路

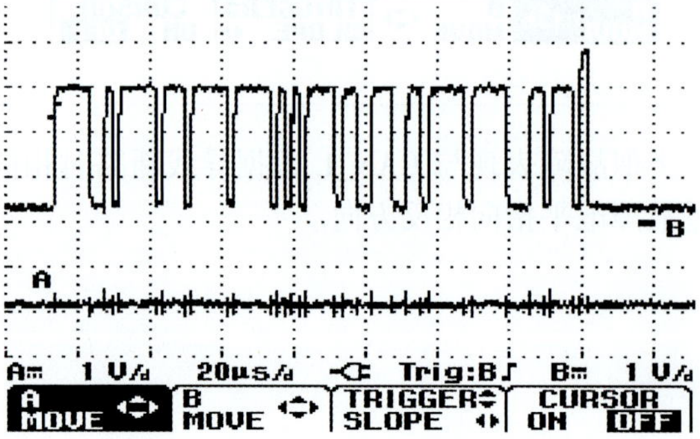

b）CAN_L对正极短路

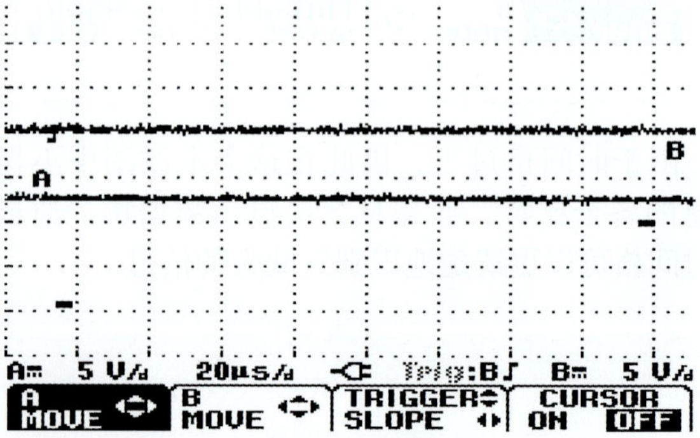

如果 CAN_L 数据导线对接地短路，则CAN_L导线的电压电平变为0V。CAN_H导线的隐性电平从约2.5V变为约 0.2V。

同时该电压电平也从隐性状态切换为显性状态。

如果CAN_L导线对正极短路，那么发动机关闭且连接没有接触电阻时，两个电压电平都升高到电压值12V。

在两个数据导线上无法再观察到电平从隐性状态切换到显性状态。

短路故障可能是控制单元损坏或数据导线故障引起的。在此可以通过在动力传动系统CAN插上和拔下控制单元，同时观察示波器显示来判断控制单元是否损坏。拔下损坏的控制单元接线时，示波图从故障形式切换为无故障形式。如果故障位于数据导线范围内，则必须依次将导线从导线连接器上拆下，直至观察到无故障的示波图。

CAN_H 导线对负极或正极短路

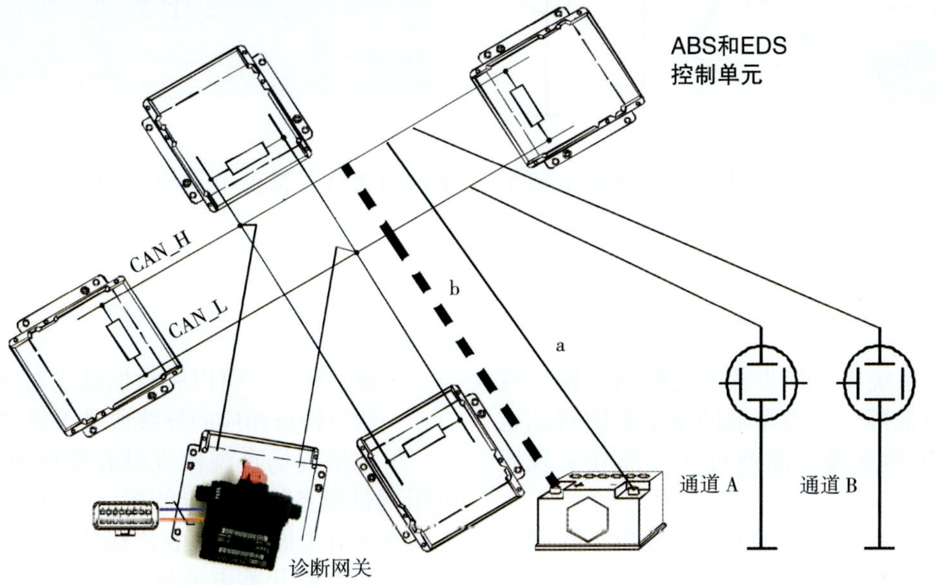

a）CAN_H导线对负极短路时的示波图

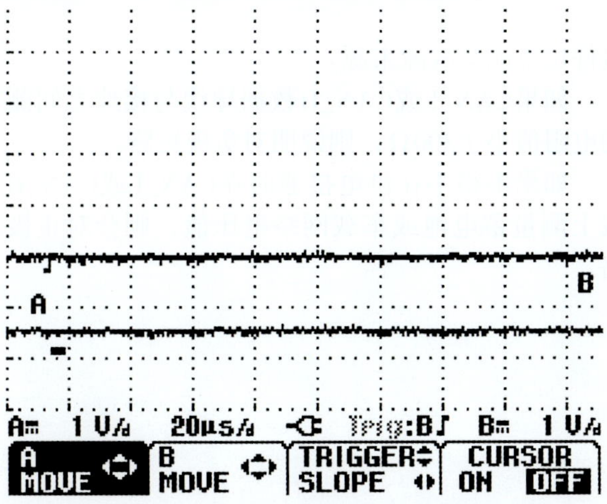

b）CAN_H导线对正极短路时的示波图

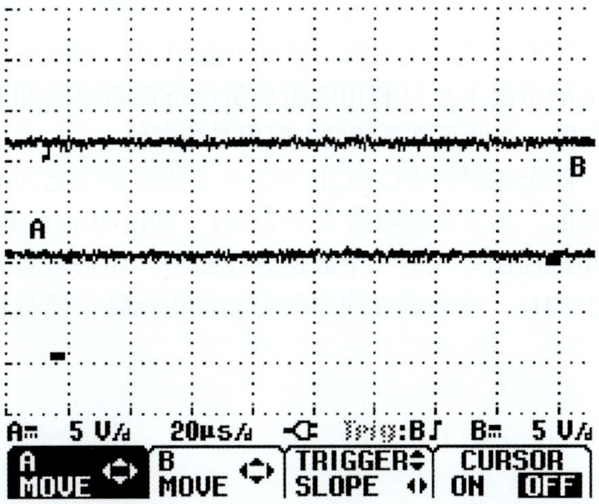

CAN_H 数据导线对负极短路时，必须通过示波器观察到两个数据导线上没有电压信号。CAN_H 数据导线的电压电平为0V，CAN_L 数据导线的电平约为 0.2V。在此可以像 CAN_L数据导线短路时一样限定故障原因。

3.4 CAN_H与CAN_L数据导线之间短路

故障部位

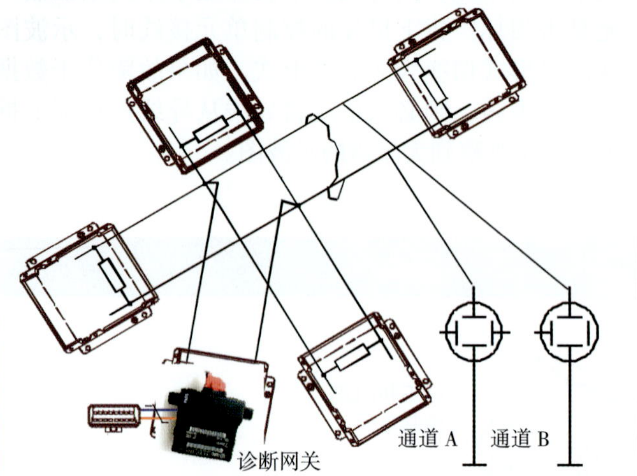

示波图

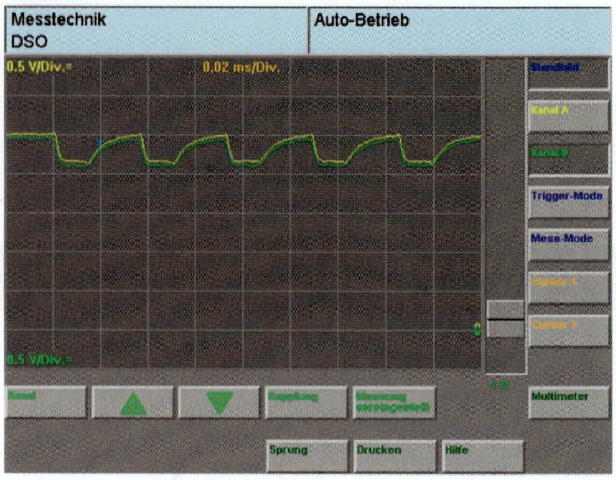

数据导线彼此连接在一起时，示波图显示两个电压信号彼此重叠且曲线相同。两个信号的最高电平约为2.5V，最低电平约为2V。

数据导线短路时进一步限定故障部位

·只能通过系统化工作步骤限定联网车辆导线束分支内的短路故障。熟悉车辆网络示意图对此也有帮助，因为星形连接可能通过线性部分实现连接。

·通过将设备从数据总线上拔下找出至控制单元的相关短线或总线的某一部分后，对正极短路时必须检查是否连接到总线端30或15。

·通常情况下可以将数据总线划分到各段。

·然后检查相应的导线段是否损坏。

·如果现场直观检查没有发现问题，则必须用电阻测量设备检查各导线段。在此必须注意，不要在检查部分上通电且不要连接其他测量设备。

·如果断开蓄电池接线，则应等待几分钟，直至系统内的所有电容器放电结束。

3.5 利用电压和电阻测量设备诊断导线断路和短路故障

如果知道终端电阻位置和电阻阻值，则在系统断电的情况下可以利用电阻测量设备诊断短路和断路故障。在此正常系统的电阻值是参考值。

首先必须检查CAN_H与CAN_L数据导线之间的电阻值。如果该电阻值大于250Ω，则说明至GolfV发动机控制单元的一个数据导线断路。如果电阻值小于30Ω，则数据导线之间可能存在短路。插接连接件也可能是故障来源。

如果CAN_L或CAN_H数据导线与接地之间测得的电阻值小于300Ω，则说明对负极短路。

如果不得不在供电接通时在CAN_L或CAN_H导线上测量蓄电池或车载网络电压值，则会对正极短路。

3.6 利用另一个示波器显示示波图

无故障的动力传动系统CAN

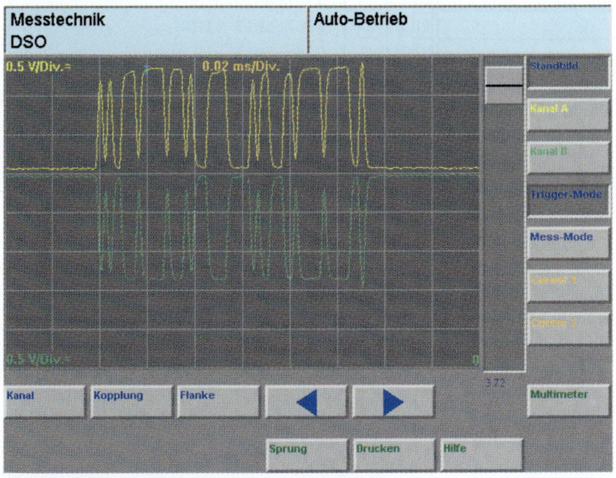

动力传动系统CAN，CAN_H导线上的信号

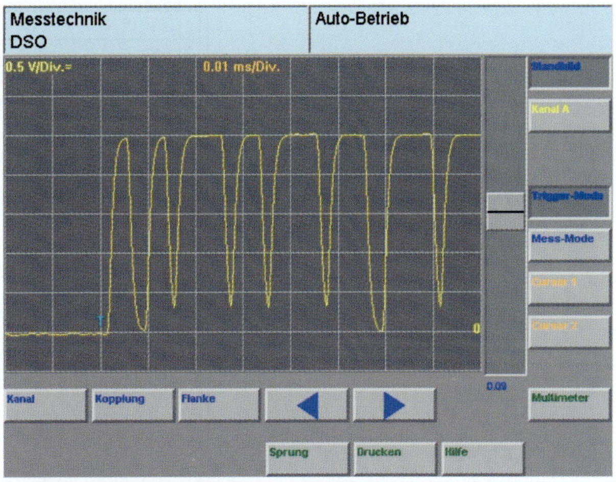

动力传动系统CAN，CAN_H断路

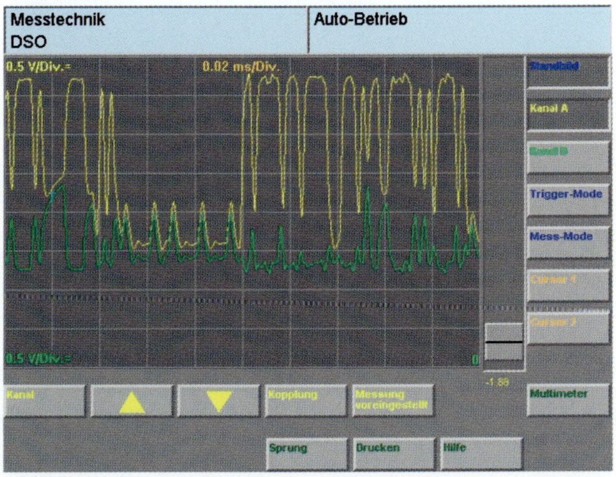

动力传动系统CAN，CAN_L断路

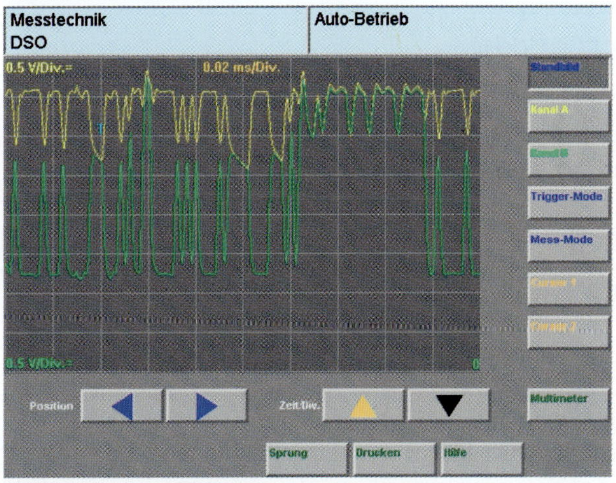

动力传动系统CAN，CAN_L对负极短路

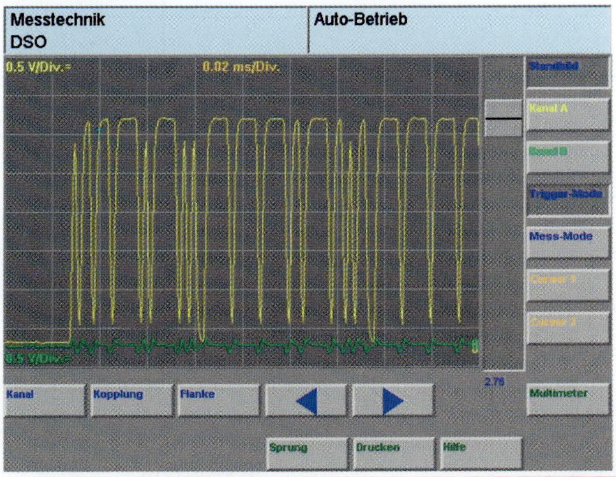

动力传动系统CAN，CAN_H对正极短路

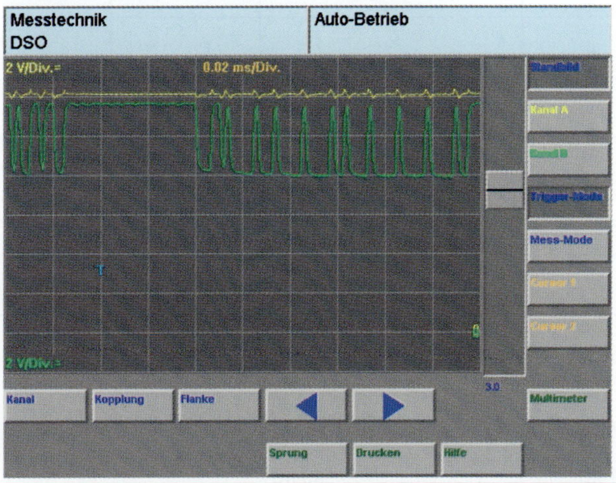

这些示波图与用Fluke123记录的示波图对比表明，数据导线电压曲线图差别较大。其原因是示波器的解析度不同。

但是，这种情况对CAN的诊断和故障确定来说并不重要，因为通常情况下仅用示波器确定电压电平。只有需要信号沿陡度等数据时，才需要高解析度示波器。

C 针对LIN数据总线的客户委托

机动车行驶证

H-VW 2005

左侧所述车辆的牌照号如上所述，所有人名字、姓氏（或教名）、公司

邮政编码、居住地 / 办公室、街道和门牌号

或邮政编码、所在地、街道和门牌号

30137 汉诺威

汉诺威地区
道路交通管理局
局长
代理人

签名

代码 区域1	010262	区域2	0603	区域3	72001 4
1	普通轿车 欧 4				
2	大众（德国）				
3	1K				
4 车辆识别号	WVWZZZ1KZ5P097254		0		
5	D-D/OBD		15	6	187
7	K077/4000				
8	1896				
9	–	10	–		
11	–	12	5		
13 长	4204	宽	1739	高	1466
14	1362	15	1890		
16	1060	中	–	后	900
17	1	18	2	19	1
20	195/65R15 91H				
21	195/65R15 91H				
22	205/55R15 91H				
23	205/55R15 91H				
	– bar	24	–	25	– bar
26	–				
27	–				
28	1400	29	660		
30	79	31	73		
32	01.04.2005				
33	Ziff. 13 : LANG BIS				

Ziff. 13 : LANG BIS 4 319, HOCH BIS 1505 U. ZIFF. 14:BIS 1536JE NACH
AUSR.*ZIFF.15:+45 U.ZIFF.16:H.+40 B.ANH-BTR.*ZIFF.20 U.21 A.6 0*ZIFF.20 BIS 23
AUCH GEN.:205/55R16 91Q M+S A.6JX16, ET50 OD.205/60R15 91H A.6JX15, ET47
OD.255/45R17 91H A.7JX17, ET54*ZIFF.27 GEN.:E1 00-1346 FALLS WERKSEITIG
MONTIERT*ZIFF.28:1700 BIS 8% STETIG.*

客户通信地址

Klaus Mustermann先生
Eichenstraβe街道12号
30169汉诺威

委托编号： 5782
客户编号： 1526
委托日期： 2006年5月4日

车型	牌照号	车辆识别号	联邦机动车管理局代码	里程数/km
VW高尔夫	H-VW2005			8500

首次注册登记	发动机代码	接车人	电话号码
04/2004		Müller	0511/168000

项目	工时	时间	工作描述	价格
1			刮水器电动机无法工作	

完成日期：2006年5月5日

此委托书是在明确确认“车辆，总成及其零件工作和费用估算条件”之后才签收并交给本人的。

车辆终检

日期	时间	验收人	里程数/km

Klaus Mustermann

客户签名

1 车窗玻璃刮水器子系统

在Golf V上车窗玻璃刮水器由一个单电动机刮水装置组成，其功能归属于舒适系统。转向柱模块内的控制单元读取刮水器开关的开关位置并将开关位置信息通过舒适系统CAN数据总线传输给车载网络控制单元，然后由车载网络控制单元进行控制。该控制单元将CAN信息转换为LIN信息，然后将信息发送到至刮水器电动机控制单元的LIN数据总线上。如果车辆带有雨量和车灯传感器，则还有其他控制方式。

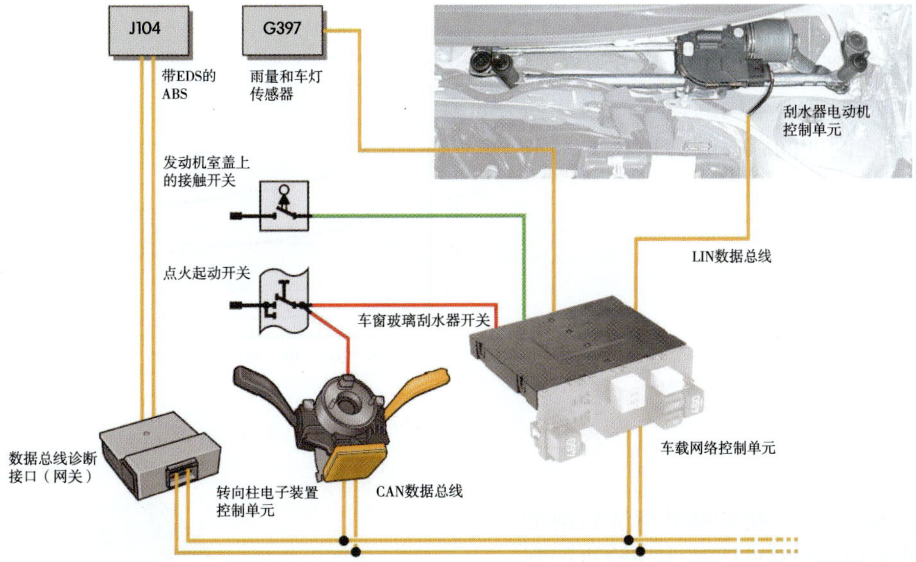

通过刮水器控制开关可以设置不同的刮水器电动机刮水挡和刮水功能。车窗玻璃上有阻碍物或因某些原因造成刮水器驱动装置卡住时，刮水器电动机控制单元通过电动机耗电量提高识别到这种情况。如果五次尝试后无法推开阻碍物，则刮水器摆臂保持在静止位置。此后必须手动清除阻碍物。除在此所述的防卡住功能外，还可以执行其他功能：

维护和冬季位置、备选静止位置、取决于车速的刮水挡复位、取决于车速的间歇挡位、预清洗、清洗和刮水功能完成后的继续刮水、水滴刮水。

1.1 刮水器控制

维护和冬季位置

如果点火起动开关处于关闭位置后10s内，驾驶员向点动刮水方向操纵车窗玻璃刮水器开关，则刮水器摆臂移动到上部调转位置。

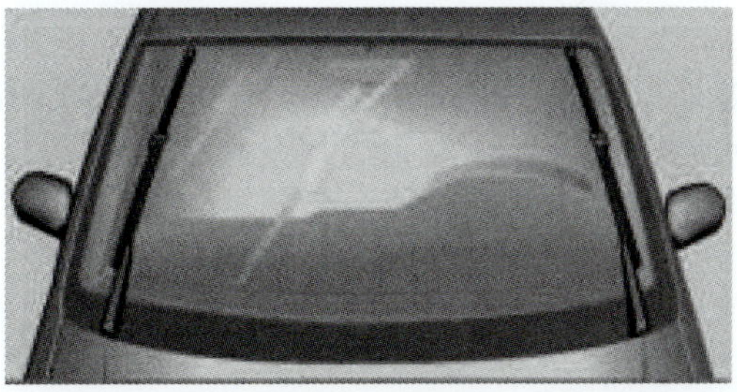

在这个位置时很容易更换刮水片或将其从车窗玻璃上抬起，以免冬季时冻住。

备选静止位置

两次关闭中的第二次关闭后，刮水器电动机向上移动一段距离，以便刮水片翻转到另一侧。通过这种交替翻转可以在刮水器处于静止位置时使刮水片刃口均匀承受负荷。

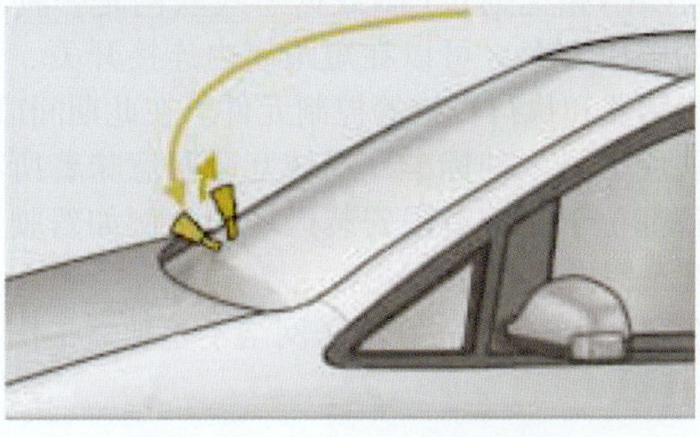

取决于车速的刮水挡复位

如果刮水器接通时ABS控制单元通报车速低于4km/h，刮水器电动机控制单元就会将刮水器速度调低一挡。如果此后驾驶员使车辆加速，则车速超过8km/h 时该系统接通事先选择的刮水挡。

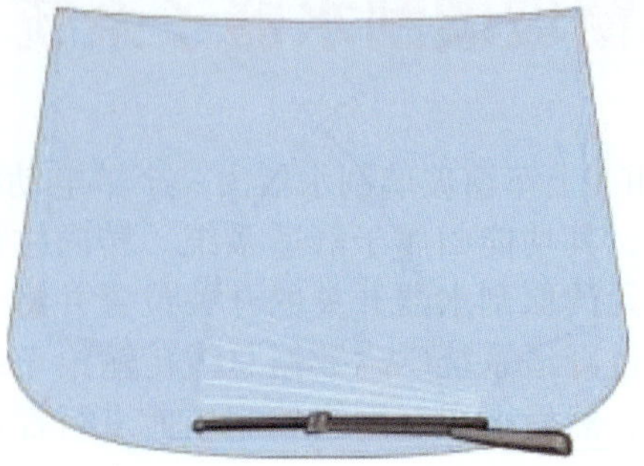

取决于车速的间歇挡位

对于在此所述的车辆来说，与刮水挡复位一样，四个可调间歇挡位取决于车辆的速度。因此，刮水挡1时各刮水过程之间的间歇时间为1.28s，刮水挡4时该时间约为24s。

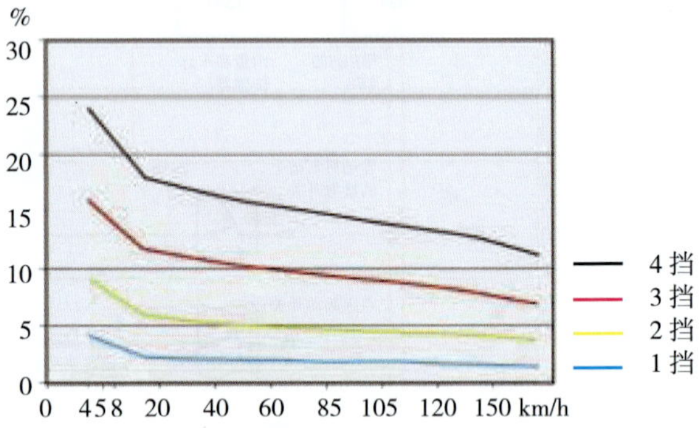

预清洗

如果车速低于120km/h时驾驶员操纵清洗和刮水功能，则只有清洗液泵启用约0.8s后，才开始执行刮水过程。

清洗和刮水功能完成后继续刮水

如果刮水器开关位于清洗和刮水功能位置的时间超过0.5s，则松开开关后继续刮水三次。如果操纵开关的时间小于这个时间，则只执行两个后续刮水过程。

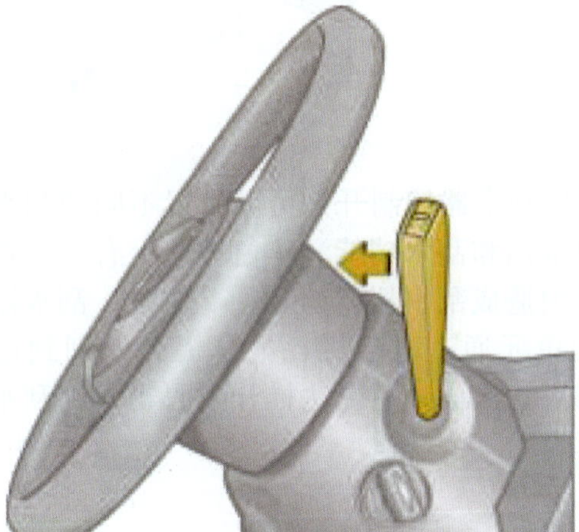

水滴刮水

如果车辆行驶速度超过2km/h，则三次或两次继续刮水后执行一个最终刮水过程约5s。

1.2 网络结构

与CAN相比通过LIN数据总线联网是一种成本较低的解决方案，可以在短距离内连接开关、显示屏、传感器和执行机构等控制元件。在此期间LIN总线发展成为另一种标准。局域互联网意味着所有总线设备都位于一个有限安装区域内（例如驾驶员或前乘客车门内）。

在联网车辆系统内LIN子网络不是独立工作，而是始终通过CAN-LIN接口或网关接入车辆的整个网络内。因此LIN也称为局域子系统。这种网络不用于替代CAN，而是作为CAN网络的补充。

采用LIN标准可以进一步减少导线数量，CAN规模过大时使用这种总线，尤其是在车身总线或舒适系统总线范围内。

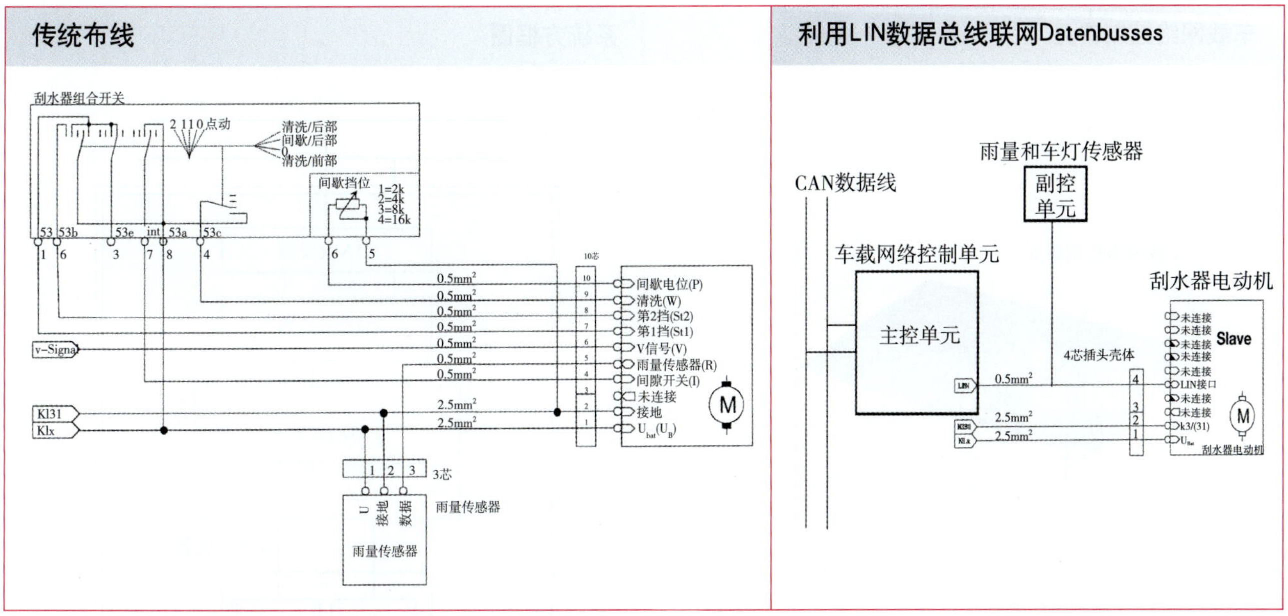

在线性拓扑结构的LIN数据总线上最多可以连接63个设备。但是建议最多连接16个设备。根据工作任务，总线设备分为主控控制单元和副控控制单元。传输率可以在1~20kbit/s之间，在此优先选择2.4kbit/s、9.6kbit/s和19.6kbit/s。在此规定网络扩展上限为 40m。

LIN数据总线的工作电压为12V。因此总线电平始终取决于U_{Bat}（车载网络电压），不需要附加的电压电平转换器。

1.3 LIN数据总线上控制单元的结构

LIN数据总线上的控制单元主要由一个微控制器、一个电压调节器和一个LIN收发器组成。微控制器与收发器之间通过一个线性接口通信。LIN收发器的发送器转换在此传输的数据并将数据发送到数据总线上。接收器则负责读取总线信号。

电压调节器将车载网络电压转换为微控制器所需的5V电压。因为LIN信息过程传输本质上与CAN不同，所以在LIN总线中始终需要一个主控控制单元和至少一个副控控制单元。只有主控单元通过石英晶体振荡器确定时钟频率。副控单元利用电阻电容器元件工作。只有主控控制单元发出请求信息时，副控控制单元才参与数据交换。

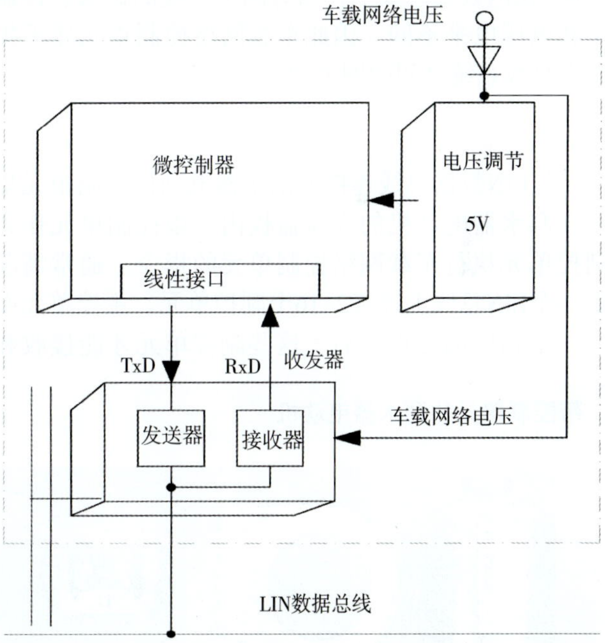

车载网络控制单元作为主控单元

车载网络控制单元是LIN中的主控控制单元。该控制单元控制LIN总线和信息传输流程。例如何时通过LIN总线发送哪些信息。

此外，这个主控单元还负责处理所有故障、使总线与其时基同步、接收总线休眠时副控单元的唤醒抑制信号、控制数据字节和检验字节以及系统诊断。

诊断时控制单元为诊断测试仪准备由 LIN 副控单元根据请求发送的答复信息。如果副控单元无应答（故障信息：副控单元无响应故障），则在诸如发出五次查询信息且无响应后，会在主控单元内存储一条故障记录。

学习领域 12

学习领域 13

车载网络控制单元

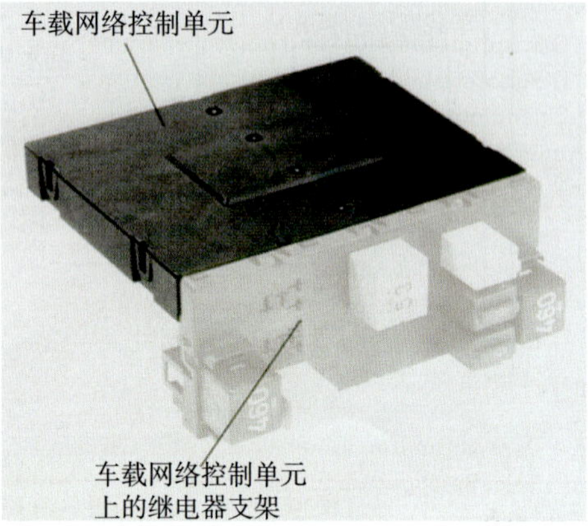

系统方框图

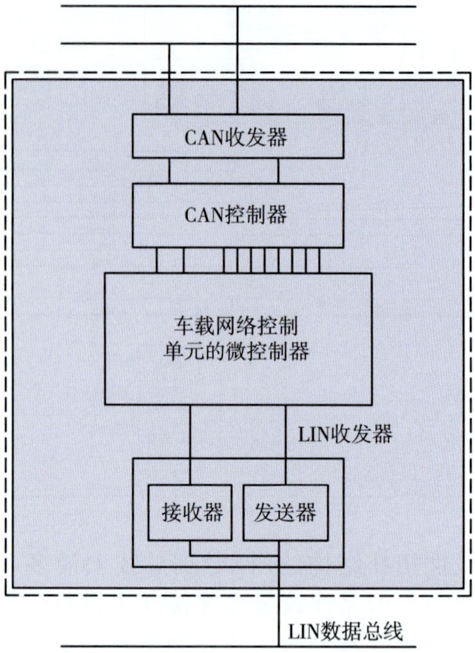

舒适系统CAN数据总线接收到的信息无法直接传输到LIN数据总线上，因为两个总线的协议、传输率和电压电平不同。因此车载网络控制单元还承担两个总线系统之间的网关功能。

在此从CAN信息中过滤出用于LIN控制单元的信息，然后转换为LIN协议。这个过程也可以向相反方向进行。

刮水器电动机控制单元作为副控单元

与LIN数据总线连接的刮水器电动机控制单元集成在刮水器电动机的壳体盖板内。该控制单元作为副控单元执行车载网络控制单元的指令。通常情况下一个LIN总线上连接2~16个副控单元。主控单元发送一个相应的标识符后，这些副控单元才能接收和传输数据。

除CAN接口外，副控单元的内部接口与主控单元相同。因为主控单元也传输数据，所以它也可以是一个副控单元。

带控制单元的刮水器电动机

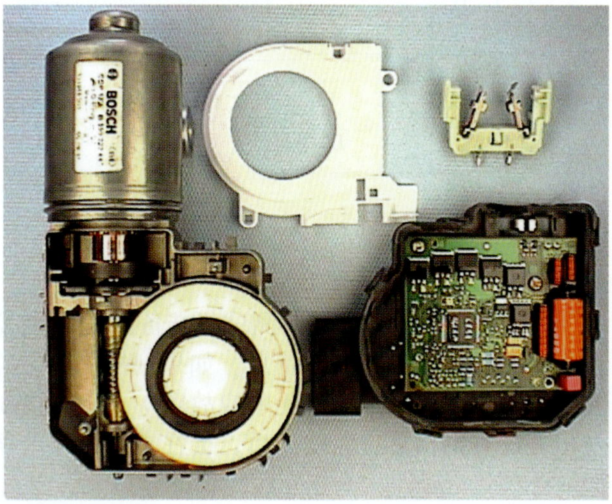

系统方框图

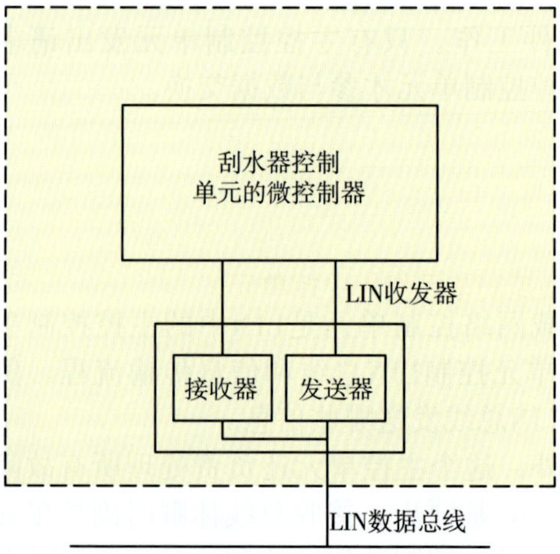

刮水器电动机的控制

在这个系统中刮水器来回运动不通过连杆传动机构实现，而是通过刮水器电动机实现，刮水器摆臂达到调转点时电动机转动方向自动改变。因此也称为可逆电动机。使用这种电动机时，刮水器传动杆的所需空间明显小于传统系统。

由刮水器电动机控制单元微控制器控制的电桥电路使电枢电流反向流动。为使电动机向右转动，电桥电路的金属氧化硅场效应晶体管（MOS-FET）T1和T4必须导电且 MOS-FET T2和T3必须阻隔。转动方向改变时反向控制场效应晶体管。

为了确保控制单元的微控制器能够控制调转时刻和刮水器速度，刮水器电动机的电枢和齿轮上安装了用于探测位置和转速的霍尔传感器。

刮水器向左转动

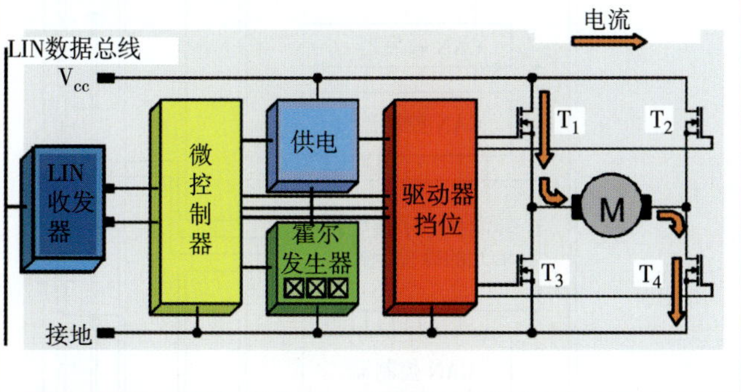

刮水器向右转动

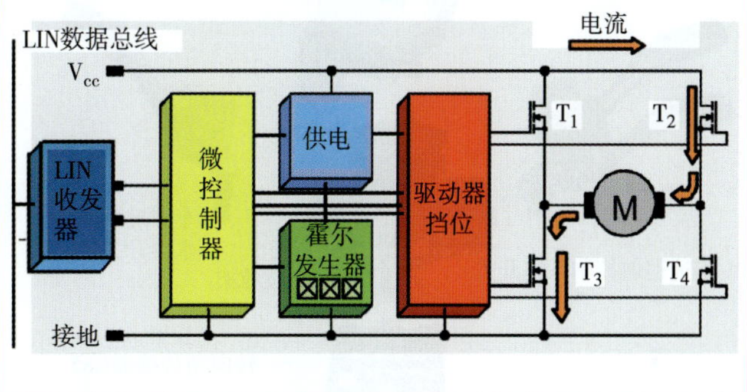

电动机电桥电路内的金属氧化硅场效应晶体管

电桥电路内安装的晶体管是金属氧化硅场效应晶体管。这种晶体管可以在无功率消耗状态下进行控制且可以快速接通大电流。在车辆技术中，这种晶体管已在很大程度上替代了控制单元输出级断路器内的传统晶体管和电路中的继电器。金属氧化硅具有半导体基本结构。

如果在栅极与源极之间施加一个正电压，则基底内源极与漏极接口之间产生一个导电层。在此可以借助栅极电压影响电导率。其过程与控制 NPN 晶体管时类似，在这种晶体管中相对于发射极的正电势使集电极- 发射极导通。对于 MOS-FET来说不需要此时流过的基极- 发射极电流，因为栅极上的正电势足以实现开关过程。

金属氧化硅场效应晶体管阻隔

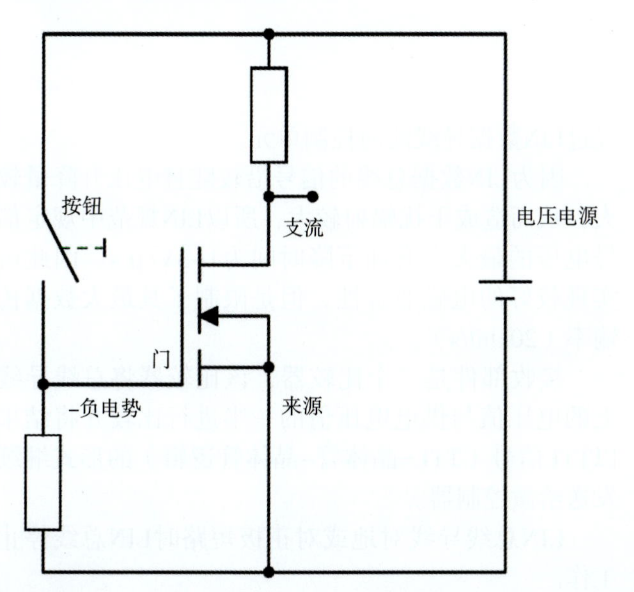

金属氧化硅场效应晶体管导通

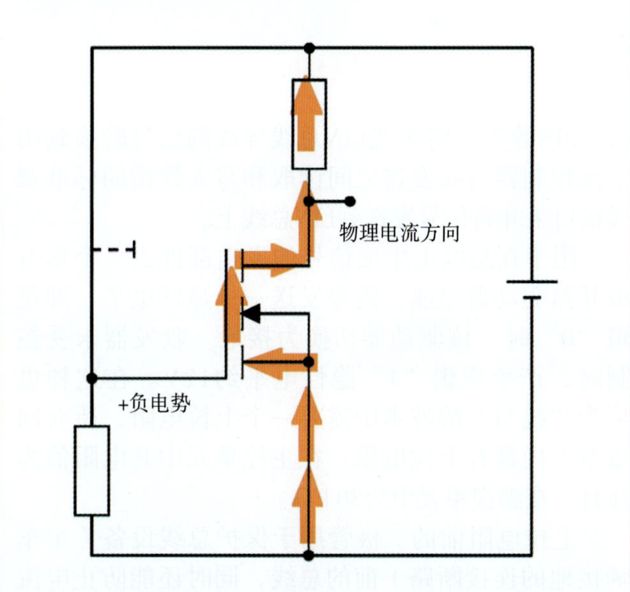

学习领域
12

学习领域
13

转向柱电子装置控制单元

转向柱电子装置控制单元由上下重叠布置的多个模块组成。其任务是，将车窗玻璃刮水功能和转向信号功能开关以及定速巡航控制系统开关等操作元件的信息发送到CAN数据总线上并分析收到的信息。

该控制单元有两个收发器，因此可以与舒适系统CAN和动力传动系统CAN上的控制单元交换信息。

功能元件

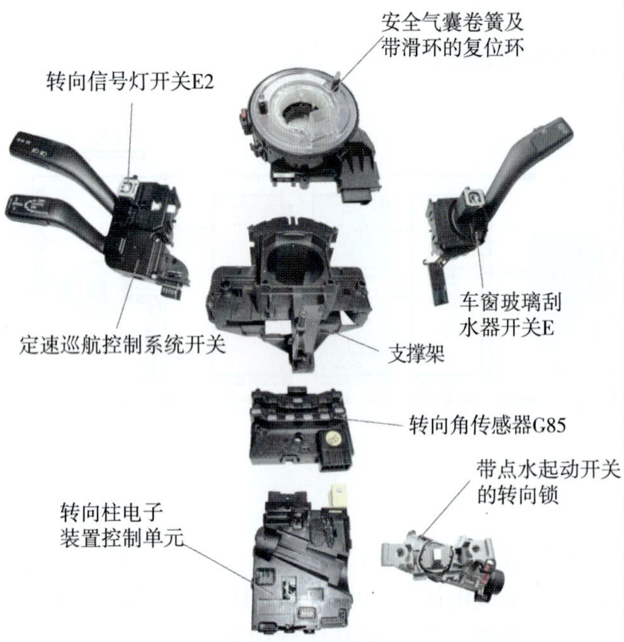

系统方框图

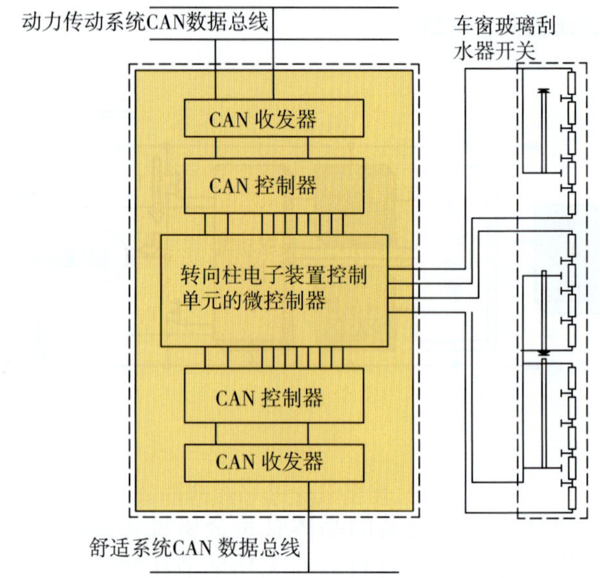

2 在LIN数据导线上生成信号

LIN技术以经过验证的原理为基础，其基本结构与K导线的数据传输系统相似。LIN模块的主要特征是易于实现，因为其微控制器较简单且拥有与LIN收发器通信所需要的线性接口。在此不需要独立的LIN控制器。

2.1 收发器工作原理

LIN收发器将单线LIN总线导线的信号转换到用于微控制器与收发器之间读取和写入数据的标准双线接口上并将信号发送到LIN总线上。

用于在总线上生成信号的发送部件由一个集电极开路驱动器组成，需要发送一个显性电平，即逻辑“0”时，该驱动器切换为接地。收发器未受控制时，产生逻辑“1”隐性电平约12V。在这种也称为“线与”的技术中需要一个上拉电阻，所有网络节点内都有上拉电阻。在主控单元中其电阻值为1kΩ，在副控单元中为30 kΩ。

上拉电阻前的二极管用于保护总线设备（至车辆接地的连接断路）前的总线，同时还能防止电流经过LIN数据导线流向控制单元。

因为LIN数据总线的信号沿较陡且电压升降量较大，从而造成干扰辐射较大，所以LIN规范中规定信号电压的最大上升和下降时间为1~3V/μs。因此可实现较好的电磁兼容性，但是限制了其最大数据传输率（20kbit/s）。

接收部件是一个比较器，该比较器将总线导线上的电压值与供电电压值的一半进行比较并将结果以TTL信号（TTL=晶体管-晶体管逻辑）的形式继续发送给微控制器。

LIN总线导线对地或对正极短路时LIN总线停止工作。

LIN收发器的系统方框图

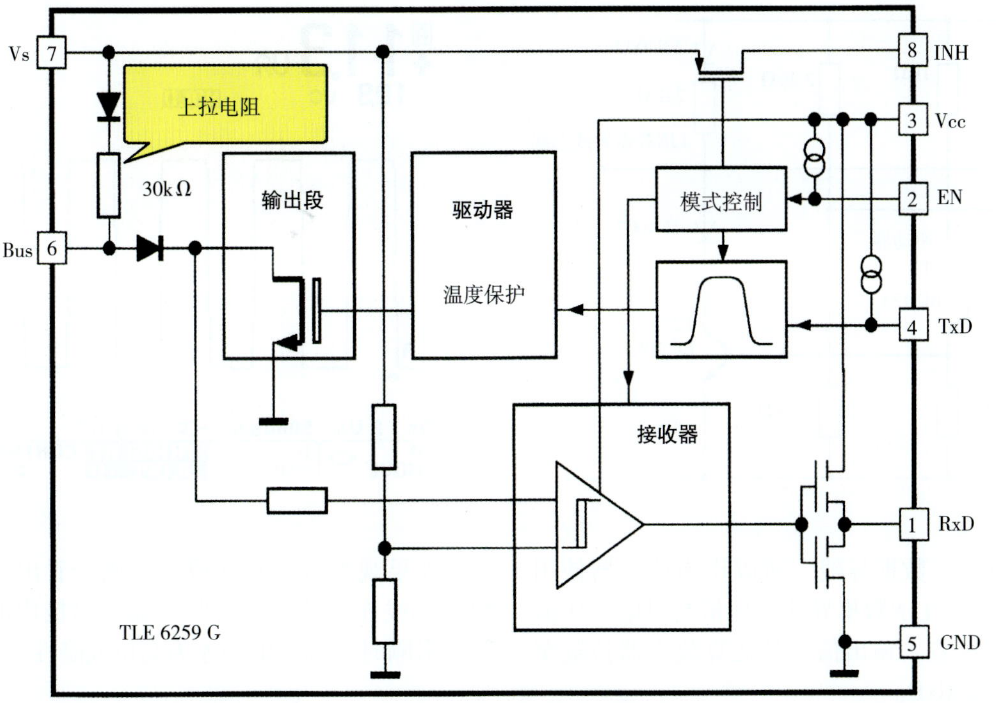

发送器的基本结构

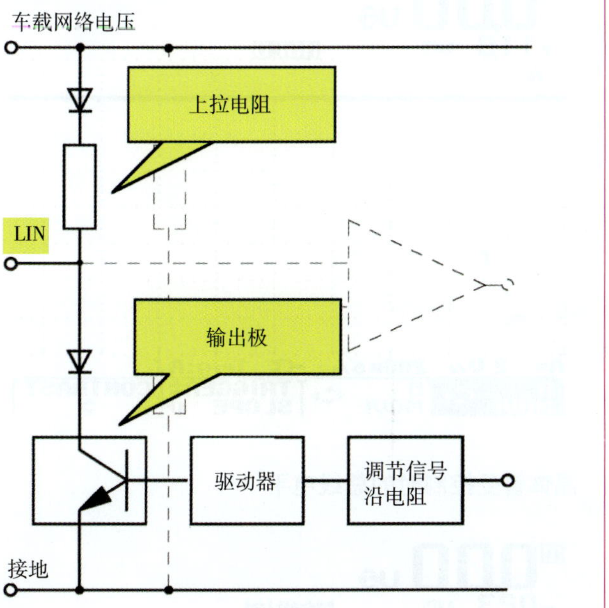

接收器的基本结构

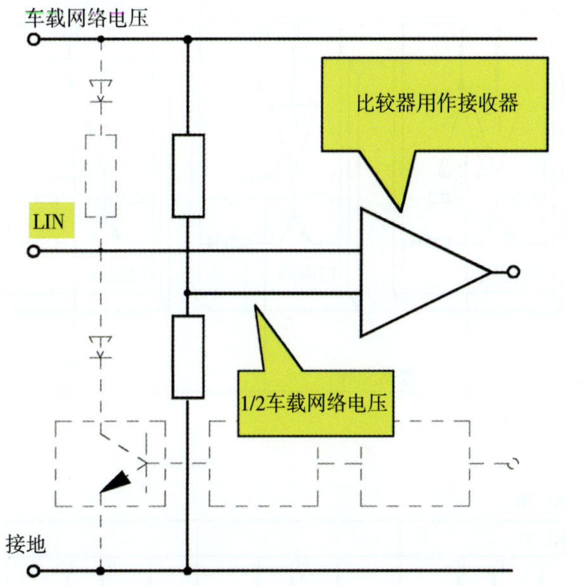

借助模拟电路解释 LIN 收发器内发送器和接收器的工作原理

驱动器晶体管 BD135 的基极连接在模拟微控制器输入信号（TxD）的功能发生器上。如果功能发生器在晶体管 T1 的基极上施加正电势，则会使集电极- 发射极导通且晶体管 T2 基极上的电压从负电势切换为正电势。因此其集电极- 基极段导电且LIN数据总线上的电压值从11.3V切换为0.4V。因为所有收发器的晶体管都通过数据导线以并联方式与负极连接，所以“低电平”为显性电平且像CAN数据总线一样覆盖隐性电平。驱动器晶体管BD 135改变其开关状态时，晶体管BD 108基极上的电势也发生变化。

LIN收发器的模拟电路

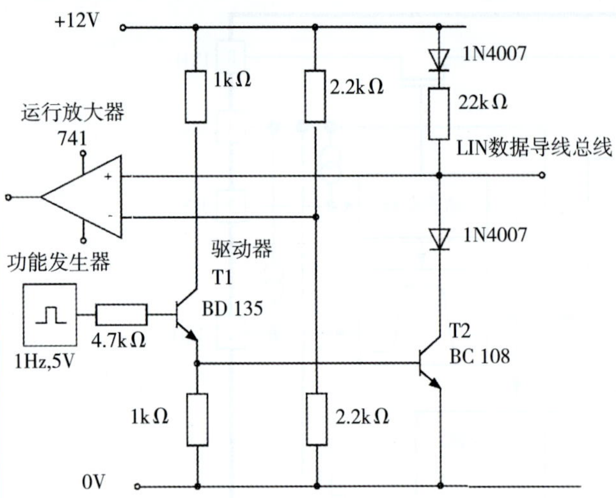

模拟LIN数据总线上的电压电平

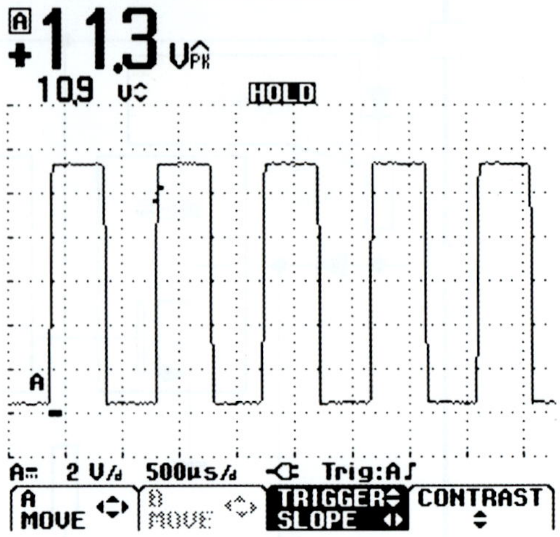

因为只有一个数据导线，所以作为比较器使用的运算放大器分析LIN数据导线电压值与供电电压值一半之间的电压差。输出信号从运算放大器传输至晶体管的输出端 RxD。

如果观察多个总线设备，则会看出设备是通过数据导线连接的。只有收发器输出极内的所有晶体管都阻隔时，总线电平才为高位或隐性。

多个总线设备的原理图

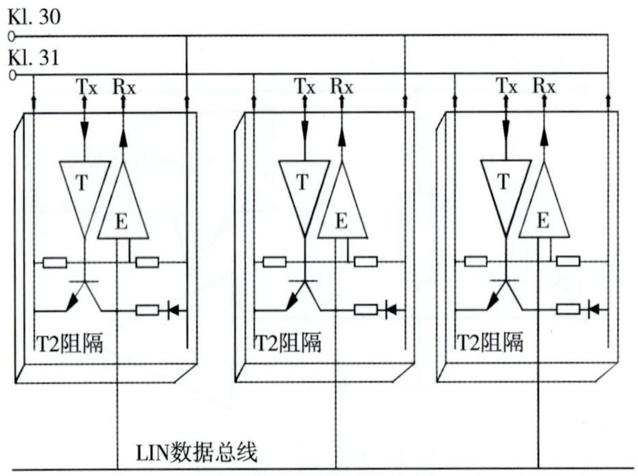

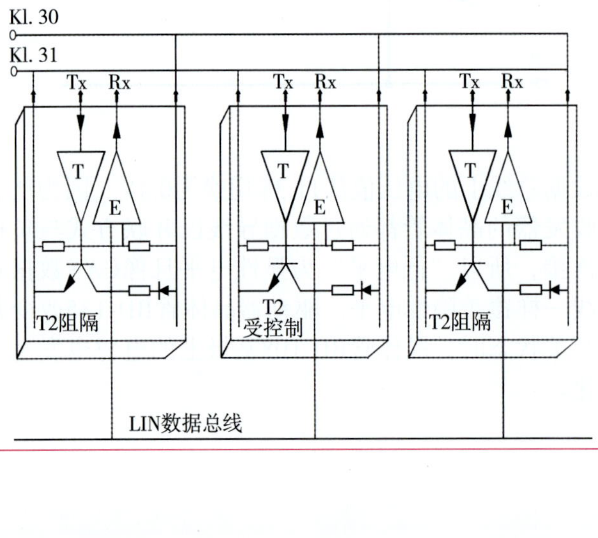

输出极未受控制时的总线电平

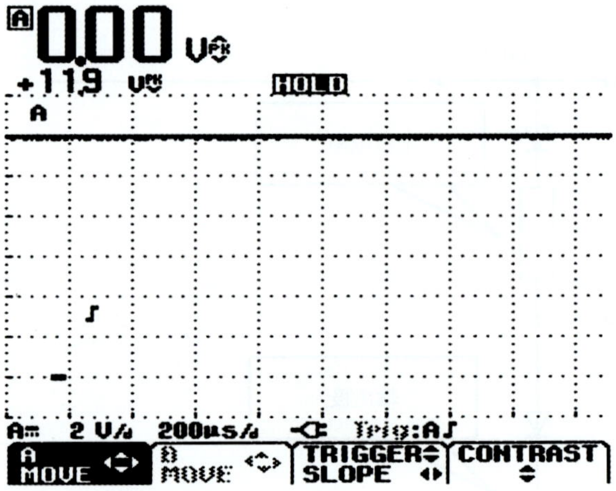

晶体管受控制时的总线电平

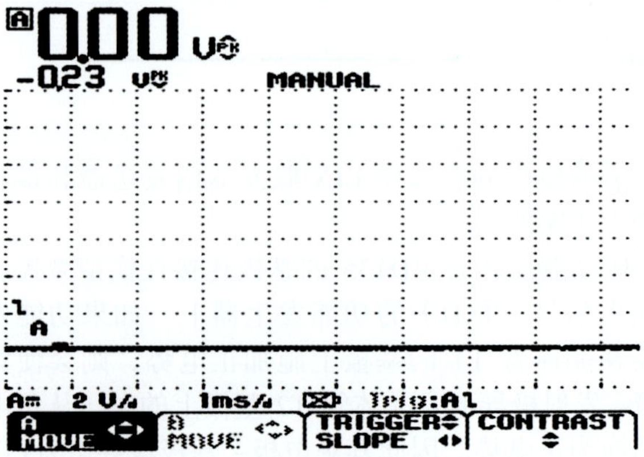

2.2 LIN数据总线的电压值和传输率

测量点

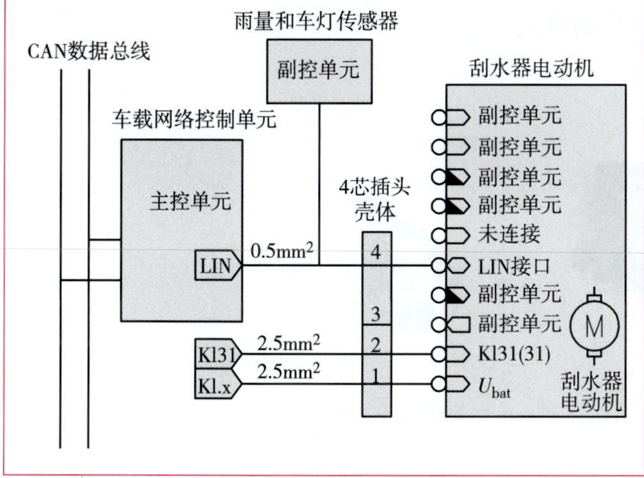

LIN数据总线电压信号示波图LIN—Datenbus

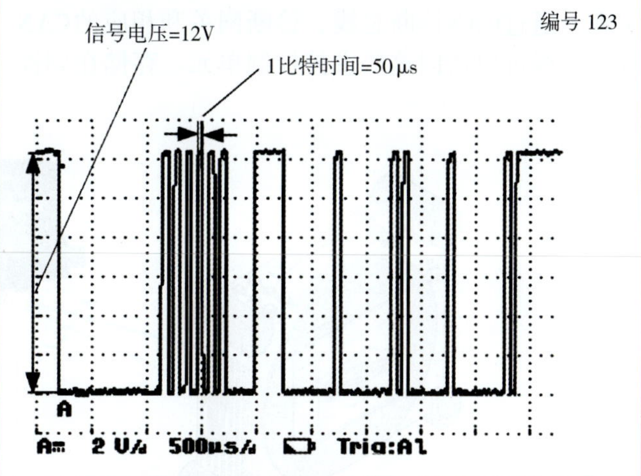

该示波图表示一个完整的LIN信息。示波器通道A设置为2V/格，时间格设为500μs/格。因此隐性电平的电压值为12 V，显性电平的电压值为0V。比特时间可以按数值约50μs读取。

传输率

传输率数值是指每秒钟传输的数据量，与 CAN数据总线一样可以借助三分律求出。为此用1秒钟时段除以比特时间。

1比特时间约50μs=0.00005s

0.00005s ———————— 1 bit

1s ———————— X bit

X=20000bit/s = 20 kbit/s=20kBaud

传输可靠性

为确保数据稳定传输， LIN 规范中规定了显性电平和隐性电平的公差。接收器将接地及其内部供电电压作为数据导线上电压电平的基准电压使用。供电电压值与车载网络电压不同，车载网络电压可以在8 ~18V之间变化。

如果电压电平低于供电电压的 40%，则接收器将该数值解释为逻辑“0”或显性。如果电平值超过60%，则为逻辑“1”或隐性电平。

对发送器来说，规范中规定显性和隐性电平与供电电压或接地的最大允许偏差为10 %。

针对发送器的限值

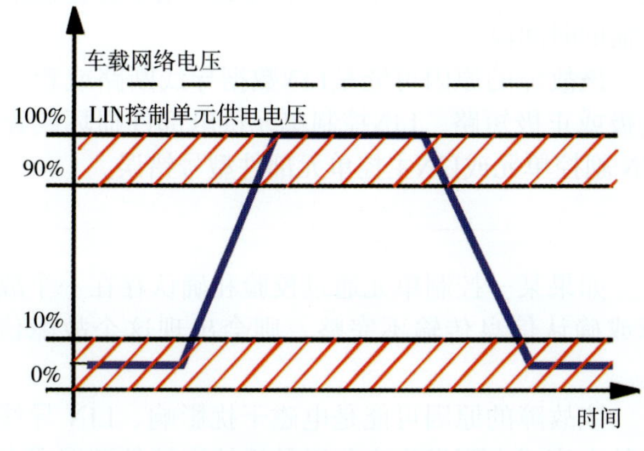

为确保外部干扰辐射不会造成传输中断，接收信号时需要较大的公差。

针对接收器的限值

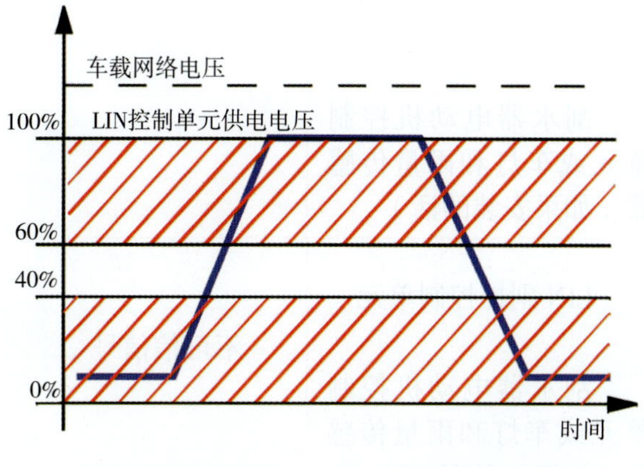

虽然未规定信号上升沿和下降沿的陡度，但是收发器的发送器必须将上升速度限制在大约2V/μs。只有这样才能满足有关电磁兼容性的规定。

3 诊断

LIN数据总线系统的诊断通过LIN主控控制单元实现。通过CAN诊断总线、诊断网关和相应的CAN数据总线可以访问这些主控控制单元。存储在副控控制单元内的诊断数据通过LIN 数据总线传输至主控控制单元。

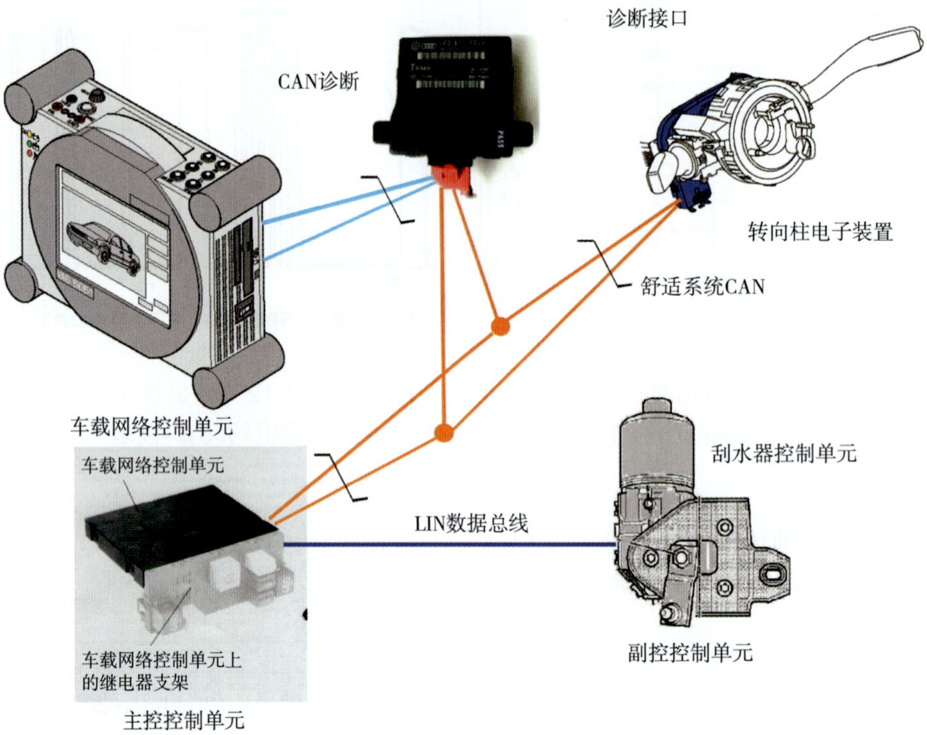

3.1 故障信息和可能的故障原因

故障部位	主控控制单元故障码存储器内的故障描述	存储故障记录的原因
LIN 副控控制单元 刮水器电动机控制单元或车灯和雨量传感器（如果安装的话）	无信号/无法通信	LIN副控控制单元与主控控制单元之间无法传输数据。主控控制单元软件中规定了用于检查数据传输的时间段。 该故障的原因可能是LIN数据导线断路或者对负极或正极短路、LIN控制单元供电部件损坏或者LIN 副控单元或LIN主控单元部件型号错误。
LIN 副控控制单元 刮水器电动机控制单元或车灯和雨量传感器（如果安装的话）	不可信信号	如果某一控制单元通过校验和确认存在一个故障或确认信息传输不完整，则会出现这个故障信息。 该故障的原因可能是电磁干扰影响、LIN 导线上的电容或电阻发生变化以及插接连接件潮湿或有污物。控制单元型号不正确时也会出现这个故障信息。

3.2 LIN数据总线故障

利用示波器进行任何测量时，车辆接地都是确定 LIN 数据总线电压电平的基准点。必须将诊断设备连接在诊断接口上。

无故障时的LIN数据总线

网关安装列表中的记录

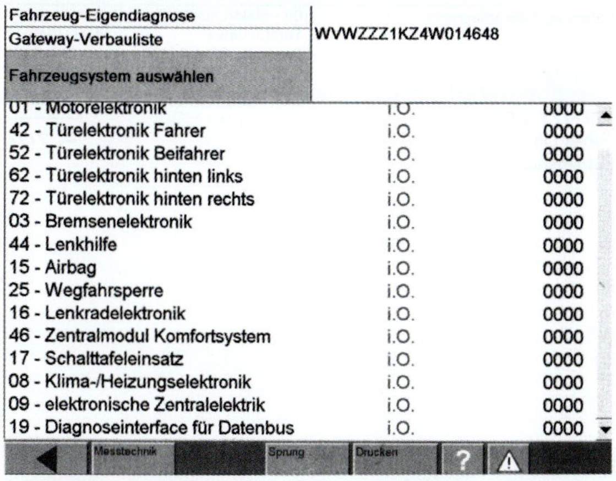

车载网络控制单元存储器内的记录

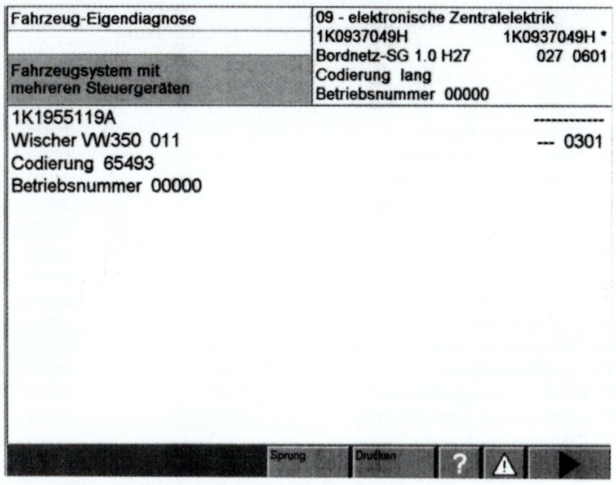

电压电平示波图

系统无故障时，在网关安装列表层面找不到故障记录。选择车载网络控制单元后，用户可以通过有关所连接的刮水器电动机控制单元的提示信息获悉车载网络控制单元涉及一个设备及所连接的子系统。在示波图中显性电平约为0.8 V，隐性电平约为10.5 V。信息主要包括帧头和响应区。电压信号均匀且在数据导线的任何位置处都相同。

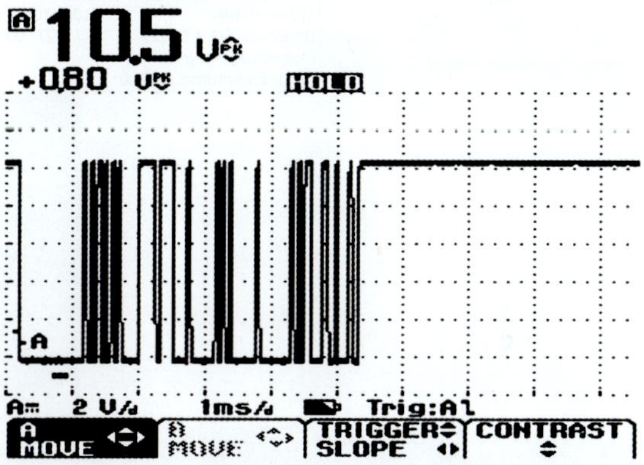

联网示意图

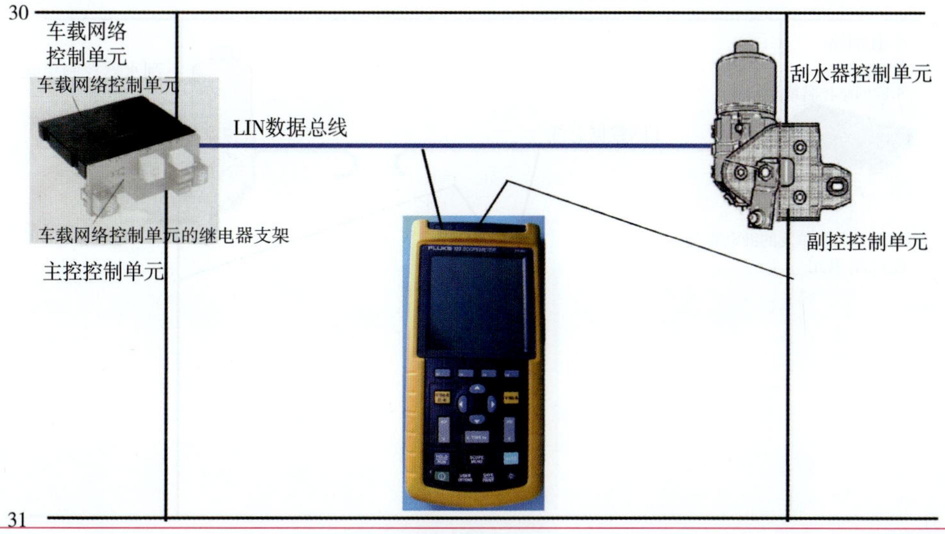

LIN数据导线断路

与CAN数据总线上的故障一样，LIN数据总线上的故障同样可以通过网关安装列表菜单界面识别出来。选择车载网络控制单元后，就会得到有关故障的另一条提示信息，该故障必须位于LIN副控单元01（刮水器电动机控制单元）的范围内。也就是说，故障码存储器内的记录与LIN总线有直接关系且称为“无信号/通信”故障。

网关安装列表菜单内的故障信息

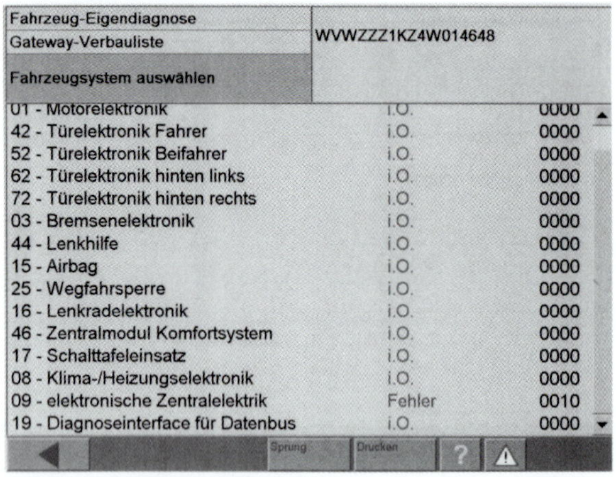
Fahrzeug-Eigendiagnose
Gateway-Verbauliste
Fahrzeugsystem auswählen
WVWZZZ1KZ4W014648

01 - Motorelektronik	i.O.	0000
42 - Türelektronik Fahrer	i.O.	0000
52 - Türelektronik Beifahrer	i.O.	0000
62 - Türelektronik hinten links	i.O.	0000
72 - Türelektronik hinten rechts	i.O.	0000
03 - Bremsenelektronik	i.O.	0000
44 - Lenkhilfe	i.O.	0000
15 - Airbag	i.O.	0000
25 - Wegfahrsperre	i.O.	0000
16 - Lenkradelektronik	i.O.	0000
46 - Zentralmodul Komfortsystem	i.O.	0000
17 - Schalttafeleinsatz	i.O.	0000
08 - Klima-/Heizungselektronik	i.O.	0000
09 - elektronische Zentralelektrik	Fehler	0010
19 - Diagnoseinterface für Datenbus	i.O.	0000

Sprung Drucken ?

调用车载网络控制单元时的信息

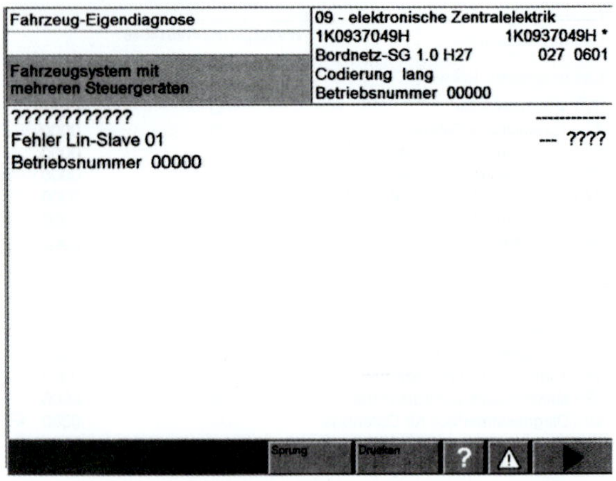
Fahrzeug-Eigendiagnose
Fahrzeugsystem mit mehreren Steuergeräten
09 - elektronische Zentralelektrik
1K0937049H 1K0937049H *
Bordnetz-SG 1.0 H27 027 0601
Codierung lang
Betriebsnummer 00000
???????????? ------------
Fehler Lin-Slave 01 --- ????
Betriebsnummer 00000
Sprung Drucken ?

故障码存储器内的记录

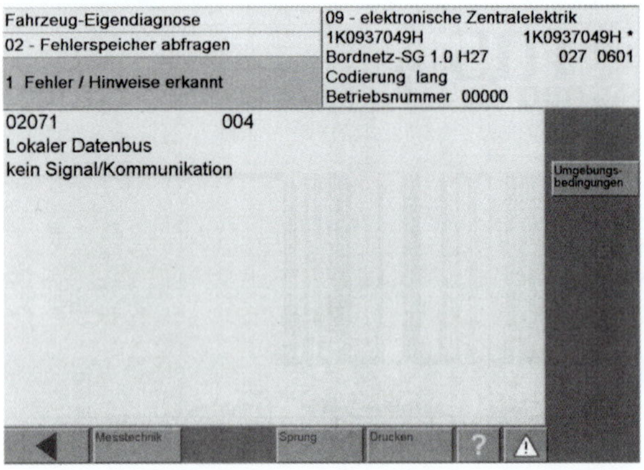
Fahrzeug-Eigendiagnose
02 - Fehlerspeicher abfragen
1 Fehler / Hinweise erkannt
09 - elektronische Zentralelektrik
1K0937049H 1K0937049H *
Bordnetz-SG 1.0 H27 027 0601
Codierung lang
Betriebsnummer 00000
02071 004
Lokaler Datenbus
kein Signal/Kommunikation
Umgebungs-bedingungen
Messtechnik Sprung Drucken ?

断路及主控控制单元上的测量点示意图

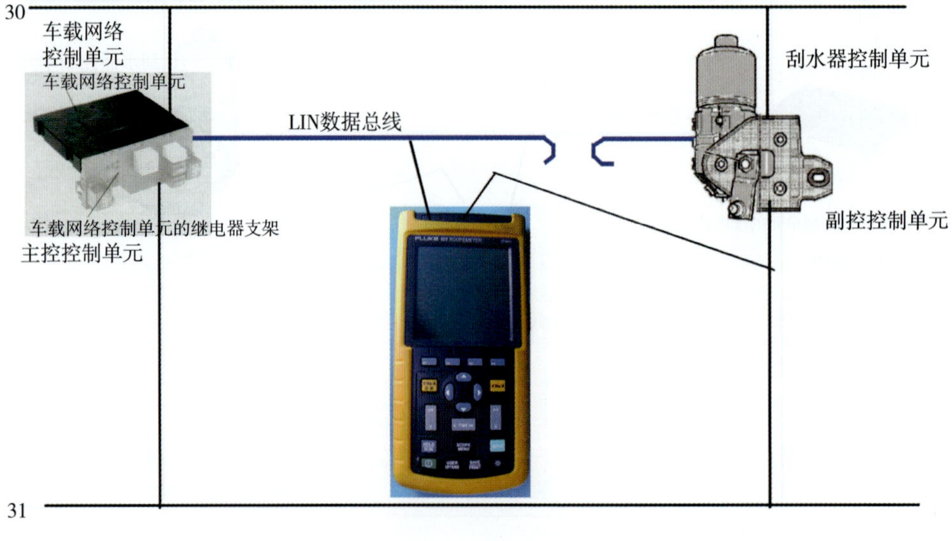

如果用于记录电压电平的测量点位于主控控制单元上，则必须进一步观察和以示波形式显示信息。

虽然副控单元有故障，但是除了不完整的信息外还要观察带信息头和信息内容的完整信息。两种信息都源自主控单元。总的来说，完整信息比数据导线功能正常时少。

主控单元示波图（帧头和响应）

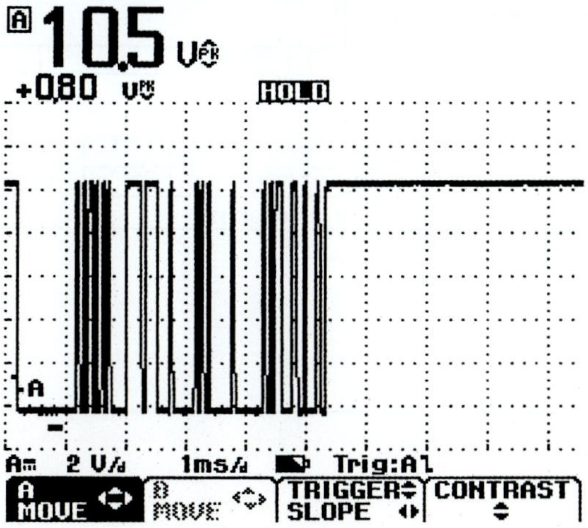

主控单元示波图（帧头）

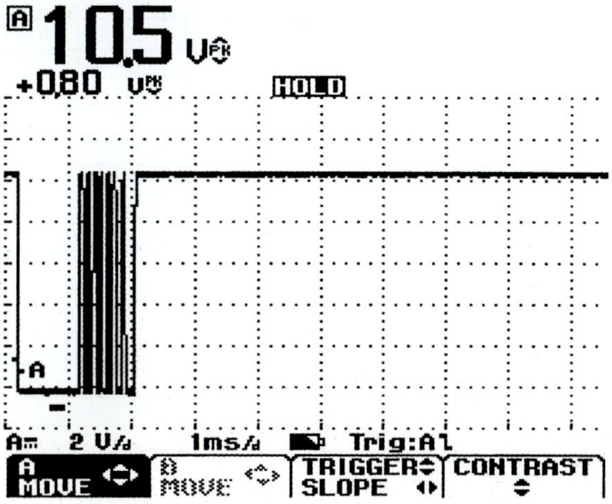

副控控制单元上的测量点

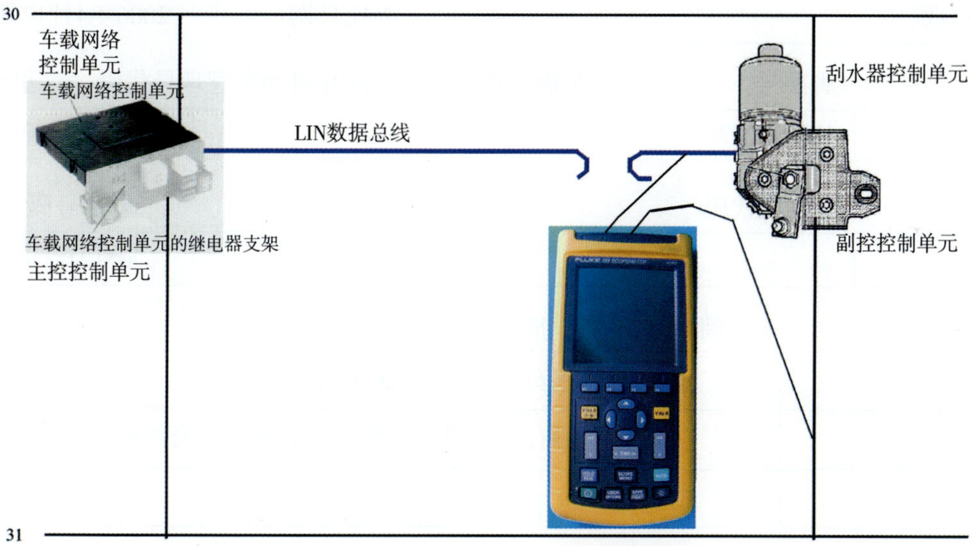

副控单元示波图

在这个测量点处LIN数据导线上的信息缺失。电压值保持约9.7V，几秒种后电压值切换到车载网络电压值。这很容易理解，因为只有主控单元为此向副控控制单元发出请求时，副控控制单元才能发送信息。因为缺失这些信息，所以也无法以示波形式显示应答字段。

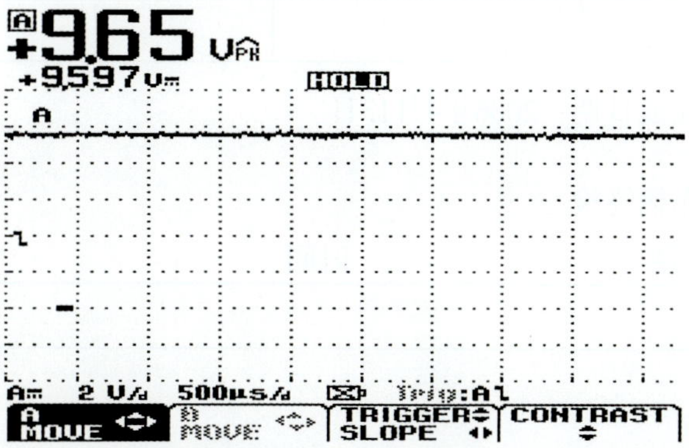

D 针对带光缆安全系统的客户委托

机动车行驶证

K-YZ 3301

左侧所述车辆的牌照号如上所述，
所有人名字、姓氏（或教名）、公司
MANFRED HUNGER

邮政编码、居住地/办公室、街道和门牌号
ROTTENSTRASSE 街道 10号
53837 特罗伊斯多夫

或邮政编码、所在地、街道和门牌号

代码

区域1	区域2	区域3
010262	0005	6801D

1		普通轿车 欧4
2		宝马（BMW）
3		BMW 330i
4	车辆识别号	WBAEV510330PD93342
5	汽油/OBD	04
6	最高车速/(km/h)	250
7	功率(kW/r/min)	K170/5900
8	排量/cm³	2979
9	有效或承载负荷	–
10	燃油箱容积/m³	–
11	座椅/躺椅数	–
12	座位数，包括驾驶员座位和临时座位	–
13	最大尺寸/mm	长 4471 宽 1739 高 1415
14	整备质量/kg	1505
	允许最大质量/kg	1930
16	允许车桥负荷/kg	前 935 中 – 后 1075
17	车轮和/或防滑链	1
18	车桥数	2
19	其中驱动桥数	1
20	轮胎规格代码 前部	225/45R17 91W
21	轮胎规格代码 中间和后部	225/45R17 91W
22	轮胎规格代码 或前部	
23	轮胎规格代码 中间和后部	
	制动接口处压力	
24	单回路制动器	bar
25	双回路制动器	bar
26	挂车挂钩 DIN 740，形状和尺寸	
27	挂车挂钩检查标志	
28	拖挂负荷/kg，挂车带制动时	
29	挂车不带制动时	
30	停车时噪声/dB(A)	
31	行驶时噪声/dB(A)	
32	首次注册登记日期	2004.07.17
33	备注	

客户通信地址

Manfred Knauer先生
Schwalbenweg7
31134希尔德斯海姆

委托编号：
客户编号：1303
委托日期：2006年4月12日

车型	牌照号	车辆识别号	联邦机动车管理局代码	里程数/km
BMW735i	Hi-KB213			32300

首次注册登记	发动机代码	接车人	电话号码
2002.04		Mueller	05121/236118

项目	工时	时间	工作描述	价格
1			黄色安全气囊指示灯持续亮起	
			车辆右后车门钢板损伤后被送至车身维修车间	

完成日期：2006年4月13日

此委托书是在明确确认“车辆，总成及其零件工作和费用估算条件”之后才签字并交给本人的。

车辆终检

日期	时间	验收人	里程数/km

客户签名

1 BMW 735i的网络结构

在7系车型系列中安全气囊组件包括安全带拉紧器位于一个独立的总线 byteflight 内，该总线通过“中央网关模块”连接在车辆的整个网络内。

Byteflight基于光缆技术，由BMW与Motorola、Infinion和Elmos合作开发，主要应用于被动安全系统。该系统可以控制和监控最多24个用于燃爆式执行机构的引爆电路。

除了 byteflight 外，车辆内还使用另一个光学总线，MOST数据总线（多媒体传输系统）。这种总线用于导航、语音控制、收音机和电视控制单元等彼此联网。在此以数字形式传输控制信号、音乐和图片。

归属于动力总成和底盘方面的控制单元大多数都连接在动力传动系统CAN（PT-CAN）上。其设计用于快速调节过程，传输率为500kbit/s。传输率为100kbit/s的通信CAN（KCAN）负责“车身电子系统”。通信流程通过细分为K-CAN系统和K-CAN外围设备实现优化。

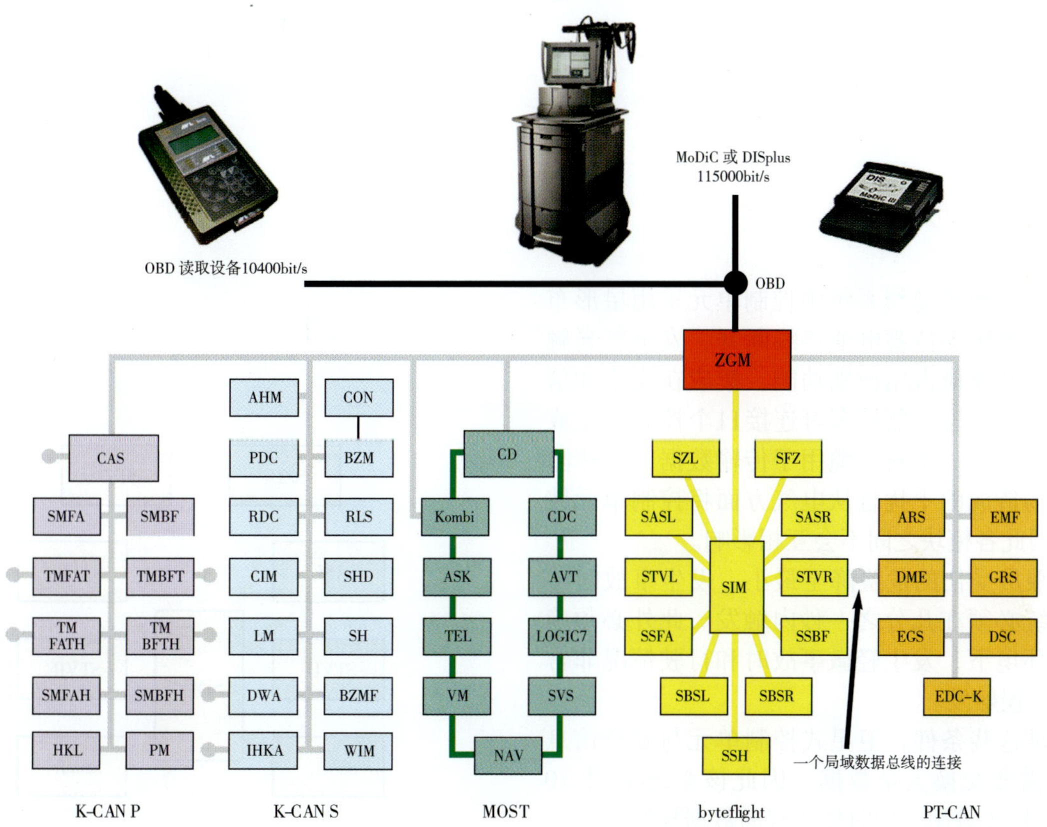

除了概览图中所示的总线系统外，车辆中还安装了其他数据总线，即所谓的局域数据总线。插图中总线接口以点的形式给出。

例如，LIN 数据总线将自适应弯道照明灯控制单元与车灯内的步进电动机控制器、驾驶员车门内的开关组件与车门内的车门模块以及乘员区内的风门电动机与暖风和空调系统控制单元连接起来。数字式发动机电子系统与可变气门机构之间通信时使用局域 CAN。

采用中央网关与诊断测试仪之间点对点连接的方式进行诊断。此后可以利用具有起动程序功能的网关查询有关车内数据总线和网关的诊断信息。

1.1 控制电动燃油泵时各子系统共同作用的示例

数字式发动机电子系统控制单元根据发动机当前运行状态确定所需燃油量。为确保电子燃油泵EKP输送所需燃油量，CAN控制器将经过处理的数值通过动力传动系统PT CAN的CAN数据导线发送至中央网关模块ZGM。在此信息转换为byteflight形式的信号并传输至安全信息模块SIM。用于EKP的控制值从此处通过光缆传输至右侧B柱内的卫星式控制单元。SBSR的电子分析装置转换该信号，以便EKP能够通过相应的脉冲宽度调制信号输送由DME控制单元计算出的燃油量。

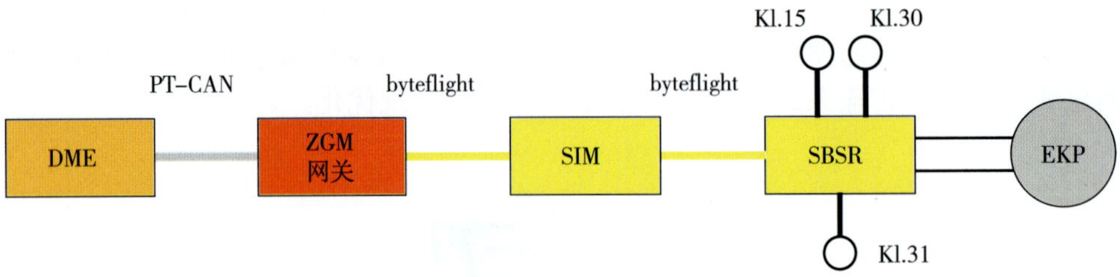

1.2 安全系统工作原理

byteflight 数据总线系统中控制单元采用星形布置方案，该系统支持蓄电池接线断开、安全气囊触发、安全带和座椅占用识别功能。集成在安全和信息模块内的星形连接器最多可连接11个控制单元或卫星式控制单元。塑料光缆用于传输数据，可排除电场或磁场造成的干扰且从电气方面将控制单元彼此隔开。因此各模块之间不会互相影响。

为将乘员受伤的危险降至最小，发生事故时乘员保护系统必须在几分之一秒内触发。此外必须确保在正常环境下，发生轻微事故时和行驶情况非常恶劣时不会误触发。

为满足这些条件，卫星式控制单元与安全信息模块之间需要交换大量数据。因此该系统采用 10 Mbit/s 的数据传输率，同时使用双向数据导线。

卫星式控制单元分散布置在车内合适的位置处。因此可以直接或在碰撞部位附近测量加速度值。从而可以进一步减小反应时间，因此没有通过车身至中央安全气囊触发装置的机械运行时间。

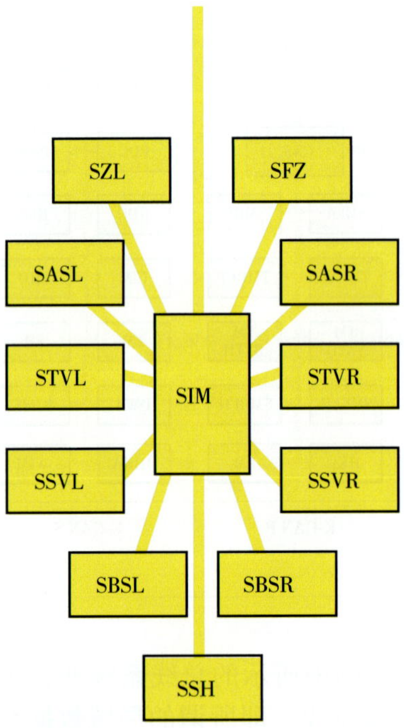

为了在发生事故时不是每次让车内安装的所有控制单元都触发，7个卫星式控制单元都有自己的碰撞识别传感器。

由于采用星形总线拓扑结构，因此即使断开各组件，该系统也能正常工作。

接通总线端R（收音机）时进行整个安全系统自检。在持续约10s的自检期间警告灯保持接通。如果识别到系统内有故障，则自检最多可能持续1s。此后相应的警告灯（红色或黄色）保持亮起状态。红色警告灯归属于驾驶员和前乘客安全气囊，黄色警告灯与侧面和头部安全气囊以及安全带拉紧器和带力限制器对应。

行驶期间也持续监控该系统。在此监控光学信号质量、与安全相关的总线信息以及引爆电路是否短路或断路。

如果规定时间段内未接收光学信号、某一发光二极管发出持续光信号或衰减过大，则卫星式控制单元自动关闭。

1.2.1 byteflight网络的基本结构

示意图

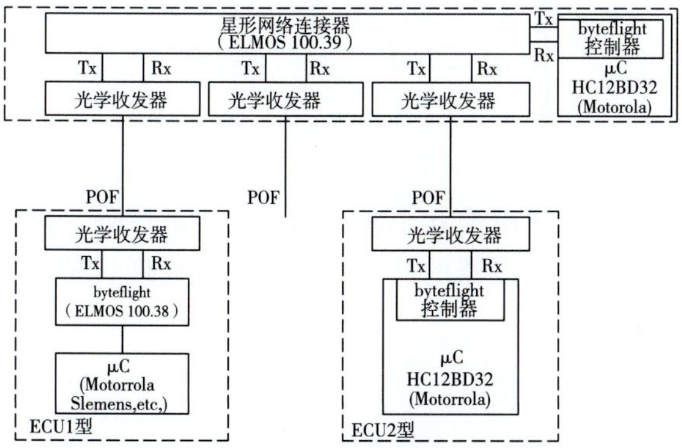

byteflight 内的星形连接器是安全和信息模块（SIM）。该模块接收所连卫星式控制单元的光学数据总线信号并将信号分给所有总线设备。由于每个卫星式控制单元都持续将其自身的传感器数值发送给作为主控单元工作的 SIM，因此所有卫星式控制单元都得到车辆当前状态信息。

集成在收发器内的发送和接收模块主要由一个发光和光敏二极管组成，这些二极管采用芯片接芯片技术叠加安装在一起。发光二极管（A）将待发送的电脉冲转换为光脉冲，光敏二极管（B）则可以通过收发器集成电路（C）将光信息流转换为数字电平。除了驱动器电路和接收放大器外，收发器可能还有一个光信息流诊断电路，该电路用于检查光学传输质量和确定衰减程度。数据在光缆上以半双工方式双向传输。信息在发送和接收交替运行模式下通过光缆双向传输。

双向传输光学收发器

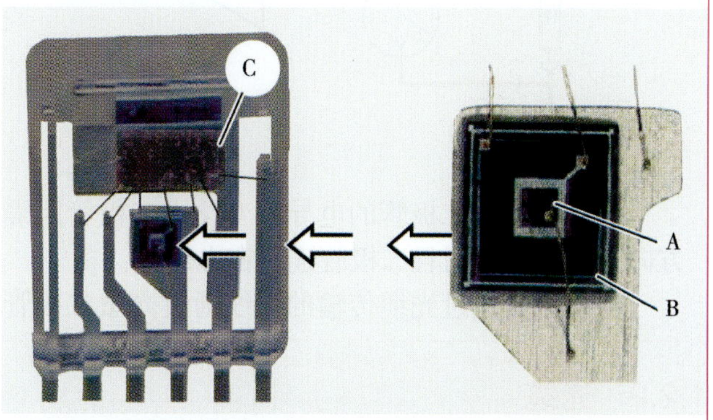

发光二极管

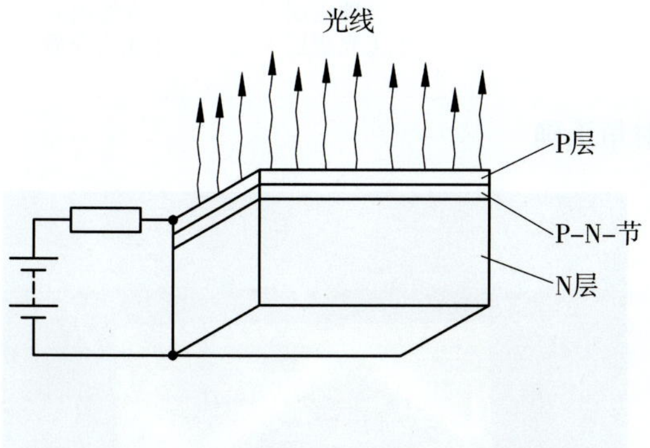

在发光二极管中通过提供电能提高电子的能量状态。电子恢复到其初始状态时，这种能量以光的形式发出。

光敏二极管

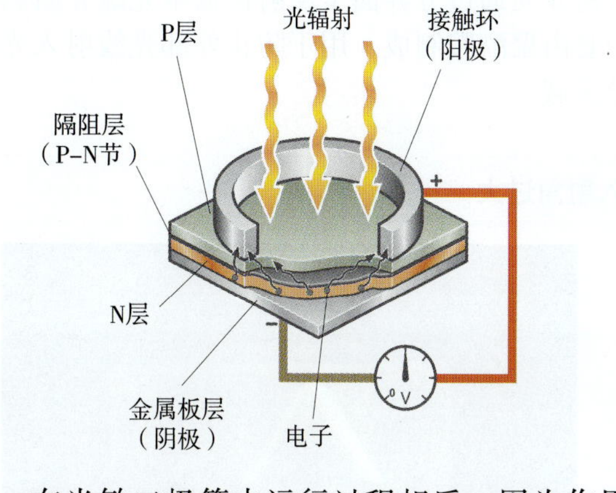

在光敏二极管中运行过程相反，因为作用在半导体层上的光束能量使电子释放出来。因此，没有光线入射时光敏二极管相当于一个大电阻，其阻值随亮度提高而减小。

收发器内接收器电路的信号生成电路

光线入射强度低

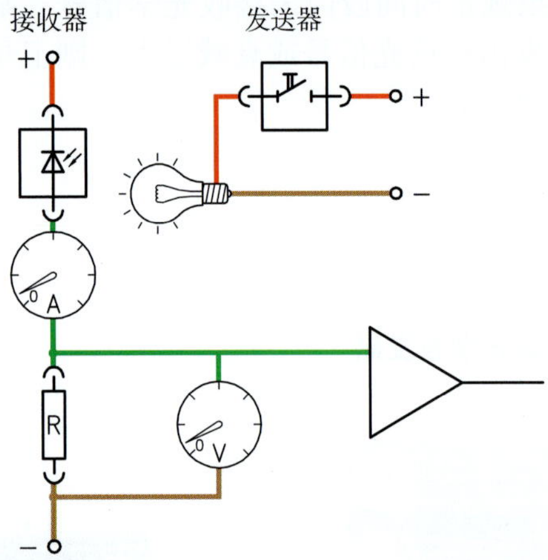

光线入射强度高

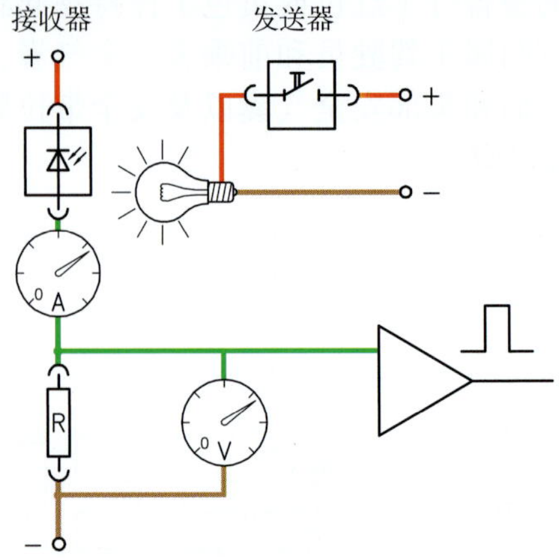

为分析光敏二极管的电导率变化，二极管阻隔方向连接一个电阻且二极管连接在电源上。

由发送器通过光缆传输的光线通过光敏二极管产生电流，该电流在串联电阻上形成电压降。这个电压变化在收发器的放大器内，经过处理后转换为数字信号。

1.2.2 光缆

光缆结构

与铜导线相比，传输规模相同时光缆所需空间更小且重量更低。光缆主要分为塑料光缆和玻璃纤维光缆。

byteflight 中使用的塑料光缆（塑料光学纤维）带有直径约1 mm、由聚甲基丙烯酸甲酯（PMMA）制成的内芯，这种材料也称为有机玻璃。用于产生全反射的边界层是由氟化PMMA 制成的薄覆盖层，这种材料的光学折射率低于内芯材料的折射率。如果入射光束角度不过大，则光线导向时入射光线从光密介质通过分界面全反射传输至光疏介质。黑色护套由聚酰胺制成，用于防止外部光线射入光线传导区域。

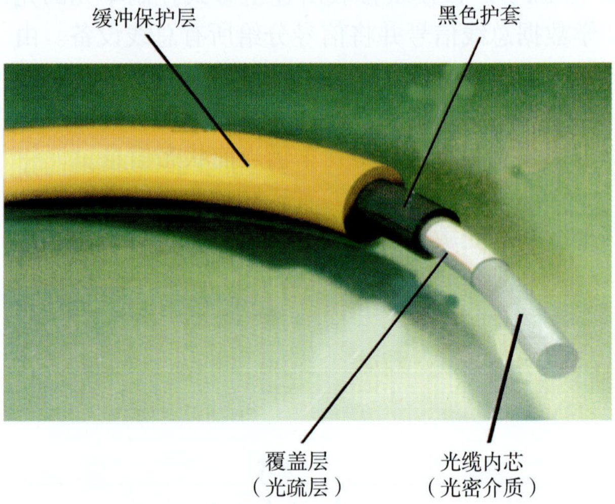

入射角过大

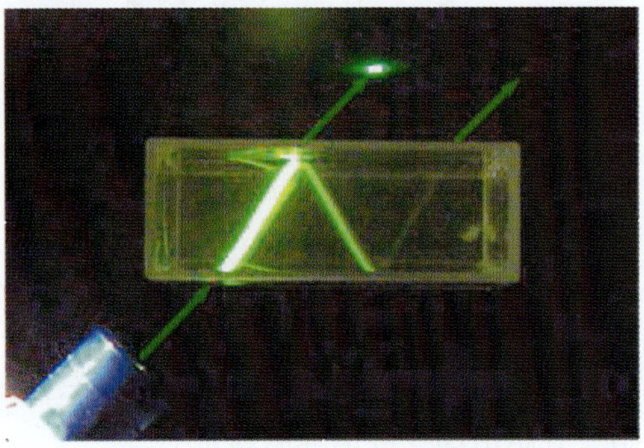

入射角正确

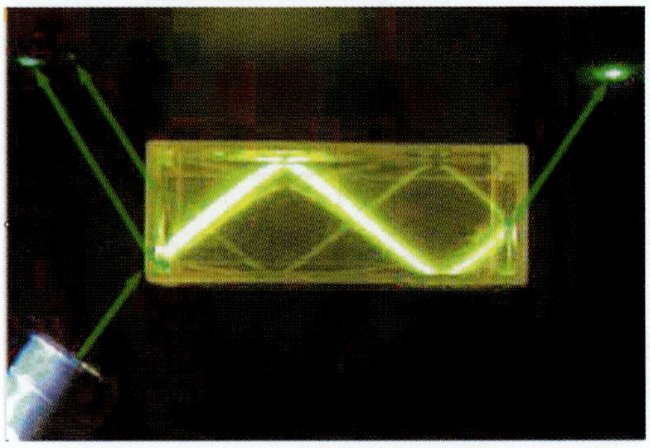

光传输原理

待传输的数字电信号由收发器的发送器转换为光信号，然后通过发光二极管射入光缆内。绝大部分光线通过光疏层全反射传输至信息接收器内的光电二极管。即使光缆弯曲也能按这个原理传输光线。但是光缆弯曲半径不得小于 50mm，否则光束会射入光疏介质内并造成传输损失。

光缆平直

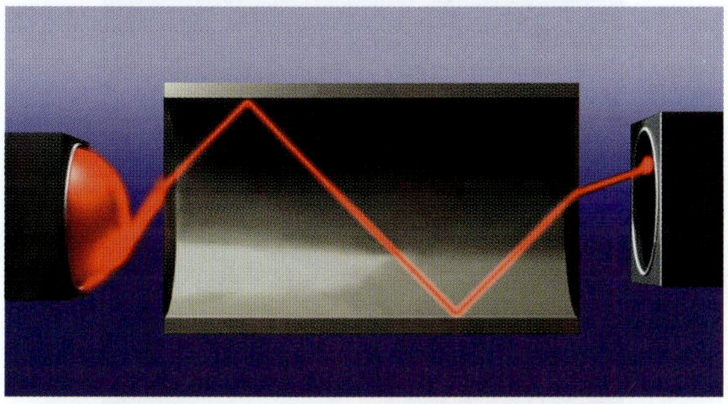

为确保光束不受干扰且无损失地射入光缆内，光缆端面必须尽可能光滑、垂直且干净。

光缆弯曲

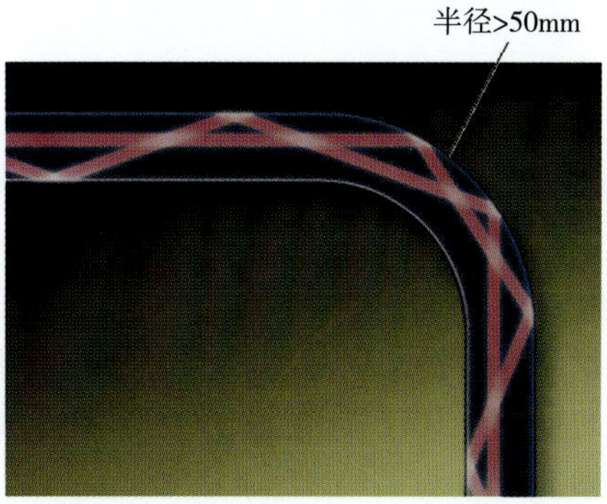

光缆端面

弯曲半径过小的光缆

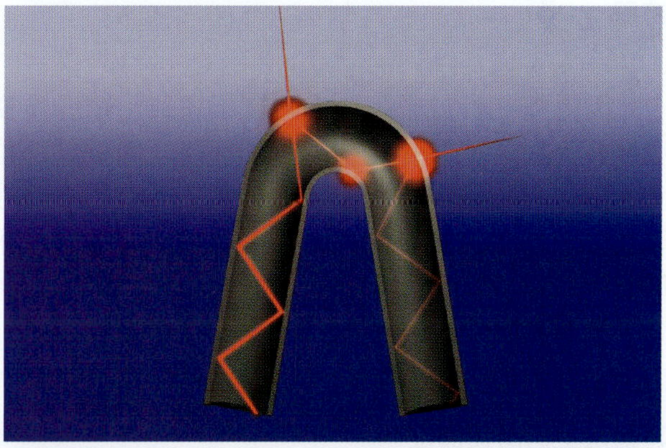

插接连接件和布线

因为在 byteflight 中光缆必须紧靠在发送器的二极管上，突出的光缆纤维端部通过一个小护套予以保护。与 MOST 总线的插头不同，在此只能看到一个光缆接口。为遵守允许的弯曲半径，应将半径限制器套在光缆上（插头旁边）。

byteflight 插头

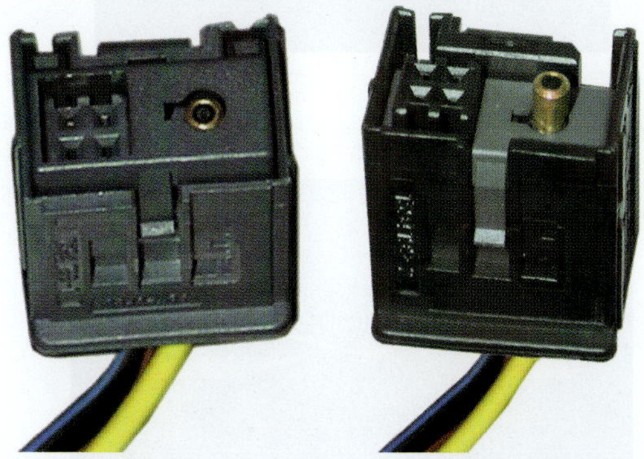

半径限制器

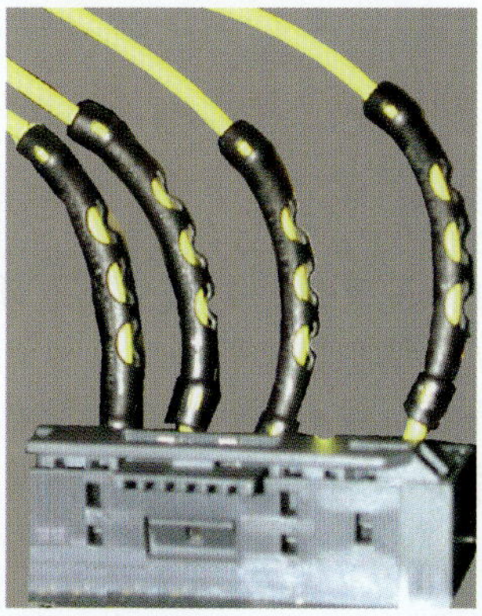

学习领域 12

学习领域 13

进行光缆方面工作时的特点

弯曲半径

铺设光缆时，光缆弯曲半径不得小于50mm。在此可以用直径约60mm的饮料罐进行定位。

在弯曲半径过小的部位处光束以过大的角度射到分界面上，射入分界面内且不再反射。

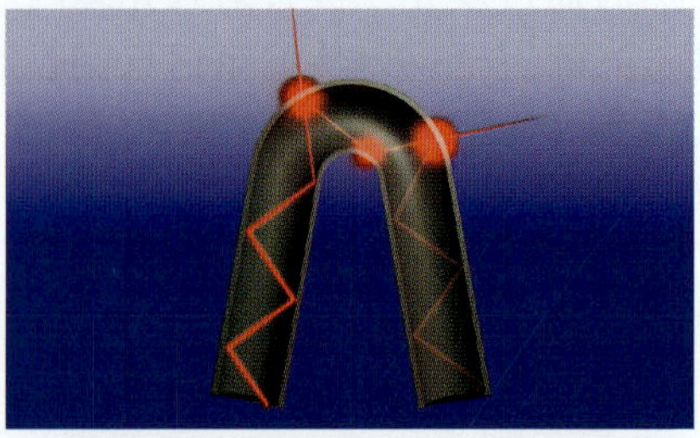

折弯并重新弄直光缆，没有遵守弯曲半径限值

布线时和处理光缆时切勿折弯光缆。即使只是折弯一次，也会导致光缆内芯和光疏覆盖层损坏和不透明。

作为结构变化的结果会导致反射和传输损失，这种情况称为衰减。折弯透明塑料和有机玻璃时也会导致其变暗。

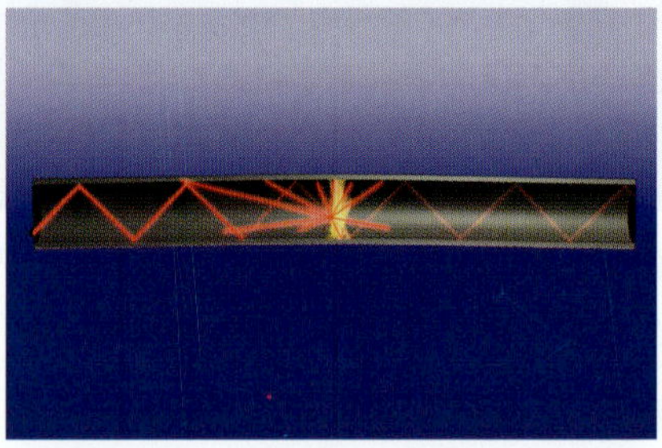

挤压

因电缆扎带过紧等造成的挤压导致传输介质变窄。温度较高时（尤其是夏季时），可能会因捆扎部位收缩而导致这种作用进一步加强。在此也可能因衰减较大而导致各卫星式控制单元关闭。大多数情况下形成永久变形。

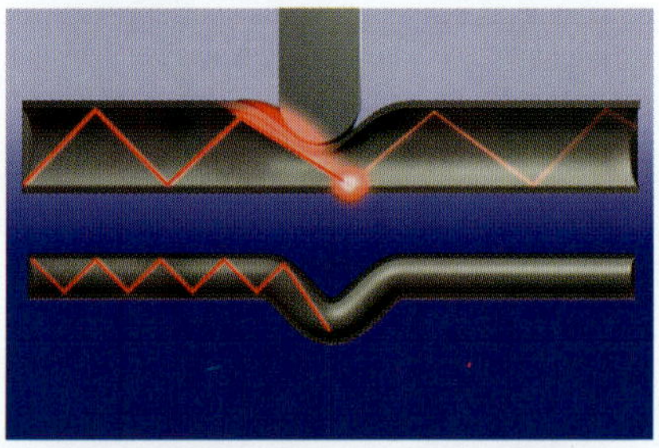

覆盖层上的磨损部位

黑色保护层毁坏时，外部光线可能会射入光缆的光线导向区域内。这会导致光线重叠且明显干扰数据传输。这种情况可能导致偶尔或持续出现功能故障或系统失灵。因此，在光缆附近铺设导线或进行拆卸和安装工作时必须注意，光缆不得与尖锐的边缘接触。

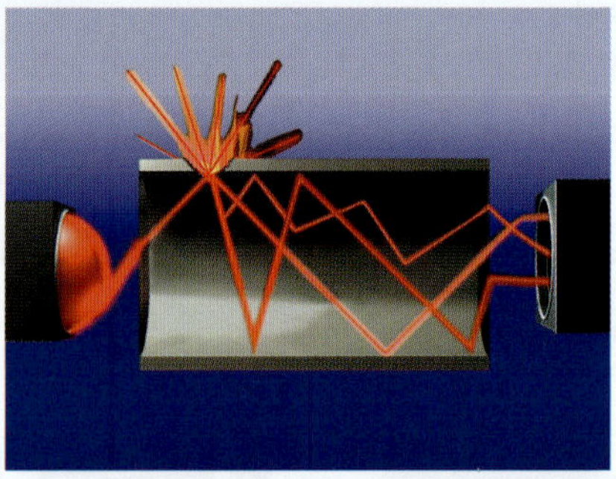

过度拉伸

轴向负荷过大时，尤其是拔下插头时，很容易导致光缆过度拉伸和收缩变窄。

纤维横截面减小导致光通量降低，这种情况可通过信号衰减察觉到且可通过收发器内的电子测量装置测量。

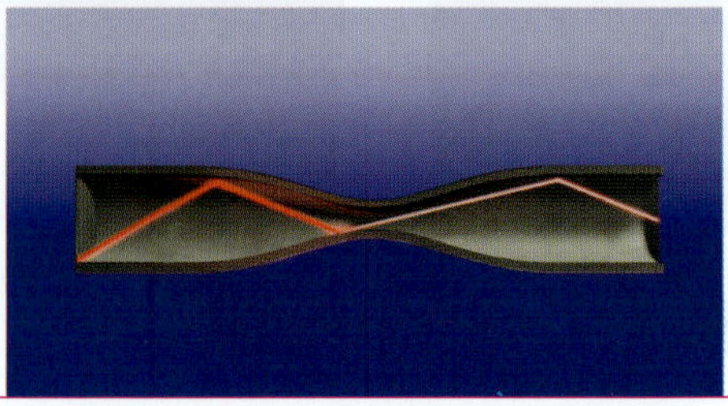

端面有污物或划痕

光缆端面有污物或划痕是另一个不能忽视的故障来源。虽然入射面和射出面通过护套保护以防无意间接触，但是经常出现因手指印、油脂痕迹或污物颗粒而导致的故障。这些附着物干扰光波从发光二极管向光敏二极管的传输。

端面划痕等机械损坏造成入射光束散射并引起待传输信号严重衰减。

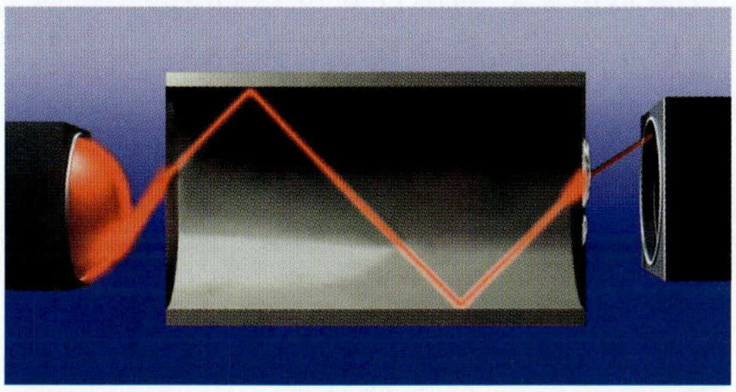

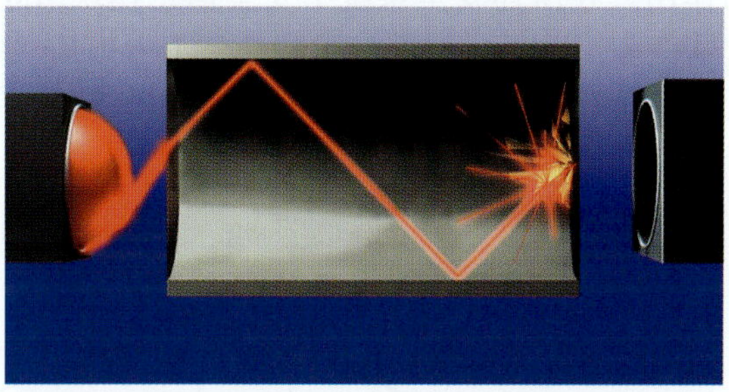

角度错误

未按规定插上插头或用力过大或者插头外壳折断时，就会出现角度错误。

光束射入光缆端面或光敏二极管传感器面时的入射角非最佳时，会导致传输功率损失严重。

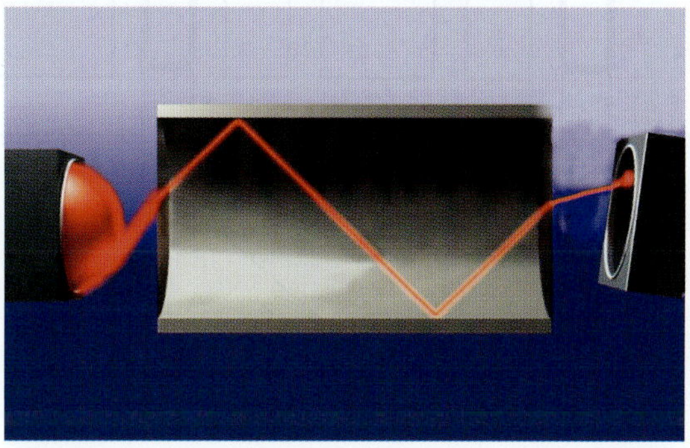

光缆与发光二极管和光敏二极管之间的空隙过大

光缆端面与发光二极管或光敏二极管之间的距离过大时，也会出现衰减。其原因可能是插头外壳折断或插头未卡止。

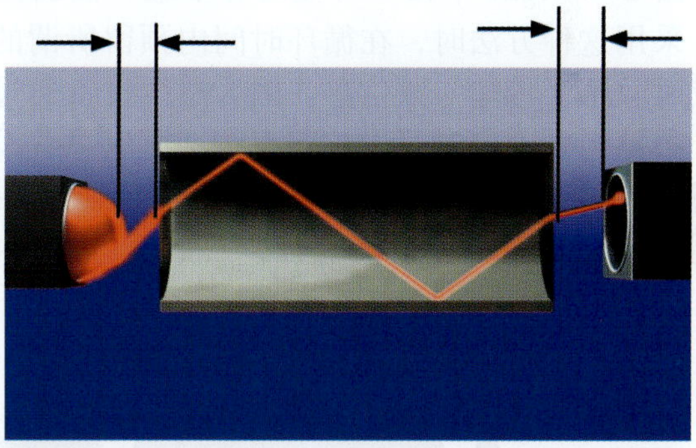

光缆端面与发光二极管或光敏二极管表面之间彼此错开

如果插接连接件损坏时光缆端面未居中位于发光二极管或光敏二极管表面的中心处，则也可能会出现故障。表面错开同样造成损失严重，因此可能干扰系统内的数据传输。

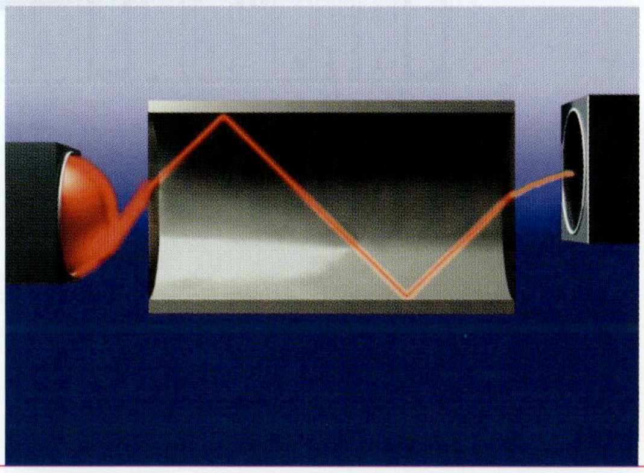

1.3 byteflight 总线传输协议

byteflight 总线传输协议的基础是循环同步脉冲，这些同步脉冲是所有连接在 byteflight 上的控制单元的共同时间基准。原则上可以为总线上的每个控制单元编程，使其发送同步脉冲并因此起主控单元的作用。在所述安全系统中安全信息模块SIM 承担这项任务。除了生成同步脉冲外，byteflight 主控单元还负责将作为副控单元工作的卫星式控制单元置于报警模式。

同步脉冲之间的时间称为循环时间。在这个时间内总线设备可以将信息发送到总线上。比特率为 10Mbit/s 时，循环时间固定设为250 μs。

卫星式控制单元通过同步脉冲持续时间得到当前报警状态信息。与脉冲长度约3 μs的正常状态不同，报警状态时的脉冲长度约为2 μs。通过状态变化可以开通某些安全功能。状态变化不影响通信循环。

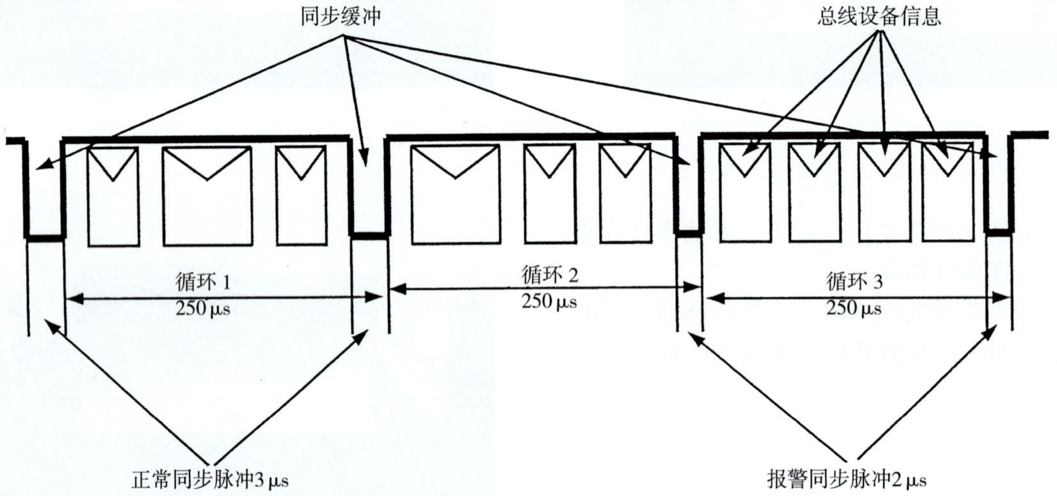

在 byteflight 中按“可变时分多址”法访问总线。采用这种方法时，在循环时间内预留所谓的时段或时隙用于传输一条信息。因为总线设备通过时隙计数器识别到何时可以访问总线，所以总线设备通过控制器以时间控制方式独立占用时隙。在循环周期内标识符顺序逐渐上升，其数值可以从1至255。

如果连接在总线上的某个控制单元内的时隙计数器得到一个请求发送信息的标识符，同时该控制单元有针对这个标识符的发送权限，则控制单元就会将相应信息发送到数据总线上。信息传输期间时隙计数器停止在当前数值，信息传输后继续执行其计数过程。由于标识符捆绑在总线设备上，因此可排除总线冲突。

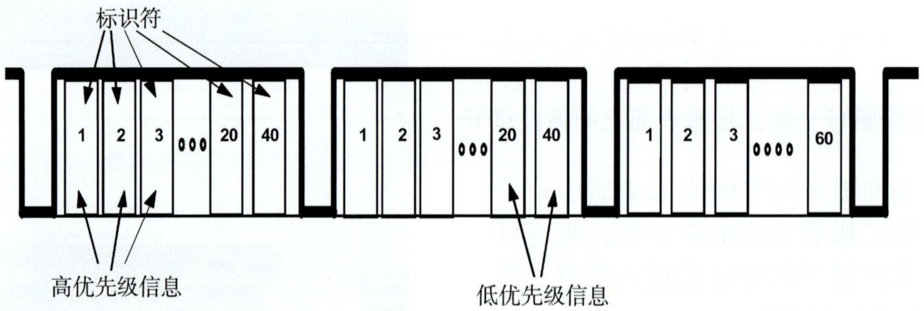

byteflight 中使用的总线访问方法是纯时间控制法。一方面可以在每个通信循环内确保传输一定数量的高优先级信息，另一方面可以为不太重要的信息灵活分配传输时间。

1.3.1 byteflight 信息结构

Byteflight 信息由一个用于总线设备同步的6比特起始序列、1个标识符字节和1个长度字节（记录数据字节数）组成。紧随其后是最多12个数据字节和2个循环冗余码校验字节。同步时分别由1个起始比特和1个停止比特限制每个字节。采用10Mbit/s传输率时1比特时间是100ns。信息长度可以在 4.6~16 μs之间变化。

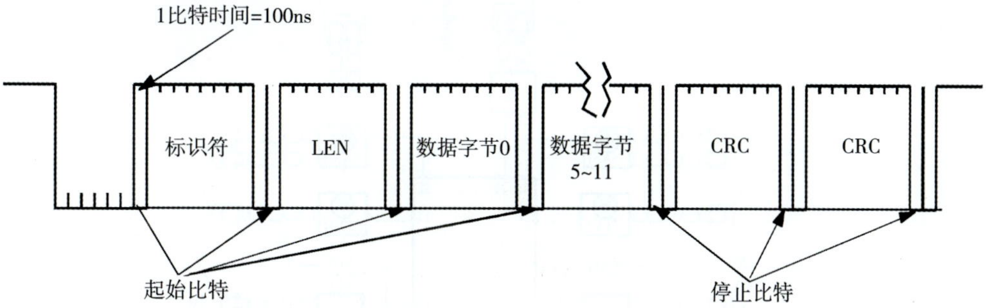

1.3.2 报警状态和触发过程的基本功能

总线主控单元或安全信息模块必须根据卫星式控制单元的当前传感器信息不断决定是否将卫星式控制单元设为报警模式。例如，如果在车辆右侧探测到侧面碰撞产生横向加速度，则可能需要通过车辆右侧卫星式控制单元的信息获悉这种状态。

如果安全信息模块设置报警模式，则该系统的所有引爆电路都进入可触发状态。

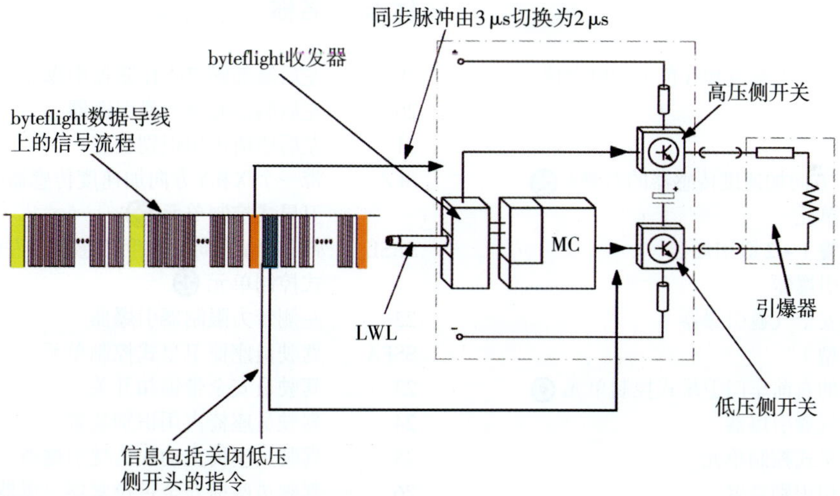

引爆单元触发时需通过光缆传输两个独立的信号。在此通过同步脉冲从3 μs变为2 μs来控制高压侧开关，同时通过有关操纵低压侧开关的信息最终使安全气囊或安全带拉紧器触发。

1.4 安全系统内功能元件的布置

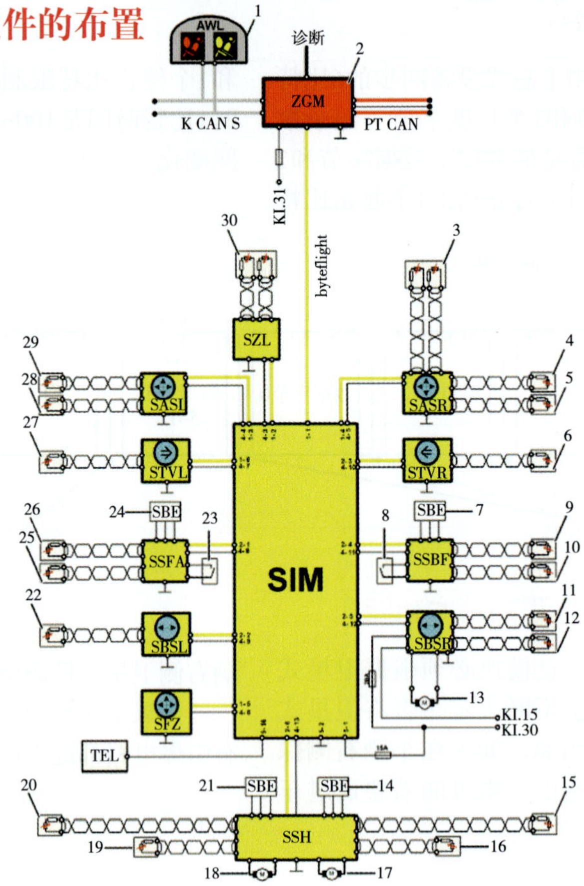

标志	名称
1	带安全气囊警告灯（黄色和红色）的组合仪表
2	中央网关模块
SASR	带一个 X 和 Y 方向加速度传感器的右侧A柱卫星式控制单元
3	前乘客安全气囊 1 + 2 级引爆器
4	头部安全气囊引爆器
5	前乘客侧膝部安全气囊引爆器（仅限美国车型）
STVR	带压力传感器的右前车门卫星式控制单元
6	右前胸部安全气囊引爆器
SSBF	前乘客座椅卫星式控制单元
7	前乘客座椅占用识别装置
8	前乘客座椅安全带锁扣开关
9	前乘客座椅安全带拉紧器引爆器
10	前乘客座椅主动式头枕引爆器
SBSR	带 Y 方向加速度传感器的右侧 B 柱卫星式控制单元
11	右侧带力限制器引爆器
12	安全型蓄电池接线柱引爆器
13	电动燃油泵
SSH	后座椅卫星式控制单元
14	右后座椅占用识别装置
15	右后胸部安全气囊引爆器
16	右后端部固定式拉紧器引爆器
17	右侧头枕调节装置
18	左侧透着调节装置
19	左后端部固定式拉紧器引爆器
20	左后胸部安全气囊引爆器
21	左后座椅占用识别装置
SFZ	带一个 X和Y方向加速度传感器的车辆中心卫星式控制单元
SBSL	带一个Y方向加速度传感器的左侧B柱卫星式控制单元
22	左侧带力限制器引爆器
SSFA	驾驶员座椅卫星式控制单元
23	驾驶员安全带锁扣开关
24	驾驶员座椅占用识别装置
25	驾驶员座椅主动式头枕引爆器
26	驾驶员座椅安全带拉紧器引爆器
STVL	带压力传感器的左前车门卫星式控制单元
27	左前胸部安全气囊引爆器
SASL	带一个X和Y方向加速度传感器的左侧A柱卫星式控制单元
28	左侧膝部安全气囊引爆器（仅限美国车型）
29	头部安全气囊引爆器
SZL	转向柱开关中心卫星式控制单元
30	驾驶员安全气囊1+2级引爆器
TEL	电话
Kl. 30	永久正极
Kl. 31	接地
Kl. 15	供电接通

1.5 安全系统功能元件

安全和信息模块

安全系统由许多通过 byteflight 彼此连接的组件构成。安全和信息模块布置在中心，该模块负责为卫星式控制单元供电且在车辆蓄电池失灵时也能保证供电。此外还承担星形连接器的功能，执行 byteflight 中作为主控单元的任务以及通过车内安装的电话触发自动紧急呼叫。

车载网络电压下降到约8V以下时， SIM 通过一个内置电容器为卫星式控制单元提供所需能量。为降低耗电量，可能会使整个系统进入休眠模式。如果监控逻辑电路识别到某一卫星式控制单元耗电量过高，就会关闭这个控制单元。

如果出现故障，则通过组合仪表内的指示灯提醒驾驶员注意。如果红色安全气囊符号亮起，则说明驾驶员或前乘客安全气囊有故障。如果黄色安全气囊符号亮起，则表明侧面安全气囊、头部安全气囊、安全带拉紧器或带力限制器有故障。所有故障信息都由 SIM 传输至信息显示屏。

后座椅卫星式控制单元（SSH）

卫星式控制单元的基本结构和工作原理基本相同，因此仅通过后座椅卫星式控制单元予以说明。该控制单元安装在后排座椅下，通过 byteflight 的一个光缆与安全和信息模块连接。SSH 作为副控单元工作，控制和监控座椅占用识别装置、后部胸部安全气囊的引爆电路、端部固定式拉紧器以及头枕调节装置（如果安装的话） 。内置微处理器定期查询传感器数据，然后进行处理并通过 byteflight 传输给安全和信息模块。

为此所需的 byteflight 控制器集成在卫星式控制单元的微处理器内，与 CAN 总线中的 CAN 控制器一样承担与数据传输有关的所有功能。直接安装在控制单元插板内的收发器模块将电信号转换为光信号并将光信号传输到光缆内。接收时按相反顺序准备和处理数据信号。

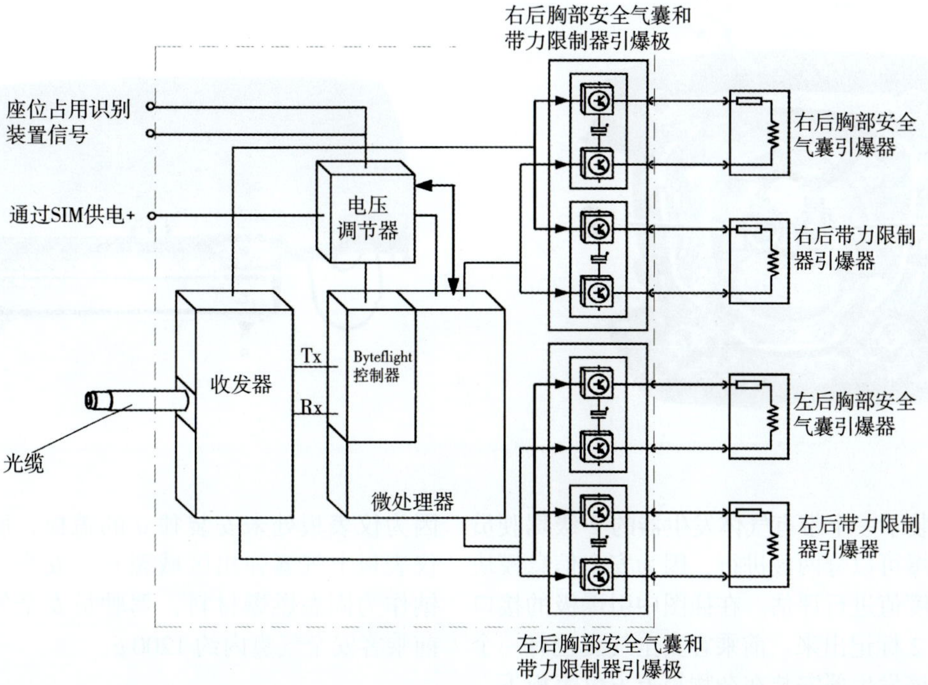

安全气囊

如果车辆（BMW 735i）为最大配置，则安装了以下安全气囊：驾驶员安全气囊、前乘客安全气囊、胸部安全气囊、头部安全气囊和膝部安全气囊（美国车型）。

安全气囊系统属于车辆的被动安全性范畴，其任务是发生事故时尽可能保护车辆乘员。但是，只有与被动和主动安全性方面的结构措施配合使用时，这些系统才能发挥其最佳保护作用。

被动安全性

发生事故时保护道路使用者的车辆结构措施归属于被动安全性范畴。在此根据安全方案针对车辆外部区域和内部区域来区分这些措施。外部区域包括诸如车身变形情况、通过电动燃油泵安全电路或断开蓄电池连接实现防火、即使车身变形车门仍略微打开以及为防止行人和骑双轮车的人受重伤而设计的保护型保险杆和发动机室盖。

乘员区内使用的结构措施属于内部安全区，包括安全气囊、安全带和车窗安全玻璃等。

主动安全性

主动安全性区域是指用于降低事故危险的车辆结构措施。

除了提高行驶安全性外，这些措施还能降低驾驶员的物理负荷，从而使驾驶员能够将精力集中在交通情况上。

转向系统移动灵活、转弯时车辆具有中性行驶特性以及行驶安全系统等都有助于提高行驶安全性。

视野良好、可加热车窗玻璃和后视镜、氙气灯、弯道照明灯、隔音、空调系统和多功能转向盘可提高感觉和操作可靠性。

除了与车辆有直接关系的措施外，在安全性方面，外部影响也具有不可忽视的作用。其中包括交通密度、交通路线、建筑工地路标、交通广播公告、护栏的结构和布置等。

驾驶员安全气囊

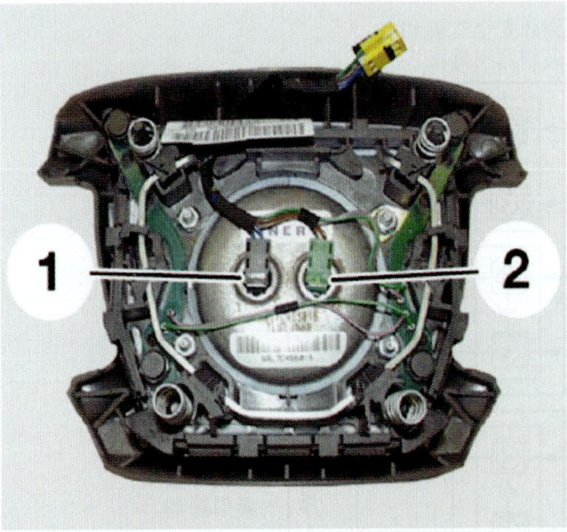

前乘客安全气囊

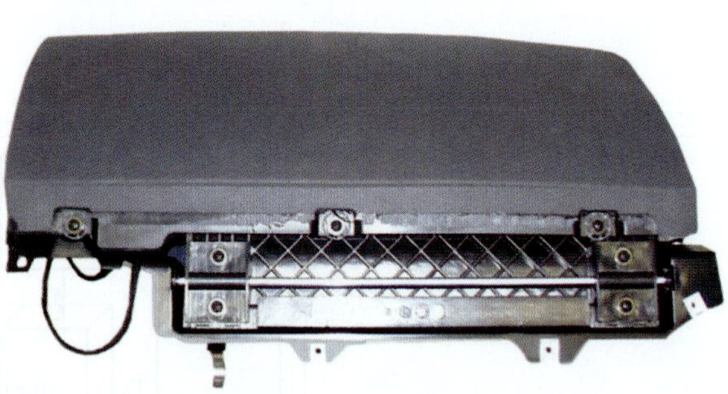

车辆内安装了一个带有气体发生器的 2 级驾驶员安全气囊。引爆可以分两极进行，因为安全信息模块会对当前加速度值进行评估。在插图中引爆极的接口通过数字 1 和 2 标记出来。前乘客安全气囊也有一个气体发生器。该发生器安装在杂物箱上方仪表板下。因为仪表板处未安装独立的盖板，所以发生事故时仪表板上气囊弹出区域裂开。安全气囊使用叠氮化钠作为固态燃爆材料，驾驶员安全气囊内约500g，前乘客安全气囊内约 1200 g。

气体发生器（单级触发）

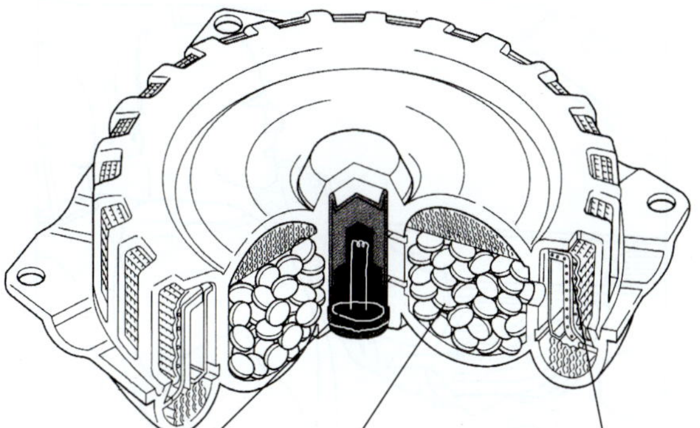

混合发生器

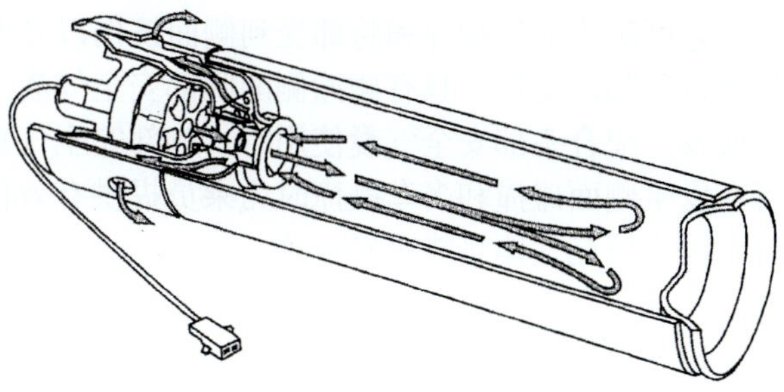

在气体发生器中利用片状叠氮化钠固态燃爆材料产生的燃烧气体为安全气囊的气囊充气。安装在中心处的引爆装置用于引爆燃爆材料。引爆装置由一个带有两个引信的基座组成，引信通过一个电阻丝连接，其四周装有约8g的炸药。引爆炸药时与引爆器连接的控制单元必须接通至引爆电容器的电路。电阻丝上产生的温度引爆“初级炸药”，从而使其产生的压力和约 300℃的高温能够点燃固态燃爆材料。因为有针对性地通过金属过滤器进行冷却，所以气囊内燃烧气体的温度约为 150℃。因此在很大程度上排除了车辆乘员烧伤的危险。安全气囊触发时产生的巨响（150 ~ 180 dBA）仅持续3ms，在正常运行条件下不会造成耳膜受损。

混合发生器内带有压缩气体，压缩气体通过一个隔膜与安全气囊的气囊隔开。引爆初级炸药时会使隔膜毁坏或折断，处于高压下的填充气体可以流入气囊内。

气囊排空方式也有区别。在抑制乘员运动的安全气囊中，安全气囊再次排出其充气气体。具有静态保护功能的安全气囊充气气体停留时间较长，因为气囊只能缓慢排空。

三个字母 SRS （辅助保护系统）表示一个附加的乘员保护系统。除 AIRBAG 提示信息外还表示安全气囊的安装位置。

头部安全气囊

由于头部安全气囊利用混合发生器工作，因此即使发生严重的侧面碰撞时，也能可靠阻止头部向外摆动。因此可以降低颈部剪切力和头部受伤程度。展开的侧翼可以防止玻璃碎片和物体刺入。该系统有用于前部和后部乘员的型号。

根据管状结构也称为 IST 系统（管状充气结构）。

用于前部乘员的头部安全气囊

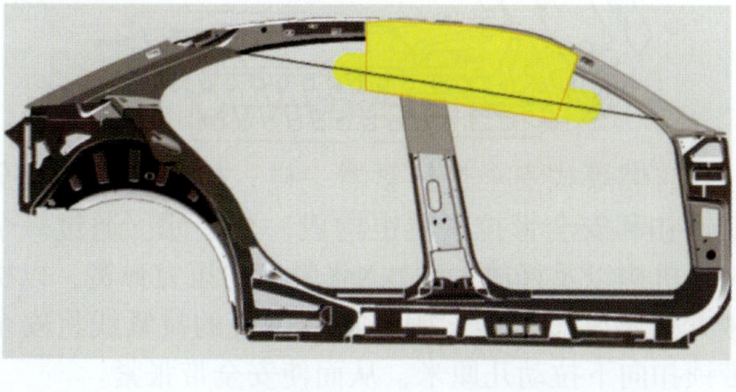

用于前部和后部乘员的头部安全气囊

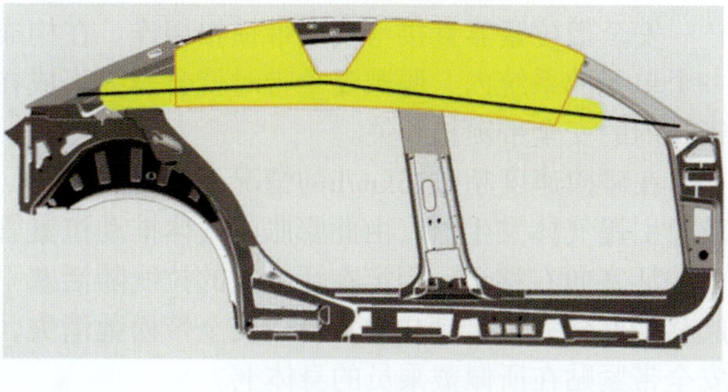

胸部安全气囊

胸部安全气囊作用于发生侧面碰撞时，安装在车门饰板内。

它可防止乘员胸部和胯部受到侧面挤伤以及肋骨骨折和肺部受伤。只有碰撞侧的胸部安全气囊才会触发。配合头部安全气囊使用时，胸部安全气囊可在发生侧面碰撞和多车碰撞时为乘员提供有效保护，因为填充气体只能缓慢释放。

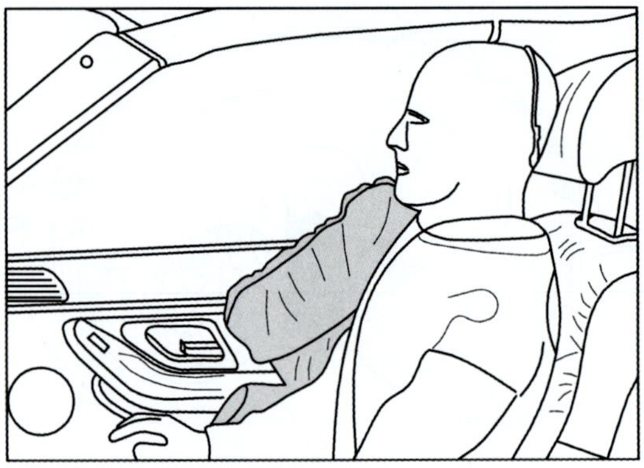

安全带拉紧器

安全带拉紧器可消除前排乘员胯部和肩部区域的安全带松弛（安全带未拉紧）。这样可防止乘员滑到安全带下方（身体下滑）并尽早使乘员与车辆减速度相同。

除安装在 7 系 BMW 上的安全带锁扣拉紧器外，还有带有安全带拉紧器的旋转式拉紧器和机械系统，后者通过张紧弹簧的作用力拉回安全带锁扣。将燃爆式系统与机械系统进行比较就会发现开始提到的各种功能优势，例如张紧效力较高、发生尾部或侧面碰撞时的触发方式、在运输过程中不会误触发等。

燃爆式安全带拉紧器

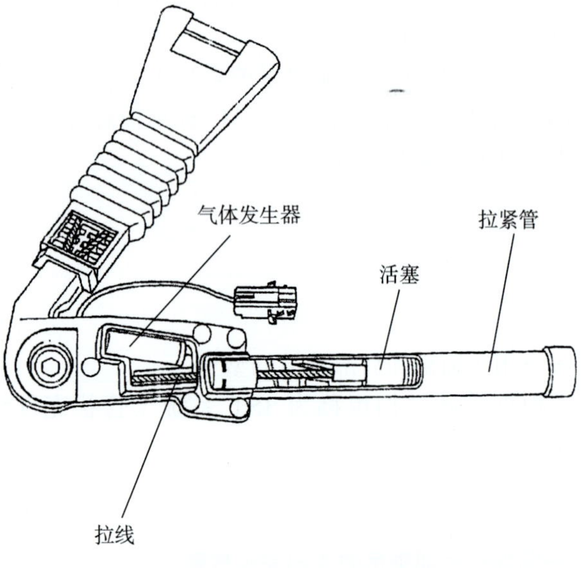

安全带拉紧器直接与安全带锁扣相连。在构成一个单元的系统内，佩戴安全带时就会操纵集成在锁扣内的安全带锁扣开关。

在碰撞速度超过15km/h的情况下纵向减速时，就会引爆气体发生器。由此膨胀的气体推动拉紧管内的活塞向右移动。固定在活塞上的拉线随活塞一起移动并将安全带锁扣向下拉。安全带松弛消失，安全带紧贴在所佩戴乘员的身体上。

机械式安全带拉紧器

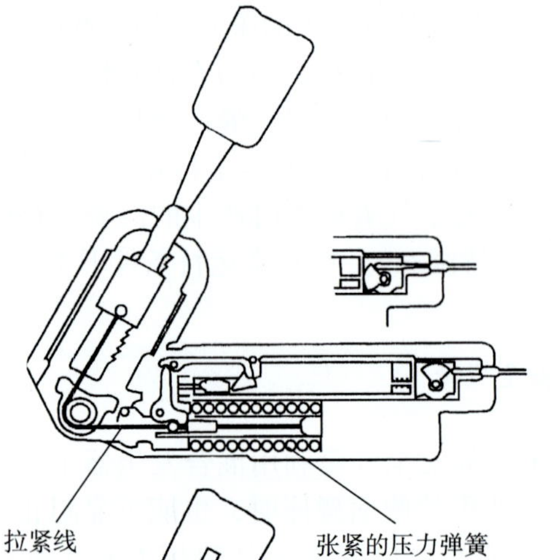

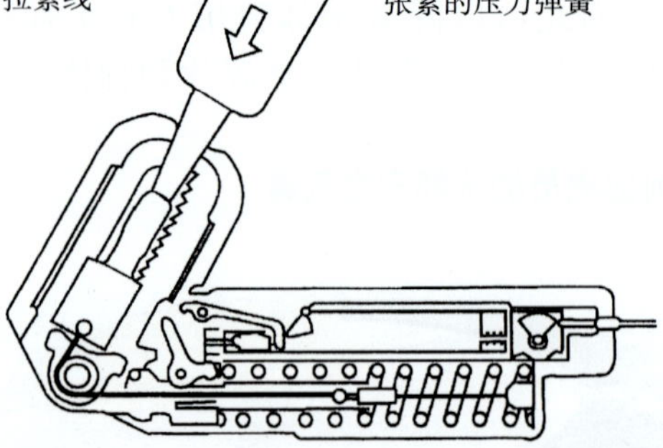

与燃爆式安全带拉紧器一样，机械系统的安全带锁扣和安全带拉紧器也构成一个单元。通过一个拉杆机构以及释放大约2kN张紧力的压力弹簧，以机械方式触发拉紧器。固定在弹簧上的拉紧线将安全带锁扣向下拉动几厘米，从而使安全带张紧。

端部固定式拉紧器

端部固定式拉紧器安装在后座椅安全带上，与前座椅的安全带拉紧器作用相同。但是由于安装空间较小，该拉紧器并未安装在安全带锁扣上，而是安装在带身端部固定件上。它以旋转式拉紧器方式工作，使安全带卷轴朝与展开方向相反的方向旋转。可在几毫秒内以大约300N作用力拉紧安全带。

将安全带收卷到安全带卷轴上也由带有钢球操纵机构的旋转式拉紧器来完成。

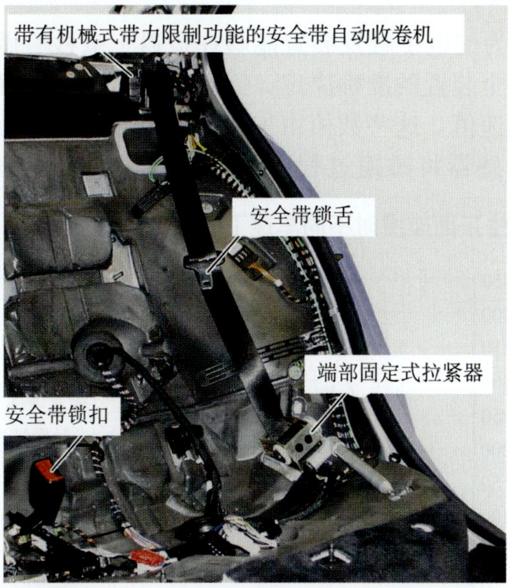

带有拉线的旋转式拉紧器

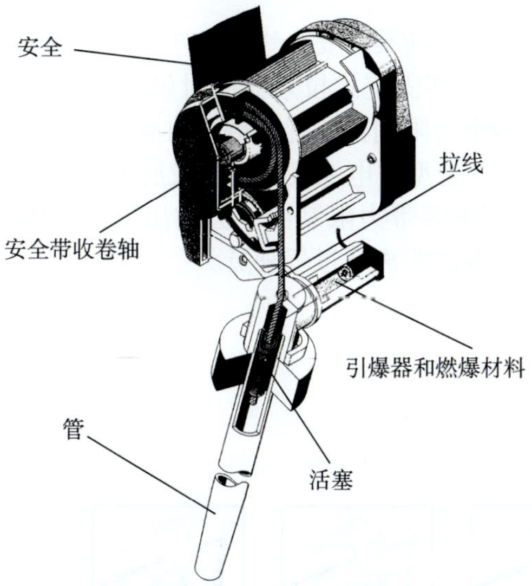

系统将座椅识别为占用状态后，就会在达到相应减速度值时引爆引爆器和燃爆材料。随着活塞内的压力升高，活塞在管内向下移动。因此固定在活塞上的拉线可通过拉线盘使安全带收卷轴扭转并张紧安全带。拉紧行程由拉线盘直径和有效活塞行程决定。

带有钢球操纵机构的旋转式拉紧器

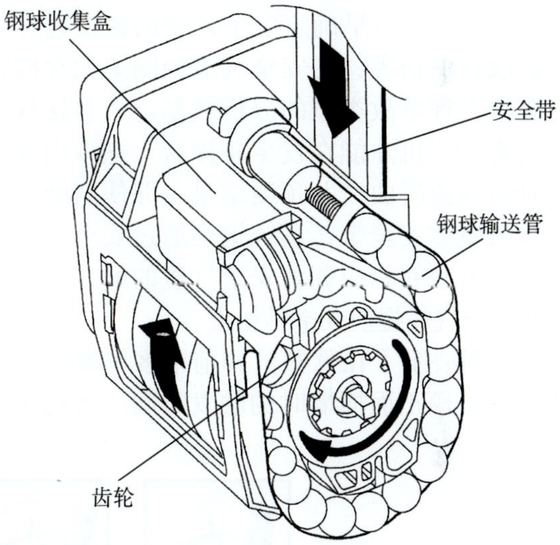

安全带拉紧器触发时，引爆燃爆式引爆材料。膨胀气体促使钢球移动，从而驱动齿轮。钢球经过齿轮后就会收集到钢球收集盒内。只有通过装置识别功能识别出安全带处于展开状态时，才会触发。

带力限制器

带力限制器可在发生事故时限制安全带的拉力并防止出现挤伤和骨折危险。限制器与安全气囊系统经过最佳匹配后，可在车辆减速过程中均匀减小乘员动能。例如可将乘员上身负荷从11kN降至4 kN。

可通过安全带卷轴上的扭转轴（与弹簧工作方式相似）实现上述功能。发生碰撞并成功触发后，必须更换安全带自动收卷器。

触发过程

为使电子触发装置能够在最迟十毫秒后做出引爆安全装置的准确决定，需要提供尽可能准确的碰撞减速值。这些数值由加速度传感器进行测定，这些传感器将碰撞过程中的车辆减速度转化为电信号。减速过程并非呈现线性特性，而是根据车型、车身结构和碰撞类型等而定。

发生正面碰撞时不同车速下的减速度曲线

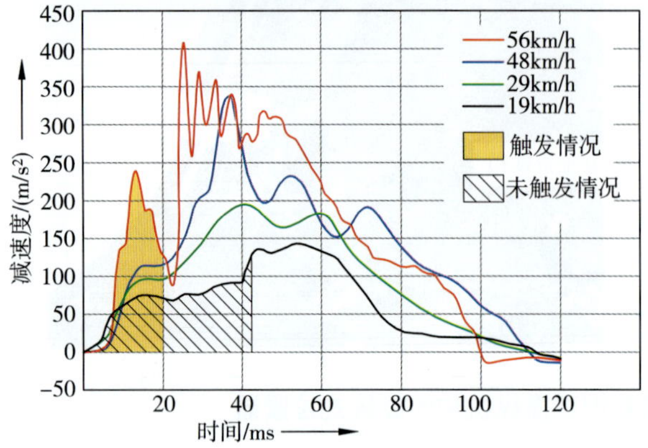

发生钻车底碰撞时的减速度曲线

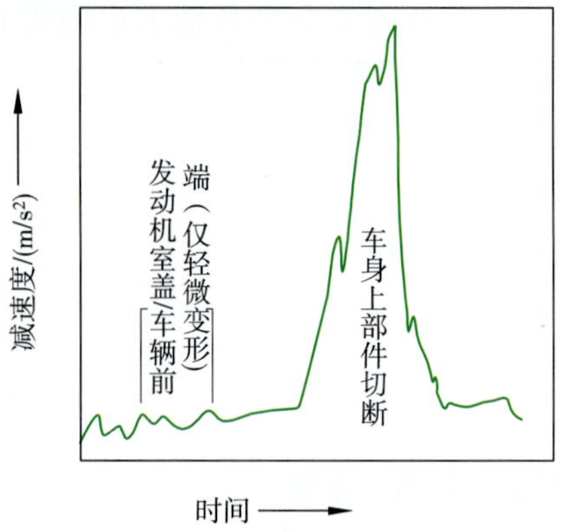

为了能够尽早确定安全系统的触发过程并防止造成致命伤害，在安全气囊控制单元存储器内存有数百种事故类型的分析数据。只有这样，安全气囊计算机才能在发生碰撞后十毫秒内评估开始时的减速度曲线并预测结果。即使驾驶员或前乘客未佩戴安全带，系统也会通过安全带锁扣触点识别出来并相应调整安全气囊的触发策略。从而使安全气囊提前几毫秒触发。

下图展示了在驾驶员和前乘客佩戴安全带的情况下车辆正面撞墙时的触发时间。大约十毫秒后，驾驶员和前乘客安全气囊、左侧和右侧安全带拉紧器及端部固定式拉紧器同时触发。大约50ms后，左侧带力限制器、驾驶员和前乘客安全气囊第2级以及安全型蓄电池接线柱触发脉冲触发。大约60ms后前乘客带力限制器才会做出反应，因为前乘客与气囊的距离超过驾驶员。

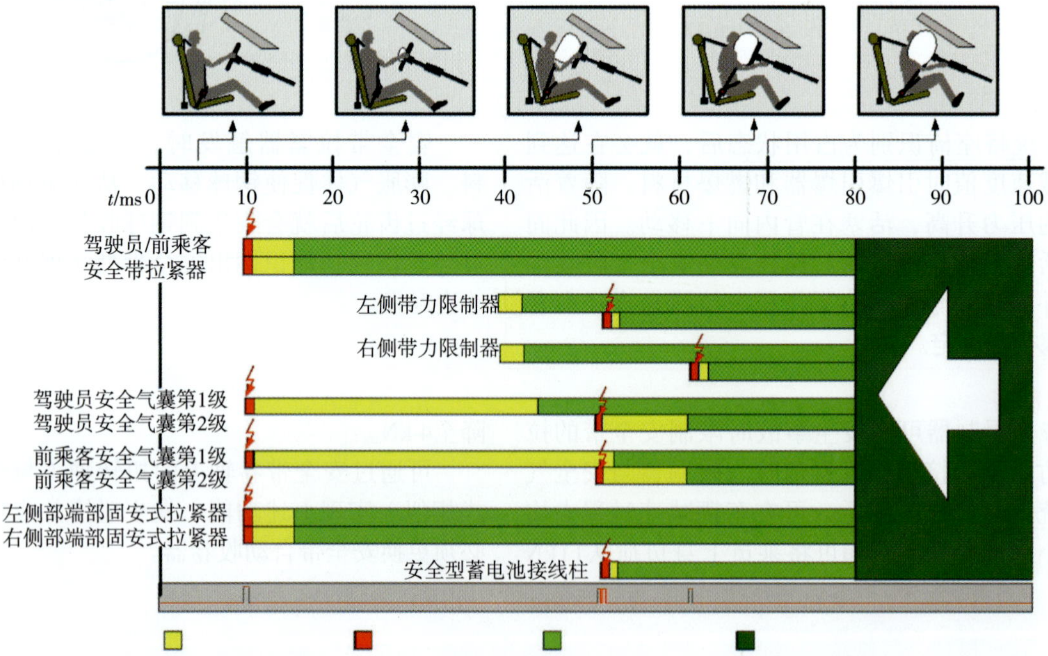

加速度传感器

为了测定发生碰撞时的减速度值，使用不同技术规格的传感器。但基本上所有传感器都使用一种接地，该接地可根据具体加速度改变自身位置。这种位置变化可直接用于触发安全气囊或产生一个电子信号。现在主要使用微机械式加速度传感器，在一个电子分析装置内对其信号变化进行放大、过滤并转化为数字信号传输给安全气囊控制单元。

机械式传感器

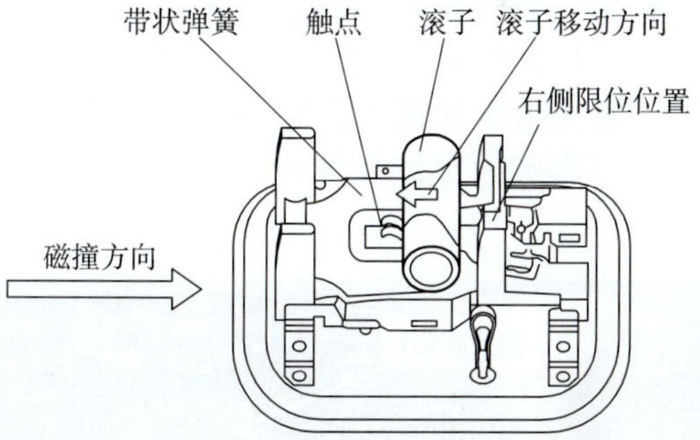

滚子与一个反向运行的带状弹簧相连，该弹簧使滚子保持在静止位置并压在右侧挡块上。在触发瞬间，滚子克服弹簧力向左滚动并使安全气囊控制单元的电路触点闭合。

微机械式传感器

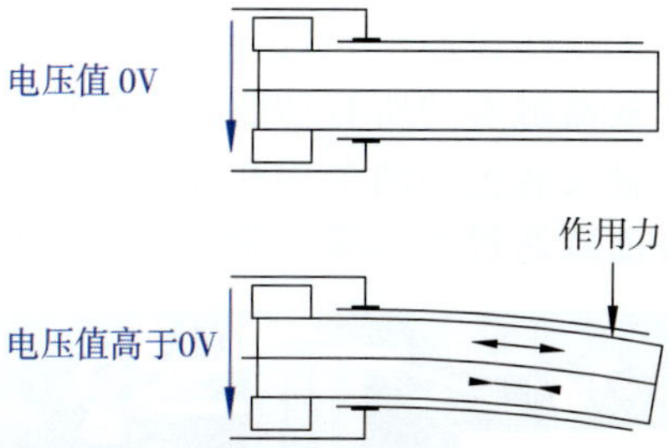

这种传感器采用双层压电陶瓷，由两层粘接在一起且极性相反的压电层构成。如果有加速度作用到该压电元件上，其中一侧就会伸长，而另一侧则根据加速度值压缩。此时产生的电压信号被分流并由电子分析装置进行分析。

座椅占用识别装置

为了避免不必要地触发安全气囊，安全信息模块需要有关车内座椅占用情况的信息。此外还需要针对触发安全带拉紧器、主动式头枕和移出后部头枕的信息。除根据情况执行的触发策略外，选择性触发安全气囊也能节约事故车辆维修成本。

如果在系统持续自诊断过程中检测到某一座椅占用识别装置损坏，就会在发生事故的情况下将该座椅识别为占用状态。启用乘员保护系统。

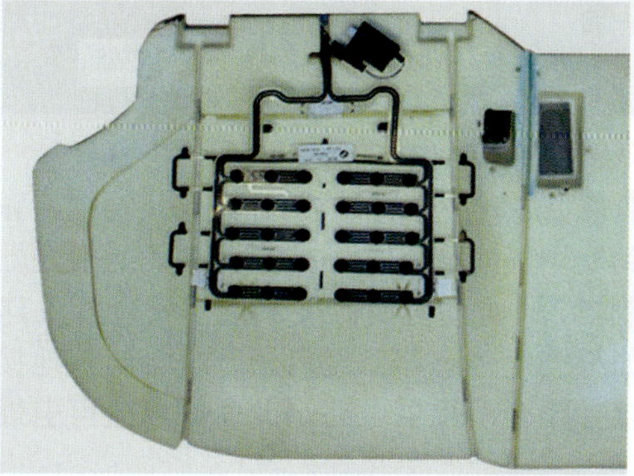

除此处所用的压力传感器外，还可使用红外线传感器。

压力传感器

安装在座椅垫内的压力传感器与薄膜开关结构相同。其分层薄膜的正面和底面都带有金属接触带。与开关不同的是，承受垂直作用力时接口间的电阻值会发生变化。该电阻值取决于所施加的压力，可介于3k~2MΩ 之间。

红外线传感器

红外线传感器用于测定自身温度超过环境温度的物体。

传感器元件的一侧带有一个热辐射透射窗，因此只有物体发出的热辐射才能射到传感器元件上。射入的能量可形成电势差，从而控制场效应晶体管。在闭合电路中将电阻作为信号传感器。

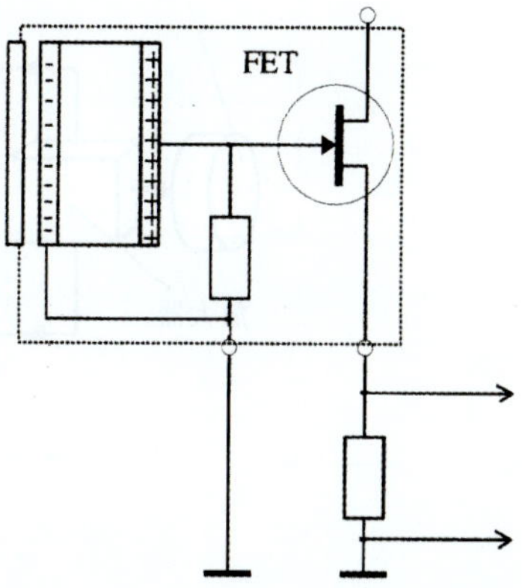

关闭安全气囊

如果客户提出明确要求，可在按规定进行安全带系统改装后停用诸如前乘客安全气囊或侧面安全气囊。如果通过对控制单元进行编程停用安全气囊，由客户承担相关责任。需要记录相关情况。此外还要在车辆文件内进行记录。

还可以通过安装在组合仪表上的开关锁关闭前乘客安全气囊。停用安全气囊后，相关警告灯会发出警告。

1.5.1 无 byteflight 的传统安全系统

传统安全气囊控制单元的结构

如果安全系统的控制单元没有通过数据总线系统进行联网，这些控制单元就会执行导致安全气囊和安全带拉紧器触发的所有功能。这些控制单元包括所有电子触发装置和两个相互独立运行、用于计算和分析碰撞减速过程的微控制器。它们通过加速度传感器信号获得相关数值。如果二者计算结果一致，就会开始引爆安全气囊和安全带拉紧器。

为了避免由于加速度传感器损坏、受到电气和电磁干扰等影响而导致意外触发，还装有一个安全传感器。

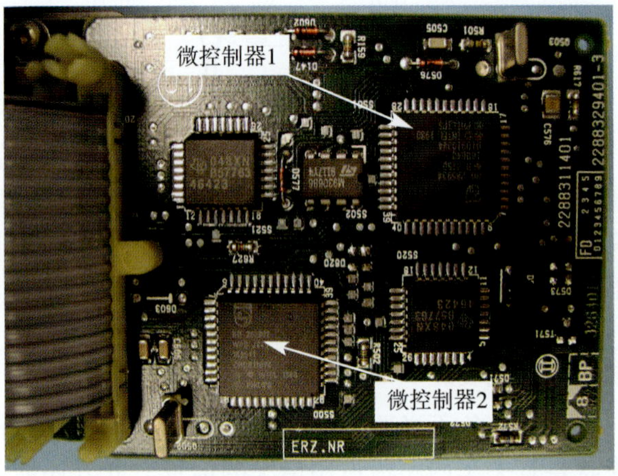

传统安全气囊控制单元的工作原理

准备引爆时，微控制器1通过高接通挡将正电势施加到安全气囊或安全带拉紧器单元的引爆器上，微控制器2则通过切换低接通挡与安全开关建立连接。如果安全传感器已经启用，就会与接地接口建立连接并闭合引爆器电路。此时的电流可引爆燃爆材料。

安全传感器主要由一个内部带有舌簧触点的小塑料管和一个环形磁铁构成，环形磁铁可沿轴向方向在小塑料管上移动。处于静止位置时，环形磁铁通过一个压力弹簧固定在一个挡块处，该挡块位于小塑料管一端。在正常行驶情况下，环形磁铁一直保持在该位置处。发生碰撞时，环形磁铁克服弹簧力朝舌簧触点方向移动，通过自身磁场闭合舌簧触点。

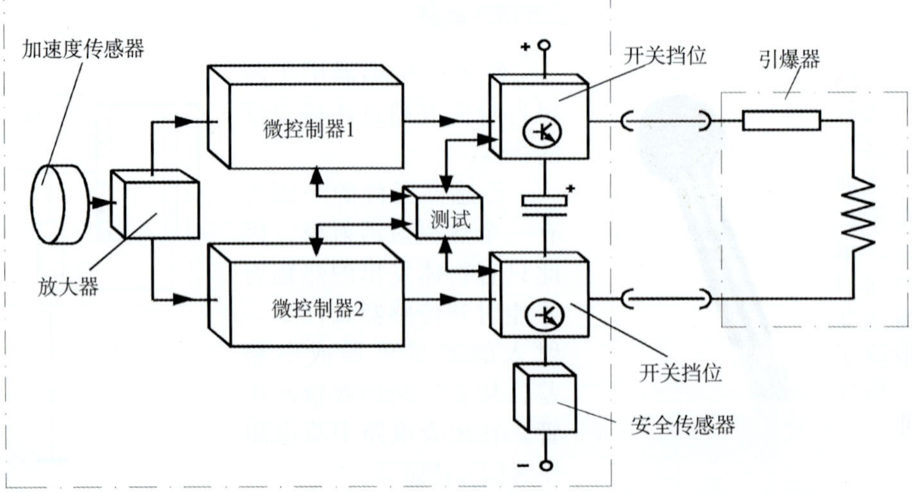

2 诊断和修理

有一个安全系统警告灯亮起时，最好首先进行总线系统分析，通常情况下只能使用制造商专用的诊断测试仪进行分析。进行这项快速测试时会显示出诸如与网关 XY 的通信受到干扰、某一数据总线断路或某一控制单元内存在一个偶发故障。如果某一数据总线持续失灵，则无法与受到故障影响的控制单元进行通信。

导致数据总线或某一控制单元只是暂时失灵的故障情况通常会在多个控制单元中通过不同故障记录表现出来。外围设备出现故障时，可在控制单元故障码存储器中找到故障记录，因为控制单元对自身进行监控。例如自诊断检测某一引爆电路有故障时，可能会存储“左后安全带拉紧器引爆电路引爆器电阻过大”故障记录。

为了在 byteflight 中及时识别出传输质量下降的情况，系统对光缆传输的信号光学质量持续进行检查。如果衰减值过高，则即使通信完全正常，也会在故障码存储器内存储一个故障记录。

传统安全气囊控制单元

在没有数据总线而是利用一个独立控制单元工作的安全系统中，传感器信号不可信或控制回路有故障时可通过第二个微控制器进行故障识别。

在此，控制单元内存储的故障也是进一步开展故障查询的首要提示信息。此时也会通过某一指示灯向驾驶员显示出具体故障系统。如果打开点火开关时指示灯亮起并在大约 4 s后熄灭，说明系统正常。如果指示灯没有熄灭或在行驶过程中亮起，则说明安全气囊系统内存在故障。如果打开点火开关时指示灯没有亮起，也说明系统存在问题。

故障查询

对byteflight或传统安全系统进行故障查询时，主要限于根据故障码存储器查询结果对插接连接件、光缆、供电连接导线以及传感器和执行机构导线进行检查。因为这些装置的自诊断能力较强。

如果在外围设备的上述方面没有诊断出任何故障，则故障原因在于某一控制单元损坏。

进行检查和拆装工作之前以及过程中，必须遵守以下准则和规定：

· 对带有气体发生器的部件进行检查和拆装工作的人员必须具备专业知识且经过培训。

· 对安全系统的部件进行所有工作时，必须断开蓄电池负极导线、将其盖住并固定。

· 断开蓄电池接线前必须检查哪些部件经过设码，以便记录相关代码。

· 切勿以连接外部电源的方式保留这些设码，例如通过点烟器进行连接。

· 为了能够在安全情况下使用通用测量设备对连接导线进行检查，需将气体发生器的插接连接件断开。如果气体发生器保持连接状态，检测设备释放的电压可能会导致安全气囊或安全带拉紧器触发。

· 断开插接连接件的工作不要在断开蓄电池接线后立即进行，而应等待一定时间。具体时间由汽车制造商规定，这样可使控制单元内作为蓄能器使用的电容器放电。如果没有具体规定，应至少等待10~15min。对于 1993 年以前生产的车辆则需等待最长30min。就现代系统而言，等待时间最长为1min。

· 在车辆上进行出现振动的工作以及进行矫直和焊接工作时，也需要进行上述断开工作。

· 为了防止从车上拆下的安全气囊在意外引爆的情况下在维修车间内四处飞散，必须将安全气囊以防撞垫朝上的方式放在一个固定垫板上。工作中断时也要防止非授权人员接触带有气体发生器的部件或改变存放位置。

· 如果通过短路电桥防止电气接口和连接件误触发，则不允许在安全气囊和安全带拉紧器电缆插头内使用探针和金属丝（曲别针）。进行导线检查时需插入模拟器以使短路电桥失效。

· 只能使用制造商认可的检测盒、适配接头和模拟器进行安全气囊导线束检查；而且只能在安装状态下进行检查。

· 导线束内存在故障时，不允许对损坏或断路导线进行维修。损坏的导线必须整个更换。损坏的安全气囊部件和插接连接件也必须整个更换。

· 已损坏且曾经安装过一次或从50cm高度以上掉落且无包装的控制单元、安全气囊和安全带拉紧器单元不允许重新安装使用。原则上应使用新部件和原厂部件作为配件。

光缆维修和铺设

对光缆进行维修和集束时需使用专用剪切钳、剥线钳和压线钳。进行每步工作时都必须严格遵守汽车制造商的相关规定。只有在遵守所有规定的前提下才能确保光缆衰减较小。

进行剪切时必须将光缆（1）小心放入诸如专用手钳（2）的裁剪装置内。专用刀具可在不产生划痕的情况下切断光缆。每次剪切前都必须更换刀具（3）。剥离光缆护套时需使用手钳上带有光缆放置装置的另一个刀具。该刀具可多次使用。裁剪光缆后需在光缆两端安装针状或孔状触点。为此将压头（4）装在通用手钳（2）上。插入并锁止针状或孔状触点（5）后，可将剥掉护套的光缆（1）插至针状或孔状触点的限位位置处。闭合并打开手钳后压线过程结束，针状或孔状触点与光缆端部牢固连接在一起。

光缆裁剪

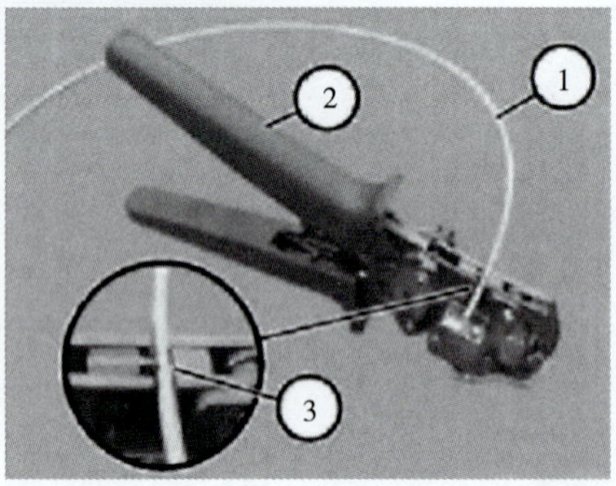

光缆压线

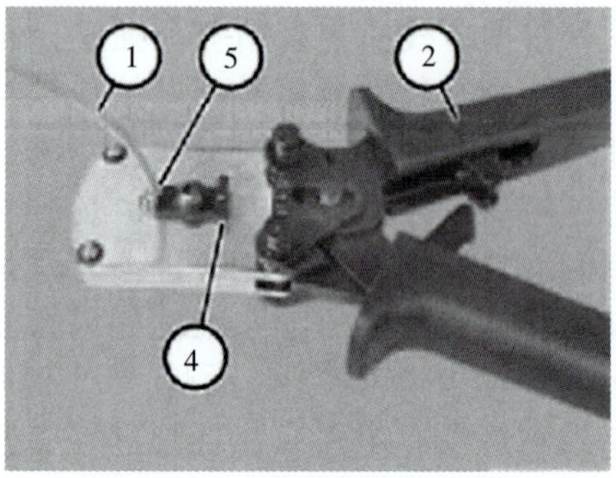

如果在故障查询过程中发现某一光缆损坏，可在确保两个控制单元之间仅有一个维修部位的情况下进行维修。如果控制单元之间带有插接连接件，则不允许对光缆进行维修。

处理光缆时必须遵守以下确保工作质量的有关规定：

·不要通过热维修方法例如使用热胶枪对光缆及其组件进行修理。

·不要通过化学方法例如以粘接方式连接光缆。

·不要将两个光缆相互缠绕。也不要将光缆与铜导线相互缠绕。

·安装前才取下光缆两端的规定防护罩。否则端面受到污染时会导致衰减加剧。

·不要通过节点或活结铺设光缆。

·使用折弯保护套和安装辅助装置以满足最小半径规定。

·始终直着且不过度用力地断开或闭合光缆插接连接件。

·不要将光缆铺设在尖锐或锋利的边缘或部件之上，否则会造成光缆护套损坏。

对安全气囊和安全带拉紧器进行操作以及部件触发后针对车辆的工作步骤

为了在拆卸已引爆的安全气囊或安全带拉紧器模块时避免皮肤接触到燃烧残余物中的粉尘，必须佩戴亚硝酸酯橡胶手套。清洁车内空间时也必须佩戴这种手套。车内配置受到污染时应使用湿布或许可的清洁剂进行擦拭并用吸尘器吸除坐垫和地毯上的污物。

将已引爆或损坏的燃爆式单元拆下后必须使用新部件包装将其送回至制造商处。原则上在运输和存放安全气囊时都需要进行包装。已损坏的传感器和控制单元属于电子废物，已触发的安全气囊属于金属废物。

安装安全气囊系统和试运行安全系统

安装安全气囊系统前必须对其进行现场直观检查。即使是新的功能元件，一经损坏便不得安装使用。所有燃爆式总成或模块必须带有 BAM 代码（联邦材料检测所）。避免安全气囊和安全带拉紧器模块从50cm以上的高度掉落。如果发生了这种情况，必须告知上级。该模块不允许继续安装使用。

成功安装后进行安全系统试运行时必须遵守以下规定：

· 连接蓄电池接线前必须将车窗打开一条缝。

· 关闭点火开关。

· 不允许有人留在车内，例如进行清洁工作的人员。

· 放在安全气囊附近的物品必须移开。

完成修理工作后读取故障码存储器记录并检查警告灯。不要对带有 SAR 或 AIRBAG 标识区域的防撞垫进行粘接、覆盖或其他处理。

3 车辆废弃处理

由于燃爆式系统存在危险，因此在相关单元尚未引爆的情况下，不允许对带有安全气囊和安全带拉紧器单元的车辆或总成进行报废处理。需要进行引爆时，原则上“不允许在车辆外部引爆安全气囊部件”，除非相关人员具有易爆物处理资格证。需要引爆安装在车内的燃爆式总成时，必须用一根10m长的引爆线连接总成。之后在车门关闭和车窗稍微打开的情况下尽可能使引爆线沿直线伸向车外，从而确保引爆人员与车辆距离大约10m。引爆前必须提醒附近人员小心爆炸声。在此情况下通过连接电压电源进行触发。

随后可对包括已引爆的安全气囊和安全带拉紧器在内的车辆进行废弃处理。

如果没有将未安装的模块送回至汽车制造商处，可在报废车辆内进行引爆。为此需使用防撞垫将其向上放在脚部空间内，以便气囊能够自由展开。其他工作步骤与安装安全气囊时相同。

4 按照危险物品法规第20条制定的工作指导

必须将按照危险物品法规第 20 条制定的工作指导挂在维修车间清晰可见的位置。该工作指导包含处理燃爆式系统时的所有重要事项。此外还介绍了发生事故时的行为守则和急救措施。

公司：
在此使有公司名称

工作指导
按照危险物品法规第20条

编号：7.3.21

1.适用范围

车辆维修时对安全气囊和安全带拉紧器进行操作

部门：________________ 工位：______________

2.危险物品名称

燃爆式安全气囊和安全带拉紧器

（燃爆材料基于________________________）

3.对人和环境的危害

- 例如因整个单元抛出而存在受伤危险。
- 接触高温表面时有烫伤危险。
- 气体溢出时爆炸声造成听觉受损。
- 由于引爆器含汞造成环境污染。

如果燃爆器材含酸：
- 吸入爆炸粉尘时有中毒危险。
- 因爆炸产生的残余物而存在腐蚀危险。

4.保护措施和行为准则

- 对安全气囊和安全带拉紧器进行所有工作和检查前以及在车辆上以振动方式工作前，必须关闭点火开关、断开蓄电池负极接线柱、断开安全气囊和安全带后紧器的供电插接连接件。
- 安全气囊单元只能单个且以防撞垫朝上的方式放置。
- 只能使用汽车制造商提供的专用设备进行检查。
- 注意：不要使用检测灯、电压表或欧姆表进行检查。
- 不要使用油脂或清洁剂处理安全气囊和安全带接紧器。
- 进行所有工作和检查后，首先关闭点火开关，随后插入安全气囊和安全带接紧器的插接连接件，最后连接到蓄电池接线柱。此时不允许任何人留在车内。
- 不要打开已引爆的安全气囊和气垫。
- 只能使用经过检测的原厂包装运输安全气囊和安全带拉紧器。
- 运输时除原厂包装外不要使用多余包装。
- 禁止使用乘员区运输物品。
- 遵守易爆物品法的存储规定（LR 240）；根据存储量彩取相关措施。

5.出现问题和危险时的行为守则 急救电话：120

- 安全气囊和安全带拉紧器受到机械损伤后或从高0.5m以上的地方掉落后不得再装入车内，向上级报告。
- 不能徒手接触已引爆且气垫损坏的安全气囊。
- 戴上亚硝酸酯橡胶防护手套。
- 使用提供的吸尘器以非接触方式收集溢出的残余物。

6.出现事故时的行为守则——急救 急救电话：120

- 通知救护人员和上级。
- 皮肤沾到残余物时需用大量清水立即冲洗。

7.维修和废弃处理

- 开始工作前对工作和工作材料进行检查。
- 使用带有特殊标记的容器收集含汞引爆器。
- 进行废弃处理时：________________

日期：XX.08.00 签字

客户委托解决方案说明

有关舒适系统CAN、动力传动系统CAN和LIN数据总线的客户委托

1 通过以客户为本实现质量保证要求

在委托表上客户服务主管未有效说明故障情况。

为了限定故障原因，您会向客户提出哪些问题？

2 通过系统知识实现质量保证要求

1）绘制与控制车窗升降器有关的控制单元和功能元件电路方框图。

2）说明驾驶员车门车窗升降器开关至前乘客车门车窗升降器电动机的信号流程。

3）说明舒适系统CAN控制单元内收发器的工作方式。

4）解释数据传输记录。

5）说明舒适系统CAN数据总线上的信息结构。

6）哪些故障可能会导致客户投诉？

3 通过按计划诊断实现质量保证要求

1）选择用于故障查询的检测设备并说明选择理由。

2）如果前乘客车门内的两条数据导线断路，请制定限定故障的工作计划。

4 通过按计划修理实现质量保证要求

说明对已损坏数据导线进行维修的工作步骤。

5 通过检查和记录实现质量保证要求

1）解释如何对进行的修理工作进行监管。

2）比较各工作组的不同结果并记录改进建议。

有关动力传动系统CAN的客户委托

1 通过以客户为本实现质量保证要求

向客户解释为何动力传动系统CAN数据总线不像舒适系统CAN那样具有应急运行特性。

2 通过系统知识实现质量保证要求

1）针对属于动力传动系统总线或与该总线合作的控制单元绘制电路方框图。

2）解释动力传动系统CAN内收发器的工作原理。

3）说明动力传动系统CAN数据总线上的电压信号。

4）哪些故障可能会导致客户投诉？

3 通过按计划诊断实现质量保证要求

1）解释在车辆上进行了哪些准备工作。

2）选择用于故障查询的检测设备并说明选择理由。

3）如果连接在星形节点上的控制单元电阻值与规定值不符，请制定限定故障的工作计划。

4 通过按计划修理实现质量保证要求

1）说明进行修理时的工作步骤。

2）解释电子装置废弃处理工作。

5 通过检查和记录实现质量保证要求

1）解释如何对进行的修理工作进行监管。

2）比较各工作组的不同结果并记录改进建议。

有关LIN数据总线的客户委托

1 通过以客户为本实现质量保证要求

向客户解释刮水器的各种功能。

2 通过系统知识实现质量保证要求

1) 绘制与控制刮水器电动机有关的控制单元电路方框图。
2) 说明刮水器开关至刮水器的信号流程。
3) 说明与刮水器功能有关的车载网络控制单元工作方式。
4) 针对刮水器执行某一功能并反馈相关状态解释数据传输。
5) 说明 LIN 数据总线上的信息结构。
6) 哪些故障可能会导致客户投诉?

3 通过按计划诊断实现质量保证要求

1) 选择用于故障查询的检测设备并说明选择理由。
2) 制定限定故障的工作计划。

4 通过按计划修理实现质量保证要求

制定更换车载网络控制单元的工作计划。

5 通过检查和记录实现质量保证要求

1) 解释如何对进行的修理工作进行监管。
2) 比较各工作组的不同结果并记录改进建议。

有关带有光缆的安全系统的客户委托

1 通过以客户为本实现质量保证要求

为何对网络系统进行诊断工作时必须按照结构化方式进行?

2 通过系统知识实现质量保证要求

1) 绘制与控制安全气囊有关的控制单元电路方框图。
2) 说明通过光缆进行信号传输的情况。
3) 根据通过 byteflight 总线控制电动燃油泵来解释“分布式功能”这一术语。
4) 说明 byteflight 总线控制单元内收发器的工作方式。
5) 解释 CAN 总线记录与 byteflight 总线记录的区别。
6) 论述 byteflight 的优点。
7) byteflight 与 MOST 总线有哪些主要区别? 请解释。
8) 哪些故障可能会导致客户投诉?
9) 对“被动安全性”和“主动安全性”两个术语进行解释。

3 通过按计划诊断实现质量保证要求

1) 选择用于故障查询的检测设备并说明选择理由。
2) 如果前乘客车门内的两条数据导线断路，请制定限定故障的工作计划。

4 通过按计划修理实现质量保证要求

1) 说明对已损坏数据导线进行维修的工作步骤。
2) 制定更换某一卫星式控制单元的工作计划。

5 通过检查和记录实现质量保证要求

1) 解释如何对进行的修理工作进行监管。
2) 比较各工作组的不同结果并记录改进建议。

学习领域 14

针对法定检查的保养和修理工作

1 年检（HU）前的客户咨询

汽车销售服务中心的客户希望就年检与尾气检测事宜进行电话咨询。

常见问题包括：

·我什么时候必须进行年检和尾气检测？

检测日期与车辆注册登记日期有关，为24或36个月。最好通过检测标志或机动车行驶证进行查证。年检和尾气检测的期限大多相同。

下一次年检的期限标记在车辆尾部牌照上的圆形检测标志以及机动车行驶证上，尾气检测的期限标记在车辆前部牌照上的六角形检测标志上：

–检测标志中央的数字表示到期的年份。

–上边缘垂直的数字表示检测月份。

·我可以在何处进行年检和尾气检测？

许多汽车销售服务中心都通过TUEV专业人员提供年检服务。此外，技术监督协会也提供年检和尾气检测服务。尾气检测通常由汽车销售服务中心自己执行。提醒客户年检和尾气检测的到期时间是汽车销售服务中心的售后服务内容。

·是否有必要为年检和尾气检测做准备？

建议客户在TUEV专业人员对车辆进行检查前，先在维修站对车辆子系统的功能进行检查并排除所确定的故障。

·进行年检时需要携带什么物品？

– 机动车行驶证，

– 上次的年检报告，

– 上次的尾气检测证明。

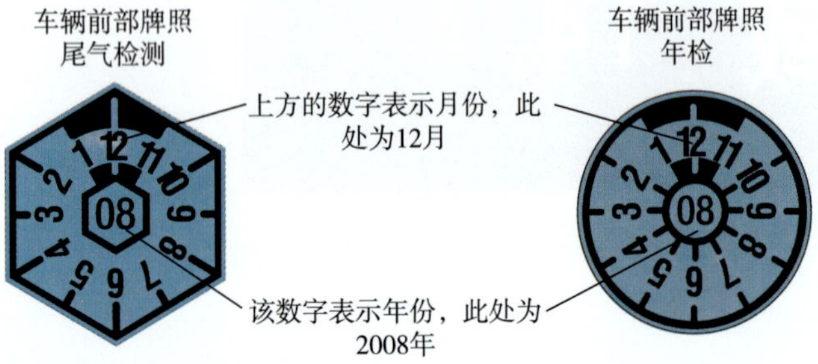

注册登记证明第一部分（此前为机动车行驶证）

自2005年10月1日起使用新的注册登记证明，不再使用机动车行驶证和机动车证。机动车注册登记代之以采用注册登记证明第一部分和第二部分。注册登记证明第一部分为机动车行驶证，注册登记证明第二部分为机动车证。

做出该项变更的背景是欧洲关于统一机动车/汽车注册登记证明的指导准则。根据这项欧洲国家机动车注册登记规定，不再使用“功率”或“最高车速”等字样，而是采用统一的代码。

代码说明见背面（注册登记证明）。注册登记证明第二部分只针对机动车车主。每份注册登记证明都有一个预先印好的号码。注册登记证明还带有水印等防伪安全标记。

➔ 注册登记证明第一部分请参见CD-ROM光盘

· 客户委托：为年检准备车辆

编号	项目	内容
代码	区域1 / 区域2 / 区域3	010226 / 0710 / 30400Al
1		普通轿车 低排放欧
2		戴姆勒-奔驰（德国）
3		210
4	车辆识别号	WDB210037l380140 9
5	汽油发动机/普通催化转换器	51
6	最高车速(km/h)	212
7	功率(kW/(r/min))	K110/5400
8	排量/cm³	2295
9	有效或半挂车荷/kg	–
10	燃油箱容积/m³	–
11	座椅/躺椅数	–
12	座位数，包括驾驶员座位和临时座位	5
13	最大尺寸/mm	长 4795 宽 1799 高 1402
14	整备质量/kg	1475
	允许最大质量/kg	1950
16	允许车桥负荷/kb	前 930 中 后 1060
17	车轮和/或防滑链	1
18	车桥数	2
19	其中驱动桥数	1
20	轮胎规格代码 前部	195/65 R15 91V
21	轮胎规格代码 中间和后部	195/65 R15 91V
22	轮胎规格代码 或前部	205/60 R15 94V
23	轮胎规格代码 中间和后部	205/60 R15 94V
	制动接口处压力	
24	单回路制动器	bar
25	双回路制动器	bar
26	挂车挂钩 DIN 740、形状和尺寸	–
27	挂车挂钩检查标志	–
28	拖挂负荷/kg，挂车带制动时	1900
29	挂车不带制动时	725
30	停车时噪声/dm(A)	82
31	行驶时噪声/dm(A)	71
32	首次注册登记日期	08.07.97 颜色：7
33	备注	编号13：高度最多到1

MUSTER

区域	内容	区域	内容
B	08.07.1997 2.1 2.2	L	02 9: 01 P.2/P.4: 0110/05400 T: 212
J	01 4: 0200	18	4795 19: 1799
E	WDB2100371A380140 3	20	1402 G: 1475
D.1		12	13
	210	V.7	F.1: 001950 F.2: 001950
D.2		7.1	00930 7.2: 01060 7.3
		8.1	00930 8.2: 01060 8.3
		U.1	082 U.2 U.3: 073
D.3	E230	O.1	1900 O.2: 725 S.1: 004 S.2
2	戴姆勒-奔驰（德国）	15.1	195/65R15 91V
5	普通轿车	15.2	195/65R15 91V
	GESCHLOSSEN	15.3	
V.9		R	GRAU 11: 7
14	欧Ⅱ	K	
P.3	汽油燃油	6	17 16
10	14.1 P.1	21	
22			

注意！

这些数据必须始终与实际情况相符。进行变更时应按照车辆注册登记相关法规通知注册登记主管部门。

转让车辆时，应对照接收证明将注册登记证的第一部分和第二部分、年检报告以及尾气检测证明当面交给购车人。接收证明必须包含完整的购车人姓名及地址并由转让人立即上交注册登记部门。

如果未按规定报告（注销、过户或迁入其他注册登记管辖区、报告其他变更情况），可能会处以罚款或造成其他不良后果（上税、保险、停止使用车辆）。

区域定义：

区域	名称
B	车辆首次注册登记日期
D.1	品牌
D.2	车型/型号/款式
D.3	商用名称
E	车辆识别号
F.1	允许最大质量（kg）
F.2	成员国允许的最大质量（kg）
G	行驶车辆质量（kg）（整备质量）
H	有效期
I	注册登记日期
J	车辆等级
K	EG型式认证或ABE编号
L	车桥数
0.1	带制动时的允许拖挂负荷（kg）
0.2	不带制动时的允许拖挂负荷（kg）
P.1	排量（cm^3）
P.2/P.4	额定功率（kW）额定转速（r/min）
P.3	燃油类型或能量来源
Q	比重量（kW/kg）（仅限于摩托车）
R	车辆颜色
S.1	座位数，包括驾驶员座位
S.2	座椅数
T	最高车速（km/h）
U.1	停车时噪声（dB（A））
U.2	相对于U.1的转速（r/min）
U.3	停车时噪声（dB（A））
V.7	CO_2（g/km）综合值
V.9	EG型式认证重要的有害物质等级
（2）	制造商简称
（2.1）	（2）的代码
（2.2）	D.2的代码，包括检测代码
（3）	车辆识别号的检测代码
（4）	车身类型
（5）	车辆等级和车身名称
（6）	K的日期
（7）	各车桥允许的最大负荷/质量（kg）（7.1）车桥1至（7.3）车桥3
（8）	在注册登记成员国内允许的最大车桥负荷（kg）（8.1）车桥1至（8.3）车桥3
（9）	驱动桥数
（10）	P.3的代码
（11）	R的代码
（12）	油槽车的燃油箱容积（m^3）
（13）	牵引装置支撑负荷（kg）
（14）	本国排放标准名称
（14.1）	V9或（14）的代码
（15）	轮胎（15.1）车桥1上的轮胎至（15.3）车桥3上的轮胎
（16）	注册登记证明第二部分的编号
（17）	使用许可证的特征
（18）	长度（mm）
（19）	宽度（mm）
（20）	高度（mm）
（21）	其他说明
（22）	备注和例外

有关区域（15.1）至（15.3）的说明：

根据有效使用许可证/EG型式认证的规定可在车辆上使用与标明轮胎不同的轮胎。必须在注册登记证明第一部分记录变更情况。

有关区域（22）的说明：

经过EG型式认证、一般性使用许可证或个体使用许可证批准或在依据道路交通许可规定（StVZO）§21所做鉴定中证明符合规定的挂车挂钩，最迟应在每次重新进行检验时按照道路交通许可规定（StVZO）§27第一段规定记录在注册登记证明第一部分或注册登记证明第一部分的副页中。

➔ 注册登记证明第一部分请参见CD-ROM光盘

2 年检

法律规定：所有拥有正式牌照的车辆都必须根据道路交通许可规定（StVZO）第29条定期接受交通安全和规定性检查：

2.1 期限

轿车、摩托车、野营车和挂车年检（HU）（道路交通许可规定第29条附件VIII）		
车辆类型		**年检时间间隔(月)**
摩托车		24
轿车	首次注册登记后 此后	36 24
野营车	允许总重量小于3.5t 首次注册登记后 此后	 36 24
野营车	允许总重量大于3.5t小于7.5t 车龄低于6年 此后	 24 12
野营车	允许总重量 大于7.5t	12
挂车	允许总重量小于0.75t或没有独立的制动系统 首次注册登记后 此后	 36 24
挂车	允许最高车速低于40kw/h 或允许总重量大于0.75t小于3.5t	 24

轿车和野营车尾气检测（AU）（道路交通许可规定第47a条附件XIa）	
轿车或野营车	**尾气检测时间间隔（月）**
使用汽油发动机，不带催化转换器或带有非调节式催化转换器	12
使用汽油发动机，带有调节式催化转换器，首次注册登记后 此后	36 24
使用柴油发动机，允许总重量小于3.5t，首次注册登记后 此后	36 24
使用柴油发动机，允许总重量大于3.5t	12

➔ 道路交通许可规定第29条参见CD-ROM光盘

2.2 检查标准

年检时检查是否符合道路交通许可规定以及有关车辆和车辆部件的EG型式认证规定。

检查范围限于无需拆卸的现场直观检查、功能检查和效能检查。

检查			
状态	功能	执行	结果
– 损坏、腐蚀、老化 – 过度磨损和间隙过大 – 正确固定、保护、安装和铺设 – 自由活动性和灵活性	检测操纵踏板、操纵杆、开关或其他操纵装置触发一个过程后，这个过程是否能够在时间和功能上都正确运行	检查以下执行情况 – 规定的设计， – 规定的安装/数量， – 规定的接通切换情况， – 要求的标记。	符合规定限值
检查过程			
现场直观和/或手动和/或电子方式	现场直观和/或手动和/或电子方式	现场直观和/或电子方式	原则上采用测量技术，也包含计算过程

检查所有与安全相关的系统、总成和部件，例如制动系统、转向系统、轮胎、前照灯和照明装置，另外还要检查车身、底部、排气管和车辆视野。对于带有电子组件的车辆还要检查这些系统是否符合系统数据要求。系统数据包括车辆系统的实际安装信息和相应检查方法的使用信息。

下面说明缺陷等级，以便在客户咨询时能够更好地对缺陷问题予以说明。

缩写含义：

- GM：轻微缺陷，
- EM：明显缺陷，
- VU：危害交通安全。

2.3 通过官方结构型式认证的车辆部件

对于必须实施官方结构型式认证的车辆部件来说，只有获得官方规定和发放的检验标志，才允许安装。使用未经认证的部件可能会导致吊销车辆使用许可证。

机动车使用许可证用于证明车辆符合交通安全及相关规定。使用许可证由德国联邦机动车运输管理局或欧盟有关机构颁发。

人们将其分为

· 一般使用许可证（道路交通许可规定第20条）

通过检查后将一般使用许可证授予批量生产车辆的制造商。如果对车辆进行更改，例如缩短弹簧、更改排气装置等，则吊销使用许可证。这些变更必须立即由技术检测机构或官方授权的监督机构（DEKRA、TUEV、GTUE 等）进行鉴定。尤其是更改排量、功率、排气特性或车辆和车身形式时。

· 车辆部件使用许可证（道路交通许可规定第21/22a 条）

车辆部件使用许可证授予特定部件，例如铝合金轮辋。

对于必须实施官方结构型式认证的车辆部件来说，只有获得官方规定和发放的检验标志，才允许安装。

通过以下标志可识别出通过认证的部件（摘自VkBl，官方部分）：

通过一般结构形式认证的部件	获得一般使用许可证的部件	获得单独使用许可证的部件
该检验标志由一条三个波形的波形线、一或两个标记字母、一个数字以及必要的附加字符组成：例如带有固定支架的牵引钩。  M 4280	该检验标志由字母“KBA”和一个数字序号组成： 例如特种车轮 KBA 40986	该检验标志由一个检测机构代码和一个检验编号组成，例如： TP 25 123456
通过EWG结构型式认证的部件	**通过ECE认证的部件**	**通过EG形式认证/获得EWG使用许可的部件（作为技术单元）**
该检验标志由一个带有字母的长方形组成 e1 88-563	该认证标志由一个带有字母“E”的圆圈、认证国家代码、认证编号组成，有时可能含有字母“R”和/或相关ECE 规定编号以及可能的附加符号，例如后雾灯： F-00 E4 2439	该使用许可证标志由一个带有字母“e”和认证成员国代码的长方形以及一个数字序号组成，例如翻新消音器 e9 030148

所有获得EG使用许可证或EG型式认证的部件以及具有相应EG检验标志的部件均无需登记。无需随身携带相关文件。免登记的部件包括具有EG检验标志的挂车牵引钩、辅助加热装置和安装件（扰流板、前部保护架）以及翻新消声器装置。

由于免除了对变更进行检验的义务，因此车主以及进行安装的维修站负有更大的责任。

2.4 需检查的系统和总成

2.4.1 制动系统

制动系统检查

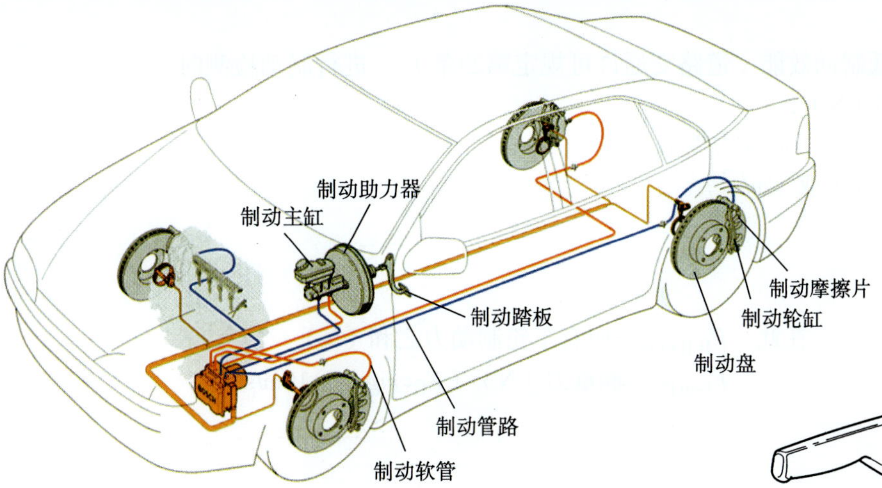

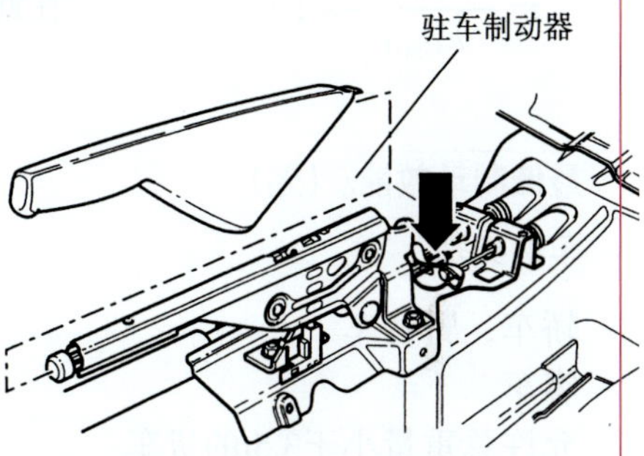

道路交通许可规定：制动器，第41条（摘要）

机动车必须装有两个彼此独立的制动系统（BBA、FBA）或一个带有两个彼此独立操纵装置的制动系统。即使一个操纵装置有故障，另一个装置也必须能正常工作。其中一个制动系统必须以机械方式工作并可驻车制动以免溜车（FBA）。

机动车中一个制动器（行车制动器）必须达到至少5.0m/s^{2}的平均减速度。驻车制动器必须能在不借助车辆发动机制动作用的情况下，完全通过机械方式在最大行驶坡度上防止车辆溜车。驻车制动器的平均减速度必须至少达到1.5m/s^2。

制动系统：行车制动系统/驻车制动系统	GM	EM	VU
未达到最低制动效能		X	X
作用不均匀		X	
无法松开		X	
密封性		X	X
失灵危险		X	X

制动摩擦片	GM	EM	VU
达到/低于制造商规定的磨损尺寸	X	X	
制动摩擦片可以自由活动	X	X	

制动鼓/制动盘	GM	EM	VU
撞击	X		
较大磨损	X		
较深划痕	X		
裂纹	X		
断裂危险		X	

制动杆、制动拉线	GM	EM	VU
损坏	X	X	
移动不灵活	X	X	
未锁紧	X	X	
导向部件松旷	X	X	

制动踏板	GM	EM	VU
储备行程不足		X	
踏板表面不防滑	X	X	
支座松旷或移动不灵活		X	

制动助力器/制动主缸	GM	EM	VU
制动助力器：损坏，失效		X	
制动主缸：损坏，泄漏		X	X
制动液不足、过少	X	X	
储液罐损坏	X	X	

制动轮缸/防尘套	GM	EM	VU
制动轮缸：泄漏，松动，装配不当		X	X
制动轮缸行程过大		X	
防尘套损坏		X	

制动管路	GM	EM	VU	制动软管	GM	EM	VU	驻车制动系统	GM	EM	VU
严重腐蚀	X	X		泄漏，损坏，过短		X		拉杆行程过大		X	
失灵危险		X	X	失灵危险		X	X	驻车制动装置损坏，支座松旷		X	
铺设或固定不当	X	X		装配不当	X	X					

最低制动效能

通过制动检测确定最低制动效能（道路交通许可规定第29条）。进行制动检测时

- 测定各车轮的制动力（N），
- 测定某一车桥上受检车轮的制动力差值，
- 计算车辆制动效能（%）或（m/s^2）。

制动效能z计算公式：

$$z=\frac{F_{B\ Rad\ ges}}{F_{Gzu1}}\times 100\%$$

在此：$F_{B\ Rad\ ges}$=所有车轮制动力之和（N）

F_{Gzu1}=车辆重力（N）（$F_G=mg;\ g\approx 10m/s^2$）

最低制动效能z（%）		
车辆类别	行车制动系统	驻车制动系统
轿车，野营车	50	16
客车	50	16
允许总重量小于3.5t的货车	50	16
允许总重量大于3.5t的货车	45	16

对行车制动系统来说，目前左侧 / 右侧允许偏差为一个车桥较高值的25%；对驻车制动系统来说，传统结构形式为50%，电动机械式驻车制动器为95%。

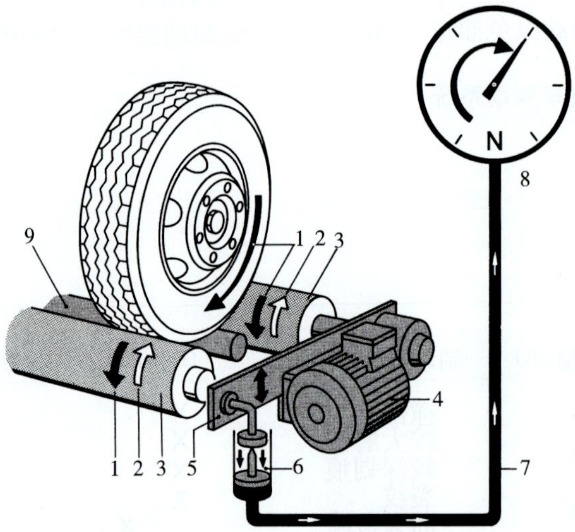

1—制动力矩
2—驱动力矩
3—滚筒对
4—带有减速器的电动机
5—摆臂
6—测力计
7—液压管路
8—制动力显示装置
9—测试辊

2.4.2 转向系统

转向系统检查

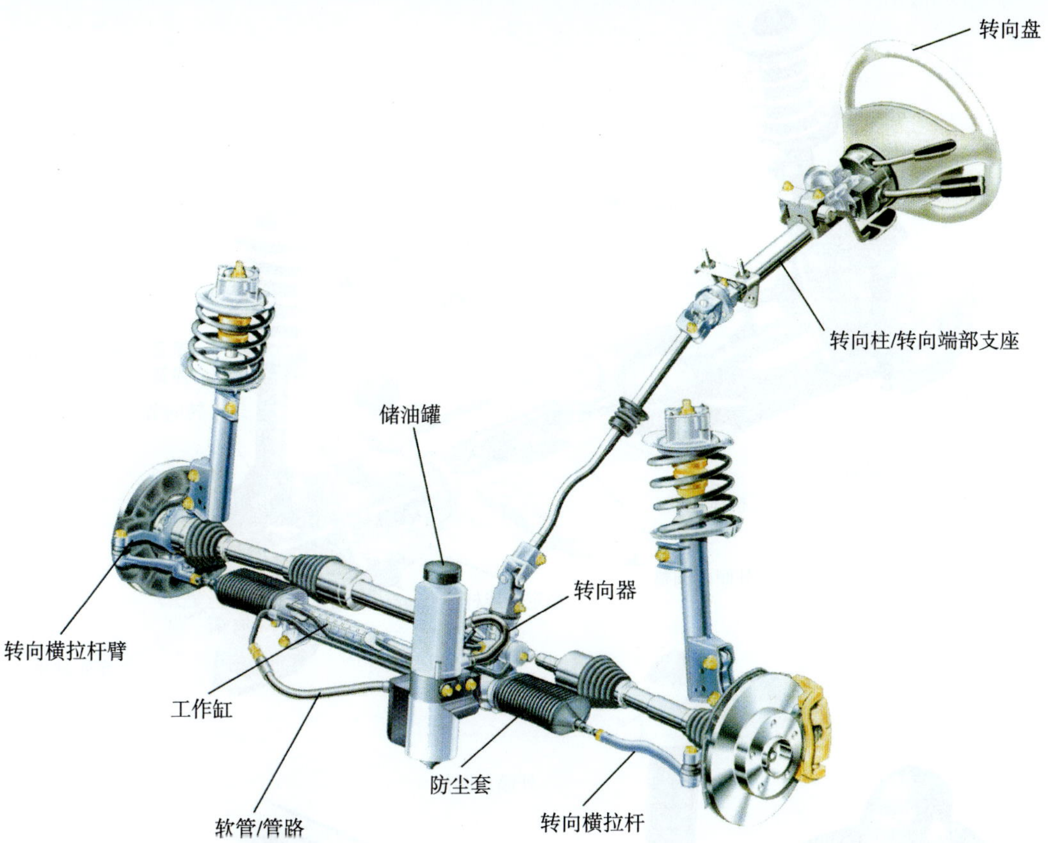

道路交通许可规定：转向系统，第38条

转向装置必须确保车辆能够轻松且安全转向。必要时可以装备转向助力系统。转向助力系统发生故障时，必须确保车辆仍具有转向能力。

转向系统	GM	EM	VU
限位调整有误		X	
转向系统移动不灵活，卡止点，无法复位		X	X
转向间隙过大		X	X

方向盘	GM	EM	VU
型号未经批准		X	
松动，损坏		X	X

转向端部支座/转向柱	GM	EM	VU
转向端部支座：损坏，间隙过大		X	X
转向柱：松动，损坏		X	X
连接件有松脱危险			X

转向万向节/转向万向节盘	GM	EM	VU
间隙过大，固定不良		X	
连接件有松脱危险			X

转向器/防尘套	GM	EM	VU
松动，损坏		X	X
泄漏，液量过少		X	
防尘套损坏	X		

推杆/转向横拉杆	GM	EM	VU
固定，裂纹，变形，断裂危险		X	X
转向横拉杆球头间隙	X	X	
防尘罩损坏	X		

转向机构，转向杆系	GM	EM	VU
固定不牢，裂缝，断裂危险		X	X
转向杆系弯曲		X	X

转向减振器	GM	EM	VU
固定不牢，泄漏		X	

转向助力系统/管路/软管	GM	EM	VU
功能受损，管路、软管损坏或泄漏		X	X
铺设不当		X	
储液罐：液量不足		X	

2.4.3 车桥，悬架

功能模块和功能元件检查

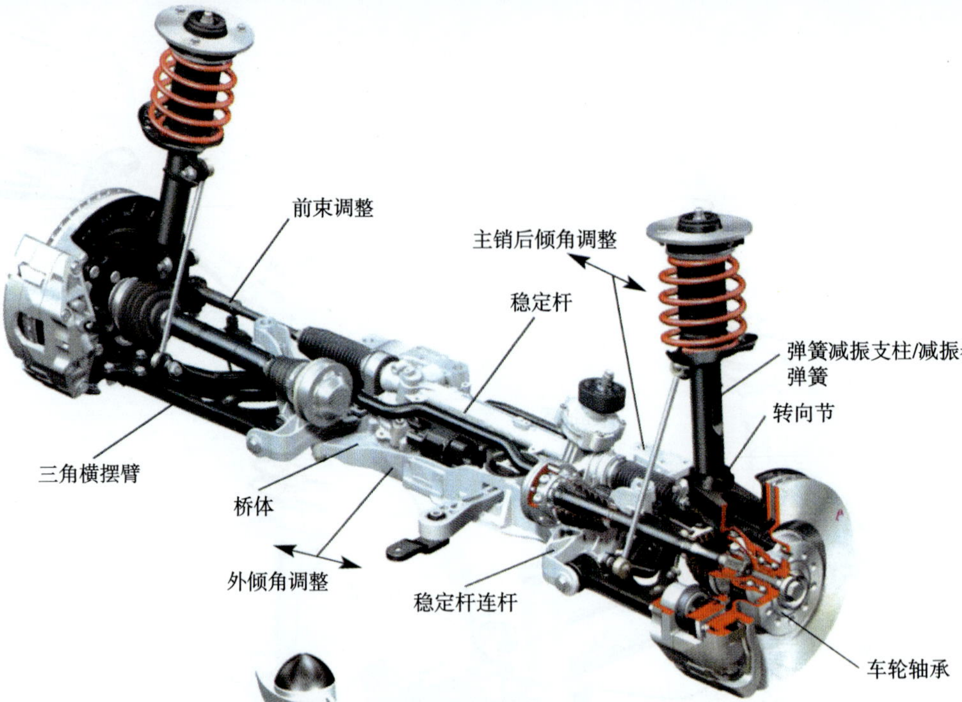

前桥桥体/车轮悬架	GM	EM	VU
桥体断裂			X
桥体撕裂、弯曲，腐蚀，维修不当		X	X
车轮悬架变形，间隙过大，固定不牢		X	X
转向节移动不灵活		X	

后桥桥体/车轮悬架	GM	EM	VU
桥体断裂			X
桥体撕裂、弯曲，腐蚀，维修不当		X	X
车轮悬架变形，间隙过大，固定不牢		X	X

前桥/后桥弹簧/稳定杆	GM	EM	VU
弹簧断裂、损坏，磨损	X	X	
悬架和固定部件松动、松旷	X	X	

前桥/后桥车轮轴承	GM	EM	VU
间隙过大，移动不灵活，过紧		X	

前桥/后桥减振器	GM	EM	VU
固定部件松动、松旷		X	
损坏	X	X	

车轮调整	GM	EM	VU
可识别或测量的故障	X	X	

2.4.4 车轮，轮胎

车轮和轮胎检查

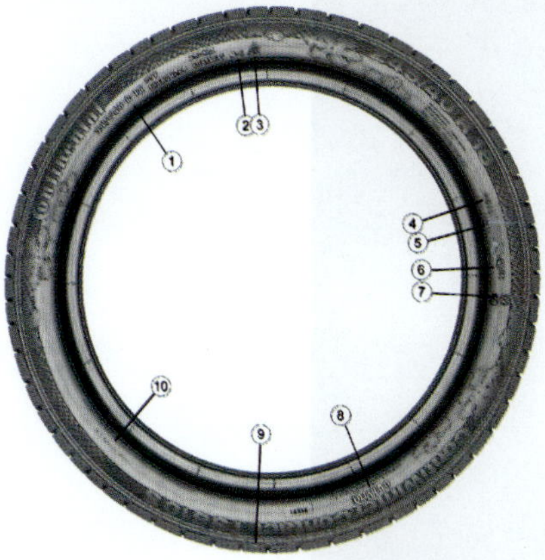

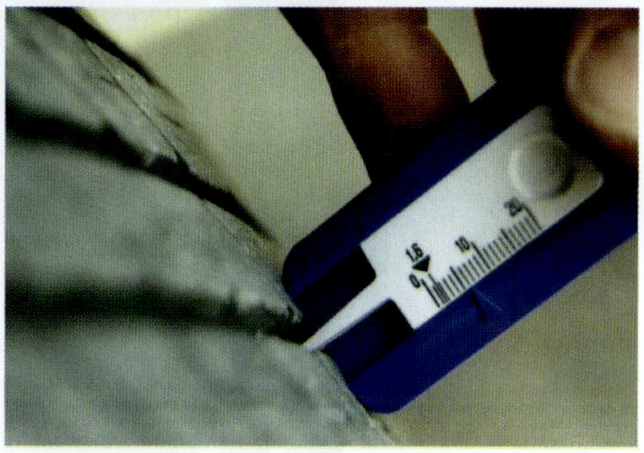

(1)	245	轮胎公称宽度（mm）
	40	额定高宽比（轮胎高度为公称宽度的 40%）
	R	子午线轮胎符号
	18	轮辋直径（英寸代码）
	97	负荷指数“97”表示轮胎可承受的最大负荷为730kg
	V	允许最高速度的速度符号：v=240 km/h
	EXTRA LOAD	载重能力提高的加强型轮胎
(2)	M+S	冬季/全天候轮胎标志
(3)	雪花符号	标准化冬季轮胎标志（美国交通管理局）M+S 轮胎的这个附加标志表示，该轮胎满足法律规定的检测标准，具有出色的冬季性能。
(4)	DOT	运输部（美国交通管理局）
(5)	060877	ECE 规定 30 的认证编号
(6)	4603	生产日期：“46”表示第 46 周，“03”代表2003 年
(7)	E4	国际规定符号：圆圈中带有字母E和认证国家编号（4=荷兰）
(8)	OUTSIDE	轮胎外侧（安装说明）
(9)	TWI	轮胎磨损标记（均匀分布在轮胎圆周上纵向胎面凹槽内的横凸起，剩余花纹深度为 1.6 mm 时显现）
(10)	Made in ...	原产国标志

针对发布 ABE 43301　附录的鉴定 366-0098-95-MURD/N20

TÜV AUTOMOTIVE

附件：21VW　　车轮型号：BT201

制造商：BBS汽车技术AG　　日期：2001.04.10

车轮数据：

标准车轮尺寸：　7J × 15H2　　车轮偏置距（mm）：35

螺栓孔分布圆直径/100/4　　定心方式：　中间定心

技术数据概要

规格	规格名称		中心孔 /mm	定心环材料	允许车轮负荷 /kg	运行滚动周长 /mm	自生产日期起有效
	车轮标记	定心标记					
K110	202	09 23 411 057	57	轻合金	560	1935	01/95

应用范围：

特种车轮可安装于以下车辆：

车辆制造商/车辆制造商代码　：VW　/0600
　　　　　　　　　　　　　　：VW　/0603

固定特　锥面凸肩螺栓M12 × 1.5螺栓杆长29mm，锥形角60°

固定件的拧紧力矩　：110N · m

道路交通许可规定：轮胎，第36条（摘要）

整个圆周上主花纹深度必须至少为1.6mm。主花纹是指占据胎面约3/4面积的中部区域内较宽的胎面花纹凹槽。

轮胎	GM	EM	VU
花纹深度		X	
损坏		X	X
尺寸和/或结构形式与认证轮胎出现偏差		X	
M+S轮胎：缺少规定的速度参数标牌	X		

车轮	GM	EM	VU
严重弯曲，撕裂，断裂		X	X
车轮螺母缺失、松动、规格错误		X	X
未证明特种车轮获得许可		X	

➔ 轮胎标记参见CD-ROM光盘

2.4.5 视野情况

检查车窗玻璃、后视镜、车窗玻璃刮水器、车窗玻璃清洗装置

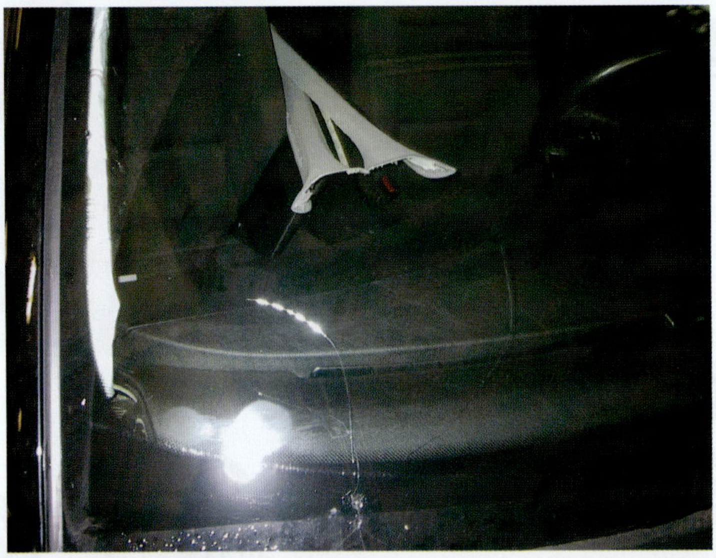

车窗玻璃、车窗玻璃刮水器、车窗玻璃清洗装置、车窗玻璃除霜和干燥装置，道路交通许可规定第40条后视镜和其他装置，道路交通许可规定第56条

所有车窗都必须采用安全玻璃。车窗采用安全玻璃对于驾驶员视野非常重要，车窗玻璃必须明亮、透明且不失真。风窗玻璃须配备自动运行的车窗玻璃刮水器。有效刮水范围可确保车辆驾驶员有足够的视野范围。

后视镜必须确保驾驶员即使在有挂车的情况下也能够观察后方、侧面和车辆前方的主要交通情况。

轮胎	GM	EM	VU
· 车窗玻璃			
驾驶员视野范围内的车窗玻璃损坏		X	
车窗玻璃或贴膜未获许可或有变更		X	
影响侧面/前方/后方视野	X	X	
贴膜：超过允许面积	X	X	
· 车外/车内后视镜			
缺失、无效、不可调节		X	
轻度损坏，不影响视野	X		

车轮	GM	EM	VU
· 车窗玻璃刮水器		X	
缺失，不工作车窗玻璃刮水器刮片损坏	X		
· 车窗玻璃清洗装置失去功能	X		

2.4.6 车灯技术装置

2.4.6.1 主动车灯技术装置

对于车灯技术装置和信号装置有许多法律规定：

- 车灯和信号的种类与数量（道路交通许可规定第49a~55条）；
- 车灯从车辆边缘至其他车灯和路面的最小距离（道路交通许可规定第49a~55条）；
- 照明亮度、信号强度及信号频率；
- 照明和信号装置的使用（道路交通许可规定第 9、10、15、15a、16、17 条）。

照明和信号装置部件的使用许可证和结构型式认证责任（道路交通许可规定第 22、22a条）。

2.4.6.2 通则第 49a 条（摘要）

在机动车及其挂车上只允许安装规定和允许的车灯技术装置。车灯技术装置必须按规定牢固安装并始终处于准备就绪状态。成对安装同种车灯技术装置时，必须使其距离路面的高度相同且对称于车辆的纵向中心平面。车灯颜色、亮度必须相同且同时亮起，停车灯和转向信号灯除外。所有向前照明的车灯技术装置只能与尾灯和牌照灯一起接通。车辆前照灯和其他车灯只允许使用针对其结构型式规定的光源。

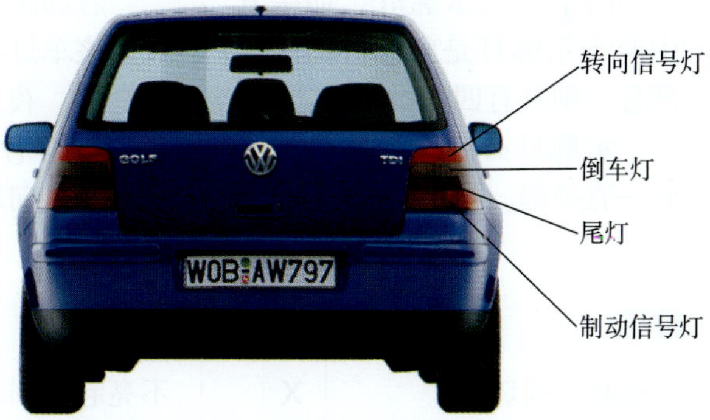

2.4.6.3 规定的车灯技术装置

道路交通许可规定：前照灯第50条

前照灯只允许同时关闭和接通。近光灯可以在远光灯接通时保持接通状态。接通远光灯时，必须通过驾驶员视野范围内的蓝色指示灯表示出来。如果机动车装有使用气体放电灯泡的远光和近光前照灯，则需配备自动照明距离调节装置、前灯清洗装置和一个在远光灯接通时可确保近光灯持续接通的系统。

检测

玻璃/后视镜	GM	EM	近光灯	GM	EM	远光灯	GM	EM
玻璃缺失、损坏，照明效果明显受损		X	照明效果受损或不亮		X	照明效果受损或不亮		X
玻璃裂开	X		照明亮度过低	X		照明亮度过低	X	
后视镜损坏，照明效果受损		X	前照灯调节错误		X	前照灯调节错误		X
装配错误		X	照明距离调节装置不工作	X		型号未经批准		X
			型号未经批准		X			

尾灯

尾灯只允许与示廓灯同时亮起。

与其他任何尾灯装置组装，与牌照灯组合使用。

如果与路面距离>1.5 m且与车辆外边缘距离<400 mm，则允许附加安装两个尾灯。

检测	GM	EM
不亮起		X
照明效果受损，型号未经批准		
亮度降低，损坏		X
松动	X	X
被遮挡	X	X
安装错误，		
灯泡错误		X
玻璃损坏		X
灯罩严重损坏	X	X

制动信号灯

两个红色制动信号灯。

在车辆纵轴上有另外一个高位制动信号灯。

检测	GM	EM
不全亮起		X
照明效果受损		X
亮度降低，损坏		X
被遮挡		X
松动		X
安装错误，	X	
灯泡错误		X
玻璃损坏，灯罩严重损坏	X	X

示廓灯（停车示警灯）

两个白色示廓灯，如果其中两个示廓灯是前照灯的组成部分，则共有四个示廓灯。

示廓灯必须在前照灯接通时一直亮起。不得造成眩目。

检测	GM	EM
不亮起，损坏	X	

牌照照明装置

后部牌照灯。

该车灯必须在车灯接通时一起亮起。夜间时在25m的距离处必须能够看清牌照。 该车灯不允许直接向后照射。

检测	GM	EM
不亮起，损坏	X	

倒车灯

一或两个白色倒车灯。

倒车灯最远只允许向后照射10m的路面。 该车灯只允许在挂入倒车挡并打开点火开关后亮起。

检测	GM	EM
不亮起，线路错误	X	
眩目，型号未经批准		X

转向信号灯

前部、后部和侧面黄色转向信号灯。

转向信号灯必须以90 ± 30次/min的频率闪烁。

组合仪表上的功能检查指示灯必须闪烁。

检测	GM	EM
不亮起		X
照明效果明显受损		X
松动，安装错误	X	X
亮度降低，损坏		X
闪烁频率不符合规定	X	
型号未经批准		X

闪烁警告装置

闪烁警告装置：黄光。

闪烁警告装置必须能够独立于转向信号装置接通和关闭。 接通闪烁警告装置时，所有转向信号灯必须同时闪烁。

在此必须通过一个红色指示灯显示出这种情况。

检测	GM	EM
不亮起线路错误		X
闪烁频率不符合规定	X	X

反光罩

车辆：两个红色反光罩。

挂车：两个三角形红色反光罩。

检测	GM	EM
缺失，效果明显受损		X
数量不符合规定，缺失	X	
安装错误，型号未经批准		X

2.4.6.4 附加前照灯、车灯和停车灯

道路交通许可规定：附加前照灯和车灯，第52 条/停车灯，第51c条（摘要）

除第50条中规定的路面照明前照灯外，多轴机动车允许装备两个白色或淡黄色前雾灯。其安装位置不得高于车辆上的近光前照灯。允许安装一个白色探照灯。功率消耗不得超过35W。停车灯用于表示车辆静止时的侧面界限范围。

前雾灯			探照灯			停车灯		
未规定 如果前雾灯与车辆外边缘距离超过400mm，则只允许与近光灯一起接通。			未规定 该车灯只允许与尾灯和牌照照明装置同时接通。			未规定 侧面停车灯可以向前发射白色光线，向后发射红色光线。		
检测	**GM**	**EM**	**检测**	**GM**	**EM**	**检测**	**GM**	**EM**
不亮起	X		不亮起	X		不亮起，损坏	X	
前照灯调节错误，线路错误		X	线路错误，安装错误，型号未经批准		X			
玻璃损坏	X							
玻璃安装错误		X						
型号未经批准		X						

2.4.6.5 道路交通许可规定：车辆部件结构型式认证（道路交通许可规定第22a条）

根据第22条，下列车灯技术装置必须采用官方认证的结构型式：

- 远光和近光前照灯，
- 示宽灯，
- 停车灯，
- 前雾灯，
- 倒车灯，
- 尾灯，
- 制动信号灯，
- 反光罩，
- 后雾灯，
- 转向信号灯，
- 牌照灯，
- 光源。

2.4.6.6 前照灯和车灯的标记

所有车灯技术装置都有国家结构规定和欧盟结构规定。每种车灯技术装置都有特殊的认证标志。例如，在前照灯透光玻璃或车灯玻璃上可以看到这种认证标志。ECE认证部件的认证标志由以下部分组成

- 带有字母E的圆圈，
- 认证国家代码。

字母旁的数字代表进行型式认证检测的国家，例如1为德国；2 为法国；3 为意大利等。

标志E1表示该车灯技术装置经过弗伦斯堡德国联邦机动车运输管理局批准。

在前照灯透光玻璃上可以看到以下标记：

HC/R25 E1 A 44457：

HC/R：H=卤素灯，C=近光灯，R=远光灯。斜杠表示近光灯和远光灯不能同时接通。

25: 远光前照灯发光强度

E1：德国型式检验认证

02 A：表示示廓灯位于前照灯壳体内

44457: 型式检验编号

2.4.6.7 光源

例如：机动车照明装置灯泡（ECE–R37）

12V白炽灯，用于	插图	名称	功率	12V白炽灯泡	插图	名称	功率
近光灯		H7	55W	尾灯	参见停车示警灯	R 10W	10W
远光灯		H1	55W	制动信号灯	参见转向信号灯	P 21W	21W
雾灯		H3	55W	后雾灯	参见转向信号灯	P 21W	21W
停车示警灯		R5	5W	牌照灯		C 5W	5W
转向信号灯		P21W	21W	倒车灯	参见转向信号灯	P 21W	21W
				停车灯	参见停车示警灯	R 5W	5W

如果对获得结构型式认证的光源和前照灯以及通过认证规定的前照灯光源进行后续更改，则会吊销车辆使用许可证。

在车辆上加装氙气近光灯等车灯时，需注意：

· 有关在机动车和挂车上安装照明和信号装置的指导准则76/756/EWG，

· ECE 规定48“有关安装照明和信号装置的车辆认证统一条件”，

· 道路交通许可规定第50条。

2.4.7 电气装置的其他部件

指示灯	GM	EM	电气连接装置	GM	EM
远光灯、转向信号灯、闪烁警告装置、后雾灯，不亮起	X		插头、插座、连接导线缺失或严重损坏	X	
			无接触，触点布置错误	X	
导线	**GM**	**EM**	**蓄电池固定装置/盖板**	**GM**	**EM**
绝缘层损坏，短路，失火危险，		X	蓄电池未正确固定，盖板缺失	X	X
固定支架松动，绝缘层轻微损坏，铺设时与其他部件擦碰	X				

指示和警告灯

视野				
风窗玻璃 刮水器	间歇式车窗玻璃刮水器	风窗玻璃 清洗装置	车窗玻璃刮水器和清洗装置	风窗玻璃加热和通风
后窗玻璃 刮水器	后窗玻璃 清洗装置	后窗玻璃加热和通风	后视镜调节	后视镜加热
照明装置				
照明装置	近光灯	远光灯	前照灯调节装置	后雾灯
前雾灯	示廓灯	灯泡失灵	转向信号灯	闪烁警告装置
车身，车内				
安全带	座椅纵向调节	座椅调节，座椅靠背	车窗升降器	车辆高度调节
中控锁	发动机室盖	行李箱盖	风扇	空调系统
底盘				
驻车制动器 (P)	制动系统功能故障 (!)	ABS 功能故障 (ABS)	制动液液位	制动摩擦片磨损
蓄电池，发动机，变速器				
蓄电池充电指示灯 (− +)	发动机	预热	四轮驱动	变速器 功能故障
液体				
发动机油位	发动机油温度	发动机油	发动机油滤清器	变速器油位
变速器油温度	冷却液温度	冷却液液位	燃油	耗油量表
电子系统				
BAS/ETS 故障 BAS ETS	BAS/ASR故障 BAS ASR	BAS/ESP故障 BAS EPS	安全气囊故障 SRS	柴油发动机电子装置故障 EPS

2.4.8 底盘、车架、车身和固定在车身上的部件

底盘/车架/车身检查

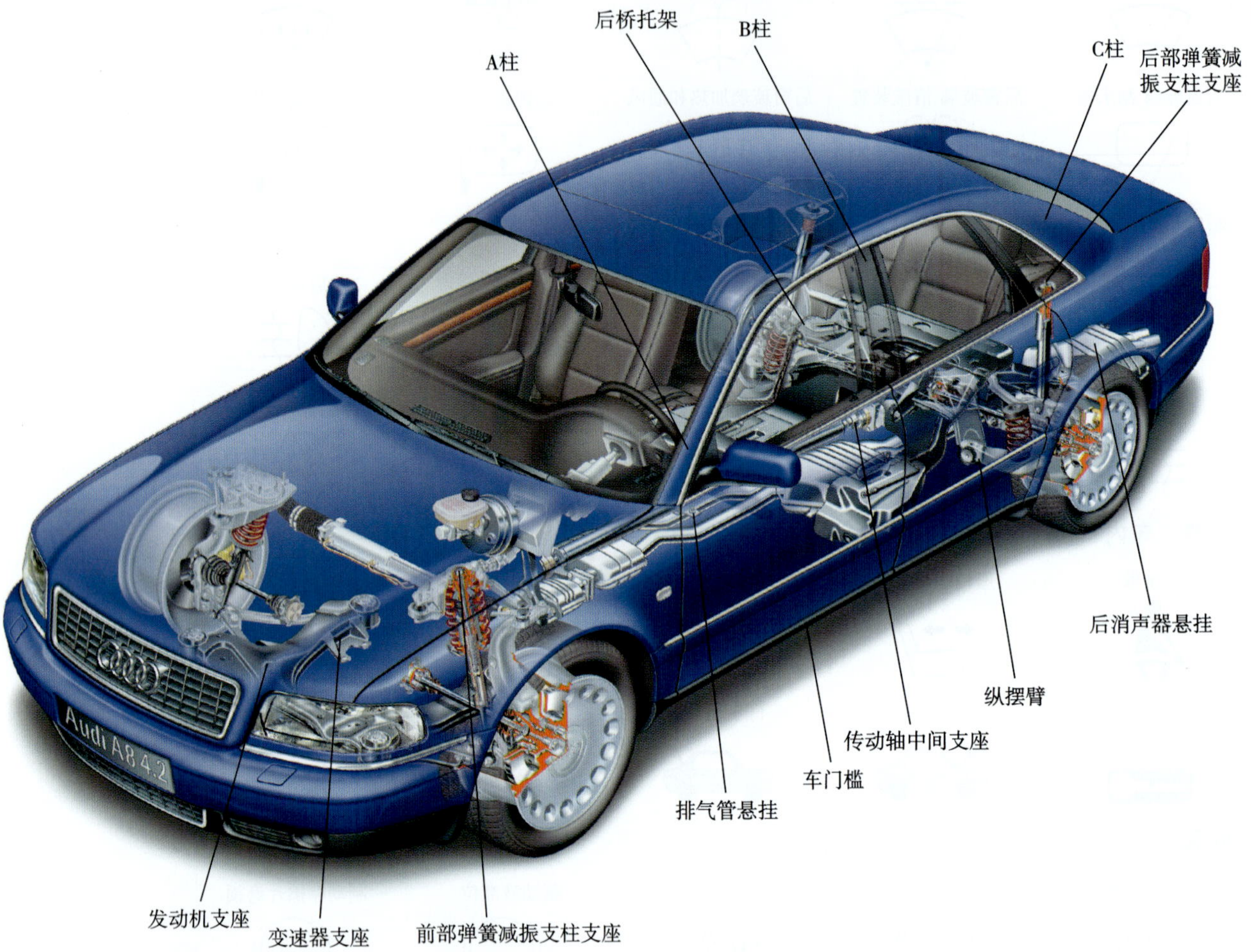

道路交通许可规定：座椅、安全带、乘员保护系统、儿童保护装置，第35a条（摘要）

如果前乘客座椅前方装有处于准备就绪状态的安全气囊，则不允许在该座椅上安装面向后方的儿童保护装置。这些前乘客座椅必须带有有关使用后向儿童保护装置的警告说明。

车架/车身–支撑部件	GM	EM	VU
断裂、撕裂、弯曲		X	X
腐蚀损坏，支撑部件性能减弱		X	X
腐蚀损坏，因未进行处理而造成支撑部件性能减弱		X	
连接件损坏、松动、断裂、撕裂		X	X
维修不当		X	X

发动机/传动装置	GM	EM	VU
离合器/换挡操纵机构损坏或功能受限	X	X	
传动轴/半轴防尘套损坏		X	
发动机/传动装置悬挂损坏		X	

车身–安装件（扰流板）	GM	EM	VU
固定不牢、松动		X	
未证明获得许可		X	

座椅	GM	EM	VU
损坏、固定不牢、靠背无法可靠锁止	X	X	
座椅未经认证		X	

安全带	GM	EM	VU
缺失、损坏不可用、型号未经认证或错误、安装错误		X	

2.4.9 其他配置（无电子系统）

防止未经授权使用机动车的安全装置，道路交通许可规定第38a条

轿车必须配备防止未经授权使用车辆的安全装置和禁起动防盗锁。

车辆报警装置，道路交通许可规定第38b条

车辆报警装置必须符合规定。

	GM	EM	VU		GM	EM	VU
· 安全带				· 车速表			
缺失、不可用、损坏、安装错误		X		缺失、无显示		X	
· 防盗装置				· 行驶记录仪			
禁起动防盗锁、报警装置缺失，				· 缺陷		X	
				· 喇叭			
损坏并对转向系统产生影响		X	X	缺失、必须正常运行，		X	
未影响转向系统	X			作用有限	X		

2.4.10 电子系统检查

电子系统检查

以前年检时检查指示灯以及各个部件是否存在。自2006年4月1日起，对OBD车辆来说年检时还检查8个车辆电子总成/系统的系统数据。

其中包括：

制动系统	防抱死制动系统 电动机械式驻车制动器 制动辅助系统
转向系统	电控可变传动比（主动转向系统） 电动机械式转向系统
主动车灯技术装置 车灯自动调节装置	自适应弯道照明灯、转弯照明灯、自动前照灯照明距离调节装置、自适应制动信号灯
安全带或 其他乘员保护系统	自动安全带拉紧器，识别到事故危险时预先触发保护功能 （支起头枕，关闭车窗等。）
安全气囊	前部、侧面、头部和膝部安全气囊，根据座椅占用情况控制或接通/关闭安全气囊
动态翻车保护装置	出现事故危险时（参数：减速度、侧倾角和俯仰角）敞篷车的翻车保护杆自动移出
限速器	v_{max}限速器，定速巡航控制系统
可干预制动系统的 动态行驶控制系统	自锁式差速器（ASD） 主动定速巡航控制系统 驱动防滑控制系统（ASR）

检查系统数据是否符合规定时，TUEV-Nord 进行以下工作：

系统数据可能包括：

· 安装和状态信息以及识别特征，
· 故障码，
· 规定的检测程序，
· 物理参数测量值，
· 操纵显示。

对电子总成 / 系统可进行以下检测：

· 组件识别和版本检查（控制单元、OBD、总线系统）
· 与参考数据比较（测量值、显示）
· 执行规定检测算法，例如

– 按特定顺序打开和关闭点火开关，观察指示灯是否按规定亮起 / 熄灭，
– 按特定顺序操纵踏板、转向盘和开关，
– 观察车载显示屏的显示反应以及指示灯的亮起/熄灭情况，
– 以步行速度（8 km/h）进行路试。

目前尚未规定年检时读取故障码存储器记录。系统数据检查的目的是确保

· 安装了安全技术所需的所有系统，
· 使用了正确版本的电子系统和程序，
· 系统工作可靠正常。

车辆制造商/进口商为每辆车，至少为每个车型提供系统数据。这些数据经过处理，以数字化安装信息和检测设备形式做好准备并在每次年检时通过例如TUEV-NORD-EDV系统提供给每位专业人员。

2.4.11 环境污染

2.4.11.1 噪声，油液损耗，电磁兼容性

噪声形成、油液损耗、电磁兼容性检测

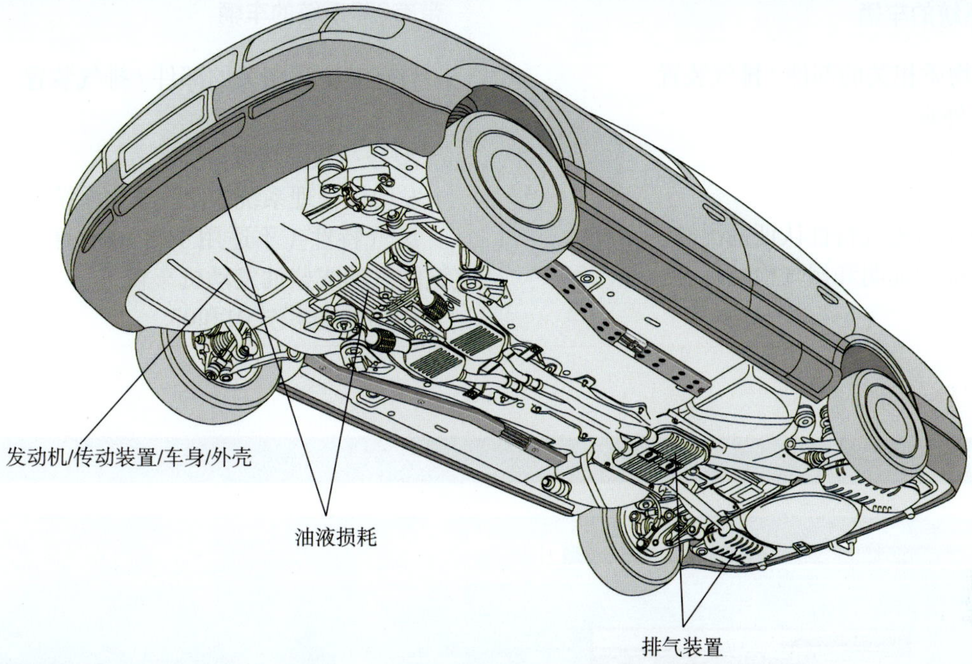

道路交通许可规定第47c条废气排放（摘要），第49条噪声形成和消音装置

排气管口只允许朝上、后下方或左后方且与车辆纵轴的夹角不得超过45°；安装时必须确保废气不会进入车辆内部。排气管不得超出车辆两侧或后部边缘。

机动车必须符合欧盟关于允许噪声级和消声装置的规定。

燃油箱，道路交通许可规定第45条

燃油箱必须耐腐蚀并在过压情况下保持密封。燃油箱必须能够通过适当的装置自动补偿压力。

燃油管路，道路交通许可规定第46条

设计燃油管路时，必须确保车辆扭转、发动机运动以及类似情况不会对其耐久性产生不利影响。管路必须能够免受过热影响。

电磁兼容性，道路交通许可规定第55a条

排气装置	GM	EM
严重泄漏，损坏，		X
轻微泄漏，	X	
悬挂松动，固定不牢，		
型号错误，	X	
原厂设备更改或更换，		
未证明获得许可，		X
静止或行驶噪声超过允许值		X
发动机/传动装置/车身/外壳		
噪声形成状态，外观，行驶噪声超过允许值	X	

油液损耗	GM	EM
发动机：燃油箱、燃油管路状态不良，固定缺陷，泄漏，		X
发动机：冷却液损耗	X	
发动机/传动装置：机油损耗	X	X
转向系统/制动器：		
液压油损耗，		X
空调系统，		X
蓄电池		X
电磁兼容性		
点火系统/其他电气和电子装置状态，外观	X	

2.4.11.2 尾气

尾气检测逐步与年检相结合。自2006年4月1日起，首先从带有OBD系统的车辆开始。对于没有OBD系统的旧款车辆暂时不变。截止日期到2010年1月1日。此后对所有车辆仅实施增加了尾气检测和发动机管理系统检查的年检。因此不再使用尾气检测标签。

没有OBD系统的车辆	带有OBD系统的车辆
· 与有害物质相关的部件 / 排气装置 状态：外观 型号：认证情况 · 废气净化系统 测量和评估废气特性认证情况 有尾气检测证明和尾气检测标签。	· 与有害物质相关的部件 / 排气装置 状态：外观 型号：认证情况 · 发动机管理系统 / 废气净化系统 废气特性（不适用于自2006 年1月1日起注册登记的汽油或柴油发动机车辆） OBD 数据模式01和03

2.4.12 车辆识别

车辆标识检查

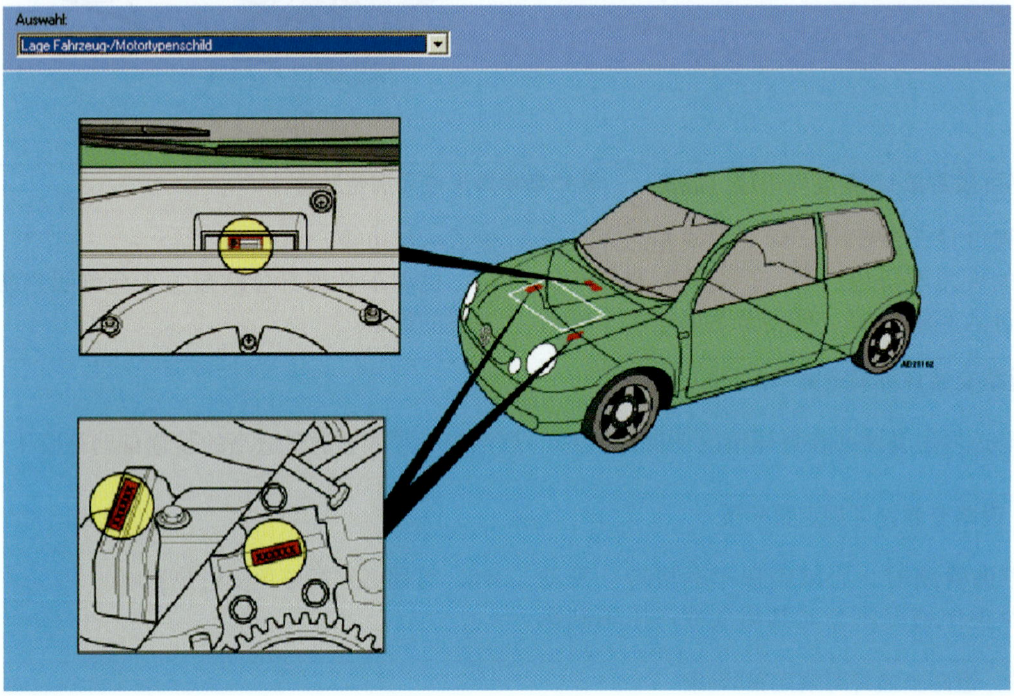

厂牌、其他铭牌、车辆识别号，道路交通许可规定第59条

厂牌包含车辆制造商、车型、年款、车辆识别号、允许总重量、允许车桥负荷等信息。

车辆识别号必须打制在车辆右侧前部或其他可触及的位置。

	GM	EM	VU
· 车辆识别号			
缺失、无法找到、不完整、无法看清厂牌		X	
缺失、不完整、松动、看不清楚	X		

	GM	EM	VU
· 牌照			
缺失，牌照号、型号错误		X	
未安装、看不清楚	X		

2.4.13 缺陷评价

年检时确认的缺陷分为不同缺陷等级。在此按以下标准执行：

· OM-未识别出缺陷

发放检测标志

· GM-轻微缺陷

短时间内与指导准则规定存在偏差且到排除前暂时不会危及交通安全的缺陷。如果预计车主将立即排除缺陷，则无需进行复查。可以发放检测标志。轻微缺陷由专业人员记录到检查报告中。

· EM-明显缺陷

与规定及相关指导准则存在偏差且由此产生的缺陷；这些缺陷可能会危及交通安全。需要进行复查。

不发放检测标志。

· VU-危害交通安全

直接危及交通安全的缺陷。取消检测标志并立即通知注册登记机构。必须告知该车驾驶员或车主，该车辆不得继续上路行驶。

取消再次年检资格。

必须告知客户，即使出现轻微缺陷和明显缺陷，如果未排除缺陷继续使用车辆，同样违反道路交通许可规定。

2.4.14 检查报告

年检通过后车主得到一份检查报告，其中主要包含确定的缺陷、制动检测的测量值以及检查结果。

车主须保存该检查报告直至下一次年检。

检查报告编号：H740410417
检查类别：年检
检查日期：2004年8月3日

客户：
车辆：轿车
牌照号：
车辆识别号：WDB2100371A380140
制造商：戴姆勒克莱斯勒（德国）（0710）
允许总重量：1950kg
车型：210-110KW（304）
里程数：92762km
首次注册登记：1997年
上次年检日期：2002年7月
确定的缺陷测量值：
123中部和后部制动软管：左右渗漏
128制动鼓/制动盘：后部内侧腐蚀

	行车制动器（十牛顿）左	右	驻车制动器（十牛顿）左	右
车桥 1：	230	230	–	–
车桥 2：	110	120	160	200
车桥 3：	–	–	–	–
车桥 4：	–	–	–	–
车桥 5：	–	–	–	–

备注：无

检查结果：**明显缺陷**
检测标志：**无**
再次提交：**复查**

检测工程师
印章

检查报告编号：H585410872
检查类别：复查/年检
对编号 H740410417 的检查报告进行复查；年检日期：2004年8月4日
检查日期：2004 年8月 4 日

客户：
车辆：轿车
牌照号：
车辆识别号：WDB2100371A380140
制造商：梅赛德斯-奔驰（德国）（0710）
允许总重量：1950kg
车型：210-110KW（304）
里程数：92762km
首次注册登记：0797
上次年检日期：2002年7月
尾气检测到期日期：2006年7月

确定的缺陷测量值：
无

	行车制动器（十牛顿）左	右	驻车制动器（十牛顿）左	右
车桥 1：	230	230	–	–
车桥 2：	190	190	160	200
车桥 3：	–	–	–	–
车桥 4：	–	–	–	–
车桥 5：	–	–	–	–

备注：无

检查结果：**无缺陷**
检测标志： 2006年7月
再次提交：–

检测工程师
印章

2.5 年检后的客户咨询

年检后与客户谈话：

1. 存在较小缺陷

如果该车辆已获得检测标志，即使专业人员确定存在较小缺陷，也无需进行复查。当然，车主有义务尽快排除相关缺陷。

2. 需要进行复查

左右两侧中部和后部制动软管渗漏，后部制动盘内侧腐蚀。在这种情况下必须排除这些明显缺陷并在一个月内将车辆交给专业人员进行复查。

3. 制订个人检查表

作为企业服务内容的一部分，客户得到一份个人检查表，其中对将来可能出现的缺陷进行预先说明以便能够予以排除，从而为下一次年检做好准备。

检查表	正常	不正常
制动器		
·脚踏制动器作用是否足够迅速有力？		
·紧急制动时车辆保持在行车道内还是偏向一侧？		
·制动摩擦片厚度是否足够，如果能够识别的话？		
·踏板橡胶件是否存在且未磨损？		
·驻车制动器拉杆/脚制动踏板机构是否牢固卡止？是否容易松开？		
·驻车制动器拉杆/脚制动踏板机构即将达到最终限位位置前制动器是否已经拉紧？		
车轮和轮胎		
·轮辋和轮胎是否没有损坏，例如凹痕、裂纹、切口？		
·所有轮胎是否都保持了规定的最小花纹深度1.6 mm？		
车架/车身/发动机室		
·是否没有严重锈蚀或锈穿，例如在地板总成、支撑部件、发动机室内的弹簧减振支柱悬架上？		
·发动机是否清洁干燥？		
排气装置		
·排气管是否锈穿？		
·是否发现冒烟情况？		
转向系统		
·行驶过程中转向盘是否颤动？		
·转向系统是否移动灵活？间隙是否过大？		
·是否出现明显噪声？		
·直线行驶时转向盘是否处于正确位置？		
照明装置，电气设备		
·接通时是否所有车灯均正常工作，包括组合仪表上的指示灯？		
·灯罩是否未损坏？		
·前照灯内的反射器是否暗淡？		
·是否所有灯泡均明亮且亮度相同？		
·蓄电池是否正确固定？		
·发动机室内是否有电缆松动？		
车窗玻璃，后视镜		
·是否所有后视镜均完好无损且没有暗淡部位？		
·风窗玻璃是否没有划痕和裂纹？		
·贴膜是否影响视野？		
车辆识别		
·是否有型号铭牌/清晰可见的底盘编号？		
·牌照号是否清楚？		
附件		
·车辆上是否带有规定的附件：警告三角标志、急救箱、防护手套？		

3 尾气检测（AU）

· 客户委托：进行尾气检测

代码

区域1	010232	区域2	0603	区域3	450030

编号	项目	内容
1		普通轿车 低排放D4
2		大众
3		LUPO
4	车辆识别号	WVWZZZ6XZ72B016288
5	汽油发动机/车载诊断系统	04
6	最高车速/(km/h)	151
7	功率/kW/(r/min)	37/5000
8	排量/cm³	999
9	有效或半挂车荷/kg	–
10	燃油箱容积/m³	–
11	座椅/躺椅数	–
12	座位数，包括驾驶员座位和临时座位	4
13	最大尺寸/mm	长 3636　宽 1799　高 1460
14	整备质量/kg	950
	允许最大质量/kg	1340

编号	项目	内容
16	允许车桥负荷/kb	前 720　中　后 680
17	车轮和/或防滑链	1
18	车桥数	2
19	其中驱动桥数	1
20	轮胎规格代码 前部	185/55R14
21	轮胎规格代码 中间和后部	185/55R14
22	轮胎规格代码 或前部	
23	轮胎规格代码 中间和后部	
	制动接口处压力	24 单回路制动器 　bar　25 双回路制动器 　bar
26	挂车挂钩 DIN 740，形状和尺寸	
27	挂车挂钩检查标志	
28	拖挂负荷/kg 挂车带制动时	
29	挂车不带制动时	
30	停车时噪声/dm(A)	
31	行驶时噪声/dm(A)	
32	首次注册登记日期	22.04.2002
33	备注	

MUSTER

区域	内容	区域	内容
B	22.04.2002　2.1　2.2	L	02　9 01　P.2/P.4 0110/05400　T 212
J	01　4 0200	18	4795　19 1799
E	WVWZZZ6XZ72B016288　3	20	1402　G 1475
D.1		12	13　Q
	LUPO/LIM	V.7	162　F.1 001340　F.2 001340
D.2		7.1	00720　7.2 00680　7.3
		8.1	00720　8.2 00680　8.3
		U.1	078　U.2　U.3 074
D.3	LUPO 1.0	O.1	O.2 725　S.1 004　S.2
2	大众	15.1	185/55R14
5	普通轿车	15.2	185/55R14
	GESCHLOSSEN	15.3	
V.9		R	灰色　11 7
14	欧Ⅲ	K	
P.3	汽油燃油	6	17　16
10	14.1　P.1	21	
22			

注意！

这些数据必须始终与实际情况相符。进行变更时应按照车辆注册登记相关法规通知注册登记主管部门。

转让车辆时，应对照接收证明将注册登记证的第一部分和第二部分、年检报告以及尾气检测证明当面交给购车人。接收证明必须包含完整的购车人姓名及地址并由转让人立即上交注册登记部门。

如果未按规定报告（注销、过户或迁入其他注册登记管辖区、报告其他变更情况），可能会处以罚款或造成其他不良后果（上税、保险、停止使用车辆）。

区域定义：

区域	名称
B	车辆首次注册登记日期
D.1	品牌
D.2	车型/型号/款式
D.3	商用名称
E	车辆识别号
F.1	允许最大质量（kg）
F.2	成员国允许的最大质量（kg）
G	行驶车辆质量（kg）（整备质量）
H	有效期
I	注册登记日期
J	车辆等级
K	EG型式认证或ABE编号
L	车桥数
0.1	带制动时的允许拖挂负荷（kg）
0.2	不带制动时的允许拖挂负荷（kg）
P.1	排量（cm³）
P.2/P.4	额定功率（kW）额定转速（r/min）
P.3	燃油类型或能量来源
Q	比重量（kW/kg）（仅限于摩托车）
R	车辆颜色
S.1	座位数，包括驾驶员座位
S.2	座椅数
T	最高车速（km/h）
U.1	停车时噪声（dB（A））
U.2	相对于U.1的转速（r/min）
U.3	停车时噪声（dB（A））
V.7	CO_2（g/km）综合值
V.9	EG型式认证重要的有害物质等级
（2）	制造商简称
（2.1）	（2）的代码
（2.2）	D.2的代码，包括检测代码
（3）	车辆识别号的检测代码
（4）	车身类型
（5）	车辆等级和车身名称
（6）	K的日期
（7）	各车桥允许的最大负荷/质量（kg）（7.1）车桥1至（7.3）车桥3
（8）	在注册登记成员国内允许的最大车桥负荷（kg）（8.1）车桥1至（8.3）车桥3
（9）	驱动桥数
（10）	P.3的代码
（11）	R的代码
（12）	油槽车的燃油箱容积（m³）
（13）	牵引装置支撑负荷（kg）
（14）	本国排放标准名称
（14.1）	V.9或（14）的代码
（15）	轮胎（15.1）车桥1上的轮胎至（15.3）车桥3上的轮胎
（16）	注册登记证明第二部分的编号
（17）	使用许可证的特征
（18）	长度（mm）
（19）	宽度（mm）
（20）	高度（mm）
（21）	其他说明
（22）	备注和例外

有关区域（15.1）至（15.3）的说明：

根据有效使用许可证/EG型式认证的规定可在车辆上使用与标明轮胎不同的轮胎。必须在注册登记证明第一部分记录变更情况。

有关区域（22）的说明：

经过EG型式认证、一般性使用许可证或个体使用许可证批准或在依据道路交通许可规定（StVZO）ξ21所做鉴定中证明符合规定的挂车挂钩，最迟应在每[illegible]重新进行检查时按照道路交通许可规定（StVZO）ξ27第一段规定记录在注册登记证明第一部分或注册登记证明第一部分的副页中。

ZBI 005[illegible]

➔ 注册登记证明第一部分请参见CD-ROM光盘

尾气检测（AU）

有关车辆技术监督的国家规定与欧洲法规要求紧密结合。尾气检测是在欧洲范围内进行的一项检测。各国的实际检测过程有所不同，取决于监督组织和汽车协会组织的基础设施。

在德国定期进行尾气检测时会检查是否满足一氧化碳限值规定。每辆轿车在首次注册登记三年后以及随后每两年都要进行尾气检测。

2001年12月的尾气检测法规（道路交通许可规定第34号修改法）参考了欧洲法规规定（欧3/4，OBD）（参见www.verkehrsportal.de或www.fahrlehrerverband-bw.de）。

自2006 年1月起，对带有OBD的车辆年检和尾气检测合并进行。取消以前的尾气检测证明。对于没有OBD的车辆，原有规定执行至2010年。自2010年1月1日起，对没有OBD的车辆尾气检测合并到年检中。2010年以前为所有必须进行尾气检测的带有或没有OBD的车辆发放尾气检测标志。

3.1 进行尾气检测

尾气检测法规规定，除以前必须履行尾气检测义务的车辆外，装备OBD系统的车辆也必须进行尾气检测。

所有车辆的尾气检测分为

· 现场直观检查和

· 功能检查。

使用混合气制备系统或废气再处理系统的动力总成或发动机类型不同时进行两项检查：

· 使用点燃式发动机、无催化转换器或者带有催化转换器但无空燃比调节式混合气制备装置的车辆；

· 使用点燃式发动机、带有催化转换器和空燃比调节式混合气制备装置的车辆；

· 使用点燃式发动机、带有催化转换器和空燃比调节式混合气制备装置及车载诊断系统（OBD）的车辆；

· 使用压燃式发动机的车辆；

· 使用点燃式发动机或压燃式发动机以及可选动力总成或燃油的车辆。

3.2 代码索引

针对上述五种车辆系统的每一种都规定了专用的检测方法。因此按照规定进行尾气检测时，必须首先根据机动车行驶证上的车辆数据识别待检测的车辆。

通过区域1和区域5的文字和代码可查明检测方法。

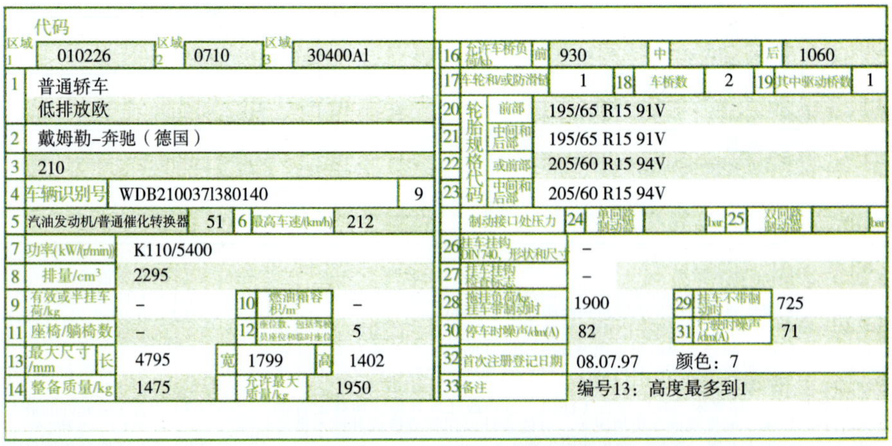

区域5摘要

动力总成类	机动车证区域5内的缩写	区域5的代码
带催化转换器的汽油发动机	OTTO/GKAT	51
带直喷系统的汽油发动机	OTTO–D	09
带有OBD的汽油发动机	OTTO/OBD	04
带直喷系统和OBD的汽油发动机	OTTO–D/OBD	05
带直喷系统的柴油发动机	DIESEL–D	22
带有 OBD 的柴油发动机	DIESEL/OBD	14

区域1摘要

区域1的代码	区域1文字
XXXX01	普通，低排放
XXXX25	低排放欧Ⅱ标准
XXXX44	欧Ⅲ标准
XXXX62	欧Ⅳ标准

3.3 带催化转换器汽油发动机和空燃比调节式混合气制备装置的车辆

针对这些车辆进行尾气检测时，道路交通许可规定要求进行检查：

1. 现场直观检查

· 与废气有关的部件包括排气装置是否存在、完整性、密封性和损坏情况。

· 燃油箱加注管是否压扁，只要制造商对此未给出例外规定。

2. 检查

根据车辆制造商说明，检查与废气有关的调节数据是否符合车辆制造商给出的规定值。发动机和催化转换器处于运行温度时检查以下内容

· 点火时刻（只要能显示），

· 怠速转速，

· 根据车辆制造商说明按照三种备选方法检查过量空气系数调节回路的功能：

a) 基本方法：简单施加干扰参数，

b) 替代方法：使用简单的测量设备，

c) 备选方法：使用制造商的测试设备。

检查调节回路期间，在达到规定转速时（至少2500r/min）通过有针对性地施加干扰参数（例如基本方法：拔下一根软管），检查过量空气系数调节能否在特定时间内补偿与规定值的偏差。

3.4 柴油发动机车辆

检测流程包括以下阶段：

· 现场直观检查

– 与废气有关的部件包括排气装置是否存在、完整性、密封性和损坏情况。

– 完全踩下加速踏板时检查满负荷限位（如果可以进行）。

· 输入车辆规定数据和公差值（如果检测设备中未存储这些数据）：

– 最低机油温度，

– 怠速转速，

– 限速转速，

– 测量时间（n=限速转速时的时间），

– 测量模式（与测量设备有关），

– 传感器1或2（与排气管直径有关），

– 烟度值。

· 使发动机（和废气净化系统）达到运行温度，连接废气检测设备。

· 记录实际值：

– 发动机转速，

– 怠速转速，

– 限速转速，

通过施加干扰参数改变不同废气成分的浓度，从而改变过量空气系数值。用尾气检测测量设备在排气尾管上测量废气成分（一氧化碳、二氧化碳、碳氢化合物和氧气）并据此计算出过量空气系数值。超过允许偏差时，混合气制备系统必须在60s内通过调节抵消所施加的干扰参数。以调节方式抵消后撤除干扰参数。在最多60s内重新以调节方式抵消，直至达到过量空气系数初始值。

因此无法进行故障查询。只能确定调节回路是否正常工作。

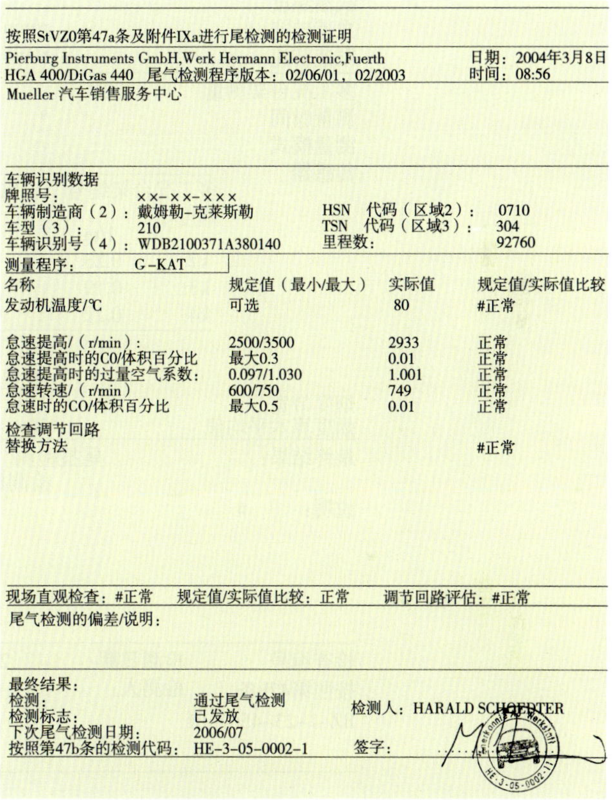
按照StVZ0第47a条及附件IXa进行尾检测的检测证明

Pierburg Instruments GmbH,Werk Hermann Electronic,Fuerth　　日期：2004年3月8日
HGA 400/DiGas 440　尾气检测程序版本：02/06/01，02/2003　　时间：08:56

Mueller 汽车销售服务中心

车辆识别数据

牌照号：	××-××-×××		
车辆制造商（2）：	戴姆勒-克莱斯勒	HSN　代码（区域2）：	0710
车型（3）：	210	TSN　代码（区域3）：	304
车辆识别号（4）：	WDB2100371A380140	里程数：	92760

测量程序：　G-KAT

名称	规定值（最小/最大）	实际值	规定值/实际值比较
发动机温度/℃	可选	80	#正常
怠速提高/（r/min）：	2500/3500	2933	正常
怠速提高时的C0/体积百分比	最大0.3	0.01	正常
怠速提高时的过量空气系数：	0.097/1.030	1.001	正常
怠速转速/（r/min）	600/750	749	正常
怠速时的CO/体积百分比	最大0.5	0.01	正常
检查调节回路			
替换方法			#正常

现场直观检查：#正常　规定值/实际值比较：正常　调节回路评估：#正常

尾气检测的偏差/说明：

最终结果：

检测：	通过尾气检测	检测人：	HARALD SCHOEDTER
检测标志：	已发放		
下次尾气检测日期：	2006/07		
按照第47b条的检测代码：	HE-3-05-0002-1	签字：	…………

– 自由加速度

· 首先是怠速转速，

· 快速均匀地完全踩下加速踏板，

· 达到限速转速后保持该位置足够长的时间，

· 松开加速踏板直至重新达到怠速转速，

· 重复该过程四次，

· 每次都从第二个过程起检测烟度值。

烟气检测的最大值：

– 在0.5/m带宽时烟度系数低于2.5/m，

– 在0.7/m带宽时烟度系数高于2.5/m。

· 根据最后三次测量结果计算算术平均值。

· 每次快速踩下加速踏板时，烟度算术平均值都不允许超过制造商的规定值。

按照StVZ0第47a条及附件IXa
进行尾气检测的检测证明

执行机构：
TAK　　　波恩

检测类型 柴油　检测报告编号 00000000000105　BOSCH ESA V3.1(德文版)9/2002

牌照号		××-××-×××		
车辆制造商	区域2	梅赛德斯	代码	2 710
车型	区域3	E 320 CDI	代码	3 423
车辆识别号	区域4	WDB210026A892931		
里程表		92456		

测量结果	单位	最小	最大	测量	结果
现场直观检查				#	正常
调节					
机油温度	℃	70		71.5	正常
怠速转速	r/min	600	800	710	正常
限速转速	r/min	4500	4900	4580	正常

多工况台架测量
测量时间　s　1.0
测量模式　B（响应时间 t=0.9~1.1s）
传感器　1（直径10mm，排气管≤70mm）

多工况台架编号 烟度值		怠速转速	限速转速	加速时间	
	1/m	r/min	r/min	s	
k2:	0.23	710	4580	1.14	正常
k3:	0.19	710	4570	1.14	正常
k4:	0.22	710	4580	1.12	正常

	单位	最小	最大	测量	结果
烟度带宽	1/m		0.5	0.04	正常
烟度算术平均值	1/m		2.1	0.21	正常

最终结果：　尾报检测　通过
检测标志　到期时间　7/2006　已发放#

说明：　#

检查编号　检测日期：　2004年7月22日　09:56
按照第47b条　检测人：　Schmidt,G.
BZ-1-23-4567-01

负责人签字　印章

3.5　带有OBD系统的车辆

针对带有 OBD 系统的车辆规定了下述检测范围：

· 现场直观检查

– 对废气警告灯（MIL）进行现场直观检查

满足以下条件时，该检查项目评为合格：打开点火开关时废气警告灯亮起，发动机起动后随即熄灭。

– 检查与废气有关的部件以及排气装置是否存在及其完整性和密封性。

· 功能检查

借助读取设备将尾气检测设备通过车辆内的诊断接口与OBD系统连接。通过授权软件引导专业人员进行功能检查（操作指导）。通过 OBD 接口读取实际值基本上代替了调节回路检查。

· 尾气检测

尾气检测包括一氧化碳测量以及高怠速时的过量空气系数值。

由发动机控制单元在EOBD内检测到的与废气有关的故障和数据必须能够使用OBD数据显示仪（读取设备）读取。借助 SAE 代码存储已识别的故障。将OBD数据显示仪连接到OBD诊断接口上后，测试设备自动建立与发动机控制单元的通信。

3.5.1 OBD车辆的尾气检测流程

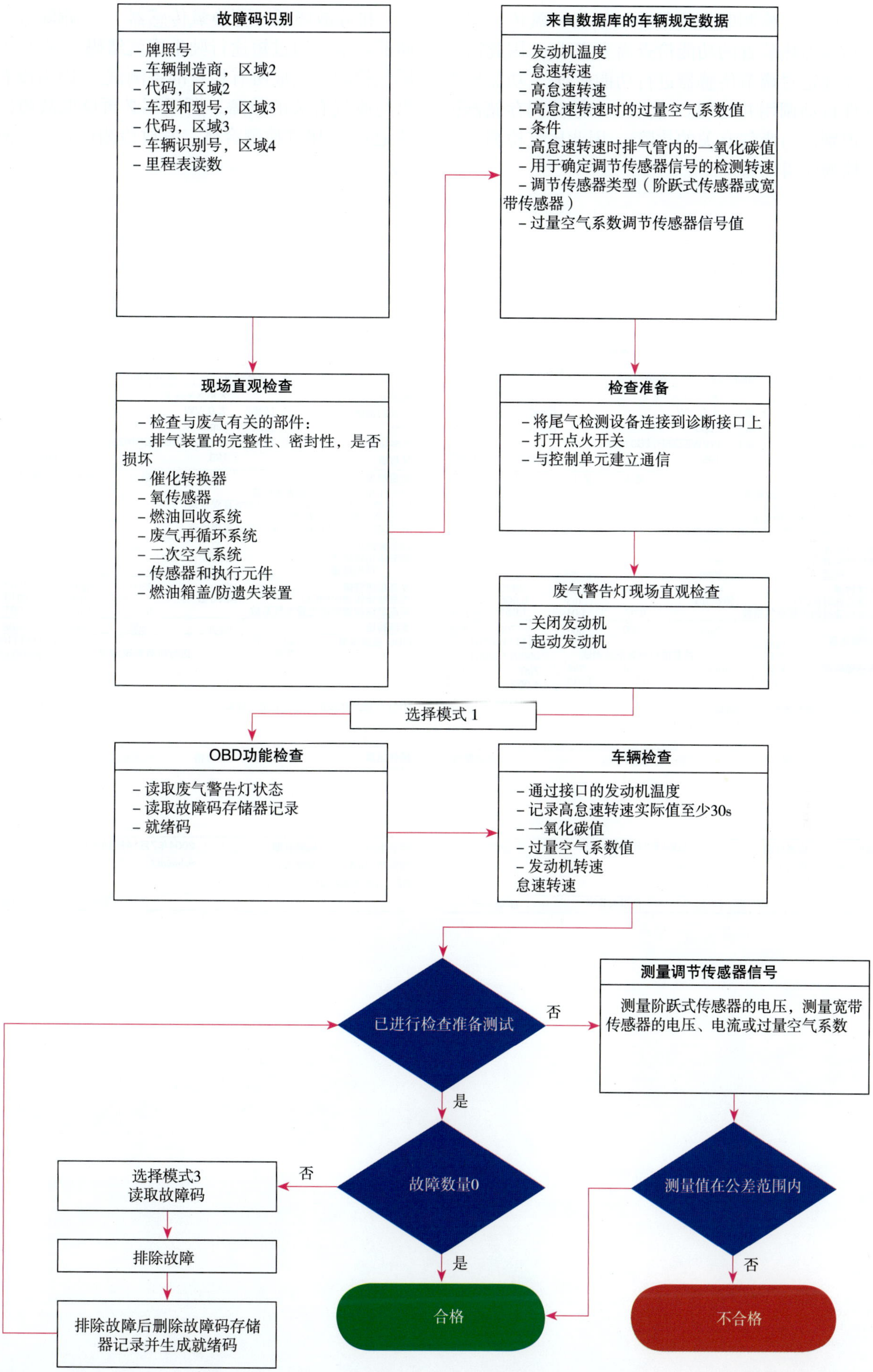

学习领域

14

3.5.2 执行客户委托：Lupo尾气检测

进行尾气检测时发现催化转换器、氧传感器和氧传感器加热装置的功能检查尚未完成。因此需按制造商规定对调节传感器进行功能检查。功能检查由软件自动调用并处理。读取OBD故障码存储器记录时识别出与废气有关的故障。因此尾气检测不合格（检测证明1）。

排除故障后（更换氧传感器），删除故障码存储器记录并通过短途行驶生成就绪码。在接下来的尾气检测中完成所有检查准备测试。因为没有识别出与废气有关的故障，所以不必再读取故障码存储器记录。尾气检测合格，发放检测标志（检测证明2）。

按照StVZ0第47a条及附件IXa进行尾气检测的检测证明1

执行机构：
TAK
波恩

检测类型：汽油催化转换器，带有OBD　检测报告编号　0000000000103　BOSCHESA V3.1（德文版）9/2002　KTS520版本1.00

牌照号		××-××-××		
车辆制造商	区域2	大众 VW	代码2	0603
车型	区域3	Lupo	代码3	450
车辆识别号	区域4	WVWZZZ6B72B016288		
里程表		195	OBD状态	EOBD

测量结果	单位	最小	最大	测量	结果
对部件和系统进行现场直观检查				#	正常
MI 状态：在发动机关闭时进行现场直观检查				# 亮起	正常
MI 状态：在发动机起动时读取				亮起	不正常
MI 状态：在发动机起动时进行现场直观检查				# 亮起	正常
调节发动机温度	℃	80		93	正常
调节催化转换器	mm:ss	–		–	
对应转速	r/min	–	–	–	
提高怠速转速	r/min	2500	3000	2872	正常
提高怠速转速时的CO	体积分数		0.3	0.006	正常
提高怠速转速时的过量空气系数		0.97	1.03	1.051	不正常
怠速转速	r/min	600	800	703	正常
OBD 检测准备	辅助文件：			11111100101	
	实施：并非进行所有系统测试			00001100001	
控制传感器检测	转速 r/min	594	794	700	正常
	Sig-S1B1	0.970	1.030	1.002	正常
OBD 故障码存储器与废气有关的故障				1	不正常

*P0030氧传感器加热装置（气缸列1，传感器1）

最终结果　尾气检测　不合格　检测标志　#未发放
说明#

检查编号　检测日期：2004年7月14日14.25
按照第47b条　检测人：Schmidt,G.
BZ 1-23-4567-01
负责人签字　印章

按照StVZ0第47a条及附件IXa进行尾气检测的检测证明2

执行机构：
TAK
波恩

检测类型：汽油催化转换器，带有OBD　检测报告编号　0000000000104　BOSCHESA V3.1（德文版）9/2002　KTS520版本1.00

牌照号		××-××-××		
车辆制造商	区域2	大众 VW	代码2	0603
车型	区域3	Lupo	代码3	450
车辆识别号	区域4	WVWZZZ6B72B016288		
里程表		198	OBD状态	EOBD

测量结果	单位	最小	最大	测量	结果
对部件和系统进行现场直观检查				#	正常
MI 状态：在发动机关闭时进行现场直观检查				# 亮起	正常
MI 状态：在发动机起动时读取				关闭	不正常
MI 状态：在发动机起动时进行现场直观检查				#关闭	正常
调节发动机温度	℃	80		96	正常
调节催化转换器	mm:ss	–		–	
对应转速	r/min	–	–	–	
提高怠速转速	r/min	2500	3000	2562	正常
提高怠速转速时的CO	体积分数		0.3	0.013	正常
提高怠速转速时的过量空气系数		0.97	1.03	1.001	不正常
怠速转速	r/min	600	800	696	正常
OBD 检测准备	辅助文件：			11111100101	
	实施：进行所有系统测试			00000000000	
OBD 故障码存储器与废气有关的故障				0	不正常

–

最终结果　尾气检测　合格　检测标志　到期时间 7/2006　#已发放
说明#

检查编号　检测日期：2004年7月14日15:10
按照第47b条　检测人：Schmidt,G.
BZ 1-23-4567-01
负责人签字　印章

3.6 通过企业组织和员工培训认证实现质量保证要求

2001年12月的尾气检测法规（道路交通许可规定第34号修改法）参考了欧洲法规规定（欧 3/4，OBD）（参见www.verkehrsportal.de或www.fahrlehrerverband-bw.de）。

其中主要规定：

· 对尾气检测站的设施和设备提出统一的最低要求，

· 统一的尾气检测设备软件/操作指导，

· 用于所有尾气检测站的质量保证体系，

· 针对所有授权从事尾气检测人员的培训义务，

· 车辆检测方法。

尾气检测站必须确保能够满足装备、企业组织和员工培训认证方面的法规要求：

装备

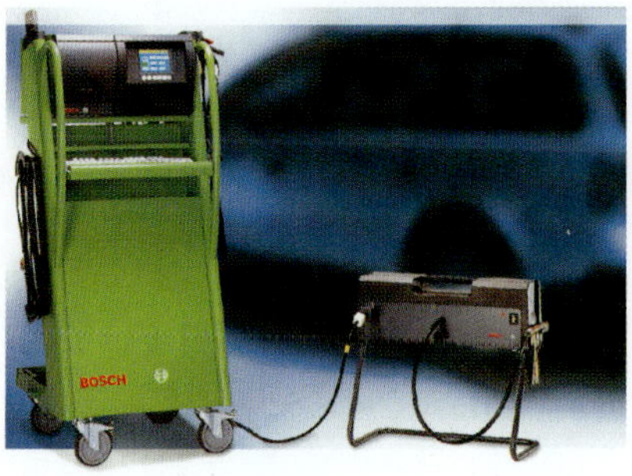

企业组织

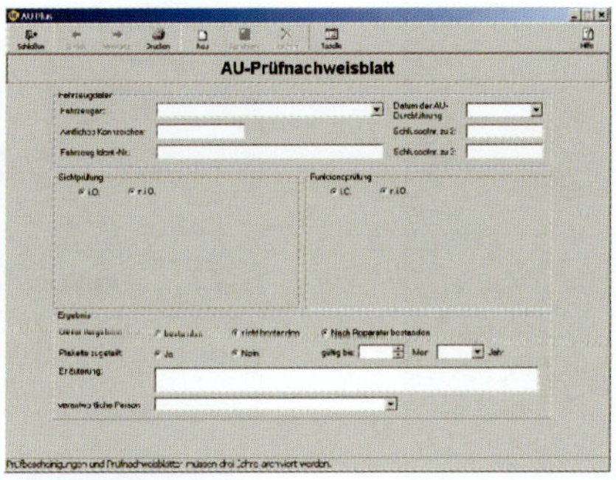

员工培训认证

用于尾气检测的尾气检测仪必须满足检测方法规定的流程要求（操作指导）。必须将测得的测量值记录、存储并以统一的检测证明形式打印出来。为了在进行尾气检测时能够查询OBD功能，需要一台通用读取设备。通过读取设备可读取OBD 数据和所存储的数据及其故障码，可将这些数据传输到尾气检测仪内并用合适的尾气检测软件进行处理。

尾气检测企业必须出具企业组织的文件证明。其中主要包括：

· 授权员工的姓名，

· 培训情况，

· 已确认缺陷的统计结果，

· 当前所用检测标志概览，

· 监督尾气检测设备的校准和维护期限，

· 保持尾气检测实施和记录质量的措施。

所有授权从事尾气检测的专业人员必须参加首次培训且此后每36个月必须参加一次重复培训。

每个尾气检测站都必须任命一位尾气检测代理人，由其负责维护尾气检测站的文件。

3.7 企业组织文件

尾气检测站的质量保证系统主要包括文件记录。

可通过带表格的ZDK质量保证手册记录质量保证措施，表格需由尾气检测代理人填写。手册中的表格用于

· 进行和监督尾气检测的人员（尾气检测培训计划），

· 车辆缺陷和检测结果统计（尾气检测证明表），

· 尾气检测标志证明（合格证明），

· 检测设备/装备（检测工具列表/检测计划），

· 尾气检测内部审核（检测列表）。

手写填入这些表格的数据可通过EDV程序AU Plus获取：

· 尾气检测实施证明（缺陷统计）。将检测证明打印件中确认的缺陷记录在尾气检测证明表中以便进行统计分析。

· 进行和监督尾气检测的人员（尾气检测培训计划）：在培训计划中列出对相关人员的培训。

· 检测设备/装备：必须定期校准、检查或维护检测设备。必须在一个检测工具列表中记录所有检测情况。

· 尾气检测内部审核：尾气检测站通过这种所谓的“自检”检查是否实际执行了确定的质量保证措施。

· 检测标志的合格证明：尾气检测站必须记录检测标志的实际状态。

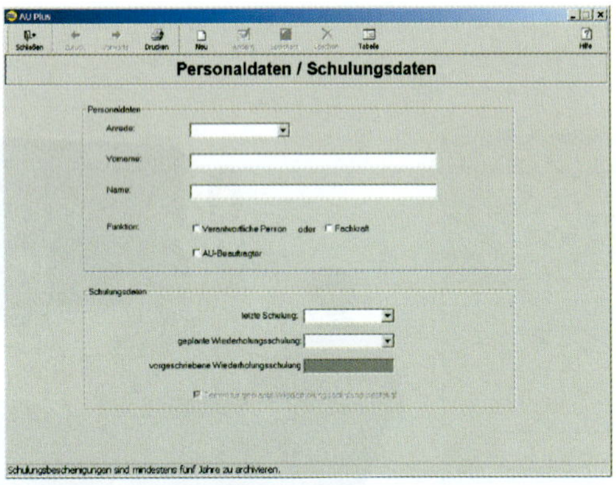

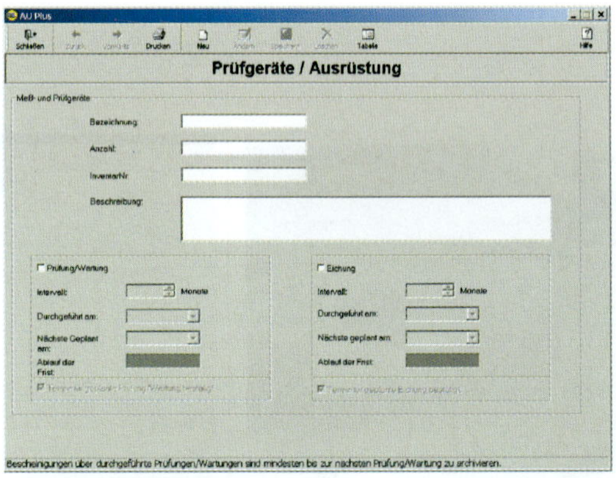

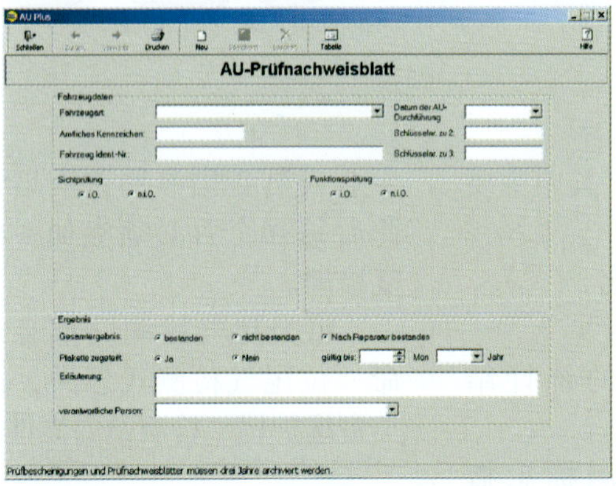

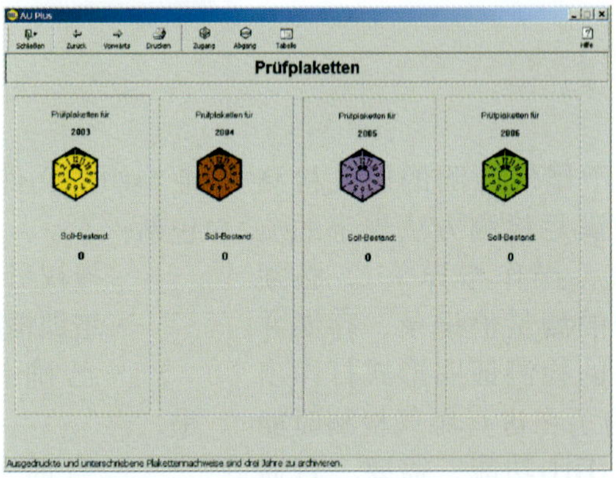

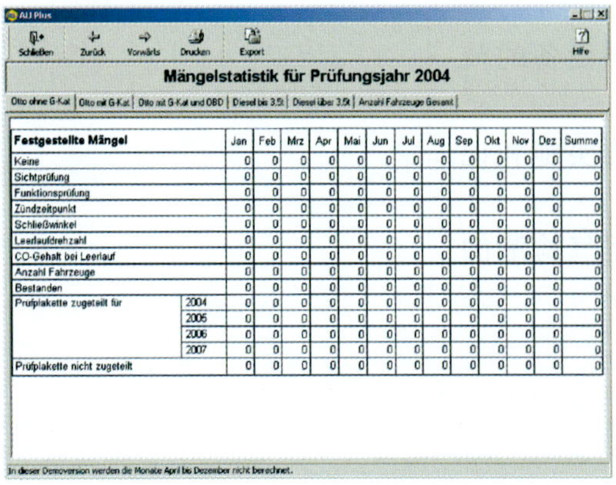

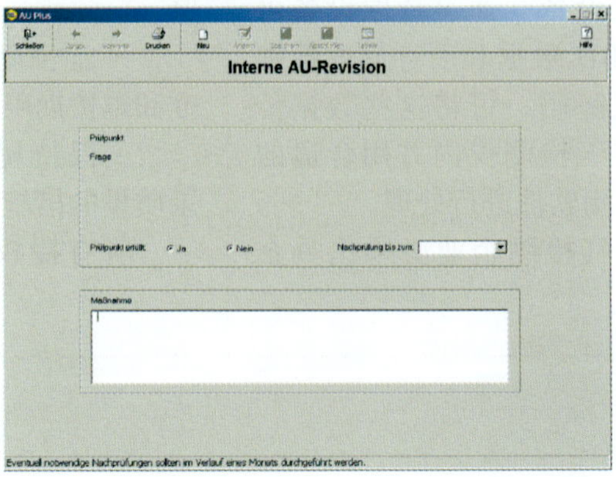

3.8 填写工作卡

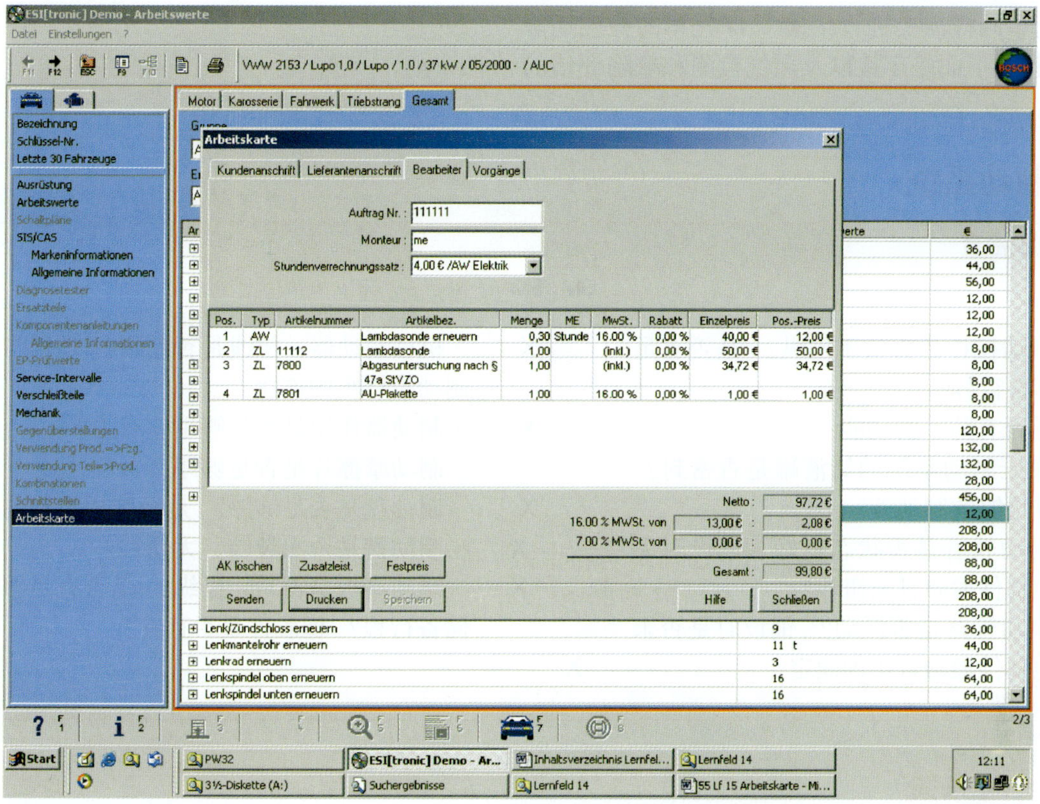

3.9 客户咨询：结算单和结算单解释

委托编号：	111111
日期：	2006年5月10日
电话：	0611–542732
传真：	0611–1874328
技工：	me

Horst Mueller
柏林大街12号
威斯巴登65189

车辆：　VW（大众）/LUPO1.0/Lupo/1.0/37kW/05/2000–/AUC

项目	项目编号	项目名称	数量，单位	增值税	单价	项目总价
1	工时	更换氧传感器	0.30小时	16.00%	40.00欧元	12.00欧元
2	11112	氧传感器	1.00	（含）	50.00欧元	50.00欧元
3	7800	按照道路交通许可规定第47a条进行尾气检测	1.00	（含）	34.72欧元	34.72欧元
4	7801	尾气检测标志	1.00	16.00%	1.00欧元	1.00欧元

不含增值税总价：97.72 欧元
16.00% 增值税：13.00 欧元2.08 欧元
16.00% 增值税：0.00 欧元0.00 欧元

总价格：99.80 欧元

签字：……………………………………

解释结算单非常有助于增进车辆经销商与客户之间的信任关系，尤其是在产生附加费用的情况下。为使客户能够理解结算价格，需要回答以下问题：

- 首次尾气检测得到什么结果？
- 为什么必须更换氧传感器？
- 材料成本是多少？
- 进行故障查询和维修时需要多少付薪工时？
- 尾气检测产生哪些费用？

详细解释结算单可使客户感觉到尾气检测以及所需维修工作是适当的。

4 摩托车年检/尾气检测（HU/AUK）

摩托车同样需要进行年检。摩托车的检测期限为24个月。下面是年检以及尾气检测和缺陷评估的检查表。

4.1 制动系统

制动系统检查	GM	EM		GM	EM
·制动拉杆是否易于操纵？是否有足够的储备行程？		X	·机械制动器：拉线是否断裂？是否与制动拉杆牢固连接？		X
·是否有防手滑功能？		X	·制动器作用是否足够迅速有力？		X
·液压制动系统的储液罐是否密封？是否有足够的制动液？		X	·制动摩擦片是否足够厚？		X
·制动软管是否状态良好、铺设时无与其他部件擦碰且未扭转？		X X	·制动盘是否足够厚？是否磨损不均匀？		X
·制动管路是否振动？铺设时是否未与其他部件擦碰且牢固固定？	X		·制动盘是否无裂纹、无锈蚀？	X	X
			·制动踏板是否易于操纵？是否有足够的储备行程？橡胶件是否存在？		X

4.2 转向系统

转向系统检查	GM	EM		GM	EM
·行驶过程中转向盘是否颤动？		X	·转向系统是否移动灵活？是否有卡止点？是否出现噪声？		X
·直线行驶时转向盘是否处于正确位置？		X	·是否有转向限位位置？是否弯曲？		X
·转向节的定位和固定是否正确？防尘套是否密封？		X			

4.3 摩托车车架，车身，车轮导向装置，悬架，车轮，轮胎

摩托车车架，车身，车轮导向装置，悬架，车轮，轮胎检查	GM	EM		GM	EM
·后车轮上的弹簧减振支柱是否正常？是否调节正确，即左右相同？		X	·弹簧是否正常？		X
·前后车轮是否顺辙？		X	·座椅/长座椅、行李架等是否牢固固定？	X	
·车架是否无损？（无断裂/裂纹）		X	·车轮和轮胎是否未出现损坏？（凹痕、裂开、切口）		X
·是否有后车轮挡板？		X	·轮胎和车轮是否正确安装？（螺栓联接、保护、轮胎运行方向）		X
·饰板是否无断裂和裂纹？转向时是否没有任何部件撞到饰板？		X	·所有轮胎是否都保持了规定的最小花纹深度1.6mm？		X
·摩托车及其装备是否带有锐利的边缘？	X		·搁脚板及其防滑装置是否完好？	X	
·燃油箱是否正确固定？		X	·是否所有后视镜均完好无损且没有暗淡部位？	X	

4.4 车灯技术装置

前照灯和车灯检查	GM	EM		GM	EM
·所有前照灯和车灯是否正常工作？	X		·是否所有灯泡均明亮且亮度相同？	X	
·接通时指示灯是否亮起？	X		·是否所有其他电气装置均正常工作（喇叭、牌照照明装置等）？	X	
·灯罩是否无损且反射器不暗淡无光？（内部干燥）		X			

4.5 电气装置的其他部件

蓄电池	GM	EM	电缆	GM	EM
蓄电池是否正确固定？	X		·铺设电缆时是否没有与其他部件擦碰，是否没有任何破损处？	X	

4.6 其他配置

车速表	GM	EM	转向盘锁	GM	EM
·车速表是否正常工作？		X	·转向盘锁是否正常工作？		X

4.7 环境

油液/发动机/传动装置损耗	GM	EM	排气管	GM	EM
·发动机是否不漏机油？	X		·排气装置是否改装过？		X
·所有发动机、传动装置和变速器密封件是否都正常？	X		·排气装置是否磨损/锈穿？		X
·传动链是否正确张紧或万向节传动机构是否松旷？	X				
·水冷系统：冷却循环回路是否密封？	X				
· 燃油软管是否渗漏？ 固定是否牢固且铺设时未与其他部件擦碰？	X				

尾气检测和噪声检查

自 2006年4月1日起，摩托车年检增加了尾气检测和噪声检查。

废气中的一氧化碳含量限值以制造商规定值为准，如未规定则采用以下数值：

·体积百分比4.5，摩托车不带催化转换器或带有怠速运行非调节式催化转换器，

·体积百分比 0.3，摩托车带有高怠速运行调节式催化转换器。

如果试车时发现排气装置噪声过大，则必须检查停车噪声。

4.8 识别

	GM	EM		GM	EM
·车架号是否清楚？	X		·牌照是否有弯折/裂纹？	X	
·牌照是否按规定固定？	X		·是否有厂牌？	X	

学习领域 14

5 商用车安全检查

除年检外，对商用车来说还需进行安全检查（SP）。安全检查是一项全面的易损件检查，其检查项目明显多于轿车。安全检查的重点是商用车上与安全相关的、特别是容易出现磨损的总成：

- 底盘/行走机构/连接装置，
- 转向系统，
- 轮胎/车轮，
- 排气装置，
- 制动系统。

安全检查时检查转向系统和传动装置的所有主要万向节、制动器的所有易损件、制动系统的压力调节以及压缩空气制动系统非调节式压力转向调节式制动压力的情况。

允许总重量>7.5t的车辆，包括需要牵引的工作机械和野营车在内，且允许总重量超过10t的所有挂车以及乘员座椅超过8个的机动车必须进行安全检查。这些车辆至少要按照下述时间间隔进行年检和安全检查。安全检查时间间隔与同上一次年检的时间有关。

安全检查可由TUEV、监督机构（DEKRA）和授权机动车维修站进行。

通过安全检查后，将检查标志贴在车辆尾部左侧的安全检查标牌上。注明到期年份的箭头指向车辆必须再次进行安全检查的月份。

即使存在轻微缺陷，也不允许继续行驶。必须立即在专业维修站排除缺陷。必须在一个月内进行复查。

进行安全检查的维修站要对因技术缺陷发生事故而造成的人员和财产损失承担责任。

5.1 年检和安全检查期限

车辆类型		月份	
		年检	安全检查
货车，汽车化工作机械，牵引车	· 由结构形式决定的最高车速不超过40km/h或允许 · 总质量≤3.5t	24	
	· 允许总质量>3.5t且 < 7.5t	12	
	· 允许总质量>7.5t且 < 12t		
	· 首次使用的车辆为前36个月	12	
	· 后继检查	12	6
	· 允许总质量>12t		
	· 首次使用的车辆为前24个月	12	
	· 后继检查	12	6
挂车，包括需要牵引的工作机械和野营车	· 允许总质量<0.75t或没有独立制动装置		
	· 首次使用的车辆第一次年检	36	
	· 后续年	24	
	· 允许最高车速不超过40km/h或允许总质量>0.75t且≤3.5t	24	
	· 允许总质量>3.5t且≤10 t	12	
	· 允许总质量>12t		
	· 首次使用的车辆为前24个月	12	
	· 后继检查	12	6

客车和乘员座椅数超过8个的其他机动车	· 首次使用的车辆为前12个月 · 首次注册登记日后12~36个月的后续检查 · 后继检查	12 12 12	 6 3/6/9

5.2 安全检查流程*

商用车检查流程

1 试车
2 现场直观检查（缺陷检查）
2.1 打开维修盖
2.2 绕车巡视（外部），除试验台外还要将车辆停在检测地坑上
2.3 从车辆下方进行现场直观检查（在检测地坑内）
3 制动系统功能检查
3.1 ALB （取决于负荷的制动力自动控制系统）功能检查
4 效能检查
5 取下压力表/压力传感器

具体到各检查项目：

1 试车

登车
车门操纵装置
转向盘调节装置
踏板
警告装置
转车盘（挂车、铰接式客车）
离合器 / 换挡操纵机构
发动机，排气管，传动装置
车轮轴承
转向性能
减振器
悬架和稳定杆
鞍式挂车牵引钩，叉形拉杆
车身
制动性能
指示装置（+）
车灯技术装置（+）
风窗玻璃，后视镜（+）
车窗玻璃刮水器（+）
显示仪表（+）
整个座椅（+）

2 现场直观检查

2.1 维修盖/发动机室盖后

（除试验台外还要将车辆停在检测地坑上）
转向器
转向万向节

2.2 绕车巡视（外部）

车架，支撑部件
底部保护装置/侧面保护装置
挂车牵引钩/鞍式牵引钩
车身
轮胎
车轮
排气装置
制动系统，现场直观检查
蓄能器（压缩空气罐）
检查接口
ALB 标牌

2.3 在检测地坑内进行现场直观检查（下方）

发动机/传动装置（离合器 / 换挡操纵机构）
排气装置
前桥/桥体
前桥/悬架（摆臂、支撑杆）
前桥/悬架/稳定杆
前桥/减振器
前桥/车轮轴承
转向系统
转向器
转向万向节/转向万向节盘
推杆/转向横拉杆
转向机构
转向助力系统/辅助转向系统
转向减振器
制动系统，现场直观检查
制动杆/铰接点
制动轴
制动管路
制动软管
制动轮缸
制动鼓 / 制动盘
制动摩擦片
制动凸轮
制动器 / 制动阀
蓄能器（压缩空气罐）
后桥桥体
后桥悬架
后桥/稳定杆
后桥/减振器
后桥 / 车轮轴承
辅助转向系统（前从动桥或后从动桥）
连接测压表 / 压力传感器进行功能检查和效能检查

*Bosch 公司建议

3 制动系统功能检查

准备工作：将ALB调节器调至满负荷
必要时脱开挂车制动管路/储液罐管路
必要时压入行程控制销
蓄能器：排水阀功能
检查冷凝水（+）
压缩机：加注时间
压力调节器：关闭/接通压力
四回路安全阀
过压保护装置
警告/指示装置
双回路
熔丝（单向阀）
回路5保护功能
双回路，挂车控制
行车/辅助制动系统
极限工作时间分级
驻车/辅助制动系统
分级
极限工作时间
控制位置

挂车控制

熔丝（2/2 旁通阀）
提前期
KUKO Rot 存储压力（最大8.5bar）
密封性检查（3min，最大0.4bar）

3.1 ALB 功能检查

ALB 制动力调节装置故障
取下压力表/压力传感器

4 效能检查

前部行车制动系统
后部行车制动系统
行车制动系统作用不足
驻车制动系统，如有独立辅助制动系统

6 劳动和健康保护

为避免进行车辆年检准备工作和进行尾气检测时危害车辆机电维修工的健康，车辆经销商和员工必须遵守劳动和健康保护方面的相关规定。 关于一般性维修站工作的规定主要体现在BG规定“车辆维修”中（BGR157，参见CD-ROM光盘），关于年检和尾气检测的规定主要体现在 BG 信息“机动车检测设备工作系统”中。

下面是 BG 信息“机动车检测设备工作系统”中的部分摘要。

机动车检测设备指导

一般性说明

- 在工作区域内不要吃东西、饮水和吸烟。
- 使用企业提供的皮肤清洗剂、润肤膏和皮肤防护剂。
- 始终使用所提供的个人防护装备。
- 注意安全标志：

 禁止吸烟	 不要跳跃检测地坑
 戴上防护耳罩	 急救材料
 逃生通道	 灭火器

- 只能按照使用说明中的相关规定使用和操作所有设备、装置和工作材料。
- 开始工作前要检查所有设备、装置和其他工作材料是否有外表损坏和功能缺陷。不要使用损坏的设备、装置和其他工作材料，要对其做出标记，立即进行分类并报告上级。
- 不要跳跃、跨越检测地坑和地坑内的设备。
- 保持通行区域通畅，不要挡住逃生通道。
- 始终保持工位和所有检查设备清洁。立即清除废弃物和污染物。

机动车检测设备指导

一般性说明

- 在工作流程中发现缺陷、危险情况、故障和问题时要立即报告上级并一起确定改进方案。

升降台

- 在升降台的所有运动过程中都要确保人员安全。
- 在升降过程中禁止停留在升降台运动范围内。
- 进行工作时不允许任何未经授权人员操作升降台。
- 必须通过操纵驻车制动器防止车辆移动。
- 不允许超过升降台的允许负荷限值。

滚筒制动试验台

- 在滚筒试验台运行期间，不允许任何人停留在旋转车轮和试验台滚筒的危险范围内。
- 在滚筒试验台上进行工作时（例如清洁、维修）通过关闭主开关禁止未经授权的操作。

尾气检测（AU）

- 进行柴油尾气检测时请戴上所提供的防护耳罩。
- 遵守工作说明“尾气检测（AU）工作方法”。

工作人员姓名和签字

姓名	签字	日期

指导人员姓名和签字

姓名	签字	日期

工作说明
年检（HU）和安全检查（SP）

- 进行检测时不得危害任何人，注意非授权人员。
- 检查检测设备是否损坏和安全设备的功能。
- 确保通行区域和安全出口通畅。
- 打开现有地坑通风设备。
- 不要停留在驶入的车辆前。
- 移动时注意大厅门和举升机。
- 用地坑举升装置或举升机举升车辆前拉紧驻车制动器，举升时车内不得有人。
- 只能在规定支撑点处安放地坑举升装置，必要时使用两点支架，使用后完全降下。
- 将车辆置于检测地坑上，确保可靠利用通道。绝对不允许同时挡住两个通道。
- 检测期间关闭车辆发动机并固定住车辆以防溜车（驻车制动器）只有发动机关闭和怠速运转时，才让客户协助检查照明装置。
- 在滚筒测功机上进行制动检测时：
  –手动变速器置于空挡，自动变速器置于“N”位置
  –车辆前面和后面不得有人
  –对于四轮驱动车辆注意特殊检测规定
  –检测挂车驻车制动器时，用驻车制动器固定住牵引车
- 在大厅外检测压缩机功率。
- 进行压缩空气制动器的功能检测时使用抽吸装置或DME过滤器，否则应在大厅外检测。
- 操纵摆动板时提醒客户。
- 检测期间只能由检测员重新起动发动机。
- 不要走到、登到或跳到检测地坑上方。
- 使用个人防护装备和皮肤防护膏。
- 仅以合适的速度与客户一起试车。
- 发生事故时采取急救措施，需要时向急救人员请教，必要时拨打急救电话120。
- 立即用吸附剂吸除流出的机油和燃油等。
- 将附有机油的抹布和一次性纸巾收集在规定的容器内并按规定废弃处理。

工作说明
年检和安全检查时使用DME过滤器工作

过滤器分离炭烟颗粒且有助于减少员工吸入有害物质。起动发动机后过滤器立即起作用,过滤器可以实现灵活驾驶且对潮湿不敏感。

过滤器

只使用符合TRGS 554“柴油发动机排放”规定的颗粒过滤器。如果没有连接在一起的排气抽吸装置或排气管结构造成无法调整（位于底盘下，与车身齐平，防撞保护），则使用这种过滤器作为排气过滤器。

安装和拆卸

- 使用合适的DME过滤器。针对不同排气管直径有合适的DME过滤器。
- 对于轿车/小型运输车来说，将合适的锥形橡胶垫用螺栓拧在过滤器壳体上，然后在检测大厅前用手将过滤器插到排气管上。进行检测后在检测大厅外取下过滤器。
- 根据使用说明将货车过滤器用气动内部张紧装置安装在车辆的排气管内（用手接触较少）。在检测大厅前将张紧装置插入排气管内并用压缩空气将橡胶套套在带有快速接头的阀门上，以便过滤器以气密方式牢固固定在排气管内。挂上安全带。
- 检测后进行拆卸：在检测大厅外关闭开关，取下过滤器。

检测

- 确保最高转速为1200r/min。

保养

- 需要时更换过滤器滤芯。
  –过滤器滤芯使用寿命取决于发动机功率、环境条件和气候条件。
  –如果因排气背压造成阀门内的隔膜破裂且此处排气泄漏，则需要更换过滤器滤芯。
  –更换过滤器滤芯时，对货车过滤器来说松开盖板上的三个快速锁扣，对于轿车/小型运输车来说拧下过滤器壳体、取下整个滤芯并装入新滤芯。
  –必要时必须更换阀门内变硬的隔膜。

工作说明
尾气检测（AU）工作方法

为尽可能降低尾气检测时员工的工作量，必须尽可能按以下流程进行检测：

1. 打开大门，将车辆开到检测工位上并关闭发动机，只有关闭发动机后，才能关闭大门。
2. 对比车辆数据并输入计算机内。
3. 现场直观检查。
4. 将测量设备连接在发动机上。
5. 将测量探针推入排气管内，检测柴油发动机时只有在测量循环开始前才将探针推入。按BG/BIA建议在尽可能密封且居中位于气流方向的情况下将尾气收集漏斗装在排气尾管上。
6. 进行柴油发动机尾气检测时盖上发动机室盖，可能的话，为测量管路留出间隙。
7. 由于噪声较大，因此进行柴油发动机尾气检测时可能需要关闭大门。
8. 进行柴油发动机尾气检测时，检测员戴上隔音耳罩，进入车辆内并起动发动机。
9. 进行检测。
10. 检测结束后立即关闭发动机。
11. 打开大门以便开出车辆。
12. 拆下测量设备接线，从排气管中取出探针并开具检测证明。
13. 起动发动机并开走车辆。
14. 如果不进行其他车辆检测，则关闭抽吸装置。

此外必须遵守以下安全说明。

- 在地坑上进行尾气检测时：必须保护地坑上方的工作区域。
- 固定住车辆以防溜车。
- 检查检测设备是否损坏和安全设备的功能。
- 确保通行区域和安全出口通畅。
- 不要停留在驶入的车辆前。
- 立即用吸附剂吸除流出的机油和燃油等并作为特殊垃圾废弃处理。
- 向客户指出危险所在，让客户戴上隔音耳罩并远离危险区域。
- 检测期间只能由检测员重新起动车辆。

公司： 责任人： 签名：	工作指导：	状态：

适用范围

发动机废气

按照危险物品法规第20条制定的工作指导

汽油发动机废气包含一氧化碳、二氧化碳、氮氧化物和碳氢化合物。

对人和环境的危害

有毒

一氧化碳会造成血液严重中毒。可导致血液吸收氧气的能力降低无法排除，组织坏死等并发症。

可能危害未出生的婴儿。必须让处于生育期的女工了解一氧化碳对胎儿的有害影响。

保护措施和行为准则

- 避免在发动机运行的情况下在大厅门前等候，不要在检测大厅内让发动机在非必要的情况下运转以及急加速。
- 确保房间始终通风良好，不要挡住外部排风口。
- 进行尾气检测时使用尺寸足够大的废气抽吸装置。正确放置和调整抽吸漏斗，以便收集并抽吸全部废气。不要形成气流冲击面。
- 不得在检测区域内吃东西、喝饮料和吸烟。

出现危机时的行为守则

- 抽吸装置损坏时立即向上级报告。
- 废气抽吸装置失灵时，不允许在大厅内进行尾气检测。
- 空气中的有害物质浓度过高时，立即通过附近的出口去户外。

发生事故/急救时的行为准则

- 拨打急救电话120
- 有中毒现象时立即到有新鲜空气处。
- 必要时通知急救人员。感觉不舒服时去医院治疗。

维护和废弃处理

- 可以通过足够的通风排到外部空气中。

公司： 责任人： 签名：	工作指导：	状态：

适用范围

柴油发动机排放

按照危险物品法规第20条制定的工作指导

柴油（碳氢化合物与添加剂的混合物）燃烧时排出的废气是柴油发动机排放物TRK（=0.1mg/m^3）

这些物质包含气态或颗粒状成分，尤其是二氧化碳、氢氧化物、硫氧化物、乙醛、带沉积物的碳剂。

对人和环境的危害

有毒

柴油排放物可能致癌。有典型的刺鼻气味。空气中的排放物浓度较高时，可能导致刺激粘膜、头痛、头晕和麻木，甚至失去知觉。

必须让处于生育期的女工了解一氧化碳对胎儿的有害影响。

保护措施和行为准则

- 避免在发动机运行的情下在大厅门前等候。
- 不要在无抽吸装置时让发动机在非必要的情况下运转以及快速踩下加速踏板。
- 进行尾气检测和安全检查时，使用抽吸装置和DME过滤器。
- 如果可能的话，用外部压缩空气为压缩空气制动系统充气，在其他情况下用发动机在室外充气。
- 进行尾气检测时使用抽吸装置并调整抽吸漏斗，以便收集并抽吸全部废气。不要形成气流冲击面。每次尾气检测结束都要通过大门通风。
- 不要挡住排风口。
- 与柴油炭烟接触后洗脸并洗手。
- 不得在检测区域内吃东西、喝饮料和吸烟。

出现危险时的行为守则

- 引入新鲜空气并离开工作区域。
- 抽吸装置损坏时立即向上级报告。
- 废气抽吸装置失灵时，不允许在大厅内进行尾气检测。
- 准备灭火器以防发生火灾。

发生事故/急救时的行为准则

- 拨打急救电话120
- 吸入时：有中毒现象时立即到有新鲜空气处，必要时通知急救人员，感觉不舒服时去医院治疗。

维护和废弃处理

- 利用灰尘等级为H（EN 60335-2-69）的吸尘器或通过湿清洁（非高压清洁）清除抽吸管路内和墙壁上的沉积物。
- 按制造商的说明废弃处理烧毁的颗粒过滤器。

公司： 责任人： 签名：	工作指导：	状态：

适用范围

举升机

这个工作指导适用于利用举升机工作。

对人和环境的危害

负荷或部件有坠落和滑落危险。

举升机移动时有挤伤和刮伤危险。

保护措施和行为准则

- 只有至少18岁，经过培训，获得资格认证且受企业委托人员才能独立操作。
- 多人工作时必须指定一个监督人。
- 必须遵守操作说明。
- 必须按规定使用举升机。
- 举升机必须防尘放置，有挤压和刮碰危险。
- 采取保护措施，以防危害通行（例如隔离物或防护立柱）。
- 采取保护措施，以防人员或负荷坠落或掉落或者负荷滑倒。
- 每次开始使用前进行功能检测。
- 举升机负荷不得超过允许最高负荷。
- 每次移动举升机时都不得危及人员。举升和下降时不得停留在移动范围内，应平稳移动举升机，不要搭乘。

出现危险时的行为准则

- 发现危险时立即停止运行。在这种情况下固定举升机以防无意间使用。
- 向上级报告所发现的缺陷。

发生事故/急救时的行为准则

- 急救电话120
- 采取急救措施，需要时通知救护人员。

维护和废弃处理

- 首次使用前以及此后定期让有资质的人员检查举升机。
- 对于液压举升机来说，应定期检查液位。
- 只能由接受委托的专业人员进行维修。

客户委托解决方案说明

客户委托：为年检准备车辆：Mercedes E 230

为进行年检而准备车辆时，必须根据官方规定的年检检查项目填写一份检查表。

参考文献

以下公司为本书出版提供了信息资料、照片、样品和专业咨询，在此表示感谢：

Adam Opel AG, Ruesselsheim
Adolf Wuerth GmbH & Co.KG, Kuenzelsau
AEG AG Regensburg
Akademie des Deutschen Kraftfahrzeuggewerbes GmbH, Bonn
Allgaeuer Autoglas, Kempten
Aluminium–Zentrale e. V., Nuernberg
Aral AG, Bochum
Ate GmbH, Frankfurt
Audi AG, Ingolstadt
Automeister, Langen
Automotive Lighting, Reutlingen
BASF AG, Ludwigshafen
Bayrische Motoren Werke, Muenchen
BBS Kraftfahrzeugtechnik AG, Schiltach
Behr GmbH & Co.KG, Stuttgart
Bewag AG & Co.KG, Berlin
Blaupunkt/Bosch, Karlsruhe
BMW AG, Muenchen
BMW Group (TIS), Muenchen
Boge GmbH, Eitorf
Bosch GmbH, Karlsruhe
Conrad Electronic GmbH, Hirschau,
Continental AG, Hannover
Continental Deutschland GmbH, Hannover
DABAG GmbH, Zuerich
Daimler–Benz, Stuttgart
J. Eberspaecher, Esslingen
ELMAG Entwicklungs– und Handels–GmbH, Ried im Innkreis
Fluke Deutschland GmbH, Kassel
Ford–Werke AG, Koeln
Freudenberg Simrit KG, Weinheim
Hazet –Werk, Remscheid
Heinrich Klar Schilder– und Etikettenfabrik GmbH & Co. KG, Wuppertal
Hella KG, Hueck & Co. KG, Lippstadt
Henkel Loctite Deutschland GmbH, Muenchen
IT–PEAK–NETWORKS GmbH, Darmstadt
ITT Automotiv Europe GmbH, Frankfurt am Main
KAMAX –Werke, Osterode am Harz
Landesbetrieb Verkehr (LBV), Kathrin Fechner, Hamburg
LuK–Aftermarket Service oHG, Langen
MEV Bildarchiv
Mueller Geraetebau GmbH, Hoefendorf
Phillips GmbH, Hamburg
Pirelli Reifenwerke GmbH & Co. KG, Hoechst
Rad and learn Hefte: Technischer Verkaufsbereich, Braunschweig
Robert Bosch GmbH, Gerlingen–Schillerhoehe
Robert Bosch GmbH, Stuttgart
Rothenberger Werkzeuge GmbH, Kelkheim
Strassenverkehrsamt, Siegburg
TUEV Nord Gruppe, Pressestelle, Hannover
Uniroyal, Hannover
Varta AG, Hannover
Volkswagen AG, Wolfsburg
Webasto, Stockdorf
Zahnradfabrik Friedrichshafen AG, Friedrichshafen
ZF Sachs AG, Schweinfurt
Zippo Beissbarth Automotive Group, Muenchen

辅助材料CR–ROM光盘目录

针对学习领域9的内容

客户委托表格和工作表

客户委托表格

客户委托解决方案说明

客户委托工作表

工作表 01：以客户为本

工作表 02：车辆信息

工作表 03：系统分析

工作表 04：系统方框图

工作表 05：传动装置示意图/电路图

工作表 06：计算

工作表 07：故障分析

工作表 08：安全措施

工作表 09：工作计划

工作表 10：文件、检查、质量改进

车辆技术词汇表

问题和习题

重复问题

练习作业

信息

离合器管理电子版

液压回路图

发动机外特性曲线、驱动轮上的力矩

进行机动车、挂车、总成及其部件方面的工作时的费用概算条件

自动变速器

六挡手动变速器

轿车和商用车动力传动系统

离合器维修

防抱死制动系统

链接

轿车

货车

两轮车

组件和系统

劳动和健康保护

针对学习领域10的内容

客户委托表格和工作表

源自专业书籍的客户委托/客户报修
委托表
源自专业书籍的客户委托解决方案说明

客户委托工作表

工作表 01：车辆信息
工作表 02：系统分析：车轮调整
工作表 03：系统方框图：液压系统
工作表 04：系统分析：行驶安全系统
工作表 05：系统方框图：电路图
工作表 06：系统方框图：行驶安全系统
工作表 07：故障分析
工作表 08：故障分析：功能描述
工作表 09：故障分析
工作表 10：安全措施
工作表 11：文件、检查

有关掌握学习领域10学习内容的工作表

使用者信息
工作表 01：车辆 / 车轮悬架作用力基础知识
工作表 02：车轮悬架基础知识
工作表 03：车轮定位
工作表 04：弹簧基础知识
工作表 05：车辆内的弹簧
工作表 06：减振系统基础知识1
工作表 07：减振系统基础知识2
工作表 08：转向系统基础知识
工作表 09：Golf V底盘分析1
工作表 10：Golf V底盘分析2
工作表 11：Golf V转向系统1
工作表 12：Golf V转向系统2
工作表 13：轮胎
工作表 14：Audi A8 底盘分析 1
工作表 15：Audi A8 底盘分析 2
工作表 16：Audi A8 空气悬架 1
工作表 17：Audi A8 空气悬架 2
工作表 18：Audi A8 空气悬架 3
工作表 19：Audi A8 Servotronic 电子助力转向系统
工作表 20：Audi A8 轮胎压力监控系统
工作表 21：液压制动系统 1
工作表 22：液压制动系统 2
工作表 23：ABS 1
工作表 24：ABS 2
工作表 25：ABS 3
工作表 26：ABS/ASR/EDS

工作表 27： ESP 1
工作表 28： ESP 2
工作表 29： ESP 3
工作表 30： 制动辅助系统

问题和习题
防抱死制动系统
习题部分
缩微胶片样张

信息
进行机动车、挂车、总成及其部件方面的工作时的费用概算条件
减振器分析
制动摩擦片方面的知识要点
液压制动助力系统
科式加速度
静态不平衡
平衡机

链接
轿车、货车、两轮车、组件和系统、劳动 / 健康保护、概述

针对学习领域14的内容

信息
道路交通许可规定第 29 条
BGR 157
注册登记证明第一部分（无注释）
注册登记证明第二部分（有注释）
注册登记证明第三部分（有注释）
轮胎名称

链接
轿车
货车
两轮车
组件和系统
劳动/健康保护
概述

术语索引

《汽车机电技术》是由华晨宝马汽车有限公司引进并组织翻译的德国职业教育培训教材。全套共三册，本书是第三册，包括学习领域 9~14，内容包括传动系统维护，底盘和制动系统维护，附加系统加装和投入使用，网络系统检查和修理，车身、舒适和安全系统诊断与维修，针对法定检查的保养和修理工作。在本学习阶段中，学生需要对客户委托独立完成计划、实施、检查和评估。通过以小组为单位独立执行客户委托，既能获得专业的诊断和维修能力，又能培养学习与社交能力。

本书可作为汽车类专业职业院校学生的教材，也可作为汽车销售、维修、服务企业的职业培训用书。

Title：Berufsfeld Fahrzeugtechnik-Lernfelder 9-14
Number：978-3-427-04480-2
Author：Wilfried Staudt

北京市版权局著作权合同登记号：图字 01-2009-3768

图书在版编目（CIP）数据

汽车机电技术（三）学习领域 .9~14/（德）施托德（Staudt）著；华晨宝马汽车有限公司组译 .—北京：机械工业出版社，2009. 12（2022. 8 重印）
（国外职业教育优秀教材精选）
Berufsfeld Fahrzeugtechnik Lernfelder 9 bis 14
ISBN 978-7-111-28768-1

Ⅰ. 汽…　Ⅱ. ①施…②华…　Ⅲ. 汽车—机电设备—职业教育—教材　Ⅳ. U463

中国版本图书馆 CIP 数据核字（2009）第 206300 号

机械工业出版社（北京市百万庄大街 22 号　邮政编码 100037）
策划编辑：曹新宇　责任编辑：曹新宇　封面设计：陈　沛
责任校对：刘志文　责任印制：张　博
保定市中画美凯印刷有限公司印刷
2022 年 8 月第 1 版第 8 次印刷
210mm×285mm · 26. 25 印张 · 916 千字
标准书号：ISBN　978-7-111-28768-1
定价：150. 00 元

凡购本书，如有缺页、倒页、脱页，由本社发行部调换

电话服务
社 服 务 中 心：（010）88361066
销 售 一 部：（010）68326294
销 售 二 部：（010）88379649
读者购书热线：（010）88379203

网络服务
门户网：http：//www. cmpbook. com
教材网：http：//www. cmpedu. com
封面无防伪标均为盗版